CE DOCUMENT A ÉTÉ MICROFILMÉ
TEL QU'IL A ÉTÉ RELIÉ

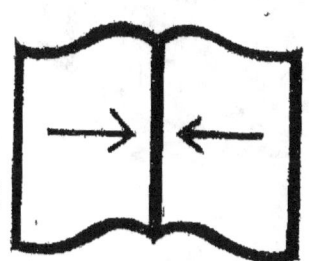

RELIURE SERREE
Absence de marges
intérieures

VALABLE POUR TOUT OU PARTIE
DU DOCUMENT REPRODUIT

HISTOIRE
DE
L'ABBAYE DE LYRE

PAR

M. L'ABBÉ CH. GUÉRY

Aumônier du Lycée d'Evreux
Membre correspondant de l'Académie de Rouen

ÉVREUX
IMPRIMERIE DE L'EURE
1917

HISTOIRE DE L'ABBAYE DE LYRE

Nihil obstat,

Ebroicis, 25ª maii 1915.

E. DUVALTIER, censor del

IMPRIMATUR

Ebroicis, 27ª maii 1915.

† LOUIS-JEAN, évêque d'Evreux

HISTOIRE

DE

L'ABBAYE DE LYRE

PAR

M. L'ABBÉ CH. GUÉRY

Aumônier du Lycée d'Evreux
Membre correspondant de l'Académie de Rouen

EVREUX
IMPRIMERIE DE L'EURE

1917

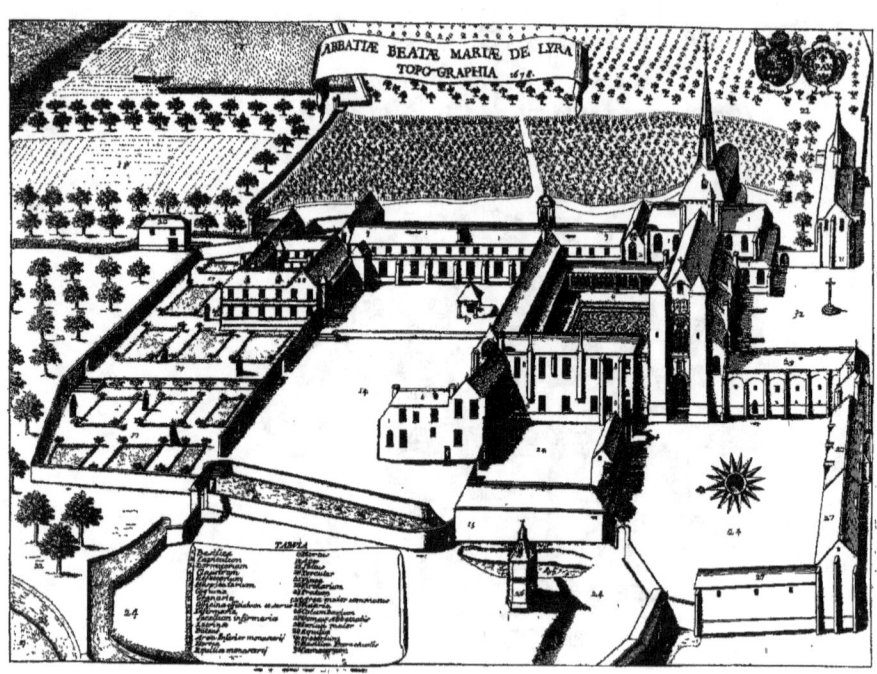

L'ABBAYE DE LYRE EN 1678,
d'après le *Monasticon gallicanum*.

†

ÉVÊCHÉ
D'ÉVREUX

Evreux, le 19 avril 1913.

A Monsieur l'abbé GUÉRY, Aumônier du Lycée d'Évreux,

CHER MONSIEUR L'AUMÔNIER,

L'abbaye de Lyre occupe un rang honorable parmi les anciennes abbayes normandes. Si elle ne peut prétendre à l'éclatante renommée de quelques-unes, Jumièges et le Bec, par exemple, elle se recommande cependant à plus d'un titre à notre attention, notamment par son antiquité et par sa durée. C'est au milieu du XIe siècle qu'elle prit naissance, et depuis cette lointaine époque jusqu'à la Révolution, elle n'a cessé de vivre et de prospérer.

Une histoire si longue et où abondent les faits intéressants méritait d'être racontée. Vous l'avez courageusement entreprise. Tous ceux qui aiment à scruter le passé de notre province applaudiront au succès de votre effort. Grâce à votre expérience des travaux d'érudition, il vous a été facile de donner à vos informations autant de richesse que de précision, on voit que rien de ce qui se rapporte à l'antique monastère n'a échappé à votre sagacité de chercheur exercé.

Votre livre débute par une copieuse analyse de toutes les chartes qui ont constitué le domaine temporel de l'abbaye de Lyre. Si quelques-uns jugeaient un peu aride ce long exposé, il serait aisé de leur montrer l'intérêt qu'il y a toujours à recueillir ces fragments d'histoire locale; plus d'une de nos paroisses, j'en suis sûr, parmi celles qu'on rencontre entre la Risle et la Charentonne, vous saura gré de lui avoir montré, avec preuves à l'appui, qu'elle faisait déjà figure dans les vieux chartriers du XIIIe siècle; renom d'ancienneté n'est jamais pour déplaire, pas plus aux habitants d'un modeste village qu'aux descendants d'une noble famille. Vous avez eu soin d'ailleurs de signaler ce qui a été trop souvent méconnu, je veux dire l'usage excellent que faisaient les moines des biens qu'ils tenaient de la générosité des fidèles; ces « grands fermiers » qu'ils étaient (je cite vos expressions) devenaient en toute occasion « les charitables banquiers » des populations du moyen âge.

Vos patientes recherches vous ont permis de dresser la liste de tous les abbés qui ont gouverné le monastère de Lyre. En regard de leurs noms et de ceux des Religieux notables qui vécurent dans le pieux asile, vous rappelez les événements principaux de l'histoire générale, par exemple la guerre de Cent ans, si dommageable à nos provinces, à la nôtre surtout, les luttes religieuses du XVIe siècle, le régime de la Commende, dont les ordres monastiques eurent tant à souffrir, les controverses irritantes du Jansénisme, les menaces de la Révolution trop vite suivies hélas! d'irrémédiables destructions. Indiquer, en les commentant brièvement, ces grands faits dont plusieurs troublèrent profondément la paix des cloîtres, était bien le moyen de soutenir l'intérêt de votre récit.

La vie intime des Bénédictins de Lyre, vie de prière et d'étude comme celle de tous les moines, ne pouvait vous laisser indifférent. Afin de la mieux connaître, vous avez eu l'idée d'interroger les livres et les manuscrits qui garnissaient leur Bibliothèque et que les vicissitudes du temps ont épargnés, vous saviez que c'était à eux qu'ils aimaient souvent à livrer le secret de leurs sentiments et de leurs pensées. Ce ne sera pas la moins intéressante partie de votre ouvrage; parmi vos curieuses découvertes on remarquera toute une série de petits poèmes liturgiques qui furent composés dans la vieille abbaye.

Une étude archéologique, due à la plume de M. Louis Régnier et qui nous donne la description du monastère, clôt magistralement votre livre.

Le public, je n'en doute pas, fera à celui-ci l'accueil le plus favorable. Depuis longtemps, par vos nombreux écrits vous lui avez fourni l'occasion d'apprécier la sûreté de votre méthode et l'étendue de vos connaissances historiques; il estimera avec raison que ce nouveau travail dépasse en importance ceux qui l'ont précédé; pour moi, je suis tout heureux de vous en féliciter, sachant de quel intérêt il sera pour notre diocèse. Comme celle du Bec, l'abbaye de Lyre a trouvé parmi nous son historien; je souhaite pareille bonne fortune à chacun de nos anciens monastères.

Recevez, cher Monsieur l'Aumônier, l'assurance de mes bien affectueux sentiments.

† LOUIS-JEAN, Évêque d'Évreux.

LISTE DES SOUSCRIPTEURS

Son Eminence le cardinal AMETTE, archevêque de Paris.
Son Éminence le cardinal DUBOIS, archevêque de Rouen.
Mgr Déchelette, évêque d'Evreux.
Mgr Bardel, évêque de Séez.
Mgr Guérard, évêque de Coutances.
Mgr Lemonnier, évêque de Bayeux.
Mgr Lecœur, évêque de Saint-Flour.
Mgr Julien, évêque d'Arras.
Mgr Lucas, archiprêtre et curé de la cathédrale d'Evreux.

M. R. Moniez, recteur de l'Académie de Caen.
M. Émile Picot, membre de l'Institut.
M. Henri Omont, membre de l'Institut.
M. Cahen, inspecteur général des lettres, Paris (IXe).
M. Jasinski, inspecteur d'Académie de l'Eure.
M. Duval, proviseur du Lycée d'Evreux.
M. Étienne Leduc, directeur des P. T. T. de l'Eure.
M. l'abbé Auguste Gosselin, de la Société Royale du Canada.

L'Académie de Rouen.
La Société libre de l'Eure, Arts, Sciences et Belles Lettres.
La Société historique et archéologique de l'Orne.
La Société historique et archéologique de Pontoise et du Vexin.
La Société archéologique de Leicestershire (Angleterre).
Les Archives départementales de l'Eure.
La Bibliothèque municipale d'Évreux.
La Bibliothèque municipale de Caen.
La Bibliothèque municipale de Rouen.
La Bibliothèque municipale de Louviers.
Les R. P. Bénédictins de Quarr-Abbey (île de Wight).
Les Dames Bénédictines de Verneuil (Eure).

MM.

Acard (le chanoine), missionnaire apostolique, à la Barre.
Anthiaume (le chanoine), aumônier du Lycée, Le Havre.
Aubay (le chanoine), curé-doyen de Pacy-sur-Eure.

Beauvoisin (l'abbé), curé de Bémécourt
Bentéjac (Marcel), directeur de la Circonscription pénitenciaire de Dijon (Côte-d'Or).
Béranger, 12, boulevard Beaumarchais, Paris.

Bergin (André), conseiller d'arrondissement, Evreux.
Beatray (le Dr A.), 10. rue Frochot, Paris-IXe,
Béthermin (abbé), curé d'Ambenay.
Blanchet (Mme vᵉ), antiquaire, Evreux.
Bonnechose (Charles de), propriétaire à la Boulaie, par Broglie.
Bonnenfant (abbé), professeur au Grand Séminaire, Bernay.
Bouillon (Mme A.), à Rugles.
Bourgeois (le chanoine), archiprêtre et curé de Pont-Audemer.
Bourguignon, caissier à la Banque de France, Evreux.
Bouteiller (le Dr), conseiller général, la Ferté-Fresnel (Orne).
Boutry (le chanoine), curé-doyen de Brionne.
Brosses (le vicomte des), à Chennebrun.
Brunetau (abbé), curé de N.-D. du Vaudreuil.
Buisson (André), dessinateur à l'Arsenal de Puteaux (Seine).

Calot (abbé), curé-doyen de Breteuil-sur-Iton.
Chambray (Mme la marquise de), château de Gouville près Damville.
Courcelles, avocat. Evreux.

Delalande (le chanoine), aumônier des Bénédictines de Verneuil.
Delamarre (abbé), maître de chapelle à la cathédrale d'Evreux.
Delieuvin, ancien instituteur à la Vieille-Lyre.
Delisle (le chanoine), Evreux.

Depoin (Joseph), secrétaire de la *Soc. hist. de Pontoise*, Paris.
Devrlesse (abbé), aspirant au 4ᵉ d'infanterie.
Dorigni (Mme), Paris.
Doucerain (Albert), avocat et secrétaire perpétuel de la *Société libre de l'Eure*.
Dubreuil (Léon), professeur d'histoire au lycée d'Evreux.
Duchesne (Edmond), propriétaire à Evreux.
Ducy (Henri), avocat à Evreux.
Duguay (Raymond), avocat, 24, avenue de Breteuil, Paris.

Esneval (le baron d'), château d'Acquigny.
Eudeline (Paul), chanoine à la cathédrale d'Evreux.

Francis (Henry-James), Hollycroft Hinckley (England).

Gossart, architecte départemental, Evreux.
Guillemare, bibliophile à Evreux.
Guillet (Jules), propriétaire à Saintes.

Harel (Paul), poete et président de la *Société libre de l'Eure*.
Hébert (le chanoine), vicaire général honoraire d'Evreux.
Hérissay (Jacques), Evreux.
Hubert (Albert), propriétaire, rue Saint-Léger. Evreux.
Humblot (abbé), curé de Lisors.
Hunger (Victor), à Verson (Calvados).

Izarn (Pierre), propriétaire, Evreux.

Jaschke (Richard), 78, Charing Cross Road, London.

Join-Lambert, conseiller général de Brionne.
Jullien (le chanoine), supérieur du Grand Séminaire, Bernay.

Labotte (le chanoine), vicaire général à Bayeux.
La Garandière (B. de), 92, rue du Bac, Paris.
La Vallée-Poussin (Ludovic de), capitaine d'E. M. A., Paris.
Lecœur (Charles), industriel, Evreux.
Lecointe, professeur honoraire à Evreux.
Le Court (le commandeur), château de Lierremont, Trouville-sur-Mer.
Lefebvre (Charles), rue Dutronché, Rouen.
Lefèvre (Pierre), Mesnil-sur-l'Estrée.
Le Filleul des Guerrots (Aymar), propriétaire à Auffay (Seine-Inférieure).
Le Hénichon (abbé), vicaire à N.-D. de Verneuil.
Le Male (abbé), rue Bourbesneur, Bayeux.
Leroy (Charles), notaire à Tourville-la-Campagne.
Lestringant, libraire, rue Jeanne-d'Arc, Rouen (3 ex.).
Levasseur (le chanoine), curé de Saint-Germain de Navarre, Evreux.
L'Hôpital (Joseph), propriétaire à Angerville-la-Campagne.
L'Hôte (abbé), curé de Saint-Quentin-des-Isles.
Loisel (Sylas) à Menilles.
Loizel (Raoul), avocat à Evreux.

Méry-Samson (Albert), à Fumichon (Calvados).
Mesnel (abbé), curé d'Heudreville-en-Lieuvin.
Meugnier (le chanoine), curé-doyen de Broglie.
Mignart (abbé), curé de Bézu-Saint-Éloi.

Nanteuil (Mme la baronne de), La Chapelle-du-Bois-des-Faulx.

Otter (abbé), curé de Vesly.

Pelay (Edouard), rue de Crosne, Rouen.
Perdon (A.), à la Madeleine de Nonancourt.
Peuvilhac (le chanoine A.), 19, rue Roussel, Paris.
Petit, receveur municipal à Evreux.
Pheulpot, directeur des Usines de Tillières-sur-Avre.
Picart (Auguste), éditeur, 82, rue Bonaparte, Paris.
Pitoiset (Étienne), proviseur honoraire du Lycée d'Evreux.
Porée (le chanoine), curé de Bournainville.

Régnier (Louis), propriétaire, Evreux.
Robert (abbé), curé de Glos-la-Ferrière (Orne).
Romet (Paul), conseiller général de l'Orne, Alençon.
Rousseau (Albert), secrétaire de la *Société Universelle des 1*, Paris.
Rousset-Laudier, propriétaire à Bois-Normand, près Lyre.

SAUDEUR (le chanoine), vicaire général, Evreux.
SÉNICOURT (abbé), curé d'Alizay.
SONGEONS (le comte de), Rugles.

TABOURIER (abbé), curé d'Anguaise (Orne).
TERFF, directeur de l'École Mabillon, Paris (2 ex.).
THE JOHN RYLANDS library, Manchester (England).
THOREL (abbé), curé de Mainneville.

THUILLIER (abbé), curé de la Neuve-Lyre.
TOTAIN (Mme veuve), à Evreux.
TOUCHET (de), 135, rue Saint-Jean à Caen.
TOUGARD (le chanoine), au Petit Séminaire, Rouen.
TOURGIS, curé du Plessis-Sainte-Opportune.
TURMEL (abbé), curé d'Heudebouville près Louviers.

HISTOIRE
DE
L'ABBAYE DE LYRE

INTRODUCTION

Entreprendre l'histoire d'une de nos grandes abbayes normandes, telle que celle de Notre-Dame de Lyre, au diocèse d'Evreux, c'est aborder en même temps l'histoire de toute une contrée, tout aussi bien que l'histoire générale. Les moines, en effet, surtout les bénédictins, par leurs immenses possessions territoriales furent, au moyen âge, les grands fermiers comme les charitables banquiers de ces désastreuses époques.

Fondé vers le milieu du xie siècle par Guillaume, fils d'Osberne de Crepon, parent des ducs de Normandie, sur l'emplacement d'une chapelle de saint Christophe, à la Vieille-Lyre, ce monastère reçut en quelques années de nombreuses donations en dîmes, patronages d'églises, terres, prés, rentes, etc.

Plus heureux que notre savant confrère, le chanoine Porée, pour le Bec, nous possédons toutes les chartes de Lyre, outre le superbe et précieux inventaire en quatre volumes in-folio, qui résume les pièces originales jadis renfermées dans le chartrier du couvent.

Un plan général des bâtiments claustraux, de l'église, des jardins, etc., mesurant 72 centimètres de hauteur, sur 1 mètre 54 centimètres de largeur, exécuté par dom Miserey en 1750, nous consolera, quelque peu, de la disparition de cette abbaye, en nous permettant d'en avoir une idée très exacte et d'en donner une description détaillée.

Appuyés sur ces précieux documents il nous sera facile de suivre nos bénédictins dans la bonne comme dans la mauvaise fortune, de les considérer tour à tour comme cultivateurs ou barons fossiers, copistes ou acquéreurs de ces manuscrits, richesse de l'abbaye de Lyre, aujourd'hui conservés dans les bibliothèques de Rouen et d'Évreux. Emeric Bigot écrivait, en effet, le 8 août 1665, au retour d'un voyage à Évreux, à Lyre, au Bec : « Les manuscrits « de Lyre sont plus considérables. Il y a de très bonnes copies des « ouvrages des pères, et très anciennes, comme de saint Grégoire « le Grand, saint Hierosme, saint Ambroise, saint Augustin. J'y « ai trouvé le concile de Latran tenu sous Innocent III que je crois « estre escrit du temps du Concile ou peu après. C'est peut estre « le seul exemplaire qui soit en la chrétienté et qui détruit plu- « sieurs objections des hérétiques. » *(Bibl. Nat. mss. franc.* 17683, fol. 224 et 225).

Lyre, comme tous les autres monastères, connaîtra, sans doute, le relâchement, l'esprit processif, les dures épreuves de la guerre anglaise, la plaie hideuse des abbés commendataires, enfin la gangrène du néfaste jansénisme; mais il aura plus souvent encore à nous montrer des moines édifiants, charitables, laborieux; à nous rappeler ces religieux de la Congrégation de Saint-Maur, novices à Lyre, tels que Charles Dujardin, collaborateur du *Monasticon benedictum;* Richard-Tannegui Housset qui collationna les manuscrits d'Isidore de Séville, ceux du Bec et du Mont Saint-Michel; Jean Daret tant estimé de Mabillon; François le Tellier, successeur de dom Massuet à la chaire de théologie à Saint-Etienne de Caen, puis à Dijon, Reims, etc.

Enfin reviendra la sympathique figure de Guillaume Alexis, dit le bon moine de Lyre, auquel nous avons, naguère, consacré quelques lignes et que nous retrouverons avec le plus grand plaisir.

Commencées depuis plus de quinze ans dans les dépôts publics, nos recherches n'ont pu aboutir que grâce à la bienveillance de Messieurs les archivistes de l'Eure, particulièrement à la complaisance inlassable du bon M. Lecoq; aux obligeantes communications de M. Louis Régnier et à ses travaux si documentés et si précis. D'autres encore ont droit à nos remerciments, qu'ils veuillent bien en trouver ici la reconnaissante expression et nous continuer leur précieux concours.

CHAPITRE PREMIER

Fondation de l'abbaye de Lyre. — Premiers bienfaiteurs.

Dans sa notice sur l'Abbaye des Vaux de Cernay M. de Marsy avance que pour réussir, autrefois, dans la fondation d'un monastère, il fallait trois choses :
1º des moines;
2º un endroit bien choisi;
3º un seigneur puissant afin d'assurer, par ses dons, la fondation.

D'abord un moine ou des moines. « Vers le onzième siècle, écrit
« M. Bordeaux, vivait à une demi-lieue de la Vieille-Lyre, dans le
« riant et paisible ermitage de Chalet, le moine Robert. Robert
« avait été élevé auprès de Guillaume, comte de Breteuil, fils
« d'Osborn' ou Osbern (Fitz Osbern) et neveu de Gonnor, femme
« de Richard Ier, duc de Normandie. Il avait combattu à côté de
« ce seigneur à la bataille de Mortemer et à l'assaut du château
« de Tillières, où ils s'étaient couverts de gloire. Depuis il était
« allé à Jérusalem seconder les entreprises du comte de Flandres;
« mais il avait rapporté de cette guerre de religion toute la fer-
« veur la plus enthousiaste des chrétiens de ce temps. Enfermé,
« depuis son retour, dans le château de Breteuil, que le duc de
« Normandie venait de faire élever et dont il avait donné le gou-
« vernement à Guillaume, en récompense de ses services, il ne se
« livrait plus qu'à des méditations religieuses, qu'à des rêveries
« sur la vanité des choses humaines. Alors Harald se révolta. A
« cette occasion le fils d'Osborn' conseilla le premier au duc Guil-
« laume, résidant alors à Lillebonne, la conquête de l'Angleterre,
« et équipa quarante vaisseaux, à ses frais, pour cette expédition.
« Mais quand la trompette du châtelain annonça l'heure du départ,
« on chercha en vain le jeune guerrier qui avait combattu à Mor-
« temer et devant Solime; Robert avait disparu; renonçant à la

« gloire des armes et vêtu d'un habit d'ermite, il était venu au
« Châlet consacrer sa vie à Dieu.

« Toutefois une autre sorte de gloire lui était réservée. Un jour,
« étant à la chasse, il crut entendre une voix du ciel demander
« l'érection d'une église au Châlet, à la place même de son ermi-
« tage. Dès lors, il ne rêvait plus qu'aux moyens d'accomplir cet
« ordre; mais il n'était pas le seul visionnaire de la contrée. Un
« prêtre lépreux, du village du Bosc-Renoult, errait abandonné
« dans la forêt; il s'imagina aussi trois fois entendre du ciel une
« voix qui lui ordonnait d'aller trouver Guillaume, comte de
« Breteuil et seigneur de Lyre, pour l'engager à construire un
« monastère en l'honneur de la Sainte Vierge, sur l'emplacement
« d'une chapelle consacrée à saint Christophe, au bourg de la
« Vieille-Lyre. Comment exécuter cet ordre trois fois répété? Le
« prêtre était lépreux et ne pouvait se présenter devant le comte;
« il résolut de consulter l'ermite Robert sur ce qu'il devait faire
« et il l'attendit, à cet effet, sur son passage, comme il revenait
« de la chasse. Robert, déjà prévenu par une semblable révéla-
« tion, écouta avec ravissement le récit du lépreux, et lui promit
« d'aller trouver le comte de Breteuil.....

« Il l'invita, le somma même de la part de Dieu, de fonder un
« monastère à Lyre. Mais, en vain, le fils d'Osborn' le prit pour
« un homme d'un cerveau exalté par des méditations mystiques.
« Toutefois, cet échec ne découragea point l'ermite dans ses pro-
« jets; il alla s'adresser à Adélise, épouse du comte, et fille du
« fameux Roger de Toesny, et trouvant auprès d'elle plus de faci-
« lité, comme il l'avait prévu, il en obtint la promesse de faire
« bâtir une église à Lyre et d'entretenir des moines pour y célé-
« brer l'office divin.

« Bientôt on vit commencer les travaux avec magnificence;
« l'église fut élevée sur douze colonnes, avec des bas côtés. Un
« vaste monastère et une jolie maison abbatiale furent construits
« à peu de distance. Ces travaux, commencés en 1042, durèrent
« jusqu'en 1060.

« Cependant l'ermite Robert n'était pas oisif; il était parvenu à
« rassembler quelques moines recrutés de divers couvents, la
« plupart de l'abbaye de Saint-Evroult, et il avait préparé la
« grande fête de la consécration de l'église et de la prise de pos-
« session du monastère. Guillaume Flettel (Flertel ou de Fiers,

« d'après l'abbé Hommey, *Séez*, t. II, p. 2), évêque d'Évreux, vint
« en l'an 1050 présider à cette cérémonie religieuse. » (*Journal
d'Agriculture de l'Eure*, t. VI, 1829, p. 217-218).

A ce merveilleux récit, rapporté également par l'auteur de l'inventaire de Lyre (H. 587), la *Neustria* ajoute : « Guillaume, fils
« d'Osberne, à qui ils racontèrent leur vision leur répondit qu'il
« ne fallait pas croire aux songes, mais le prêtre lépreux lui dit à
« l'oreille tant de choses qu'il lui fut impossible de ne pas le
« croire : *talia in aurem dicturum se intulit ex admonitione visionis,
« quibus discredere non posset*. Ému de ces preuves, Guillaume
« consentit. »

La *Gallia* ajoute que le lépreux lui rappela le crime abominable
par lui commis et qui l'exposait à l'éternelle damnation. Alors
Guillaume convaincu lui jura, sur les cornes du cerf qu'il venait
d'abattre, de donner au futur monastère toute la dîme de la forêt
de Breteuil. En général la *Gallia* est beaucoup mieux renseignée
que la *Neustria*. On en verra la raison par la lettre suivante, par
nous trouvée aux manuscrits de la Bibliothèque Nationale :

« Pax X^{ti}.   « 22 septembre 1641.

« Mon Révérend Père,

« Ce petit mot sera pour vous advertir que le Père Artus du
« Moustier recollé a passé par icy, dont il n'a rien vu que les noms
« de quelques abbés qui sont dedans l'obituaire, *sans scavoir la
« date ni le temps qu'ils ont vescu*, il vous dy pouvoir bien faire
« accroire plus qu'il n'y en a, car il n'a veu ny notre bibliothèque
« ny nos archives, non pas même nos relliques, il disoit au com-
« mencement qu'il scavoit tout ce qui estoit icy, mais lui ayant
« refusé de voir ce qu'il demandoit, nous avons bien veu le con-
« traire. Il a esté chez Mre de Conches qui lui a faict voir le cartu-
« laire qu'il a, dont il a peu colliger quelque chose, mais il n'y
« demeura pas longtemps et cependant qu'il y fut, je fis ce petit
« abrégé des remarques qu'il avoit faict au monastère de Lyre
« d'où il venoit, à cause qu'il avoit laissé ses mémoires sur la table
« de l'hostellerie : s'il ne fust arrivé si tost qu'il fit ou qu'il m'en
« fusse apperçu plutost, j'en eusse bien colligé davantage : J'ay
« tout veu et l'ay faict voir au Révérend Père Prieur. Je vous eusse
« volontiers désiré icy pour deux heures, bien qu'il me semble

« qu'il n'a pas grand chose. J'ay remarqué particulièrement un
« catalogue des Abbés qui sont Saints de S¹ᵉ Vuandrille, mais le
« R. P. Prieur dit qu'il y en a autant dans le cloistre. Item j'ai
« remarqué une coppie d'un cartulaire des Abbés de S¹ Evroult
« ou autres choses remarquables, le tout estoit contenu dans
« 5 ou 6 feuilles de papier; je croy que M. le grand Prieur les lui
« avoit donnés. De P... il avoit fort peu de choses. Il me dit n'avoir
« rien eu du Mont Saint-Michel, mais maintenant il dy avoir col-
« ligé quelque chose dans Avranches que j'ai vu fort confusément.
« Il avoit encore deux manuscrits où il y avoit trois ou quatre vies
« de Saints, comme celle-cy *Vita S. Petri Abrincensis, monachi*
« *Savigniacensis* ouvrage d'un nommé B. Thomas, avec quelque
« autre chose que la brieveté du Temps m'a empesché de pou-
« voir remarquer; s'il alloit encore dans nos monastères vous
« pourriez avoir une copie de tout ce qu'il a, en advertissant
« quelqu'un. J'ai fait en sorte qu'il ne s'en est point apperçu, c'est
« pourquoy il ne faut pas luy en parler s'il vous plaist. Je me
« recommande à vos S. S. Sacrifices.

« Votre très affectionné confrère,

« F. Aug. JEUARDAH. »

L'adresse portait : « Au R. P. dom Anselme le Michel, religieux
bénédictin, demeurant à S¹ Germain des Prez, Paris. »

Quant aux notes de du Moustier, prises à Lyre et relevées par
le moine de Conches, elles se réduisent à une vingtaine de lignes
(*Mss. latin*, 13818, fol. 129 à 132). A la date de 1046 il résume
ainsi la légende : « *Guillelmus filius Osberni dominus Britolii et
Adelezia ejus uxor ampliore admonitione et divina jussione ædificare
ceperunt Lyrense cenobium, in villa que dicitur Lyra, in loco ubi
erat capella S*ᵗⁱ *Christophori.* »

On conçoit facilement quelles difficultés se dressaient devant les
historiens anciens, alors que chacun gardait jalousement ses
archives, le moine dans son couvent, l'omnipotent seigneur dans
son château. A chaque instant il faudra relever les erreurs de la
Neustria. Mais le lecteur saura maintenant que, religieux récollet,
il ne trouva, près des bénédictins, aucune sympathie, d'où impossibilité pour lui de se documenter.

En second lieu pour réussir dans la fondation d'une abbaye il
faut *un endroit bien choisi*.

C'est pour avoir ignoré ce principe que les débuts de l'abbaye du Bec furent si pénibles. Robert du Châlet ne commit pas la même faute, car l'emplacement était merveilleusement choisi ! A cet endroit, en effet, entre deux verdoyants coteaux, la Risle large et profonde coule au milieu de belles prairies et va se perdre à trois lieues plus bas. La vaste forêt de Conches vient pour ainsi dire expirer au sommet de la vallée, en sorte que tous les avantages matériels se trouvaient réunis. Bois de construction, bois de chauffage; eau à discrétion pour l'usage intérieur du couvent, comme pour faire mouvoir les moulins de l'abbaye; rivière si poissonneuse qu'elle était, sous ce rapport, un revenu véritablement appréciable; nombreuses et productives prairies alimentant les troupeaux, aussi bien que tous les animaux domestiques, nécessaires à une grande exploitation rurale. Le côté agréable vint se joindre à l'utile. La rivière alimenta des bassins, des jets d'eau, entourés de parterres, la colline boisée permit de créer des bosquets, des promenades délicieuses, où, pendant les récréations, les bons moines allaient chercher la fraîcheur. C'est là que Guillaume Alexis composait ses charmantes poésies, se hâtant, sitôt rentré dans sa cellule, *de les coucher par escript.*

Oui, vraiment, l'endroit choisi était on ne peut plus heureux ! Mais que faut-il penser du bourg de la Vieille-Lyre au moment de cette nouvelle fondation et de la chapelle Saint-Christophe dont parlent tous nos vieux chroniqueurs?

La Vieille-Lyre (1) remonte au moins aux premiers siècles du christianisme. Une voie romaine la traverse. « Son encaissement,
« dit notre compatriote bernayen, quoique abandonné sans entre-
« tien pendant plus de dix huit cents ans, offre encore pour plu-
« sieurs voitures de front un passage solide et sans ornières. Cette
« voie partait de *Julia Bona* ou Chillebonna, aujourd'hui Lille-
« bonne, capitale des Caleti (ceux du pays de Caux), ville fondée

---

(1) Il y a deux Lyre, dit Durand, la vieille et la jeune, toutes deux situées sur la rivière de Rille. La vieille est une fameuse abbaye de bénédictins qui vaut 20.000 livres. La jeune est un bourg situé au sud de la vieille, à un quart de lieue d'elle, au 18° 29m de longitude et au 48° 55m de latitude, à 7 lieues sud-ouest d'Évreux, 3 sud-est de Conches, 3 nord-ouest de Breteuil et 4 nord-nord-est de Laigle.

(Bonnin, *Opuscules et mél. hist. sur Évreux).*

« par César Auguste, centre de plusieurs voies de cette espèce et
« tendait à Condate (Condé-sur-Iton) après avoir traversé la Seine,
« Pont-Audemer et Lisieux. Sa direction était aussi agréable
« qu'utile et l'on peut dire que ses restes sont encore un monument.
  « Ce travail des Romains atteste l'antiquité de la Vieille-Lyre.
« Il fallut, en effet, jeter alors un pont sur la Risle, et si ce bourg
« n'existait pas déjà, il serait difficile de croire qu'il ne fut pas
« fondé à cette époque. » *(Journal d'Agriculture de l'Eure, 1829,
t. VI, p. 216).*

L'existence d'une ancienne chapelle de saint Christophe vient confirmer cette assertion. On sait que ce saint est le patron des passeurs de rivières, de ceux qui, après avoir reconnu un gué, se chargeaient, pour une faible rétribution, de transporter d'un bord à l'autre les voyageurs ou même les indigènes. Christophe, ou Porte-Christ, vivait au IIIe siècle. D'une taille extraordinaire, d'une force proportionnée à sa stature, il résolut de ne servir qu'un maître plus fort que lui.

Un ermite le baptisa lui donnant comme pénitence l'ordre de transporter sur ses épaules, à travers un fleuve impétueux qui manquait de pont, tous les voyageurs qui le demanderaient. Un jour se présente un enfant. Mais Christophe plie sous ce fardeau, léger en apparence, car le petit passager n'était autre que l'Enfant Jésus.

Les colossales statues de ce saint, telles que celle d'Epaignes (Eure), le représentent toujours en costume de passeur, avec l'Enfant divin sur l'épaule. Nos ancêtres avaient pour lui une grande dévotion et l'invoquaient encore dans les temps de peste, contre la grêle et les orages. On rencontre son culte près des rivières ou sur les hauteurs. Six paroisses du diocèse d'Évreux sont sous son vocable.

Cette chapelle de saint Christophe remontait donc à l'époque de l'établissement du christianisme dans ces contrées et fut détruite par les invasions normandes, puisque le souvenir en était si bien resté que les chartes primitives la mentionnent, sans hésitation, aussi bien que les chroniques.

Le pays, à cause de l'abondance de ses mines de fer, devait être peuplé de nombreux habitants. La forge de Trisay qui en avait remplacé une autre donnée, dès le XIIe siècle (vers 1145), aux religieux par Raoul de Vitot, avait, au XVIIIe siècle, une curieuse retenue d'eau, haut fourneau, fonderie, grosse forge et fenderie. Tous ces établissements supposent des ouvriers existant avant la fondation de l'abbaye et par conséquent l'existence antérieure de la Vieille-Lyre. L'étymologie même du nom, en opposition directe avec la bourgade voisine, la Neuve-Lyre, déjà plus importante en 1050, prouve la haute antiquité de cette paroisse, dédiée au chef des Apôtres, saint Pierre.

Il fallait enfin pour la réussite de la fondation *un seigneur puissant*. Guillaume, fils d'Osbern, remplira, sans contredit, cette dernière et essentielle condition. Voici, en effet, comment s'exprime à son sujet l'inventaire de Lyre, tome premier (H. 587) : « Guillaume, fils d'Osberne de Crepon, parent des ducs de Normandie, « était puissant seigneur dans cette province. Il fut aussy vaillant « guerrier qu'il était grand seigneur et s'attira par là l'amitié de « Guillaume le Conquérant qui le fit, d'abord, son écuyer tranchant, puis lui donna le comté de Breteuil, ou érigea, en sa « faveur, cette terre en comté; le nomma chambellan de Normandie, grand sénéchal du royaume d'Angleterre avec le comté de « Hereford et l'île de Wight.

« Osberne de Crepon, père du fondateur de l'abbaye, revêtu de « la charge de sénéchal de Normandie fut tué, l'an 1039, par « Guillaume, fils de Roger de Montgommery, vicomte de Hiesmes, « accompagné de quelques complices, dans le cabinet du duc « Guillaume, au château du Vaudreuil. Barnon de Glos, prévôt et « surintendant de la maison d'Osberne, vengea, le jour suivant, « la mort du sénéchal, son maître. L'assassinat d'Osberne, de « même que celuy commis en la personne de Gilbert de Crepon, « son père, furent l'effet du désir de posséder la baronie du Sap « et d'Orbec, que firent naître aux Giroys, seigneurs de Montreuil « et d'Echaufour, les nouveaux titres que le duc venait d'accorder « à cette baronie. »

Ce récit, tiré en grande partie de Guillaume de Jumièges, a été plus ou moins amplifié par les auteurs modernes tels que Vaugeois dans son *Histoire de Laigle*, Goujon dans la *Chatellenie du Vaudreuil*, l'abbé Caresme à l'article *Breteuil*, etc., sauf le détail de l'assassinat de Gilbert de Crepon par les Giroys. Il permettrait d'identifier Gilbert de Crepon, grand-père du fondateur de Lyre, s'il était exact. L'abbé Hommey, en effet, dans son *Histoire de Séez*, tome II, p. 77, cite ce passage de Guillaume de Jumièges :

« Un matin Gilbert [de Crepon], seigneur de Brionne, s'entrete-
« nait à cheval, sans penser à rien, avec son compère Vascelin ou
« Vauquelin de Pont-Echenfré (château près de N.-D.-du-Hamel).
« Pendant qu'il se livrait à cette conversation paisible, il fut tué
« sans défense avec Foulques, fils de Giroye. Cette mauvaise action,
« ce double meurtre, fut accompli par les mains cruelles d'Odon-
« le-Gros et par l'audacieux Robert, fils de Giroye », qui, pour se
venger de son ennemi, ne recula pas devant l'assassinat de son
propre frère. Mais il est impossible d'assimiler Gilbert de Brionne
avec Osbern de Crepon.

Car Guillaume, dit Fitz-Osbern par les historiens, afin de le distinguer des innombrables Guillaume de cette époque, était parent
des ducs de Normandie. Voici comment : Son père, Osbern,
descendait d'Herfast, frère de la comtesse Gonnor, épouse de
Richard Ier duc de Normandie; sa mère, Emma, avait pour père
Raoul, seigneur d'Ivry et de Breteuil, frère utérin de Richard Ier;
en sorte qu'il était petit neveu, tant du côté paternel que maternel,
du duc de Normandie et cousin issu de germain de Guillaume le
Conquérant. Après l'assassinat de son époux, Emma se retira dans
l'abbaye de Saint-Amand de Rouen dont elle fut la première
abbesse.

Quant à son fils, jeune encore à la mort de son père, « il resta,
« dit l'abbé Caresme, auprès du duc, dont il partagea tous les
« jeux et avec lequel il contracta une amitié qui ne se démentit
« jamais. A partir de 1042, on le voit assister à tous les actes du
« duc, son ami. Il obtint de bonne heure la place de grand séné-
« chal qui avait été occupée par son père, et il épousa, de 1042 à
« 1045, Adelise, fille de Roger de Tosny, seigneur de Conches ».

Un an après, ce puissant seigneur fondait l'abbaye de Lyre, non
pas à cause des prétendues révélations du prêtre lépreux du Bosc-
Renoult, mais parce qu'il était convaincu, comme tous les seigneurs de son temps, qu'il serait digne de mépris « s'il n'entretenait, dans ses domaines, des moines et des clercs pour y former
la milice de Dieu ». On ne voyait partout que de pieuses fondations,
le sol s'en couvrait comme d'une végétation nouvelle.

Son beau-père venait de fonder l'abbaye de Conches; celle du
Bec s'affermissait grâce à la protection de son cousin Gilbert de
Brionne; Saint-Evroult se relevait de ses ruines par les dons et
par l'influence des familles de Giroie et de Grandmesnil; le duc de

Normandie, donnant l'exemple, jetait lui-même les assises du monastère de Cerisy et en fondait deux à Caen ; Roger de Montgommery et son épouse, Mabile de Bellême, posaient la première pierre de l'abbaye Saint-Martin de Séez ; celle de Saint-Pierre-sur-Dive dut son existence, en 1040, à Guillaume, comte d'Eu, seigneur de Brionne, et à son épouse Lesceline, etc.

Guillaume Fitz-Osbern et Adelise, son épouse, firent donc comme tous les contemporains et même mieux, en proportion de leur fortune, puisqu'ils fondèrent deux abbayes : Lyre et Cormeilles.

La *Gallia*, dans ses preuves, ne donne pas la première charte de fondation, mais celle qui renferme toutes les donations du fondateur en France et en Angleterre, par conséquent après la conquête de ce pays par le duc de Normandie. L'inventaire de Lyre, lui, commence son laborieux travail par l'analyse de cette charte, suivie de celles des premiers bienfaiteurs. L'original existe aux Archives de l'Eure (H. 438) et nous en donnons une copie à l'Appendice, n° 1.

Guillaume Fitz-Osbern, donc, pour la rémission de ses péchés, pour le repos de l'âme de ses parents, de concert avec Adeliz, son épouse, en présence des témoins dont les signatures figurent à la fin de l'acte de fondation, concède à l'église Sainte-Marie, toujours Vierge, aux moines servant Dieu en cet endroit, sous la conduite de Robert, abbé ; sous le gouvernement de Guillaume, duc de Normandie, fils du comte Robert ; devant Guillaume, fils de Gérard, évêque d'Évreux à cette époque ; Guillaume, dis-je, concède la Vieille-Lyre, terre et seigneurie, le moulin, toute la rivière depuis la Neuve-Lyre jusqu'au Châlet ; toute la dîme de la forêt de Bémécourt avec la coutume, plus le bois nécessaire pour bâtir, tant pour les religieux que pour leurs hommes, avec paturage et panage ; la moitié de la Neuve-Lyre avec le moulin ; la terre et seigneurie de Garin de Chalet, le droit de service sur la terre de Gundran ; toute la terre de Chagny ; la terre de Thiery Tirel ; Trisay avec toute sa franchise ; la terre de Raoul de Marnières ; celle des Frétils ; le moulin de Brustilay ; tout ce que possédait Guillaume, fils d'Amand, de Pacy, après sa mort ; la dîme de Pacy avec celle de la forêt, la dîme du poisson et du vin ; le fief Gualon, c'est-à-dire les églises de Breteuil avec leurs dîmes, la terre et les maisons en toute franchise, la dîme de ses revenus, des moulins et des fours, la dîme de tous les vassaux de cette paroisse en entier ; la métairie de Fromont de Glos, 20 acres possédés par Witbert ; la dîme de Pont-Saint-Pierre, savoir de l'argent et des moulins, plus la dîme des moulins de Pîtres, celle du cens que les habitants de cette paroisse lui devaient de même que ceux de Romilly-sur-Andelle ; l'église du bourg de Pont-Saint-Pierre ; tout ce que possédait Théobald dans la vallée de Pîtres ; après son décès, les églises, les dîmes, les terres et toute la dîme des terres et moulins de Beissin acquis par le donateur ; la dîme d'Isambard de la Haye, celle du marché de Mélicourt, la moitié de la dîme des chevaux à Glos, celle de la prévôté au même pays, enfin la dîme de tout ce qu'il pourra, dans le cours de son existence, encore acquérir.

Adelise, du consentement de son époux, donne la terre de Bans-le-Comte, et, après sa mort, tous ses joyaux et tout ce qu'elle aura pour son usage : *omnia ornamenta quæ possidet et quæ possessura est.*

Après l'excommunication contre ceux qui raviraient quelques-uns des biens énumérés, viennent les signatures des témoins, précédées d'une croix : Guillaume, fils d'Osbern ; Guillaume, évêque ; Guillaume, archidiacre ; Guillaume, duc de Normandie ; Mathilde, son épouse ; Adelise, épouse de Guillaume ; Roger de Montgommery.

Les religieux collèrent à cette pièce, assurément après la conquête de l'Angleterre, les chartes des autres bienfaiteurs, savoir :

1° Ernauld, fils de Popeline, donne l'église de Corneuil avec toute la dîme qu'il possédait, la dîme de Foulques et de ses vassaux, toute celle du Boispanthou et du Bois-Fulbert. Son fils, Ernauld, afin de participer à la fraternité et aux prières des religieux, cède toute la dîme du moulin qu'il tenait de l'Évêque d'Évreux, une maison, plus tout ce que son père lui avait donné et tout ce qui devait, plus tard, lui revenir.

2° Raoul de Conches, en présence de Guillaume, roi des Anglais (donc après la conquête) et duc de Normandie, de Mathilde, son épouse, de Robert, son fils, aumône une terre, depuis le chemin de Garnenville jusqu'aux limites de celle de Robert, fils de Gothman ; ajoutant le don d'un bourgeois à la Ferrière.

3° Guillaume, fils du fondateur, abandonne la dîme du péage de Pont-Saint-Pierre, à lui donnée par Robert, comte de Normandie : puis toute la dîme et redîme de la vallée de Pîtres, en échange de la terre que l'abbaye avait à Bémécourt, du temps de l'abbé Ernaud. Don fait en présence de nombreux témoins nommés dans la charte. Antérieurement, il avait donné autant de terrain, à

Saint-Agile ou Saint-Eglan, qu'en peut labourer une charrue par jour, plus la terre de Hugues, son veneur, en toute franchise. En retour il reçut de l'abbé Ernauld, 13 livres, monnaie de Rouen. Enfin dans une dernière charte, sous Robert Courte-Heuze, il concède à l'abbaye la foire de Saint-Eglan ou Saint-Agile, avec toutes ses coutumes aussi franches qu'il les tenait lui-même ; les églises de Glos avec les dîmes, les maisons et tout ce que Raoul, fils de Hugon, avait de lui et possédait.

4º Les quatre fils Grenton : Ingenulfe, Guillaume, Robert et Wiart, pour l'âme de leur père, donnent, proche Chagny, autant de terre qu'une charrue peut en labourer.

5º Osmond et son épouse, de Gaspré, la dîme de deux charrues en ce pays et reçoivent en retour 30 sols des religieux.

6º Guillaume de Thévray, de l'avis de ses frères Robert et Hugues, donne la place du moulin Taneret à la Neuve-Lyre.

7º Richard Mahiard et Simon de Goutières prient l'abbé Hildebert d'obtenir du seigneur de Breteuil qu'il donne à Lyre tout le service qu'ils lui faisaient pour Mancelles, à quoi ce seigneur consentit.

8º Ernault, fils de Popeline, au jour de la profession religieuse de son neveu Guillaume, la dîme de Champdominel.

9º Guillaume de Tournay et Gilbert, son frère, du consentement de leur mère, dont c'était la dot, abandonnent aux religieux la dîme de Champdominel sur leurs domaines, sur celui de leurs hommes et de leurs vilains. En reconnaissance ils reçurent des religieux huit livres en monnaie du Mans et sept en monnaie de Dreux, hypothéquées sur cette dîme.

10º L'inventaire de Lyre ajoute une charte de Raoul de Tournai donnant une masure avec maison et jardin, près la forêt de Corneuil ; plus toute la dîme attenante et celle de tous ceux qui relèvent de lui ou qui voudront bien la leur donner. L'abbé Ernauld, en présence de Gonfroy, son religieux, lui offrit, pour cette aumône, deux chevaux.

11º Raoul et Roger de Pommereuil donnent leur église avec toute la dîme qu'ils possédaient en cette paroisse.

12º Robert de Tranchevilliers abandonne aux moines l'église de Morainville avec la maison du curé, un arpent de terre, une maison près de l'église, autant de terre que deux bœufs peuvent en labourer et tout ce qu'il avait de dîmes en cette paroisse.

13° Gilbert, fils de Roger, donne les dîmes sur la terre de Guillaume de Hofei qui étaient de son fief, dîmes données par le susdit Guillaume ou ses vassaux et celles qu'ils voudraient, à l'avenir, offrir à l'abbaye. Quarante sols de monnaie de Dreux reconnurent ce bienfait.

La réunion de toutes ces chartes forme un parchemin de 79 centimètres de hauteur sur 52 de largeur. Elles sont, comme on a pu le remarquer, de la deuxième moitié du xie siècle et des premières années du xiie siècle.

L'avenir de la future abbaye ainsi assuré, ROBERT DU CHALET, premier abbé d'après l'opinion commune, pouvait, sans crainte, entreprendre la construction de l'église et des bâtiments claustraux. Quatre à cinq ans lui suffirent pour mener à bien son projet et réunir les quelques moines, absolument nécessaires, afin de chanter les louanges de Dieu.

L'église construite en l'honneur de la Mère de Dieu fut dédiée par Guillaume, évêque d'Évreux, avec toute la pompe accoutumée et un immense concours de peuple, sans compter l'élite de la noblesse normande. Chacun s'extasiait sur la beauté de l'édifice, sur les vastes bâtiments qui s'étalaient à mi-côte, de telle sorte que, de loin, on aurait pu les prendre pour un village.

Les bénédictins, dans la *Gallia*, discutent ainsi la date de fondation : « Guillaume de Jumièges, disent-ils, écrit 1046 ainsi que la
« chronique de Lyre. D'autres l'avancent de quatre ans (il s'agit de
« du Moustier, dans sa *Neustria* qu'ils ne veulent pas nommer) et
« d'autres la retardent jusqu'en 1050. La vérité serait peut-être de
« dire qu'on décida cette construction en 1042 et qu'elle fut terminée
« en 1046 par les moines sous la conduite de Robert, leur abbé. »

Il est indubitable que la charte de fondation n'est pas antérieure à l'année 1051, puisqu'elle est souscrite par Guillaume le Conquérant et Mathilde, qu'il n'épousa qu'à cette date. Tous les auteurs s'accordent sur la date de consécration de l'église, 1050, et sur le nom de l'Évêque d'Évreux. Donc, on peut conclure que la construction de l'abbaye fut résolue et commencée en 1042, la dédicace de l'église faite en 1050 et la grande charte de Lyre signée en 1051.

Quelque temps après — 1055 — le duc Guillaume, voulant arrêter les entreprises du Roi de France, fit bâtir le château de Breteuil dont il donna la garde à Guillaume, fils d'Osberne de Crepon, qui attaqua si rudement la forteresse de Tillières, qu'au premier assaut, il en chassa la garnison française et s'acquit, par cette action d'éclat, la propriété du comté de Breteuil. Déjà, sans doute, il possédait cette terre, mais elle n'était pas encore érigée en comté, dit l'auteur de l'Inventaire de Lyre.

Pour marquer sa reconnaissance envers la divine Providence, qui le comblait de biens terrestres, Guillaume Fitz-Osbern et sa pieuse épouse décidèrent, en 1060, la fondation d'une autre abbaye dans une de leurs seigneuries, Cormeilles, au diocèse de Lisieux. Son père, en effet, en épousant Emma, fille de Raoul, comte d'Ivry, de Bayeux, de Breteuil et de Cormeilles, avait hérité de ce dernier fief qu'il transmit à son fils Guillaume. Au reste, les Osbern étaient déjà implantés dans cette contrée, car ils possédaient *Crepon* dont le sénéchal normand prit le nom, se faisant appeler Osbern de Crepon.

Bientôt par ses courageux conseils, sa persévérante et efficace amitié envers le duc de Normandie, son intrépide valeur, Guillaume Fitz-Obern allait acquérir de nouveaux domaines et enrichir ses deux abbayes normandes.

A la mort d'Édouard, roi d'Angleterre, Harald ou Harold, malgré ses serments, s'empara de la couronne d'Angleterre, au grand désappointement du duc Guillaume. Alors se présente notre comte de Breteuil, seigneur de Glos, Lyre, Rugles, la Ferté-Fresnel, etc. : « Seigneur, dit-il au duc son ami, la mort d'Édouard est une chose à laquelle il n'y a pas de remède ; quant à l'audace de Harold qui vous a manqué de parole, on peut l'en punir, et c'est ce dont vous devez vous occuper : nous vous aiderons ».

Le conseil était excellent, la difficulté consistait à le mettre en pratique et à obtenir, de la noblesse, un consentement général. On le vit bien dans l'assemblée réunie à Lillebonne, d'après Guillaume de Malmesbury. Car les uns se disaient pauvres ou endettés, les autres avaient horreur de la mer, presque tous disaient que la loi féodale ne les obligeait point, à l'étranger.

Alors, selon Guillaume de Jumièges, le comte de Breteuil prit la parole : « Seigneurs barons, dit-il, pourquoi tous ces débats ? Vous savez tous combien votre seigneur légitime est généreux envers ceux qui le servent bien ; vous savez aussi combien il est exigeant quand il s'agit de l'attachement qu'on lui doit. Voudriez-vous lui refuser votre aide dans une occasion aussi importante ? Voudriez-vous qu'il fût fondé à dire que c'est vous qui avez fait manquer son entreprise? Faites un effort; faites pour lui ce que vous pourriez faire ». Entraînés par ces mots ils le chargèrent d'arranger le tout au mieux.

Le duc de Normandie, prévenu, revint dans l'assemblée : « Seigneur duc, lui dit Guillaume Fitz-Osbern, jamais prince n'a eu des hommes plus fidèles et meilleurs que les vôtres; vous devez bien les chérir, ils sont prêts à faire pour vous tout ce que vous demandez; ils iront où vous voudrez les conduire; ils vous donneront des soldats, des vaisseaux; ils doubleront pour vous leur service, et tel qui n'est tenu qu'à vous fournir vingt chevaliers vous en donnera quarante. Quant à moi, je vous donnerai soixante vaisseaux, bien fournis d'hommes armés et de tout ce qui sera nécessaire ». — Un tel tumulte suivit ces promesses, une telle confusion, que le duc fut, une fois encore, obligé de quitter l'assemblée.

Mais prenant chaque baron en particulier, probablement sur l'avis du rusé comte de Breteuil, il lui demandait ce qu'il pouvait faire pour lui, en prenait note, de telle sorte que tous se trouvèrent engagés, aucun n'ayant osé refuser.

Guillaume Fitz-Osbern obtint du duc le rappel de plusieurs exilés, particulièrement de son beau-frère Raoul de Tosny, seigneur de Conches, et d'Hugues de Grantmesnil.

A la bataille d'Hastings, chargé du premier corps d'armée, il parut, dans cette mémorable circonstance, aussi valeureux qu'habile conseiller. C'est pourquoi ses vassaux, bien conduits, se montrèrent archers hors ligne, habileté attestée par le roman de Rou :

> Ensemble o els ces de Bretoel
> A maint Englis ont crevé l'oel...

Par la mort d'Harold la conquête fut complète dès la première année, 1066, en sorte que Guillaume devenu roi d'Angleterre, après avoir déclaré le comte de Breteuil grand sénéchal du nouveau royaume, le laissa gouverneur des parties septentrionales, de Winchester, et revint en Normandie avec son armée victorieuse.

Les barons normands furent récompensés au centuple de leurs frais de guerre, car le Conquérant leur partagea largement les propriétés anglaises. Guillaume Fitz-Osbern, pour sa part, eut tout le comté de Hereford avec l'île de Wight. A son retour, en 1070, il donna, par sa deuxième charte, à son abbaye de Lyre, des biens considérables en Angleterre : 48 églises avec le patronage, 11 chapelles, 4 ou 5 prieurés, 40 dîmes presque toutes sur les domaines des seigneurs, la dîme sur trois forêts, sur des moulins, sur le poisson, deux manoirs, fermes, terres, etc., le tout dans l'Ile de Wight ou dans le comté d'Hereford et les abbés de Lyre furent de droit, à l'avenir, chanoines de la cathédrale d'Hereford. Cette donation est de 1070, disons-nous, quoiqu'elle ne soit pas datée, puisqu'elle est signée par le vénérable Lanfranc, archevêque, et qu'il ne fut nommé à Cantorbéry qu'en 1070. Elle ne peut être postérieure, car le comte de Breteuil mourut l'année suivante. Le *Gallia* a publié ce document *in extenso*. Il résume au début la charte primitive, en y ajoutant toutes les donations anglaises (Voir APPENDICE, n° 2).

Parmi les témoins vient, après Lanfranc, archevêque : Guillaume, évêque d'Évreux. Or ce prélat, mort le 11 février 1066, avait eu pour successeur Baudouin, mort lui-même le 10 des calendes de janvier 1070, d'après Chassant, le *Gallia*, l'abbé Caresme, etc. Cependant quelques auteurs ont cru que Baudouin succéda, en 1070, à Guillaume Flertel et notre charte appuierait leur opinion.

Où cette charte fut-elle signée? En Normandie ou en Angleterre? Lanfranc reçut la consécration épiscopale, le 29 août 1070, à Cantorbéry, et ne revint en Normandie, d'après le chanoine Porée, qu'en 1077. S'il était revenu en 1071 le bienheureux Herluin n'aurait pas entrepris un long et pénible voyage pour visiter son cher fils dans tout l'éclat de la dignité primatiale *(Histoire du Bec*, tome Ier, p. 125).

Cependant l'abbé Caresme affirme que « dans les premiers jours
« de 1071, le comte Guillaume de Breteuil, envoyé par son maître
« pour seconder la reine Mathilde dans le gouvernement de la
« Normandie, repassa le détroit *avec le célèbre Lanfranc,* arche-
« vêque de Cantorbéry, en présence duquel il renouvela et aug-
« menta toutes les donations faites antérieurement par lui à
« l'abbaye de Lyre ». (Art. *Breteuil,* p. 554).

Lorsqu'on veut approfondir les questions de ces époques lointaines, surgissent de suite mille contradictions sur les dates aussi bien que sur les faits.

Ainsi l'inventaire de Lyre écrit : « Ce fut vers ce temps-là que
« Gislebert, surnommé le Grand, *fils* d'Osberne de Crepon, et *frère*
« du comte Guillaume, devint Évêque d'Évreux; il resta sur ce

« siège épiscopal jusqu'en 1112 qu'il mourut chargé de mérites et
« d'années. Les historiens en font un éloge auquel l'on ne peut
« rien ajouter. » Chassant et l'abbé Caresme sont du même avis
et le disent *fils* d'Osberne, *frère* de Guillaume. Mais le *Gallia*,
Fisquet dans sa *France Pontificale*, Le Brasseur, l'abbé Delanoë,
l'abbé Lebeurier lui donnent pour auteurs *Guillaume Fitz-Osbern*
et *Adelise, fille de Roger de Tosny*.

Un examen méticuleux de la question nous a fourni la généalogie suivante :

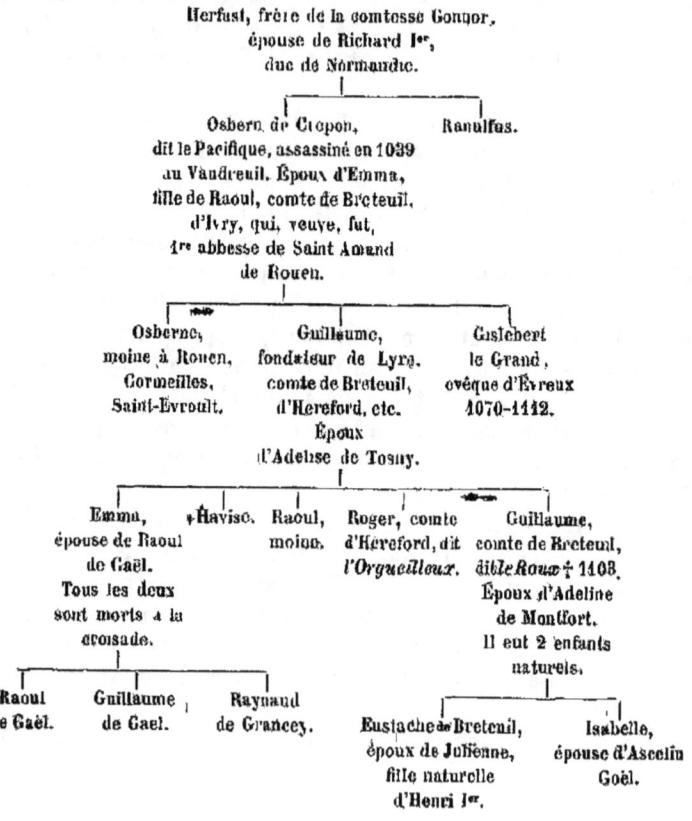

A peine débarqué, Philippe, roi de France, lui proposa de s'unir
à lui pour soutenir le jeune comte de Flandre contre son frère

aîné, Robert, surnommé Frison (1). Charmé de l'occasion d'augmenter sa gloire militaire, il suivit le Roi, mais trouva la mort, le 22 février 1071, dans un combat acharné. Sa perte fut regardée comme une calamité publique, car, après le duc Guillaume, on l'estimait le plus valeureux et le plus sage des barons normands. Orderic Vital dit à ce sujet : « *Normannorum maximum strenuitate baronem valde omnes planxerunt, qui largitates ejus et facetias atque mirandas probitates noverunt.* » (T. II, p. 236).

Guerrier intrépide, sage conseiller, ami d'une rare fidélité, généreux envers les églises, les religieux, les pauvres, il fut, de plus, un habile législateur. Il fit, en effet, pour son comté, des lois spéciales, nommées *les lois et coutumes de Breteuil* qui, portées en Angleterre, y restèrent en vigueur pendant plusieurs siècles. Des lois particulières, encore par lui établies, régissaient Cormeilles, un de ses autres domaines.

C'est dans l'abbaye de ce nom qu'il voulut être inhumé. Au mois de mars on rapportait, en grand deuil, son corps, pour lequel l'abbé Gillebert fit élever un tombeau, remplacé plus tard par un plus moderne. On y voyait la statue de Guillaume Fitz-Osberne avec ses armoiries : *de sable à un cerf d'or*, avec cette épitaphe : Cy gist Guillaume Fitz Osbern, comte de Breteuil et de Lincestre, fondateur de céans. D'après le *Mémorial des Évêques*, page 32, « son corps fut mis soubs un tombeau de marbre élevé à main droitte du chœur ».

« A l'égard de la comtesse Alix, fondatrice, ajoute l'*Inventaire de Lyre*, il paraît, par un cartulaire (2), qu'elle était morte en 1066 et avait été inhumée dans le cloître de la dite abbaye. L'on voit encore aujourd'hui à un coin du cloître, à l'entrée de l'église, sous un cintre pratiqué dans l'épaisseur de la muraille, entre le cloître et l'église, un piédestal relevé d'environ trois pieds, sur lequel est la figure d'une femme, avec cette inscription : Cy gist dame Alix de Tosny, femme de Guillaume de Crepon, comte de Ley-

---

(1) *Anno MLXXII Willelmus filius Osberti fuit interfectus a Roberto Frison die dominica et sepultus apud Cormelias.*
(Bibl. nat., mss. lat., 10061).

(2) *Anno MLXVI... circa hoc tempus obiit Adelicia uxor Willelmi filii Osberti et sepulta fuit in claustro Lirensi.*
(Bibl. nat., mss. lat., 10061).

cestre et de Breteuil, grand maréchal d'Angleterre et fondateur de céans et de Cormeilles, laquelle trépassa le V⁰ jour d'octobre l'an mil soixante... » Mais le peu d'antiquité qui paraît sur ce tombeau donne lieu de croire qu'il a été fait longtemps après la mort de la comtesse Alix. L'inscription paraît avoir été mise sur de faux mémoires, car l'on ne croit pas que le comte de Breteuil ait été grand maréchal d'Angleterre ni possesseur du comté de Leycestre. » (Arch. de l'Eure, H. 587). On a confondu grand sénéchal avec grand maréchal, et donné la seigneurie des de Meulan, grands bienfaiteurs de Lyre au xiii⁰ siècle, comtes de Leycestre, à Guillaume Fitz-Osbern, comte de Hereford.

Quelle noble et illustre famille que celle du fondateur de Lyre ! Son père, surnommé *le Pacifique*; une sainte mère qui, devenue veuve, se consacre à Dieu dans le monastère de Saint-Amand de Rouen, dont elle devient la première abbesse; un frère qui, de chanoine et archidiacre de Lisieux, est élu évêque d'Évreux, méritant le titre de *Grand* par ses vertus, comme par ses talents; un second frère, Osberne, moine à la Trinité-du-Mont à Rouen, qui forma et organisa le monastère de Cormeilles, fondé par son généreux frère; puis, sur l'ordre du duc de Normandie conseillé par Lanfranc, devint abbé de celui de Saint-Evroult.

« Osbern (1), dit Orderic Vital, avait cultivé les lettres depuis son enfance, il était éloquent dans ses discours et propre par la force de son esprit à toutes sortes d'arts tels que la sculpture, l'écriture... C'était un homme d'une stature médiocre... la tête bien garnie de cheveux noirs et blancs; il était sévère pour les sots... miséricordieux pour les faibles... plein d'ardeur pour la profession monastique... il savait contenir à merveille les jeunes gens et les forcer à lire, psalmodier, ainsi qu'à écrire. »

Ainsi les trois frères avaient le don de la parole : Guillaume

---

(1) C'est le *Cartulaire de la Trinité de Rouen* qui a fourni à M. Aug. Le Prévost le nom de deux fils d'Osbern de Crepon, savoir Guillaume et Osberne. Par conséquent le bon moine n'est pas fils d'Herfast, comme l'ont écrit plusieurs auteurs, mais petit fils, ce qui s'accorde bien mieux avec le portrait fait de lui par Orderic Vital, à son arrivée à Saint-Evroult vers 1065. Les cheveux noirs et blancs de l'abbé indiquent un homme de 50 à 60 ans, tandis qu'il aurait eu de 75 à 80 s'il avait été fils d'Herfast.

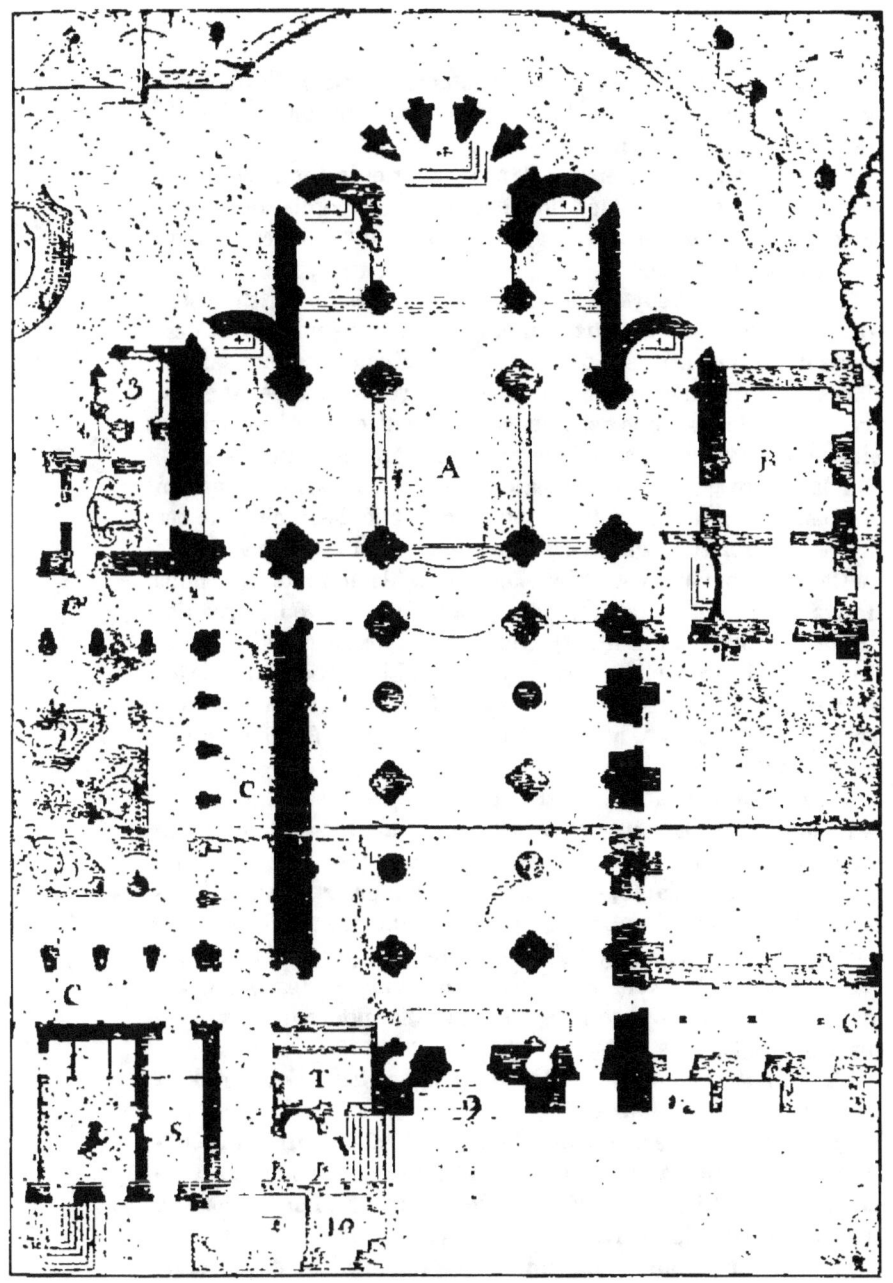

ABBAYE DE LYRE

PLAN DE L'ÉGLISE ABBATIALE

(d'après le plan général de l'abbaye dressé en 1759 par Dom Miserey
et conservé aux Archives de l'Eure)

Fitz-Osbern en donna une preuve éclatante à l'assemblée de Lillebonne et Gislebert, évêque d'Évreux, par son oraison funèbre de Guillaume le Conquérant.

Enfin le comte de Breteuil, dans sa charte de fondation pour Cormeilles, avant l'énumération des biens temporels, qui serviraient à lui assurer des prières, abandonne aux religieux un de ses fils nommé Raoul.

Mais ce qu'il faut surtout admirer c'est comment le christianisme sut transformer, en quelques années, ces barbares normands, destructeurs, à leur arrivée, des églises et des couvents, utiliser ces riches et vaillantes natures qui, sans arrière-pensée aucune, acceptèrent la nouvelle religion et la mirent en pratique avec la plus noble simplicité, avec la ferveur de néophytes sincères.

A la pieuse générosité des parents, correspondait l'abnégation la plus entière des enfants. La majeure partie des moines de ces florissantes abbayes appartenait à la grande noblesse. Après Robert du Châlet, premier abbé de Lyre, et Raoul, fils du fondateur, nous trouvons au nombre des religieux : Guillaume, neveu d'Ernauld, fils de Popeline (charte n° 13), Richard de Bois-Anzerai (n° 23) et Roger, son frère (n° 96), Godefroy sous l'abbé Ernauld (n° 323), ainsi que Fulcoin, Raoul de Groslay (n° 325), Guillaume de Houssemaigne (Inv. ch. 45, art. II), Aubert de l'Arche-Gaultier, dit le Maire, de Pacy, etc.

Robert, premier abbé, constitua donc le monastère, lui donna la règle de Saint-Evroult, et se montra digne de sa place par sa piété et sa fermeté. Les moines, à son exemple, vécurent aussi d'une manière édifiante, occupés en outre à créer les embellissements de leur retraite. De cette époque dataient probablement le parc splendide entouré de belles murailles, les jolies terrasses, les vastes jardins, les vergers, les sinueux canaux, les productifs viviers et le tout offrait soit les vues les plus pittoresques, soit les promenades les plus variées.

L'abbé *Robert* mourut le 20 avril et figure dans l'obituaire au douze des calendes de mai.

Quel fut son successeur? Un moine de Saint-Evroult, sans contredit. Mais le *Gallia* dit : Bernon, tandis que du Moustier, l'Inventaire de Lyre et Robert du Mont placent avant lui, Erfast. *Bernon* figure au 9 avril dans le nécrologe, *Erfast* le 3 mai.

Saint-Evroult fournit encore le quatrième abbé de Lyre, le

moine Ernauld ou *Arnault* qui « vivait, dit l'*Inventaire*, sous Guillaume le Conquérant, du temps du fondateur et de son fils, par conséquent avant 1071. Il fit une association de prières avec plusieurs maisons religieuses — notamment avec Saint-Pierre-sur-Dives — et mourut le 6 juillet ». Il est plusieurs fois question de cet abbé dans les chartes de Lyre. D'abord dans celle du fils du fondateur (n° 6) au sujet de la dîme et redîme de Pîtres, à l'époque de *l'abbé Ernauld*, en présence d'Ernauld, fils de Popeline. Puis le même bienfaiteur reçut de *l'abbé Ernauld* 13 livres, en monnaie de Rouen, pour une charruée de terre à Sainte-Agile (n° 7); enfin *l'abbé Ernauld* donna deux chevaux à Raoul de Tournay pour une maison, près la forêt de Corneuil.

Nous serions bien tentés d'identifier cet abbé avec le fils d'Ernauld, fils de Popeline. Ce dernier, principal officier de Guillaume Fitz-Osbern, surnommé *Popeline* pour le distinguer des autres personnages du même nom, selon la coutume du temps, donna presque tout ce qu'il avait reçu de son maître à la nouvelle abbaye : l'église de Corneuil avec sa dîme, les dîmes de Bois-Penthou, de Bois-Fulbert, etc. « Ernauld, son fils, dit l'*Inventaire* de Lyre, en se faisant religieux et *acceptant d'en être abbé* donne toute la dîme du moulin qu'il tenait de l'abbé, et tout ce qui devait lui revenir. » (Charte n° 3). Mais si les bénédictins de Saint-Maur ont fait cette identification, il nous paraîtrait téméraire d'interpréter ainsi les termes de la charte. Les voici : « Ego Ernaldus Ernaldi filius *accipio fraternitatem* et *beneficium Abbatie Lire*, et concedo, etc. » Il s'agit ici, non d'une profession religieuse, comme pour le neveu d'Ernault pour lequel la charte dit expressément *pro nepote meo Guillelmo monacho faciendo*, mais de la *fraternité* que les laïques désiraient avoir avec les religieux, afin de participer à leurs prières, d'en posséder *le bénéfice*. Tel est le sens rigoureux de ces expressions au moyen âge, en sorte que l'auteur de l'*Inventaire* les a traduites avec les idées du xviii° siècle, prenant le mot *beneficium*, non plus comme union de prières, mais comme fonction, dignité abbatiale.

De l'abbaye de Saint-Evroult vint de nouveau le successeur de l'abbé *Ernauld*. Il se nommait Hildevert ou *Hildebert* et mourut le 20 mars, selon l'obituaire. Quand on apporta le rouleau des morts, de la part des religieuses de Caen, après la mort de l'abbesse Mathilde, en 1116, les religieux de Lyre y inscrivirent le nom de leur dernier abbé défunt, *Hildevert*, afin de le recommander aux prières des autres communautés. Son décès se place donc au plus tôt l'an 1106 puisque son successeur gouverna dix ans le monastère.

Le comte Guillaume de Breteuil, fils aîné du fondateur, « après avoir guerroyé toute sa vie avec des succès divers et fait de nombreuses largesses aux communautés religieuses, mourut au Bec, dans l'habit monacal, le 13 janvier 1102 (1) et fut inhumé dans le cloître de Lyre. Guillaume le Conquérant lui avait attribué, en sa qualité d'aîné, tous les biens paternels en France : Breteuil, Pacy, Ivry, Lyre, Glos, etc., et, à son frère Roger, le comté d'Hereford et les domaines dans l'île de Wight ».

« Il y avait aussi une fille, ajoute l'*Inventaire*, nommée Emme ou Amicie, qui fut mariée à Raoul de Guader, comte de Suffolk et Norfolk, en 1073, contre le gré de Guillaume le Conquérant. Le jour des épousailles le mari et le frère publièrent à haute voix qu'il fallait chasser Guillaume du royaume. Raoul de Guader se vit bientôt obligé de fuir en Bretagne et d'abandonner sa femme et ses soldats à la Providence. Ils eurent la vie sauve, mais Raoul fut condamné à un exil perpétuel et à la confiscation de ses biens, comme ceux du comte de Hereford qui, de plus, convaincu du crime de lèze-Majesté, resta en prison jusqu'à sa mort.

« Le comte de Breteuil, au contraire, se maintint dans la bonne amitié du Roi duquel il reçut la tour d'Ivry construite par l'illustre Aubérée, femme de Raoul, comte de Bayeux. »

L'abbé *Hildebert* qui avait présidé les obsèques de Guillaume II de Breteuil, et son inhumation dans le cloître du monastère, eut pour successeur Gilbert Ier de Glos, de race noble, orateur remarquable, moine de Saint-Evroult. Ainsi donc, à l'exception de Robert du Chalet, les cinq premiers abbés de Lyre furent tirés de ce couvent et tous les cinq gouvernèrent avec la plus grande piété leurs religieux. Le *laus perennis* alternait avec l'étude, le travail manuel avec l'instruction de la jeunesse. Dans les cloîtres bénédictins, en effet, de jeunes chevaliers du pays et des environs,

---

(1) Robert de Torigni le fait mourir plus tôt : « Willermus autem, post varios eventus, hoc anno ab incarnatione Domini M° XC° VIII°, tempore Roberti ducis, apud Beccum, V Idus Januarii, obiit. » — Léopold Delisle, dans sa note à ce passage, dit 12 janvier 1103 et M. Le Prévost, 12 janvier 1102 dans son annotation d'Orderic Vital.

mêlés aux nombreux novices, apprenaient de leurs savants professeurs : la grammaire, la rhétorique, la dialectique, l'arithmétique, la géométrie, la musique et l'astronomie (Cf. *Histoire du Bec*, t. I, p. 96 et suiv.).

L'abbé Caresme dit que, du temps de cet abbé, Henri Ier confirma toutes les possessions de Lyre. Or la charte est de 1120, parce qu'elle est faite à Rouen, où le roi se trouvait cette année-là ; signée de Geoffroy, archevêque de cette ville (1110-1128) ; d'Audoin, évêque d'Evreux (1113-1138), et de Jean, évêque de Lisieux (1107-1141).

D'après le nécrologe de Lyre, *Gilbert de Glos* mourut le 1er septembre et figure le 2 sur celui de Saint-Evroult. La *Neustria* ajoute : décédé le 4 des calendes d'octobre, *vers l'an 1100*, ce qui est inexact, car il vivait certainement encore l'an 1113, selon la charte précédente.

C'est encore parmi les religieux de Saint-Evroult qu'on choisit le septième abbé, en la personne de GUILLAUME Ier, qui pourrait bien être le neveu d'Arnault, fils de Popeline, à la prise d'habit duquel il avait donné la dîme de Champdominel, en présence de Rainald, père de son neveu, de Lebran, autre neveu, de Raoul, prévôt de la Vieille-Lyre, etc.

Son cousin germain, Arnault III, commandait à cette époque, 1119, le fort de la Neuve-Lyre pour Eustache de Breteuil qui, fils naturel de Guillaume II de Breteuil, revendiquait l'héritage paternel contre les neveux du comte : Raoul et Guillaume de Gaël.

Eustache eut le tort de se révolter contre Henri Ier dont il avait épousé la fille naturelle, Julienne. Le roi d'Angleterre, au mois de septembre, se présentait devant Lyre qu'Arnauld du Bois, effrayé par les succès du prince et sans aucuns secours, ni d'Eustache, ni d'Amaury, comte d'Evreux, lui rendit sans combat.

La paix, ménagée par le pape Calixte II entre les rois de France et d'Angleterre, qui avaient soutenu leurs partisans, se fit au mois de novembre, à Gisors ; mais Eustache et son épouse ne rentrèrent point dans leurs domaines normands. Henri Ier voulut bien faire, à son gendre, une pension de 300 marcs en Angleterre, à condition que Julienne, sa fille, prît le voile à Fontevrault, à cause de son indigne conduite envers lui. L'*Inventaire* signale une charte, sans date, d'Eustache de Breteuil, pour confirmer les dons de son aïeul et de son père, puis il ajoute en note : « Il était déjà dépossédé du comté de Breteuil, à ce moment, et ne la donna que pour obliger les détenteurs de la dîme des moulins de Pacy à la restituer à l'abbaye, ce qu'ils firent par leurs chartes jointes à la même feuille. » Ces documents n'existent plus aux archives de l'Eure.

Raoul de Gaël obtint donc, de cette manière, le comté de Breteuil. Mais, désespérant de se faire aimer des vassaux d'Eustache, il forma le projet de se retirer en Bretagne et de laisser Breteuil, Glos et Lyre à sa fille Amicie qui épouserait Richard, fils naturel du Roi. Le naufrage de la *Blanche-Nef*, arrivé en 1120, anéantit ce rêve paternel !

Amicie épousa Robert, comte de Leycester, fils du célèbre Robert de Meulan et frère puîné du comte Galeran. Breteuil devint ainsi l'apanage de la famille de Meulan dont les membres se montrèrent, tour à tour, les bienfaiteurs de l'abbaye de Lyre. Tous les historiens ont fait le plus grand éloge du père de ce nouveau comte de Breteuil.

« Instruit, dit Henri de Huntingdon, éloquent, habile, prévoyant, fertile en ressources, d'une prudence infinie, surtout homme de bon conseil : son autorité morale, appuyée sur sa puissance politique, fut si grande qu'on le regardait comme l'arbitre de la guerre et de la paix entre la France et l'Angleterre. Nul ne put s'élever contre lui sans être bientôt abattu, tandis que sa gratitude influente s'exerçait en faveur de tous ceux qui se montraient ses amis. Ses trésors s'accroissaient sans cesse en métaux frappés, en pierreries, en vêtements précieux. » — Guillaume de Malmesbury dit lui-même : « Déjà très en faveur sous les règnes précédents, Robert de Meulan parvint sous Henri Ier au faîte des honneurs. Il en était écouté comme si ses conseils eussent été autant d'inspirations célestes. La maturité de son jugement, son élocution persuasive et son caractère conciliant justifiaient une telle confiance... Champion de l'équité lorsqu'il fallait rendre la justice, guide de la victoire dans les combats, il se constituait auprès du Roi le serviteur et le gardien des lois et l'implacable ennemi de la perfidie. » (*Historiens de France*, XII, 15 et XIV, 265).

D'après J. Depoin, que nous suivrons préférablement à l'historien de *la maison d'Harcourt*, Robert Ier, fils de Roger de Beaumont, dit *le Barbu* et d'Aéline de Meulan, eut de son épouse Isabeau de Créquy, nièce du roi Philippe, cinq filles et trois fils, parmi lesquels Robert II, comte de Breteuil par son mariage avec Amicie, fille de Raoul de Gaël. De cette union vinrent : Robert III, dit *aux*

Blanches Mains, époux de Pétronille ou Pernelle de Grentemesnil en 1167; Hugues; Amicie, épouse de Simon de Senlis, et Adeline, femme de Robert de Tosny.

Un des premiers actes de Robert II de Meulan, comte de Breteuil, fut la fondation, en 1125, du prieuré de Notre-Dame du Désert dont nous reparlerons au moment de sa réunion à l'abbaye de Lyre, en 1233. Puis il confirma, sur le vu des pièces et documents, tout ce que les religieux possédaient dans son fief; d'une manière générale d'abord, en présence de Gilbert des Minières, son sénéchal, de Philippe d'Aubigny, de Jean d'Aubevoie, Guillaume Durescu, Nicolas de Glos, le chapelain Guillaume, le clerc Lucas, Robert du Châlet; ensuite d'une façon détaillée dans une seconde charte adressée à Arnauld du Bois, à tous ses barons, baillis, serviteurs, etc., en présence d'Amicie, comtesse de Leicester, son épouse *(Chartes n°s 22 et 23)*. Une troisième charte confirme le don d'un moulin, à la Vieille-Lyre, par Richard du Bois-Anseray au moment de sa profession religieuse; et celui de 60 sols chartrains par Baudry, fils Hoer. L'auteur de l'*Inventaire* de Lyre dit dans son analyse de la charte n° 23 (n° 5 de l'*Inventaire*) que Robert, premier comte de Leycester, accorde en plus aux religieux « la franchise pour sept de leurs domestiques, tant en bois qu'en plaine, et la même exemption par toute sa terre, ainsi qu'à cinq bourgeois de la Vieille-Lyre, au choix des moines, enfin les mêmes franchises sur leurs terres et leurs hommes qu'il avait lui-même sur les siens ». Mais ce passage n'existe pas dans l'original des archives de l'Eure.

Robert II, surnommé *le Bossu*, prit en 1152 l'habit de chanoine, à Notre-Dame de Leicester, abbaye fondée par lui et y mourut en 1167. Amicie, son épouse, embrassa de même la vie religieuse dans celle d'Etona, de l'ordre de Fontevrault, fondée également par ces pieux chrétiens. On voit par ces exemples, nombreux à cette époque, en quelle estime les fidèles avaient la vie monastique. Obligés par leur situation de vivre au milieu du monde ils voulaient au moins finir leurs jours dans le calme du cloître.

Il nous faut revenir à nos abbés de Lyre dont il sera facile d'établir la suite exacte. *Guillaume Ier* figure sur l'obituaire de Lyre au 19 septembre, et au 20 sur celui de Saint-Evroult. Les bénédictins lui donnent Raoul pour successeur, ainsi que du Moustier et l'*Inventaire de Lyre*, suivis par Mabillon qui place

GÉNÉALOGIE DES DE MEULAN, COMTES DE LEICESTER ET COMTES DE BRETEUIL

Hellouin Ier de Meulan.

Hugues 1er de Meulan, témoin dans les chartes de son époque, 990, 991, qui eut

Valéran ou Galéran Ier, comte de Meulan (1007-1029), † en 1068, époux : 1° de Ode, † en 1033 ; 2° d'Aélis après 1033.

Hellouin II, vicomte du Mantais sous Henri Ier.

Hugues II, dit *Chef d'Ourse*, époux d'Héluise, morte en odeur de sainteté à l'abbaye de Coulombs, où elle s'était retirée.

Hugues III, fils d'Ode, comte du château de Meulan, religieux au Bec, vers 1081, qui préféra son neveu, Robert Ier, à Hugues IV, à cause de sa sœur Aéline.

Galéran II, fils d'Aélis, laissa une postérité qui eut de grandes charges.

Foulques, fils d'Aélis.

Aéline, épouse de Roger de Beaumont, dit *le Barbu*, fils de Onfroy, seigneur de Vieilles et d'Auberée, † en 1096, fondatrice de l'abbaye de Preaux.

Hugues IV.

Robert Ier, héritier du comté de Meulan, époux d'Isabeau de Créquy, nièce du roi Philippe, mariés en 1096, d'où 5 filles et 3 fils, dont 2 jumeaux, nés en 1104. Robert Ier mourut le 5 juin 1118.

Henri, tige des comtes de Warwick.

Galéran II, prisonnier au Bourgthéroulde (1124), épouse à 37 ans Agnès de Montfort, † à Préaux le 9 avril 1166, à 62 ans.

Robert II, 1er comte de Leicester, époux d'Amicie, fille de Raoul de Gaël, comte de Breteuil, Pacy, Ivry, etc.
Robert II, dit *le Bossu*, se retira à Leicester en 1152 et y mourut en 1167, sa veuve se retira dans l'abbaye d'Etona, en Angleterre.

Hugues, dit *le Pauvre*, comte de Bedford, eut tous les biens d'Angleterre.

Aubérée ou Aubrée, épouse de Hugues II de Châteauneuf-en-Thimerais.

Robert III, 2e comte de Leicester, dit *aux Blanches Mains*, époux de Pétronille de Grentemesnil (1167), mort à la croisade en 1190.

Hugues.

Amicie, épouse de Robert de Tosny.

Richard, enfant naturel, abbé d'Utique.

Robert IV, 3e comte de Leicester, époux : 1° d'Amicie Pumel ; 2° de Lorette de Brasse (1185). † en 1204 sans postérité.

Roger, archevêque de St-André, en Écosse.

Guillaume, sire de Breteuil, dit *le Lepreux*.

Amicie, épouse : 1° Simon, comte de Montfort ; 2° Albine, comte de Dammartin ; 3° Guillaume des Barres.

Marguerite, comtesse de Manchester, épouse de Sa... ou Selier, sire de Quincy.

A la mort de Robert IV, le comté de Breteuil fut cédé, par Amicie, sa sœur, à Philippe-Auguste.

vers 1130 son élection. Sans doute M. le chanoine Porée (*Le Bec*, t. II, p. 156), croyant s'appuyer sur Robert de Torigni, émet une autre opinion, mais ce n'est qu'un *lapsus calami*. Car à la date citée par lui, 1166, Robert de Torigni parle, non de Raoul, mais de *Guillaume* : « Obiit magnarum virtutum vir venerabilis *Willermus* abbas Lirae, religionis monasticae optimus moderator cui successit, mira Dei dispositione, frater ipsius Osbernus, prior ejusdem loci. Rexit autem Lirensem ecclesiam idem *Willermus* honeste et viriliter annis fere viginti. » (T. II, 1166). De plus, Robert de Torigni, après avoir résumé la fondation de notre monastère, nomme, page 198, les dix premiers abbés de Lyre, liste reproduite par un moine dans ses additions à la chronique de Robert, en ces termes : « Primus abbas Lirae fuit venerandae simplicitatis vir Robertus de Caleto... secundus abbas Lirae fuit Erfastus; tertius Barno; quartus Ernaldus; quintus Hildebertus; sextus Gislebertus, monachus Sancti Ebrulfi; septimus Willermus, monachus ejusdem loci; octavus *Rodulfus*, monachus Becci, hic ordinem reparavit; nonus Hildierius, monachus Sancti Ebrulfi, qui industria et labore suo et in Anglia et in Normannia ecclesiis et possessionibus plurimum auxit coenobium; decimus Willermus, monachus ejusdem loci, etc. » (*Robert de Torigni, Ed. de Léopold Delisle*, t. II, p. 150).

Raoul Ier, venu de l'abbaye du Bec, importa dans celle de Lyre la règle de Saint-Benoît et l'usage des vêtements blancs. Habitués à la règle de Saint-Evroult les religieux montrèrent peu d'enthousiasme pour cette réforme, ainsi que nous l'apprend une lettre conservée à la Bibliothèque Nationale (*Mss. lat.*, 13, 575). Ecrite au prieur de Lyre, par un moine du Bec, on voit qu'il lui remontre l'inconvenance de ses plaintes à ce sujet, et n'oublie pas de faire l'éloge de son couvent, dont la célébrité est due à l'exacte observance de la règle bénédictine. (Cf. Hauréau : *Notes et extraits de quelques mss. de la Bibl. nat.*, t. II, 1891, p. 235, sur le n° 13.575, *Lettre d'un moine du Bec*).

A Saint-Evroult vivait alors un moine nommé Richard, de Leicester, anglais de nation, chanoine de cette ville. Avant sa conversion, c'est-à-dire avant son entrée au couvent, il était, à la Cour, du Conseil de Robert de Meulan. Devenu prieur il gouverna les religieux avec une telle sévérité qu'il s'attira des vexations de leur part, mais finit cependant par rétablir la règle. Sur ces entrefaites, l'abbé de Lyre étant décédé, Richard fut élu comme son successeur. Il refusa et l'on ne put jamais vaincre sa résistance. A la mort de Guérin, abbé de Saint-Evroult, malgré son absence, il fut choisi, le 24 juin 1137, pour remplaçant. Donc ce récit de l'abbé Hommey (*Histoire de Séez*, t. II, p. 370), d'après Orderic Vital, remet vers 1130 le décès de l'abbé de Lyre et l'élection de *Raoul*, mort le 6 des calendes de mai.

Son successeur fut Hildier, moine de Saint-Evroult. Dès le mois de décembre 1142 on le trouve à l'abbaye du Bec comme témoin de la charte confirmative d'Henri Ier, roi d'Angleterre, pour la fondation de la collégiale de Beaumont. La signature d'*Hildier*, abbé de Lyre, vient après celle de Rotrou, évêque d'Evreux, et celle de Philippe, évêque de Bayeux et doyen de la collégiale. Hugues, archevêque de Rouen, lui adressa une longue lettre pour confirmer toutes les possessions de Lyre dans son diocèse, telles que les églises de Romilly, Pont-Saint-Pierre, Bans-le-Comte, etc. La pièce est donnée à Rouen, l'an de l'Incarnation 1145, sous le règne de saint Louis, roi de France, le comte Geoffroy gouvernant la Normandie, en présence de : Gauthier, abbé de Saint-Wandrille ; Fraternus, abbé de Saint-Ouen ; Fulbert, Hugues, Osmond, archidiacres ; Galeran, doyen ; Godefroy, archidiacre ; Nicolas, sacriste ; Laurent, maître des Ecoles ; Gislebert, chantre. (Charte, n° 33).

Les possessions anglaises l'obligèrent à passer la mer et il reconnut par quelques largesses l'appui que lui fournit, en cette circonstance, Gervais, abbé de Quadraria, dit le *Gallia*. La vérité est qu'*Hildier*, du consentement de ses religieux, lui abandonna des dîmes dans l'évêché d'Excester, moyennant 40 sols de rente.

Hildier mourut en 1147, d'après Robert de Torigni (1), et se trouve au nécrologe de Lyre le 26 décembre, le 7 des calendes de janvier d'après la *Neustria*, le 8 des calendes selon le *Gallia* et le 25 décembre dit l'*Inventaire*.

Guillaume II, son successeur et 10e abbé de Lyre, moine de Saint-Evroult, comme l'affirme le *Gallia* d'après Robert de Torigni, avait deux frères qui, successivement, fait digne de remarque, occupèrent le trône abbatial de ce monastère (2). Eugène IV, la

---

(1) « 1147. Obiit piae memoriae domnus Hilderius, nonus abbas Sanctae Mariae Liracæ.

(2) C'est la réflexion de Robert de Torigni en parlant d'Osberne, son frère : « Nichilominus etiam satisfecit humanae vitae Osbernus abbas

quatrième année de son pontificat, lui adressa de Reims, en 1148, une bulle pour le prendre, lui et ses religieux, sous sa protection, pour confirmer tous leurs biens et accorder droit de sépulture dans l'église du monastère à ceux qui l'auront demandé par dévotion. M. Aug. Le Prévost cite une charte de Guillaume de Pacy, en faveur de la cathédrale d'Evreux, dont les témoins sont : *Guillaume*, abbé de Lyre, Guillaume, doyen d'Evreux, Hugues, chantre, etc. Or le premier doyen de ce nom fut Guillaume de Glos de 1146 à 1160; Hugues exerça la fonction de chantre de 1113 à 1166 (*Arch. de l'Eure*, G. 122, n° 96; *Dict. hist.*, t. II, p. 102). Il est donc tout à fait impossible, d'après ces documents, de contester sa présence à Lyre depuis 1148. Par conséquent il est bien le successeur immédiat de l'abbé *Hildier*, comme ce dernier l'est de *Raoul I*^{er}, venu après *Guillaume I*^{er}.

Sous son abbatiat, Henri II, petit-fils d'Henri Ier, roi d'Angleterre, duc de Normandie et d'Aquitaine, comte d'Anjou, confirma les biens de Lyre, en Normandie comme en Angleterre, par une longue charte dont les témoins sont : Philippe, évêque de Bayeux (1142-1164); Arnoul, évêque de Lisieux (1141-1181); Robert, comte de Leicester; Guillaume, comte de Glocester, etc., charte donnée à Westminster, entre 1154 et 1163, d'après l'*Inventaire* de Lyre.

Robert III, deuxième comte de Leicester, surnommé *aux Blanches Mains*, prit part aux discussions d'Henri II avec saint Thomas de Cantorbéry. Mgr Darboy, archevêque de Paris, raconte en ces termes une démarche du comte de Breteuil auprès du prélat : « Les barons vinrent à leur tour faire une dernière tentative pour vaincre la résistance du primat; Robert, comte de Leycester, et Renaud, comte de Cornouailles, s'approchèrent pour lui signifier l'arrêt rendu contre lui (1163). Au moment où Robert, le plus âgé des deux, lui dit : *Seigneur, entendez le jugement de la cour ? — Le jugement de la cour ?* s'écria l'archevêque, se levant et l'interrompant avec vivacité, *Comte, mon fils, écoutez-moi plustôt. Est-ce que le jugement précède l'instruction ? Lorsque j'ai quitté les fonctions de chancelier, j'ai été dégagé de toute obligation civile; c'est le roi*

Lirae (an. 1177), cui successit frater ejus Gaufridus junior; sicut et ipse successerat seniori fratri suo Guillermo; quod vix aut nunquam invenies, ut tres fratres sibi invicem succedant in regimine alicujus ecclesiae. »

(Ed. L. Delisle, t. II, p. 66).

qui m'a fait monter si haut, et il m'a donné libre à l'église de Cantorbéry.

Le comte de Leycester resta interdit et reprit que l'évêque de Londres avait présenté au roi la question sous un autre jour. Puis les deux envoyés demandèrent à l'archevêque s'il voulait attendre leur retour. *Est-ce comme prisonnier ?* dit-il. — *Par saint Lazare, non,* répondit le comte. *En ce cas,* ajouta l'archevêque, *écoutez-moi un instant... Je récuse votre jugement et celui du roi ; le pape est mon seul juge, et je me place avec mon église sous sa protection (Hist. de saint Thomas de Cantorbéry. par Mgr Darboy,* t. II, p. 26). A la suite de cette entrevue, Thomas Becket, déguisé sous le nom de *Dearman,* gagna la Flandre et se retira, sur le conseil de Louis VII, dit le Jeune, dans l'abbaye de Pontigny, de l'ordre de Citeaux (1164). Nous le retrouverons bientôt à Lyre, sous le successeur de *Guillaume II.*

Celui-ci fut OSBERT ou *Osberne,* frère cadet du précédent, mort le 22 avril 1166 d'après l'obituaire de Lyre et le 23 selon le *Gallia.*

Alexandre III lui adressa, de Tusculum, la douzième année de son pontificat, une bulle dans laquelle il le prend, lui et ses moines, sous sa protection, pourvu que la règle de saint Benoît soit toujours observée, confirme tous les biens de Normandie et d'Angleterre, les exempte de payer, à qui que ce soit, la dîme des novales qu'ils feront valoir par leurs mains, ou à leurs dépens, et des bestiaux qu'ils nourriront. Il leur permet, en cas d'interdit général, de célébrer l'office divin à voix basse dans leur église, portes fermées et sans sonner les cloches, à condition que nul interdit ou excommunié n'y assiste. Enfin il leur accorde permission de sépulture pour les étrangers au monastère, sauf le droit des paroisses sur lesquelles sont mortes les personnes. La défense aux moines d'élire un abbé par fraude ou violence termine la bulle avec une exhortation à y procéder par consentement commun, suivant la règle de saint Benoît.

La même année le Souverain Pontife confirma, en faveur de Lyre, la charte de Gislebert Crespin, en vertu de laquelle il donne l'église de Saint-Denis du Béhélan, la chapelle de Limeux et deux gerbes de la dîme du fief Gadon (1172). On trouve son décès au 6 janvier dans l'obituaire de Lyre et au 12 dans celui de Saint-Evroult, l'an 1177 d'après Robert du Mont et du Moustier.

Remarquons, une fois pour toutes, qu'il y a une grande diversité de dates dans les nécrologes des abbayes, selon la plus ou moins grande exactitude des copistes. Ainsi, dans le cas présent, l'un dit 6 janvier, l'*Inventaire* écrit 9 janvier, Saint-Evroult 12 janvier et le *Gallia* le 3 des ides d'après le nécrologe de Saint-Evroult, dit-il. Au sujet de Lyre nous avons les obituaires suivants :

1º Dans les *Historiens des Gaules*, celui de Lyre tiré du manuscrit nº 17 de la Bibliothèque d'Evreux et un autre à l'usage des moines du prieuré de Wareham, en Angleterre, fait au XIIIº siècle. Sur un martyrologe d'Usuard auquel on avait ajouté la règle bénédictine il y avait, en marge, un obituaire. Ces deux derniers documents appartenaient à M. Auguste Le Prévost qui les offrit, en 1851, à l'auteur de l'article.

2º Un obituaire de la fin du XIIIº siècle dont la copie, faite sur celle d'Auguste Molinier, nous a été gracieusement communiquée par M. Louis Régnier. Ce nécrologe devait venir de Lyre, car dans le haut du deuxième folio on lit : *De la bibliothèque de M. Masson de Saint-Amand, préfet de l'Eure*. Sur celui-ci on trouve en janvier : C iiij nonis, *Obiit Osbernus, abbas* (fin XII). Ce manuscrit, actuellement au Musée Britannique *(jure emptionis)*, nº 16.975 B 6º, comprend dans ses 263 pages en parchemin : fol. 1er, rº, *Oracio ante Psalterium*. En haut, écriture du XVIIIº siècle : « Ce manuscrit doit être du XIIº, quelque peu de français qui se trouve sur les dernières pages le fait présumer, remarquable par ses vignettes. » Du folio 2e au folio 8, *Obituaire* (fin XIII). Au folio 233, vº :

> Dame Sainte Marie raine gloriose
> Porte de Paradis, pucele gratiose
> Virge ores ma proiere si com tu es pitose
> Dame sus toutes autres plaisant et deletose.

Au folio 238 :

> Dame que tout le monde prise / pour ces IX ordres te prion
> Aide nos par ta franchise.

Fol. 262, vº, et 263 :

Saint Bede nos enseingne que se nos sommes gravez de tristece e de doulor ou d'angoisse en nos courages que nos dison o humilite et devotion et o gemissement de cuer ces VII pseaumes.

Osbern eut le grand honneur de recevoir à Lyre saint Thomas de Cantorbéry, poursuivi par la haine d'Henri II. Les cisterciens de Pontigny, en effet, menacés de perdre leurs possessions anglaises, s'ils gardaient l'illustre fugitif dans leur monastère, lui soumirent leurs justes craintes. Ne voulant pas, pour sa cause, que ces religieux souffrissent la moindre confiscation, le primat d'Angleterre reprit le bâton du proscrit, cherchant une maison plus hospitalière et mieux protégée. Il crut l'avoir trouvée en Normandie. Voici ce qu'en dit le *Mémorial* des Evêques d'Evreux : « Louis le Jeune, roy de France, ayant mis Thomas, archevesque de Cantorbie, en sa protection contre les sévices et injures que Henry, roy d'Angleterre, souffroit luy estre faictes dans son royaume, ce sainct personnage séjourna quelque temps en l'abbaye de Lyre; mais Henry ne le pouvant pas soufrir en Normandie, il fut contraint d'abandonner cette retraite, et à son départ donna à l'abbé un diamant de prix en reconnaissance du bon accueil et reception qu'il luy avoit faicts. »

Pendant plus de six siècles les religieux de Lyre conservèrent le don du saint martyr. En 1790, au moment où ils allaient bientôt se disperser et où la pieuse fondation du comte et de la comtesse de Breteuil devait être presque anéantie sous la pioche des acquéreurs, inventaire fut d'abord dressé des objets les plus précieux de l'abbaye. On y voit figurer : « En une petite boete, l'anneau de St Thomas, en une émeraude » avec, plus loin, le titre d'évêque de Cantorbie. Dans un autre inventaire, dressé deux ans plus tard dans l'église de l'abbaye, devenue pour peu de temps église paroissiale, est mentionnée : « La chasuble de saint Thomas de Cantorbéris ».

L'archevêque de Cantorbéry pensait que, protégé par le puissant comte de Leicester, seigneur de Breteuil, soutenu par le clergé normand, de tout cœur avec lui, il pourrait attendre des jours meilleurs parmi ces charitables religieux. Mais eux aussi avaient d'immenses biens en Angleterre et Robert *aux Blanches Mains* n'avait pas encore levé l'étendard de la révolte contre son suzerain, avec cette haine invétérée qu'il montra quelques années après. Thomas Becket se retira près des moines de Saint-Père de Chartres auxquels il offrit une chasuble qui, dans la suite, ne servit qu'au jour de sa fête, le 29 décembre. De là l'invincible primat vint prier sur la tombe de saint Drusin dans l'abbaye Notre-Dame de Soissons, et, après sept ans d'exil, retourna vers son église pour y être martyrisé par quelques énergumènes.

Ce meurtre révolta l'âme foncièrement religieuse du comte de Leicester. Pour lui Henri II n'est plus qu'un assassin vulgaire, il se regarde comme délié du serment de fidélité et toute son affection se reporte sur le jeune fils du roi, Henri Court-Mantel. Avec l'appui de Louis VII la guerre commence par le siège de Verneuil dans les premiers mois de l'année 1173. Malgré une trêve demandée par les Français, Louis VII s'empara de la ville et l'incendia. Au mois de septembre suivant, sous l'orme de Gisors, les deux rois cherchèrent à traiter de la paix. Mais le comte de Breteuil se plaignit si amèrement de la conduite du roi à son égard, lui adressa des reproches si sanglants, des injures si outrageantes, s'emportant jusqu'à mettre l'épée à la main, qu'on se sépara avec la vengeance au cœur. Le lendemain, entre Gisors et Courcelles, le sang coulait en abondance!

Aussi le 8 septembre 1174 quand, sous l'orme de Gisors, se réunit une nouvelle conférence pour traiter de la paix, signée à la Saint-Michel, Henri II en excepta formellement Robert III (1) alors prisonnier.

Il ne recouvra sa liberté qu'en 1188, assista au couronnement de Richard Cœur de Lion le 3 septembre 1189, partit pour accomplir son vœu de croisé et mourut pendant la traversée, à la fin du mois d'août 1190.

Au milieu de tous ces démêlés, de ces guerres intestines qui se faisaient aux environs de Lyre, il eût été fort extraordinaire que la discipline intérieure du monastère ne s'en ressentît point. D'un autre côté la règle de saint Benoît, importée par l'abbé *Raoul*, à Lyre, malgré les religieux habitués à celle de Saint-Evroult, avait eu pour résultat, après la mort de cet abbé, que ni l'une ni l'autre ne fut exactement observée. Son successeur, *Hildier*, moine de Saint-Evroult, n'avait été élu par les religieux, semble-t-il, que pour protester contre cette nouveauté et les trois derniers abbés,

---

(1) Robert de Torigni (t. II, p. 45) raconte la révolte de Robert III et de ses partisans. Léopold Delisle, dans une note, dit que son épouse était Pernelle de Grentemesnil et que le *Hugo de Novo Castello, consobrinus ejus* était Hugues III, seigneur de Châteauneuf-en-Thimerais, fils de Hugues II et d'Aubrée de Meulan, tante de Robert III, comte de Leicester (V. t. I, p. 278).

tous moines de Lyre (1), avaient dû négliger beaucoup la règle du Bec. Voilà pourquoi Alexandre III leur écrit, en 1172, qu'il accueille favorablement leurs demandes, *pourvu qu'ils observent toujours la règle de saint Benoît.*

Geoffroy Ier, le plus jeune des trois frères, avait été élu dès 1177 comme 12e abbé de Lyre. Deux ans après, Eustache d'Hellenvilliers déclare devant l'abbé de Lyre, *Geoffroy*, que Mathieu de Montmorin a donné à l'église de Saint-Mélain de Roman la dîme de Montmorin, par conséquent qu'elle appartient à l'abbaye comme toute celle de Roman. Osbern, 8e abbé du Bec, en prit ombrage, et, dans une lettre au pape Lucius III au sujet de ce don, il le supplia de prendre son abbaye sous sa protection (1181-1185). Le Souverain Pontife écrivit aussitôt à *Geoffroy*, abbé de Lyre; puis Urbain III. Mais la charte de Simon de Granvilliers était si claire et si explicite au sujet du patronage et des dîmes de Roman que le silence se fit sur cette difficulté.

A peine sorti de ces ennuis, une calamité plus grande vint éprouver son énergie. En 1188 un immense incendie consumait l'église et tous les bâtiments claustraux! Que faire? Le comte de Breteuil, Robert III, retenu prisonnier, ne pouvait rien pour Lyre. Un seul moyen restait : s'adresser à la charité publique. Aussitôt le pauvre abbé court à Rouen se jeter aux pieds de l'archevêque, afin de lui demander secours dans cette triste circonstance.

Sans délai, Gautier, archevêque de Rouen, écrivit à Raoul, évêque de Lisieux, et probablement une lettre semblable à tous ses suffragants, leur apprenant l'incendie et l'impossibilité, pour les religieux de Lyre, malgré leurs ardents désirs, de réédifier le monastère. « Nous vous exhortons dans le Seigneur de recevoir avec bienveillance les porteurs de nos lettres qui iront dans vos églises solliciter la charité de vos paroissiens. Avertissez-les que

---

(1) Robert de Torigni fait en ces termes l'éloge des trois frères : « Horum primus [Guillermus] Lirensem ecclesiam cum prius nullius esset nominis, inchoavit; secundus [Osbernus], inenarrabiliter auxit; tertius [Gaufridus] decenter consummavit. Officinas etiam totius abbatiae vel aedificaverunt vel aedificatas in melius redegerunt. Ornamentis ecclesiam quantis decoraverint non est facile enarrare. Horum temporibus fama religionis floruit Lirensis ecclesia. » (T. II, p. 150 à 157, anno 1177).

l'aumône a une grande puissance pour la rémission des péchés ; qu'ayant reçu de Dieu les biens temporels ils en prélèvent des aumônes qui nous seront remises soit par l'évêque, soit par nos messagers ; qu'ils se montrent prompts et joyeux donateurs afin que, semant dans les bénédictions, de ces bénédictions ils acquièrent la vie éternelle, et que, pour des biens temporels, ils reçoivent au centuple des biens plus précieux. Quant à nous, confiants dans la miséricorde du Dieu tout-puissant et dans les supplications de la bienheureuse et toujours Vierge nous accordons à tous les vrais pénitents, qui donneront quelqu'aumône, dix jours d'indulgence à ceux qui ont une pénitence de sept jours de jeûne ou plus et de cinq jours pour ceux qui ont moins. Donné l'an de l'Incarnation du Seigneur 1188, dans l'octave de la Nativité de la Sainte Vierge et cette quête durera jusqu'à notre premier synode d'été et nous sera alors versée. » (Charte, n° 34).

A l'époque où Philippe-Auguste et Richard Cœur de Lion partirent pour la croisade une transaction intervint entre *Geoffroy*, abbé de Lyre et *Simon*, abbé de Conches. Lyre donnait à Conches les dîmes de Villers-en-Ouche ; Conches donnait à Lyre ses dîmes de blé dans la paroisse de Lyre, hors la forêt de Conches, à la réserve d'un muid de grain de pension, mesure de Conches, soit cinq septiers de seigle et cinq d'avoine, plus deux de froment.

Robert III lui-même, avant de partir pour Jérusalem, voulut une dernière fois combler l'abbaye de ses libéralités et contribuer à la réédification du monastère. Dans une première charte, imprimée au *Cartulaire normand*, n° 21, de Léopold Delisle, il confirme tous leurs droits dans sa forêt de Breteuil, savoir : dîme de tout ce qui sort de la forêt ; droit d'avoir tout le bois nécessaire pour se chauffer et pour l'entretien de leur four, sans qu'on le leur délivre ; droit d'avoir le bois nécessaire pour construire leurs maisons, leurs moulins et autres édifices, après examen et délivrance par les forestiers, sauf ce qui tombe par le vent ; droit pour les serviteurs de l'abbaye, sans être soumis à l'épreuve judiciaire, ou sans payer amende, de prendre dans la forêt le nécessaire pour les moines ; droit d'avoir tous les ans, à Noël, deux hêtres *pour faire des crèches* ; et, à Pâques fleuries, un tilleul, afin *d'en faire des jattes* nécessaires au lavement des pieds le jeudi-saint ; droit de pâture pour leurs bêtes et leurs porcs dans toute la forêt ; droit d'avoir trois *bigres*, c'est-à-dire trois hommes pour recueillir le miel dans la forêt, plus un *tourneur* afin d'y travailler les objets de boissellerie; droit d'avoir un cerf la veille de l'Assomption de la bienheureuse Vierge Marie, enfin le patronage de tous les ermitages de la forêt. Dans une seconde charte, donnée à la même époque en présence d'Arnauld du Bois, de Guillaume de Dives, de Guillaume de Chiray, de Guillaume d'Elbeuf, de Guillaume de Bémécourt, de Gilbert du Plessis, etc., Robert, pour son salut, celui de Pétronille, son épouse, et pour le salut de ses enfants, accorde au monastère de Lyre toute la franchise, pour leurs biens en Normandie et en Angleterre, que lui-même avait dans son propre domaine, avec droit d'exercer la justice dans leurs possessions : de nouveau il leur confirme la possession du moulin à la Neuve-Lyre, la *moulte* de sa terre dans la forêt où se trouve le moulin, toute l'eau depuis le pont de la Neuve-Lyre jusqu'à Chalet, cinq hommes à la Vieille-Lyre complétement affranchis, aussi bien en plaine que dans la forêt.

Après avoir ainsi charitablement pourvu à l'existence du *moustier*, fondé par ses ancêtres, Robert III assista, le 3 septembre 1189, au couronnement de Richard Cœur de Lion, portant le glaive d'or, puis il partit pour la croisade et mourut dans la traversée à la fin d'août 1190. Il fut inhumé à Durazzo. Quant à son épouse Pétronille ou Pernelle de Grantemesnil, elle survécut à son mari car on trouve des actes faits par elle le 4 juin 1203 et en 1204 (Le Prév., t. I, p. 418 d'après *Rotuli de oblatis*, p. 226).

Grâce aux aumônes des fidèles, les religieux avaient pu réédifier leur église telle qu'elle subsistât jusqu'à l'époque de la Révolution. Dans un chapitre spécial nous en donnerons une description détaillée et archéologique.

L'abbé *Geoffroy I*er obtint encore, en 1193, une bulle du Pape Célestin III, assurant à lui et à ses religieux la protection du Saint-Siège, confirmant tous les biens de Lyre, avec permission de recevoir les clercs, laïques, gens libres et ceux qui auront renoncé au monde, avec défense aux profès de sortir de l'Ordre, à moins que ce ne soit pour un plus sévère; ordre aux religieux de recevoir le saint Chrême et les Saintes Huiles de la main de l'évêque diocésain qui doit consacrer leurs autels et églises, ordonner les moines et les clercs, *gratis*, sans quoi ils peuvent s'adresser à un autre évêque; défense d'interdire ou d'excommunier les religieuses, leurs églises, les clercs, sans cause; défense à toute personne de voler, de mettre le feu, d'arrêter *temere* quelqu'homme ou de le tuer, ou d'exercer quelque violence dans les lieux clos ou dans les granges de l'abbaye. Le même Pape écrivit de plus à tous les évêques desquels dépendaient les biens de Lyre afin de leur ordonner de faire rendre aux bénédictins ce qu'ils avaient perdu, sauf le cas où ces biens auraient été aliénés du consentement de l'abbé et du chapitre.

Non content de s'assurer la protection pontificale, *Geoffroy I*er voulut de plus obtenir de Garin, évêque d'Evreux, la confirmation des biens de son abbaye, afin d'opposer cette charte aux prétentions injustes de certains seigneurs, peu scrupuleux, et toujours disposés à mettre en doute les générosités de leurs ancêtres.

C'est également sur sa présentation que le même évêque d'Evreux nomma Roger Bernoin à la cure de Breteuil, et, après lui, maître Durand; à l'église de Béhélan : Gilbert Belotin; à celle de Champdominel : maître Pierre Langlais, et, après lui, maître Henri; à celle de Roman : Robert qu'on trouve dans une charte de 1220 avec cette mention : « Témoin : Robert, prêtre de Roman ». (*Le Prév.*, t. III, p. 26). — (Cf. *Chartes 35, 36, 37*).

Richer de la Barre et Avicie, son épouse, confirmèrent, à la même époque, les dons de leurs aïeux, et, d'accord, avec *Geoffroy I*er, abbé de Lyre, échangèrent la troisième partie du moulin contre huit acres de terre, la dîme du cens de la Barre et six acres de terre au val de Gisay, en présence de Godefroy de la Mare-Sausseuse, Hugues de Bacquepuitz, Roger d'Augoville, Richard Beverel, Roger, clerc de la Barre, Richard et Godefroy Pellevilain, etc. (*Charte n° 337*). Cet échange, fait vers 1180, fut confirmé par Robert III, comte de Meulan.

Guillaume de Chantelou ayant renoncé, aux assises royales à Verneuil, à ses prétentions sur la dîme de son fief, en la paroisse de Saint-Denis du Béhélan, remit sa charte sur l'autel de l'abbaye, en présence de *Geoffroy*, abbé de Lyre, et de ses religieux qui « le reçurent en fraternité et l'associèrent à toutes les prières et bonnes œuvres de Lyre » (1194-1201).

On était déjà loin de l'an mille et l'impression ressentie par la croyance à la fin du monde s'atténuait tellement de jour en jour que les seigneurs disputaient aux moines, avec âpreté, ce qu'ils possédaient dans leurs fiefs. C'est ainsi que Gilbert des Minières contesta le patronage de Corneuil aux religieux. Mais l'évêque d'Evreux, Garin, l'ayant de nouveau confirmé d'après le serment de quelques moines de Lyre, nomma l'archidiacre Gilles (1164-1201) à cette cure et Gilbert « qui avait fort chagriné les religieux, dit l'*Inventaire*, demanda pardon à l'évêque et l'obtint » (1199).

Geoffroy mourut le 4 juin, d'après l'*Inventaire* de Lyre et les *Obituaires* de Molinier et de Saint-Evroult, vers la fin du xiie siècle et de l'épiscopat de Garin de Cierrey (1193-1201). Il eut pour successeur *Guillaume*, prieur de Lyre, connu sous le nom de *Guillaume III de Ferrières*, 13e abbé du monastère.

CHAPITRE DEUXIÈME

Possessions de l'Abbaye de Lyre au XIIIe siècle.

Il faut maintenant aborder la question des biens du monastère, déjà relativement importants à la fin du xiie siècle, mais accrus considérablement au xiiie, soit par des dons, soit par des achats. Nous ne suivrons pas l'ordre alphabétique des paroisses, comme dans notre histoire des *Commanderies dans l'Eure*, mais celui de l'*Inventaire*, adopté également par Georges Bourbon dans sa série H au sujet de l'abbaye de Lyre. Tous les documents ayant été, en effet, classés aux Archives de l'Eure suivant cet ordre, il sera plus facile aux chercheurs de les retrouver.

Romilly-sur-Andelle. — « La terre de Saint-Crépin de Romilly, au diocèse de Rouen, qui n'a été qualifiée de prieuré, « dit l'*Inventaire de Lyre*, « que parce qu'il y avait anciennement un certain nombre de religieux pour desservir les dépendances de l'abbaye dans le canton et en régir les revenus qui sont assez considérables, et à cause que cet endroit est un peu éloigné de l'abbaye, consiste au droit de patronage de l'église Saint-Georges de Romilly, la chapelle ou prieuré de Saint-Crépin uny à l'abbaye, l'église de Saint-Nicolas du Pont-Saint-Pierre, Notre-Dame de la Neuville-Chandoisel et celle de Saint-Vaast de Flippou, alternativement avec le seigneur dudit lieu. La ferme de Saint-Crépin avec ses dépendances en masure, terres labourables et prerie (*sic*), contenant, le tout, 36 acres, la grosse dixme de la paroisse de Romilly, la grosse dixme de la Neuville-Chandoisel, la dixme ou dixième de la forest de Longboil, un trait de dixme dans la paroisse de Radepont, la dixme de Flippou, un fief audit lieu de Romilly, s'étendant dans les paroisses de la Neuville, de Pont-Saint-Pierre et aux environs, avec 53 livres de rente pour les fieffes de deux places de moulins à Romilly, et autres droits appartenans à ladite terre... tous lesquels revenus ayant été régis anciennement par les religieux qui résidoient à Saint-Crépin, on les a toujours regardez comme membres de cette terre, quoiqu'ils ne le soient pas naturellement. Cette terre, avec tous les biens compris, peut valoir de revenu 3.500 livres. »

Ces biens provenaient du fondateur, Guillaume Fitz-Osberne, qui avait donné, comme nous l'avons vu, « tout ce que tenait Théobald en la vallée de Pîtres, et, après la mort du donateur, les églises, terres, dîmes, moulins, acquis par lui ». Son fils, Guillaume, y ajouta la dîme et redîme qu'il tenait en chef dans toute la vallée de Pîtres, en échange de la terre que les religieux avaient à Bémécourt du temps de l'abbé Ernault. Henri Iᵉʳ, Henri II et Robert II confirmèrent successivement ces possessions de l'abbaye. Une charte de Philippe V, en 1330, y ajoute un homme libre de toutes coutumes, la dîme et redîme des rivières de Pont-de-l'Arche; première et dernière mention de ces *rivières*, dans le chartrier de Lyre.

On trouve, en 1255, un bail de ces terres fait à Robert Sauvale, prêtre de Romilly, pour 265 livres, à l'exception de la dîme et redîme de la forêt de Longboil et de la présentation aux bénéfices; à charge de payer au prêtre de Romilly 7 livres 10 sols; même somme à celui de Saint-Nicolas de Pont-Saint-Pierre; 20 sols à celui de Radepont; 100 à celui de Flippou et 18 mines de blé au curé de Chandoisel.

Parmi les autres bienfaiteurs de Lyre, en ce pays, citons : Roger de Tosny « parent de la comtesse Alix » (1) qui confirme tout ce qu'Alexandre, fils de Thibaut, a donné, particulièrement l'église de Saint-Crépin avec sa terre, un homme avec onze sols de rente, l'église de Saint-Georges avec deux *diettes* de terre, etc. (Chaque *diette* est autant de terre qu'on en peut labourer par jour, elle a donc la même valeur que la *charruée*). — Agnès, dame de Romilly, veuve de Gilbert des Minières, donne, du consentement de Guillaume, de Roger et de ses autres enfants, 70 sols de rente à la Purification, 50 sols sur les moulins de Grenieuseville *(paroisse réunie à Glisolles, canton de Conches)* et 10 sols sur un de ses

---

(1) Alix ou Adelise, fille de Roger de Tosny, avait épousé Guillaume Fitz-Osberne, fondateur de Lyre.

hommes ou deux septiers d'avoine. Son fils aîné, Guillaume, en mai 1207, affranchit ces rentes en donnant 10 acres de terre à Romilly près de la colline des Deux-Amants. Parmi les ventes citons : Roger Pilet qui cède, pour 60 sols : masure, jardin, une acre de terre et une autre pièce (H. 457); Robert Galon une acre et demie en jardin, pour 12 livres, somme nécessaire à *son grand commerce*, l'an 1211, en présence de Odon de Pont-Saint-Pierre, de Gilbert de Saint-Augustin, Gilbert de Saint-Georges, prêtres, etc.; Thiard de Pont-de-l'Arche donne trois acres de terre, achetées par lui à Normand d'Amfreville et reçoit huit livres des religieux de Lyre, l'an de l'Incarnation 1212; Raoul le Fusilier et Pétronille, sa sœur, vendent une maison 60 sols, en 1260; Emmeline, veuve de Nicolas le Pestor, d'où on la dit, suivant la mode du temps, « la Pestoresse » remet aux moines, moyennant 50 sols, une pièce de terre vendue par son mari, 1260; Jean Morel, de Pîtres, vend une pièce de terre qu'il avait à Saint-Georges de Romilly, près le chemin du Roi, pour 40 sols, à charge de 12 deniers de rente au seigneur, 1271; Robert Aniengne, de Romilly, vend 30 sols le tiers d'une pièce de terre sise en cette paroisse, 1282; Pétronille, veuve de Jean Cornille, vend en avril 1288, pour 44 sols, une terre à Romilly.

En 1383 Robert Grimain, *frère rendu* à l'abbaye, donne la moitié d'une acre de terre à Romilly, chargée d'un denier de rente envers l'Eglise, plus tous ses biens meubles, après son décès, sauf sa *robille* dont il pourra disposer. Quelques années après, 1389, Colin Gardiçon, natif de Romilly, donna tous ses biens et héritages, situés à Romilly, à condition d'être nourri pendant sa vie par les religieux, et, après sa mort, d'être traité comme un de leurs frères.

La dîme se percevait sur toutes les terres de Romilly, à la onzième gerbe, sauf sur les terres de la ferme de Saint-Crépin, perçue par le curé qui avait de plus les menues et vertes dîmes de la paroisse, puis 25 livres payées par le fermier de Saint-Crépin pour une messe qu'il disait, tous les samedis, dans la dite chapelle. En 1216 intervint une transaction entre l'abbaye de Lyre et le couvent des Deux-Amants, à l'occasion de certaines dîmes en la vallée d'Andelle, savoir : « la dîme de Bussauvechet, d'une terre située entre le mont des Deux-Amants et Cantelou, du pré du Hasei, du pré du Blel, du pré Haget, de la moitié du pré Tavel, du jardin de

Beket et de la vigne de Baudri de Longchamp ». Par cette transaction il est réglé que la dîme desdits prés, contenant environ deux acres et demie, demeurera aux chanoines des Deux-Amants, en payant à l'abbaye de Lyre deux sous de rente à la saint Rémi; de plus, lesdits chanoines auront la dîme du jardin autant qu'ils le feront valoir, et toutes les autres dîmes demeureront à la dite abbaye de Lyre. (*Invent.*, t. I, p. 142, v°).

En 1222 Raoul de Minières et Renaud le Conteor firent un accord avec les religieux, au sujet de la dîme et redîme des prés du Halet et des prés situés entre le Bec et l'Andelle, dans la vallée d'Andelle, contenant en tout 7 acres, dont ils en possédaient 6, et l'autre avait été abandonnée à l'abbaye pour lui tenir lieu de la dîme et redîme desdites 6 acres. Par cet accord, Raoul et Renaud consentent que l'abbaye fasse ce qu'elle voudra de l'acre de pré, et l'abbaye, de son côté, promet par une charte que tant que ces 6 acres seront en pré elle renoncera à y prendre dîme ni redîme; mais que si elles étaient mises en labour, en courtil ou en tout autre usage que prairie, l'abbaye y lèverait la dîme, l'acre lui demeurant pour tenir lieu de redîme.

Enfin l'an 1270 Etienne, archidiacre, juge nommé par le légat, rendit une sentence afin de terminer le différend, mû entre l'abbaye de Lyre et les religieux des Deux-Amants, au sujet de la dîme et redîme du port desdits religieux, qui était dans leur couture de la butte d'Andelle, ou tenant à cette couture entre Pitres et Cantelou, joignant la Seine et l'Andelle et le mont des Deux-Amants. Le procureur des chanoines convint, devant le juge délégué, que le droit de dîme et redîme, sur la dite couture et port, appartenait à l'abbaye de Lyre, et qu'elle en avait toujours été en possession. Sur quoi le juge, par sa sentence, conserva ladite abbaye dans son droit de dîme et redîme. (*Invent.*, t. I, p. 143, v°).

Quant au prieuré de Saint-Crépin il se composait de 7 acres, avec manoir et autres bâtiments, colombier, pressoir, 26 acres de terres labourables, 2 à 3 vergées de prairies et le curé percevait la dîme, à la 11e gerbe, sur ces terres. Lyre avait autrefois la liberté de faire entrer, et vendre en détail, dans sa maison de la rue Martainville, à Rouen, le vin recueilli à Romilly, sans payer les droits, et avait droit d'usage dans la forêt de Longboil, chauffage, etc. *L'Inventaire* ajoute : « Lorsqu'il y a panage en la forêt de

Longboil ce droit est receu à Saint-Crespin le jour des morts, sur la pierre qui est devant l'huis de la salle, dans un plat d'étain fourni par l'abbaye, après quoi celui qui reçoit le panage paie six deniers pour le plat, six deniers pour Saint-Aoustin et six deniers pour Saint-Crespin. » Cet usage n'existait plus au xviiie siècle.

La chapelle de Saint-Crépin « était située très proche de l'église de Romilly et du presbytère : elle n'en était séparée que par le travers de la rue ; elle faisait corps avec un ancien bâtiment où logeaient les religieux de Lyre : elle était au-dessous du niveau des terres et ressemblait plus à une cave qu'à une chapelle ». C'est pourquoi Mgr de Narbonne, abbé de Lyre en 1784, obtint de l'archevêque de Rouen une ordonnance pour en transférer le service dans l'église paroissiale.

Enfin « de toute ancienneté, ajoute l'*Inventaire*, l'abbaye avait un moulin à huile sur la rivière d'Andelle ; on ne sait pas ce qu'il est devenu ; on croit qu'il étoit joint à l'un des moulins à bled, et que le même terrain sur lequel il étoit construit peut être compris et faire partie des fieffes des places desdits moulins à bled. — Item, ladite abbaye avoit un moulin à bled nommé *le moulin Le Roy*, abandonné à icelle abbaye en 1386, sur lequel elle avoit auparavant 2 muids de bled de rente annuelle. La place de ce moulin fut fieffée en 1675 pour 33 livres de rente. — Item, le grand moulin à bled nommé *le moulin du Pré*, avec la banalité et autres droits, faisant partie de l'assiette donnée à l'abbaye pour la dixme et redixme des revenus de M. le baron de Heuqueville. La place de ce moulin fut encore fieffée en 1693 pour 20 livres de rente ».

La Neuville-Chandoisel. — Lyre posséda, dès le commencement, en vertu de la première charte de son fondateur, le patronage de cette église ou chapelle. Robert, archevêque de Rouen, nomma, en 1211, à ce bénéfice, Robert du Bois présenté par l'abbaye et lui attribua toutes les offrandes avec la troisième gerbe (n° 86). En 1214, — septembre — le même chargeait deux chanoines de sa cathédrale de convoquer les paroissiens de la Neuville afin de les obliger « à détruire une des deux chapelles construites *temere* dans leur nouveau cimetière, de sorte qu'il n'y en eut qu'une où ils reçussent les sacrements ». — Parmi les curés nous voyons : Simon de Vi, nommé en 1217 ; Robert Sauvale en 1255 ; Drogon ou Drocon le Bouteiller, mort en août 1320 ; Guillaume du Cellier,

1323; Robert le Teinturier, 1324; le sieur Parent, 1500-1507; le sieur Rousseau, 1520, etc.

Quant à la dîme on la percevait à la 11ᵉ gerbe sur 1800 acres de terre. Un tiers revenait à l'abbaye de Saint-Ouen de Rouen et le reste à celle de Lyre. La paroisse fut bâtie dans la forêt de Longboil, en sorte que les deux couvents s'en partageaient la dîme. Il y avait également dans la forêt une chapelle ou ermitage dit de Saint-Autin ou Saint-Augustin donnée par Robert Iᵉʳ, comte de Leicester. Gilbert, prêtre de Saint-Augustin, reçut une acre de terre sise dans la forêt de Chandoisel, acre aumônée par Raoul de Dammartin, frère du comte de Boulogne.

« Nous avions dans la forêt de Lomboil, dit la *Déclaration*, la chapelle ou hermitage de Saint-Augustin, vulgairement appellée Saint-Autin, dépendante de l'office d'infirmier, et le revenu d'icelle chappelle, qui consiste environ 18 acres de terre tout en un rondpoint et tout autour de la ditte chapelle, où il y a manoir, grange, colombier et autres bâtimens : et est le chef du fief de Saint-Autin dépendant de laditte chappelle, le tout présentement possédé par Mᵉ Feron, sieur de Saint-Autin, plutôt par usurpation que par fief. » Les dîmes de la forêt suscitèrent, entre l'abbaye de Lyre et celle de Royaumont, en 1250, quelques difficultés terminées par la sentence arbitrale de maître Richard *de Tabulis*, professeur de droit canonique à Paris.

PITRES. — Malgré les donations du fondateur : dîme des moulins de Pîtres, dîme et redîme de ce que son fils possédait dans la vallée de Pîtres en échange des biens de Bémécourt du temps de l'abbé Ernault, il ne restait à Lyre, à l'époque de l'*Inventaire*, que trois vergées de pré réunies à la ferme de Saint-Crépin.

FLIPOU. — « Le vaillant Guillaume Fitz-Osbern, dit l'abbé Caresme, le favori si dévoué de Guillaume le Conquérant, possédait, avec Breteuil et Cormeilles, un grand domaine sur les rives de l'Andelle. Lorsqu'il fonda la célèbre abbaye de Lyre il lui donna... le tiers des dîmes de Flipou, alors connu sous le nom de *Fontipou*... Vers le milieu du xiiᵉ siècle, Raoul de Vaux, propriétaire de la redîme, c'est-à-dire du dixième des dîmes de Flipou, en fit deux parts : l'une fut affectée à l'entretien de la chapelle paroissiale et l'autre consacrée au traitement du prêtre qui la desservait. Hugues de Vaux, son fils, remit, en 1184, entre les mains des religieux de Lyre, du consentement de sa femme,

Adeline, et de Mathieu de Gamaches, son suzerain, les deux tiers de la dîme de Flipou. » (n° 87). La même année Mathieu de Gamaches y ajouta une grange pour déposer les dîmes, à condition de recevoir tous les ans, des religieux, une fourrure ou 10 sols, à leur volonté. Guillaume, Gilles et Henri de Gamaches, ses frères, confirmèrent ce don et reçurent en retour deux marcs d'argent et 10 sols angevins.

Robert Sauvale, prêtre de Romilly, possédait, en vertu de son bail fait en 1214, tous les revenus de Lyre à Flipou, avec charge de payer 100 sols au curé de cette paroisse.

Le cartulaire nous fournit encore une charte de Jean le Prevost de Flipou, au sujet d'une vente de 10 sols de rente assise sur une pièce de terre au *Mesleret* près du chemin du Plessis à la grange du Bois des chanoines des Deux-Amants, moyennant 4 livres tournois. Parmi les témoins figurent : Hugues, curé de Flipou, maître Roger, clerc, alors recteur des écoles à Pont-Saint-Pierre, etc. (n° 89, novembre 1272).

Enfin Jean de Cierrey, *de Cyrreio*, curé de Romilly, reconnut, en 1285, que les dîmes de Flipou ne lui appartenaient point, mais que les religieux de Lyre, afin de le récompenser de ses services, les lui avaient cédées, à condition cependant de payer 100 sols au curé et 10 sols au seigneur pour la place de la grange dîmeresse.

Le patronage alternatif de la cure entre les moines et le seigneur laïque devint, souvent, une cause de conflits. D'abord, en 1283, avec Jean de Meulan, chanoine de Rouen; puis avec Jean de Vendôme, époux de Jeanne de Ponthieu, fille d'Ide de Meulan, héritière du bon chanoine.

RADEPONT. — Henri du Neubourg, de l'illustre famille des de Meulan, et Marguerite, son épouse, donnèrent à l'abbaye de Lyre un tiers des dîmes *dans leur propre haye de Radepont*, plus la dîme entière sur les champarts et les bois « en deçà et au delà de l'eau de Radepont ». — Robert, son fils et son héritier, confirma ce don paternel. L'*Inventaire* mentionne le tout en ces termes : « Lyre avait la troisième partie de la dîme, à la 11e gerbe, sur deux fermes dites *des Essarts* d'environ 200 acres et sur une autre, dite *de Coquetot*, de 60 acres, de même que sur certains petits closages » : les chartreux de Gaillon et le curé avaient les deux autres tiers. On estima ce trait de dîme à 115 livres au XVIIe siècle.

Quelques difficultés s'élevèrent au sujet de ces dîmes entre Lyre et les curés de Radepont dès le xiiie siècle, difficultés aplanies par les évêques et qui ont l'avantage de nous fournir le nom de quelques curés, tels que Gautier en 1262-1266 ; du Moutier en 1659-1676, etc.

Pont-Saint-Pierre. — L'abbaye de Lyre avait le patronage de la cure de Saint-Nicolas du Pont-Saint-Pierre, avec les mouvance et rentes seigneuriales de quelques héritages tenus du fief de Saint-Crépin de Romilly. Les dîmes perçues dans cette paroisse, qui était celle du bourg, furent abandonnées par l'abbé au curé, avant les partages de 1679, pour se décharger de la portion congrue.

Ce patronage se trouve mentionné dans la première charte du fondateur, confirmé par Henri Ier, duc de Normandie, et faisait partie de la dot de la comtesse Alix ou Adelise, fille de Roger de Tosny, seigneur de Conches. Ce dernier confirma lui-même le don d'Alexandre, fils de Thibaud, en la vallée de Pont-Saint-Pierre, c'est-à-dire de Saint-Nicolas, avec la terre pour laquelle un particulier faisait six deniers de rente. Robert Ier, comte de Leicester, Robert II, Hugues, archevêque de Rouen, les Papes Eugène III (1148), Alexandre III (1172), Célestin III (1193) et Grégoire IX (1234) assurèrent tour à tour ces biens aux religieux de Lyre.

En 1258 Robert de Bonneval, curé de Saint-Nicolas, prit à ferme une place avec ses bâtiments, situés dans cette paroisse, pour 10 sols tournois à la Saint-Rémy, sa vie durant. Quelques années après — le mardi avant la Saint-Martin d'hiver — Simon, curé de Saint-Nicolas, passait un bail semblable, mais pour 15 sols au lieu de 10.

Geoffroy Bourges et Euphémie, son épouse, de la même paroisse, vendirent pour 112 sols tournois six deniers, une rente de 14 sols, le jeudi après la fête des saints Martyrs... 1264. A leur exemple, André Pavée céda, moyennant 50 sols tournois, une rente de 7 sols assise sur un tènement près du cimetière de Saint-Nicolas, au mois de mai 1284.

Quant à *l'once d'or*, donnée par Amicie, comtesse de Leicester, épouse de Robert Ier ; à *la dîme du péage*, aumônée par Guillaume, fils du fondateur qui la tenait de Robert, comte de Normandie ; et à *la dixième semaine*, mentionnée dans la deuxième charte de Guillaume Fitz-Osberne, il n'en restait plus rien au moment de la confection de l'*Inventaire*. En vertu de ce dernier don le sénéchal de l'abbaye avait, autrefois, la juridiction royale chaque dixième semaine, au Pont-Saint-Pierre, avec le droit d'y poursuivre jusqu'à la fin de procès, tant criminel que civil, toutes les causes qu'il avait commencées dans la dixième semaine.

VIEILLE-LYRE. — Outre les chartes générales, citées au chap. Ier, qu'il serait superflu de répéter ici, il y a pour cette paroisse de très nombreux documents à résumer et de curieuses observations à extraire de l'*Inventaire* de Lyre. (T. II, H. 588, *Arch. de l'Eure*).

Voici d'abord une déclaration faite en 1684 : « Nous avons en la vicomté de Bretheuil audit bailliage d'Evreux, l'enclos et manoir de nostre dite abbaye, assis au bourg et paroisse de la Vieille-Lyre, et il y a l'églize, lieux réguliers, manoir abbatial, hostellerie et infirmerie, collombier, grange, escuries, pressoir et autres édifices, basse-cour, jardins, vergers, prez, vignes, bois de fustaye et terres labourables, réservoirs d'eaues et un courant de la rivière de Risle qui passe au milieu, le tout contenant 37 acres et demie ou environ, y compris environ quatre acres qui estoient du domaine fieffé d'icelle abbaye, et de présent réunis et incorporez au domaine non fieffé par les religieux de ladite abbaye... le tout d'un tenant et enclos de muraille de pierre et de brique fort ancien, à la réserve de l'augmentation faite par les dits religieux, dont la muraille a esté faite en 1681, borné d'un costé le chemin de Lire à Rouen, d'un bout, plusieurs et le cimetière et eglize de la parroisse de la Vieille-Lire, et d'autre bout, le val de la Pillière.

« *Item*, il nous appartient le droict de patronnage, présentation et nomination au bénéfice de Saint-Pierre de la Vieille-Lire, le cas échéant, comme aussy la présentation à la chapelle de la Madeleine, assize en ladite parroisse de la Vieille-Lire, et le s^r vicaire perpétuel dudit lieu fait de pension annuelle et perpétuelle la somme de 8 livres au jour et feste de Toussaints à l'office d'infirmier.

« *Item*, à nous appartient le fief dudit lieu qui est le chef de ladite baronnie dudit lieu de la Vieille-Lire, lequel fief et seigneurie s'étend dans les parroisses de la Vieille et Neufve-Lire, Bois-André, Rubremont et autres, et consiste en deniers et espèces, corvées de bras, harnais aux trois saisons de l'année, de rentes seigneurialles censives et fontières, scavoir environ 138 livres en argent, 15 chapons, 30 poulles, 9 boisseaux d'avoyne et 390 œufs, le tout payable par les hommes et vassaux du dit fief, aux offices de bailli et de pitanciers... avec reliefs, treiziesmes, etc., comme il est devant dit.

« Et avons dans le dit lieu de la Vieille-Lire, 13 hommes francs, nommés les francs de Lire, et sont obligez à ballayer l'église de la dite abbaye, la vigille des bonnes festes de l'année, et sont quittes et exempts de toutes coustumes, travers, acquis de vendre et d'achetter, et aussy sont quittes de payer monneage et fouage, et si sont francs de servage de guerre et de toutes autres exactions seculiers; et ont droict de pasturage pour leurs bestiaux en la forest de Bretheuil, et en icelle prendre du mort bois à chauffer, et quitte de pannage; et au regard des autres hommes et vassaux de lad. abbaye, ils ont les mêmes droicts que les dits 13 francs, réservé qu'ils doivent payer le pannage de leurs porcs à ladite abbaye, allant à l'office de bailli, tant au pannage de la dite forêt, que..., au pannage de Saint-Hilaire et au pannage de la myaoust nommé estoublage, qui est payé par chacun an audit office de bailly, sçavoir 5 deniers pour le pannage et un denier pour estoublage par chacun porc.

« Et nous avions droict de deux foires par an au dit lieu, l'une le jour de la myaoust, et l'autre le jour de la décollation de saint Jean-Baptiste, et à cause d'icelle, droict de haute justice le jour et le lendemain et droict de coustume des denrées et marchandises qui y sont vendues, avec droict de visiter et faire jurer sur chacun mestier et payer chaque marchand et estallant 13 deniers.

« *Item*, toutes les dixmes de la dite paroisse, à l'exception de ce qui est en bourgeoisie, seullement, lesquelles dixmes se divisent en quatre cantons, scavoir : la dixme des fieffes où nous prenons le champart à la 14ᵉ gerbe outre la dite dixme, de retraict fait par les religieux, le 6 9ᵇʳᵉ 1660, et le traict de la Vente, la dixme du traict de Beauvoir qui s'estend sur la Vieille et la Neufve-Lire. Le traict ou dixme du Mesnil, dont une partie s'estend sur la vicomté de Conches, et le traict de Melbuc et de Challet, dont une partie s'estend sur la vicomté de Beaumont-le-Roger, quoy que les dits deux derniers traits de dixmes soient aussy bien que les autres dans la paroisse de la Vieille-Lire.

« *Item*, à nous appartient toute l'eau et la pesche de la rivière de Risle depuis le grand pont de la Neufve-Lire, jusques à Champignole au lieu dit la Gougerie, et depuis le dit lieu de Lire, jusques au grand pont de Rugles, droict de pesche deux fois dans la semaine, hors les fiefs dépendant de la dite abbaye, avec lesquels nous avons droict de pesche quand bon nous semble dans la dite rivière, mares et fossés des vassaux, et si avons droict d'une petite rivière qui commence au dessous de nostre moulin à bled de Chagny, assis en la paroisse de la Neufve-Lire, passant au travers dudit lieu, et soulloit couller le long de la rue, pour ce appelée la rue du Fosset, pour faire tourner un moulin à bled, qui estoit dans l'enclos de nostre dite abbaye, de présent démoly, et la dite rivière remplie et à sec.

« *Item*, nous avons sur la dite rivière un fourneau, forge à fondre et à battre le fer, avec deux affineries et fonderies, halles à mettre les charbons scituez au hameau de Trizay, contenant en tout deux acres ou environ, en ce compris un petit illot provenant du bieu et de l'estang du dit fourneau, à présent contigu et adjacent au jardin des sieurs Harou, le tout borné d'un costé, plusieurs; d'un bout, la rivière de Risle et l'estang de la dite grosse forge, au travers duquel passe la dite rivière de Risle, qui fait tourner les roues des dits ouvrages, et d'un bout un petit ruisseau et des prez de la dite abbaye.

« *Item*, sur la dite rivière en la dite paroisse, nous avons trois moulins à bled et un à foullon, tous bannaux, savoir : *le moulin de la Vieille-Lire*, dépendant de l'office d'aumosnier, contenant 6 perches ou environ, borné d'un côté, le grand chemin de Lire à la Barre, d'autre costé. etc., auquel moulin banal sont subjets tous les habitants de la Vieille-Lire, Buisson-Morel, le hameau de la Segreterie, Val Drouard et autres villages de la dite parroisse, Bois-André, Marquière, Bois-Truel, Bois-Penthou, Montroinne et autres à peine de forfaicture, à la verte et seiche moute. Et si sont aucuns des dits vassaux subjets à curer le bieu et amenage des meulles du dit moulin quand le cas y eschet; *le moulin de Trizay* contenant 7 perches ou environ, bornées d'un costé et d'un bout, la rivière de Risle, d'autre costé, la petite sente tendant du dit moulin à Trizay, et d'autre bout, Pierre Figue, auquel sont subjets les habitants des hameaux de Trizay, Segreterie, Mesnil petit et grand et autres à peine de forfaicture, à la verte et seiche moute, selon l'usage et coustume du pays comme dessus; *le Rouge Moulin*, contenant 12 perches ou environ... auquel sont subjets comme dessus les parroissiens et habitants des parroisses de la Barre, Bois-Regnout, Rubremont et tous les tenans du hameau de Challet, les Hiaumes et autres; le moulin fouleur dépendant de l'office d'aumosnier, qui est dans un petit illot contenant une vergée ou environ, au millieu de la dite rivière de Risle, et autant qu'elle a d'estendue, à peine de forfaicture.

« *Item*, le four à baon assis en la paroisse de la Vieille-Lyre, contenant 5 perches ou environ, dépendant du dit office d'aumosnier.., borné d'un costé, la rue du Fossé, d'austre costé et d'un bout, Nicolas Basset et d'austre bout, Denis Cirande, auxquels sont subjets tous les parroissiens de la Vieille-Lire à peine de forfaicture, et si aucuns boullengers veullent s'establir dans la dite paroisse, est tenu de prendre permission auparavant au dit aumosnier et lui payer par chacun an à la saint Rémy, cinq sols.

« *Item*, nous appartient les bois de la Haye de Lire estant en taillis et baillifveaux, contenant 256 acres 65 perches ou environ, tant plain que vuide, borné d'un costé et d'un bout, la forest de Bretheuil, du costé de laquelle les dits bois de la Haye de Lire sont séparez par bornes plantées, où du costé de la dite forest est les armes du Roy, et ceux de la dite abbaye, du costé de la dite Haye de Lire. » — Ces bornes furent plantées le 4 septembre 1535, d'après l'*Inventaire* (n° 12, p. 96). Celles du Roi avaient : les unes 3 fleurs de lys, les autres une seule, dans un écusson; celles de l'abbaye : une harpe, son ancien blason, unie aux armes de Gabriel le Veneur, alors abbé commendataire de Lyre. Sous chaque borne on plaça mortier, tuileaux et charbon en présence des gens du Roi.

« Lequel bois, continue la *Déclaration*, fut donné à la dite abbaye par le Roy saint Louis, pour le droict qu'elle avait, dans la dite forest, du bois autant qu'il en fallait pour le chauffage et pour bastir en icelle abbaye en toutes ses dépendances.

« *Item*, à nous appartient une pièce de bois estant en taillis, nommé le bois des Lemez, contenant une acre et demie ou environ, de l'antien domaine de la dite abbaye, bornée d'un costé et d'un bout, la forest de Bretheuil; d'autre costé, le chemin de Lire aux Baux et Jean Aubert en partie, et d'autre bout le grand chemin de Rouen et Jean Coïsplet en partie.

« *Item*, à nous appartient une pièce de bois tant en taillis que haute futaye, contenant 109 acres ou environ, bornée d'un costé, la forest de Conches; d'autre costé, la ferme de la Bourgeraye; d'un bout, le grand chemin de la Vieille-Lyre à Conches, et d'autre bout, le grand chemin perré de la Vieille-Lire à Bretheuil.

« *Item*, à nous appartient une acre 3 vergées ou environ de petit bois taillis en marais, bornée d'un costé, le chemin de Conches, d'autre costé et des deux bouts, les terres de la dite ferme de la Bourgeraye.

« *Item*, une autre petite pièce de bois taillis aussy en marais, contenant une acre ou environ, bornée d'un costé, le dit chemin perré, d'autre costé et des deux bouts, la dite ferme de la Bourgeraye.

« *Item*, sur la dite paroisse, quoy que sur la vicomté de Beaumont-lè-Roger, à nous appartient une petite pièce de bois taillis, nommé la Garenne, de l'autre costé de la dite rivière de Risle, contenant 5 acres ou environ, bornée d'un costé, une sente tendante de Lire à Beaumont; d'autre costé et des deux bouts, les terres de la ferme de Mellebuc. Tous lesquels bois, et ceux cy après à déclarer, sont exempts de dixme, tiers et danger.

« *Item*, à nous appartient quatre fermes qui sont scituez et assizes tout autour de la dite abbaye, sçavoir : la ferme nommée *la Bourgeraye*, encloze de murs de bauge, contenant tant en maisons, granges, escuries et autres bastiments que terres de labour, 43 acres ou environ, y compris un clos, nommé le clos Marcellet, borné d'un costé, le grand chemin de la Vieille-Lyre à Conches; d'autre costé, le chemin perré tendant à Breteuil; d'un bout les bois de la Bourgeraye, et d'autre bout, le chemin de Rouen.

« *Item*, une pièce de terre labourable nommée la terre des Fieffes, contenant 37 acres et demie ou environ, bornée d'un costé, la Madelaine et les terres des petites Noë; d'autre costé et d'un bout en pointe, le grand chemin tendant de la Neufve-Lire au chemin perré, et d'autre bout, la pièce cy après nommée, qui est le clos des Houssiers *(ou Houssières)* aussi en labour, contenant 7 acres et demie 18 perches ou environ, bornée d'un costé, la pièce cy dessus; d'un bout, la pièce du Vieil-Poirée, et d'autre bout, en pointe, le chemin tendant de la Neuve-Lyre au chemin perré.

« *Item*, une pièce de terre en labour, nommée les Ardilliers, contenant 10 acres et demie 28 perches ou environ, borné d'un costé, plusieurs pièces estant de la Bourgeraye et le chemin perré en partie; d'autre costé, plusieurs; d'un bout, les hoirs Jacques de Chastigny et autres, et d'autre bout, les terres de la Madeleine.

« *Item*, la ferme nommée la Baronnie *de la Bosselette* (ou Boisselette) estant en maisons, grange, pressoir, escuries. thuilleries, four et autres bâtiments, enclose de fossez et de hayes vives, la cour et masure plantées d'arbres et terres labourables, contenant 92 acres ou environ, y compris les terres de la vente Chandelier, qui contiennent 33 acres ou environ, le tout d'un tenant, borné d'un costé, le grand chemin de la Vieille-Lire à Conches; d'autre costé, la pièce cy après et plusieurs; d'un bout, la forest de Conches, et d'autre bout, le grand chemin de Rouen en partie et les murailles de l'enclos de la dite abbaye pour une autre petite partie, laquelle ferme a droict de pannage pour ses porcs et de pasturages des bestes sans nombre, le tout franc dans la forest de Conches, et y prendre du bois comme les autres riverains au terme de l'ordonnance et à icelle sont deubs... plusieurs corvées par les vassaux de lad. baronnie aux trois saisons de l'année tant de bras que de harnais et autres droicts, etc.

« *Item*, la ferme *de la Segreterie* (ou Secreterie) estant en maison, grange, four, escurie et autres bâtiments, enclose de haye vifve, plantez d'arbres et terres de labour, appartenant à l'office de prieur, contenant 18 acres ou environ, y compris une lizière de bois de viron 60 à 80 arbres de chêne, haistre, borné d'un costé, le chemin de la Segreterie à la forest de Conches; d'un bout, la dite forest, et d'autre bout, plusieurs; et a pareils privilèges dans la dite forest de Conches que dessus.

« *Item*, la ferme nommée *le Mellebuc*, consistant en basse cour, édifiée de maison mannable, grange, escuries, four et autres bâtiments, avec droict de collombier, une masure plantée d'arbres fruitiers, clos de haye vive et terres labourables estant tout autour du dit manoir, scis en la vicomté dudit Beaumont-le-Roger, quoyque de la paroisse de la Vieille-Lire, contenant le nombre de 124 acres ou environ, sçavoir : 5 acres 1/2, etc. » (V. Le Prévost, *Notes*, t. III, p. 367) et plusieurs prés dont la nomenclature se trouve de même dans les *Notes et documents*, etc., d'Auguste Le Prévost.

La plupart de ces biens furent donnés ou vendus à l'abbaye de Lyre au xiiie siècle, comme le prouvent les chartes encore existantes aux Archives de l'Eure. Ainsi, en 1205, Gautier Barbedorée donne deux acres de terre près de Melbuc, entre le chemin *perré* et les terres des religieux; de plus il confirme un droit de bourgage à la Vieille-Lyre, par lui vendu au monastère, après l'incendie de

1188. Richard d'Auvergny, seigneur du fief, consent à ce don, dont il est témoin avec Gillebert du Chastelet, Richard de Folleville, Robert de la Chambre, Robert du Châlet, Guillaume le Brasseur, Fromond le Fèvre, etc... Richard de Bois-Anzeray, en se faisant moine à Lyre (1140) offrit son moulin aux religieux, don confirmé par Robert II et Robert III, comtes de Leicester et approuvé par son frère Roger de Bois-Anzeray (*Chartes* n°s 23 et 24), en présence d'Arnault du Bois, Gilbert de Vernet, Adam de Cierrey, Baudouin de Charnelles, Guillaume et Gilbert de Thevray (?), Hubert, fils de Fulcoin, Jean d'Almenesches. Mathieu, son fils, à la demande de Guillaume Chacepein, prêtre de la Neuve-Lyre, très dévoué pour l'abbaye de Lyre, donne la métairie et le ténement, ancienne propriété de Chrétien Chacepein, oncle de Guillaume Chacepein, prêtre, lequel tenait de lui le tout. Ce don, d'après la volonté de Mathieu de Bois-Anzeray, devait être exempt de toutes charges, corvées, tailles, services, etc. Il profite, en plus, de l'occasion pour confirmer tous les biens de Lyre dans son fief : la métairie du Buisson-Ace (ou Asse), la vavassorie du Val-Durand (ou Drouhard) ; deux gerbes de dîme dans tout le fief de la Noe ; deux gerbes de dîme de son fief de Ennes (ou Ethnes) ; le moulin de la Vieille-Lyre avec toutes les moutes humides et sèches, en gerbes et en deniers de tout son fief d'Ouche. « Je me souviens bien, ajoute-t-il, qu'après la mort de mon père, devenu chevalier et en âge de souscrire ces actes, j'ai confirmé déjà ces anciennes donations et je m'engage, au nom de mes héritiers, à les défendre à l'avenir, en présence des témoins suivants : Guillaume Chacepein, prêtre de la Vieille-Lyre ; Roger Raval, maître André, Robert de Bane, clercs ; Richard de Folleville, Robert de Chalet, Richard Garnier, Robert de la Chambre, Roger Rose, Hugues Morel. etc. (n° 97. Février 1206).

Mathieu du Bois-Anseray, fils de Roger de Putot et d'Euphémie, fille aînée de Mathieu de Bois-Anseray Ier de ce nom, confirma, en 1251, la charte de son grand-père qu'il rapporte mot à mot. Les témoins sont : Gilbert des Minières, Nicolas de Glos, Eustache d'Hellenvilliers, Hugues de Long-Essart, Henri du Bosc-Renoult et Gervais, etc. Gillebert, abbé de Lyre, lui donna quatre livres tournois en retour à l'exemple des religieux qui avaient jadis offert 15 livres à son grand-père pour le même service. Une difficulté s'éleva cependant trois ans après — 1254 — entre lui et l'abbé Gillebert, au sujet du moulin Anseré de la Vieille-Lyre. Le Seigneur prétendait avoir le droit de moudre le blé provenant de ses terres immédiatement après celui qui se trouvait dans le moulin, à son arrivée ; de plus il ajoutait que si l'eau de la Rille se trouvait alors détournée pour faire mouvoir le moulin à foulon, situé près le moulin Anseré, il avait le droit de la ramener jusqu'à ce que son blé fût moulu. A quoi l'abbé Gillebert s'opposait disant qu'en vertu de leurs chartes toute la rivière lui appartenait depuis le pont de la Neuve-Lyre. « Les hommes de mes terres, soutenait Mathieu, ont droit de moudre à tous les moulins de l'abbaye *sans forfait et sans amende.* » — « Pas à tous les moulins, répondait l'abbé, mais au moulin Anseré seulement. Même prétention pour la justice, même réponse de l'abbé. Bref l'affaire fut soumise à l'arbitrage de Nicolas de Glos et de Raoul de la Haie, chevaliers, (charte n° 99). « Cette pièce, dit l'abbé Caresme, est écrite en français, avec une pureté et une naïveté dignes de Joinville ».

Roger de Putot, père de ce vrai normand *chicaneur*, avait pris l'habit religieux à l'abbaye de Lyre vers 1250, en présence de nombreux chevaliers, ses voisins et amis, tels que : Roger de la Barre, Henri du Bosc-Renoult et son fils Gervais, Robert d'Hellenvilliers, Robert de Chalet, Guillaume de la Porte, etc. Garin, curé de Bois-Anseray, assistait à la cérémonie et fut témoin de la charte en vertu de laquelle Roger de Putot abandonnait au couvent tous ses droits sur le moulin aumôné par ses ancêtres, renonçant, de plus, au repas qu'on devait aux hommes de sa maison lorsqu'ils faisaient moudre leur blé au moulin, à la réserve toutefois des droits de Mathieu et Raoul, ses héritiers. (*Charte n° 91*).

Le moulin *à foulon* avait été donné par Robert Ier comte de Leicester avec toute la mouture dépendant de son fief dans la partie de la forêt où l'abbaye et le moulin étaient situés, à cette condition que les hommes de son château de Lyre ne payeraient que deux deniers et une obole par verge d'étoffe à fouler. Les témoins de cette charte sont : Arnauld du Bois, Guillaume de Dives, Guillaume de Chirai, Guillaume d'Elbeuf, Guillaume de Bémécourt, Gilbert du Plessis, Hugues d'Aunou, etc. (*Charte n° 100*). Robert II, son fils, confirma cette donation, vidimée en 1320 par Philippe V. Ce moulin *à foulon*, situé dans un îlot était en très mauvais état en 1564. On le loua fort peu, à condition qu'il serait réparé par les fermiers, ou qu'ils en construiraient un autre à battre du tan, ce qui fut exécuté, mais devint cause d'un procès entre l'abbaye et les preneurs.

Robert Blondel, curé du Bois-Penthou, poussé par la nécessité, vendit, au mois d'août 1234, aux religieux de Lyre, un pré, dit le *pré du Jardin*, au Chalet, entre la Rille et le jardin de Thomas de la Bretesche, pour 11 livres 10 sols. Mais ce dernier prétendit que ce pré lui appartenait, en ce sens qu'il avait, assignées sur lui, plusieurs rentes telles que 100 sols, deniers, œufs, gélines, chapons, etc. Les religieux avaient ces rentes du don de Gauthier de la Bretesche, neveu de Thomas, qui les tenait de l'abbaye pour un huitième de haubert. Thomas donc, après la mort de son neveu, réclamait, en sa qualité de plus proche parent, tous ces prés, avec leurs rentes, que les religieux lui abandonnèrent, à condition de les tenir, comme son neveu, de l'abbaye de Lyre (1279). Il obtint même, sa vie durant, le service et la *seigneurie de la verge* du couvent. Au moment des partages ce pré fut évalué à 40 livres. (*Charte n° 101*).

Colette la Rousse, au temps de son veuvage, — mars 1306 — vendit une demi-once de poivre de rente qu'elle avait droit de prendre sur un pré *dit le pré Ozanne*, (ou aux Anes, ou aux Aulnes) du Buisson Asce, situé à Saint-Pierre de la Vieille-Lyre près de la Rille et les coteaux de Rubremont, moyennant 15 sols tournois. (*Charte n° 102*).

Jean de Chalet, le dimanche après la fête de saint Georges en mars 1293, vendit 20 sols de rente assignés sur le pré du Moulin, à la Vieille-Lyre, entre la terre des héritiers de David de Chalet, la rivière et le chemin du moulin de Chalet, pour 9 livres tournois; vente ratifiée en octobre 1296 par le vicomte de Bernay. (*Chartes n°s 103-104*). En 1305 il cédait encore, à l'usage *des pitances*, une rente sur le même pré du moulin.

Cette expression *à l'usage des pitances*, fréquente dans les chartes de Lyre, comme dans celles des autres abbayes, avait pour but d'améliorer la nourriture des religieux à certains jours de fête. Nous en aurons bientôt la preuve.

Quant aux rentes qui formaient la Seigneurie de la Vieille-Lyre elles provenaient des dons ou ventes suivantes : Robert de Chalet donne, à la fin du XIIe siècle, la dîme de toute la part qu'il avait sur le moulin de Chalet, ce qui fut confirmé par Luc, évêque d'Evreux. (*Charte n° 105*). En 1230 Guillaume de Chalet aumône 2 septiers et une mine de blé de rente sur les moulins du fief de Conches près de la Rille, avec toute la moulte sèche. (*Charte n° 106*). Roger, seigneur de Boschevrel, fils d'Ernauld de Chalet, fit un don semblable la même année, ajoutant que la mine de blé aurait la valeur de l'orge. Trois ans après Roger de Tosny, « que l'on croit Seigneur de Conches », dit l'*Inventaire*, offrit à son tour deux septiers de blé de rente sur les moulins de son fief. Robert le Gros, forestier, et Anne de L'alié veuve, sa sœur, tiennent quittes, moyennant quatre livres, les hommes de l'abbaye, libres ou non, résidants à la Vieille-Lyre, de quatre gerbes de blé que lui et les autres forestiers percevaient tous les ans, exemple suivi bientôt par tous ses collègues, 1247.

Les chartes devenant de plus en plus nombreuses nous les résumons en une seule ligne, avec la date, la somme et la destination du don ou de la vente.

1244. Robert Anzère vend 18 deniers de rente à l'office de Bailli.

1248. Thierry Hardouin donne 5 sols de rente dus par Roger, son frère. (*Charte n° 107*).

1251. Jean d'Antioche vend 5 sols de rente pour 45 sols tournois. (*Charte n° 108*).

1254. Michel Guimond vend 2 sols de rente pour 21 sols tournois. (*Charte n° 109*).

1263. Les Galopins vendent 9 sols 4 deniers de rente dus par Pierre de Chalet.

1264. Robert, chapelain de la léproserie, donne 13 sols de rente sur 6 acres de terre.

1265. Aubin le Chambrier vend 10 sols de rente, à l'usage des pitances.

1265. Robert, chapelain de la léproserie, vend à Pierre de la Mare un hébergement à charge de payer 4 sols de rente au pitancier.

1270. Roger Rochet donne 5 sols de rente, pour son anniversaire, à l'usage des pitances.

1271. Guillaume le Courtois vend 12 deniers de rente, sur une masure à la Vieille-Lyre.

1271 (janvier). Jean de la Landepereuse vend 20 deniers de rente sur une masure à la Vieille-Lyre.

1271 (janvier). Jean Meinefort vend 18 deniers de rente sur une masure à la Vieille-Lyre.

1271 (février). Robert Creuset vend 2 sols de rente sur une masure à la Vieille-Lyre.

1271 (février). Pierre de Louvigny vend 5 sols de rente sur une masure à la Vieille-Lyre.

1271 (mars). Jean Doulle vend 2 sols de rente sur une masure à la Vieille-Lyre.

1271 (avril). Manassier Baret vend 5 sols de rente sur une masure à la Vieille-Lyre.

1271 (novembre). Ermenjarde la Belle vend 20 deniers sur une masure à la Vieille-Lyre.

1273 (décembre). Roger le Bigre donne 5 deniers aux pitances, pour son anniversaire et celui de sa femme.

1274 (novembre). Michel et Renaud Chaperon vendent 22 sols de rente sur des particuliers.

1274 (septembre). Guillaume le Crespe vend 3 sols de rente sur des particuliers.

1275 (mars). Guillaume de la Chaussée vend 8 sols de rente sur des particuliers.

1276 (janvier). Robert Rose vend 5 sols de rente à l'usage des pitances.

1276 (février). Thomas Baret vend 2 sols de rente à l'usage des pitances.

1276 (août). Nicole, veuve d'Ernaud Carpentier, vend 18 deniers de rente à l'usage des pitances.

1276 (novembre). Gilbert le Porchier vend 14 sols de rente à l'usage des pitances.

1276 (novembre). Nicolas le Mangant vend 6 sols de rente à l'usage des pitances.

1277 (janvier). Paul Poret vend 2 sols de rente à l'usage des pitances.

1277 (février). Richard Rageentête vend 3 sols de rente à l'usage des pitances.

1277 (mars). Richard Portier vend 2 sols de rente aux pitances.

1277 (avril). Jeanne la Burnele vend 3 sols de rente aux pitances.

1277 (juin). Jean Croc donne 5 sols de rente aux pitances.

1277 (juin). Guillaume Courtois vend 2 s. de rente aux pitances.

1277 (août). Robert du Moustier donne 2 sols de rente à l'usage des pitances.

1277 (novembre). Thomas d'Affeton vend 4 sols de rente aux pitances.

1277 (novembre). Gilbert le Dève vend 2 sols de rente aux pitances.

1277 (novembre). Gilbert Pellipaire vend 12 deniers de rente aux pitances.

1277 (décembre). Jean de la Crépinière vend 5 sols de rente aux pitances.

1279 (février). Garnier le Mestre vend 6 s. de rente aux pitances.

1280 (octobre). L'abbé franchit une rente de 5 sols due à Robert Tranchart, au Tremblay.

1283 (janvier). Hubert Brumen de la Brumanière vend 12 sols de rente à la Vieille-Lyre.

1286 (juin). Michel Guitel vend 18 deniers de rente à Trisay.

1292 (août). Guillaume Morien vend 2 deniers de rente à la Vieille-Lyre.

1292 (août). Guillaume le Tent vend 3 sols de rente au pitancier (Charte n° 123).

1293. Raoul Binet vend 20 deniers de rente au pitancier.

1294. Roger le Neveu vend 8 sols 6 deniers de rente au pitancier.

1296 (décembre). Jean Peluchet vend 5 s. de rente au pitancier.

1296 (avril). Robert Ernaud vend 3 sols de rente sur 3 pièces de terre.

1297 (avril). Guillaume Carabillon vend 12 deniers de rente aux pitances.

1297 (avril). Jean de Vadis et sa femme vendent 12 deniers de rente aux pitances.

1297 (mai). Jean de Chalet vend 8 sols 6 deniers de rente aux pitances (Charte n° 120).

1298 (juin). Roger le Fèvre vend 12 d. de rente aux pitances.

1303. Jean Chevalier et sa sœur vendent 5 sols de rente aux pitances.

1303 (août). Colin Roze vend 10 sols de rente aux pitances.

1304 (mai). Radulphe Hugon vend 24 sols de rente aux pitances.

1304. Jean de Chalet vend 10 sols de rente aux pitances.

1304. Richard Maulert vend 4 sols de rente aux pitances.

1304. Jean Folin vend 2 sols de rente aux pitances.

1305. Perrin et Michel Frémont vendent 6 sols de rente aux pitances.

1305 (29 juin). Robert la Chese du Mesnil aux Bigres vend 2 sols de rente aux pitances.

1306 (juin). Thomas du Moulin donne 2 chapons de rente pour son anniversaire *(Charte n° 110).*

1307. Guillaume Meniant et sa femme vendent 12 deniers de rente, aux pitances.

1310. Alain du Boisnouvel vend 6 sols de rente aux pitances.

1310 (juillet). Jean d'Essarts, *alias* de la Haye, écuyer, vend 25 sols de rente.

1310. Robert de Boulogne et sa femme vendent 30 sols à l'usage des pitances.

1311. Jamet Angier vend 5 sols à l'usage des pitances.

1311. Robert le Broutier vend 8 sols à l'usage des pitances.

1314 (décembre). Colin le Fèvre vend 5 s. à l'usage des pitances.

1315 (février). Michel le Fier vend 4 sols de rente.

1315 (mars). Jean Joreis vend 2 sols de rente à la Vieille-Lyre.

1317 (13 avril). Huet Dupont et sa mère vendent 30 s. de rente à la Vieille-Lyre.

1317 (juillet). Guillaume Ruffe vend 12 deniers de rente à l'usage des pitances.

1318. Guillaume Mauviel vend 5 sols de rente à l'usage des pitances.

1322. Thomas le Fèvre et sa femme vendent 5 sols de rente à l'usage des pitances.

1322. Jean Joreis et sa femme vendent 3 sols de rente à l'usage des pitances.

1322. Michel Potier donne 14 sols de rente pour son anniversaire.

1325. Guillaume Le Bourgainguel, écuyer, vend 12 sols 6 deniers de rente.

1325. Jean le Roux vend 2 sols 6 deniers aux pitances.

1326. Guillaume de Bédiers vend 5 sols de rente.

1326. Guillaume Le Sauterel donne 5 sols de rente.

1326 (novembre). Raoul Curquant vend 18 deniers de rente à l'usage des pitances.

1330 (juillet). Raoul Merille vend 12 sols de rente.

1331. Guillaume de Bédiers vend 28 deniers de rente à l'usage des pitances.

1332 (mars). Guillaume Ignel et sa mère vendent 9 sols de rente.

1332. Jean Tyout vend une petite rente à l'usage des pitances.

1334. » » 10 sols de rente » »

1334. Michel le Coutelier et sa femme vendent 6 sols de rente.

1335 (novembre). Guillaume la Gueppe vend 5 sols de rente aux pitances.

1336. Benoît de la Forge et son épouse vendent 2 sols de rente aux pitances.

1337. Jean Tyout vend 7 sols de rente aux pitances.

1337. Jean Dalet vend 11 deniers de rente aux pitances.

1338 (18 mai). Robert Girard, prêtre, remet à l'abbaye plusieurs parties de rente, dans le fief de Lyre, par lui acquises de Jeanne de Chalet qui les avait par échange avec Mgr Guillaume Camin et Robert, son frère, écuyers; plus 3 sols 5 deniers à prendre sur plusieurs particuliers, poussins, œufs, chapons, etc.

1340 (janvier). La veuve Bagart donne 2 sols de rente aux pitances.

1343 (18 février). Guillaume de Bédiers vend 20 deniers de rente aux pitances.

1344 (25 avril). Guillaume Didet vend 2 sols de rente aux pitances.

1344 (1er mai). Robert de la Fontaine vend 5 sols de rente.

1344 (24 mai). Roger de Châlet vend 3 sols de rente à l'office de Bailly.

1344 (17 juin). Gilbert de la Villete vend 5 sols de rente à l'office de Bailly.

1344 (18 juin). Guillaume Colet vend 2 sols de rente à l'office de Bailly.

1344 (11 novembre). Denis le Picard vend 20 sols de rente à l'office de Bailly.

1381 (3 avril). Maury le Roux vend 20 sols de rente.

1384 (19 décembre). Le sieur du Moustier, curé de Rubremont, vend 5 sols de rente, aux pitances.

1386 (24 décembre). Guillaume Biguenart vend 2 sols de rente.

1394 (22 avril). Jean le Bally et sa femme vendent 10 sols de rente.

1396 (27 mai). Perin Badelorge vend 23 sols 8 deniers aux pitances.

1397 (2 novembre). Jean Beaugendre vend 9 sols de rente aux pitances.

1397 (13 décembre). Noël Fleury, fils Michel vend 2 sols de rente aux pitances.

1407 (15 octobre). Noël Fleury, fils Michel vend 2 sols 6 deniers de rente.

1418 (13 septembre). Jean Muterel et son fils donnent 4 livres plus 30 sols sur des particuliers, aux pitances.

1483 (19 novembre). Jean Le Royer vend 25 sols de rente, etc.

Ces 108 numéros, pris dans l'*Inventaire*, et dont plusieurs chartes originales existent encore, prouvent que petits et grands s'intéressaient à notre abbaye de Lyre, ou avaient besoin de son aide, dans ces temps difficiles, surtout au xive et au xve siècle, à l'époque des guerres anglaises. Toutes ces rentes assises sur des masures, des jardins ou des prés de la Vieille-Lyre fournissent, par leur bornage, d'utiles renseignements sur la topographie de cette paroisse qui, du reste, n'a guère changé d'aspect. Mais toujours le sentiment religieux apparaît dans ces multiples documents : c'est pour l'anniversaire du donateur ou du vendeur, pour le repos de l'âme de ses ancêtres; ou, souvent encore, par un motif de bienveillance à l'égard des religieux en rendant moins précaires les offices qu'ils remplissaient, tels que ceux d'aumônier, de bailli ou de pitancier.

Outre ces rentes seigneuriales il y avait, sur la Vieille-Lyre, des aînesses, des tènements et différents fiefs dont il faut dire quelques mots.

L'aînesse du *Val-Drouard* dut son origine au don fait par Foulques de la Chesse, fils de Robert, qui céda tous ses droits sur 4 acres de terre données aux religieux par Richard de la Chesse, son oncle. (1241. *Charte n° 118*). Cette aînesse contenait 30 acres environ, produisant 25 sols 3 deniers au bailli et 7 sols aux pitances à la saint Rémy; puis à la saint Jean 3 sols au Bailli; avec trois corvées de *harnois*, un septier de méteil pour l'aumônier à la Toussaint, etc.

Le *Buisson-Morel* était un huitième de fief sur la Vieille-Lyre, tenu par hommage du seigneur des Bothereaux. Il y avait maison couverte en chaume et en tuiles, 6 acres de prairies, 30 en labour, 70 sols de rente, un éperon blanc, un chapon, une géline, 50 œufs, corvées, etc., le tout estimé 10 livres de rente. En 1396, Philipot du Breuil possédait ce fief comme héritier de sa mère, petite fille du sire de Bois-Anseray « lequel était noble et issu de noble lignée », ajoute l'*Inventaire*. Jean le Charpentier de la Neuve-Lyre et Raouline du Breuil, sa femme, donnèrent ce fief à l'abbaye, le 10 octobre 1414, avec tous ses droits. Cette donation faite par les dits mariés « à cause de leur grand âge, n'ayant point d'enfans et n'étant point taillés pour en avoir, dans la vue d'être participants aux biens temporels et spirituels de l'abbaye, à charge d'une messe du Saint-Esprit par an, pendant leur vie, et, après leur mort, un anniversaire solennel le jour du décès de la dite Raouline, à qui ce fief était échu, se réservant l'usufruit leur vie durant. » — Jean de Sacquenville, seigneur des Bothereaux, de qui relevait ce huitième de fief, permit aux religieux, sous le bon plaisir du Roi, de le posséder tranquillement, sauf une fois tous les trente ans d'en payer le relief avec les aides (20 septembre 1416).

D'après l'aveu de Cyprien Baudot, sieur d'Ambenay, rendu en février 1599, il y avait 72 acres de terre environ et le curé de la Vieille-Lyre devait dire, chaque premier lundi du mois, une messe basse, suivant l'ancienne fondation.

Ce fief possédait encore une rente de 10 boisseaux de blé, en vertu d'une vente de Guillaume le Roux en 1482. Cette rente, un moment aliénée, fut rachetée, en 1704, par les religieux, moyennant 141 livres versées à Pierre-Jean Charles, chevalier, seigneur de la Blandinière. Le 10 août 1712, Isaac Suzanne, écuyer, rendit aveu pour ce fief, devenu sa propriété du chef de demoiselle Suzanne Charles, son épouse, fille de feu maître Nicolas Charles, seigneur de la Blandinière, conseiller au parlement de Normandie, fief composé de 8 acres en masure, cour, etc, avec droit de trye et fuye à pigeons *(droit d'avoir une petite volière, quand on n'avait point droit de colombier)*, plus 60 acres de terre en une seule pièce, 4 acres 22 perches en trois articles, 5 acres de pré, en tout 33 sols 4 deniers de rente seigneuriale à la saint Remy, reliefs, treizièmes, aides, etc.

L'aînesse de la *Brumanière* consistait en 17 acres de terre, un pré de 3 vergées et 4 livres de rente *aux pitances*. Hubert Brumen avait vendu, en avril 1271, 5 sols de rente sur 6 acres de terre qu'il tenait de l'abbaye à la Brumanière : Raymboud Sargot, en 1280, céda 3 acres 26 perches, pour 16 livres 10 sols, et, au mois d'octobre de la même année, Thibaut Lailler et sa femme vendaient, pour le même prix, 3 acres 28 perches. Garin de Romilly, prêtre, fieffa ces deux terres, en janvier 1281, moyennant 60 sols *aux pitances* et les services dus au Bailli. Cette aînesse s'enrichit encore le 30 janvier 1409, par un pur don de cinq septiers de blé, fait par Jean le Mercier. Avec la *Brumanière* on trouve *les Châtelets* d'une contenance de 81 acres 3 vergées dans les Deux-Lyres et à Boisnormand, chargés de 24 boisseaux de rente, aliénés en 1563 pour 242 livres et rachetés au même prix le 19 août 1659, outre 30 livres pour les frais.

Le fief de *Trisay* consistait en un moulin au village de ce nom sur la Vieille-Lyre. C'était, jadis, une partie de la dot d'Alix, épouse du fondateur. Eléonore ou Aliénor de Vitray, comtesse de Salisbury, donna, en août 1229, à Nicolas de Glos, chevalier, toutes ses rentes sur plusieurs tènements à Trisay, avec faculté d'en faire ce qu'il voudrait. Le pieux chevalier se hâta d'offrir ces 30 sols de rente à ses amis de Lyre pour s'assurer, ainsi qu'à ses ancêtres, leurs ferventes prières. (*Charte* n° *72*). — Raoul de la Barre, poursuivi par les juifs, auxquels il devait beaucoup, eut recours aux religieux en 1220. Il confirma devant Raoul, évêque d'Evreux, la charte de Guillaume de la Barre, son père, au sujet du moulin de la Cheise par lui vendu 60 livres avec toute la moulte verte et sèche de sa terre de la Crespinière et de Bois-Anseray; droit de justice, plus dix acres de terre et reçut six livres pour cette confirmation (*Charte* n° 70). Le moulin de la Cheise avait été transféré à Trisay et ses droits unis à ce moulin. C'est ce qui créa quelques difficultés, en 1279, entre l'abbaye et Robert de la Barre, difficultés qui se terminèrent par un accord (*Charte* n° *71*).

Parmi les témoins il y avait : Guillaume de Sacquenville, chevalier, avec ses fils Guillaume, Robert et Pierre, chevaliers; Guillaume, doyen d'Evreux, maître Pierre de *Platano*, chanoine d'Evreux, Raoul, curé des Bothereaux, maître Nicolas, curé d'Ajou, maître Laurent, curé d'Ambenay, etc. — On louait le moulin 60 livres environ. Mais à la fin du xvie siècle il était tellement en ruines que les religieux n'en trouvèrent que 35 livres, à condition pour le preneur de le réparer. Il servait aux habitants du hameau de Trisay, de la Secreterie, du Grand et du Petit-Mesnil, etc. Enfin dans le bail fait à M. des Longsvaux, en 1719, on voit la condition qu'il ne serait plus entretenu; dans celui de 1730 : qu'il serait détruit comme nuisible à la forge. Cette année là, justement, un ouragan se chargea de l'affaire et il ne fut point rétabli.

La forge de Trisay se trouvait à un quart de lieue de l'abbaye. Les trois principaux bâtiments et celui du *Rouge-Moulin* furent refaits à neuf en 1736 « des deniers provenants de la vente des bois ». Dans le premier bâtiment est le gros marteau, la chaufrie et une affinerie ; dans le deuxième est le fourneau ; dans le troisième la fenderie. Tous les ponts ont été aussi refaits. Le terrain contient 2 acres y compris une commune dudit village de Trisay qui sert au fourneau ; puis les maisons pour les forgerons, un four à cuire leur pain et autres bâtiments. Ensuite quantité de prairies (12 acres), le clos du vieux fourneau, le *Rouge-Moulin*, etc. Le tout affermé 8000 livres en décembre 1679. — L'abbaye, ajoute l'*Inventaire*, n'a jamais obtenu de lettres patentes d'établissement pour la forge de Trisay. Vers 1120 Henri Ier lui confirme une forge donnée par un particulier. La forge fut transférée de la Jeune-Lyre à Trisay. La forge à eau de Chagny existait en 1487 et en 1491 fut affermée pour en faire un moulin à fouler les draps. Ainsi c'est vers 1488 que la forge vint à Trisay. Quant au fourneau qui était au-dessus, fort près de l'abbaye, on le mit à l'endroit où il est depuis 1655. La charte d'Henri Ier, confirmant le don d'une forge par Raoul de Vitot, est adressée à Geoffroy, archevêque de Rouen (1110-1128), en présence d'Audouin, évêque d'Evreux (1113-1139) (*Charte n° 27*).

Disons enfin que la maison de la forge à Trisay, d'après une sentence de 1696, avait une valeur de 2.000 livres, et que le tout, selon un *factum* pour le sieur Theroulde, fermier de l'abbaye de Lyre en 1786, rapportait 6200 livres par an, dont les deux tiers (4133 livres 6 sols 8 deniers) pour *la mense abbatiale*, et l'autre tiers (2066 livres 13 sols 4 deniers) pour *la mense conventuelle*.

Le fief de *Rubremont et de Chalet* était un quart de haubert, avec une contenance de 52 acres environ et des rentes seigneuriales. — Guillaume Fitz Osberne, dans sa première charte, avait donné la terre de Garin de Chalet à l'abbaye de Lyre, et Robert II, comte de Leycester, avait confirmé cette donation. — En 1263 les Galopins avaient vendu aux religieux 9 sols 4 deniers de rente, dus par Pierre de Chalet, sur un pré, dit le Vallet, sous l'orme de Châlet, et deux vergées sur le chemin de Chalet au Tremblay. L'année suivante — 1264 — le fief étant tombé entre les mains d'un mineur, Guillaume Galleys, l'abbé, à qui revenait la garde noble de l'enfant jusqu'à sa majorité, le confia, pour ce temps, à Guillaume Corde, son oncle, lequel promit de payer 40 sols annuellement. — En 1277 Jean Neveu, dit le Beau, vendit pour 52 livres

10 sols un droit qu'il avait dans le membre Lorice à Châlet. Parmi les ventes notons encore celle de Jacques Langlois d'une rente de 40 sols au pitancier; celle de Ozanne du Buisson-Asce de 3 boisseaux de seigle et de 3 quartes d'avoine (1296); de Robert de Châlet, d'une rente de 5 sols 6 deniers (1297, n° 120); enfin de Jean de Châlet, écuyer, d'une rente de 20 sols, en 1309.

Le tènement des *Heaumes* avait une contenance de 38 acres environ; l'Aînesse *de la grande et petite Brière, le tertre et tènement Prenet* formaient 103 acres rapportant 9 livres 19 sols de rentes seigneuriales; le trait de *Beauvoir* loué en 1243, par Guillaume Osmere, pour 10 livres, fut, après 1270, affermé en trois parties: il y avait environ 42 acres et 20 livres 13 sols de rentes, etc.

Quant aux prairies de la Vieille-Lyre, énumérons les plus importantes : pré, acquis de Chevalier; pré de Mre Charles Duval; pré de l'Essart, 7 acres; pré aux francs et de l'Ecluse; pré des Crières, deux acres; pré aux veaux; pré au Gautier; pré du Prieur; pré du Sacristain; pré des Etages ou du Sous-Prieur; pré du Chantre; pré bourgeois, 5 acres; prés de la Boisselette et du Pitancier, 6 acres; pré des grands gains et des petits gains; pré du Jardin; pré de Melbuc; pré Louvet; pré Ozanne; pré d'Auget, des petites Hunes, aliéné en 1577 pour 1332 livres, racheté en 1660 moyennant 1730 livres, il avait plus de huit acres, etc.

En 1786, d'après le *factum* déjà cité, la Vieille-Lyre avec toutes ses dépendances rapportait les sommes suivantes :

Dîmes de Châlet et prés	500	livres
Les Hautes Terres et prés	430	»
La dîme du Buisson-Morel	240	»
La ferme de la Bourgeraye	750	»
Les prés des Essars	450	»
La dîme de la Broudière	1.800	»
La ferme de Melbuc	550	»
La forge de Trisay 2/3	4.133	»
Le pré Ozanne	40	»
Les terres seigneuriales de la Vieille et Neuve-Lyre.	200	»
Divers prés	300	»
Pour les bois	1.075	»
Total . . .	10.468	»

Cette évaluation ne comprend, bien entendu, que la part revenant à l'abbé commandataire et non celle des religieux. Le plus gros revenu provenait de la forge de Trisay, estimée 6.200 livres par an, et ceci nous amène à parler des *barons fossiers* de Normandie.

Leur institution royale remonte, probablement, à saint Louis, à l'époque de sa dernière croisade. Le saint Roi permit, en effet, à ses seigneurs ruinés par ces lointaines expéditions, de s'occuper, sans dérogeance, des industries commerciales du verre et du fer, d'où les maîtres-verriers et les maîtres de forges. *Les barons fossiers et les férons de Normandie* s'établirent entre les rivières d'Orne et d'Avre jusqu'à la Seine. Il y avait six barons, dont trois ecclésiastiques : *les abbés de Lyre*, de Saint-Wandrille et de Saint-Evroult; trois laïques : les barons de Ferrière, de la Ferté-Fresnel et de Chaumont dépendant du comté de Gacé. Leur nom venait des fosses à charbon, à minerai ou à forges qu'ils avaient droit d'ouvrir sur leurs terres, car chacun pouvait réduire en charbon autant de bois que sept hommes pouvaient en apporter chaque jour dans la fosse.

Un septième baron voulut, au XVe siècle, s'introduire dans la corporation, mais il en fut débouté en 1658, dit l'*Inventaire*. C'était Jehan de Garencières, écuyer, baron des Bottereaux.

On ne possède plus la charte de fondation. La première pièce qui s'y rapporte se trouve dans les *Olim*, (T. I, p. 225.) en l'an 1265, puis les anciens statuts, du 30 juin 1289, avec les privilèges que voici :

1º Les fils de férons et ceux qui épousaient leurs filles pouvaient seuls exercer le métier de fabriquer le fer dans la circonscription limitée entre l'Orne et l'Aure (Avre).

2º Les férons s'assemblaient tous les ans, le dimanche après la saint Jean-Baptiste, dans la chapelle de la Madeleine de Glos-la-Ferrière, pour élire un maître dont la charge durait un an.

3º Ce maître devait être natif de Glos et y résider.

4º La maîtrise du métier de férons était conférée à ce maître par les férons qui devaient ensuite le présenter au vicomte de Breteuil, pour y prêter le serment relatif à ses fonctions.

5º Ce maître avait la juridiction dans la ville de Glos et dans tout le territoire indiqué. Le fait de la féronnerie était de sa compétence et il connaissait, en matière personnelle et mobilière, de tous les différends qui s'élevaient entre les ouvriers, les mineurs, les charbonniers et autres férons, à l'exception du cri de *haro* — espèce de référé pour empêcher une exécution immédiate — porté devant le juge royal.

6° Il avait la connaissance des poids avec lesquels on pesait les ouvrages de fer et la garde de l'étalon de ces poids. En conséquence il punissait ceux qui, en Normandie, se servaient de faux poids pour la marchandise du fer.

7° Il gardait aussi les mesures employées aux mines de fer et de charbon.

8° Moyennant ces privilèges il devait au Roi 150 pics, convertis, d'après un aveu de Louis d'Epiney, juge des férons, en une rente annuelle de 45 livres. (25 septembre 1665).

Dans les statuts de 1470, d'après M. Duchemin (*Le département de l'Eure avant la Révolution*, p. 533, etc.) on y ajouta les obligations suivantes :

1° Les fossiers sont tenus de comparaître en personne aux assemblées, chacun an, ou par procureurs spéciaux, sous peine d'amende et de saisie de leurs forges et laisances.

2° Tous les férons forgeant de leurs mains et les namptiers sont tenus de comparaître en personne, ou par procureurs, aux assemblées générales.

3° Les propriétaires de forgettes (petites forges) peuvent refondre les fers minces qui tombent de leurs enclumes.

4° Les férons faisant en grosses forges et qui auront forgettes ne pourront y refondre les fers minces, mais seulement en leurs grosses forges avec la mine, sous peine d'amende et de forfaiture.

Enfin d'autres statuts, homologués à Rouen en 1582, apportèrent encore quelques modifications.

Les *barons fossiers* étaient exempts de tutelle, de garde, levées, namps, vue et enquête, ce qui est constaté, dit M. Duchemin, par de nombreux aveux de l'abbaye de Lyre. A la page 529 le même auteur attribue à Lyre 55 ouvriers avec un salaire de 12.000 livres, fournissant 82.500 livres de fonte moulée, 24.000 de gueuse (*fonte grossière sortant en premier lieu du fourneau dans lequel on a mis le minerai et retirée par lingots de 4 à 500 kilos*), 23.000 de fer en barres, 50.000 de fenderie et 11.500 d'autres espèces. Ces chiffres s'entendent de l'année 1789 et seulement de Lyre.

Plusieurs auteurs ont parlé sur ce sujet, tels que H. de Formeville dans les *Antiquaires de Normandie*, tome XIX, p. 454; A. Desloges *les forges de Normandie* (Verneuil-Aubert 1903, in-12) et dans son *histoire du canton de Rugles* (Rugles, Ch. Pillard, 1892); V. E. Veuclin *Quelques notes inédites sur le juge des férons de Normandie;* l'abbé Hommey *Histoire du diocèse de Séez*, tome II, p. 52; enfin M. Duchemin *le département de l'Eure avant la Révolution.*

A la fin du xviiie siècle *les barons fossiers* étaient : le cardinal de Rohan, abbé de Lyre; 2e Jarante, évêque d'Orléans, abbé de Saint-Wandrille; 3e Barreau de Gérac, évêque de Rennes, abbé de Saint-Evroult; les prieurs et les religieux des dites abbayes; 4e le maréchal, duc de Broglie, à cause de sa baronnie de Ferrière; 5e le marquis de la Ferté-Fresnel et le comte d'Hérici, copropriétaire de la baronnie; et 6e Melle la comtesse de Matignon, à cause de la baronnie de Chaumont, dépendante de la comté de Gacé. Le baron de Ferrière, dans ses aveux, se disait toujours *premier* baron fossier de Normandie, et le duc de Broglie, le 6 juin 1754, fait de même. L'abbé de Saint-Evroult avait essayé, mais en vain, de prendre ce rang, ainsi que le raconte *le Gallia* (T. XI, col. 815).

NEUVE-LYRE. — Le patronage de l'église Saint-Gilles et de la chapelle Saint-Nicolas, donné par le fondateur à sa nouvelle abbaye, entrainait avec lui son seulement la présentation à la cure, mais encore de multiples autres droits. C'est ainsi qu'au xiie siècle un évêque d'Evreux A... (Audin, 1113-1139 ou Ægidius, 1170-1179, les deux seuls dont le nom commence par un A à cette époque), défendit de faire un cimetière « à aucune église de la Neuve-Lyre » afin de ne pas nuire aux religieux. Cependant au xiiie siècle la paroisse eut gain de cause puisque, en mai 1229, Richard, évêque d'Evreux, « après avoir béni le cimetière de la Neuve-Lyre déclare qu'il ne doit porter aucun préjudice au droit de l'abbé dans le bourg et dans l'église de la Neuve-Lyre (1). Le pontife rappelle, en présence de Guillaume Chassepain, alors curé. et de beaucoup d'autres personnes, que l'abbé de Lyre avait droit de patronage avec toute la dîme du blé. la moitié des honoraires

---

(1) Le cimetière était près de la chapelle Saint-Nicolas.

des défunts, deux parts du pain et de l'argent que l'on offrait à l'autel à Noël, Pâques, Ascension; deux parts du lin et du chanvre, etc, avec décharge pour l'Abbé de fournir un chapelain à la chapelle Saint-Nicolas, ce qui n'avait jamais été et ne devait pas être. Enfin le Prélat défendit sous peine d'excommunication d'empêcher ceux qui le voudraient de choisir leur sépulture à la Vieille-Lyre et oblige le curé d'avertir ceux qui pourraient faire un testament de léguer quelque chose au monastère de Lyre, comme étant leur église matrice ». *(Inventaire de Lyre, p. 235).*

Sur cette paroisse les bénédictins possédaient un moulin à *Chagny*, construit sur un terrain offert, en 1230, par Gauthier de Chagny, don confirmé la même année par Robert de la Chapelle, chevalier, qui, de plus, permit aux religieux d'appuyer leur écluse contre le pré de Mathilde, veuve de Nicolas Futelaye. En 1232 Robert de la Chapelle, Gauthier de Chagny avec Mathilde de Futelaye, son épouse, confirmèrent cette aumône, ratifiée plus tard par Jean de Sacquenville, seigneur des Bothereaux. — Six ans après, Richard fils de Thomas de la Bretesche, Gautier et les habitants de la Bretesche obtinrent de moudre à ce moulin, dit *de Lozier*, « à demi moulte, sans être obligés de faire les écluses, charpente, moulage, etc.; de moudre au *premier vide* à condition de ne pas aller moudre ailleurs, sous peine de confiscation ». — Mathilde veuve de Gauthier de Chagny abandonna, en février 1248, tous ses droits sur le moulin *de Lozier*, et, en février 1272, Gauthier de Chagny, *le vieux*, du consentement de Gauthier de Chagny, *le jeune*, donna une rente de 9 sols due pour la place du moulin *de Lozier*, avec exemption de toute rente sur ses héritages, moyennant 100 sols tournois. On estima ce moulin à 200 livres de rente au moment des partages et il fut attribué à l'office de l'Aumônier.

Le fondateur voulut encore, selon la coutume du temps, que pendant la dixième semaine la prévôté et les moulins de Lyre fussent mis aux mains des religieux, afin de percevoir à leur profit tous les revenus, « eschoites, plaids et autres avantages qui en proviendraient, de même que les officiers royaux les percevaient durant les neuf autres semaines. Certains profits ne pouvant être touchés dans la semaine privilégiée — tels que les moutes sèches, les prévôtés foraines et le cens annuel — les moines en recevaient la dîme et si le procès était commencé dans la dixième semaine on pouvait le terminer la semaine suivante ». C'est ainsi qu'une femme, soupçonnée d'avoir tué un prêtre de Bois-Normand, fut jugée, le 18 juin 1354, par le sénéchal de l'abbaye, parce qu'elle avait été arrêtée pendant la dixième semaine.

Avant d'énumérer quelques chartes qui formèrent la seigneurie de la Neuve-Lyre rappelons que Robert, comte de Leceister, en présence de Pétronille, son épouse; de Robert, son fils, d'Arnauld du Bois, etc., permit à 57 hommes de l'Abbaye de jouir, dans la forêt, des mêmes droits que les habitants de la Vieille-Lyre : que Roger de Bémécourt donna 10 sols, puis 20 sur le four à ban de la Neuve-Lyre pour le repos de l'âme de ses ancêtres; *(Chartes 126 127 et 128)* que Roger d'Ormes enfin, donna sa terre de Chagny avec les dépendances. (n° 131).

Voici maintenant quelques donations :

1221. Guillaume Chassepein, chapelain de la Neuve-Lyre donne 3 livres de rente.

1222. Michel fils de Roger donne son pré dit *Escurel* et reçoit 7 livres. (N° 129).

1234. Roger de Chagny donne une pièce de terre.

1251. Robert de la Bonneville, *pressé par la nécessité*, vend une rente 5 sols tournois sur sa maison de Lyre, moyennant 55 sols tournois. (N° 130).

1264. Robert, chapelain de la léproserie, donne la moitié d'une maison et d'un jardin.

1264. Berthe la Taillière et Marie, sa fille, 2 sols de rente pour 16 sols. (N° 132).

1274. Raoul de Thévray vend 3 sols de rente pour 24 sols, à l'usage des pitances. (N° 133).

1278. Pierre, dit le Meunier vend 5 sols tournois de rente à l'usage des pitances. (N° 134).

1279. Gauthier de Chagny et sa femme un pré.

1308. Michel de Chagny, une masure.

1318. Gilbert l'Orfèvre une demi-acre de pré pour 15 livres, etc.

R. Génestal dans son ouvrage intitulé : *Rôle des monastères comme établissement de crédit, étudié en Normandie du* XIe *à la fin du* XIIIe *siècle* (1), a distingué deux périodes bien différentes. Dans

---

(1) In 8. Paris, Arthur Rousseau 1904.

la première le crédit est rare, improductif, uniquement ouvert aux seigneurs et les menant à la ruine. Le *mort gage* en effet comporte un intérêt, le prêteur perçoit les revenus, se substitue au vrai propriétaire jusqu'à restitution de la somme prêtée. C'était un placement très favorable au prêteur qui, souvent, finissait par avoir l'immeuble, tandis que l'emprunteur n'agissait que dans un intérêt de *consommation* et non de production. Poussés par la nécessité, départ à la croisade, enfants à marier; pressurés par les juifs (1), les malheureux courent vers les moines afin de sortir d'embarras !

Geoffroi de la Bretesche dit : « L'an du Seigneur 1200 je tombai dans une grande détresse, à cause de l'argent que j'avais pris à usure, à cause de la guerre, à cause du malheur des temps et à cause de la dot de ma fille; je courais grand risque de perdre tout mon héritage si je n'eusse trouvé un expédient salutaire. » Cet expédient, c'était l'abandon aux moines de Lyre, pour 10 sols d'angevins, de sa part des prés de la Brétesche. André « Patellarius » poursuivi par le juif Manassés, de Verneuil, vend 12 acres de terre aux religieux (1215); Raoul de la Barre, chevalier, s'acquitte envers les juifs grâce à 6 livres données par l'abbaye (1220); Henri du Moutier et ses sœurs se sauvent par le même moyen (1223), etc.

Mais dans la deuxième période, celle du *vif gage*, le rôle des abbayes fut bienfaisant, utile à l'agriculture. Le vif gage, en effet, ne donne aucun bénéfice, puisque les fruits perçus sont imputés sur le capital, c'est donc un acte de charité chrétienne. La somme servait à l'emprunteur comme intérêt *de reproduction* pour acheter des instruments aratoires, des engrais, des bestiaux, augmenter ainsi la valeur de sa ferme, ce qui lui permettait de payer facilement les rentes dues à l'abbaye. Il n'aurait cependant pas fallu grever indéfiniment les terres ou les maisons, car en cas d'insolvabilité le prêteur saisissait d'abord le bétail, ce qui diminuait les chances de s'acquitter, puis le malheureux s'acheminait à sa ruine

---

(1) Avant l'ordonnance de Philippe-Auguste qui fixa, en 1206, à deux deniers par semaine et par livre l'intérêt que les juifs pouvaient exiger, soit 43 fr. 75 pour cent, ils demandaient trois deniers, soit 65 fr. 62 pour cent, en sorte qu'en 18 mois les intérêts égalaient le capital. En 20 ans les intérêts faisaient 13 fois le capital. Malheur aux abbayes, aux particuliers qui empruntaient dans ces conditions. C'était la ruine !

et abandonnait tout. On en trouve quelques exemples dans la seconde moitié du xiiie siècle : beaucoup à l'époque désastreuse des guerres anglaises.

Ce crédit fait par les abbayes fut donc très utile, en général, à la *production*. Les classes moyennes et principalement les classes rurales purent ainsi acquérir ce qu'il fallait à l'amélioration des cultures, en sorte que les abbayes jouèrent là un rôle de la plus grande importance économique, et que, seules, elles pouvaient remplir.

Les moines de Lyre avaient encore une rente de 4 livres sur une hôtellerie près des halles, nommée *la maison du Cygne*; 6 sols sur une grange; 22 sols 6 deniers sur diverses maisons situées rue de l'Abbé, rue du Moulin, etc.

Bois-Normand *près Lyre*. — Cette paroisse, quoique dans la mouvance de Breteuil, ne fit point partie de la dotation de l'abbaye qui ne posséda que plus tard, d'après une confirmation de Garin, évêque d'Evreux (1192-1200), les deux tiers des dîmes sur les fiefs d'Arnauld du Chemin, de la Baudinière, de la Pillière, de Roger de Malmarie, de la Sauvagerie, de Basile, d'Echaufay.

Au xiiie siècle la famille de Cierrey avait la seigneurie de Bois-Normand et se montra très généreuse envers l'abbaye de Lyre. Adam de Cierry, d'abord, en présence de Garin de Cierrey, évêque d'Evreux, son frère, et de son archidiacre, Gilles de Cierrey, son neveu, donne aux religieux une rente de 40 sols, aumône confirmée par l'Evêque et par Théobalde ou Thibaud de Cierrey son fils et son héritier (1193-1201). — En 1223 et 1240 Guillaume de Cierrey approuve de nouveau les dons de ses ancêtres en y ajoutant une rente de 20 sols sur le moulin pour le salut de l'âme d'Amicie, sa mère. *(Chartes n*[os] *135, 136, 137, 141, 142)*. Arnaud de Beaumes, en 1216, et Nicole, son épouse, approuvèrent la vente d'André Pelletier, dont nous avons parlé plus haut, en augmentant d'une demi-acre les douze acres vendues, avec abandon des six deniers de rente qui leur étaient dus sur ces terres. *(Chartes n*[os] *138 et 139)*. Quelques années après (1227) Adam de Beaumes donnait aux religieux tout son fief du Buisson-Terré que Jocelin le Vigneron tenait de lui et de ses ancêtres. *(Charte n° 140)*.

Signalons encore une rente de 10 sols sur le moulin Normand donnée, en 1245, par Jeanne de Cierrey, dame de Bos-Roger, femme de Jean le Veneur, pour son anniversaire; une vente de

3 sols de rente par Bariote, fille de Nicolas du Buisson-Terré en 1277 (*Charte n° 143*) : enfin confirmation par Guillaume de Gisay, seigneur de Bois-Normand d'une rente de 3 livres 10 sols donnée par Robert de Cierrey (1284).

Auvergny. — Arnauld de Bois-Arnauld, d'après la grande charte de Lyre, donna l'église d'Auvergny avec toutes ses dépendances à l'abbaye de Lyre, don ratifié par Henri II, Eugène III (1148), Alexandre III (1172), Célestin III (1193); Garin, évêque d'Evreux (1192-1200), R... (1203), Luc, etc. La dîme, en 1786, était évaluée à 370 livres.

Marnières (1). — Dès sa fondation l'abbaye de Lyre eut le patronage de l'église de Marnières, avec la moitié de la dîme en grains. Puis au xiiie siècle des rentes, des aînesses formèrent la Seigneurie. Au nombre des bienfaiteurs citons : Pierre de la Rivière qui, en 1207, donne un tènement dit *Boisgirard* avec son manoir de Loíngtein, à Marnières; Thomas de Bougeville qui, de l'avis de son épouse Aelent et de son fils Roger, aumône un champ qu'il avait acheté à Odon de Bosc-le-Comte (1227); Pierre de Sollat une acre de terre à l'Epine (1248); Michel du Coudray vendit une rente de 5 sols sur plusieurs pièces de terre pour 40 sols tournois (1277) (*Chartes n°s 144, 145, 146*). Les principales aînesses étaient les suivantes: aînesse Duval (sur 6 acres); aînesse qui fut Colin Mareys (sur 10 acres); aînesse Treslin (sur 60 acres); aînesse Roger le May ou Blanchardin (sur 14 acres); aînesse Perrot-Desprez (sur 18 acres); aînesse Colas L'Allemand (sur 35 acres); aînesse Perrot du Moustier (sur 25 acres); aînesse Bredif (sur 6 acres); aînesse de la Garde (sur 25 acres); aînesse du Grand Moucel (sur 26 acres); aînesse Michaut Duval (sur 13 acres); aînesse Nicole Bardel (sur 13 acres); aînesse Ferrand, aînesse du Bigre, etc. Ces différentes rentes formaient environ 353 sols 230 deniers, 34 chapons, 354 œufs et 4 boisseaux de blé. — Au moment des partages, en 1679, ce lot devenu celui de l'Abbé consistait en 30 livres 7 deniers en argent, 35 chapons à 15 sols pièce, soit 26 livres 15 sols 9 deniers; plus 275 œufs à 3 sols la douzaine (3 livres 8 sols 9 deniers), le casuel et les corvées dues par les vassaux, estimés 30 livres. Les habitants de Marnières étaient sujets à la banalité de la Vieille-Lyre.

---

(1) Marnières a été réuni à Bois-Anzerai, en 1845.

Bois-Anzeray. — Mathieu de Bois-Anzeray hérita de son père après sa retraite au couvent de Lyre, comme nous l'avons dit plus haut, et confirma, en 1206, sur la demande de Guillaume Chacepain, curé de la Neuve-Lyre, d'abord le don qu'il avait lui-même fait de la métairie et du ténement, propriété, jadis, de Chrétien Chacepain ; puis toutes les aumônes de ses ancêtres, savoir : 1º la métairie du Buisson-Asse ; 2º la vavassorie du Val-Drouard ; 3º deux gerbes de la dîme de son fief entier de *Ennes* ou *Ethnes* (Cernay?) ; 4º un moulin à la Vieille-Lyre avec toutes les moutes humides et sèches en gerbes et en deniers de tout son fief d'Ouche. En retour les moines lui donnèrent 15 livres tournois. Mathieu de Bois-Anzeray confirma de plus, en 1215, la charte de Guillaume de la Barre donnant aux religieux la moitié du moulin de la Chaise, dont la mouture s'étendait sur le Bois-Anzeray et sur la Noe de la Barre ; don ratifié, en 1220, par Raoul de la Barre, fils de Guillaume, moyennant 60 livres tournois.

Deux ans après — 1222 — Robert et Roger Sarrazin donnèrent, du consentement de Guillaume de Gisay seigneur de Bois-Anzeray, quatre acres de terre près de la métairie de Chrétien Chacepain, vers le Bois-Baril *(Charte nº 147)*.

Quant au gendre de Mathieu de Bois-Anzeray, époux de sa fille Euphémie, Roger de Putot, dit aussi de Bois-Anzeray, il prit l'habit de bénédictin à Lyre en 1250, et le jour de sa profession, entouré des chevaliers ses voisins et amis (Roger de la Barre, Henri du Bosc-Renoult, Gervais son fils, Robert de Hellenvilliers, etc.) il abandonna tout ce qui lui restait de droits sur le moulin offert par ses aïeux ; renonça au repas qu'on devait aux hommes de sa maison lorsqu'ils faisaient moudre leur blé au moulin, sauf les droits de Mathieu et Raoul ses fils et héritiers.

Au nombre des bienfaiteurs de l'abbaye en ce pays citons encore : Durand Chacepain, prêtre, qui donne, en 1245, une métairie dans le fief des religieux, entre le Bois-Nouvel et le Bois-Baril, pour l'anniversaire de Chrétien Chacepain, le sien, celui de ses père et mère dans l'église abbatiale ; Roger et Guillaume de la Noe qui vendent 5 sols de rente pour 45 sols (1271) ; Emeline la Belle une pièce de terre (1288) ; Frémond et Richard du Moulin, Geoffroy Chevalier et sa femme, etc.

Sur cette paroisse il y avait l'aînesse du *Buisson-Asce* composée de plus de 46 acres donnant une rente de 3 livres 6 sols, 3 chapons etc. Cette aînesse reconnue dès 1206 par Mathieu du Bois-Anzeray s'augmenta par plusieurs dons ou achats, tels que le don de 5 acres fait par Jocet du Buisson Asce (1263); les ventes de 5 sols de rente par Guillaume Reculet (1271), de 25 deniers par Robert Servain (1272), de 4 sols par Etienne Foubert (1274), de 5 sols par Gérard (1277), de 6 sols par Gautier Agis et sa femme (1281), de 10 sols par Colin le Bœuf (1296), d'une pièce de terre par la veuve Osanne (1297), etc. L'aînesse de Boistruel rapportait 100 sols environ et celle de la Blanchetière établie sur 40 acres se louait 40 sols par an. En 1257 Mathieu du Bois-Anzeray et Guillaume d'Auvergny, en présence de Raoul, évêque d'Evreux, renoncèrent aux reliefs, droits de garde et autres services séculiers qu'ils prétendaient avoir sur l'aînesse de Boistruel.

NEAUFLES-SUR-RISLE. — Dès le xie siècle l'abbaye de Lyre avait le patronage et les dîmes (1) de Neaufles-sur-Risle ainsi que l'attestent les confirmations qui en furent faites par Robert II, comte de Leicester, par Ernaud du Bois, par les papes Célestin III (1192-1200), Grégoire IX (1234) et par les évêques d'Evreux Guérin (mort en 1193), Robert (1200-1203), Luc, etc. (*Chartes* n^{os} *7, 27, 35, 39, 40, 43, etc.*).

Sur cette paroisse se trouvait la Chapelle-ferme de Saint-Lubin ou Saint-Eglan (Aiglan, Saint-Agile). Guillaume, en effet, fils du fondateur avait donné aux religieux de Lyre autant de terrain que peut labourer une charrue à Saint-Aiglan, avec la terre d'Hugues, son veneur, en toute franchise ainsi que la foire avec toutes ses coutumes (*Charte n° 7*). Robert Ier, comte de Leicester, Henri Ier et Grégoire IX confirmèrent, plus tard, cette donation généreuse.

Le fief de Neaufles qui faisait partie de la dot de la comtesse Alix, fille de Roger de Tosny, devint également la propriété de Lyre, ainsi que l'atteste la confirmation de Robert II, comte de Leicester. Au xvie siècle nous le verrons aliéné pour 3000 livres à Guillaume Baudot, élu de Verneuil.

Quant aux chartes, — près de soixante, — donnons les plus intéressantes. Laissant de côté celle de Geoffroy de la Brétèche dont nous avons parlé plus haut (*Charte n° 148*) citons, en 1205,

---

(1) La dîme rapportait en 1786, d'après le *factum*, 430 livres et celle des fiefs 700 livres.

celle de Richard d'Auvergny confirmant la donation de Gautier Barbedorée (n° 149 et 95) en présence de Gilbert du Châtelet, de Richard de Folleville, de Robert de la Chambre, Robert du Châlet, etc. Dreu (ou Drogon) de Fonteuille (1206), Girard d'Auvergny (1209) de l'avis de son épouse Albérée et de son fils firent à l'abbaye de généreuses aumônes (*Chartes n°s 150, 151*). Les témoins sont presque toujours les mêmes. Ici cependant apparaissent quelques nouveaux, tels que Guillaume Chassepain, Godefroy d'Auvergny, Girard frère de Barthélémy (Drogon) bailli de Breteuil, Mathieu de Bois-Anzerai, Alexandre du Val, Osberne de Bontens, Guillaume de Trinkelai, etc. Luc, évêque d'Evreux, confirma bientôt la donation de Dreu de Fonteuille (n° 152).

Roger du Moustier donnait, en 1214, deux prés, l'un à Neaufles et l'autre à Transières devant Pierre prêtre de la Vieille-Lyre, maître Roger de la Barre, Colin de Bois-Arnault, etc., ce qui fut confirmé, en 1223, par Henri, son frère, par ses sœurs et son beau-frère. (*Chartes n°s 153 et 157*).

La charte suivante de 1218 nous fait connaître, à Neaufles, un fief sis à Saint-Germain, dit le fief *Herefast*, aumôné par Guillaume de Conches et Emeline de Vernay aux religieux de Lyre qui, en retour, leur donnèrent charitablement 12 livres tournois (n° 154). Ceci nous paraît d'autant plus une vente déguisée que la même année ils vendirent encore aux moines des prés et des terres situés à Saint-Germain pour 8 livres tournois. A cause de l'importance de l'aumône ou de la vente, la charte en fut déposée sur le maître autel de l'abbaye de Lyre, en présence du couvent assemblé pour la circonstance (n° 155).

Henri du Moustier et ses sœurs, du consentement de l'abbaye, donnèrent à Guillaume Chassepain de Lyre un pré dont ils avaient hérité à la mort de leurs parents, moyennant une once de *cumin* de rente annuelle. La charte est passée à Breteuil en présence de Barthélémy Drogon (1223, n° 158). Le cumin était aussi rare que le poivre et se trouve fréquemment nommé au moyen âge, comme redevance. Souvent les deux rentes figurent ensemble, comme dans cette pièce de l'abbaye de Bonne-Nouvelle à Rouen : « reddendo inde annuatim mihi et heredibus meis unam unciam *Cimini* in Pascha » et plus loin : « Et redditu unius libræ *piperis* et unius libræ *Cimini*. » (*Glossar-Ducange*).

En 1231 Pierre Chopinel donne un pré sis au moulin Ratier :

(n° 159) — Guillaume du Moulin-Amet, fils aîné de Robert, vend dix livres tournois tout ce qu'il possédait entre le pont d'Ambenay et celui de Neaufles, au mois de Mars 1233 (n° 160); — l'année suivante Girard d'Auvergny donne à Lyre tout ce qu'il avait dans le fief d'Alexandre du Val, sauf deux deniers de garde, le cas échéant (n° 161); — en 1238 Guillaume Chassepain, prêtre de la Neuve-Lyre. donne ce qu'il avait reçu d'Henri du Moustier (n° 162); — Gautier, Robert, Osbert, Etienne, Herbert et Guillaume de la Brétèche, frères, vendent, en 1239, pour quatre livres tournois, leurs prés de la Brétèche, plus la remise de sept deniers de rente qu'ils faisaient, à ce sujet, aux religieux de Lyre (n° 163) — Jean, seigneur de Bémécourt, abandonne 4 sols de rente que lui devait Alexandre du Val (1246); — Renaud le Bouvier et Gérosie, son épouse, Geoffroy et Jean d'Auvergny fils de la dite Gérosie, délaissent tous leurs droits sur la succession de Roger d'Auvergny à cause de son illégitimité affirmée par les moines (1248); — Guillaume Laufaye vend un hébergement situé à Platemare (1257); — Roger Bomer échange pour trente livres tournois la moitié de tout le farinage et la moitié du cinquième boisseau de tout le blé du moulin de Neaufles, plus la moitié de toute la pêcherie, gardant pour lui les charges (1260); — Jean Bardol, seigneur de la Caorcherie (alias *Chaucière*) et Nicole, son épouse, confirment le don de 15 sols de rente fait par Colin de la Caorcherie, écuyer, leur ancêtre, mais au lieu d'assigner cette rente sur le moulin du Ratier ils la transportent sur deux de leurs vassaux (1265); — de même les tenanciers de la vavassorie, dite d'Etrépagny, à Neaufles, échangent un service de cheval contre 20 sols de rente (1267); exemple suivi par ceux de la vavassorie Colle, moyennant 30 sols de rente (1269); — Durand Baudot vend, en 1274, pour l'usage des pitances 5 sols de rente au prix de 45 sols tournois; — Pierre du Hamel une autre de 20 sols pour 10 livres 10 sols (1275); — Herbert du Tertre une de deux sols à l'usage des pitances pour une somme de 20 sols tournois (1276); — Théodule le Brun 5 sols pour 50 sols, valeur habituelle des rentes à cette époque, par conséquent dix sols pour un; — Alice, veuve de Robert d'Abernon, vend pour 80 livres tout ce qu'elle possédait au moulin de Neaufles, sauf 14 sur cette paroisse et 16 sur celle de « *Fracticiis* » (1) (1277).

---

(1) Saint-Pierre des Frétils dont la dîme rapportait 260 livres en 1786.

Quelquefois cependant les religieux payaient plus cher l'achat d'une rente, comme celle de 10 sols vendue par Jean le Bouc, en 1277, au prix extraordinaire de 4 livres 5 sols.

La vergée de pré se vendait environ 65 sols (vente par Herbert de Colle en 1277), l'acre de 10 à 12 livres (vente, en 1278) d'une demi-acre par Pierre du Hamel, pour 6 livres; mais les terres arables valaient le double, comme le prouve une charte de 1278 en vertu de laquelle Durand Martel vend tout son bien 45 livres tournois, bien formant à peine deux acres. On peut encore consulter les chartes suivantes sur la valeur des rentes, des prés et des terres :

1278. Robert dit Le Guaignier vend 50 sols une rente de 5 sols;
» Roger Loriot » 40 » » de 10 sols;
» Hérbert dit le Bouc » 2 pièces de terre pour 15 livres tournois;

1279. Hérbert dit le Bouc vend un pré pour 25 livres tournois;
» Richard Dupont vend 40 sols pour 5 sols;

1280. Guillaume dit Gauthier vend 25 sols pour 3 sols; et en 1284 une autre rente pour 40 sols;

1284. Godefroy Mylart vend 12 sols une rente de 2 sols;

1285. Roger dit Fréret de Colle vend un pré d'une vergée pour 60 livres tournois;

1286. Guillaume dit Chopin vend un pré de 3 vergées 17 livres tournois;

1291. Robert dit Loriol vend, 60 sols, des rentes sur deux prés;

1294. Simon de la Bretèche vend 25 sols une rente de 3 sols;

1294. Robert dit Loriol reçoit 50 sols en plus d'un échange de terre;

1298. Jeanne dite Losmondesse vend un pré pour 68 sols tournois;

Roger de Bémécourt confirme une vente faite par la veuve de Guillaume de Garneville (s. d. vers 1200). Il s'agissait de la vavassorerie de la Bretesche vendue 8 livres angevines. Roger reçut à ce sujet 50 sols angevins en présence de Robert de Lyre, Roger de l'Infirmerie, Guillaume Langlois, Robert du Châlet, Raoul d'Ivry, etc.

On trouve encore un curieux accord, fait en 1279, par Thomas de la Bretesche avec les religieux de Lyre au sujet de 100 sols de rente, aumônés jadis par Gautier de la Brétesche, son neveu. La pièce est en français et nous la donnons *in extenso* à l'appendice.

Il y a de plus un bail à fieffe (1) de Nicolas de Glos pour vingt acres de terre à Robert de Bernay, clerc, fils de Raoul, sénéchal de Normandie, transmises ensuite par ce dernier à l'Abbaye de Lyre, terre située aux Frétils. Les témoins furent : Robert d'Harcourt, Gilbert de Vascœuil, Hugues de Baquepuitz, Roger d'Angoville, Richard de Romilly, Raoul de Daubeuf, Simon du Framboisier, Guillaume de Portes, Geoffroy du Framboisier, Guillaume d'Ecroville, Roger du Tertre, etc. Dans une seconde charte Nicolas de Glos donne de nouveau une terre aux Frétils près de la grange des moines à la Chaorcière (2).

Guillaume d'Auvergny et Julienne, son épouse, abandonnèrent une rente de 7 sols angevins qu'ils réclamaient aux moines et à leurs vassaux des Frétils, devant Guillaume chapelain de Lyre, Robert du Chalet, Fulcon de Chaorcière et Richard son fils, Guillaume de la Gastine, etc.

Ces dernières chartes non datées sont très probablement du xiie siècle, époque où l'on s'inquiétait davantage de mettre le nom des témoins, sur ces pièces, que les dates. C'est le contraire au xiiie siècle. Ainsi Jean de la Chaorcière, *en 1222*, donne aux religieux toute sa terre des Frétils ; Jean, Guillaume et Richard de la Gastine, frères, vendent une rente de 20 sols pour 9 livres 5 sols tournois, en 1274 ; — etc., toutes chartes datées du mois et de l'année, mais sans noms de témoins. L'intérêt actuel de tous ces documents est de fournir des indications de terre, de trièges, de hameaux, de chemins, de routes, etc., car toutes les rentes reposent sur des terres dont les limites sont minutieusement données. Le numéro 6 (H. 510, *arch. de l'Eure*) est un bail qui, fort intéressant au point de vue agricole, a été publié par Léopold Delisle (*La classe agricole et le Prévost T. II, p. 140*).

Enfin avant de laisser *Neaufles* citons une charte de Pierre de

---

(1) La redevance annuelle était une livre de poivre (fin du xiie siècle).

(2) Afin d'éviter à l'avenir toute contestation il fit arpenter cette terre *per legales milites et homines de visneto*, et ces officiers légaux posèrent les bornes depuis la grange des moines et l'église des Frétils, a l'angle du champ, c'est-à-dire depuis la grande route d'Ambenay à Glos, en allant à l'ouest par le chemin qui monte par la vallée de la Mare de Creceon, etc.

Mouaz qui renonce à obliger les hommes de Lyre à fouler leurs draps à ses moulins de Rugles; — une de Guillaume d'Ouche pour un bail à fieffe de quatre acres de terre à la Selle (1); — Guillaume confirme de plus, en 1228, les donations faites par Fromond des Seaules (ou de la Selle) et Guillaume Cokerel (ou Cocherel) au sujet de terres situées sur son fief de la Selle; — Girard des Champs, de la Selle, vend une rente de 12 sols, moyennant 110 sols tournois (1276), etc.

Luc, évêque d'Evreux (1203-1220) confirma les donations faites à l'abbaye par Dreu de Fontenilles, Mathieu de Bois-Anzeray, Raoul d'Hellenvilliers, Jean de Joe, Gérard d'Auvergny, Robert *de Fonte* et Raoul Le Graverenc (2).

AMBENAY. — L'Abbaye de Lyre avait le patronage, les dîmes (3), le moulin Roger, le pré de Transières, la seigneurie dont le chef était au manoir des Saulles, de nombreux ténements, etc. Il y a plus de 35 chartes pour cette paroisse (209 à 243), presque toutes publiées ou du moins analysées par M. l'abbé Lebeurier dans la monographie de cette commune. Ce serait assurément pour nous téméraire de reprendre ce travail d'un véritable maître, aussi nous nous contentons d'y renvoyer nos lecteurs.

RUGLES. — Les religieux possédaient le patronage des deux paroisses : Saint-Germain et Notre-Dame, avec un petit trait de dîme sur la première, d'une valeur de 20 livres (65 livres en 1786). L'*Inventaire* affirme que : « Radulphe, chevalier *(miles)*, nommé *l'Abbé*, en prenant l'habit religieux à Lyre, avait donné le patronage de Saint-Germain de Rugles (4) du consentement de *Richard* et de Guillaume, ses héritiers, qui jurèrent ne jamais s'y opposer. Garin, évêque d'Evreux (1192-1200) confirma cette offrande et deux parts de la dîme ».

---

(1) La Selle (Celle) ou le hameau des Seaules (Ceaules) apparaît pour la première fois, distinct du Bohion, dans la charte de Louis VIII, de 1224, n° 29, (arch. de l'Eure, H. 541). (V. abbé Lebeurier : *Ambenay*, p. 146).

(2) Les chartes de Neaufles-sur-Risle vont du numéro 148 au numéro 209.

(3) La dîme rapportait en 1786, 1200 livres.

(4) En 1274 Thomas de Louvigné, clerc, était curé de Saint-Germain de Rugles.

Ce Raoul paraît bien être Raoul d'Auvergny, car *Richard* d'Auvergny approuve les donations de ses prédécesseurs et le patronage de l'église de Rugles, *donné par son père*. Luc, évêque d'Evreux et le Pape Grégoire IX ratifièrent ces dons en confirmant leurs chartes.

Quant au patronage de Notre-Dame il fut remis par Robert comte de Leicester, fils de la comtesse Petronille, entre les mains de Luc (1), évêque d'Evreux, qui transféra tous ses droits au prieuré du Désert avec cent sous de rente sur la prévôté de Rugles et deux arpents de terre. Lyre eut plus tard le prieuré avec toutes ses possessions, comme nous le constaterons bientôt.

Les chartes en faveur de Lyre débutent, en 1235, par celle de Chrétien, fils et héritier de Girard de Maubuisson, vendant pour 27 sols ce qu'il avait dans le fief Aceline de la Rue et à Rugles. (*Charte n° 233*). Guillaume le Chevalier, bourgeois de Rugles, ayant acheté *une vente* dans la forêt de Breteuil se vit forcé, pour solder le trésor royal, d'abandonner aux religieux, moyennant 22 livres tournois, un *hébergement* avec toutes ses dépendances, une pièce de terre et deux prés, acte passé à Breteuil, en 1249. L'année précédente, déjà, l'abbé de Lyre, Gilbert, lui avait prêté, pour sa dette envers le Roi, devant le Bailly royal de Verneuil, 12 livres 10 sols tournois, hypothéqués sur sa maison de la paroisse Sainte-Marie de Rugles, mais sans pouvoir le tirer de la ruine (*Chartes n°s 234, 235*). Le pauvre homme en mourut de chagrin probablement. car, au mois de novembre 1254, Albérède, sa veuve, fut obligée d'abandonner toute sa dot aux moines et ne reçut d'eux, en compensation, que trente sols tournois. (*Charte n° 236*).

Michel Bléchart, fils de Gillebert, aussi peu fortuné, vendit à Lyre, moyennant neuf livres tournois, une portion de masure située à la Hérupière près Rugles, avec trois pièces de terre dont la dernière devant la Hérupière au dessus des fabriques de Rugles. (Septembre 1249, *charte* n° 237). — Jean dit Gavele, chevalier, donne aux religieux une pièce de terre située sur la paroisse Saint-Germain de Rugles près du chemin qui va du manoir de Montigny

---

(1) Luc, à cette occasion, donna une rente de 60 sols sur la cure de Saint-Germain de Rugles aux bons religieux de Lyre (1212).

à Rugles (avril 1277, n° 238). — Alexandre dit le Comte vend, à l'usage des pitances et pour 60 sols tournois, une pièce de pré, vulgairement nommée *insula propre nemus* (mai 1277, n° 239). — Roger Fréret, Raoul et Laurent de Valet vendent 10 livres tournois un pré sur Saint-Germain « aboutant sur l'écluse du moulin de Rattier » (mars 1278, n° 240). — Bardon Lovel vend, 9 deniers, une rente sur une pièce de terre que feu Michel dit Fretiz avait au moment de son décès, sise sur Saint-Germain de Rugles (novembre 1289, n° 241). — Jean Bourdet vend, pour 50 sols, une rente de 5 sols tournois assise sur la maison que Jean de Biocoma, clerc, tenait de lui ou sur le ténement dit d'Abernon à Saint-Germain de Rugles entre la maison de Jean Marquet et celle d'Agnès la Lomedete. (Jeudi avant la Nativité de saint Jean-Baptiste 1310). — Enfin il y a une charte d'Ernaud du Bois aumônant à l'abbaye une rente de deux setiers de blé sur le moulin de Rugles dans la quinzaine avant Noël, aumône faite pour l'âme de son frère et de ses ancêtres en présence de Nicolas de Glos, d'Henri doyen d'Ambenay, de Fulcoin de Gisay, de Roger de Bières, Guillaume d'Ouche, Robert de Montigny, Richard de Quatremares, Baudry de Montigny, etc. (*Charte n° 243*).

BOIS-ARNAULT. — « Outre le patronage de l'église Saint-Pierre l'abbaye possédait la grosse dîme à la onzième gerbe sur 150 acres de terre défrichées de la forêt de Breteuil et le curé les menues dîmes avec celles du fief le Brand (80 acres) ainsi que les novales. Quant aux autres terres la dîme, perçue à la dixième gerbe, se partageait par moitié entre les religieux et le curé qui, de plus, avait les menus et vertes dîmes » (*Inventaire de Lyre*). A la fin du XVIIIe siècle la dîme rapportait 800 livres à l'Abbé de Lyre. (*Factum de 1786*).

C'est Ernauld du Bois qui avait donné la dîme, sauf celle du fief le Brand, aumône confirmée par Alexandre III; par Robert, évêque d'Evreux; par le doyen et le chapitre d'Evreux; par Luc, etc. — Aussi un Jean du Bois-Ernault fut-il condamné, en 1260, par l'official d'Evreux à rendre à l'abbaye les gerbes de dîme et les chevaux enlevés, à cause du droit de dîme des religieux. — Il n'y a pour cette paroisse que la charte de Renout Loche de la Noe donnant à Lyre trois acres de terre, situées à Bois-Arnauld, près le chemin de Breteuil à Rugles (1231, n° 244). Richard d'Auvergny, seigneur du fief, confirma cette donation.

Gisay. — Malgré la présence de la riche abbaye de Saint-Pierre-sur-Dives, en cette paroisse, les religieux de Lyre reçurent plusieurs dons, d'où un trait de dime valant 20 livres et les aînesses Marion de Gisay et de la Normandière. Dans le dernier quart du xiiie siècle vivait en cette contrée une famille Ace, à la prospérité douteuse, si nous en jugeons par les nombreuses ventes de ses membres. Ainsi, en mars 1276, Jean Ace de Gisay vend, 67 sols 3 deniers, une rente de 8 sols; en avril 1291 pour 14 livres 5 sols une pièce de terre près de celles de Nicolas et Raoul Ace, ses frères; en la fête de saint Vincent 1294 une autre encore, moyennant 100 sols tournois. Raoul Ace vendait, lui aussi, en 1293, une acre de terre douze livres; Guillaume Ace et sa femme Clémence une acre de terre 7 perches « *entre la terre des religieux dessus dis d'un costé et la terre Colet Ace d'autre et abote au chemin le Roi par ou lon va de la Barre à Chambrey dun bot et à la terre del devant dit Colet Ace dautre, par cent et dis et neuf souz tournois et xvj deniers, etc.* » (Lundy devant Pasques flories 1297). — L'année suivante, 1298, nouvelle vente de terre pour 42 sols 3 deniers *le mercredi après Oculi mei;* enfin en janvier 1299 Guillaume Ace recevait des moines de Lyre 18 livres 10 sols pour deux acres de terre près du chemin *perré*. Il y a encore pour Gisay deux chartes de Guillaume dit Franchois et de sa femme Pétronille : la première de 1294 pour une acre de terre vendue 10 livres 10 sols; la seconde de 1295 d'une autre terre, entre celle de Colin Ace et celle de Denys le Franchois, moyennant onze livres tournois. — En avril 1276 Nicolas de Saint-Quentin, seigneur de Gisay, avait cédé son droit sur Jean Ace, sauf trois droits féodaux.

Glos. — Cette paroisse, du canton de la Ferté-Fresnel (Orne), appartenait, avant la conquête de Philippe-Auguste, aux comtes de Leicester, seigneurs de Breteuil. Guillaume Fitz Osberne en donna la dime aux moines de Lyre, comme nous l'avons vu. Dans les chartes on trouve souvent le nom de Nicolas de Glos, et, dans celle de Roger de Bémécourt (n° 127), on le nomme sénéchal du comte de Leicester. Il vivait à la fin du xiie siècle et dans la première moitié du xiiie. D'après une charte de 1259 il n'existait plus à cette date puisque Jean et Guillaume Lesquerdenc reconnaissent avoir relevé de l'Abbé de Lyre tout leur fief, à la mort de Nicolas de Glos, *ratione mortis Nicholai de Gloz, militis, deffuncti,* etc.

Lyre avait donc, grâce au fondateur, le patronage des deux

églises, les dîmes, maisons et « tout ce que Radulphe fils de Hugon tenait de lui, c'est-à-dire la dîme des revenus de ce bourg en argent, etc. » dons confirmés par Henri Ier, Henri II, Robert II, Eugène III, Alexandre III, Célestin III, Papes; Garin, Robert et Luc, évêques d'Evreux. En 1238, Nicolas de Glos, chevalier, y ajoutait la dîme de ses bois.

En outre les religieux avaient sur cette paroisse la ferme *de la Broudière* (1) avec la seigneurie, la dixième semaine, la bourgeoisie, le jardin Cédille et plusieurs aînesses. Plus de quarante chartes prouvent la légitimité de ces possessions. (*Chartes 254 à 296*).

Guillaume Fitz-Osberne en donnant la métairie de Fromond de Glos avec 20 acres de terre, tenues par Witbert, fournit ainsi, aux religieux, l'occasion de s'implanter à *la Broudière*. C'est d'abord Robert de la Fontaine qui cède dix acres de sa terre, à la Broudière, en échange de dix autres plus rapprochées de sa demeure, acte passé à l'époque où Raoul de Saint-Victor était cellerier du couvent de Lyre et en présence de Nicolas de Glos qui confirme le tout. Les témoins furent : Godefroy de Quatre-Mares, Colin de Glos, Luc Pélevilein, Richard de Folleville, Gauthier de Hinkelai, etc. (n°s 254, 255).

Ernauld de Maule, pour lui et son frère Gauthier, donne en perpétuelle aumône quelques terres avec leurs hommes (2) de sa métairie Comtesse, en présence de Roger de la Haye, prêtre; Aubert, prêtre de Glos; Raoul, chapelain des lépreux; Olivier, chevalier; Robert de Chalet, Raoul Lestore, Guillaume de Saint-Aignan. — Geoffroy Alis confirme la charte de Guillaume de la Rue pour un don de cinq sols de rente dans son fief. (L'an de l'Incarnation 1213, n°s 124 et 270). — Nicolas de Glos, pour le salut de son

---

(1) La dîme de la Broudière rapportait 1.800 livres en 1786.

(2) La terre d'Aumannus Le Charon tenue de lui pour 10 sols 8 deniers de rente;

La terre de Roger le Hanc tenue de lui pour 5 sols 4 deniers de rente;
» d'Aubert de Chambord tenue de lui pour 2 sols de rente;
» de Guillaume Obliarius » » » 2 » »

en tout vingt sols de rente.

Georges Bourbon a lu de *Manle*, mais Le Prévost et Charpillon ont lu de Maule.

âme et celui de ses parents, aumône à Lyre toute la terre de la Fulbertière dans le fief de la Popelinière, puis sa terre des Teillees, etc. En retour les moines lui donnèrent vingt livres (1217). — Guillaume d'Auneiz et son épouse donnent un vieil hébergement, dit *la Motte*, près la fontaine de Vernet avec une acre de bois. Après avoir déposé leur charte sur l'autel de l'Abbaye et juré sur les saints évangiles d'assurer aux religieux, à l'avenir, la tranquille possession de cette aumône, ils reçurent d'eux 25 sols tournois. (1219, n° 272). — Raoul Pelevilein, chevalier, confirma cette donation en 1233 (n° 273). — Renoud le Breton, de Glos, donne 4 sols et deux acres de terre, tenues de Nicolas de Glos qui approuve très volontiers la générosité de son vassal ; (1219 et 1229, n°s 274, 275.) — en 1235 le même Renoud le Breton vendait, pour 6 livres, trois acres de terre, vente confirmée toujours par le seigneur, Nicolas de Glos (1235-1236, n°s 277 et 278). — Raoul de la Haye (1), chevalier, après avoir reconnu son erreur au sujet d'une réclamation, donne une pièce de terre au Vernet (1231, n° 276). — Ces différents dons, près du vivier de Vernet, portèrent frère Robert, abbé de Lyre, à échanger avec Gilbert de la Haie, chevalier, un pré dit *du Vivier* contre 22 sols de rente sur plusieurs vassaux. Gauthier de Lyois, bourgeois de Glos, vend pour 110 sols trois acres de terre (1244, novembre, n° 279). — Jean et Guillaume Lesquerdenc, frères, reconnaissent avoir relevé de l'Abbaye de Lyre tout leur fief, à la mort de Nicolas de Glos, chevalier : soit 4 acres de bois, une acre 1/2 de prés et de terre labourable, etc., en tout 14 acres 1/2. Les témoins sont : Réginart, alors prêtre de Glos ; Jean du Bois-Maillard, chevalier ; Gilbert de la Haie, chevalier ; Robert de Coynner ; Thomas de Ferrières ; Odon dit le Seriant ; Michel dit Gillebont ; Michel Aunere ; Robin de Bois-Nouvel ; Michel Frère ; Ernulphe le Cornu ; Nicolas Chauvin ; Nicolas le Large alors maître d'école à Glos ; Chrétien le Cordier, etc. (1259, avril, n° 280). — Gilbert Good, chevalier, donne 10 sols de rente

---

(1) En 1224 Raoul de la Haye avait donné le fossé qui conduit l'eau de la fontaine de Vernet au vivier aumôné par Robert II, comte de Leicester et renoncé au repas, *corredia*, que ses vassaux de la Haye avaient coutume de prendre, à l'abbaye de Lyre, à la fête de l'Assomption de la Sainte Vierge. Quelques années après (1227), Nicolas de Glos confirmait les dons de son père au Vernet et celui de Gervais du Merle, etc.

sur son manoir de Glos (mars 1263) ; — Mathieu L'Oublier vend
40 sols 12 deniers une rente de 5 sols (décembre 1277) ; — Guillaume L'Oublier cède pour le même prix une rente semblable
(nos 284, 285) ; — Colin Langlois, Girard Angelier et Gilbert le
Sénéchal avec leurs femmes reconnaissent avoir vendu aux religieux trois pièces de terre à Glos, tenues de Gilbert de la Haye,
chevalier, et aboutissant au vivier de Vernet, moyennant 40 sols
tournois (juillet 1284, n° 286) ; — Pierre Garin vend la moitié
d'une acre pour 60 sols (1292) ; — Michel Agmen, bourgeois de
Glos, même contenance pour 75 sols (1295) ; — Isabelle Piques
vend 30 sols une rente de 3 sols (1296) ; Henri des Genetais vend
6 sols 6 deniers (1310), Gilles Jocéaume 3 vergées pour 4 livres
(1311), Perrin Adam, fils de Colin une acre pour 7 livres 10 sols
(1312), Garin de Vernet et Jean du Mesle cèdent tout leur droit
sur le pré de la Fontaine contre une pièce dite Lapierre (1314),
Roger Chevalier vend une rente de 6 sols en 1331, etc.

Il y avait encore sur la paroisse de Glos un fief nommé *le Mesle*,
avec extension sur Saint-Pierre-de-Montreuil (Saint-Pierre-de-Sommaire), où les religieux possédaient des terres et des rentes
en vertu des chartes suivantes : Aceline du Mesle, veuve, vendit
40 sols, en 1254, une rente de 26 sols 8 deniers ; — Clément de
Courteilles, écuyer, le samedi après la fête de Saint-Pierre et de
Saint-Paul, 1259, confirma tous les biens de Lyre dans son fief du
Mesle à Saint-Pierre-de-Montreuil en lui abandonnant ses droits
féodaux, sauf le droit de justice. En reconnaissance il reçut des
moines 40 livres tournois, ce qui ressemble beaucoup à une vente
déguisée, à cause de l'importance de cette somme. Les témoins
furent : maître Guillaume Vinet, chevalier; maître Guillaume
d'Auvergny, chevalier; Alexandre du Val; Robert d'Auvergny,
écuyer; Godefroy dit Rebours, Richard sans peur, *sine timore*;
Roger le Fèvre ainsi que Robert et Gervais le Fèvre, Colin du Val,
Davi L'Anglais, etc. Clément de Courteilles a soin d'ajouter, dans
sa charte, que la part de Jean de Champdolent, seigneur de Bois-Baril, n'est pas comprise dans cette confirmation. — Nicolas du
Mesle, fils et héritier de Bernard du Mesle, abandonne à l'abbaye
tout ce qu'il avait eu de son père au fief du Mesle, dans la terre
de Laigle, paroisse Saint-Pierre de Montreuil (1259) ; — Michel du
Mesle fit, en 1261, un échange avec les religieux de Lyre au sujet
de terres, de rentes et d'une masure, propriété, jadis, de Bernard

du Mesle son oncle paternel; — Jean et Asceline du Mesle, Raoul de la Caille et Geoffroy Boyssier vendirent 6 livres 13 sols 4 deniers leurs droits sur le pré de l'Angle, paroisse Saint-Pierre-de-Montreuil, dans le fief de Laigle, se réservant celui de puiser de l'eau à la fontaine de Vernet, pour eux et leur bétail (1262) ; — Clément de Courteilles cède aux bénédictins un pré au-dessus de leur vivier de la Broudière, avec droit de conduire l'eau à travers son fief du Mesle (mars 1263) ; — Gilbert le Sénéchal et Albérède *de Boolio*, veuve, donnent en juin 1264, une partie de terre près du vivier de la Broudière avec permission de laisser l'eau déborder sur leurs prés, et, en retour, reçoivent *de Karitate sue domus* 20 sols 6 deniers ; — enfin Henri d'Avaugour, seigneur de Laigle, confirme les dons et droits acquis par le monastère de Lyre dans le fief de Clément de Courteilles, dit le fief de Laigle (1278).

Quant à la dixième semaine une sentence d'Henri Louvel, bailli de Verneuil, décembre 1279, reconnut et ratifia les droits de l'abbaye à ce sujet, dans les villes de Breteuil, Glos, Lyre et Pacy. (*Charte n° 32*). L'abbaye tenait ce droit d'Ernault du Bois qui lui avait donné 20 sols de rente sur les revenus de Glos « outre la dixième semaine sur sa terre de Glos et sur sa fosse de la forêt de Breteuil », don confirmé par Henri II, Robert Ier, Robert II, Eugène III, Alexandre III, Célestin III (*Inventaire*) ». Guillaume Fitz-Osbern avait déjà cédé « la moitié de la dîme du marché aux chevaux et celle de la prévosté en confirmant aux religieux la dixième semaine non seulement pour la basse et haute justice à Glos, mais encore le droit de lever la coutume pendant la dixième semaine ».

Le droit de *bourgeoisie* des bénédictins, à Glos, ne nous est attesté que par une charte de « Guillaume Hudeart, vicaire à Glos, dans laquelle il reconnaît devoir 3 sols de rente pour une masure près l'Eglise Saint-Aignan, afin d'en jouir sa vie durant ».

Lyre possédait encore, avons-nous dit, la métairie ou *Jardin Cécire* provenant de la dot de la comtesse Alix, épouse de Robert II, comte de Leicester. Nicolas de Glos confirma, en 1238, devant Godefroy de Quatremares, Colin de Glos, Luc Peilevilein, Richard de Folleville, Gauthier de Hinkelai, etc., le don d'une acre de terre, près le jardin Cécire, par Nicolas Ruaut (*Charte n° 255*). En 1282 Thomas de Villers, bourgeois de Glos, vendait au même endroit, pour 10 livres, 5 vergées de terre, et, en octobre 1286,

Alix, sa veuve, approuvait cette vente, en renonçant à ses droits.

Enfin l'Abbaye avait à Glos : l'aînesse aux Jones, le tènement du Buot, l'aînesse du Mesle, le tènement de la Bonde, celui de Lallier à cause du don de 6 boisseaux d'avoine, mesure de Glos, aumônés par Gilbert de la Haye en 1276 et qui lui étaient dus. chaque année, par Bernard de la Broudière ; l'aînesse de la Hezette à Couvains, celle de la Gâtinette reconnue, en 1263, par Jean Lavel, écuyer, etc.

Couvains. — Les moines reçurent de Guillaume de la Barre, avec le consentement de son fils Raoul, le patronage et la dîme de cette paroisse, don confirmé par Robert de la Barre, son frère et par Garin, évêque d'Evreux. En 1220 Raoul de la Barre ratifiait de nouveau cette aumône devant Raoul, évêque d'Evreux, qui nommait à la cure de Couvains, diocèse de Lisieux, Etienne, clerc, sur la présentation de l'Abbé et de ses religieux. Nicolas de Glos, chevalier, renonça, l'an 1237, à tout le droit qu'il pouvait avoir sur le patronage de Saint-Médard de Couvains, dont la dîme valait 400 livres en 1786.

Anceins. — Par un simple regard sur la carte d'état-major on voit que les possessions de Lyre occupent un immense carré, borné à l'est par la Risle, à l'ouest par la Charentonne, au nord par la Barre et au sud par la ville de Laigle et la forêt de Saint-Evroult. C'est Guillaume, seigneur de la Ferté-Fresnel, chevalier, qui donna le patronage et les dîmes d'Anceins, en 1226, ce qui fut confirmé par Richard, évêque d'Evreux (janvier 1227), sauf le droit épiscopal et 16 livres de pension au vicaire. Grégoire IX permit, en 1230, de célébrer l'office dans les deux chapelles de Saint-Martin-d'Anceins lorsqu'il y aura interdit, si le seigneur de la Ferté-Fresnel est absent. « Robert, abbé de Lyre, s'adjugeait, en 1272, toutes les dîmes contre le curé, » (*Inventaire*), et ces dîmes rapportaient 900 livres au xviiie siècle.

Gauville. — Aujourd'hui du canton de la Ferté-Fresnel (Orne), comme les deux paroisses précédentes, fournissait aux religieux 70 livres de revenu à cause de la dîme de la *Chantrerie* qui s'étendait sur 86 acres de terre environ.

Notre-Dame-du-Hamel. — Dans cette paroisse, primitivement nommée *Pont-Echanfré*, l'abbaye de Lyre avait un trait de dîmes sur le fief Navet, affermé 30 livres au xviie siècle.

Juignettes. — Le patronage de l'Eglise est attribué à Lyre

dans la charte du Chapitre d'Evreux *ecclesiam de Junetta cum presentatione presbyteri et II solidos in altari* (n° 40, 1210). A cette paroisse est réunie de nos jours celle de la Selle sur laquelle se trouvait le fief de la *Chaussière* ou *Chaorcière* dont nous avons parlé plus haut. (*Chartes n°s 200, 202, etc.*), qui s'étendait aussi sur les Frétils et relevait des Bottereaux.

BOTTEREAUX. — Dans la charte de Guillaume Fitz-Osberne, aussi bien que dans celle de 1210 du Chapitre d'Evreux, on voit que l'abbaye de Lyre avait l'église des Bottereaux « avec présentation du curé, deux parts de la dîme du blé, (600 livres en 1786), de toutes les offrandes de l'autel, des menues dîmes, quatre sols de la coutume pour les défunts; deux parts de dîme du cens, de celle des regards et de tous les revenus de la forêt sur la vente du bois, sur le moulin de Boncelles etc. ». Henri II, Eugène III, Alexandre III, Célestin III confirmèrent ces différents droits.

Vers la fin du XIIe siècle Jean de Sacquenville, seigneur des Bottereaux, ratifia tout ce que ses ancêtres avaient donné aux religieux, indiqué ci-dessus, « plus la présentation à la chapelle du château, les dîmes de blé de son domaine, les cens de la paroisse, la dîme de son moulin Alys, de son bois, du panage, du bois vendu, du forestage, de l'avoine, des chapons, poussins, pain et tous les regards, sans obligation pour les moines de résider aux Bottereaux, renonçant à se servir de leur cheval, etc. ». Garin, Robert et Luc, évêques d'Evreux, approuvèrent ces générosités.

Jean de Sacquenville approuva encore les donations de Gilbert, Hugues et Guillaume la Buffe dans son fief des Bottereaux. A Jean de Sacquenville succéda Guillaume (1) qui, en 1251, renonçait à la dîme des mines en faveur de Lyre, et Jean, IIe du nom qui confirmait, en 1227, l'acquisition faite par Roger de Préaux, de Jean de la Cressonnière, d'une rente de 4 livres sur la Prévôté de Lyre et la donation de cette rente à l'abbaye. Dans une autre charte la même année, en confirmant aux religieux la donation par Pernelle, épouse de Hugues Alys, chevalier, de 60 sols de rente sur la prévôté de la Neuve-Lyre, il se dit fils de Guillaume.

---

(1) Cette famille blasonnait : *d'hermines à un aigle de gueules becqué et membré d'azur.*

A la Saint Martin d'été 1243 intervint un accord entre l'abbé de Lyre et les religieuses de Saint-Sauveur au sujet des dîmes des Bottereaux. Nicolas, dit Croc, prêtre, donne à Lyre en pure aumône, au mois de juin 1247, toute sa part sur le grand pré de Laube aux Bottereaux et reçoit des moines dix livres tournois. (n° 292). — Guillaume le Jumel leur vendit, en 1280, un setier de froment sur un *hébergement* à Saint-Jean des Bottereaux, pour 110 sols tournois.

Guillaume de Sacquenville, avant de partir pour la Sicile, reconnaît en 1266, que six de ses moissonneurs seuls, son prévôt et son garde forestier, ont droit à un repas, au couvent de Lyre, le jour de l'Assomption de la Sainte Vierge et donne une rente de 60 sols à prendre sur le moulin Alys, à Carentonne.

Dès le XIIe siècle il est question d'un fief de *l'Oraille* dans une charte donnée à Westminster par le roi Henri II, en faveur de Lyre, confirmant aux religieux la propriété d'un vassal et de 21 sommes de sel *apud Loreiam* aux Bottereaux. Robert III, fils de Pétronille, accorde vingt soudées de terre données par Jean de Sacquenville, plus l'aumône à *Lorée* en sel et en terres, libres de toute redevance, sauf pour lui de trois corvées de labour et de herse, etc. Guillaume, son fils, reçut, pour la confirmation de cette charte en 1214, un marc d'argent et promesse d'un cheval lorsqu'il sera chevalier. C'est en 1232 que, devenu chevalier, il ratifia de nouveau ces donations contre 30 livres tournois versées par les bons moines. Voici le résumé de quelques autres chartes :

1243 (février). Roger de Chagny abandonne 12 deniers de rente pour se libérer d'un prêt, plus 5 sols sur ses terres aux Bottereaux;

1277. Roger Rondel, Guillaume de Vallet, Gautier Audorentot, Garin Foubert et Guillaume Belin vendent chacun une mine de froment, pour le prix de 4 livres tournois;

1278 (mars). Jean Foubert vend 8 sols de rente, aux pitances;

1282. Guillaume de Sacquenville donne à l'Abbaye 30 livres, sur les Bottereaux, après sa mort, pour acheter 60 sols de rente;

1299. Roger Fauvel vend 5 sols de rente pour 50 sols 6 deniers et 3 autres en 1348 pour 30 sols, etc.

Enfin Lyre possédait sur cette paroisse le tènement Coquet près l'église et celui des Brulins; les aînesses Périer Cheron, de la Duvaltière et Butardière, des Métairies, etc.

Au XVe siècle Jean de Garencières, seigneur des Bottereaux, échangea tous ces droits de Lyre contre le fief et la seigneurie de Couvains « assis en la sergenterie de Glos qu'il leur abandonna ».

CHAMBORD. — L'abbaye de Lyre eut probablement dès sa fondation le patronage et la dîme de cette paroisse. A la fin du XIIe siècle, Garin, évêque d'Evreux, décidait entre Lyre et Jean, curé de Chambord, que deux parts de gerbe de la dîme sont à l'abbaye, et le curé, entre ses mains, renonce au droit réclamé. (1193). De leur côté les paroissiens de Chambord renoncent, devant Jean leur curé, au droit prétendu par eux d'un dîner à l'abbaye de Lyre, le 15 août, à cause des deux parts de dîme, et les religieux, de leur côté, promettent d'enterrer ceux qui le voudraient, après leur mort, plus un setier de grains de rente pour le luminaire de l'église ou pour quelqu'autre besoin. Le sceau de Geoffroy, abbé de Lyre, figurait au bas de cette charte à l'époque de l'*Inventaire*.

Dans la charte de Raoul de la Haye (n° 276), pour une pièce de terre au Vernet, ce chevalier y en ajoute une autre du fief Muschet, devant l'église *de Chambord* où se trouve la grange des moines.

L'article II de l'*Inventaire*, chapitre XXXI, traite de la seigneurie de *Montrimé*, en citant la charte de Luc, évêque d'Evreux, (n° 38) disant que Robert, fils de Pétronille, consent que les hommes de Montrimé jouissent de toutes franchises dans sa terre et que Lyre ait le pasnage dans la forêt de Breteuil, droit reconnu par Louis VIII roi de France, en 1224. (n° 29). — Quelques donations suivirent :

1233. Etienne de Beaumel donne la tenure que Nicolas de Glos, chevalier, avait de lui à Chambord, sauf le droit du seigneur capital ;

1238. Nicolas de Glos donne un cierge pour le grand autel sur la terre de Simon du Hamel, à Chambord ;

1239. Simon de Chambord, clerc, donne sa terre sise à Sichœ ;

1246. Nicolas de Glos transporte à Lyre le tènement que Pierre du Saucey tenait de lui, à Chambord, pour 10 sols de rente qui seront payés aux religieux en échange de la donation de 1238 ;

1252. André le Cordonnier, vend 2 sols 2 deniers de rente, à l'aumônier ;

1260. Chrétien Mucet cède 6 deniers de rente ;

1262. Clément de Chambord, donne 5 vergées sises à Chambord ;

1264. Gilbert de la Haye vend 10 sols de rente ;

1277. Guillaume Loublier vend 12 deniers de rente;
> Guillaume Agmen une mine de froment;
> Michel Bernoin une rente de 4 sols 6 deniers;
1280. Henri de la Mare une rente de 4 sols;
> Jeanne, fille de Robert Teline, 2 sols;
1284. Vincent Peuret et Havise, sa femme, 2 sols 6 deniers;
1288. Guillaume Antioche, prêtre, 5 deniers;
1296. Thomas du Hamel, 11 deniers;
> Pierre Cornart 2 sols.

Le Prévost ajoute que dans les registres de la cour des comptes de Rouen, on lit : « Sergenterie de Glos. Chambort. Contribuables, 79. Lire présente à la cure. Le fief de la Grande-Haye a les honneurs. L'abbaye de Lire a les deux tiers de la grosse dîme », évaluée 320 livres en 1786.

Bois-Nouvel. — L'Abbaye de Lyre tenait le patronage, 10 sols sur le curé et la moitié de la dîme de Guillaume, frère de Robert de la Barre, don approuvé par Garin, évêque d'Evreux, et par Raoul de la Barre, son fils, en 1220. Cette paroisse a été réunie à la suivante :

Haye-Saint-Sylvestre. — Cette paroisse comprenait la Grande Haye sous le vocable de Saint-Sylvestre et la Petite Haye avec une chapelle dédiée à Saint-Christophe. Dans la suite la Petite Haye l'emporta sur la Grande sous le rapport du revenu, cependant le patronage et la seigneurie de Chambord y étaient annexés. C'est vers 1190 qu'Arnaud du Bois donna deux gerbes de dîme à Lyre dans son fief de la Haye-Saint-Sylvestre, aumône confirmée par Céléstin III, Garin (n° 86) et Luc. évêques d'Evreux. En 1231 Raoul de la Haye renonçait au repas dû à ses serviteurs par les religieux, à la fête de l'Assomption. (Le Prév. t. II, p. 236).

Sur cette paroisse se trouvait le fief de *la Glaçonnière* que Robert Blondel, curé de Bois-Penthou revendiquait comme sa propriété en 1234. Les moines consentirent à le lui laisser, ainsi qu'à ses héritiers, moyennant huit setiers d'avoine, plus un autre pour les droits de fief et 4 sols de rente. (n° 293). Quelques années après — 1237 — Robert Blondel abandonnait entièrement à Lyre ce fief avec une pièce de terre près du chemin qui conduit à Chalet et que Thierry Illot tenait de lui. Michel Hamelin, Guillaume Chaperon, Etienne le Neveu, Herbert Hamelin, Guillaume Galopin, ses héritiers, confirmèrent l'année suivante cette donation. Mais en mai 1238 Viel de la Blondelière et Geburge, son épouse, ainsi qu'Eudoxie de la Blondelière reprirent le fief aux mêmes conditions que Robert Blondel, autrefois curé de Bois-Penthou (n°s 294, 295).

Raoul de la Haye-Saint-Sylvestre, chevalier, fieffe quatre acres trois vergées de terre du fief de la Glaçonnière jadis propriété de Robert Blondel et promet d'en payer huit sols de rente à la Saint-Jean-Baptiste. Il leur donna la même année, 1241, cinq sols de rente sur douze acres de terre qu'il tenait de Robert de la Barre près du chemin de Verneuil et la Perdrielière (n°s 297, 298).

Les registres de la chambre des comptes à Rouen disent : « Sergenterie de Glos. La Haye. Contribuables 96..... Le revenu de la cure vaut en tout 800 livres dont Lire a 100 livres..... Le fief de la Glassonnière, appartenant à l'abbaye de Lire, a 64 boisseaux d'avoine de revenu, 1.500 acres de terre, bois et brierre, dont le labeur vaut 4 à 5 livres l'acre de fermage ».

Bois-Penthou. — Arnauld fils de Popeline, un des plus puissants vassaux du célèbre Guillaume Fitz-Osberne, fondateur de Lyre, seconda son maître dans cette pieuse entreprise et donna, de son côté, avec l'église de Corneuil toute la dîme de Bois-Penthou, aumônes confirmées par le suzerain avant 1071, date de sa mort. La charte du Chapitre d'Evreux confirme de nouveau l'église de *Bois-Pentol*, dédiée à Saint-Ouen, archevêque de Rouen, le patronage et la moitié de la dîme du blé. Robert Blondel, curé de la paroisse en 1234, vendit aux religieux le pré du Jardin, près de Chalet. — Bois-Penthou a été réuni à Chambord.

Marnefer. — Sur cette paroisse, aujourd'hui du canton de la Ferté-Fresnel (Orne), l'Abbaye de Lyre avait le trait de dîme du fief Renard, confirmé par Luc, évêque d'Evreux, en 1212, évalué 24 livres au xviii° siècle (1).

Breteuil. — Les moines, grâce au fondateur de Lyre, seigneur de Breteuil, avaient les possessions suivantes : les deux églises de la paroisse, réunies en une seule au xvii° siècle; droit de présenter les clercs chargés de les desservir et les biens appartenant à ces églises, le tout ayant fait partie du fief de Gallon; une semaine de

---

(1) Avec Marnefer se termine le tome III de l'Inventaire de Lyre, Breteuil commence le tome IV et dernier.

la dîme des revenus de la prévôté et des moulins de la ville; la dîme des deniers provenant de l'impôt foncier; 60 sols sur la prévôté à cause de la fosse à charbon de Raymond de Bordigny; 10 sols provenant de Beaudouin de Charnelles et des masures que le couvent avait à Breteuil; la dîme des revenus de la forêt, c'est-à-dire du bois vendu, du panage, des essarts, de la chasse, de la pêche, etc.; la dîme du moulin Alis avec 60 sols ajoutés par Jean de Sacquenville; la dîme du revenu des foires et celle de tous les étangs et viviers du donateur. Les patrons des églises étaient Saint-Sulpice et Saint-Sauveur, de plus Lyre présentait à la Chapelle Saint-Jean-des-Bois située dans la forêt de Breteuil.

Les Papes, les Rois et les Evêques d'Evreux confirmèrent. comme de coutume, toutes ces donations, et Garin, un de ces derniers (1192-1200) conféra la cure à Roger Bernoin, puis à Durand (*Charte n° 36*). Il serait trop long d'analyser toutes les chartes des comtes de Breteuil en faveur de Lyre, notons simplement une sentence rendue par Richard, évêque d'Evreux, entre l'Abbaye et les vicaires d'une part et l'abbaye de Saint-Vincent-des-Bois et le chapelain du château de Breteuil d'autre part (1229). Le Pontife défend à ce dernier d'administrer les sacrements aux habitants du château qui, de plus, ne doivent pas entendre la messe dans la chapelle les jours où il y a obligation de venir à la paroisse, à l'exception cependant du châtelain et de son épouse. Il fut interdit également d'avoir une cloche pour la chapelle du château.

Quelques années après — 1231 — le Pape Grégoire IX écrivait au chantre et au doyen de Saint-Germain et à l'archiprêtre de Saint-Jacques de Paris d'examiner la requête de Lyre contre les frères de l'Hôtel-Dieu de Breteuil qui voulaient établir chez eux un chapelain, une cloche et un cimetière.

Outre les chartes des seigneurs de Breteuil, comtes d'Hereford ou de Leicester. publiées en grande partie dans les *Notes* d'Auguste Le Prévost, ou, du moins, analysées par l'abbé Caresme, nous citerons encore les suivantes : Baudry, fils d'Hoer, donne 60 sols sur sa fosse à Breteuil; Philippe III, en échange de la dîme des chasses, donne 100 sols sur la prévôté de la Neuve-Lyre (n° 31); Henri, prieur du Désert, vend, pour 8 livres tournois, sa vigne de Breteuil en 1207 (n° 304); Geoffroy, ermite de Saint-Jean, cède aux religieux un tiers d'arpent de vignes (1209, n° 305); Pierre fils d'Herbert Estable vend aux moines de Lyre quatre arpents de terre près du chemin de Breteuil à Bordigny (1217); Jean de la Maroleine donne à Lyre la vigne qu'il tenait d'eux à Breteuil, près de celle de Nicolas du Neubourg (1239); Barthélemy Droon amortit une rente de 20 sols qui lui étaient dus sur une vigne près de l'étang de Breteuil, moyennant 10 livres 10 sols tournois et « per unum quarteron *cimini* » de rente à la Saint-Rémy (1240, n° 307); Pierre de Gratheuil, prêtre, donne une rente de 12 deniers sur un pré dit *Au Barbet*, rente due à Lyre par les frères de l'Hôtel-Dieu de Verneuil (1256); Barthélemy de la Chaussée cède aux moines de Lyre 10 sols de rente à lui dus sur une vigne, à Breteuil (1269, n° 308); Geoffroy d'Auvergny, prêtre, donne pour son anniversaire et celui de ses parents quatre acres de terre situées à Breteuil, près de la Croix-de-Buis (*crux buxata*), le long du chemin conduisant de la porte Saint-Sulpice à la léproserie de Breteuil (1276, n° 309); Etienne du Fresne, clerc, bourgeois de Breteuil, abandonne une rente de 18 deniers assise sur la terre ci-dessus (1278, n° 310); Robert dit Doybet et Lucas du Bayle vendent 75 sols tournois une rente de 9 sols sur la maison de feu Colin Bele dans la paroisse Saint-Sulpice de Breteuil (1291, n° 312); Gauquelin dit le Foulon vend 40 sols, une vigne près du chemin qui va du moulin à blé de Breteuil à Bordigny (1292, n° 313); Jean de Baaille, bourgeois de Pont-Audemer vend, 7 livres 10 sols, une rente de 14 sols sur une vigne paroisse Saint-Sulpice de Breteuil (1298, n° 314); etc. Il y avait encore une vigne dite *du Clerc*, fieffée en 1275 par Martin Tonel, bourgeois d'Evreux et en 1284 par Hubert de Venda, Bertauld dit Cibole, Pierre dit Bonin et Guillaume dit Bueselin, bourgeois de Breteuil.

Enfin Robert de Courtenay, bouteillier de France, donna 100 sols sur la Prévôté de Conches, à l'usage des pitances. (1238 ou 1239).

Saint-Ouen-d'Attez. — Payen de Tranchevilliers, Gilbert de Parigny et Renier, son fils, donnent aux religieux de Lyre la dîme de leur fief de Malouy, à Saint-Ouen-d'Attez, et de Parigny, à Condé-sur-Iton. (*Inventaire*). L'abbé Caresme attribue cette aumône à « Richard des Bruyères, seigneur de Malouy, chevalier, moyennant 10 sols angevins, vers 1092, ce qui fut confirmé, dit-il, par Guérin, évêque d'Evreux, l'année suivante. En 1220 Richard des Bruyères vendit à Guillaume des Minières la rente de 10 sols

avec le droit d'hospitalité que lui devaient les moines de Lyre. »
Cette dîme donna lieu à une transaction, entre les religieux et
Raoul, curé de Saint-Ouen, devant Mathieu des Essarts (1302). Elle
était affermée, en 1549, pour 95 livres et 50 boisseaux de blé, plus
3 livres au curé.

Saint-Denis-du-Béhélan. — C'est vers 1170 que Gilbert Crespin,
seigneur de Tillières, en présence de Rotrou, archevêque de
Rouen, donna l'église du Béhélan, à Lyre, avec la chapelle de
Limeux et deux gerbes de la dîme du fief *Gadon*, aumône confirmée par Robert II, Henri II, Alexandre III. L'abbaye du Bec voulut disputer aux religieux, vers la fin du xiie siècle, ce patronage,
mais elle en fut déboutée par une sentence arbitrale de Roger,
évêque de Worcester; Gilles, évêque d'Evreux; Victor, abbé de
Saint-Georges et Yvon, archidiacre de Rouen, sentence confirmée
par les Papes Alexandre III et Célestin III. En 1786 la dîme du
Béhélan rapportait 4.600 livres.

Parmi les donateurs nous trouvons : Raoul Deschamps qui
aumône une masure, près le chemin de Limeux à Béhélan ; Roger
seigneur de Cantelou, chevalier, qui confirme la donation d'un
terrain sur lequel était bâtie la grange des religieux (1245); Luc
de Lignerolles qui, en 1279, vend un tènement au Chesne, etc.

Roman. — Simon de Grandvilliers, peu de temps avant de
mourir (1170), donna l'église de Roman à l'abbaye de Lyre, en
présence de Rotrou, archevêque de Rouen, de Juelle, de Renauld,
prêtres; de Gilbert d'Authenay, Gilbert, chapelain de Boissy, etc.
Simon, son fils, confirma cette charte et celle de Baudouin, son
grand-père, qui avait donné un setier de blé sur les moulins de
Pont-Echanfray. Les témoins sont : Gilbert du Plessis, Baudouin
des Vallées, Godefroy de Morainville son chapelain, Richard du
Pleissis, Osbert de Montfort, Gauthier Goulafre, Henri Langlois,
etc. (*Chartes n°ˢ 316, 317*). Les autres bienfaiteurs furent :

1217. Emeline de Roman qui donne quatre arpents de terre, deux
à *la Croix de Buis* et deux aux Maretes;

1220. Gilbert de Roman deux gerbes de dîme sur tout son fief;

1232. Guillaume des Minières toutes les dîmes de son fief du
Tertre, situé à Roman; en 1236 il donnait encore une terre pour
le salut de son âme, celui d'Eustachie, son épouse, celui de Guillaume et Réginald, ses fils, et celui de ses amis; terre située entre le
Rouge-Fossé, Roman et la rivière dite de l'Iton, devant maître Gode-

froy de Boissy, son oncle; Jean seigneur de Musy, chevalier; Théobald, son fils et son héritier; Roger de Breteuil, clerc; Eudes de Roman, etc;

1238. Renaud de Bordigni confirme aux religieux 30 arpents situés à Sicou, aumônés par ses ancêtres, ainsi que toutes leurs autres donations, telles que l'église de Roman, le droit de patronage injustement réclamé par son beau-frère Guillaume de Gouville. Les témoins sont : Ernulf, prêtre; Réginald de Sotteville, Toutain le Forestier, Robert Chalot, Guillaume Chacepain, clerc; Manessier de Lyre, Robert de Saint-Victor, etc.

En 1786 les dîmes de Roman valaient 1.000 livres.

Ces dons multiples portèrent ombrage à la puissante abbaye du Bec, comme nous l'avons dit plus haut, en sorte qu'Osberne, abbé de ce monastère, écrivit au Pape Lucius III, en le priant de soutenir son droit dans ce pays. Le Pontife écrivit à *Geoffroy*, abbé de Lyre, à ce sujet, mais sans aucun succès, car les chartes étaient trop formelles. Cependant les religieux de Lyre, afin d'éviter à l'avenir toute dispute, firent confirmer leurs droits par Urbain III; par Jean, évêque d'Evreux, la première année du règne de Richard, roi d'Angleterre; par Célestin III; Garin, évêque d'Evreux, etc.

Sur cette paroisse il y avait un fief de *Montmorin* dont Eustache d'Hellenvilliers confirma la dîme à l'abbaye, dîme donnée par Mathieu de Montmorin, en présence de *Geoffroy*, abbé de Lyre, de son célerier, etc.

Morainville. — Robert de Tranchevilliers donna, dès la fondation de Lyre, l'église de Sainte-Radegonde de Morainville, avec l'habitation du curé, un arpent de terre, une autre maison près de l'Eglise, la terre de deux bœufs et toute la dîme de la paroisse; donation confirmée en 1172 par le Pape Alexandre III; en 1215, par Robert de Tranchevilliers, II° du nom; par Luc, évêque d'Evreux, etc. (*Charte n° 16*).

Boissy. — Les dîmes de Morainville et de Boissy-sur-Damville rapportaient 1.200 livres à l'abbé, en 1786. Aucune charte ne reste pour nous indiquer l'auteur de cette aumône. L'*Inventaire* mentionne seulement, en 1245, une donation de Raoul de Saugueuse, chevalier, de 20 sols de rente sur son fief du Tilleul, sis à Boissy, afin de célébrer son anniversaire. D'après un bail de 1267 il y avait 43 journaux de terre, dont six à Boissy et 37 à Morainville.

Chambray. — Ce fief, situé dans la paroisse de Gouville, avait une chapelle sous le vocable de Saint-Laurent, dont le patronage fut donné aux religieux de Notre-Dame-du-Désert, en 1239, par Simon de Chambray et devint, dans la suite, propriété de l'Abbaye de Lyre. Elle reçut encore d'Henri de Ferrières une maison, aumône confirmée par Gauquelin et Henri de Ferrières, son petit-fils. *(Inventaire)*.

Champ-Dominel. — Dans la charte de fondation de Lyre se trouve déjà l'église de cette paroisse. Les dîmes furent données d'abord par Ernauld, fils de Popeline, à la prise d'habit de Guillaume, son neveu, puis par Guillaume de Tournai, son frère Gislebert et leur mère. En retour ces derniers reçurent des religieux huit livres du Mans et sept de Dreux, en présence de Godefroy de Verrières, Eudes de Vilers, Raoul, curé de Champ-Dominel, etc.

L'Inventaire raconte ici une curieuse transaction entre le Curé et le seigneur, Etienne des Essarts, chevalier. « Le Curé s'oblige
« à célébrer tous les jours une messe à heure convenable dans la
« chapelle Saint-Léonard du Jarrier, pourvu qu'il ne soit pas
« empêché canoniquement : de dire une fois par jour Matines et
« Vêpres, à la dite chapelle, quand le seigneur ou son principal
« héritier le voudront, et, en leur absence, Vêpres deux fois la
« semaine et même Matines si la dame du Jarrier le désire.

« Les habitants du château, de leur côté, iront à la paroisse à
« Noël, à l'Epiphanie, à la Purification, à Pâques, aux Rogations,
« à la Pentecôte, à la Saint Jean-Baptiste, à l'Assomption, à la
« Toussaint et le lendemain, à la Dédicace, à moins de maladie,
« empêchements, *comme un repas* à plusieurs messieurs ou dames,
« et en ce cas le dit seigneur, sa femme, ses héritiers, domes-
« tiques, paieront tous les droits de paroissien à l'Eglise et y
« recevront les sacrements. Malgré la présence à l'Eglise le curé
« dira la messe à la chapelle, qui sera fournie par le seigneur
« d'un calice, de livres, ornements, cierges, flambeaux et tout ce
« qui est nécessaire. Personne ne pourra y assister les jours de
« fêtes et Dimanches. — Le tout pour 13 livres de rente sur plu-
« sieurs fiefs et deux sols d'amende par chaque jour de délai de
« paiement. » Cette transaction faite en mars 1243 fut ratifiée par *Geoffroy*, abbé de Lyre. Quelques années après — 1257 — Gilbert, chevalier, fils d'Etienne des Essarts, seigneur du Jarrier, confirmait cette transaction.

Corneuil. — C'est encore Ernauld, fils de Popeline, qui, du consentement de Guillaume Fitz-Osbern, donna l'église avec la terre voisine et toute la dîme. Raoul de Tournay laissa, lui aussi, celle qu'il avait en ce pays, plus une masure et une maison avec son jardin près de la forêt, moyennant deux coursiers fournis par *l'abbé Ernauld* et Godefroy, son religieux, en présence d'Eudes, son sénéchal, Gislebert le prévôt neveu du moine Fulcoin, Raoul de Nagel, Garenger du Chesne, Baudouin le Forestier, etc. — Ysembard, curé de Corneuil, fit, en 1281, avec Pierre des Minières une transaction au sujet de la chapelle du château.

Guillaume des Minières, voulant s'assurer un anniversaire, donna tout le tènement que Roger le Brun tenait de lui pour quatre livres, à condition que cette somme serait employée à l'achat du poisson et du vin ce jour-là. Dans une autre charte il ajouta 27 acres de terre et les religieux le tinrent quitte d'une dette de 130 livres, charte confirmée par Thibaut et Jean, chanoines de Chartres (1239).

A cette époque de foi les fidèles avaient une grande confiance dans les prières des moines et ne reculaient devant aucun sacrifice pour y avoir quelque part. Ainsi, en 1260, Adam de Corneuil, fils de Roger le Brun donne, pour ce motif, tous ses biens et ses meubles en plus, s'en réservant la jouissance durant sa vie, afin d'obtenir la faveur d'être inhumé dans l'abbaye de Lyre. Raoul le Cordonnier et Havise, son épouse, abandonnent de même aux religieux de Lyre tous leurs biens pour être reçus dans *la fraternité* du monastère « soit à vie, soit à mort et les moines les
« aggrègent à la participation de toutes les bonnes œuvres qui se
« font et se feront dans le dit monastère » ; puis ces généreux chrétiens ajoutèrent 65 livres offertes par dévotion. En retour Lyre leur cède la « maison et cour du manoir de Corneuil pour y
« vivre, excepté la grange, plus 27 septiers de blé tous les ans et
« une mine de pois, avec la paille pour leurs lits et pour leurs
« bêtes, sauf le fumier, à la réserve cependant de ce qu'il leur
« faudra pour fumer trois acres. A la mort de l'un des deux la
« pension de blé et de pois sera diminuée de moitié. Quand les
« religieux iront à Corneuil les fermiers fourniront le bois et
« ustensiles nécessaires, lits aux domestiques, etc. » (1271).

Le Chesne. — D'après une charte, publiée par Auguste Le Prévost, le patronage, les dîmes, la chapelle ou prieuré de Notre-

Dame-du-Tilleul, auraient eu pour auteurs : Gilbert du Chesne et Guillaume, don ratifié par Gilbert II, petit-fils de Gilbert Ier et fils de Guillaume, qui ajouta lui-même un hébergement en ce pays. — Guillaume de Houssemaigne, en se faisant religieux, donne une vavassorie tenue par Roger du Boulay; ce qui fut confirmé par Ernaud du Bois et par Roger de Houssemaigne, neveu de Guillaume. — Enfin Luc de Lignerolles, chevalier, vendit aux religieux, en 1279, deux cents livres tournois, tout le tènement qu'il tenait de la dite abbaye moyennant 7 sols tournois dans la paroisse de Notre-Dame-du-Chesne et tout ce qu'il percevait sur ses vassaux.

BAUX-DE-BRETEUIL. — La paroisse des Baux ne date que de 1253. C'était primitivement une chapelle de Saint-Christophe nommée de Longuemare, à l'usage des bûcherons, construite sur les dépendances de la cure de Saint-Pierre de la Vieille-Lyre, du consentement de l'abbaye qui en eut le patronage. Le Pape Innocent IV dut même intervenir à cause d'un différend entre le curé de la Vieille-Lyre et le chapelain de Longuemare qui y célébrait le service divin. Le doyen de Lisieux fut chargé de rétablir la paix. Cette chapelle elle-même ne datait que de quatre ou cinq ans, puisqu'en 1246, d'après *l'Inventaire*, Jean, Evêque d'Evreux, écrivit au doyen de Lyre de mettre Martin Clerc « porteur d'iceluy mandement, en possession de la cure ou église Saint-Christophe de Longuemare *nouvellement construite* (1) ».

Le village primitif se nommait le Champ Motteux, et Robert, fils de Pétronille, comte de Leicester en fit don aux religieux de Lyre « avec les maisons qui s'y trouvent édifiées, tout l'approvi-
« sionnement du même lieu et toutes ses dépendances. Les servi-
« teurs des moines occupés à cultiver cette terre auront dans ma
« forêt de Breteuil le bois nécessaire à construire et réparer leurs
« maisons et pour se chauffer, sur le vu et la livraison de mes
« forestiers et de plus le droit de pâture dans la forêt autant qu'il
« sera nécessaire. »

C'est donc en 1253 que Jean de la Cour d'Aubergenville, évêque d'Evreux, d'après le consentement du recteur de la Vieille-Lyre,

---

(1) Dans l'Obituaire de Lyre on lisait : « III Kalendas octobris obiit Martinus, primus presbyter *de Baucis*. »

celui du chapelain des Baux de Longuemare et de l'abbaye de Lyre, ordonna que « la dite église des Baux, *nouvellement cons-* « *truite*, serait paroissiale et aurait des fonts baptismaux, un « cimetière, etc. Le curé aura un tiers de la grosse dime, les « menues dimes, offrandes, etc. Il sera tenu de faire une proces- « sion tous les ans à Saint-Pierre-de-la-Vieille-Lyre le 29 juin et « offrira un cierge d'une livre en cire, en signe de révérence et « honneur à l'église Saint-Pierre qui sera toujours regardée « comme église matrice, par rapport à elle. » *(Inventaire)*.

La preuve qu'il n'y avait pas de chapelle aux Baux avant 1246, c'est que sous l'abbé de Lyre, Jean Ier d'Almenesches (1226-1241), il y eut une transaction entre son monastère et l'église de Garlenville, devant Roger, abbé de Saint-Evroult (1), « par laquelle « les religieux de Lyre consentent que les habitants d'un manoir « dit *le Champ Moteux* aillent à Garlenville, y reçoivent les sacre- « ments, y fassent leurs oblations, sauf les dimes réservées à Lyre. « S'il meurt un domestique dans ce manoir l'Eglise agira comme « pour un étranger, mais si c'est le seigneur ou son épouse, « l'abbaye aura la moitié des honoraires. Si le manoir passe en « propriété à Lyre, ou si l'on bâtit près de lui, ou dans la forêt, « une église ou chapelle, Lyre en aura le patronage ». *(Inventaire)*.

En 1282 Guillaume Augo était curé des Baux et la dime, au xviiie siècle, rapportait 2.000 livres.

Sur cette paroisse se trouvaient le prieuré *du Désert* ou de *Sainte-Suzanne* dont nous parlerons dans un chapitre spécial, ainsi que de celui de *Capelles*, nommé le *prieuré de Maupas*.

Guernanville. — *L'Inventaire* signale simplement un trait de dime, d'une valeur de 7 livres, sans indiquer la provenance. Dans la grande charte de Lyre, numéro 4, on lit que Raoul de Conches, en présence de Guillaume le Conquérant, donne une terre tenue, jadis, par Robert fils de Gothman, près le chemin de Guernanville.

Bémécourt. — Dans la charte de fondation Guillaume Fitz Osberne donne « toute la dime de son bois de Bémécourt avec la coutume de la forêt de Breteuil, » mais en 1070, comme nous

---

(1) Roger II de Salmonville fut abbé de Saint-Evroult en 1218 et mourut le 25 septembre 1233. La transaction est donc entre 1226 et 1233. Après la conquête de Philippe-Auguste le *Champ-Moteux* fut enlevé à Lyre et donné à Barthélemy de Dreux, bailli royal.

l'avons dit, Guillaume de Breteuil, son fils, reprit la dîme de la forêt, cédant à la place la dîme et redîme de la vallée de Pitres. Il resta cependant une partie de dîme estimée 73 livres au xvi° siècle et 300 livres au xvii°.

Romilly, *près Berville*, aujourd'hui *Romilly-la-Puthenaye*. — Agnès, dame de Romilly, veuve de Gilbert des Minières donna 60 sols de rente aux religieux. Mais ce n'est qu'en 1239 que Guillaume des Minières, chevalier, seigneur de Corneuil, sénéchal de Conches, leur offrit le patronage de Romilly, sauf la chapelle du manoir, aumône confirmée, en 1240, par Raoul, évêque d'Evreux; en 1241, par Pierre de Courtenay, seigneur de Conches; en 1287, par Thibaut des Minières, son fils; en 1307, par Pierre des Minières, etc. Malgré toutes ces précautions Jean de Corneuil, seigneur de Romilly, revendiqua le patronage de l'église en 1308. Mathieu, évêque d'Evreux, trancha la difficulté en attribuant aux religieux le patronage de la cure et du vicariat; les grosses dîmes, la moitié du presbytère, les terres du clos et un tiers des autres dîmes au curé; enfin les quêtes, offrandes, etc., au vicaire. Jean de Corneuil souscrivit cette sentence, en son manoir de Saint-Germain-lez-Evreux le mercredi après *Oculi*.

Quant au fief de Romilly il fut aliéné avec celui de Berville, sauf foi et hommage, en 1575, pour 550 livres. Il y avait une rente de 10 sols, sur ce fief, donnée, en 1230, par Simon de Bussy qui le tenait de Guillaume des Minières (1).

Berville. — Guillaume des Minières, avec le patronage de Romilly donna, la même année, celui de Berville, don confirmé par les mêmes autorités. Cependant Raoul, évêque d'Evreux, y ajouta cette variante que « le revenu serait pour les religieux « infirmes et un tiers de la dîme au vicaire, tandis que Gré- « goire IX avait fixé, en 1237, une pension au vicaire et le reste « du revenu pour la réception des hôtes à Lyre. » Au moment des partages le tout fut attribué à l'Abbé qui, par transaction, laissait, au xviii° siècle, les 150 livres au Curé.

Robert des Minières, vicaire perpétuel de Berville, voulut avoir, en 1249, plus du tiers de la dîme, mais l'official d'Evreux, sur l'ordre du Pape, le contraignit à se contenter du tiers, sous peine

---

(1) En 1282 Mre Jean de Rillac était curé de Romilly.

de censure; ordre réitéré, l'an 1251, par une lettre semblable (1).

A la date de 1275 l'*Inventaire* nous dit que « Joscelin de Ber-
« ville se charge, pour 50 sols, d'entretenir la lampe de l'Eglise
« Saint-Martin de Berville, pendant le service divin, somme due
« par les religieux à cause d'une pièce de terre que Jean Presterel
« avait donnée pour ce motif. S'il passait huit jours sans l'allumer
« on pouvait saisir son hébergement. »

NOGENT-LE-SEC. — Lyre n'avait en ce pays que la dîme des *Gomberts*, estimée 95 livres au moment des partages et 230 livres au XVIIIe siècle. C'est vers 1215 que Godechilde de Gombert, du consentement de Jean, son fils, déposa, sur l'autel de l'abbaye, la charte de cette donation pour laquelle il reçut, en retour, quatre livres angevines.

Les moines de la Noë ayant de nombreuses terres à Nogent, ceux de Lyre trouvèrent plus avantageux de leur fieffer ces dîmes, moyennant 9 septiers de grain (2) payables, à Noël, dans la grange de Bellemare, à la mesure de Conches; acte passé, en 1222, devant Raoul, évêque d'Evreux.

SAINT-LÉONARD-DE-GASPREY (3), diocèse de Séez. — Guillaume du Merle offrit à Lyre la moitié de la vavassorie sise aux Formenteries. Selon l'usage du temps, accompagné de son fils et de sa fille Béatrix, il déposa sa charte sur le maître autel de Lyre et reçut, en retour, un coursier d'une valeur de quatre livres. Sur l'ordre d'Hugues, archevêque de Rouen, Girard, évêque de Séez, (1143-1157), mit les religieux en possession de cette dîme alors

---

(1) On trouve dans le cartulaire du Chapitre (G. 124 n°s 269 et 270) « une sentence arbitrale prononcée par Eude, trésorier du chapitre de Bayeux, Roger du Val et Anger, trésorier et chanoine d'Evreux, pour régler les droits respectifs de l'Evêque d'Evreux, de Pierre de la Houssaye, archidiacre d'Ouche, de Robert des Minières, curé de Berville et de l'abbaye de Lyre sur deux gerbes de dîme à Berville ». Frère Aubry, prieur et le couvent de Lyre ratifièrent ce compromis. (8 août 1252).

(2) Dans la vicomté de Conches en 1386 :
    Un muid valait 12 septiers;
    Un septier valait 2 mines;
    Une mine valait 8 boisseaux.

(3) Aujourd'hui canton de Trun, arrondissement d'Argentan (Orne), s'écrit *Guéprei*.

détenue par le curé. Lisiard (1188-1201) et Silvestre (1208) approuvèrent cette donation ratifiée, en 1215, par Renaud, fils de Guillaume du Merle.

« Geoffroy, évêque de Séez (1240-1257) fut autorisé par son chapitre à céder son droit prétendu de patronage sur l'église de Gasprey, afin de terminer le différend sur celui de Champeaux. » *(Inventaire)*.

BEAUMONT-LE-ROGER. — Malgré l'existence du Prieuré de la Sainte-Trinité, fondé par les comtes de Meulan, ces seigneurs, cependant, étendirent leurs bienfaits sur les autres monastères de la contrée, en particulier sur l'abbaye de Lyre. Ainsi Robert, comte de Meulan donna, chaque mois, un septier de froment pour faire des hosties, rente établie sur son moulin de l'Etang à Beaumont, y ajoutant 100 sols de rente sur la prévôté, afin d'acheter le poisson, payables la première semaine de Carême. Dans le cas où le prévôt ne solderait pas exactement cette somme, il serait passible d'une amende de 20 sols. *(Charte n° 65)*.

Robert leur accorda encore, par une autre charte, pour eux et leurs serviteurs, les droits ordinaires de pâture et de panage dans sa forêt de Beaumont. (*Bibl. Nat. ex cart. Lire, recueil de Blois, p. 7, extrait par Dom Germain Ferrand, prieur, 30 juin 1651. Coll. du Vexin, T. XIII, n° 549*).

GOUTTIÈRES. — Le patronage de l'église se trouve mentionné dans la charte de fondation de Guillaume Fitz Osberne et confirmé par Henri II, Eugène III (1148), Alexandre III (1172), Célestin III (1193), Garin, évêque d'Evreux (1192-1200), Robert, Luc, etc.

A la fin du XIe siècle, Simon de Gouttières et Richard Mahiart, tous deux seigneurs de Mancelles pour une partie, prièrent l'abbé de Lyre d'obtenir du châtelain de Breteuil la grâce de ne plus être ses vassaux, mais ceux de l'abbaye. Le sire de Breteuil accorda cette demande et en déposa le don sur l'autel de Lyre, en présence des deux seigneurs. *(Charte n° 325)*. Jean de Gouttières, en 1218, y ajouta le même service sur deux acres de terre et Thomas, son fils, au mois de janvier 1240, confirma toutes ces donations. *(Chartes n°s 325 et 326)*. Les religieux avaient, sur *le fief de la Trochée* une ferme importante, fieffée à Jean de Préaux, en 1227 (1),

---

(1) *Le Dict. hist. de l'Eure* dit : en 1387, ce qui est une faute d'impression, car à cette époque il n'y avait pas, à Lyre, d'abbé du nom de Jean.

par *Jean*, abbé de Lyre, sauf le patronage, la taille et une acre de terre pour bâtir la grange, moyennant 60 sols, 27 septiers de grain, mesure de Lyre, avec défense d'aliéner ce fief ou de le diviser à ses héritiers. L'aîné seul devait le posséder. C'était un demi-fief de haubert qui fut aliéné par les moines au xvie siècle pour 300 livres.

Grosley. — Raoul de Groslay, en prenant l'habit monastique à Lyre, avait donné la dîme de son moulin de Grosley du consentement de ses deux fils, Simon et Thomas, outre deux acres de terre au Noyer, la moitié de l'église du Noyer et un hôte franc de toute servitude, sauf d'aller moudre au susdit moulin. Robert, comte de Meulan, confirma cette donation en présence de Gilbert et Frédéric Malmains, Ingelran de Préaux, Roger Harpin, Guillaume d'Ormes, etc. (*Bibl. Nat. mss. Coll. Moreau, vol. 216, p. 186*). Garin et Luc, évêques d'Evreux confirmèrent également cette charte, ratifiée aussi, en 1235, par Gervais de Gaillon, chevalier.

Noyer-en-Ouche. — Nous avons vu ci-dessus que Raoul de Groslay avait donné, au xiie siècle, la moitié de l'église de cette paroisse à l'abbaye de Lyre et Jean de Joë l'autre moitié, don confirmé par Robert, comte de Meulan, par le chapitre d'Evreux en 1210, par Luc, etc.

Jean de Joë, du consentement de Robert, son fils, y ajouta le champ du Bolet au Noyer, aumône confirmée par Luc, évêque d'Evreux en 1215 et ratifiée par Gervais de Gaillon.

En 1549 la dîme rapportait 130 livres, 100 boisseaux de blé et 6 boisseaux de pois. Sa valeur au xviiie siècle était de 300 livres.

Mancelles, paroisse réunie, en 1792, à celle d'Ajou. — Une charte de Lyre, de la fin du xie siècle, nous dit que Richard Mahiart et Simon de Gouttières préférèrent la suzeraineté de l'abbaye à celle des chevaliers, sur leur fief de Mancelles qui relevait de Breteuil, ce qui leur fut accordé par Guillaume, fils du fondateur.

« Robert Fauquet donna le tiers de deux parts de dîmes qu'il
« levait sur son fief lay tenu de Raoul de Brutechapon (Broute-
« Chapon), paroisse de Mancelles, relevant de Breteuil, charte
« confirmée par Jean de Sakenville, Guillaume de Brutechapon,
« fils de Raoul, Garin, Luc, etc., évêques d'Evreux. — Cette
« dîme au xviie siècle était réduite à 12 boisseaux de blé sur

« l'abbaye de Grandmont (1), évalués 220 livres. » (*Inventaire*).

« Au xiiie siècle, ajoute Charpillon, Michel Mauclerc vendit aux
« moines de Lyre un septier de froment sur sa dîme, dans le fief
« de Broute-Chapon. »

SAINT-OUEN-DE-MANCELLES, paroisse réunie à Gisay-la-Coudre.
D'après l'*Inventaire* les religieux de Lyre avaient, sur Saint-Ouen-de-Mancelles, un trait de dîme, dit la *Vicairie*, et le fief de *Nuisement*, donné en 1221, par Richard Pasdeloup.

RUBREMONT, réuni au Bosc-Renoult-en-Ouche. — Lyre, dès son origine, eut le patronage de l'église. (*Chartes nos 19, 40, etc.*). Rubremont faisait, en effet, partie de la dotation d'Adelise, épouse du fondateur, et la seigneurie fut également donnée avec l'église. Henri II, Robert II, comte de Meulan, Robert III, etc., l'affirment dans toutes leurs chartes. Louis VIII, roi de France, reconnaît
« que Lyre en abandonnant l'usage dans la forêt de Breteuil s'est
« réservé ses hommes de Rubremont, qui sont quittes de panage
« pour leurs porcs, avec droits de paturage de leurs bestiaux, de
« mort bois, etc. » (*Charte de 1224 no 29*).

On a encore, pour cette paroisse, les chartes de : Guillaume le Gendre qui, en 1261, vend 2 sols de rente pour 16 sols; Guillaume Corde, clerc, tuteur de Guillaume le Galois, son neveu, fils de feu Raoul Binet, son frère, qui fait un accord, en 1264, avec *Robert*, abbé de Lyre, seigneur du fief de Rubremont, et, en cette qualité, chargé de veiller sur les intérêts du mineur. Guillaume Corde s'engage à fournir tout ce qui est nécessaire à l'enfant jusqu'à sa majorité, à s'occuper du fief au mieux de ses intérêts, moyennant certains avantages stipulés dans la charte; — Raoul Bruman vend 2 sols de rente pour 17 sols (1276); — Richard le Moine donne une rente de 30 œufs (mai 1278); — Martin le Gendre et Asceline, son épouse, donnent deux sols de rente sur une masure, pour leur anniversaire (mai 1304); — Raoul Piquet vend 4 sols de rente (1336); — en 1344 les religieux, seigneurs de Rubremont sont autorisés à s'emparer des biens de Jean Patey, ou Pasté, « qui pour ses démérites avoit esté pendu et traîné, » biens relevant de cette seigneurie; Pierre Bryère vend un chapon de rente (1400);

---

(1) Le prieuré de Grandmont, fondé par Robert II, comte de Meulan, en 1178, se trouvait sur la paroisse du Noyer-en-Ouche.

— Guillemette de Curson fait don de sa personne, de ses biens et de son douaire, avec usufruit, à l'usage des pitances (1400); — Innocent le Mercier vend 6 sols de rente et un chapon (1416), etc.

Philippe le Bel, roi de France, approuva, en 1310, la concession faite par les moines de Lyre à Guillaume de Thévray, chevalier, d' « un saut à molin à ève et terre pour le siège dudit molin et « une nansé à prendre anguilles tanf seulement, en leur rivière « de Rille, en la paroisse de Rubremont, dans les bornes mar- « quées », aux conditions suivantes : 1° que le saut sera uni et incorporé « au membre de haubert de Thévray ; 2° que le seigneur paiera 6 livres de rente ; 3° qu'il ne pourra jamais détourner l'eau. »

THÉVRAY. — Dans la grande charte de Lyre on en trouve une de Guillaume de Thévray qui, du consentement de ses frères Robert et Hugues, donne aux religieux la terre du moulin Thaneret de la Neuve-Lyre. (*Charte n° 11*). Hugues, son frère, abandonne cinq sols de rente payables à la Saint-Rémi ; Guillaume Le Fèvre vend pour 22 sols une rente de 4 sols sur un héritage dans le fief du seigneur de Thévray ; Pierre Le Fèvre cède une autre rente sur trois acres dans la paroisse de Thévray, puis sur quatre pièces de terre à la *Traboullière*. Dans ce dernier fief les moines de Lyre avaient 19 acres de terre aumônées par Robert Farcy, sauf le droit de moute, don confirmé par son petit-fils Hugues de Long-Essard qui y ajouta dix acres, ainsi que Roger, son frère, chapelain de Long-Essard (1). Ils reçurent 40 sols de la part de l'abbaye. (*Inventaire, charte de la première moitié du XIII° siècle*).

Enfin Geofroy, curé de Saint-Lambert (2), donna tout son bien situé dans le fief *de l'Archidiacre*, à Thévray, bien correspondant au tiers du fief, dit Charpillon. Ce Godefroy était neveu de Jeanne de Bourneville et cousin de Richard, fils et héritier de Jeanne. En 1201 il cédait au monastère « tout le bien acheté de sa tante à « Beaumesnil, ce qui fut confirmé par Alix de Beaumesnil, veuve « en 1201, par Robert d'Harcourt et Richard de Thévray en 1207. » (*Inventaire*).

---

(1) Cette petite paroisse a été réunie à celle d'Epinay et l'abbé Caresme dit que Roger, curé du Long-Essart fut témoin, en 1223, d'une charte de Jean de la Barre.

(2) Paroisse réunie en 1792 à Beaumesnil.

Bosc-Regnoult-en-Ouche. — C'est dans ce village que, d'après la légende, le premier abbé de Lyre eut sa vision *in pago Utensi, apud Boscum Regnold*. On conçoit donc facilement que l'église de cette paroisse, donnée par Henri du Bosc-Renoult, soit dans la charte de fondation du monastère. Les deux tiers de la grosse dîme rapportaient 330 livres aux religieux.

La Barre. — En 1070 l'église de Saint-André de la Barre figure dans la charte donnée par les bénédictins comme celle de la fondation de Lyre, mais non dans la véritable qui se trouve aux Archives de l'Eure. Ce qui est indubitable c'est la charte d'Audin, évêque d'Evreux, dans laquelle il atteste que Simon, fils de Robert de la Barre, en présence de Raoul, archidiacre, a octroyé l'Eglise Saint-André aux moines de Lyre. Une autre pièce de Rotrou, jadis évêque d'Evreux, actuellement archevêque de Rouen confirme cette aumône et ajoute que Rotrou, sur la présentation des religieux, avait conféré ce bénéfice à Drogon, malgré l'opposition de Guillaume de Grandcamp. Simon de la Barre vivait sous Robert II, dit *Courte Heuse*, par conséquent entre 1087 et 1105, ce qui met vers la fin du xie ou le commencement du xiie siècle cette donation de Simon.

Son fils, le célèbre et infortuné Luc de la Barre, offrit, avant de mourir, le tiers du moulin de la Barre et six acres de terre dans la vallée de Gisay. Avicie, sa fille unique, épousa Richer de la Barre (1179 à 1193) qui confirma tous les dons de ses ancêtres, savoir : l'église de la Barre avec toutes ses dépendances; la terre que Roger de la Barre (frère de Simon et oncle de Luc) donna dans la vallée de Gisay aux religieux avec la dîme du moulin de la Barre; ce que Luc, fils de Simon, père de son épouse, *in extremis agens*, leur laissa, c'est-à-dire le tiers du moulin de la Barre. En échange de cette dernière aumône Richer propose à *Geoffroy* (1), alors abbé de Lyre, huit acres de terre près de ce moulin, la dîme du cens qu'il percevait à la Barre sur les bourgeois, vavasseurs et paysans, y compris les six acres de Gisay. Cet accord eut pour témoins : Godefroy de Sausseuse-Marc, Hugues de Bacque-

---

(1) Léopold Delisle a publié dans son livre : *La classe agricole en Normandie*, un bail de la terre des moines de Lyre, à la Barre, excessivement curieux, bail passé entre *Geoffroy*, humble abbé de Lyre et Me Roger Maupoint.

puits, Roger d'Angoville, Richard Beverel, Roger clerc de la Barre, Richard Peilevilain, Godefroy, son frère, etc. (*Charte n° 337*).

Ces confirmations étaient d'autant plus nécessaires que les héritiers des donateurs suscitaient presque toujours des difficultés aux abbayes, soit pour reprendre leurs droits, soit pour obtenir une indemnité. Déjà Robert de Meulan avait dû intervenir entre l'Abbé de Lyre et Luc de la Barre qui contestait aux moines le droit de patronage et de dîme sur l'Eglise Saint-André, aussi bien que le droit de présentation. Luc reconnut son erreur et jura devant son seigneur de laisser les religieux de Lyre jouir en paix des droits qu'ils possédaient depuis longtemps, *antiquitus tenuerunt*. (*Bibl. Nat. mss. Coll. du Vexin, T. XIII, n° 547, ỷ 1120*) (1).

Luc, évêque d'Evreux et son chapitre, dans la charte de 1210, confirmèrent de nouveau ces possessions (*n°s 40 et 336*), ainsi que Jean de la Barre, petit-fils de Richer et d'Avicie, dans ses deux chartes de 1222 (*n°s 339, 340*).

Son cousin-germain, Raoul de la Barre, fils de Guillaume, frère de Robert II, confirma la vente de son père au sujet du moulin de la Cheise, avec la moute sèche et humide de sa terre de la Crépinière. Il y ajoute six acres au même fief (1220) (2). Mais les conditions posées au sujet du moulin étaient tellement compliquées et donnèrent lieu à tant d'ennuis que Robert IV, petit-fils de Raoul, dut faire un accord avec les religieux au mois d'Août 1279. (*Chartes n°s 70 et 71*).

La même difficulté se présenta pour le moulin de la Barre, dit le *moulin Roger*, et donna lieu à un accord semblable entre Lyre et Gilles de Boscherville, fils de Mabirie de la Barre, sœur et héritière de ses deux frères Jean et Robert III, morts sans postérité. (*Charte n° 67, 1253*). Dans un accord antérieur Gilles de

---

(1) L'*Inventaire* signale au mois de juillet 1206 une charte de Raoul Grayeron qui donne un bourgage à la Barre, près le cimetière avec une terre joignant la Croix Radulphe d'Albroc, puis l'aînesse de *la Normandière* qui s'étendait sur la Barre, la Noë et Gisay.

(2) Il reçut des moines de Lyre 6 livres pour l'aider à s'acquitter avec les juifs. *La Crépinière* prit dans la suite le nom de *la Noé de la Barre*, dont l'église était sous le vocable de saint Jean l'Evangéliste. Crépin de la Barre figure dans la grande charte de Lyre et fut le fondateur de cette paroisse, dit l'abbé Caresme.

Boscherville avait substitué le moulin de Houmes à celui de la Barre, en sorte que Richard de Bosc-Renoult, vassal des seigneurs de la Barre, reconnut que si cet arrangement était annulé, il cesserait de percevoir un muid de blé sur ce dernier moulin, dit aussi *moulin Roger*. Sa charte est du mois de décembre 1248 (n° *66*).

Il y a encore une charte de 1223 en vertu de laquelle Jean de la Barre donne à Geoffroi Bardol, époux de sa nièce Alix, fille de Mabirie, une rente de 22 sols sur son moulin de la Barre. Alix, veuve en 1254 de Geoffroi Bardol de Champ-Rond, du consentement de son fils aîné Henri, vendit cette rente à l'abbaye de Lyre pour onze livres tournois. (n° *69*).

Enfin Pierre de Boscherville, fils de Gilles, fut obligé, par une sentence rendue à l'Echiquier de 1292, de détruire un moulin à vent, par lui construit, comme préjudiciable au moulin Roger, propriété de l'abbaye de Lyre. En 1308 il confirmait les chartes de ses prédécesseurs en faveur des moines, savoir : l'église Saint-André, la chapelle de la léproserie, leurs droits sur le moulin Roger, etc.

La dîme de Saint-André de la Barre rapportait, au XVIII° siècle, 800 livres à l'Abbé de Lyre.

Capelles. — Sur cette paroisse se trouvait le prieuré de *Maupas*, dont nous parlerons au chapitre suivant, à cause de son importance.

Laigle. — Lyre avait la dîme de Saint-Martin de Laigle évaluée en 1549 à 200 livres, en 1568 à 250, en 1577 à 320, enfin au XVIII° siècle elle rapportait 550 livres à l'Abbé. Quant aux titres de propriété ils n'existaient déjà plus à l'époque de *l'Inventaire* puisque le bon religieux ne les mentionne pas et que les chartes n'en parlent point.

Il existe simplement à la Bibliothèque Nationale, dans la collection Moreau (Tome 276, p. 137), une charte de Gilbert de Laigle qui, du consentement d'Odeline, sa mère, et de ses frères, échange avec les moines *quoddam Burgagium*, à Laigle, qui fut jadis à Hubert de Glos, aumôné par Richard, son aïeul, et donné à la place d' « une autre tenure en bourgage dans Laigle près la porte Saint-Jean, possédée par Jean de Bretel, voulant que l'hôte de Lyre réside dans le dit bourgage, sauf d'une certaine coutume sur l'avoine, par lequel échange le dit de Bretel, devenu l'hôte de

Lyre, donne à Gilbert de Laigle 25 livres angevines et à son frère Richard deux bizans. » (*Charte n° 452*).

Il s'agit ici de Gilbert II, septième baron de Laigle (1176-1230), d'après Vaugeois, fils de Richer III et d'Odeline, inhumée dans l'abbaye de Chaise-Dieu sous un magnifique tombeau. La donation de ce bourgage remonte donc à Richer II, son grand-père, qui vivait vers la fin du xie siècle et qui aura, probablement, cédé le patronage et la dîme de l'église Saint-Martin. Julienne, sœur de Gilbert II, après la mort de son mari, Gilbert de Tillières, devint prieure de Chaise-Dieu en 1208. Quant à son frère Richer ou Richard, nommé dans la charte ci-dessus, il mourut sans postérité. Outre sa mère Odeline et son frère Richer, les témoins furent : Prieur, chapelain ; Hugues, chapelain ; Guillaume de Fontenelle, Gilbert d'Aspres, Guillaume de Mont-Collin, Guillaume Baudran, Robert Sorel, Martin Belot, Eudes Goude, Pierre Folenfant, Thomas, fils de Fulcoin, Guillaume de Bretel, Robert Compère, etc.

Nous avons vu plus haut qu'un autre seigneur de Laigle, Henri d'Avaugour, avait confirmé en 1278 les dons et les droits acquis par les religieux dans le fief de Clément de Courteilles. (*Charte n° 267*).

Verneuil. — *L'Inventaire* signale à la date de 1208 une charte de Richard Langlois, de Verneuil, d'Odeline, son épouse, et de Richard, son fils, en vertu de laquelle ils se donnent à l'abbaye de Lyre, avec leurs maisons, leur four sis dans la ville, tous leurs biens meubles et immeubles, leur métairie de *la Mibourdière* (aux Barils, près Verneuil), à condition que s'ils se retirent au monastère ils seront traités comme frères de la maison, et s'ils restent chez eux ils seront, non comme propriétaires, mais comme frères et serviteurs du couvent. Cette charte est aujourd'hui perdue.

Les Barils, *près Verneuil*. — Les moines de Lyre possédaient sur cette paroisse le fief du *Bois-Guillot* et celui *des Barils* à cause, très probablement, de la charte précédente. Goyer de Chennebrun, en effet, avait confirmé la vente faite par Guillaume Chevalier à Richard Langlois au sujet de la terre de *la Mibourdière*, terre donnée aux religieux en 1208 par ce dernier. D'un autre côté Pierre de la Rivière lui donna six acres de terre aux Barils pour les tenir de lui libres, sauf 12 deniers de rente, et, en 1213, à la demande de Richard Langlois offrit aux moines 24 journaux de terre, aux Barils, que le dit Langlois venait d'acquérir. L'année suivante, du consentement de ses héritiers, Pierre de la Rivière donne à Lyre 19 acres, aux Barils, avec un hébergement au Plessis-Girard, près de la maison de *la Mibourdière*, avec droit de pâture par toute sa terre. — En 1215 Ernauld de la Forêt aumône une terre moyennant 15 sols; — Robert Banaste donne tout son droit sur le tènement de Guillaume du Chemin et d'Emme, son épouse, consistant en deniers, corvées, etc., sauf le droit du seigneur capital. Pierre de la Rivière confirme ce don, ainsi que celui de Pierre Lambert au sujet d'une terre à la Chabotière, près Verneuil (1225). Ce don fut également confirmé par Mathieu Meinnart, oncle de Banaste; — Pierre de la Rivière donne encore une terre, dite le Bois-Girard (1227); — Guillaume du Chemin et Emme, son épouse, cèdent, le tiers du tènement qu'ils tenaient de Lyre, mais en gardent la jouissance, leur vie durant, pour 5 sols à la Saint-Rémy, outre les 5 sols des deux autres tiers (1231); — Goyer de Marville, seigneur de Chennebrun, donne tout le tènement tenu de lui par Guillaume de Villedieu, don confirmé par Pierre Duguet Goyer, sergent féodal dudit seigneur, par Pierre de la Rivière (1232), enfin par son fils (1257).

Tous ces différents dons formèrent environ cent acres de terre fieffées, en 1265, moyennant trois muids de blé de rente annuelle, sauf les rentes, le Bois-Girard, le Bois-Guillot et une rente de 12 sols due à l'église sur la dite ferme de la Mibourdière. Le fief du Bois-Guillot rapportait 50 sols de rente pour les six acres de terre.

On l'aliéna moyennant 296 livres le 22 décembre 1586.

TILLIÈRES, ORMES, L'HOSMES. — Richard de Folleville et Robert, son fils, donnèrent à Lyre deux parts de la dîme sur leur domaine à *Ormes*, une masure dite le clos Richard et quinze acres de terre en différents trièges, nommés dans la charte dont les témoins furent : Pierre de la Rivière, Roger de Bois-Hubert, Roger de la Barre, Jacques et Jean, clercs; Gauthier de Hinkelai, Robert de la Chambre, etc. — Hugues de Ferrières et Isabelle, son épouse, y ajoutèrent encore deux gerbes de dîme qu'ils possédaient au même endroit. Les témoins sont presque les mêmes, plus : Guillaume Chacepain, chapelain, Richard de Folleville, Guillaume Langlais alors prévôt d'Ormes, Raoul Francice, Roger Rose, Robert du Chalet, etc. (*Le Prévost, Ormes,* page 511). — En 1206

Guillaume Chevereol donne le ténement qu'il tenait de Henri d'Auffay à Ormes avec toutes ses dépendances, hommes, services, etc., et reçoit *de caritate domus* dix livres tournois et un *palefroi*. Du Cange, à ce mot, fait la citation suivante. « Il y a chevaux de « plusieurs manières, à ce que li uns sont destrier grant pour le « combat; li autres sont *Palefroi* pour chevaucher à l'aise de son « cors; li autres sont *Roucis* pour sommès porter, etc. » Comme les témoins sont à peu près les mêmes que pour les chartes précédentes ils servent à fixer approximativement leur date, fin du XIIe ou commencement du XIIIe siècle. Gilbert confirma le don de son père Guillaume Chevereol et en déposa la charte sur le grand autel du monastère. (*Chartes 453 à 457*).

Mais comme le Chapitre d'Evreux était le principal propriétaire en cette paroisse Guillaume, abbé de Lyre, trouva plus avantageux de céder ces différentes dîmes aux chanoines. La charte, qui est de 1212, n'indique pas les conditions de cet échange.

En 1218 Richard Chevereol, chapelain de Nogent, donne tout le fief de son père et le sien, sis à Ormes, hameau de la Goûbergé (*n° 458*); Jean, seigneur de Chéronvilliers, donne 10 sols de rente sur le ténement qu'Alexandre du Val tenait de lui à Tillières (*novembre 1238, n° 459*), etc.

Luc, évêque d'Evreux, confirma les donations des Chevereol à Ormes (*n° 37*). Quant aux dîmes elles durent être seulement fieffées au chapitre cathédral, car en 1279 Pierre « *humilis abbas monasterii beate Marie de Becco* » fieffa les dîmes de Lyre, à Ormes, moyennant trois septiers de grain, de rente, à la mesure du Bec. (*Archives de l'Eure, H, 556*). Le bail devait être à perpétuité et nécessita de multiples réclamations à la riche abbaye, souvent en retard pour ses paiements. En 1511 surtout les moines de Lyre furent obligés de plaider contre ceux du Bec qui furent condamnés le 2 juin de la même année. Au mois de juillet 1514 une transaction intervint entre Guillaume, abbé du Bec, et l'abbé de Lyre. Le Bec reconnut la dette et promit de payer 35 livres pour les arrérages.

CHÉRONVILLIERS. — Le patronage de l'Eglise, donné au prieuré du Désert par Jean, seigneur de Chéronvilliers, resta, même après la séparation, à l'abbaye de Lyre. « La dîme se prenait à la « 10e gerbe sur les héritages enclavés entre la forêt de Breteuil, « le ruisseau de Lesme ou égoût des étangs de M. de Chéron-

« villiers, le grand chemin de Verneuil à Rugles et le chemin du
« bourg à Rugles, sur ceux de l'autre côté dudit chemin de Ver-
« neuil à Rugles, jusqu'à la sente des moulins à Eau à la mare de
« la Croix, mais non jusqu'au ruisseau de Lesme, et s'arrête au
« chemin du village des Landes à l'Eglise. En un mot elle
« s'étendait sur 120 acres relevant de l'Evêque d'Evreux, plus
« 40 défrichées récemment et perçues à la 11e gerbe. »

Philippe, évêque d'Evreux, sur la présentation de l'abbé de Lyre nommait, à la cure de Chéronvilliers, Guillaume, garde du sceau de la Cour épiscopale (1271).

Au xviiie siècle la dîme rapportait à l'abbé 550 livres.

LA GUÉROULDE. — Gilbert des Essarts donna l'église de la Guéroulde à l'abbaye de Lyre et Guérin, évêque d'Evreux, approuva cette libéralité en 1195. Michel Boguerel, prêtre de la Guéroulde, vendit aux religieux de Lyre, pour douze livres tournois, des rentes sur certaines maisons occupées par Etienne, prêtre de Saint-Denis-du-Béhélan et Robert Cybole, Guillaume d'Aviron, Jean Adunbart, Guillaume Benceline, Robert des Frétils, Nicolas du Neubourg et Raoul. (*Charte n° 306*). Simon Piel, curé de Saint-Nicolas du Pont-Saint-Pierre, donne 10 sols de rente sur sa terre de la Guéroulde. (*Février 1278, charte n° 460*).

On évaluait, en 1786, à 1325 livres les dîmes de cette paroisse avec celle de Chandoisel (1).

FRANCHEVILLE. — Sur cette paroisse les religieux avaient 220 livres pour la dîme des fieffes de Beaufour et l'abbé de Lyre 50 livres pour celle de la ferme de la Ferté.

HERPONCEY (2). — Robert de Montigny reconnut, en 1226, que le jour où il fut reçu en confraternité par les religieux de Lyre il donna, sa vie durant, six septiers de grain, et, après sa mort, 12 septiers et tous ses meubles avec son droit féodal de fouage. — Jean du Plessis, dit Javele, écuyer, et son épouse, donnèrent en 1277 ce qu'ils avaient dans le fief de Montigny et à Messey, paroisse Saint-Denis d'Herponcey et reçurent des religieux 115 livres; plus 22 livres 10 sols à son épouse, sa vie durant, et

---

(1) La dîme de la Neuville valait, à elle seule, 2.000 livres au xviiie siècle.

(2) Herponcey a été réuni à Rugles le 29 août 1791.

15 septiers de grain, mesure de Lyre, avec deux *bacons* (porc salé) d'une valeur de 30 sols. Guillaume, abbé de Lyre, fleffait, en 1323, le manoir de Montigny à Jean le Prévost, moyennant 14 livres de rente et au xvii° siècle l'abbé en retirait 18 livres de rente.

Pacy-sur-Eure. — Dès l'origine Lyre eut, grâce à Guillaume fils d'Osberne, son fondateur, la dîme de Pacy, celle des forêts, du poisson et du vin; puis, un peu plus tard, l'église de Pacy avec toutes ses appartenances. Henri Ier, roi d'Angleterre; Robert II, comte de Leicester; Rotrou, évêque d'Evreux; Henri II, les papes Alexandre III et Célestin III confirmèrent successivement ces donations. En 1210 Luc, évêque d'Evreux, constate l'accord conclu entre l'abbé de Lyre et Henri, curé de Pacy, par lequel ledit curé reconnait que les religieux ont droit de prendre une pension de 14 livres tous les ans sur ladite église. Il fut convenu que les dîmes du blé et du vin que possédait l'abbaye et dont le curé avait le tiers seraient recueillies et gardées jusqu'à ce que chacun eut pris sa part. Les contractants déclarèrent que les dîmes entières, tant en blé qu'en vin, du Clos Notre-Dame, augmentées de la vigne de Guillaume Gatelin, de Richer de la Barre, du champ du Sénéchal, de la vigne et champ de Baudouin, appartiennent aux religieux de Lyre. Les droits de l'abbaye furent donc limités au patronage, aux deux tiers de la dîme du blé et du vin, et à 14 livres de rente à prendre sur l'église. Au xvi° siècle le curé échangea cette rente contre une semblable qu'il avait sur l'Hotel-Dieu de Pacy.

Richard, évêque d'Evreux, en 1233, et Grégoire IX l'année suivante, confirmèrent tous les droits ci-dessus sur l'église de Pacy.

Pour terminer ce qui concerne l'église, disons qu'en 1312, les bourgeois de Pacy unis à Marie, reine de France, demandèrent à l'abbé de Lyre de donner la sacristie à Jeannot, fils de Michel le sacristain et de rappeler le religieux qui s'en occupait. Quelques années après une charte réglait, comme suit, les droits du sacristain : « Le curé de Pacy et Jean, sacristain, clerc de l'église de
« Pacy, réglèrent qu'outre le salaire donné audit clerc pour porter
« l'eau bénite dans toute la paroisse, pour sonner les cloches, il
« recevrait sur les grosses dîmes en grains, qui se partageaient
« entre l'abbaye de Lyre et le curé, trois septiers à la mesure de
« Pacy, trois mines de blé et trois mines d'orge, et sur les dîmes

« de vin deux muids de vin à la mesure de Pacy; laquelle pension
« du sacristain devait être payée deux tiers par l'abbaye de Lyre
« et un tiers par le curé, et, comme le curé recevait beaucoup
« d'offrandes et de cadeaux, il s'engagea à donner au sacristain
« un agneau, un cochon de lait, une toison, un pain à Noël, un
« pain à Pâques et un à l'Ascension. Enfin, le curé céda au sacris-
« tain toutes les offrandes faites pendant la visite des reliques
« conservées dans le trésor de l'église, et celles qu'on faisait à la
« chapelle de Saint-Laurent, dans le manoir des religieux de
« Lyre, à Pacy. » (1323).

On cultivait la vigne au XIIIe siècle beaucoup plus à Pacy qu'à Breteuil. Ainsi, en 1207, Gautier et Guillaume Langlois, devant toute la paroisse réunie dans l'église, vendent 12 livres parisis une vigne (1) située hors les murs de Pacy, au delà de l'eau qui va au moulin des Infirmes. Brette de Garennes, Robert son fils et Alix de Pacy confirmèrent cette charte en 1209, ainsi que celle de Guillaume, archidiacre d'Evreux, pour deux parts de la dîme du blé, du vin, du lin, du chanvre et d'une vigne.

A cause du don de ces vignes les moines de Lyre obtinrent du prieur de la léproserie l'autorisation de construire un pressoir à Pacy, afin d'y pressurer leurs raisins, et, en retour, lui abandonnèrent le droit de dîme sur leurs vignes (1232).

Outre la dixième semaine, dont nous avons parlé, le compte de la vicomté d'Evreux, en 1543, reconnait que l'abbaye avait encore « la dîme de la ferme des eaux, du ramage de la forêt de
« Merei, des exploits de la verderie, du tabellionage, de la vente
« des bois extraordinaires, des bois taillis, etc. »

Quant aux rentes et droits seigneuriaux ils provenaient d'abord d'un don d'Aubert de l'Arche-Gauthier, dit le Maire, de Pacy, qui, avant de se faire moine à Lyre offrit, du consentement de ses deux sœurs, le tiers de ses héritages en terres et prés. Ses deux beaux-frères, Aubin et Thibaud, après avoir confirmé la charte transigèrent avec Guillaume, abbé de Lyre, pour trois sols de rente à la saint Remy, outre le partage; ensuite, vers 1200, Mathieu le Jeune, de Pacy, Guillaume Gaucelin, Agnès, sa femme, et Aubin,

---

(1) La vigne de Pacy, au XVIIIe siècle, rapportait 65 livres et les deux tiers de la dîme 101 livres 4 sols 4 deniers.

leur fils, se donnèrent à Lyre, avec leurs meubles et immeubles, *en fraternité*, ce qui fut confirmé par Luc, évêque d'Evreux; en 1237 Gilbert de Lommaye suivit leur exemple ajoutant « qu'il ira
« où on voudra, gardera ses biens de Pacy, non comme proprié-
« taire, mais comme économe, ou ira ailleurs comme frère ser-
« vant, à condition d'être nourri, logé, etc., et ne se mariera pas
« sans la permission de l'abbé »; — enfin, la même année,
« Nicolas de Grandchamp, curé de Pacy, se donne à Lyre, *comme*
« *frère*, avec tous ses biens meubles, plus la maison paternelle,
« sise près la porte Godeline, en sorte qu'après la mort de frère
« Robert d'Aviron, son seigneur et son ami, le prix de cette mai-
« son sera pour célébrer son anniversaire, par les mains du prieur
« claustral ». En 1251 Etienne Recusson, chevalier, confirma cette charte, sauf une rente de 12 sols qui lui était due.

Au nombre des curés de Pacy nous trouvons, en 1260, Jean le Chevalier qui donne 100 sols de rente pour son anniversaire; Pierre Jacoby, 1342-1355; Guillaume des Cos, 1443; Louis Pinet, 1579; Jacques Goueslin, 1646; Pierre la Biche, 1686; Pierre Sahut, 1711; Pierre Bercher, 1786-1788, etc.

« Anciennement, dit la déclaration de 1684, le sénéchal de
« l'abbaye avait la juridiction royale chaque dixième semaine à
« Pacy, avec le droit d'y poursuivre toutes les causes commencées
« par lui, tant au criminel qu'au civil; de plus, que la dixième
« semaine des moulins de Pacy était perçue, sans que les religieux
« fussent obligés de contribuer aux réparations des moulins,
« réparations qui restaient à la charge du domaine; qu'enfin
« l'abbaye jouissait de la dîme de travers par eau et par
« terre, de la dîme du carteronage, du tabellionage et de la
« pêche. »

Couvert. — Laurette, épouse de Robert IV, comte de Leicester, avait sa dot constituée en grande partie dans la paroisse Saint-Basile de *Couvert*, près Bayeux. C'est pourquoi elle donnait aux religieux de Lyre, pour le repos de l'âme de son époux et de ses ancêtres, 42 acres de terre dans son fief, deux hommes de son manoir de Couvert, la dîme du moulin, de son four, des gélines, des œufs et de tous les regards : la commune pâture, le droit de prendre de la marne pour leurs terres, etc. Les témoins furent : Philippe d'Aubigny, Gilbert des Minières, Roger des Essarts, Nicolas de Glos, Olivier d'Aubigny, Godefroy de la Hérupe, Galon de Cambray, Godefroy de Quatremares, Guillaume de Gourville, Raoul Peilevilain, Guillaume d'Auvergny, etc.

Cette charte non datée fut confirmée en 1208 par le roi Philippe Auguste. Léopold Delisle qui la publie dans son *Cartulaire normand* (n° 1093, page 295) ajoute : « Cette charte était transcrite au f° 225 r° du cartulaire de Lyre, représenté le 16 décembre 1704. Il y a une copie aux Archives de l'Eure, mais incorrecte, elle est moderne. » — Puis, en note, au mot *Covert* il dit : « Ce fief appartenait à Guillaume de Briouse; nous ignorons comment Laurette s'en trouvait propriétaire, à raison de dot. »

D'autres dons ou des ventes vinrent, comme toujours, augmenter l'importance de ce fief. Guillaume de Lamberville donna cinq sols de rente pour l'achat d'un cierge le premier dimanche de Carême, assignés sur son nouveau moulin de la Roche-Herbert (1218); — Philippe, fils de Gosselin, vend aux religieux, moyennant 100 sols tournois, Guillaume le Poitevin, son homme avec la maison qu'il tenait de lui à Couvert et différentes rentes énoncées dans sa charte (juillet 1237); — Guillaume, fils de Richard prévôt de Couvert leur vendit une rente d'un muid de froment, à la mesure de Couvert, assignée sur des terres désignées (1254); — Geoffroi, Jean et Philippe Canut vendent une rente de deux septiers de froment pour 8 livres tournois (juillet 1257); — Richard dit le Charpentier, clerc, fils de Guillaume le Poitevin, vend une rente de 15 sols tournois assignés sur des terres à Couvert (décembre 1257) (*Chartes 462 à 469)*; enfin Julienne Malerbe, veuve de Guillaume dit le prévôst de *Couvert*, donne, au mois de novembre 1265, un septier de froment, à la mesure de Villiers-le-Sec, dont la moitié à l'usage des pitances. (*Charte n° 477*).

Pont-Audemer. — Robert, comte de Meulan, dans une charte faite vers 1167 (1) (n° 328) confirme le don de son père Galeran, au sujet de Raoul Parsamein, son homme, et de sa maison sise à Pont-Audemer, des 2.000 harengs de rente à l'entrée du Carême et de tout ce que les moines de Lyre avaient acheté en cette ville.

Luc, évêque d'Evreux, et Henri II, roi d'Angleterre, ratifièrent ce don.

Rouen. — Les religieux avaient 100 sols de rente sur le domaine de Rouen, d'après l'*Inventaire*.

---

(1) M. G. Bourbon met : vers 1200 (Série H, 562).

Baons-le-Comte. — L'abbaye de Lyre fut obligée, en 1563, d'aliéner sa baronnie de Baons-le-Comte pour 1065 livres à Charles de Cossé-Brissac, maréchal de France, et à Charlotte d'Esquetot, son épouse. Plus tard les religieux voulurent la racheter, mais transigèrent et reçurent en échange un pré à Iville d'une valeur de 200 livres de rente.

Bertreville. — Lyre possédait autrefois le patronage de cette paroisse et la dîme. Au moment de l'*Inventaire* la dîme était perdue et le patronage aliéné.

Echanfray. — Guillaume de Planes avait donné une rente d'un septier de froment, sur son moulin de Pont-Echanfray, pour faire des hosties à l'époque des Rameaux, en présence de Roger de Planes, son frère, Raoul du Bois, frère Pierre, ermite, Henfroid, clerc, Robert du Bois, frère Robert, prêtre, Godefroy du Val, prévôt, etc. On estima 20 livres cette rente et elle fut attribuée à l'office du sacristain.

Epinay. — En 1219 Geoffroy Alix, clerc, seigneur d'Epinay, donna tout ce que Robert du Boulay et ses frères devaient lui rendre, à cause de l'aînesse dite *du Boulay*, sauf la garde d'Harcourt lorsque le Roi lève *l'Ecuage* (service de guerre), et reçut en retour 13 livres. Robert d'Harcourt, seigneur de Beaumesnil, confirma cette charte en 1260.

Sainte-Marguerite-de-l'Autel. — Il y avait sur cette paroisse une rente de 20 sols pour l'office d'aumônier.

Le Fidelaire. — Les religieux avaient sur *Tancrey* une rente hypothèque de 55 sols 8 deniers, venue de Toussaint et Sébastien Tancrey, frères, qui l'avaient achetée à Nicolas Biard, le 28 septembre 1680, pour 334 livres dont 234 comptant et le reste faisait une rente de 111 sols 4 deniers. Le 10 janvier 1700 Nicolas Biard cédait aux moines 55 sols 8 deniers racquitables pour 50 livres.

Le Tremblay ou Osmonville. — En 1206 Lisiard, évêque de Séez, confirmait en faveur de Lyre la dîme de Ethnes sur le fief de Mathieu du Bois-Anseray, chevalier, et Silvestre, son successeur, en 1208.

Une contestation s'étant élevée à ce sujet entre les religieux et R..., prieur de Sainte-Barbe-en-Auge, on fit l'accord suivant en présence de Richard, évêque d'Evreux : les religieux de Lyre abandonnent les deux gerbes de dîme et ceux de Sainte-Barbe s'engagent à leur servir une rente de 100 sols sur leurs revenus d'Osmonville à Saint-Martin du Tremblay (1222).

Epréville. — Raoul de Faverolles, chevalier, avait donné, vers 1200, une rente de cinq sols assignée sur Robert Faucille et Mathieu de Mummorein, avec le consentement d'Eustache d'Hellenvilliers, seigneur capital, et de son fils Gilbert, une vavassorie à Epréville, que Ferman de Putet tenait de lui, avec tous les services, tels que celui de cheval, etc. De ces dons on avait formé le fief d'Epréville, près le Neubourg, aliéné en mai 1575 à Robert de Bois-l'Evesque pour 50 livres tournois.

Bernay. — Lyre possédait autrefois une rente en blé sur le moulin Noël ou de la Couture et deux septiers de froment donnés, en 1229, par Hesbert de Corcon, en échange du fief Roger du Tilleul par lui donné à Guillaume de Wistenval qui l'avait aumôné, en 1233, à l'abbaye de Lyre. Cette rente fut aliénée, le 11 octobre 1564, à Messire Charles le Conte, baron de Nonant, pour 250 livres. Cent ans après les religieux la revendiquèrent sur M. de la Morandinière, puis sur M. de la Rochette et de la Gatine (1661) qui donnèrent 300 livres comme supplément pour acheter ailleurs une autre rente; en 1674 il restait dû encore 35 livres.

Le Tilleul-Fol-Enfant. — Gillebert, seigneur et curé du Tilleul, vendit, au mois de février 1258, les trois quarts de la vavassorie de l'*Aderée* pour 16 livres tournois (environ 288 francs de notre monnaie) et tout ce qu'il recevait à ce sujet de Gillebert de Chefdeville, savoir : 30 sols de rente annuelle à la saint Remi, montant de la taxe en remplacement du service de cheval; sept boisseaux d'orge, trois d'avoine; trois chapons et trois deniers à la fête de Noël; 30 œufs et 3 deniers à Pâques; les services de *gluage*, de *pilage*, de conduite de blé au moulin jusqu'à concurrence d'une somme, de *buchage* avec une charrette et un cheval, et en outre les corvées de hersage des blés d'hiver et de printemps; savoir, une journée de chacune de ces corvées, et que celui qui aura fait une journée devra recevoir le matin un pain ou un denier, etc. (V. Aug. Le Prévost, *Saint-Martin-du-Tilleul*). — Cette charte fut aussitôt confirmée par Gillebert de Chefdeville, Gillebert Ferart, Guillaume Picart, Roger Malgrape et Raoul des Fosses. — Le 7 juin 1381 les religieux fieffèrent le tout pour 33 sols de rente et le 4 mai 1383 Robert de Thibouville, en sa qualité de seigneur du Tilleul transigea de la façon suivante : il continuera de payer 6 septiers d'avoine plus 21 sols 6 deniers, mais pourra se libérer de la dite rente par une pareille « ou une rente de 4 livres assise dans les fiefs de Lyre dans 10 ans, après quoi il ne le pourrait plus sans le consentement des religieux ». (*Inventaire*).

LA FERTÉ-FRESNEL. — Au mois de décembre 1349 Jean, seigneur de la Ferté-Fresnel, confirmait 1° le don de Guillaume de la Ferté de 60 sols sur sa prévôté, fait en juillet 1226 ; — 2° celui de 7 sols du même, en 1231. Cette aumône forme une rente de 3 livres qui fut franchie le 11 avril 1663 par Gilles de Ginerville, sieur de Glatigny, baron pour la portion puînée de la Ferté-Fresnel, moyennant 84 livres qui servirent à l'achat d'un fonds et 20 livres pour les arrérages.

Ce chef-lieu de canton est aujourd'hui dans l'arrondissement d'Argentan (Orne).

CAMFLEUR. — L'abbaye de Lyre tenait de Guillaume Alis le patronage de l'église, don confirmé par J..., évêque de Lisieux, soit Jean (1107-1141) ou Jourdain (1202-1218) qui accordait en 1213 une rente de 10 sols sur le prêtre de Camfleur.

LA GONFRIÈRE. — Pierre de la Gonfrière donna, en mars 1253, une rente de 10 sols dans son fief, qui était peut-être celui de la Goulafrière, car on trouve dans une charte de Saint-Evroult en 1209 : *la Gonfraere*; en 1296 : *la Gonfreore*, etc. La Gonfrière était aussi une paroisse près de Noyers-Menars, diocèse et élection de Lisieux, sur la route de Rouen à Alençon.

BOIS-MAILLARD. — Sur cette ancienne paroisse réunie à Chambord en 1842 l'aumônier de Lyre avait une rente de 45 sols due par Jean Morel fils de Pierre, par Michel Morel et Jeannot Buzot.

LA BOISSIÈRE. — C'est probablement Guillaume de la Boissière qui avait donné le patronage et la dîme de cette paroisse, car les religieux inscrivirent son nom et celui de son épouse dans leur nécrologe à la date du 17 décembre : « *XVI kalendas januarii, Willelmus de Boisaria, et uxor ejus.* »

CHAMBINES. — Lyre eut le patronage de l'église ou chapelle de Chambines quand le prieuré de Notre-Dame du Désert fut réuni à l'abbaye comme nous le verrons bientôt.

PAROISSES DIVERSES *et biens inconnus.* — *Villers-en-Ouche.* — Jeanne de Villers, veuve de Simon de Villers, reconnut au mois de juillet 1263 que son époux avait donné en 1231 la dîme de toutes ses censives dont les religieux avaient longtemps joui jusqu'à ce que par un mutuel échange ils aient rendu cette dîme au même chevalier pour un homme dit Jean le Roi avec son tènement, sis sur la paroisse de Villers, exempt de tous services et de tous droits, sauf celui de moulin qui lui appartenait *ratione dotis*. Cette veuve charitable, entraînée par l'exemple de son mari, renonce à son droit et rend liberté entière à l'homme de l'abbaye.

Villers a été réuni à la Barre-en-Ouche.

Houssemaigne. — La paroisse de Saint-Maxime de Houssemaigne est devenue par corruption Saint-Mesnil, et aujourd'hui Séez-Mesnil près Conches. En 1260 Robert III de Houssemaigne donna 7 sols de rente sur une pièce de terre sise dans la paroisse de Saint-Maxime de Houssemaigne, afin que les religieux de Lyre fissent l'anniversaire de Réginald, son frère. Trois ans après Guillaume de Houssemaigne donnait à son tour trois sols de rente sur une acre de terre tenue par Guimond de Bosc-Roger à Saint-Maxime de Houssemaigne près du chemin qui va de Bosc-Roger vers Houssemaigne et confirme le don de son frère Guillaume. Enfin Odeline, veuve de Robert Houssemaigne, chevalier, pour l'anniversaire de son mari, le sien et celui de ses amis, donne une rente de 7 sols tournois sur une acre de terre tenue d'elle par Gauthier Le Doyen (Mai 1279). — (*Chartes n°s 478 à 481*).

Amfreville. — L'Archevêque de Rouen rendit une sentence en 1233 pour trancher une difficulté survenue entre l'abbaye de Lyre et les exécuteurs testamentaires de feu Hugues d'Amfreville des Champs, prêtre, au sujet de l'attribution et du partage des biens de ce dernier.

Bourth. — Guillaume le Portier donne en 1228 aux religieux de Lyre tout ce qui lui appartenait dans le bois du Boulay, en présence de toute la paroisse de Bourth. Au mois de juin 1234 Jean, abbé de Lyre, louait le tout à Aubin Potin, moyennant 20 sous de rente.

Séez-Moulins et Condé. — Guillaume de Séez-Moulins confirma vers 1200 le septier de froment de rente donné par Simon de Séez-Moulins, son père, au jour de sa profession, à l'abbaye de Lyre, à prendre dans la grange de Séez-Moulins. Les témoins furent : Guillaume Langlais, Ernulf Cuisinier et Manesier, son fils, Robert de Chalet, Robert Cornart, Roger de l'Infirmerie, etc. — Séez-Moulins est un hameau de Condé-sur-Iton. — Guillaume, en 1222, y ajouta un septier, et, en 1244, Jean, seigneur de Séez-Moulins échangea ces deux septiers contre une rente de 25 sols, à Condé, augmentée de 8 sols 4 deniers en 1249, ce qui faisait 33 sols 4 deniers.

Les Essarts. — Robert du Buisson, seigneur de Cintray, et Jeanne, son épouse, fille de Robert de Houssemaigne, donnèrent, au mois de mars 1258, tout le fief tenu d'eux par Garin le Couturier, fief situé sur la paroisse des Essarts et qui venait de la dot de Jeanne. Gilbert des Essarts confirma cette donation.

Evreux. — Nicolas, prêtre, fils de Christophe Porpense pour le salut de son âme, celui de son père et de sa mère, donne en 1215 aux religieux sa maison d'Evreux avec ses dépendances, plus toute sa culture en dehors de la ville, don approuvé de son père, et déposé sur le maître autel de l'abbaye. — Pierre le Meunier, prêtre; Guillaume, son frère; et Gauthier, clerc, fils de ce dernier, vendent aux moines, en 1233, une maison avec son jardin près du moulin de la Planche. Trois chartes ayant le même objet accompagnent cette vente : 1º une de l'officialité de 1234; — 2º une de Firmin, doyen du chapitre d'Evreux; — 3º une quittance de Pierre Le Meunier à l'abbé de Lyre pour 4 livres.

Le 23 juillet 1343 Jean Laignel, avocat, donne à Lyre une rente de 20 sols à l'usage des pitances, don confirmé par Thomas Cauquette.

Chatelier-Saint-Pierre. — Dans cette ancienne paroisse, réunie au Noyer-en-Ouche, les religieux possédaient le tiers de deux acres de terre vendues, en décembre 1277, par Jean Belin du consentement de Mathilde, son épouse, moyennant 27 sols tournois. Ils avaient encore une pièce de terre vendue 9 sols par Guillaume Ernaud et une autre cédée 7 sols par Jean Cloet.

Guéprey (1). — Raoul d'Orbec aumône en 1235 une rente de 10 sols assignés sur la vavassorie tenue de lui par Jean Vavasseur près de Cantelou dans la paroisse de la Guespière. La même année il confirma le don de sa mère Aline, épouse de Gadon Le Droeis (de Dreux), au sujet d'une vavassorie qu'elle possédait à la Guespière. Deux ans après Jean d'Orbec, chevalier, y ajouta une pièce de terre près le chemin d'Orbec à Bernay, nommée la *Haie Perier*, et divers biens à Orbec en échange de la vavassorie donnée par Aline, sa mère.

---

(1) Ancienne paroisse près d'Argentan, diocèse de Séez.

Saint-Aubin-d'Ecrosville. — L'abbaye avait sur cette paroisse des terres et des rentes venues de Pierre Roulant (1310); — Pierre du Perrey (1315); et Geoffroy le Métayer, autrement dit Le Boucher (1331).

Carentonne. — Guillaume, seigneur de Sacquenville, chevalier, en considération de son départ projeté pour la Sicile et la Terre-Sainte, donne une rente de 60 sols sur son moulin dit le moulin Alys, situé à Saint-Martin de Charentonne, pour le salut de son âme et celui de ses ancêtres, principalement pour une messe *de Spiritu Sancto* pour lui, durant sa vie et pour son anniversaire après son décès. (*Charte n° 490*).

Carentonne a été réuni à Bernay.

Saint-Victor-de-Chrétienville. — Gauquelin Pouchart vend à l'abbaye de Lyre une mine de froment, à la mesure de Bernay, assignée sur une pièce de terre sise à Saint-Victor, moyennant 4 livres tournois (1262).

Landepereuse. — Ernaud, prêtre, donna un hébergement et Pierre, clerc, confirma ce don en y ajoutant trois acres de terre.

Cernay. — Richard Charon et Asceline, son épouse, afin d'avoir part aux prières de Lyre se donnent à la vie, à la mort, avec tous leurs biens meubles et immeubles, s'ôtant la liberté de faire leur testament. Ils avaient 13 acres à Cernay (1265). Cette paroisse a été réunie à Bois-Anzeray.

Saint-Pierre-du-Tertre. — Jeanne, veuve de Raoul Gebes, reconnaît qu'elle doit aux religieux 6 sols 3 deniers de rente.

Jonquerets. — Raoul Faget, avant de se faire moine à Lyre, donne aux religieux six acres de terre du fief dit *Bercent*, paroisse des Jonquerets, aumône confirmée par son frère Philippe Faget.

Blanc-Fossé. — Gadon de Dreux, dont nous avons déjà parlé, et Guillaume, son fils, donnèrent en 1223 quatre septiers pour faire les hosties, rente assignée sur le fief de Blanc-Fossé, paroisse de Courdemanche.

Les religieux de Lyre avaient enfin des possessions ou des rentes dans les pays suivants : Champignolles (25 sols de rente donnés par Adam Patey, bourgeois de Lyre le 25 juin 1461); Caen (maisons, en 1222); Beuzeville; Saint-Pierre-du-Mesnil; Sommaire; Pommercuil (*charte n° 1*); Bois-Fulbert (n° 4); Saint-Aquilin; Cintray (un don, en 1233, de Guiard, prêtre, curé de

Saint-Nicolas-d'Attez); Courteilles; Damville; Mélicourt; La Ferrière; Gadencourt; Hécourt; Dreux; Nassandres, etc.

On voit par la nomenclature et le résumé de ces chartes quelle était la richesse de l'abbaye de Lyre à la fin du xiii° siècle et combien de paroisses relevaient d'elle !

Tous, comme on a pu le constater, avaient concouru à sa prospérité, les seigneurs aussi bien que les bourgeois, les prêtres comme les laïques, chacun voulant assurer le salut de son âme ou celui des siens, s'unir et être associé aux ferventes prières des moines de Lyre.

Nous allons pouvoir en avoir une nouvelle preuve par l'histoire des deux prieurés dépendants de Lyre, *Maupas* et *Notre-Dame du Désert* ou *Sainte-Suzanne*.

CHAPITRE TROISIÈME

Prieurés de Notre-Dame-du-Désert et de Saint-Nicolas-de-Maupas.
Biens en Angleterre, prieurés, etc.

Lyre, contrairement aux abbayes bénédictines de la contrée, ne fonda pas elle-même ses prieurés, mais les reçut, longtemps après leur fondation, à cause de sa renommée de science et de vertu. Ainsi le prieuré du Désert ne sollicita qu'en 1233 son union, quoiqu'il existât depuis plus d'un siècle.

Le docteur A. J. Devoisins (*Histoire de Notre-Dame-du-Désert*, p. 99) place, en effet, sa fondation entre les années 1120 et 1125, mais la charte porte la date de 1125, la voici : « Robert comte de
« Leicester, seigneur de Breteuil, à tous barons, chevaliers et
« bourgeois appartenant à l'honneur de Breteuil et à tous leurs
« successeurs, salut.

« Je veux porter à la connaissance de tous que j'ai donné,
« concédé, confirmé à Dieu et à la bienheureuse Marie du Désert
« ainsi qu'à Hugues, serviteur de Dieu et aux frères qui demeurent
« dans le même lieu et y servent le Seigneur, pour la rémission
« de mes péchés et le salut des âmes de mes pères, de mes
« parents et de mes ascendants toutes libertés et exemptions dans
« tout ce qui regarde le service séculier de telle sorte que cette
« église et l'enclos des frères dans lequel ils travaillent, ne soient
« soumis à aucune autorité, ne répondent à aucune exaction,
« pour qu'enfin ils n'obéissent qu'à l'Evêque d'Evreux dans les
« matières épiscopales et au seigneur de Breteuil comme leur
« défenseur dans le fief duquel l'église est fondée. J'accorde et
« ordonne formellement que la susdite église du Désert et Hugues,
« serviteur de Dieu et ceux qui serviront Dieu en ce lieu aient et
« possèdent librement et paisiblement tous les bénéfices qui leur
« sont donnés ou qui pourraient leur être donnés canoniquement
« dans l'avenir. Je concède à la même église en aumône perpé-

« tuelle et aux frères qui y servent Dieu le plessis *plesseiam*
« (terrain entouré de haies) qui est alentour de leur clos, libre et
« quitte, pour le fortifier et le protéger; l'étang qui se trouve
« dans la vallée du Lesme en la forêt de Breteuil, libre et quitte;
« et en plus les landes qui s'étendent entre cet étang et le plessis
« telles qu'elles se comportent en long et en large; et aussi un
« bigre libre dans la forêt pour le luminaire de la dite église;
« plus le vif bois *(pour les constructions)* sur livraison à l'usage de
« leur hébergement et de leurs réparations à faire, plus encore le
« bois mort, sans livraison, pour le chauffage et celui de leurs
« hommes; je concède en outre le pâturage dans la forêt pour
« leurs troupeaux et les troupeaux de leurs gens et le pasnage
« pour leurs porcs et pour ceux de leurs hommes. Je les exempte
« du droit de *tonlieu* (droit de douane, taxe de passage) dans
« toute l'étendue du fief de Breteuil. Si par hasard les frères
« venaient à essarter, les seuls moines de Lyre toucheraient la
« dîme.

« Toutes les donations susdites avec les libertés et exemptions,
« moi, Robert, je les ai accordées et concédées en posant un
« missel sur l'autel le jour de la dédicace de la dite église célébrée
« le quatrième jour avant les calendes de mai. Et en ce même
« jour de la dédicace par le conseil et le consentement d'Audouin,
« évêque d'Evreux, j'ai donné en aumône perpétuelle pour le
« vivre et la subsistance des serviteurs de Dieu fixés au Désert ma
« métairie sise entre Chéronvilliers et le Bois-Arnauld, libre et
« quitte telle que moi-même je la possédais avec toutes ses
« dépendances en terres et prés, en hommes et toute autre chose.
« Et ce même jour de la dédicace de la susdite église la comtesse
« Amicie, mon épouse, a donné un marc d'argent à perpétuité,
« payable chaque année et imputable à son revenu de Serpevine.
« Ernaud du Bois a donné dix sous dunois à perpétuité à prendre
« sur son revenu de Glos et payables à la fête de la Sainte-Croix
« en mai; Guillaume Fresnel a donné cinq sous dunois payables
« pour toujours à la même époque sur son revenu de la Ferté.

« Tous ces dons et bénéfices ont été remis comme une pure
« aumône en la main du pieux évêque qui dédiait cette église et
« ma femme et moi les déposons sur l'autel.

« Enfin j'ai fait vœu de rendre cette donation ferme et stable
« et perpétuelle par l'apposition de mon sceau et de ma signature.

« Que si quelqu'un retirait quoi que ce soit de ces biens à la dite
« église, l'évêque ci-dessus nommé prononcerait contre lui
« l'anathème.

« Témoins : A... évêque d'Evreux; Raoul, archidiacre; Guil-
« laume de Glos, archidiacre: Guillaume, doyen de Breteuil;
« Goscelin, chapelain de Laigle; Vital, chapelain; Ernauld du
« Bois; Guillaume Fresnel; Baudoin de Grandvilliers; Reginald
« Boffei; Baudoin de Charnelles; Guillaume, clerc de Glos;
« Amicie, mon épouse, comtesse de Leicester; (Marguerite du
« Perche) comtesse de Warvick; la mère de Robert du Neubourg
« avec ses deux fils Rotrou de Warvick; la mère de Robert du
« Neubourg avec ses deux fils Rotrou de Warvick et Henri;
« Julienne de Laigle (épouse de Gilbert de Laigle) et plusieurs
« autres.

« Ceci fut fait au temps de Hugues du Désert qui construisit
« l'église depuis ses fondations, l'an de l'Incarnation du
« Seigneur MCXXV. »

Cette charte suppose, sans aucun doute possible, l'existence
d'un certain nombre d'ermites en cet endroit, sans qu'on
puisse dire à quelle époque exacte remonte leur établissement.
A. J. Avenelle, qui a fait une histoire de ce prieuré et dont le
manuscrit se trouve aux Archives de l'Eure (G. 183), écrit à cette
occasion : « J'ay longtemps creu que le bon Hugues, serviteur de
« Dieu dont il est parlé dans les chartes du prieuré avait donné
« commencement à nostre vénérable Désert d'effect et de nom;
« mais ayant veu un manuscrit de la vie admirable du bon Guil-
« laume d'Evreux, premier prieur claustral de l'abbaye de Sainte-
« Barbe en Auge, et qui avait été tiré du Désert pour cette charge,
« j'ay changé de sentiment ayant reconnu qu'un nommé Vital,
« vénérable ermite, l'avait précédé dans ce lieu; car l'auteur de
« ce manuscrit après avoir dit que ledit Guillaume avait pris
« naissance à Rouen d'un nommé Gilbert d'Evreux, thrésaurier
« des finances de Henri Ier, roy d'Angleterre, duc de Normandie,
« qu'ayant succédé à son père en ladite charge il avait obtenu un
« canonicat de l'église cathédrale de Rouen d'une manière assez
« inique, qu'enfin touché par une grâce particulière de Dieu
« s'estant réveillé du profond assoupissement dans lequel l'avait
« jeté sa mauvaise conduite il s'estait résolu de tromper le monde
« après avoir esté trompé en se retirant en quelque solitude, dit

9

« ce qui suit au chapitre III : *Il y avait dans une forest près du
« chasteau de Bretheuil un ermitage habité par quelques personnes
« religieuses sous la conduite d'un supérieur nommé Hugues du
« Désert, homme de grande réputation parmi les gens de bien et qui
« avait été disciple d'un vénérable ermite nommé Vital, dont la
« mémoire était alors en bénédiction; l'odeur de sainteté du lieu et
« de ceux qui l'habitaient estant parvenu jusqu'à notre nouveau
« converty, ce fut là qu'il résolut de faire sa retraite. Voilà pour-
« quoi estant seulement accompagné d'un de ses élèves qui lui servait
« d'aumosnier, nommé Hubert, personnage vénérable et de mérite,
« sans lui rien dire de son dessein, il se rendit au plus tôt dans ce
« lieu d'horreur et de vaste solitude.*

« Dans la suite, sur le désir du Roy, de l'évêque de Lisieux,
« des chanoines de Sainte-Barbe en Auge, Guillaume dut quitter
« le Désert, et, obéissant surtout à la volonté de Dieu, il s'ache-
« mina vers l'abbaye dudit lieu avec deux autres ermites du
« Désert qui étaient natifs de Rouen, Ernault et Hébert.

« Ils furent reçus par Jean, évêque de Lisieux, revêtu de l'habit
« de l'ordre et le dict Guillaume, estably prieur, ayant refusé
« dans sa très grande humilité la qualité d'abbé que le fondateur
« désirait qu'il prist. »

On peut donc, sans présomption, faire remonter cet ermitage,
dit déjà *très ancien* dans des écrits du xie siècle, à l'époque de
saint Martin puisque plus de deux cents fondations pieuses
furent alors élevées!

D'après une respectable tradition, embellie par le Docteur
Devoisins, saint Melain, évêque de Rennes, aurait habité cette
solitude ainsi que Guillaume d'Evreux, Ernault, Hébert, Vital,
frère Henry, etc.

Mais cet ermitage ne prit une réelle importance qu'en 1125 par
la donation du seigneur de Breteuil et la consécration de l'Eglise
édifiée par Hugues du Désert. D'autres aumônes suivirent bientôt
et un cartulaire conservé aux Archives de l'Eure nous a transmis
le texte intégral des 114 chartes attestant la charité inlassable de
nos ancêtres.

Ainsi Robert III, époux de Pétronille, prit les religieux sous sa
protection (n° 495); accorda cinq deniers, au prieuré, chaque
semaine sur la coutume de Breteuil et une rente d'un muid de
blé sur les moulins de ce fief (n° 493); enfin cinq deniers sur la

coutume de Lyre toutes les semaines, une masure à Glos et une autre à la Neuve-Lyre (n° 496), après avoir confirmé toutes les chartes du Désert (n° 494) données par son père et par son grand-père, en y ajoutant le bois nécessaire pour l'entretien du moulin, le bois mort pour le chauffage des meuniers, le droit de paturage et l'entière propriété de la chapelle de Saint-Nicolas-du-Bois (1).

Robert IV, fils de Pétronille, en présence de Luc, évêque d'Evreux, de Gilbert des Minières, de Nicolas de Glos, de Roger de Bémécourt, etc., céda son droit de patronage sur l'église Sainte-Marie de Rugles. Puis, touché par l'état précaire de ces pauvres religieux il y ajouta un tiers de la dîme des gerbes, dix sols angevins de rente, une masure avec deux arpents de terre, propriété de cette église, enfin une rente de 100 sols sur la prévôté de Rugles (n° 494).

Innocent II, l'an 1130, confirma toutes ces chartes des seigneurs de Breteuil, le lieu de Chéronvilliers donné par Guillaume et son fils, celui de Boor *(Bourth)*, donné par Gaucelin Papot, celui de la Lande de Courtonne par Roger et son frère Lambert, neveux de Sedeman etc. La charte confirmative d'Henri Ier, roi d'Angleterre, vers la même époque, eut pour témoins : Jean, évêque de Lisieux, Audouin, évêque d'Evreux, Robert comte de Glocester, Guillaume comte de Warwich, Robert comte de Leicester, Guillaume comte de Ponthieu, Robert de Ver, Robert de Dura, Robert de la Haye, Hugues Bigot, Hugues de Gournay, Guillaume, fils d'Odon, Jean Marmion (n° 497).

Parmi les autres bienfaiteurs du xiie siècle on compte : Henri, seigneur du Neubourg, pour une rente d'une somme de sel (n° 498-502); Richer, seigneur de Laigle pour *le tonlieu* de son domaine avec la ferme de Chéronvilliers, ancienne *Chaise-Dieu* (499); Fulcoin, de l'avis de son frère Robert et de ses fils Fulcoin et Hugues, donna toute la dîme de son bois et de son moulin de Bémécourt en présence du comte Robert et de la comtesse Pétronille (n° 501); Henri de Tilli confirma le don de son père et celui de Guillaume de Glos au sujet de l'église Saint-Ouen d'Occagnes (n° 503).

---

(1) Cette chapelle se trouvait dans la forêt de Breteuil. — Les numéros correspondent toujours à notre cartulaire de Lyre qui comprend plus de 580 chartes.

Cette dernière donation fut cause d'une difficulté entre les ermites du Désert et les religieux de Sainte-Barbe en Auge, difficulté terminée par un accord approuvé par Froger, évêque de Séez (1158-1184). Gauthier, prieur de ce couvent, de l'avis de ses chanoines, consentait à payer une rente de 60 sols au Désert, pour rester entièrement maître dans l'église d'Occagnes. (n° 504-505).

Quelques années après la fondation du Désert Richer II, V° baron de Laigle, afin de fixer le bon Hugues et ses religieux dans la contrée, établit le monastère de *Chaise-Dieu* dont la dédicace eut lieu le 2 octobre 1132, en présence de Julienne de Mortagne, mère de Richer II qui, gracieusement, donna une bibliothèque aux frères du Désert.

Les religieuses du nouveau couvent prirent la règle de Fontevrault, en sorte que Hugues du Désert, témoin de leur ferveur et dans la crainte, qu'après lui, les ermites n'eussent personne pour les diriger voulut unir, vers 1150, les deux prieurés de Notre-Dame du Désert et de Chaise-Dieu.

« Il est donc probable qu'il y eut des religieux et des religieuses « au Désert aussi bien qu'à Chaise-Dieu ». A l'appui de son affirmation le docteur Devoisins donne la charte suivante :

« Gilbert de Thevray à tous présents et à venir Salut. Vous
« saurez que moi, Gilbert de Thevray, pour mon salut, pour le
« salut de mes ancêtres et pour l'âme de mon épouse Hélisende
« *qui vécut religieuse au Désert, y mourut et y fut inhumée*, j'ai
« donné et confirmé par la présente charte en perpétuelle
« aumône à Dieu et à la bienheureuse Marie du Désert vingt sous
« angevins à prendre sur les quarante que je tenais de mon
« Seigneur Robert comte de Leicester. Témoins : comtesse Pétro-
« nille, Hugues de Alneto, Guillaume de Bémécourt, etc., Salut. »

M. le chanoine Porée a fait sagement observer à l'auteur qu'il s'agissait ici, non d'une religieuse, mais d'une sœur *quæ apud desertum soror extitit*, c'est-à-dire de ces nombreux laïques, hommes et femmes, reçus dans la fraternité d'une abbaye, ainsi que nous l'avons déjà constaté pour celle de Lyre. La charte du prieur Henri, tirée des papiers de la famille de M. Quevilly, ne prouve rien, mais affirme simplement l'autorité de l'abbesse de Fontevrault sur le prieuré du Désert.

Cette union ne dura guère et dut cesser après la mort de

Hugues. En 1208 le prieur Henri, Durand, Richard, Gurtel, Bernoin, chapelains et frères de la maison du Désert s'engageaient de nouveau : « Nous désirons que vous sachiez tous que, en toute
« humilité, animés de bons sentiments et agissant de notre
« propre volonté, nous nous sommes donnés à Dieu et à la
« vénérable abbesse Adélaïde, à l'église et à l'ordre de Fonte-
« vrault avec notre maison du Désert et tout ce qui en dépend.
« La dite Abbesse et le monastère de Fontevrault nous ont reçu
« volontiers et avec bonté et nous ont admis dans leur ordre. En
« conséquence de quoi nous lui obéirons désormais en tout et
« pour tout et *ma vie durant nous ne recevrons dans notre prieuré*
« *du Désert ni homme ni femme sans l'autorisation de l'abbesse de*
« *Fontevrault*... l'an de l'Incarnation MCCVIII. » (n° 580).

Toutes ces tentatives d'union n'empêchaient pas le prieuré de s'éteindre petit à petit malgré quelques ventes et quelques donations, car les aumônes importantes allaient plutôt aux grandes abbayes. C'est ainsi que le prieur Henri vendit à celle de Lyre, en 1207, une vigne sise entre Boschevrel et le château de Breteuil. Un religieux du Désert, du nom de Raoul, découvrit plus tard une erreur considérable dans cette vente, mais, n'ayant pu la prouver clairement, on dut recourir à un arbitrage.

Le Souverain Pontife désigna en 1214 comme arbitres V... [Guillaume de Semilly] doyen, S... chantre et J... sous-chantre de Bayeux qui décidèrent les moines de Lyre à donner au Désert, à titre d'indemnité, soixante sols tournois et un demi-arpent de leurs vignes. Le prieur et ses religieux acceptèrent avec promesse de payer une amende de vingt livres s'ils revenaient sur leur parole.

Au nombre des donations, qui vinrent retarder un peu la fin du prieuré, on peut citer les suivantes :

Jean de Chambines accorde aux religieux du Désert la chapelle de Sainte-Marie-Madeleine avec l'herbage qui l'entoure et une vigne, à condition de la cultiver et de laisser la moitié de la récolte au donateur qui fournira le bois nécessaire pour clore le terrain. Au-dessus de sa culture il ajoute une terre pour faire un jardin, puis deux hôtes devant la chapelle, une masure en Normandie, trois sols pour le luminaire, la dîme du blé et du vin dans son fief de Chambines, la *moute* du blé pour la nourriture des maîtres et des serviteurs, demeurant à Chambines, la dîme de ses troupeaux et du cens, promesse de 100 sols à Molinel, droit de pâture pour leurs bêtes, bois de chauffage, etc. Les témoins furent Robert, comte de Leicester, Pétronille comtesse de Leicester, Guillaume de Chambines, Herbert, fils d'Adeline, Roger Molver de Pacy, Adeline, mère de Jean de Chambines, Sara, épouse de Jean de Chambines, Guillaume de Meré, etc. (n° 561). — Amaury de Garennes, de l'avis de son épouse Christiane et de son fils Simon, en présence de Robert comte de Leicester, de la comtesse Pétronille, de Jean de Chambines, de Guillaume Choel, d'Henri de Laloe, de Gauthier de Chaignolles, etc., aumône quatre arpents de terre situés à Hécourt et confirme les deux offerts par Henri de La Loe aux mêmes religieux (n° 562). — Une difficulté s'étant élevée entre les comtes de Leicester et (Ernauld?) du Bois, pour la moulte de Glos, ce dernier, en vue de la paix, l'abandonne aux religieux du Désert devant sa maîtresse Pétronille, Guillaume de Dives, Anketil Malore, Henri Maréchal, Guillaume de Chirai, Hugues de *Campagnis*, Robert chapelain, Guillaume de la Haye, etc. (n° 570). — Nicolas de Glos leur céda, vers la même époque, un muid de blé en trois termes : deux septiers de blé et deux d'avoine à la Saint-Rémy, un septier de blé et trois d'avoine à Noël, enfin un de froment et trois d'avoine au Carême, moyennant quoi les ermites lui abandonnèrent leur droit de moulte à Glos et reçurent encore dix livres angevines. L'acte fut passé à Lyre en 1201, deuxième année du règne de Jean, roi d'Angleterre, devant Robert, comte de Leicester, Guillaume chapelain du comte, Philippe des Ableiges, Jean de Blancherue, Guillaume de Saint-Jean, Luc clerc, Tortin Forest, Robert de Lucey, Robert du Chalet, etc. (n° 571). — Robert du Boulay *de Boleio* donne en 1202 une rente de trois sols pour l'entretien d'une lampe. Les témoins sont Guillaume, curé d'Ambenay, Hugues, curé de *Sunna*, Godefroy, curé de Rugles, Eustache, chevalier de Huennel, Guillaume, chevalier de *Baenneo*, Richard, chevalier de Tournay, Raoul Brostechapon, Robert de Lucey, Robert Croc, etc. (n° 552). — Robert de la Chapelle, en 1208, offrit au Désert deux masures sises à Bordigny, près Lyre, pour l'entretien d'une lampe d'huile dans l'église du lieu, en présence d'Herbert de Lucey, de ses fils Roger et Nicolas de Lucey, de Guillaume, curé d'Ambenay, d'André, chapelain de Bois-Arnault, etc. (n° 537). — Vers la même époque Henri du Bosc-Renoult donne aux ermites une terre entre Bois-Arnault et la forêt de Breteuil, don confirmé par Simon de Grandvilliers et approuvé par Gervais, fils du donateur (n° 550-551). — En 1214, Jean du Pont et sa femme, Goda, cédèrent, du consentement de Girard d'Auvergny, seigneur du fonds, le cinquième d'un grand pré auprès de l'écluse du moulin du Désert. Les donateurs avaient emprunté depuis longtemps aux Juifs une grande somme et se trouvaient réduits, pour s'acquitter, à vendre leurs biens. Ils reçurent sept livres tournois, et Girard d'Auvergny trente sous, pour sa confirmation. La charte fut déposée sur l'autel du prieuré : Jean du Pont et sa femme, les mains sur les Saints Evangiles, jurèrent de l'observer et Girard d'Auvergny, de son côté, fit serment, devant les paroissiens d'Ambenay, d'en garantir l'observation. Parmi les témoins on signale : Guillaume, curé d'Ambenay, Guillaume, curé de Rugles, Nicolas de Lucey, Emery le Moine et Robert de Chennecourt (n° 525). — Hugues de Launeel et ses fils Garin et Guillaume donnèrent une rente de deux sols, en 1216, sur le pré Barberon (n° 524); Raoul de Valet, fils et héritier de Guillaume, l'an 1217, une rente de huit deniers, avec le consentement de ses frères Théobald et Robert (n° 517); Raoul le Maignen un ténement qu'il avait de Jean Erart qui confirma ce don du fils de Guillaume de Lanneel en 1217 (n°s 518-519), ainsi que Girard d'Auvergny en 1218 (n° 520); Richard d'Auvergny de même, en 1223, le don d'Ermeline d'Auvergny, sa mère, au sujet de trois arpents de terre à Breteuil (n°s 547-549); Jean de Chéronvilliers, au mois d'avril 1230, quatre acres de terre à la *Harfrerière*, puis, en 1232, le patronage de l'Eglise, dons approuvés, au mois de mai de la même année, par Richard, évêque d'Evreux (n°s 541-543); Jean Adebart, en 1230, une maison au bourg de Saint-Sauveur à Breteuil (n° 544); Henri Hachencol et Ermeline, son épouse, une rente de deux sols sur leur ténement de Gisay, même année (n° 540); etc.

Malgré toutes ces donations, malgré l'union avec Fontevrault le prieuré du Désert végétait, soit à cause de la pauvreté relative des moines, soit à cause de la difficulté de les maintenir dans la ferveur de leur profession. C'est pourquoi le prieur Durand, de l'avis de ses frères « convaincu intimement que *là où l'autorité du*
« *supérieur n'inspire pas une crainte salutaire, l'ordre ne saurait*
« *exister, la ferveur disparait, les scandales éclatent, les biens tem-*
« *porels se dissipent, en sorte que selon les paroles de Salomon : là*

« *où il n'y a pas de conducteur le peuple périt*, afin d'éviter de tels
« périls nous avons tous ensemble résolu de nous soumettre nous
« et nos biens à la juridiction de l'Abbé et du couvent de Lyre.
« Donc l'Abbé de Lyre, à l'avenir, pourra disposer de nous et de
« nos possessions comme des siennes ou de ses prieurés » (1).

L'union tant désirée par les ermites du Désert ne se fit pas aussi rapidement qu'on le croirait, plusieurs approbations étaient indispensables. D'abord celle de l'Evêque diocésain. Richard, évêque d'Evreux fut très heureux de favoriser, en 1234, ces pieuses dispositions. Restait à obtenir celle du roi. Frère Durand, au mois d'août 1244, écrivit à l'illustrissime roi des Francs — saint Louis — pour l'informer que, demeurant au Désert dans la forêt de Breteuil avec ses religieux et y vivant à leur volonté sans observance régulière comme des brebis égarées, qui n'ont pas de pasteur, ils désirent travailler à leur salut. A cette fin ils ont choisi l'ordre de Saint-Benoît pour y corriger leurs égarements et régler leur conduite suivant la discipline de l'ordre. C'est pourquoi se jetant aux pieds de Sa Majesté ils la supplient de vouloir leur permettre de se soumettre eux et leur maison du Désert à la juridiction de l'Abbé et couvent de Lyre, d'embrasser leur règle et de prendre leur costume monacal, et que Sa Majesté veuille bien leur donner cet abbé comme tuteur et patron pour le salut de leurs âmes en confirmant, par son autorité royale, le don qu'ils font de leur maison à cette abbaye, dans laquelle ils savent que la discipline régulière règne dans sa rigueur : *Scimus enim quod in domo Lyrae viget vigor justitiae et ordinis disciplina præ omnibus vicinis eorum fama totius partis religiosæ vitæ sanctæ et honestæ conversationis, etc.* — Beau et véridique témoignage rendu par des religieux aux fervents moines de Lyre !

Le Saint Roi ne pouvait qu'encourager de tels sentiments. Aussi, au mois de juillet 1246, il envoyait à Jean, évêque d'Evreux, pour la transmettre aux intéressés, la permission demandée
« autant qu'elle ne porterait aucun préjudice *à sa forêt de*

---

(1) « Tam in libro experientiæ quam in libro sapientiæ potest legi : ubi superioris auctoritas non timetur, ordo confunditur, religio relaxatur, scandala generantur et etiam temporalia dissipantur, Salomone attestante qui ait : Ubi non est gubernator corruet populus : salus autem, ubi multa consilia. » *(Charte n° 575)*.

Breteuil. » Le tout fut terminé au mois de décembre de la même année (n°s 575, 576, 577 et 578).

Cependant les abbés de Lyre eurent la délicatesse, tout en ayant la haute main sur les biens temporels, de laisser les religieux du Désert, jusqu'en 1308, conduire eux-mêmes leur prieuré.

Suivons maintenant le cartulaire du Désert pour les donations, achats, etc., faits après cette union avec l'abbaye de Lyre. Le tout est classé sous le nom de chaque pays.

Chambray. — Simon de Chambray, chevalier, confirme en 1239 cinq acres de terre aumônées par Gilbert Guincestre, y ajoute le patronage de Saint-Laurent de Chambray, la dîme du blé de son moulin, toute la dîme de la pêche du même moulin, le tout approuvé par son oncle, Guillaume de la Ferté-Fresnel. (n°s 507, 508 et 509).

Chéronvilliers. — Jean, seigneur de Chéronvilliers abandonne, en 1234, pour le salut de son âme, celui d'Emeline, son épouse, de Jean, son père, etc., douze sols de rente au hameau de la Noë-Lorette ; — Jean, son fils, pour le même motif, approuve, au mois de février 1264, la générosité paternelle ; — Guillaume de Courteilles donne trois acres de terre situées au Lesme, près de la forêt de Breteuil, dans son fief de Bourg, à Chéronvilliers, en échange de dix sols jadis aumônés par Guillaume, son père. La pièce est du mois de septembre 1255. (n°s 512, 513 et 514).

Ambenay. — Comme pour Lyre nous renvoyons à la notice de l'abbé Lebeurier sur cette commune. Disons seulement qu'en janvier 1295, le samedi avant la Purification de la Sainte-Vierge, Laurent du Chesnay vendit au Prieur du Désert et à ses frères pour 30 sols tournois une rente de deux sols, se réservant toutefois une once de poivre de rente à la Saint-Jean-Baptiste. (n° 522).

Neaufles-sur-Risle. — Colin du Val, écuyer, donne pour le salut de sa mère Pétronille, de Guillaume, son frère, et pour son anniversaire ainsi que pour l'entretien d'une lampe dans l'église Saint-Nicolas, dite du Bois, en la forêt de Breteuil, une rente de trois sols sur le Champ Bernier, paroisse Saint-Hilaire de Neaufles, septembre 1276, et d'une autre de 22 deniers à Saint-Martin d'Ambenay (n° 523).

Rugles. — Jean dit Antiges reconnaît, au mois de juillet 1295, que Guillaume Fégue a donné certains biens, désignés dans sa charte, situés à Saint-Germain de Rugles *a hommes religieux, au Prieur du Désert et aux frères illec Dieu servantz* (nos 528, 529); — Robert Foucher, bourgeois de Rugles et Legarde, son épouse, aumônent une maison à Rugles, rue des Forges *in vico fabricarum*, avec toutes ses dépendances, colombier, jardin, vigne, etc. 1233 (n° 533).

Frétils. — Guillaume, dit Gastine, vend au Désert trois sols 10 deniers de rente dus par Jean de la Gastine, vente faite en mai 1277 le jour de l'invention de la Sainte Croix (n° 534); — Julienne d'Orbec vend, au mois de septembre 1277, pour 50 sols tournois, une rente de cinq sols à elle dus par Guillaume dit Maillard, assis sur le fief des religieux à la Gastine (n° 535).

Neuve-Lyre. — André Chassepein, bourgeois de Lyre, donne en 1241, aux frères du Désert, tout son droit sur la maison de Nicolas Cochet de Lire et sur une place ainsi que sur une terre que Robert Lefac tenait de lui dans la culture du Long-Essart (n° 538).

Verneuil. — Godefroy de *Villeta*, bourgeois de Verneuil, reconnaît, en août 1247, devoir une rente de 3 deniers aux moines de Lyre, pour 16 sols 6 deniers qu'ils avaient sur une maison donnée par Gilbert Hachencol, pour le luminaire de Sainte-Marie du Désert (n° 542).

Breteuil. — Jean des Authieux vendit, au mois de juillet 1257, aux moines de Lyre, une pièce de terre sur la grande route de Breteuil à Condé près celle des Ermites du Désert à l'usage des religieux qui résideront au dit prieuré, moyennant 100 sols tournois et un septier de blé (nos 545, 546 et 548).

Bosc-Renoult. — Richard de Bosc-Renoult confirma, en 1235, les chartes de ses ancêtres dont nous avons parlé plus haut. Mais comme il n'était pas encore reçu chevalier il promit de renouveler cette confirmation et d'y apposer son nouveau sceau (n° 553).

Bois-Arnault. — Robert, dit de Bois-Arnault, chevalier, échange avec les religieux du Désert, en août 1277, dix sols de rente donnés par Jean de Bois-Arnault, son père, contre dix autres sur deux particuliers de cette paroisse et y ajoute pour le salut de son âme, d'Agnès Nicole défunte et pour son anniversaire, une rente de douze deniers (n° 554); — Agnès de Lalier, veuve, et

Thomas, son fils, confirment en septembre 1276, la vente faite au Prieuré par Guillaume Fègue, à *Loraille* (nos 560 555); — le Samedi avant l'Epiphanie 1308 frère Jean, prieur du Désert, fit un bail à Pierre Fossart pour deux acres de terre à Bois-Arnault (n° 556); — Roger Fègue, Jean et Guillaume Fègue, ses frères, donnent pour l'anniversaire de Guillaume, leur père, et pour le leur, une rente de cinq sols *à Loraille* (1271); — au mois de mai 1278 l'officialité d'Evreux confirma une charte de Raoul Périer de la paroisse de Bois-Arnault, et de Julienne, son épouse, approuvant la vente de Guillaume Fègue au Prieuré du Désert (nos 557, 558, 559).

CHÉRONVILLIERS. — Emeline, épouse de Gervais de Chaumont, jadis dame de Chéronvilliers, au mois d'octobre 1271, reconnut le mal-fondé de sa réclamation au sujet du droit de patronage exercé par l'abbé et le couvent de Lyre (n° 565); — l'Officialité d'Evreux, sur le vu d'une lettre de Philippe de Chaours, ratifia le droit des religieux en mars 1273 (n° 566); — Philippe, évêque d'Evreux, écrit à l'abbé de Lyre *religioso viro et discreto amico suo* pour lui recommander un de ses clercs, ayant appris que le bénéfice de Saint-Pierre de Chéronvilliers allait devenir vacant par résignation du titulaire, sachant que le droit de présentation à cette cure lui appartenait (1273); — enfin l'Echiquier de Rouen, en 1322, rendit son arrêt au sujet de ce droit contesté aux religieux par Ferrant de Brucourt, chevalier, et définitivement adjugé à l'abbaye de Lyre, puisque, en 1543, Gabriel le Veneur, évêque d'Evreux, abbé de Lyre, présentait à la cure.

BEAUMONT. — « Philippe, filz du Roy de France, duc d'Orléans, « et de Beaumont-le-Roger, au Bailly d'iceluy Beaumont ou à son « lieutenant, salut. Comme sur ce que le Prieur du Désert à « cause de son dit prieuré nous avoit japieça supplié et requis « que nous luy voulsissions faire payer xxxii sextiers de blé « avec xv sols en argent, lesquelles il disoit que il et ses prédé- « cesseurs prieurs dudit prieuré et de si longtemps, etc. » Bref il ordonne d'examiner le bien fondé de cette requête, de payer la rente avec les arrérages, ce qui fut exécuté (16 octobre 1352, n° 574). Le cartulaire du Désert contient 114 chartes et se trouve aux archives de l'Eure, G. 165. Les numéros cités dans cette histoire sont ceux de notre cartulaire qui renferme 581 chartes.

Jean Avenelle, natif d'Orbec, économe du grand séminaire

d'Evreux en 1673, a laissé un manuscrit fort curieux, intitulé *Mémoires instructifs du noble fief du prieuré de Notre-Dame-du-Désert, sis dans la paroisse des Beaux-de-Bretheuil, uny au séminaire épiscopal d'Evreux, divisez en trois parties 1684.* Donnons les divisions de cette histoire, conservée aux archives de l'Eure, G. 183, avec quelques notes complémentaires à ce qui précède.

Ire Partie. — Chapitre Ier. *La chapelle et enclos du prieuré du Désert.*

Art. I. Son origine (p. 2). — Art. II. Sa fondation (p. 6). — Art. III. Ses prieurs (p. 14). — Art. IV. Ses franchises, droitures (p. 19). — Art. V. Etat présent (p. 25). — Art. VI. Les charges (p. 29).

Chapitre II. *De l'étang du Désert* (p. 31).

Chapitre III. *De Saint-Nicolas des Bois.*

« La chapelle Saint-Nicolas du Bois avec la terre qui l'environne et qui en dépend est située en la paroisse Saint-Hilaire de Neaufles encore dans la forêt de Breteuil, distante du prieuré du Désert d'environ trois quarts de lieue, entre Neaufles et la paroisse des Baux, un peu du côté du chemin de Rugles à Lyre, à la main droite. » — Chapelle donnée par Robert, comte de Leicester, fils de Pétronille. Cette terre était seule dans la forêt.

Chapitre IV. *Du moulin l'Hermite.*

Ce moulin était sur la Risle à Ambenay, à une demi lieue de Rugles, venu très probablement des seigneurs de Leicester.

Chapitre V. *Des prés ou pastures du moulin l'Hermitte.*

Art. I. Des prés au dessus. — Art. II. Des prés au dessous.

Chapitre VI. *Biens aliénés ou perdus.*

Deuxième Partie : Des Aumônes du Prieuré.

Chapitre Ier. *De la rente sur le domaine de Breteuil.* 60 sols.

Chapitre II. *Rente de 100 sols sur la coutume de Rugles.*

Chapitre III. *Rente de 12 livres sur le fief du Boîsle de M. des Vallées.*

Charte de Nicolas de Glos en 1201, procès de 1214, charte d'achat par les religieux à Guillaume Goout, etc.

Chapitre IV. *Rente de 16 sols à la petite Loraille.*

Chapitre V. *Aumônes perdues.*

Art. I. Don d'Amicie d'un marc d'argent; 10 sols sur le revenu de Glos d'Ernault du Bois. — Art. II. Un muid de froment sur les moulins de Breteuil, avec 5 sols de rente, etc. — Art. III. Dîme du bois Pelet.

Troisième Partie : Domaine fieffé.

Chapitre Ier. *Le quartier du Désert.*

Art Ier. De la plesse ou clos Johanne (*plesseia* de la charte du fondateur). — Art. II. La grande lande, dite la *Lande Morel*. — Art. III. La petite lande du *Chesne Régnier*. Cet arbre curieux avait 45 pieds de haut sans aucune branche (14 mètres 85) et 32 pieds de grosseur en rond (10 mètres 56).

Chapitre II. *Le quartier du Bois-Arnault.*

Art. Ier. *La Moinerie*, un des plus considérables, il avait 50 acres et formait, sous ce nom, un hameau de Bois-Arnault, don de Robert, comte de Leicester, le jour de la dédicace de l'église en 1125. — Art. II. *La Noe courant*, terre offerte par Henri du Bosc-Renoult, d'une contenance de 16 acres produisant 25 sols de rente. — Art. III. Aînesse *Potencière*, de 13 journaux de terre ou 6 acres et demie. — Art. IV. Ténement Fossart. — Art. V. Ténement Gallopin de 5 vergées. — Art. VI. Ténement des *Montreux* de 6 acres, une vergée. — Art. VII. La petite *Loraille* de 16 sols de rente avec 3 chapons et 50 œufs.

Chapitre III. *Le quartier de Rugles et d'Ambenay.*

Art. I. L'aumône de Rugles, don de Robert fils de Pétronille. — Art. II. Maison rue des Forges « une des plus belles maisons de « Rugles présentement. Car outre le grand corps de logis de « devant sur la rue et celuy de derrière sur le prey, il y a une « cour, un jardin et un petit prey qui va jusque sur la rivière de « Rille. Elle est scituée dans la rue des Forges, sur la main « gauche, bornée d'un côté vers l'Eglise de Saint-Germain, etc., » donnée, en 1233, par Robert Foucher, bourgeois de Rugles et Légarde, sa femme. — Art. III. Aînesse de Launel à Ambenay. « Launel, ou en langage du pays Launeys, est un petit village ou hameau d'Ambenay. » — Art. IV. Le haut pré, contenance : une acre. — Art. V. Prévôté de la Gastine sur Saint-Pierre-des-Frétils, don de Julienne d'Orbec en 1277 et de Guillaume, dit Camicus.

Chapitre IV. *Le quartier de Lyre, Glos et Neaufles.*

Art Ier. Triège de Lyre. « Robert, IIe du nom, fils du fondateur,

« donna 5 deniers à prendre, chaque semaine, sur la coutume de
« Lyre, 20 sols et 2 deniers par an, plus une masure à Lyre, le
« droit de pasnage, 10 pourceaux. Outre cette masure il y en
« avait deux autres venues, l'une, en 1208, de Robert Capelles,
« l'autre, en 1241, d'André Chacepein », etc. — Art. II. Triège de
Glos. « Je ne connais au triège dépendant du domaine fieffé que
« la maison et masure qui est dans Glos, au bout des Halles, où
« pend pour enseigne le Dauphin, à ce que je croy. » Don de
Robert II. — Art. III. Triège de Neaufles. Deux acres de terre, don
de Nicolas du Val.

CHAPITRE V. *Rentes seigneuriales perdues.*

Jean Avenelle s'attache surtout aux biens du prieuré, il en
détermine la valeur, la contenance, les avantages, mais laisse de
côté les questions historiques ou archéologiques, car il était, ne
l'oublions pas, *économe* du grand séminaire. Son travail cependant
est curieux à plus d'un titre et repose sur une scrupuleuse étude
des documents de ce prieuré. Ce manuscrit complète en effet le
cartulaire de Notre-Dame-du-Désert en sorte que, en dehors de
ces deux sources, on trouvera peu de renseignements.

Concluons par ces paroles du docteur Devoisins : « Situé au
« centre d'une immense forêt *dans un point perdu et désolé* disent
« les anciennes chartes, éloigné des voies de communication
« importantes, privé de cours d'eau, le Désert ne pouvait avoir
« qu'une existence un peu effacée. Mais chacun sait que ce sont
« souvent ces existences calmes et modestes qui se prolongent le
« plus. Nous verrons le prieuré du Désert, tout en conservant sa
« chétive vitalité, emporté dans l'orbite de Lyre. Nous verrons
« aussi ce même prieuré rester jusqu'au XXe siècle ce qu'il était
« en 1125, tandis qu'il ne reste du monastère de Lyre que quelques
« chambres d'un hôtel, où on loge à pied et à cheval sans aucune
« garantie ! » *(Op. cit.* p. 124).

PRIEURÉ DE SAINT-NICOLAS DE MAUPAS.

Comme le prieuré de Notre-Dame-du-Désert celui de Maupas
existait avant sa réunion à l'abbaye de Lyre. Selon la chronique
ce lieu avait été primitivement un refuge pour les pèlerins et
passants malades, une aumône antique faite par les ducs de Nor-

mandie en franc-alleu, dans leur domaine d'Orbec. (*Archives de l'Eure*, H. 919, *factum*). Puis une léproserie y fut établie par Agnès de Capelles sous le vocable de Saint-Nicolas, « dans un lieu « inhabitable et peu fréquenté, à cause des pluies dont les eaux « se rassemblaient sur le bord du chemin et le rendait presque « impraticable, ce qui avait fait donner à cet endroit le nom de « Maupas *et idcirco locus ille* MALUS PASSUS *ab omnibus vocabatur* ».

Les bienfaiteurs de cette léproserie furent les seigneurs de Capelles. Au XIIe siècle vivait en cette paroisse un Raoul de Capelles, fils probablement de la dame de Capelles qui, devenue veuve de Vauquelin de Tannei, se fit religieuse à Saint-Sauveur d'Evreux donnant à cette abbaye la dîme, le patronage, les rentes, la basse justice et 32 acres de terre labourable, y compris une masure. Ce Raoul de Capelles eut pour enfants : Guillaume de Capelles, Cécile et Pétronille. Voici pour plus de clarté l'arbre généalogique de cette famille :

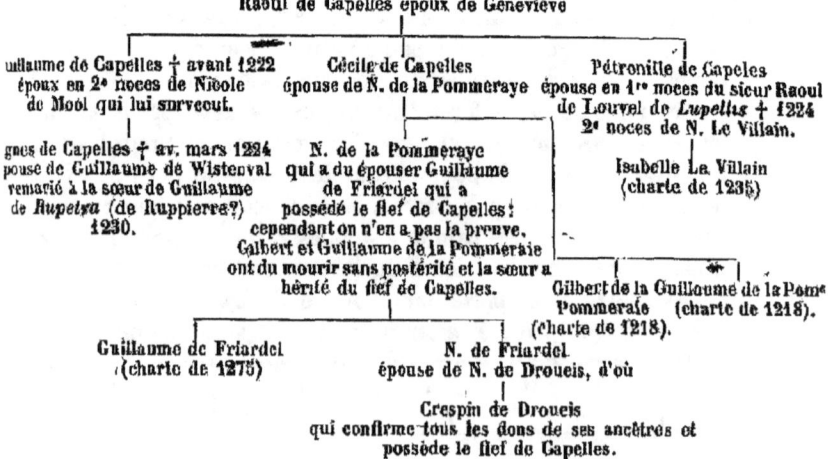

Reprenons maintenant notre chronique. « Guillaume de « Capelles étant à Jérusalem avec Philippe-Auguste (1) eut

---

(1) Jourdain du Hommet, évêque de Lisieux, dont Guillaume était le diocésain, le présenta au roi de France et ce fut en présence de ce prince que le seigneur de Capelles prit la croix. » *(Dict. de l'Eure*, t. I, p. 664).

« occasion de connaître un chevalier du nom de Wistenval,
« homme brave et éloquent : il eut tant d'estime pour cet officier
« anglais qu'il lui promit sa fille unique en mariage et lui tint
« parole. Agnès était jeune encore à leur retour, en 1195, c'est
« pourquoi Wistenval acquit le Bosc-au-Huré et ne l'épousa
« qu'en 1211. »

Quelques années après l'un et l'autre ayant perdu tout espoir d'obtenir des enfants se résolurent à fonder un prieuré là où n'était qu'une léproserie. Donnons, d'abord, les pièces qui concernent ce premier établissement et qui se trouvent aux Archives de l'Eure (H. 547).

Il y a une donation faite vers 1195 de Roger de Cantepie à la *basilique* de Saint-Nicolas de la maison des lépreux de Capelles *basilice Sainti-Nicholai de domo leprosorum de Chapeles et fratribus in eodem loco habitantibus*, donation de deux acres de terre à Plainville, dans la vavassorie de Cantepie, à charge par la léproserie de lui fournir chaque jour, sa vie durant, le nécessaire en nourriture et en vêtements (n° 343); — Raoul de Mello leur aumône un septier de froment en présence de Guillaume de Capelles (n° 346); — Richard Rohes et Chrétienne, son épouse, toute leur terre, et reçurent de Guillaume de Wistenval et d'Agnès, son épouse, 60 sols tournois, les témoins sont : Gilbert seigneur de Caorches, Robert de Fresnes, Henri de Meules, Ernault du Quesney, Roger des Granches, Raoul de *Bosco Hugonis*, etc., (n° 347); — Guillaume de Capelles 10 sols tournois pour l'entretien d'une lampe devant l'autel de Saint-Nicolas (n° 248); — Anfroi Callo, fils de Richard, un septier d'avoine à la chapelle de Saint-Nicolas et aux lépreux *et leprosis de eodem loco* (n° 350); — Guillaume de Capelles dans le cas où lui et Agnès, sa fille, décéderaient sans enfants, donne son moulin situé entre celui de Jean de Tanney et celui de Réginald de Fresney, en présence de Henri de Ferrières et Robert de Thibouville (n° 353); — etc.

La léproserie avait été confiée d'abord à deux prêtres. Mais leur conduite laissant beaucoup à désirer les bienfaiteurs s'adressèrent à l'abbaye de Lyre afin d'en obtenir deux ou trois religieux. Les bénédictins, en effet, possédaient déjà la deuxième portion de l'église de Capelles desservie, jusque vers l'an 1200, par un des leurs. Or, à cette époque, le Souverain Pontife voulut que tous les religieux, envoyés dans une cure, rentrassent à leur monastère.

L'abbé de Lyre avait donc chargé un prêtre de ce bénéfice « sous « le titre de curé de la seconde portion, auquel prêtre il accorda « une certaine quantité de bled et d'orge qui fut agréée par le « dit curé et par le consentement de l'évêque diocésain, quantité « fixée depuis à 60 boisseaux. » (H. 919).

L'abbé et ses moines, malgré cela, hésitèrent longtemps avant de consentir à cette union ou fondation nouvelle et enfin finirent par céder. C'est avec le ton le plus solennel que notre chronique relate la création du prieuré de Maupas! L'auteur, un religieux de Lyre probablement, s'est inspiré du passage de saint Luc annonçant la vie publique du Christ :

« *Regnante potentissimo rege Francorum Philippo, Jordano Lexoviensi episcopo, Luca Ebroicensi, Roberto Insulano Abbate de Lyra, anno Domini M° CC° XVII°, prioratus Sancti Nicolai de Capellis hoc modo sumpsit exordium. Fuit vir quidam Willermus nomine, dominus de Capellis et de Pellinvilla, qui de propria uxore unicam habuit filiam, nomine Agnetem. Iste Willermus, miles, erat largus, probatus armis, rebus abundans, pulcherrimus, statura maximus, aspectu decorus. Hic cum regibus Philippo et Ricardo, ex propria familia Roberti, comitis Leicestrie, perrexit Jérusalem* (1), etc. »

Sous le règne de Philippe, très puissant roi des Francs, Jourdain étant évêque de Lisieux, Luc d'Evreux, Robert de l'Isle, abbé de Lyre, l'an 1217, le prieuré de Saint-Nicolas de Capelles prit naissance de cette manière : il y avait un guerrier nommé Guillaume, seigneur de Capelles et de Plainville, qui eut de son épouse légitime une fille unique du nom d'Agnès. Ce Guillaume, chevalier, était généreux, expert dans les armes, riche, très beau de figure, d'une taille élevée et d'un aspect majestueux. En compagnie des rois Philippe et Richard, attaché à la personne de Robert, comte de Leicester, il partit pour Jérusalem en 1190. C'est là qu'il connut Guillaume de Wistenval et en fit son gendre, à son retour, ainsi qu'on l'a vu plus haut.

Ce dernier, ainsi qu'Agnès, son épouse, heureux de l'acceptation de l'abbaye de Lyre, due en grande partie à l'influence de Luc,

---

(1) Le Prévost, t. I, p. 468, d'après le cartulaire de Maupas, mais il n'indique pas où il a vu ce cartulaire qui n'est pas aux archives de l'Eure.

évêque d'Evreux, se hâtèrent d'assurer, par leurs aumônes, l'existence du prieuré dans lequel Robert de L'Isle venait d'envoyer deux religieux : Richard *qui primus monachos Sancti Nicholai de bono in melius mutavit, scilicet Aubertum Priorem qui ibi optimas mansiones fecit, insuper et plurimas terras, Deo auxiliante, adquisivit.* »

Fondé en 1217 ce n'est cependant qu'en 1219 que nous trouvons la première charte de Guillaume de Wistenval, qui, pour l'amour de Dieu, le salut de son âme et celui d'Agnès son épouse, etc., donne en pure aumône à la chapelle de Saint-Nicolas de Capelles et aux moines de Lyre qui y habitent tout ce qu'il avait à Cantepie (fief à Saint-Mards-de-Fresnes), 6 sols de rente dus par Nicolas Huré *in villa de Tanay*, deux acres de terre du fief du Boulay à Plainville, 5 vergées de terre du don de Robert Duranville prêtre, tout ce qu'il possédait dans le ténement de Gauquelin de Bellemare, un millier de harengs, chaque année, à Honfleur, à l'entrée du carême (n° 357) ; — deux ans après, en 1221, ils donnèrent au prieuré, fondé par eux, *basilice Sancti Nicolai quam intuitu Dei fundavimus* l'église de Saint-Saturnin de Plainville avec toutes ses dépendances (n° 358), don approuvé par Guillaume de Pont-de-l'Arche, évêque de Lisieux (n° 371) ; — l'année suivante nouvelle aumône d'une terre aux environs du Tremblay, entre celle de l'abbaye de Saint-Sauveur d'Evreux et celle de Gilbert du Bois, plus six acres *de Valleto* (n° 360) ; — la même année ils donnent une charte pour confirmer tout ce que les moines pourraient ou recevoir ou acquérir dans leurs domaines (n° 361) ; — en 1223 Guillaume de Wistenval donne au mois de janvier la vavassorie tenue de lui par Guillaume de Cantepie, tout ce qu'il avait acheté à Gauquelin de Bellemare, la vavassorie tenue de lui par Barthélémy de Hulmay, une autre tenue par Gilbert le Vavasseur, etc. (n° 362) ; — par une autre charte (n° 363) il y ajoute toute la moulte sèche et mouillée de son fief de Capelles qu'il avait acheté pour le prix de 16 livres tournois à Cécile de la Pommeraie et à Pétronille de Louvel, sœurs de son beau père autrefois, *quondam*, seigneur de Capelles, donc décédé avant 1223, date de cette pièce.

L'*Inventaire* de Lyre signale une charte de 1223, aujourd'hui perdue. Elle est de Cécile, dame de la Pommeraie et de Pétronille de Louvel, sœurs, afin de confirmer la terre du Tremblay, 5 sols de rente pour l'entretien d'une lampe, 20 sols de rente pour l'anniversaire de la dame Agnès de Capelles, enfin 15 sols de rente pour une lampe allumée toutes les nuits dans l'endroit où l'on descend de l'Eglise matrice dans le cloître, devant l'image de la Sainte-Vierge et le tombeau de Guillaume de Capelles, conformément aux chartes de Guillaume de Wistenval et d'Agnès, sa femme. Il s'agit ici, bien entendu, de l'église de l'abbaye de Lyre où Guillaume de Capelles et sa fille furent inhumés. L'*obit* de cette dernière était le 13 avril *Agnes monacha, fundatrix prioratus Sancti Nicholai.*

Il y a cependant une charte de Cécile de la Pommeraie, en date de 1218, qui, du consentement de ses deux fils, Gilbert et Guillaume, donne une rente de 20 sols, 3 chapons à Noël, 50 œufs et deux deniers à Pâques, rente reçue en dot de Raoul de Capelles, son père, et qui venait de Geneviève son épouse (n° 451); — et, en 1224, une autre charte de Pétronille, sa sœur, veuve de Raoul Louvel qui cède à Guillaume de Wistenval la part qui lui revenait après la mort d'Agnès, sa nièce, fille de Guillaume de Capelles, son frère, avec toute la part à elle échue de Nicole, veuve du même Guillaume, son frère, qu'elle possédait à titre de douaire. Pour cette cession elle reçut une somme de 80 livres tournois (n° 372).

Guillaume de Wistenval se hâta d'offrir cette nouvelle acquisition aux moines de Lyre résidants dans son prieuré de Maupas (n° 373).

Ainsi ce prieuré qui, au début, ne consistait que dans la chapelle et la maison des lépreux avec quelques revenus de peu d'importance s'accrut insensiblement et formera, plus tard, près de 600 livres par an.

Les seigneurs de la contrée, en effet, eurent à cœur d'imiter les charitables exemples des fondateurs. Une centaine de chartes, dont les originaux sont conservés aux archives de l'Eure, le prouve amplement!

Roger de Bourneville, clerc, donna, l'an 1224, cinq acres de terre du fief de l'Anglais et une autre *in moteio* à Bourneville (n° 365); — Gauquelin de Meules deux acres et demie entre la chapelle de Saint-Nicolas et la demeure d'Henri de Meules qui, en 1217, du consentement de Mathilde, son épouse, avait confirmé une charte de Guillaume de Wistenval. Gauquelin déposa cette charte sur l'autel de Saint-Nicolas en présence de Jocelin de Moaz, de Guillaume de Saint-Quentin, Reginald de Fresnes, chevaliers, Garin de Chesnay, Ernauld de Chesnay, Henri *de Rugia* (?), Robert de la Chambre, etc. (n° 366); — Jean d'Orbec donne, en 1225, la moitié d'une acre de terre, par lui achetée à Thomas du Bois, située près le champ d'Henri de Meules bornée d'un bout par le chemin de Bernay (n° 367); — la même année Robert de Fresnes, chevalier, confirma tous les revenus donnés par Guillaume le Maron à lui dus par Geoffroy du Long à Saint-Mards. Les témoins sont : Guillaume de Wistenval, Jocelin de Moaz, chevaliers, Guillaume *de Horgeriz*, Henri d'Auge, etc. (n° 368); — Jean de Sacquenville, en 1226, confirme le don fait par Guillaume, son père, de deux septiers de froment et deux de gros blé sur son moulin de Carentonne en y ajoutant deux de gros blé à la mesure de Bernay, devant Guillaume de Friardel, Guillaume Wistenval, Jocelin de Moaz, Robert de Capelles, chevaliers (n° 369); — Guillaume Guibert donne la moitié d'une acre et reçoit 40 sols en présence de Nicolas Belin et Nicolas Morice, prêtres, Henri de Meules, Guillaume, chevalier, etc., en 1227 (n° 370); — Hugues d'Herlenvilliers, chevalier, donne, l'an 1229, Jean du Buisson avec ses co-participants Gérold, Robert et Gilbert des Champs (n° 374); ce qui fut confirmé la même année par Gilbert de Caorches (n° 375); — Henri de Meules, chevalier, aumône sept boisseaux de blé de rente et reçoit en retour 55 sols tournois en présence de Guillaume de Friardel, Roger Brumant, Jean de Capelles et Michel, clercs (n° 376); — Guillaume *de Rupetra* (de Rupierre?), chevalier, une rente de 42 sols sur ses moulins et reçut, en échange, en 1230, de l'Abbé de Lyre, quatre septiers d'orge que Guillaume de Wistenval, chevalier, *et soror mea uxor ejusdem Willelmi* — donc après la mort d'Agnès le fondateur s'était remarié — avait assignés sur les susdits moulins (n° 377); — Oger de Faverolles, chevalier, confirma, en 1232, le don de Raoul de Faverolles de 5 sols de rente et celui d'Amfroi Challou (n° 378).

Une difficulté s'éleva, en 1232, entre frère Henri, prieur de Lierru et l'abbé de Lyre, au sujet du moulin de Capelles situé sur la Charentonne entre Chambray et Ferrières. D'un commun accord il fut décidé que l'abbé paierait au prieur de Bosc-Morel 20 sols tournois et que ce dernier aurait permission de moudre au dit moulin, lui et ses gens, même avant ceux de Lyre s'ils étaient sur le point de mettre leur blé dans la trémie. A son tour le prieur de Lierru abandonne tous ses droits sur le moulin de Capelles (n° 379).

Gilbert de Saint-Jacques, chanoine de Paris, offrit aux bénédictins deux acres de terre achetées en 1232 à Gauquelin de Houmes *de Houmeio* en la paroisse de Plainville, à condition d'en conserver l'usufruit, sa vie durant (n° 380); — Fromond du Catel vendit aux moines deux pièces de terre sises à la Huraudière pour 6 livres tournois en 1234 devant Reginald de Meules (?), Robert de Fresnes, chevaliers, Roger du Tilleul, Guillaume de L'Hommey, Selles de la Huraudière, Hugues du Long, etc., ce qui fut confirmé par Selles de la Huraudière devant les mêmes témoins, plus Guillaume curé de Fresnes, Guillaume Durendent etc. (n°s 381 et 382); — la même année Robert de Fresnes (1) abandonne au prieuré le revenu que lui devait Hugues du Long. Les témoins sont Guillaume de Ferrières, clerc, Ernault de Quesnay, Guillaume de L'Hommey, Gouchart de la Mare, etc. (n° 384); — Guillaume de Cois vend une demi-acre de terre contre celle de Raoul de Cois et celle de Lambert de Bernay, pour 6 livres tournois, devant Roger du Tilleul, Henri des Granches, Gauquelin de Houlmes, Blaise de Meules, Guillaume Lescuier, Richard Ermengar, etc. (n° 385); — Chrétien du Chamblac et Isabelle, son épouse, une pièce de terre pour laquelle ils reçurent quinze livres tournois en présence de Guillaume et Herbert, prêtres de Capelles, Jean de Behue, clerc, Raoul Duredent, Gillebert Lebel, Roger Belin, Gauquelin de Houlmes, Garin du Val, Guillaume Duredent, etc. (n° 386); — Anfroi, fils de Richard de Chantepie, vend, au mois de mai 1235, une pièce de terre entre celle de Chrétien de la Pommeraie et celle des moines à la Huraudière, pour six livres tournois, en présence de la paroisse de Saint-Mards de Fresnes, de Guillaume curé de Fresnes, d'Henri, son frère, clerc, de Raoul Piles, Selles de Lahuraudière, Guillaume Duredent, Hugues du Long, etc. (n° 387); — Gauquelin Pinel vend aux religieux une acre de terre, à lui donnée par Jean de Capelles, pour huit livres tournois devant Jean de Capelles prêtre, Guillaume et Herbert

---

(1) La même année il donnait la vavassorie que tenait Richard le Maron.

prêtres de Capelles, Guillaume du Tremblay, Guillaume Durdent, etc. (n° 388) ; — Robert Rohes et son fils aîné Guillaume vendent aux religieux de Lyre, demeurant à Maupas, une demi-acre sise à la Huraudière pour 40 sols tournois. Les témoins sont : Guillaume curé de Fresnes, Selles de la Huraudière, Hugues du Long, Chrétien Bove, Guillaume de Houlmes, etc. (n° 389) ; — Gilbert de Bosc-Richard, fils de Fulcoin, confirme le don de Vauquelin Putel devant Reginald de Mello, chevalier, Ernault de Quesnay, Roger du Tilleul, Gilbert Callo, Guillaume Duredent, Vauquelin de Houlmes (n° 390) ; — Raoul d'Orbec donne, en 1237, cinq vergées de terre près celle de Jean du Tremblay, prêtre (n° 391) ; — Guillaume Bobin de Chambrais, vend trois acres près du chemin d'Orbec, moyennant vingt livres tournois. Témoins : Jean de Houlmes, bailli du Roi, Raoul de Milloel, Guillaume de Reville, Richard Galois vicomte, Richard Tornart, Raoul de Papelotes (n° 392) ; — Gilbert du Val vend une pièce de terre à Plainville au Buisson Thomas, devant Hugues curé de Plainville, Roger du Tilleul, Raoul Garbados, Cardot de Plainville, Guillaume Vavasseur, Garin de Behue, etc. (n° 393) ; — etc.

Les terres vendues par Guillaume Bobin furent la cause d'une réclamation de Jean d'Orbec, chevalier, qui revendiquait sur elles certains droits. *Jean d'Almenesches*, humble abbé de Lyre, pour l'abandon de ses droits lui offrit une rente d'un septier de froment sur ses moulins de la Cressonnière, don de Jean de la Cressonnière, chevalier, alors seigneur de ce fief occupé, à titre d'héritage, par Jean d'Orbec, l'an 1238 (n°ˢ 392 et 394). — Mais Guillaume Bobin ne voulut pas que les moines eussent à souffrir de cette transaction, c'est pourquoi il leur donna une rente semblable d'un septier de froment, sur divers particuliers, à Saint-Aubin-du-Tenney. Il était au reste, en vertu de sa charte, tenu à cette indemnité (n° 395).

A la même époque Pierre de Lagrue vendit aux religieux de Saint-Nicolas de Capelles deux acres de terre, 21 perches pour 20 livres tournois (n° 396) ; — Gillebert de Laurencie une pièce pour 20 sols tournois (n° 398) ; — Jean dit le Roi une autre à Plainville près le Bosc-Richard (n° 399) ; — Jean Viel une terre moyennant 25 sols, en 1239, devant Jean du Bosc-Hugues, clerc etc. (n° 400) ; — Jean de Meules, fils d'Henri de Meules, chevalier, pour le salut de son âme, de sa mère, etc., donne une rente de deux sols due par les moines à cause de la terre vendue par Guillaume Bobin et d'une autre donnée par Jean d'Orbec. Les témoins sont Guillaume et Herbert prêtres de Capelles, Jean du Bosc-Hugues clerc, Henri et Guillaume des Granches, Richard Ermengart, Raoul Durdent (n° 401) (1); — Henri, fils aîné de Reginald de Fresnes, chevalier, aumône à Maupas une rente de 20 sols sur son moulin assis sur la Charentonne entre Chambrais et son manoir avec droit d'enlever les fers du moulin s'il y avait retard dans le paiement (n° 402); — Robert le Bel, curé de Meules, donne aux religieux de Saint-Nicolas de Capelles la moitié d'une acre de terre dans son champ après la Haye de Meules, relevant du fief de Blaise Picart de Meules vavasseur des mêmes religieux, don du mois de janvier 1243 (n° 403); — Jean du Bosc-Hugues, clerc, donne une terre sise à Capelles entre celle de Garin, son frère et celle de Richard de la Barre, en novembre 1244 (n° 404); — Raoul Béliard vend une rente de 9 deniers pour sept sols en avril 1247 (n° 405); — Thomas le Bel donne en août 1250 une pièce de terre (n° 406); — Gilbert Laurent vend quatre boisseaux pour 54 sols tournois — 1251 — à la mesure de Bernay (n° 407); — Robert dit le Vicomte, l'année suivante, donne, pour son anniversaire, une rente de 10 sols (n° 408) (2); — Raoul de Funderel, Garin de Behue et Thomas dit Lebel, frères, pour le repos de l'âme de Jean de Behue leur frère, donnent une rente de 9 sols, en 1253 (n° 409); — Guillaume Molet, père, confirme cette donation au mois de mars (n° 410); — Gilbert de la Haielle, en juin 1254, cède à Maupas deux pièces de terre à Plainville (n° 411); — Marguerite, veuve de Guillaume Rohes, deux ans après, donne

---

(1) En 1240 Renaud du Merle, chevalier, donne deux acres 1/2 pour l'entretien d'une lampe jour et nuit devant l'autel Saint-Nicolas-de-Maupas.

(2) Le roi Saint Louis donna, en 1259, à fieffe aux religieux de Lyre pour 29 livres 13 sols de rente 48 acres et demie de terre dans la ferme de la Mare Augé, plus un jardin d'une acre 20 perches, 4 acres et demie de bois moulte sèche, paturage des chevaux, mine d'avoine de rente, 48 sols 11 deniers de cens, 20 chapons, reliefs des paysans avec droit de confiscation et basse justice, reliefs des fiefs de haubert, entiers ou divisés, etc. — Cette fieffe fut réduite en 1464 à 14 livres à cause des guerres qui avaient ruiné la fieffeferme.

une pièce de terre en échange d'une autre entre celle de Raoul Rohes et celle de Gilbert Burnel, à charge de payer aux moines six deniers de rente, un demi boisseau d'avoine, huit deniers pour la moulte et pour tout service (n° 412).

Agnès de la Grue, veuve de Jean Viel, ayant réclamé certaines terres, autrefois vendues à Saint-Nicolas de Maupas par son mari, consentit à confirmer cette vente et reçut pour cela cent sols tournois, en février 1256 (n° 413).

Au mois de juillet 1257 Raoul Palès donne un septier de froment tous les ans, à condition que son anniversaire soit célébré à perpétuité dans l'abbaye de Lyre et que tous ses parents soient associés aux bonnes œuvres, prières etc. des religieux (n° 414); — Pierre du Tremblay, chevalier, confirma, en mars 1261, le don d'une terre fait par Pierre le Bouteillier (n° 415); — Raoul dit Manneveu vend quatre boisseaux de blé, mesure de Bernay, avec douze deniers d'amende s'il y avait retard dans le paiement et, si le retard allait au delà d'une année, la pièce de terre sur laquelle ils sont assignés appartiendrait aux religieux (n° 416); — en 1262 Vauquelin Pouchard vend une rente d'une mine de froment à la mesure de Bernay, assise sur une pièce de terre à Saint-Victor de Chrétienville, moyennant quatre livres tournois (n° 491); — Jean dit *de Muto* reconnait que le prieur de Maupas a sur lui un droit de présence dans son fief du Buisson, en 1263, devant Jean Amiot, Jean Calloet, Guillaume Gastinel, Raoul du Buisson, etc. (n° 417); — Godefroy de Moyaux, chevalier, transigea, la même année, avec les religieux au sujet d'une *moulte sèche* sur les fiefs Huré et de la Pommeraye dont il percevait la *moulte mouillée*, au nom du Roi de France, en vertu de son bail féodal. Moyennant cent sols tournois versés par l'abbaye de Lyre il retira sa réclamation (n° 418); — Henri de Ferrières, chevalier, en 1264, donna une moulte sur trois acres de terre à Plainville, près le chemin de Chambrais (n° 419); — Guillaume, dit le Petit, la même année, cède une pièce de terre à Capelles près le chemin de Ferrières, chargée d'une rente d'une mine de blé envers les moines et reçut 18 sols tournois, en présence de Roger Gode, Pierre Fulcoin, Hébert Droelin, Guillaume Pellipaire, etc. (n° 420); — Gauthier Ronchos donne une pièce de terre à Plainville en échange, à charge de payer aux religieux une rente d'un denier. Pétronille, mère du donateur, y ajouta une vergée de terre. Le prieur de

Maupas leur donna, de son côté, sept sols tournois (n° 421) ; — deux ans après Roger du Val, clerc, aumône quatre boisseaux de blé, rente achetée à Robert du Val, son frère, (n° 422) ; — Guillaume de Friardel, chevalier, donne la moitié du champ dit du *Hêtre*, à Capelles, tenu en dot par Nichole jadis épouse de Guillaume de Capelles, novembre 1269, en vue de son anniversaire (n° 424) ; il y ajouta une acre de terre qui devait lui revenir, ou à ses héritiers, après la mort de Nichole jadis épouse de Guillaume de Capelles, chevalier, toujours pour le même motif, ce qui prouve ses liens de parenté avec Guillaume de Capelles (n° 425).

L'année 1271 débute par une vente d'une mine de blé faite par Robert dit Minart à Saint-Mards de Fresnes (n° 489) ; — puis de deux pièces de terre vendues par Richard dit Romirel pour 15 livres tournois (n° 426) ; — d'un quarteron de blé vendu par Gilbert de Saint-Mélain (n° 427) ; — d'une vergée par Gauquelin Augier (n° 428), de trois autres par Guillaume Augier (n° 429) ; etc.

Guillaume Gonce et Isabelle, son épouse, vendent, en 1272, une terre pour neuf livres tournois (n° 430) ; — Raoul Coronde et son épouse Pétronille une mine de blé pour quatre livres en 1273 (n° 431). — Raoul de Louvel, au mois de septembre 1276, vendit un jardin situé à Plainville entre le clos de Bellemare et la sente du monastère (n° 432) ; — Guillaume dit Lemengant donne, la même année, une terre à Fresnes près le chemin de Bernay pour 50 sols tournois (n° 433) ; — Raoul le Petit, au mois de mai 1277, vendit deux chapons, une poule, dix deniers de rente pour 25 sols tournois (n° 434) ; — Gilbert Gode, clerc, le lendemain de la fête de Saint-Jacques et Philippe 1279 vendit une acre de terre à Saint-Saturnin de Plainville, devant Gauthier de Courthon, recteur de l'église de Plainville, Guillaume Caillou, clerc, Jean Rocelin, Roger Gauquelin, Gillebert Enguerrand, etc. (n° 435) ; — Vincent Guernet et Agnès, son épouse, une vergée de terre près celle de Pierre des Granches et *sur le quemin de Bernay de l'autre*, en 1283 (n° 436) ; — Roger dit Letrivier cinq sols de rente en 1284 (n° 437) ; — Lucie du Mont, en 1286, une rente de 6 sols, 8 deniers (n° 438) ; — Robert de la Haie — 1290 — une pièce de terre (n° 439) ; — Jean L'Hermite, Thomas Syroie, prêtre et Garin, son frère, 19 deniers, 20 œufs, etc., en 1291 (n° 440) ; — Pierre de la Rue 7 sols tournois (n° 441) ; — Guillaume dit Michael une pièce de terre (n° 442) ; Richard dit d'Orléans donne 6 deniers de rente (n° 443); — Robert dit Lebarel, une pièce de terre en 1293 (n° 444). — Béatrix dite la Forestiere, veuve de Galeran Bermont fait un échange en 1294 (n° 445); — Robert de la Haye et Maheut, son épouse, une pièce de terre en 1297 (n° 446); — Jean des Granches cinq vergées de terre en 1298 (n° 447); — Raoul de Corthonne, chanoine de Lisieux 1300, Jean Béquet et sa sœur, Roger Béquet, etc. (n°ˢ 448, 449 et 450).

Auguste le Prévost dans son *Histoire de Saint-Martin-du-Tilleul* dit que Gillebert, prêtre et seigneur du Tilleul-Folenfant, vendit en février 1258 « aux religieux de Lire, moyennant 16 livres tournois
« (environ 288 francs de notre monnaie) tout ce qu'il recevait ou
« pouvait prétendre sur la dite vavassorie de *l'Adérée*, et que
« Gillebert de Chefdeville et ses parçonniers tenaient de lui;
« savoir, 30 sols de rente annuelle à la Saint-Rémi, montant de
« la taxe en remplacement du service de cheval; sept boisseaux
« d'orge, trois d'avoine à la Saint-Rémi de chaque année; trois
« chapons et trois deniers à la fête de Noël; 30 œufs et 3 deniers
« à Pâques; d'acquitter les journées de *gluage* (battage du blé), de
« *pilage*, de conduite de blé au moulin jusqu'à concurrence d'une
« somme, de *buchage* avec une charrette et un cheval, et en outre
« les corvées (*precariae*) de hersage des blés d'hiver et de prin-
« temps; savoir, une journée de chacune de ces corvées, et que
« celui qui aura fait une journée devra recevoir le matin un pain
« ou un denier. Il est à savoir aussi que quiconque résidera dans
« la dite vavassorie et possédera un ou plusieurs animaux doit
« faire trois fois par an la corvée de la charrue. Il faut encore
« noter que du temps de Roger du Tilleul, mon père, le service
« du cheval fut racheté à perpétuité par 30 sols à payer à la fête
« Saint-Rémi de chaque année. Mais de mon temps, un des
« intéressés a perdu par suite de forfaiture le quart de cette
« vavassorie; c'est pourquoi le quart du service est à déduire. En
« témoignage de quoi j'ai apposé mon sceau aux présentes. Fait
« en l'an du Seigneur 1258 (v. style), au mois de février (n° 474). »

La même année, le dimanche qui suivit la chaire Saint-Pierre (23 février 1259), Gillebert de Chefdeville, Gillebert Férart, Guillaume Picart, Roger Malgrape et Raoul des Fosses donnèrent leur consentement à cette vente et aliénation. Ils consignèrent dans le même acte la transformation, consentie par les moines, de tous ces services et redevances en une rente annuelle de 33 sols de monnaie courante.

« Cette vavassorie, ajoute A. Le Prévost, n'était pas, au reste, la première propriété que les moines de Lire possédassent au Tilleul. Déjà, de leur nouveau domaine *de Maupas*, non seulement ils s'étaient introduits à Plainville et à Saint-Mards-de-Fresnes, mais encore ils avaient trouvé moyen de pénétrer jusqu'au Tilleul-Folenfant, malgré l'exiguité de son territoire; et ce fut Guillaume Wistenval, le fondateur de leur prieuré, qui leur en ouvrit l'accès par la donation d'une rente de 20 sols 18 deniers, et huit septiers d'avoine à prendre sur un tènement « *apud le Teilloul* ». — Nous ne pouvons indiquer l'époque précise de cette donation, puisqu'elle ne nous est connue que par la rubrique suivante, faisant partie de la table, conservée à la Bibliothèque Nationale, d'un cartulaire qui n'existe plus :

« LXXXV. Carta Willelmi de Wistenval, de xx solidis xviii dena-
« riis, quos dedit percipiendos ad Pascha, et de viii sextariis
« avenæ, percipiendis ad festum Sancti Remigii, super tenemen-
« tum apud *Le Teilloul*. »

Dans le même document le savant historien trouvait encore la rubrique suivante qui révèle l'échange du fief, ou d'un fief, que l'abbaye possédait au Tilleul, pour une rente de deux septiers de blé, à prendre sur le moulin NOEL, à Bernay :

« CL. Carta Huberti de COURCON (*Courson, près Livarot*), de
« duobus sextariis frumenti, quæ dedit in excambium pro feodo de
« *Tillol*, percipienda in molendino *Noel*, apud *Bernaium*. »

Le moulin Noël est aujourd'hui connu à Bernay sous le nom de *Moulin de la Couture*. C'est le premier qu'on rencontre, en venant de Saint-Quentin, sur le bras gauche de la Charentonne. Ce fief donné en échange par les religieux n'est autre chose, probablement, que la redevance concédée par Guillaume de Wistenval, et qu'on aura ainsi inexactement désignée (*Notes A. Le Prévost*, t. III. p. 414 et 415). — D'après l'*Inventaire* de Lyre c'est en 1229 que Hubert de Corcon donna ces deux septiers au moulin Noël ou de la Couture, en échange du fief *Roger du Tilleul*, jadis aumôné par lui à Guillaume de Wistenval qui le donnait, en 1223, à son prieuré de Maupas.

Gilbert et Guillaume de la Pommeraye, frères, dès 1210, avaient cédé à Guillaume de Capelles tout leur fief de Bernay *in burgo*

Abbatis et Comitis, moyennant sept livres tournois, en présence d'Eloi de Boscherville, des Pelevilein, de Thomas de Boucheville, Richard Fae, etc. (n° 473) (1).

En dehors de la centaine de chartes que nous venons de résumer, les renseignements donnés proviennent de deux mémoires établis pour un procès entre Messire Claude-Henri de Fusée de Voisenon, prieur de Maupas, seigneur du fief de Capelles et messire Louis-André Le Boulanger, ancien capitaine de cavalerie, chevalier, seigneur de Capelles, dit Chaumont, patron honoraire de la seconde portion dudit lieu, chevalier de l'ordre royal et militaire de Saint-Louis, fils et héritier de messire Louis-Charles Le Boulanger, écuyer, seigneur de Chaumont, conseiller du Roi, maître des Comptes, à Paris. (*Arch. de l'Eure*, H. 919).

« Maupas, dit l'un de ces mémoires, étoit un hopital dans le
« domaine du Roy, en sa vicomté d'Orbec, avant 1248, qu'il a été
« commué en lieu claustral et bénéfice régulier jusqu'au règne
« de François premier à qui il a plu user du droit qu'il avait sur
« iceluy et le mettre en commende l'an 1520... Ce fief est mou-
« vant du duché de Broglie et les faisances capitales d'iceluy
« s'acquittent au château de Chambrois par les sieurs de Chaumont
« depuis 1296 au moyen de 100 écus que les prieurs leur ont
« donné et de l'agrément du baron au marché fait entre eux.
« (1769-1770). »

C'est dans ces deux *factums* que l'on trouve une discussion sur la généalogie des fondateurs du prieuré et des propriétaires du fief jusqu'à Crespin de Drouets, dont le père avait épousé une fille de Guillaume de Friardel époux de N. de la Pommeraye. Aeline, mère de Raoul d'Orbec, avait épousé un Gadon le Drouets, oncle de Crespin probablement. Ce Raoul d'Orbec fut également un des bienfaiteurs de l'Abbaye de Lyre, car nous avons de lui trois chartes données en 1235 et en 1237 pour le repos de l'âme de sa mère (n°⁵ 486, 487, 488).

Toutes ces généreuses donations firent de Maupas un bénéfice d'autant plus enviable que les charges étaient presque nulles. Les

---

(1) D'après un feuillet inédit de la Bibliothèque Nationale, le cartulaire de Maupas contenait plus de 214 chartes (V. *Revue Catholique de Normandie*, 17ᵉ année, p. 132, article d'Et. Deville).

moines de Lyre, en effet, ne s'étaient engagés qu'à fournir deux religieux pour le service divin et ce n'est qu'au xvi⁰ siècle qu'ils cherchèrent à en introduire un troisième, parce que le prieur commandataire, messire Louis de Bailleul, abbé de Lonley, n'en voulait aucun et prétendait avoir toute liberté d'assurer, à son idée, le service divin. Le procès dura trois ans et le prieur fut condamné à recevoir au moins deux religieux, à les nourrir, entretenir, etc. (11 juin 1577).

Au commencement de l'instance le curé de Dampierre, procureur de Louis de Bailleul, ayant comparu devant les juges *vêtu d'un manteau* on lui défendit de revenir ainsi sans porter l'habit de sa profession. Ce simple trait nous peint les mœurs du clergé à cette époque.

Une autre sentence du 6 novembre suivant dit que les religieux demandèrent que, de plus, un prêtre séculier fût adjoint pour le service du prieuré de Maupas.

* * *

Biens d'Angleterre : Églises, dimes, prieurés, chapelles, bois, etc.

Après la conquête de l'Angleterre, avons-nous dit (p. 16), le fondateur de l'abbaye de Lyre à son retour, en 1070, donna, par sa deuxième charte, à ses bons religieux, des biens considérables dans son comté d'Héreford comme dans l'île de Wight. De ces possessions il nous faut maintenant dire quelques mots en suivant l'*Inventaire* qui les classe par Evêchés (1).

Évêché de Winchestre. — Dans la ville elle-même les moines

---

(1) L'*Inventaire* a reproduit les noms plutôt d'après la consonnance que d'après la véritable orthographe, c'est pourquoi dom Guilloreau a bien voulu rectifier le tout et en fixer la position géographique. Nous lui en offrons ici nos sincères remerciements.

« Pour cette portion qui nous occupe le rédacteur de l'*Inventaire* s'est largement inspiré de la grande charte de Guillaume Fitz-Osberne conservée aux Archives de l'Eure, H. 438. Le nom de l'une des localités énumérées n'ayant pu être identifié, a été reproduit en note d'après le texte de ce document. » (Dom. Guilloreau).

avaient deux hommes, l'église de Clatford (1) avec ses dépendances; — à Southampton neuf livres 5 sols et un homme libre; l'église de Saint-Jean. — *Dans l'île de Wight* : les églises de Carisbrooke (2) avec leurs dépendances, toute la dîme du domaine de Bowcombe (3); — l'église d'Arreton (4) avec la dîme et celle de Heasley (5), Luccomb (6) et Shalcombe (7); — l'église de Freshwater, (8), celle de Godshill (9), de Wippingham (10), de Newchurch (11), de Niton (12) avec ses dépendances.

Évêché de Hereford. — L'abbaye possédait douze livres dans la ville et un homme franc; l'église de Tidenham (13) avec ses dépendances, celles de Lydney (14), de Linton (15), Wilton (16), Marcle (17), Westeurde (18) et la dîme du domaine de Dinedor (19),

---

(1) Hants, à deux milles et demi au sud d'Andover.
(2) Gros bourg à un mille au S.-O. de Newport.
(3) Hameau situé à deux milles et demi au S.-O. de Newport.
(4) Commune au S.-E. de Newport.
(5) Manoir assis au revers sud d'Arreton Down, presque à égale distance entre Newchurch et Arreton.
(6) Quartier au S.-E. de l'île de Wight, entre Shanklin et Ventnor.
(7) Dugdale. Il s'agit de *Shalcombe*, ferme perdue au milieu des downs, à trois milles de Freshwater, vers l'est.
(8) Localité située presque à l'extrémité N.-O. de l'île de Wight, au fond d'une baie formée par l'embouchure du Yar.
(9) Village à cinq milles et demi au S.-E. de Newport. Sa vieille église de Toussaints campée au sommet d'une colline ceinte d'ormeaux domine la morne vallée du Yar.
(10) A deux milles et demi de Newport, sur la rive droite de Médina. L'église actuelle ne date que de 1861.
(11) Village au N.-O. de Sandown. Jusqu'en 1866 c'était la paroisse la plus étendue de l'île.
(12) Village à quatre milles O. de Ventnor. C'est de l'église de ce village qu'il s'agit dans la donation de Guillaume Fitz-Osbern. *ecclesiam de Newton*.
(13) Gloucestershire.
(14) Gloucestershire.
(15) Localité aujourd'hui réunie à Highnam, village voisin de Gloucester.
(16) Herefordshire.
(17) Herefordshire.
(18) Dewsall (?) Herefordshire.
(19) Herefordshire.

Werlesten (1), Tameteb (2), Hope (3), Poulton (4), King's Caple (5), Credenhill (6), Kinlet avec un homme et sa terre, la dîme du domaine de Stanford-Bishop (7) avec un homme et une vergée de terre, celle de Thornbury (8), et de Lugwardine (9) avec les mêmes revenus en hommes et en terres.

Évêché de Landaff. — Les religieux de Lyre avaient le manoir de Llangua (?) (10), la dîme de la forêt de Grosmont (11), la moitié de la dîme du tonlieu de Strigolio (12) et la moitié de celle qui est entre le Wye (13) et l'Usk (14), dîme des vaches, porcs, poissons, miel, moissons, etc.

Évêché de Worcestre. — Il y avait l'église de Hantley (15) avec ses dépendances, la dîme de la forêt de Malvern (16) pour la venaison, celle de tout le domaine de Queenshill (17) avec un homme et une vergée de terre, comme pour celles de Bushley (18), de Forthampton (19), Eldersfield (20); l'église de Feckenham (21)

---

(1) *Ms*. Werlesten.
(2) Worcestershire.
(3) Herefordshire.
(4) Gloucestershire.
(5) Herefordshire.
(6) Herefordshire.
(7) Herefordshire.
(8) Herefordshire.
(9) Herefordshire.
(10) Monmouthshire.
(11) Massif forestier qui s'étendait au N.-O. du comté de Monmouth.
(12) Chepstow, Monmouthshire.
(13) Affluent de droite de la Severn.
(14) L'Usk, rivière qui prend sa source à la limite des comtés de Carmarthen et de Breknock, et va se jeter dans la Severn au-dessous de Newport.
(15) Hanley Castle, Worcestershire.
(16) Forêt dont il reste des lambeaux au sud-est du comté de Worcester, à la limite de celui d'Hereford.
(17) Worcestershire. D'après le *Domesday Book*, Guillaume Fitz-Osbern avait donné la dîme de ce manoir à l'abbaye de Lire.
(18) Worcestershire.
(19) Gloucestershire.
(20) Worcestershire.
(21) Worcestershire.

avec ses dépendances et autant de terre qu'une charrue peut en labourer par jour, celle de Chedworth (1), la dîme de tout le domaine de Arwington (2) avec un homme et une vergée de terre, celle de Elamestède, enfin à Glocestre deux hommes francs et un pré.

Évêché de Sarisbury. — Les églises de Bastenden (3), de Elamestède (4) du don de Marguerite épouse d'Henri du Neubourg, avec la dîme des agneaux, des fromages, toisons, cochons de lait, veaux, ruches, *faldravis* (chevreaux) et chirich-Sectis, (dîme des moissons), la dîme de la vente des bois, du moulin en deniers et en poisson, la dîme des deniers de tous les *plaids* et *pourchasts*, la dîme des cens dans tous les lieux susdits, celle des fruits de tout son jardin, etc. Henri du Neubourg, ainsi que son petit-fils confirmèrent ces donations. — Enfin les moines avaient encore les églises de Sunningwell (5) et de Sotwell (6).

Les prieurés semblent avoir été 1º *Wareham* (7), dont il nous reste un obituaire du XIIIe siècle imprimé dans les *Historiens des Gaules* (v. p. 32). On y trouve un Richard de Préaux *de Pratellis*, prieur, décédé le 19 janvier. A la date du 12 mai on rappelle que Guillaume Dil donna une maison avec jardin, dans la ville de Stoborga, à Dieu et à la bienheureuse Marie de *Wareham* pour le salut de son âme, celui de son épouse, de ses parents, de Guillaume de Stokes et d'Alice, sa femme. Un autre prieur de *Wareham*, Raoul, est indiqué au 2 novembre, etc.

2º *Hinckley* (8) à quatorze milles de Leicester. Il y a, en effet,

---

(1) Gloucestershire.
(2) Gloucestershire.
(3) Basildon (?) Berkshire.
(4) Ashampstead, Berkshire.
(5) Sunningwell, Berkshire.
(6) Sotwell (?) Berkshire.
(7) Warehnam, Dorset, à quinze milles E. de Dorchester.
(8) L'*Inventaire* de Lyre mentionne une charte de Robert III en présence de Pétronille, son épouse, confirmant celle de Robert II, son père, au sujet du don de l'église de Hinkley avec les chapelles de Stoke (Stoke Golding, Leicestershire), de Daldintoné (Dadlinton, id.), de l'église d'Ettona (Nunéaton, id.), avec les chapelles d'Athleburge (Attleborough. id.), l'église de Sibesdesdune (Sipson, id.), avec les chapelles

une charte de 1275 en vertu de laquelle Thomas de Atelberge donne à l'abbaye de Lyre, au profit de son prieuré de Hinckeley, une vergée de terre à Dadelinton, qu'il tenait des religieux. Les moines, en retour, s'obligent à fournir, par le prieur de Hinckley, au dit Thomas et à son fils, s'ils se conduisent bien dans le dit prieuré et qu'ils y rendent les services convenables à leurs per-

---

de Widredesly (Witherley, id.), d'Atreton (Atterton, id.), de Huptone (Upton, id.), de Draitone (Tanny Drayton, id.), l'église de Heccham (Higham), avec la chapelle de Lindlay (Lindley), la dîme de ses domaines de la suite de Stoke de Hinkley, la pleine dîme des terres labourables de ses domaines de Hinkley et de Ettona et de Sibesdesdune, la dîme des porcs et œufs, plus deux onces d'or, à savoir deux marcs d'argent d'Amicie, sa mère, sur la terre de Hinkley et 16 sols 8 deniers sur les onces qu'il avait, en échange de la dîme de son revenu en argent d'Ettona et pour la dîme des bêtes de tout son domaine et de toutes les autres choses, sauf la dîme des gerbes, enfin il confirme un hôte libre à Leycester et autant de terre qu'il en faut pour 20 sols de revenu que Roger de Granfort avait donné à Lyre, à Waton.

La charte qui se trouve dans la *Collection du Vexin*, t. XIII, n° 544, G. est reproduite dans le *Monasticon Anglic.* 2e éd., t. VI ^{2}, p. 1031, n° 1.

Quant à Roger, évêque élu de Saint-André, témoin de cet acte, il était fils de Robert de Beaumont, troisième comte de Leicester. Il fut grand chancelier d'Ecosse de 1178 à 1189; élu évêque de Saint-André en 1189 il ne fut consacré qu'en 1198 et mourut en 1202. La date du document est entre 1189 et 1198.

On rencontre encore une lettre de Robert III au Pape Alexandre III dans laquelle il parle des générosités de son père et de son grand-père envers Lyre, des paroles affectueuses de ce Pontife dans une lettre qu'il conserve soigneusement. Enfin animé par le souvenir de cette bienveillance il s'adresse au Pape pour qu'il protège les religieux contre un usurpateur des dîmes d'abord données à ses clercs : Pierre, médecin; Ada d'Ely, enfin peu de temps avant sa mort, aumônées à l'Abbaye de Lyre, en sa présence. « Or, ajoute-t-il, il n'est pas croyable qu'un homme aussi honnête et rempli de la crainte de Dieu, se trouvant à l'extrémité, ait donné ces dîmes aux religieux de Lyre s'il n'avait pas eu la certitude qu'elles n'appartenaient à personne, *porro tantus vir tam discretus et timens Deum nequaquam credendus est, presertim in extremis positus, eas loco venerabili et religioso legare voluisse, nisi certus esset, nulli antea assignatas fuisse.* »

(V. *Appendice* n° 4, dom Martene *Thesaurus*, t. I, p. 477).

sonnes, *omne utile* pour leur vêtement et chaussure, selon leur état, nourriture, et, sur ce point, ils auront plus et meilleur que les domestiques du prieuré, nommés *garçons de la libre famille*. Si, dans la suite, ils se rendent coupables de quelque faute considérable le prieur pourra les priver de tout, jusqu'à ce qu'ils aient satisfait au jugement du prieur et de ses frères, après la seconde et troisième monition.

3° *Caresbroc*. — Etienne Dupont dit que Guillaume Fitz-Osbern donna peut-être le prieuré de Carisbrooke à l'abbaye de Lyre, « si l'expression Bowcomb employée par le Domesday-Book 52-52 b. s'applique à cet établissement. (V. *Recherches historiques sur les compagnons de Guillaume le Conquérant*, 2° partie, p. 77).

Dans une transaction entre l'abbé de Lyre et Richard Nyeupore, écuyer, lieutenant de la Tour de Londres, en 1409, on lit que ce dernier s'oblige « de faire mettre et instituer au prieuré de Cares-
« broc telle personne que Lyre voudra y envoyer pour en faire
« l'administration en tant que procureur, à charge par iceluy de
« payer la ferme que le Roi levait durant la guerre, avec promesse
« de renvoyer dom Eudes des Ormes, alors procureur dudit prieuré,
« à Calais, et, ensuite avec sauf-conduit à Boulogne et le livrer à
« l'Abbé de Lyre ou à son Ordre.

« *Item* de faire mettre deux autres religieux de Lyre, pareille-
« ment envoyés par l'Abbé, l'un pour administrer les revenus de
« l'Abbaye dans la Marche et le pays de Galles, l'autre au prieuré
« de Hinckley, déjà en main séculière, s'obligeant de défrayer
« les religieux tant pour leur voyage que pour leur retour, avec
« sauf-conduit aller et retour.

« *Item* de faire accorder permission aux religieux de Lyre, en
« Angleterre, de faire sortir, en payant la ferme du Roi — droit
« de douane — tout ce qu'ils voudront envoyer à Lyre en or,
« argent, draps, joyaux, etc, sauf les armes ».

Le but poursuivi par le lieutenant de la Tour de Londres était d'augmenter les revenus de l'Eglise Collégiale de Notre-Dame de Beaulieu-le-Roy, dite abbaye de Beaulieu (1), ordre de Citeaux, promettant à l'Abbé de Lyre de le dédommager en lui achetant, en France, une rente de 50 livres avec un capital de 500 livres.

---

(1) Beaulieu-Royal, en New-Forest, abbaye cistercienne fondée par Jean Sans-Terre, en 1204.

« En dehors de ces trois prieurés, ajoute dom Guilloreau, l'abbaye de Lyre entretenait encore quelques moines à Lyre Ocle, Herefordshire, et à Llangkiwan, comté de Monmouth ».

Outre les chartes de Guillaume Fitz-Osbern (n° 19), d'Henri I*er* (1), d'Henri II, d'Edouard II (2), et d'Henri IV (3) rois d'Angleterre, confirmant ces donations, celles qui ont été publiées dans le *Monasticon Anglicanum* VI, 1047, il y en a une de Guillaume, évêque d'Hereford à la Bibliothèque Nationale (*Collection Moreau*, t. 276, p. 135) dont voici le résumé :

Guillaume par la grâce de Dieu très humble ministre de l'Eglise d'Hereford, à tous les fidèles de la Sainte Eglise éternelle bénédiction dans le Christ. Nous avons examiné avec grande attention une charte de Robert notre vénérable frère, de pieuse mémoire, jadis évêque d'Hereford, en faveur du monastère de Lyre afin de reconnaître les biens de ces religieux dans son évêché, laquelle confirmation était ainsi conçue : « A tous les fils de la Sainte
« Eglise Robert par la grâce de Dieu, évêque d'Hereford, salut
« dans le Seigneur. Rempli de sollicitude pour ces religieux que
« nous devons protéger afin que, délivrés des inquiétudes ter-
« restres, ils s'appliquent en toute liberté aux occupations célestes
« et pratiquent largement la charité envers les pauvres, nous avons
« reconnu comme leur bien, dans notre évêché : l'église de
« Tedeham, celle de Lidineia, de Lintonea, de Merkelai, de Hopa,

---

(1) Au bas de sa charte le Roi consent « qu'Hugues L'Ane donne à Lyre un certain manoir-ferme nommé l'*acre* et la terre de Sutone avec l'église de Hope et que les moines en jouissent comme au temps du roi Guillaume, son père, et de son frère. » *(Inventaire)*.

Edmond, fils d'Henri III, exempta les religieux de Lyre d'un droit de mutation sur le domaine de Gromont, en 1268, sauf les autres droits sur le prieuré de L'angkylkan, amovible à la volonté des moines.

(2) En 1313, 5° année de son règne, il confirmait huit acres 3/4 données par Renaud de Saint-Martin, plus trois *roder* de terre à Caresbroc. — En 1321, ce même roi approuvait le changement d'un grand chemin fait par le prieur et les religieux de Caresbroc, parce que ce chemin passait au milieu du prieuré.

(3) En juin 1409, ce roi permit aux religieux de Lyre de remettre entre les mains de l'abbé de Beaulieu le droit qu'ils avaient sur l'église de Newchurch, droit confisqué pour cause de guerre entre les deux pays.

« de Fonte-David, d'Orleslen, de Tanethebi, de Wilton. Et afin
« qu'ils s'adonnent davantage à leur ministère nous leur accor-
« dons un tiers des dîmes, oblations, etc. des églises susdites ou
« provenant de l'autel et des cimetières. » Heureux de suivre
cet exemple de Robert, notre prédécesseur, nous confirmons de
nouveau ces mêmes biens au monastère de Lyre et par la présente
charte revêtue de notre sceau nous lui en donnons l'attestation
formelle en présence de maître Jean de Colec. Reginald chapelain,
prieur de Neuwent (1), Osbert chapelain de Lurton, Rann de
Tamethebi, Milon de Muchegros, Henric. de Minières, Hugues de
Walford, etc.

Edouard II en 1313, 1314, 1321, Edouard III en 1356, à la
demande de frère Almaric de Pugneya (la Pugnenaye), moine de
Lyre et prieur de Caresbroc, confirmèrent les chartes précédentes
ainsi qu'Henri IV en 1409 (2).

Voici maintenant quelques notes relevées dans les chartes :
R..., peut être le Robert ci-dessus, évêque d'Hereford termine une
contestation entre Lyre et l'Abbesse de Alneston, puis confirme
tous les patronages des religieux dans son diocèse ; — cette charte
fut confirmée, en 1265, par Pierre, Evêque d'Hereford ; — ce même
Pierre en vidima une autre d'un de ses prédécesseurs H... qui avait
nommé l'Abbé de Lyre chanoine de son église, lui donnant une
stalle au chœur avec faculté d'y mettre un vicaire qui aura la portion de pain et de cervoise. Quand l'abbé ou son procureur seront
présents ils auront le même droit, plus leur part, comme chanoines, des oblations du maître-autel. A la mort de l'abbé ou d'un
de ses religieux le nom du défunt sera mis au martyrologe de
l'église d'Hereford et on fera les mêmes prières que pour les chanoines *et vice versa* dans l'abbaye de Lyre. Etienne, archevêque de
Cantorbéry, approuva cette union de prières ; — au nombre des
Evêques de Worcester nous trouvons : Wautier, Jean, Roger,

---

(1) Newent, Gloucestershire, prieuré dépendant de l'Abbaye de Cormeilles.

(2) Le chapitre de Winchester voulut bien, lui aussi, confirmer tous
les biens de Lyre en Angleterre. La charte commence ainsi : « Omnibus
presentibus fidelibus presentes litteras inspecturis Andreas prior sancti
Swithuni Winton, totusque ejusdem loci conventus eternam in Domino
salutem, etc. » (*Bibl. Nat.* mss. lat. 10061).

témoin d'une transaction entre Lyre et Joscelin de l'Isle; Henri, le 9 avril 1316; Wautier, archevêque de Cantorbéry en octobre 1323, dont la charte fut vidimée, en 1324, par Geoffroy du Plessis, évêque d'Evreux, etc; — Henri, évêque de Winchester en 1409; Guillaume, évêque de Landaff après 1190; Barthélemy, évêque d'Exeter; Robert, évêque de Salisbury en 1283; Robert, archevêque de Rouen; les abbés du Bec, de Jumièges, de Saint-Evroult et de Conches écrivent au Pape Honorius III, pour attester qu'ils ont vu une charte d'Etienne, archevêque de Cantorbéry, adressée aux religieux de Lyre afin de confirmer tous leurs biens dans sa province (ces chartes vont de 1217 à 1221): Geoffroy Ier, abbé de Lyre, confirme charitablement à Richard, chapelain du seigneur Henri du Neubourg, en 1187, l'église de Bastendem avec ses dépendances et la dîme de tout le domaine de Elamestède pour 2 marcs d'argent de rente; Henri, abbé du Bec, fieffe à Geoffroy, abbé de Lyre, le moulin de Warren moyennant 50 sols sterling;
« l'abbé et le couvent de Lyre permettent à Guillaume de Heine,
« de l'île de Wight, et à ses successeurs, d'avoir un chapelain pour
« célébrer tous les jours la messe dans la chapelle de son château de
« Stenbury (1), lequel pourra recevoir les droits ecclésiastiques, à
« condition de ne porter aucun préjudice à l'église de Godeshelle
« et que le chapelain sera soumis à Lyre ou à son procureur dans
« l'île de Wight, à charge par le dit Guillaume et ses successeurs
« de fournir deux cierges, un à chaque côté du grand autel de
« l'église de Godeshelle, qui seront allumés tous les jours depuis
« la préface jusqu'à la communion du prêtre. Il est permis aussi
« audit Guillaume d'exercer la justice sur les tenants de Lyre à
« Godeshelle (*Inventaire*, t. IV, page 333, s. d.). »

Enfin, le 24 juillet 1417, « en plein chapitre de l'Abbaye de Lyre,
« devant un notaire, on déposait un acte d'appel de la part de
« *Simon*, abbé de Lyre et de toute sa communauté, au Concile
« Général assemblé à Constance, au Saint-Siège ou au Souverain
« Pontife qui devait y être élu, ou au Concile Général suivant, et
« adhèrent à l'acte d'appel les religieux de Gand, en Flandre, de
« Jumièges, de Saint-Evroult et autres, pour demander raison des
« vexations dont ils se plaignaient de la part du Roi d'Angleterre

---

(1) Manoir situé sur le territoire de Whitwell, en l'île de Wight.

« Henri V, de ses officiers, du prieur et du couvent des chartreux
« de la maison de Jésus de Bethléem, fondée à Schene depuis peu,
« suivant la charte du même Roi faite le 1er avril 1415, en présence
« de l'archevêque de Cantorbéry, de l'évêque de Winchester,
« oncle et chancelier du Roi et de plusieurs autres évêques et sei-
« gneurs de la Cour, insérée en entier dans l'acte d'appel de l'Ab-
« baye, par laquelle ce prince avait saisi et donné au dit nouveau
« monastère des chartreux plusieurs biens appartenants aux dites
« abbayes de Gand, Jumièges, Saint-Evroult et à celle de Léone ; et
« tous les biens, manoirs, justices, fiefs, terres, tènements, églises,
« pensions, portions, aumônes et en général tout ce que Lyre pos-
« sédait en Angleterre et dans la Province de Galles, sauf du
« prieuré de *Hinckley* avec ses dépendances dans le comté de
« Leycester qu'il dit être de la possession de Lyre. Sa Majesté
« déclarant qu'au cas que les biens cy dessus donnés aux char-
« treux leur soient ôtés dans la suite, il leur assigne 400 livres de
« rente sur ses domaines et au cas que ce ne soit qu'une partie, les
« chartreux auront l'équivalent jusqu'à ce qu'ils aient un fonds de
« même valeur. Lyre en appelle donc de ce tort qui lui est fait
« par la privation de ces biens donnés aux chartreux, après que
« les célestins les avaient refusés sur l'offre de Sa Majesté ».

Bref, l'Abbaye de Lyre eut gain de cause puisque les religieux conservèrent ces biens jusqu'en 1692, les déclarations de temporel disant qu'il y avait plusieurs fiefs nobles, patronages, dîmes, etc. en Angleterre. Tout était perdu au moment de l'*Inventaire* sans qu'on sache pour quel motif ; mais il est bien probable que ce fut sous Henri VIII et que les déclarations auront continué d'enregistrer ces biens, avec l'espoir de les voir un jour restitués à leurs véritables propriétaires.

CHAPITRE QUATRIÈME

Abbés Réguliers. — Guillaume III de Ferrières. — Robert de l'Isle. — Richard de Leycester. — Jean Ier d'Almeneches. — Geoffroy de la Vallée. — Gilbert de la Haye; affaire des religieuses de Pontoise. — Robert II De Gauville. — Raoul II de Romilly. — Guillaume IV Héduart. — Hildier II. — Robert III. — Guillaume V Tesson. — Jean II. — Guillaume VI le Blond. — Guillaume VII. — Georges Nizier. — Astorge de Beauclerc. — Etienne du Pré-Simon de Monceaux et Guillaume le Bas.

Guillaume III, de Ferrières (1206-1216). *13° abbé.* — Au commencement du xiiie siècle, l'Abbaye de Lyre, grâce aux libéralités dont les chapitres II et III nous ont donné une idée, était entièrement reconstruite. Une superbe bibliothèque permettait aux nombreux religieux de s'adonner aux études sacrées et profanes, d'instruire les jeunes seigneurs, auditeurs empressés et avides qui affluaient au monastère bénédictin.

Issu de la noble et puissante famille des Ferrières, le nouvel abbé de Lyre pouvait, plus que tout autre, inspirer confiance à la noblesse des environs et par sa science et par sa vertu. Aussi non contents de lui confier leurs enfants, ces nobles lui offrirent (1), en plus, des aumônes, comme son parent, Hugues de Ferrières et Isabelle, son épouse, donateurs de deux gerbes de dîmes à Ormes, cédées par lui, peu de temps après, au chapitre cathédral d'Evreux (1212).

---

(1) Les rois eux-mêmes s'intéressaient à notre Abbaye. Le 7 janvier 1200, Jean Sans Terre était à Lyre et en partit pour revenir à Orival où il se trouvait le 11. Il y était encore le 7 janvier 1203, d'où il adressa la lettre suivante à Simon de Scuris : « Nous te mandons de délivrer le comte Albemar, que tu tiens prisonnier, en présence de son chevalier

Inutile de répéter ici toutes les donations faites à l'abbaye sous son abbatiat et qui ont fourni la matière des chapitres précédents. Il faut cependant remarquer, comme pour les autres monastères, que ces aumônes, nombreuses au XIIe siècle, allèrent sans cesse en diminuant, au XIIIe siècle. Ainsi sous *Guillaume de Ferrières*, il y eut une trentaine de donations, 4 ventes seulement ou achats; sous Robert II, vingt dons, une vente; sous Richard de Leicester, 24 dons; sous Jean Ier d'Almenesches, 63 donations contre 25 ventes; sous Geoffroy II, 9 donations pour 4 ventes; sous Gilbert II, les dons égalent les ventes, soit 25 environ; mais l'équilibre disparait dans la dernière moitié du siècle; sous Robert II de Gauville, il y aura 68 ventes pour 25 donations; sous Raoul II (1282-1288), huit ventes pour une donation; enfin, sous Guillaume IV Heduart, il y aura 40 ventes contre 3 donations. Au XIVe siècle, les ventes se multiplieront à cause des misères et des calamités de cette désastreuse époque.

Bien que l'union du prieuré du Désert avec Lyre ne se fit définitivement qu'en 1246, cependant dès cette époque Lyre le regardait comme une de ses dépendances, si nous en croyons une approbation donnée par l'abbé *Guillaume* à un bail fait par les ermites du Désert pour le moulin de Glos. La charte débute ainsi :
« A tous ceux qui verront ces lettres, frère *Guillaume* par la per-
« mission divine humble *abbé* du monastère de *Lyre* et tout
« le couvent du même lieu, salut éternel dans le Seigneur. Nous
« vous faisons savoir que nous avons ratifié la convention passée
« *entre notre prieur et les moines de notre prieuré du Désert* d'une
« part et Guillaume, dit Goout, chevalier, d'autre part, au sujet
« du moulin, dit de Glos, etc., et nous l'approuvons pour nous et
« nos successeurs, à perpétuité. » (n° 573).

La moulte de ce moulin avait été l'occasion d'une difficulté ter-

---

Guillaume d'Orival, et que tu me le fasses savoir par son messager Jean de Mausinuy. » (*Orival*, par Saint-Denis, p. 61.)

Philippe Auguste donna lui-même deux chartes pour faire rendre aux moines de Lyre les revenus qui leur appartenaient. La première de Mantes, au mois d'août 1203, au Prévôt de Pacy et la seconde à Guidon de la Roche, son fidèle ami, pour lui enjoindre de faire reconstituer à l'Abbaye ce qui lui était dû à Beaumont, d'après les chartes de Robert, comte de Meulan. (Dom Martène ; *Amplissima coll.*, t. I, p. 1042.)

minée par des arbitres désignés par le Pape Innocent III, réunis au chapitre de Lyre devant *Guillaume, abbé* de ce monastère, Robert, prieur, qui lui succéda, et frère Robert Le Masson, avec d'autres moines, prêtres, clercs et chevaliers en 1214. Les arbitres choisis furent : R., maître des écoles, Hairon, archidiacre des îles *Insularum*, et maître Guillaume Le Cheminant, chanoines de Coutances.

Guillaume de Ferrières avait été lui-même, peu de temps après son élection (1208), délégué par le Pape, et, en cette qualité, adjugea l'église de Villiers à l'Abbaye de Conches. Créé chanoine d'Héreford il contracta, selon la pieuse coutume du temps, une union de prières avec les chanoines de cette cathédrale. C'est ainsi que les moines du Bec célébraient *un trentain* conventuel pour ceux de Notre-Dame de Lyre et chaque religieux disait une messe basse (abbé Porée, t. I, p. 482).

Afin d'assurer à son abbaye la possession constante des terres, des dîmes et autres droits, cédés charitablement par les fidèles, notre prudent abbé les fit confirmer par Luc, évêque d'Evreux (*chartes* n° 38, 39, 152, 269, 305, 336) et par son chapitre en 1210 (*charte* n° 40).

Après avoir sagement administré son monastère pendant une dizaine d'années *Guillaume de Ferrières* mourut vers 1215 et ses religieux nommèrent à sa place, comme ils avaient fait pour lui, leur prieur : *Robert de l'Isle.*

ROBERT II DE L'ISLE (1216-1221), 14° abbé. La *Neustria* ne mentionne point cet abbé dans sa liste, car son nom ne figure dans aucune charte avec cette dignité. Il est incontestable, cependant, que, prieur en 1214, il fut choisi pour succéder à *Guillaume III de Ferrières* (1).

L'auteur du cartulaire de Maupas, seul, l'indique positivement en ces termes : ... *Roberto Insulano abbate de Lyra, anno Domini M° CC° XVII°, prioratus Sancti Nicholai de Capelles hoc modo sumpsit exordium.* C'est donc lui qui, vaincu par les instances de Luc, évêque d'Evreux et de Jourdain, évêque de Lisieux, voulut bien unir cette léproserie à son monastère et en faire un prieuré de son Ordre.

---

(1) La Roque cependant, dans son *Histoire de la Maison d'Harcourt*, le cite t. I, p. 207, en 1217.

On sait déjà le motif des inexactitudes de du Monstier d'après la lettre du moine de Conches (p. 5), mais la *Gallia* aurait pu éviter certaines erreurs dans ses listes d'abbés bénédictins. Ainsi, il est indubitable que Robert de Torigni a donné le nom des dix premiers abbés de Lyre, au nombre desquels ne figure pas l'abbé Paul, que la *Gallia* met au neuvième rang en disant « qu'il accepta la donation que Robert, comte de Leycester, fils de Pétronille, fit aux religieux de Lyre, de la chapelle de Saint-Aiglan, dans la forêt de Breteuil. » Or, en se reportant à cette charte (n° 38), on lit simplement que l'abbé Paul, *abbé de Leycester*, fut un des témoins de cette donation, *Testibus : Paulo abbate Leicestrie* ainsi que dans une autre de Robert IV (n° 301) pour confirmer (1) les dons de ses ancêtres. Auguste le Prévost et le Dictionnaire de l'Eure ayant simplement copié la liste du *Gallia* se trouveront rectifiés en même temps dans notre nomenclature, tout autant que dans les quelques erreurs que nous aurons sujet de relever.

Ainsi dans le cas présent la *Gallia* s'exprime en ces termes sur notre abbé de Lyre : « Robertus I de Insula *ex præposito abbas*, etc. », ce que Charpillon traduit par ces mots : « D'abord *prévost*, Robert Ier de l'Isle est mentionné comme abbé de 1216 à 1221 », alors qu'il était certainement *prieur* d'après la charte de 1214, *Roberto priore* (n° 572) et que la coutume des moines de cette époque était d'élever leur prieur au trône abbatial comme pour le suivant. Enfin la fonction de *prévost* n'existait pas plus dans les abbayes cisterciennes que bénédictines, on réservait cette charge aux laïques. Voici, une fois pour toutes, les dignités d'un monastère : abbé, prieur (2), sous-prieur, chantre, bibliothécaire, sacristain, maître des novices, portier, infirmier, hôtelier, médecin,

---

(1) Voir encore une charte de Roger du Houlme donnant sa terre de Chagny, en présence de Pétronille, comtesse de Leycester et de Paul, abbé, *Paulo abbate de Legrestrie* (n° 131).

(2) Autrefois, cependant, on donnait le nom de *prévot* à la première personne constituée en dignité et en autorité au-dessous de l'abbé, personne appelée depuis communément *Prieur*. (*Dict. de Trévoux*).

La *Gallia* et les auteurs qui l'ont suivie tout en nommant Robert du Chalet comme premier abbé de Lyre, n'ont pas mis à la suite de son prénom, Robert Ier, d'où, pour eux, Robert de l'Isle est Robert Ier, alors qu'en réalité, il est le deuxième abbé du nom de Robert, donc Robert II.

cellerier, réfectorier, grangier, boursier, chambrier, aumônier ou pitancier, rentier, marchand, intendant des eaux, maître des chariots, *vestiarius*, et maître des convers.

Robert de l'Isle mourut le 27 janvier, selon l'*Inventaire* et la *Gallia*, « en la fête de la bienheureuse Marie qui suit la translation de saint Benoît. Son nom, au nécrologe, figure le 20 août. »

Grand partisan de Philippe-Auguste, comme jadis ses prédécesseurs des ducs de Normandie, rois d'Angleterre, il le suivait souvent dans ses voyages. C'est ainsi qu'en 1217 il se trouvait près de lui quand Guillaume de la Chapelle s'enrôla pour la croisade. A partir de ce roi le monastère prit le nom de : *Abbaye royale de Notre-Dame de Lyre*.

RICHARD DE LEYCESTER (1221-1226), *15ᵉ abbé*. — A la mort de *Robert de l'Isle*, les moines déléguèrent deux d'entre eux vers Philippe-Auguste afin d'en obtenir la permission de procéder à l'élection d'un nouvel abbé. Ils étaient porteurs d'une lettre de leur prieur conçue en ces termes : « A son très excellent seigneur
« Philippe par la grâce de Dieu illustre roi des Francs, frère R...,
« prieur de Lire et l'humble couvent du même lieu, salut et assu-
« rance de prières! Nous faisons savoir à Votre Excellence, par
« nos frères porteurs des présentes, que notre pasteur et abbé,
« d'après la volonté divine, a été enlevé de cette terre et nous
« demandons pour Dieu que Votre bienveillance veuille bien nous
« accorder permission d'en élire un autre. Que Votre Excellence
« jouisse toujours d'une parfaite santé dans le Seigneur » (1).

Les envoyés trouvèrent le roi à Saint-Germain-en-Laye et obtinrent, sans difficulté, la permission sollicitée. La lettre d'autorisation s'exprimait ainsi : « Philippe par la grâce de Dieu, roi des Francs, à ses baillis normands auxquels parviendront ces

---

(1) « Excellentissimo domino suo Philippo, Dei gratia illustri regi Francorum, frater R.., prior Lire, et ejusdem loci conventus humilis, salutem et munus orationum. Significamus excellentie vestre, per fratres nostros, latores presentium, quod pastor et abbas noster, sic volente Deo, ex hac luce substractus est; et petimus pro Deo ut nobis alium eligendi vestra munificencia licenciam clementer concedere dignetur. Valeat excellencia vestra semper in Domino ». (*Cart. normand* p. 306).

L'Original scellé de ces lettres se trouve à la Bibl. nat. ms. lat. J. 345, n° 108.

lettres, salut. Des envoyés du couvent de Lyre sont venus vers nous, pour nous annoncer la mort de leur abbé et nous supplier humblement de leur permettre d'en élire un autre. Nous vous avertissons que nous leur avons octroyé cette permission, comme à l'époque des comtes de Leycester ils avaient coutume de l'obtenir, vous ordonnant de les protéger partout où ils auront des terres dans nos possessions et de les laisser en paix. Fait à Saint-Germain, l'an du Seigneur 1221, au mois d'août » (1).

On procéda de suite à l'élection et le prieur, *Richard de Leycester*, à l'unanimité, fut nommé abbé de Lyre.

Du Monstier n'a pas encore mentionné cet abbé dans sa *Neustria pia*! Il parle bien de la députation des moines, mais affirme que l'élu fut Godefroy qui, ajoute-t-il « eut en 1224 une entrevue avec Simon, abbé de Conches, pour traiter certaines affaires. Il mourut le 5 des Ides de mars ».

Inutile d'insister beaucoup pour relever toutes ces erreurs. Simon fut abbé de Conches en 1187 et en fut chassé par sentence du Pape, Innocent III, en 1199; Godefroy ou Geoffroy Ier gouverna celui de Lyre, depuis 1177 jusqu'en 1206, comme nous l'avons dit, par conséquent tout est erroné dans cette notice du pauvre Récollet.

Après avoir reçu la bénédiction abbatiale des mains de Raoul de Cierrey, évêque d'Evreux, *Richard de Leycester* s'occupa de son monastère pendant « quatre ans, quatre mois » dit la *Gallia*, puis chargé d'infirmités remit sa démission à Richard de Bellevue ou de Saint-Léger, successeur de Raoul de Cierrey, dans l'octave des Saints Innocents, 1225. Cette même année il reçut du Pape Honoré III une bulle et deux brefs. La bulle prenait l'abbaye de

---

(1) « Philippus, Dei gratia, Francorum rex, Baillivis suis Normanniæ, ad quos litteræ istæ pervenerint, salutem. Accesserunt ad nos nuntii Lyre conventus, abbatis sui nobis significantes decessum, et eligendi sibi Pastoris licentiam a nobis humiliter requirentes : super quo, vobis significamus, quod nos prædictis nuntiis licentiam concessimus eligendi, eo modo, quo temporibus Comitis Leicestriæ, eam consueverunt obtinere, vobis mandantes, quatenus res eorum, ubicumque fuerint in potestatibus nostris, eis in pace dimittatis. Actum apud S. Germanum in Laya, anno Domini 1220, mense Augusto. » (*Neustria Pia*).

Lyre sous la protection du Saint-Siège, confirmait tous ses biens, à condition de suivre la règle de saint Benoît, en maintenant tous ses privilèges, avec défense de bâtir dans l'enclave des paroisses de l'abbaye aucune chapelle ou oratoire sans le consentement de l'Evêque et de l'Abbé, sauf le droit pontifical. Un des brefs était adressé à l'abbé de Lyre, l'autre au prieur, pour les dispenser l'un et l'autre de connaître des causes souvent renvoyées par le Saint-Siège, ce qui les empêchait de veiller au gouvernement du monastère, à moins que dans celles qui pourraient leur être envoyées dans la suite, il ne fut mention des susdits brefs.

Au mois d'octobre 1224, *Richard* céda, de l'avis de ses religieux, une partie des droits de l'abbaye, dans la forêt de Breteuil, au roi de France, Louis VIII, en échange de 760 arpents de bois dans la Haye de Lyre, sauf « le paccage, l'herbage et la dîme des produits de la forêt, la liberté de leurs sergents et de six bourgeois de Lyre ». La charte débute ainsi : « Universis Christi fidelibus ad quos littere presentes pervenerint *Ricardus abbas Lire*, totusque ejusdem loci conventus, etc. ». Cette pièce a été publiée dans le *Cartulaire normand*, d'après *Dom Martène* et Léopold Delisle dit 88 arpents au lieu de 760 (t. I, p. 1192).

Cette différence provient de ce qu'il y a deux chartes : l'une du mois d'octobre et l'autre du mois de mars, beaucoup plus explicite (n° 335).

Richard de Leycèster figure à la date du 15 avril dans le nécrologe.

JEAN Ier D'ALMENESCHES (1226-1241), *16e abbé*. — *Jean*, comme ses devanciers, était prieur de Lyre avant d'en devenir abbé, par le choix unanime de ses religieux, dans l'octave de l'Epiphanie 1226 *in octava Epiphaniae ab omnibus una electus est abbas voce, qui cum Rogero abbate Uticensi pactum iniit anno 1229* » (1). — En 1227 *Jean, abbé de Lyre*, baillait à Jean de Préaux le fief de la Trochée, sauf le patronage de Gouttières, la taille et une acre de terre pour bâtir la grange, moyennant 60 sols, 27 septiers de grain, à la mesure de Lyre, avec défense de l'aliéner ou de le diviser entre ses héritiers, l'aîné seul devait succéder. C'était un demi-fief de haubert, aliéné plus tard pour 300 livres.

---

(1) *Gallia Christiana*.

Il existe encore de cet abbé un accord de 1238 passé entre lui et Jean d'Orbec au sujet de terres vendues par Guillaume Bobin de Chambrais. La charte s'exprime en ces termes « Universis Christi fidelibus presentes litteras inspecturis *frater Johannes, humilis abbas Lyræ*, et ejusdem loci conventus, etc. ». *(Charte n° 394).* — Grégoire IX lui adressa trois bulles. La première en 1230 permettant de célébrer l'office dans les deux chapelles de Saint-Martin d'Ancerns lorsqu'il y aura interdit, si le seigneur de la Ferté-Fresnel est absent; la deuxième, en 1234, pour confirmer tous les biens, immunités, franchises de Lyre, sauf la réduction que pourra faire, sur les dîmes, le Concile Général; enfin la troisième, en 1237, adressée à l'Evêque et au Chapitre d'Evreux, au sujet de Berville-la-Campagne qui venait d'être aumôné à l'abbaye par Guillaume des Minières, à condition que les religieux feraient une pension au vicaire et que le reste du revenu servirait à la réception des hôtes à Lyre. Cette dernière disposition fut changée en 1239 et réservée pour l'infirmerie des moines.

Pendant ses quinze années d'abbatiat il reçut plus de soixante donations, fit vingt-cinq achats, obtint dix-sept confirmations.

Quant à l'accord dont il est parlé entre lui et Roger, abbé de Saint-Evroult, il eut pour motif la permission donnée aux habitants d'un manoir, dit le *Champ Moteux*, d'aller à Garlenville, afin d'y recevoir les sacrements, d'y faire leurs oblations, à la réserve des dîmes. S'il meurt un domestique à cet endroit on agira comme pour un étranger, mais si c'est le seigneur, ou son épouse, Lyre aura la moitié des honoraires. Enfin si le manoir devient la propriété de l'abbaye ou si l'on bâtit près de lui ou dans la forêt une église, même une chapelle, elle dépendra de Lyre. Garlenville relevant de l'abbaye de Saint-Evroult avait nécessité cette transaction.

Jean Ier figure à la date du 30 mai dans tous les nécrologes de Lyre et de Saint-Evroult, vers 1241. La *Neustria* dit qu'il mourut le 3 des Calendes de juin.

GEOFFROY DE LA VALLÉE (1241-1246), *17e abbé*. — Le prieur de Lyre, *Geoffroy*, fut encore élu par les moines pour occuper le trône abbatial. Quoique la *Neustria* ne le mentionne point on a plusieurs documents où il est expressément nommé. D'abord un bail fait en 1243 à Guillaume Osmere par le *frater Gaufridus humilis abbas Lire* (Arch. de l'Eure H. 479); ensuite, « au mois de

« juin 1244, une transaction fut passée entre Henry de Saint-Léger,
« abbé du Bec, et *Geoffroy*, abbé de Lyre. Les religieux du Bec
« donnaient en ferme perpétuelle le moulin de Warren, avec un
« pré et ses dépendances, moyennant 50 sols sterling payables
« annuellement en deux termes, aux mains du procureur du Bec
« en Angleterre, dans leur manoir de Povington ; le Bec se réser-
« vait de se faire justice sur le dit moulin. (*Bibl. nat. lat.* 12.884,
« p. 342) (1). — Enfin l'abbé *Geoffroy* et son couvent approuvèrent la transaction passée entre le curé de Champ-Dominel et le
sieur Etienne des Essarts dont nous avons parlé au chapitre
deuxième (1243).

C'est sous son administration que commencèrent les démarches
pour l'union à Lyre du prieuré du Désert et qu'eut lieu un accord,
entre lui et l'abbesse de saint Sauveur d'Evreux, au sujet des dîmes
des Bottèreaux (n° 291).

Il se démit de sa charge entre les mains de *Gilbert II de la
Haye*, son successeur, qui l'envoya avec quatre vieillards vers la
reine Blanche, mère de saint Louis, pour la supplier de faire
cesser la persécution des religieuses de Pontoise contre Lyre.

Voici comment un manuscrit de Jumièges raconte cette affaire :
« Du temps de saint Louis, roy de France, et vers l'an 1240 et les
« années suivantes, les religieux de l'abbaïe de Lyre en Norman-
« die eurent beaucoup à souffrir, de la part des religieuses bernar-
« dines de Pontoise, qui prétendoient certains droits, à ce que je
« croi, en quelque église située en la comté de Bretueil, au pré-
« judice des dits religieux, ausquels elle appartenoit. Celui qui
« étoit le directeur et l'œconome des dites religieuses étoit un
« religieux de l'ordre de Cisteaux, homme intelligent dans les
« affaires temporelles, lequel étant fort zélé pour l'intérêt des
« dites religieuses, fut cause que, par de faux rapports qu'il fit
« auprès de la reine Blanche, mère de saint Louis, et leur fonda-
« trice, que les religieux de Lyre, après avoir été mis en prison
« par les officiers du roy en la juridiction de Bretueil, et après
« avoir été excommuniez par leur évêque diocésain, furent enfin
« exilez de leur abbaye. Entre lesquels il y en eut quatre qui se
« retirèrent en l'abbaye de Jumièges. L'un de ce nombre trans-

---

(1) *Histoire de l'abbaye du Bec*, t. II, p. 214.

« crivit, durant son bannissement à Jumièges, quelque ouvrage
« de saint Victor, ou de quelque autre père de l'Eglise, qui fut
« achevé la veille de Saint-Laurent et qui est à Lyre. »

Le *Recueil des Historiens des Gaules* (t. XXIII, p. 470) nous a conservé cette finale : « Iste liber est Sanctae Mariae de Lira,
« scriptus in claustro Gemmeticensi, anno Domini M° CC° L°, a
« fratre Gilleberto de Sancto Vincentio, monacho Lyrae, anno
« videlicet exilii nostri. Hoc exilium causatum est a monialibus
« Regalis Montis, propter forestam Britogili Lirenses valde infes-
« tantibus, favente regina, etc. » — (*Ex. cod. lat.* 14.186, p. 35).

Geoffroy de la Vallée est inscrit au 4 juin dans le nécrologe de Saint-Evroult.

GILBERT DE LA HAYE (1246-1262), *18° abbé*. — La *Gallia* met avant cet abbé un Raoul qui fut envoyé, dit-elle, « par son successeur vers la Reine Blanche avec le prieur et quatre vieillards afin de la fléchir ». Or nous avons vu plus haut que ce fut *Geoffroy de la Vallée*, démissionnaire en faveur de *Gilbert de la Haye*, qui se chargea de cette délicate mission.

Quant à l'abbé de Lyre, fort de son bon droit, il se montra, en cette circonstance, d'une énergie invincible. Poursuivi par les officiers royaux, excommunié par son évêque, chassé de son abbaye, exilé à Jumièges, rien ne put le faire céder et sa persévérance finit par triompher de tous les obstacles.

Voici comment la chronique de Lyre raconte le sujet de cette terrible épreuve : « Au dit an, savoir 1249, dès les premiers jours
« du mois d'août sous le gouvernement de la reine Blanche, il
« s'éleva contre le monastère de Lyre une persécution telle que
« jamais, depuis sa fondation, il n'en avait éprouvé une sem-
« blable. Les moniales de Sainte-Marie Royale près Pontoise, en
« effet, s'efforçant de nous enlever nos droits dans la forêt de
« Breteuil, excitèrent contre nous, par les mensonges de leurs
» méchants conseillers, la Reine et ses baillis qui nous firent
« mille avanies. Le roi Louis, en effet, avait donné un morceau de
« la forêt de Breteuil, du côté de Guernanville, aux moines de
« Royaumont qui, selon leur habitude, partagèrent ce terrain
« entre des cultivateurs chargés de leur payer un cens annuel.
« De cette terre nous achetâmes, aux mêmes conditions que les
« paysans, un petit lot sur lequel nous nous proposions et nous
« avions commencé à bâtir une chapelle. Mais réfléchissant qu'il

« ne serait pas convenable que l'emplacement de cette chapelle
« fut tributaire de quelqu'un, on nous conseilla d'aller trouver le
« roi à Pacy et de lui demander deux acres de terre, libres, pour
« la chapelle et le cimetière, lui prouvant nos droits dans la
« forêt de Breteuil, c'est-à-dire que nous en avions toute la dîme,
« donnée jadis par notre fondateur. »

Sans doute leur demande fut favorablement accueillie, car, la même année, ils obtinrent de Jean, évêque d'Evreux, un mandement pour faire mettre un clerc, nommé Martin, en possession de l'église de Saint-Christophe de Longuemare nouvellement construite. C'est celle qui fut connue sous le nom de Saint-Christophe des Baux-de-Breteuil.

Or les religieuses de Maubuisson qui avaient obtenu du roi saint Louis, en 1246, près de 900 acres dans la forêt de Breteuil, justement dans le quartier de Longuemare, revendiquèrent aussitôt le patronage de la nouvelle chapelle et la reine Blanche les appuya fortement.

Gilbert de la Haye quoique condamné, exilé à Jumièges, ne se découragea point et eu recours au Souverain Pontife. Son séjour dans la célèbre abbaye est constaté par le passage suivant des *Historiens des Gaules* :

« Comme l'on travailloit, l'an 1701, à démolir les fondemens
« de l'ancien dortoir de l'abbaïe de Jumièges, l'on y trouva le
« sceau fait d'estain d'un abbé de Lyre, nommé Gilbert, lequel
« étoit enfermé en une lamme de plomb, et sur le fondement
« d'un pillier qui faisoit l'entrée de la cave qui s'étend le long du
« petit dortoir où loge le R. P. Prieur. Ce sceau ainsi trouvé
« pourroit bien avoir été celui d'un abbé Gilbert, lequel se trouve
« au catalogue des abbez de Lyre au temps de ce bannissement,
« et qui se seroit retiré pour lors à Jumièges avec ses religieux,
« et lequel aussi auroit été prié par l'abbé de Jumièges ou en son
« absence par le Prieur de ce monastère de mettre la première
« pierre servant de fondement à la dite cave et où il auroit laissé
« son sceau en mémoire de son séjour à Jumièges. »

A cette note était annexé un dessin de ce sceau : un abbé avec cette inscription : ✝ SIGILLVM. GISLEB, TI. ABBATIS. SCE. MARIE. LIRE. (*Hist. des Gaules*, t. XXIII, p. 469 à 470).

Le Souverain Pontife avait délégué l'official de Paris pour examiner cette affaire délicate entre Blanche de Castille et de pauvres moines. Mais à cette époque la question de personnes importait peu, le bon droit de chacun seul formait le point à déterminer. C'est pourquoi, en avril 1251, l'official adjugeait à l'abbaye le patronage de l'église des Baux et la dîme des novales de la forêt de Breteuil. Quelques années après, les religieuses de Maubuisson, découragées sans doute par l'issue de leur procès, cédaient à l'Evêque d'Evreux, au mois de février 1256, la meilleure partie des droits que saint Louis leur avait conférés, notamment les 978 acres de Longuemare et les 65 du désert, vente confirmée par le roi et par l'abbé de Citeaux en 1257. (*La classe agricole*, par Léopold Delisle, p. 414).

Innocent IV après la sentence de l'official de Paris adressa une bulle à *Gilbert de la Haye*, abbé de Lyre, afin de l'absoudre, lui et ses moines, des censures et de l'excommunication encourues par le passé, avec dispense pour ses religieux de certaines pratiques qui n'étaient point de la substance de la règle (1251). — Avant toute cette persécution le même Pontife avait adressé un bref à Gilbert de Saint-Aubin, chanoine de Lisieux, avec ordre d'examiner les plaintes de l'abbé de Lyre contre quelques laïques des diocèses de Rouen et d'Evreux, usurpateurs de plusieurs terres, dîmes et possessions. Alexandre II renouvela cet ordre par son bref adressé au prieur de Sainte-Catherine de Rouen en 1259 et confirma lui-même, l'année suivante, tous les biens de Lyre par une bulle dont une copie existe au dossier de Rugles.

Le fameux Eudes Rigaud, archevêque de Rouen, vint trois fois visiter l'abbaye de Lyre sous *Gilbert de la Haye*. D'abord le xiv des calendes de juillet 1255 : « Nous avons trouvé 60 moines,
« dit-il, dont 22 prêtres. On ne lit par les statuts du pape Gré-
« goire IV, nous avons ordonné de les lire au moins trois fois par
« an. Ceux qui sont en voyage ne jeûnent pas, nous leur avons
« recommandé de garder en cela la règle. Dans les prieurés on
« mange de la viande, nous leur avons ordonné de se corriger. Ils
« ont deux mille livres de revenu et doivent environ douze
« cents livres. Nous leur avons recommandé de produire en
« chapitre les comptes généraux, en présence de toute la commu-
« nauté ; quant aux comptes particuliers de les établir au moins
« chaque mois devant l'abbé et quelques élus du couvent; que *le*
« *grainetier* rende compte de ses recettes : de même nous avons
« averti l'abbé de ne point contracter d'emprunt sans l'avis de

« son chapitre, de ne pas s'emporter contre les frères, repris en
« chapitre, de s'occuper davantage des malades, sans quoi nous
« serions obligés de sévir contre lui selon le droit. »

Nouvelle visite le III des nones de mai 1258 : « Il y avait
« 42 moines et quatre convers, sur lesquels vingt prêtres. Ils
« usent de chair dans les prieurés, nous avons ordonné à l'abbé
« d'infliger une peine à ceux qui en mangent sans nécessité et
« contre la règle. On leur devait autant qu'ils devaient. Les pro-
« visions, sauf le vin, sont suffisantes pour l'année. Le revenu
« est de 2.000 livres. L'abbé sortait et voyageait plus que les
« affaires du couvent ne le demandaient. Nous avons reçu 10 livres
« 11 sols 2 deniers pour notre visite. »

Enfin dernière visite au VIII des nones de mai 1269. « Par la
« grâce de Dieu nous sommes arrivés à l'abbaye de Lyre. Après
« avoir prêché dans le chapitre, avec l'aide de Dieu nous avons
« procédé à la visite. Il y avait 37 moines présents, tous prêtres,
« sauf sept; il y avait 15 religieux en Angleterre. Nous avons
« trouvé manque de confessions fréquentes, nous avons expres-
« sément ordonné qu'on se confesse plus souvent, de mieux
« garder la clôture et de mettre une porte à l'entrée du cloître. On
« faisait chaque jour l'aumône. Ils devaient 1.800 livres, dont
« huit cent soixante-six à usure. Ils avaient eu, disaient-ils, de
« grandes pertes en Angleterre. Nous avons reçu notre droit de
« visite, mais sans compter. »

L'affaire de Berville s'était aggravée depuis 1239 : l'Evêque
d'Evreux, l'archidiacre d'Ouche Pierre de la Houssaye et R. des
Minières, vicaire de Berville, disputaient la dîme à l'abbaye de
Lyre. Eude, trésorier du Chapitre de Bayeux, Roger du Val et
Anger, trésorier et chanoine d'Evreux, délégués par le Souverain
Pontife, ménagèrent une transaction, ratifiée le 8 août 1252 par
frère Aubry, prieur de Lyre; le 9 août par *Gilbert II de la Haye*;
le 10 par l'archidiacre d'Ouche, par Jean II de La Cour d'Aubergenville, etc. (*Arch. de l'Eure*, G. 122, n°s 269, 270, 271,
275, etc.).

Léopold Delisle dans sa *Classe agricole* a donné, page 667, un
bail, pour 12 ans, de la terre des moines de Lyre, à la Barre, du
10 mai 1247, qui débute ainsi : « Universis presentes litteras
inspecturis, officialis, etc. Noveritis quod, in nostra presentia
constituti, G., *humilis abbas Lire*, et conventus ejusdem loci, etc. »,

bail qui prouve la présence de *Gilbert de la Haye* comme abbé de Lyre dès le 10 mai 1247. — On possède encore le compromis passé entre l'Abbé *Gilbert* et Mathieu du Bois-Anseray, au sujet du moulin de la Vieille-Lyre dont nous avons déjà parlé :
« A toz cels qui ces présentes lettres verront, *frère Gillebert, abbé de Lire*, et Maceu, segnor de Bois Ancéré, etc. » (Janvier 1254, n° 99).

Gilbert de la Haye dut mourir en septembre 1261 puisqu'il est inscrit au nécrologe le 28 de ce mois et que son successeur paraît dans un acte de juillet 1262. Or l'année commençant à Pâques son décès remonte au mois de septembre 1261.

ROBERT II DE GAUVILLE (1262-1282), *19e abbé*. — La pièce dont nous venons de parler est un échange entre notre abbé et Gilbert de la Haye, chevalier, au sujet d'un pré sis à Saint-Aignan de Glos, dit le *pré du Vivarais* : en voici les premières lignes :
« Universis ad quos presens scriptum pervenerit *frater Robertus, abbas Lire*, totusque ejusdem loci conventus eternam in Domino salutem, etc.; Actum anno Domini M° CC° LX° secundo, mense Julio » *(Charte n° 281)*. L'année même de son élection il rédigea de nouveaux statuts, dit la *Gallia*. Il y a de plus un bail du mois de Mars 1262 fait par *Robert* à Jean de Bray, dit le Moine :
« Sciant presentes et futuri quod ego Johannes de Bray dictus Le Moine recepi a viris religiosis domino *Roberto tunc abbate* monasterii beate Marie de Lyra et conventu ejusdem loci, quoddam herbergamentum apud Chaaigne in parochia Sancti Egidii de Nova Lyra, etc. — Actum anno Domini M° CC° sexagesimo secundo, mense martio. » (*Arch. de l'Eure*, H. 487).

Comme pour ses prédécesseurs : Gilbert de la Haye, Geoffroy de la Vallée, Jean d'Almenesches, Richard de Leycester, Robert de l'Isle, Guillaume de Ferrières, etc., il serait assurément téméraire de l'identifier avec la famille de Gauville, d'autant plus que renonçant au monde ces seigneurs ne cherchaient point à conserver, sous la bure, ses vanités et ses titres pompeux. Les moines, sans doute, se recrutaient alors plutôt dans la noblesse que dans le peuple, mais malgré cela nos abbés ont pu prendre le nom de leur pays natal, moins sujet à l'orgueil que celui d'une illustre famille. Pour Gilbert de la Haye, en particulier, il eût été tentant d'établir un rapprochement entre lui et les chevaliers de ce nom, qui, à la même époque (1), se montrent les bienfaiteurs de l'abbaye, comme à l'égard de Guillaume de Ferrières. Cependant ces coïncidences ne sont pas assez certaines et la conclusion qu'on en pourrait tirer serait loin d'être d'une exactitude rigoureuse, qualité indispensable en histoire. On ne peut, en effet, écrire une phrase, affirmer un fait, qu'à la condition d'avoir le document sous la main et un document de première main, non une copie, à moins qu'elle ne soit collationnée sur l'original par quelqu'un de compétent, puis signée et reconnue comme telle. En général, pour Lyre, nous avons les pièces originales qui empêchent toute erreur.

C'est ainsi que *Robert de Gauville, abbé* de Lyre, mentionne, dans une charte du 9 mars 1278, les conditions fixées par le roi de France, Philippe le Hardy, pour reprendre la dîme de la chasse, jadis aumônée aux religieux par Robert, comte de Leycester : « *Universis presentes, etc. frater Robertus... abbas monasterii beate Marie de Lyra, etc.* », qui accepte en échange 100 sols tournois, à Noël, sur la prévôté de la Neuve-Lyre, « Actum anno Domini M° CC° septuagesimo octavo, mense Martio » (*Cartul. norm.* n° 934); dans une autre du mois de décembre 1281, il raconte qu'après de nombreuses sollicitations il finit par obtenir du même roi la permission de vendre la terre défrichée aux environs du clos de leur prieuré du Désert (*Cart. norm.* n° 981); en l'octave de la Saint-Martin d'hiver 1264 Guillaume Corde faisait avec lui un accord au sujet de la tutelle de Guillaume le Galois « ad virum religiosum dominum meum *Robertum,* Dei gratia *Abbatem de Lira* » (*Charte* n° 330).

Robert de Gauville obtint en 1264 une bulle d'Urbain IV, confirmant la charte donnée en faveur de Lyre par Raoul, jadis évêque d'Evreux, évêque et cardinal d'Albano. Malgré toutes ces confirmations les abbés défendaient difficilement leurs biens contre les seigneurs et les officiers royaux. Ainsi sous Louis IX, en 1258, on fit une enquête au sujet d'une vigne située à l'endroit dit *Sausse-Fontaine,* vigne qui était disputée par Adam de Pacel,

---

(1) Voir les chartes n° 280 (Gilbert de la Haye, chevalier, témoin en 1259); n° 281 (échange entre Robert, abbé de Lyre, et Gilbert de la Haye, en 1262); n° 282 (charte du même); en 1224, Raoul de la Haye, etc.

prêtre, lequel affirmait que cette pièce du domaine royal relevait du roi. L'enquête conclut que les preuves de l'abbé de Lyre sont insuffisantes (*Olim.*, t. I, p. 58, xvi). Simon de Pognens, clerc du roi, fit aussi une enquête par le bailli de Verneuil afin de savoir comment, et en vertu de quels droits, l'abbé de Lyre exerçait la justice dans sa terre de Lyre, depuis quelle époque, sur quelles personnes et de même depuis quand le roi exerçait son droit judiciaire sur les terres de l'abbaye. *Robert de Gauville* produisit les chartes contenant ses droits. L'enquêteur n'y trouva pas tout ce que l'abbé s'attribuait, surtout le droit *de placito ensis*, plait de l'épée, c'est-à-dire droit de connaître des causes les plus graves (*Olim.*, t. I, p. 81, xii. an, 1259).

Le lundi avant la fête de sainte Marie-Madeleine, 20 juillet 1282, *Robert de Gauville* donnait sa démission, ainsi qu'en fait foi la lettre de « Robert, prieur de Lyre, à Philippe, roi de France, pour demander la permission de procéder à une nouvelle élection, leur abbé, Robert (de Gauville) ayant donné sa démission ». (*Cart. norm.* n° 994). Il figure au nécrologe de Saint-Evroult à la date du 29 mars, au 28 janvier dans celui de Lyre et la *Neustria* met sa mort au 13 des calendes de septembre (1).

RAOUL II DE ROMILLY (1282-1296), *20e abbé*. — La bibliothèque d'Evreux possède un manuscrit de Lyre (n° 21) intitulé : *Sermones quos collegit frater R... de Rommilleio* : c'est ce moine studieux qui devint abbé. « Nicolas, évêque d'Evreux, reçut en effet, le 3 août 1282, la résignation de frère Robert et la permission donnée par le Roi aux religieux d'élire un autre abbé, puis accepta comme élu frère Raoul de Romilly, moine de Lyre, qui lui fut présenté à la fête de l'Invention de Saint-Etienne. Donné à Broville *die lune predicta, anno Domini M° CC° octogesimo secundo.* » (*Cart. norm.*, n° 999).

Il était déjà religieux au couvent de Lyre dès 1244, car on le trouve comme témoin dans une reconnaissance passée à cette date *in presentia domini Gaufridi, abbatis, Radulfi de Romillo et*

---

(1) L'abbé Caresme, dans ses notes manuscrites conservées aux Archives de l'Eure, dit que « *Robert de Gauville* fit un traité, en 1279, avec Pierre de la Cambe, XVIIe abbé du Bec et qu'en 1268 il était à l'Echiquier de Rouen avec Jean d'Harcourt, Henri du Neubourg, etc. »

Henrici de Paceio... monachorum. (*Arch. de l'Eure*, H. 440). Les seigneurs, pensant qu'ils pouvaient tout se permettre avec un vieillard jouissant d'une mauvaise santé, ou s'emparèrent des biens du couvent ou refusèrent d'en payer les fermages.

Raoul de Romilly dut recourir aux Souverains Pontifes qui intervinrent à plusieurs reprises. D'abord Martin IV écrivit un bref au chantre de l'église d'Evreux — ce devait être Raoul d'Harcourt — lui ordonnant d'empêcher « certains comtes, barons, chevaliers, etc., de s'emparer des châteaux, fermes, terres, manoirs, etc., de Lyre et d'obliger les détenteurs de ces biens à les rendre, sans cependant employer l'interdit pour obtenir ce résultat. » Nouveau bref au chantre d'Evreux qui doit « s'informer de la justice des plaintes contre ceux qui ayant pris à rente annuelle des immeubles de Lyre refusaient d'en payer les fermages (1), puis de les contraindre, après avertissement, par censure ecclésiastique. » Enfin Martin IV confirmait par une bulle tous les biens du monastère et par une seconde accordait aux religieux, en cas d'interdit général, de célébrer l'office, portes fermées et sans sonnerie de cloches (1283).

Le chantre d'Evreux ne put rien obtenir des accapareurs, c'est pourquoi Nicolas IV envoya une bulle au prieur de Saint-Etienne de Caen « pour forcer, même par censure ecclésiastique, les détenteurs des biens de Lyre à les rendre à leurs légitimes propriétaires, 1290 ». Enfin le même Pape adressait, en 1292, pour le même motif, un bref au doyen de Mortagne, bref qui, très probablement, n'eut pas de meilleurs résultats.

Alors *Raoul de Romilly*, accablé d'infirmités, convaincu qu'un jeune abbé aurait plus d'influence sur ces rebelles, remit sa démission entre les mains de Nicolas d'Auteuil, évêque d'Evreux,

---

(1) Parmi eux se trouvait Robert le Veneur que Philippe IV dit le Bel força, le 22 mai 1312, à payer la dîme de certains héritages à la Neuville Chandoisel et Jean le Veneur, son héritier, qui y fut contraint par Charles le Bel, le 7 mai 1326. De 1316 à 1333 il y a neuf brefs de Jean XXII afin de revendiquer les biens de Lyre, au sujet du différend entre Lyre et le prieuré de Grammont dans la forêt de Beaumont, etc. Philippe le Long avait ordonné déjà, en 1319, à ses gens de l'Echiquier de Rouen de forcer Aubert de Hangest à payer aux religieux la dîme et redîme du Pont-Saint-Pierre.

vers 1288, disent les uns, vers 1290 disent les autres, ou même en 1296 selon la *Gallia*, le lundi après la Saint-Martin d'hiver.

Que la *Neustria* se trompe parfois sur nos abbés de Lyre on le comprend, mais avancer que le Pape Célestin IV confirma tous les biens de Lyre en 1293, alors que ce Pontife ne gouverna l'Eglise que 18 jours, en 1241, cela dépasse les bornes et ne peut s'expliquer. Peut-être du Monstier a-t-il voulu dire Célestin V, mais il ne fut élu qu'en 1294, abdiqua bientôt, fut emprisonné par ordre de Boniface VIII (1294-1303) et mourut en 1296.

GUILLAUME IV HEDUART (1297-1329), *21ᵉ abbé*. — Les moines de Lyre, après la démission de leur abbé, obtinrent du roi la permission d'en élire un autre et portèrent leurs suffrages sur *Guillaume IV Héduart* qui occupa, jusqu'en 1329, le trône abbatial.

La cure de Chandoisel pendant sa longue administration lui créa de nombreuses difficultés malgré toutes les transactions, interventions des évêques, archevêques, des Papes eux-mêmes! Il s'agissait de la question des dîmes qui devait, dans la suite, causer tant de procès aux gros décimateurs. En octobre 1305 se place une transaction entre *Guillaume, abbé de Lyre*, et Drocon le Bouteillier, curé de cette paroisse, mort le 3 août 1320. — Raoul, trésorier de l'église d'Evreux, en vertu d'une bulle de Clément V confirmant, l'an 1312, le droit de Lyre, mit l'abbaye en possession réelle et actuelle de la cure vacante par ce décès. Mais, au mois de décembre 1320, Philippe le Long, malgré l'opposition des religieux, présentait à ce bénéfice parce que, disait-il, l'église était enclavée dans le fief du roi. Les moines supplièrent Sa Majesté de ne pas user de son droit à la rigueur, ce à quoi il consentit : « par
« la considération particulière qu'il sçavait que le Roy, son père,
« avait eue pour l'abbé à cause de sa bonne conduite, de la
« pureté de ses mœurs et de la bonne observance qu'il entretenait
« dans le monastère : en reconnaissance de ce désistement les
« religieux offrirent libéralement de dire chaque semaine une
« messe du Saint-Esprit, tant que ce prince et la reine, son épouse,
« vivraient, et, qu'après leur mort ils diraient une messe *pro
» defunctis.* »

Ce témoignage rendu par le roi à notre abbé et à ses religieux nous prouve que l'abbaye de Lyre remplissait avec édification le rôle assigné par ses fondateurs. On s'étonne parfois en lisant l'histoire d'un grand monastère comme ceux du Bec, de Lyre que les actes de donation, d'achat, de transaction, les procès, etc., tiennent une place énorme et on est tenté de conclure que les moines ne s'occupaient que de leurs possessions. Conclusion archi-fausse, car si on établit une moyenne de ces actes nécessaires, la moyenne ne dépasse pas cinq par an, incapable donc de troubler les religieux dans leurs prières, leurs études ou leurs autres travaux. L'affirmation et le certificat du roi ne font que confirmer cette remarque, qui a bien son importance pour un certain nombre de lecteurs.

De plus l'uniformité de la vie monastique, en dehors de ces questions temporelles, ne donne lieu à aucune mention tant que la règle est observée et que les malheurs publics ne viennent pas distraire les religieux dans leurs saintes occupations. C'est le cas de répéter pour eux ce qu'on dit des peuples : « Heureux ceux qui n'ont pas d'histoire ! »

Revenons au patronage de Chandoisel. Jean XXII ordonna que Guillaume *du Cellier*, nommé à la cure de la Neuville, par l'archevêque de Rouen, resterait pourvu du bénéfice, uni à Lyre par le Pape Clément V, et qu'après la mort du titulaire, ou sa démission, l'abbé et ses religieux nommeraient son successeur à condition de lui assurer une pension convenable *(Inventaire de Lyre*, 1323). — Le cas se présenta l'année suivante, avant même l'appel de la Bulle de Jean XXII, par le décès de Guillaume du Cellier et l'archevêque de Rouen nomma, sur la proposition de *Guillaume IV*, Robert le Teinturier vicaire perpétuel « avec obli-
« gation de résider, de payer les droits de l'archevêque, ceux du
« synode, de l'archidiacre et de tous ceux qui tombent à la charge
« de la dite Eglise; voulut que ce bénéfice vacant vint en déport,
« que le vicaire aurait la maison presbytérale, toutes les oblations
« et tous droits, tant du mortuaire que autres, tous les pains dus
« aux fêtes solennelles, la dîme du chanvre, des pommes, des
« poires, fruits des arbres, des poulets, oies, fromages, sans rien
« prétendre aux autres biens et revenus réservés à l'Abbaye. »
(Inventaire de Lyre).

Outre l'accord de Lyre avec le curé de la Neuville pour les dîmes, en 1305, il fallut en faire un avec Robert le Veneur, chevalier, pour 80 acres, données par le Roi Philippe le Bel à ses ancêtres dans la forêt de Longboil; puis avec l'abbé de Saint-Ouen de Rouen. On décida, au mois d'août 1323, que toutes les dîmes seraient partagées entre les deux abbayes, sauf les novales de la Lande qui resteront à celle de Lyre.

La bonne renommée de l'abbaye de Lyre lui attirait sans cesse de nouveaux membres. Dans un manuscrit de son ancienne bibliothèque (n° 4, fol. 151, *Bibl. d'Evreux*) nous trouvons, à la date de 1321, que les novices suivants ont pris l'habit : « Johannes Pepin, Johannes Piquelier, Johannes de Gournayo, Petrus de Elemosina, Richardus de Frigidomonte, Garinus de Seulez, Johannes de Conchis. » — En 1329 Wautier, abbé de Hide, près Winchester, s'estimait très heureux de contracter avec *Guillaume IV* et ses religieux une union de prières; — en 1320 le roi de France lui-même, Philippe le Long, vint visiter ses bons religieux (*Historiens des Gaules*, t. XXI, p. 483). Son père, Philippe le Bel, avait, comme il disait lui-même en 1321, la même estime et pour l'abbé et pour les moines.

La bulle de Clément V, datée de Vienne le 29 avril 1312, le prouve amplement : « Philippe, roi de France, touché de compassion pour la pauvreté de l'abbé et du couvent de Notre-Dame de Lyre, ordre de Saint-Benoît, au diocèse d'Evreux, leur avait cédé son droit de patronage de l'église Saint-Martin d'Ambenay (rendu aurait été plus exact, car Lyre avait reçu ce droit en 1226 de Jean du Bouley et le pape Grégoire IX l'avait confirmé en 1234) droit qu'il possédait alors, pour le repos de son âme, en sorte que les revenus de cette église, sauf la portion réservée au vicaire perpétuel, fussent employés à la réception des hôtes et aux œuvres de piété » (1). Le Pape confirme ce droit ainsi que celui de Chandoi-

---

(1) « Philippus Francorum rex, compatiens paupertati Abbatis et conventus monasterii Beatæ Mariæ de Lira, ordinis S^{ti} Benedicti, Ebroïcensis diœcesis, jus patronatus parochialis ecclesiæ S^{ti} Martini de Ambenayo, Ebroïcensis diœcesis, quod ipse tunc habebat, prædictis cesserat, pro remedio animæ suæ, ita ut fructus hujus ecclesiæ, reservata congrua portione vicario ibidem perpetuo servituro monachi obtinerent, ut facilius hospitalitatem impenderent et operibus pietatis vacarent. Clemens precibus Philippi annuit, predictam ecclesiam Sancti Martini et parochialem ecclesiam beatæ Mariæ de Cantuavis, cujus patroni abbas et conventus præfati existunt, Rothomagensis diœcesis, eisdem monachis in proprios usus deputans, ita ut cedentibus vel

sel afin d'être agréable au roi. Le doyen de Chartres, l'archidiacre et le chantre de Rouen furent chargés par Clément V de mettre les religieux en possession des revenus, sitôt que le titulaire viendrait à mourir ou à démissionner.

Après avoir mentionné que sur la présentation de *Guillaume IV*, en 1303, Mathieu des Essarts nomma Geoffroy de Balines à la cure des Bothereaux et à la chapelle du seigneur; puis qu'en 1323 il fit un bail à ferme perpétuelle « au sieur Jehan le Prévost du manoir de Montigni, près Rugles, et tout le fief qui en dépend pour le tenir à foi et hommage de l'abbaye, moyennant 14 livres de rente annuelle », nous aurons dit tout ce qui intéresse cet abbé édifiant.

HILDIER II (1330-†1331), *22º abbé*. — *Hildier II* fit acte d'obédience entre les mains de l'Evêque d'Evreux le mardi après la Pentecôte 1330 (5 juin), en présence de Robert de Brucourt, doyen du chapitre, et mourut l'année suivante. (*Archives de l'Eure*, G. 122, nº 420). L'*Inventaire* dit qu'il fut le 22e abbé mais avoue n'avoir pas rencontré son nom dans les documents. Le suivant lui est également inconnu et ne figure pas dans sa liste des abbés de Lyre. Inutile d'ajouter que la *Neustria* garde sur eux un profond silence !

ROBERT III (1332-1334), *23º abbé*. — C'est par le cartulaire du Chapitre d'Evreux (G. 122, nº 422) que nous savons qu'il prêta serment en 1332 et que nous pouvons changer le *dicitur* de la *Gallia* en certitude. Il faut donc rectifier l'ordre suivi par le

---

decedentibus modernis rectoribus, vel alio modo hisce ecclesiis vacantibus, earum apprehendant corporalem possessionem, cujusquam assensu minime requisito, reditusque retineant, servata portione vicariis, ut valeant congrue sustentari et onera sibi incumbentia supportare, et etiam metropolitani, diœcesani, archipresbyteri vel decani locorum in omnibus jure salvo. Infrascripti executores, abbatem et conventum vel eorum procuratorem in corporalem possessionem, cedentibus vel decedentibus rectoribus, inducant prædictarum ecclesiarum, et inductos defendant.

Dilectis filiis... decano Curnotensis, etc... archidiacono ac cantori Rothomagensis etc... Datum Viennæ III Kal. maii, anno septimo. »

(*Regist. Clementis V*, an. *VII*, Rome, 1887, in-folio, nº 7875).

Dictionnaire de l'Eure et Auguste le Prévost en remettant plus loin leur Guillaume V.

GUILLAUME V TESSON (1334-†1350), *24ᵉ abbé*. — L'*Inventaire* de Lyre ne sait comment accorder le Guillaume de 1323 avec celui de 1363. Le cartulaire du Chapitre dit que *Guillaume V* fit le serment d'obédience en 1331 et Robert III en 1332, il n'aurait donc gouverné qu'un an, tandis que la *Gallia* le dit abbé de Lyre de 1331 à 1350. Or il est certain d'après le document suivant que l'abbé de Lyre était mort en 1334 : « Le Bailli de Beaumont « ordonne au sergent de Lyre de rendre aux religieux leurs clefs « et de les laisser jouir de leur temporel mis en la main du Roi « après *le décès de l'abbé* et dont il refusait la main levée parce « qu'on ne pouvait élire un nouvel abbé sans son consentement « et sans qu'il fît une féauté au roi. Les religieux eurent recours « au roi Philippe de Valois disant qu'ils s'étaient adressés à son « fils Jean, duc de Normandie, à qui le nouvel abbé avait rendu « la féauté requise » (*Inventaire*, Ch. I. art. IV. 1334).

L'erreur vient d'une faute de lecture dans l'acte du serment. M. Georges Bourbon a lu : Mº CCCº trigesimo, *quarto die Martii* etc., alors qu'il y a dans le texte Mº CCCº trigesimo quarto, *die Martis in synodo estivali*, etc., le mardi du synode d'été 1334, car le 4 mars ne peut jamais tomber pendant le synode d'été. Tout s'accorde parfaitement ainsi avec la pièce ci-dessus et *Guillaume V* peut gouverner jusqu'en 1350 selon la *Gallia*.

Nous voici à l'époque de la guerre de cent ans, époque désastreuse s'il en fut, l'ennemi bouleversant tout en notre beau pays de France! Un voile épais couvre ces années lamentables, on ne pense qu'à se garantir de maux sans cesse renaissants, les documents se font rares ou périssent au milieu des flammes.

JEAN II (1350-†1362), *25ᵉ abbé*. — Il faut donc ici suivre la *Gallia* puisque l'*Inventaire de Lyre* lui-même est muet, « On lit, dit-elle le nom de Jean II au 22 novembre 1362 dans les chartes de D. de Gaignières ». De son côté, l'abbé Caresme affirme qu'en 1359 cet abbé obtint de Charles, dauphin et régent, de respecter les biens du couvent. La sauvegarde est du 7 août. (*Inventaire* nº 24).

GUILLAUME VI LEBLOND (1362-1367), *26ᵉ abbé*. — Le 11 juillet 1363 Guillaume VI révoqua la permission, donnée aux prieurs de ses dépendances en Angleterre, d'absoudre les religieux sortis du royaume sans sa permission. Il mourut la cinquième année du Pontificat d'Urbain V, 1366 ou 1367.

Guillaume VII (1367-1374), *27e abbé*. — Il eut pour successeur Guillaume VII *ex commentariis D. Suarez, nisi sit error in nomine*, dit la *Gallia*. Mais cet abbé est inconnu de l'*Inventaire de Lyre*, aussi bien que les deux précédents, c'est pourquoi le suivant est, pour lui, le 24e abbé.

Georges Nizier ou Le Mercier d'après l'*Inventaire* (1374-†1389), *28e abbé*. — « Georges Le Mercier, dit l'*Inventaire*, moine de Lyre, natif de la paroisse de Saint-Georges de Ferrières, était abbé au mois de juin 1374 et vivait encore au mois de décembre 1388. »
— (H. 587). Léopold Delisle cite « une fieffe consentie, le 14 septembre 1376, par *Georges, abbé de Lire*, dans laquelle sont comprises trois vergées de pré, lequel pouvait être baigné trois fois pendant la saison, sans avoir besoin du congé de personne. » (*La classe agricole*, p. 273).

Au 12 octobre 1382 on lit : « A tous ceulx qui ces présentes lettres verront ou orront *frère Georges* par la permission divine *humble abbé* du moustier de Notre-Dame de Lire, etc. » (H. 487); puis, le 10 avril 1384, *frère Georges*, abbé de Lyre donne procuration à Robert Muterel, etc. » (*Inventaire*, ch. xcm, p. 290).

Donc aucun doute possible pour cet abbé qui figure le 27 mai au nécrologe.

Astorge de Beauclerc (1390-†1400), *29e abbé*. — L'*Inventaire* de Lyre commence par nous dire que « cet abbé fut excommunié « par l'évêque d'Evreux, Guillaume de Vallon, parce qu'il avait « refusé le serment de fidélité auquel il était astreint et qu'il ne « fut relevé de cet anathème qu'après que son procureur, frère « Robert de Monceaux, eut satisfait pour lui à ce devoir, en vertu « de sa procuration datée du 13 septembre 1392. » — Ce moine était alors prieur du Désert et remplaça de nouveau son abbé dans un accord avec le Chapitre d'Evreux en 1392 (*Suppl. à la Série*, G. *Inv. 3* p. 168).

L'année suivante « il fit *la feauté* due au Roi à cause de son abbaye, d'après les lettres du 18 mars 1393 et obtint main levée le 28 avril 1395 des revenus saisis s'il y en avait pour le défaut de la dite *féauté*. » *(Inventaire)*.

Ce retard surprendra peut-être quelques lecteurs peu au courant de ces anciennes formalités. Qu'ils sachent donc que c'était une grosse affaire, pour un nouvel abbé, de fournir la rigoureuse nomenclature de tous les biens meubles, immeubles, rentes, etc., de son monastère. Il ne fallait rien avancer sans un titre de propriété à l'appui, car les officiers royaux, gens méticuleux à l'excès, composant la Chambre des Comptes, examinaient chaque article, chaque phrase, comparaient le dernier aveu avec les précédents et concluaient au *blâme d'aveu* à la moindre erreur! Alors il fallait recommencer, et, pendant ce nouveau et pénible travail, les revenus restaient entre les mains du roi. Sitôt le serment de *féauté* rendu, la Chambre des Comptes de Paris prévint le Bailli et vicomte de Rouen, afin qu'il laissât l'Abbé *Astorge* jouir des biens de son abbaye, en attendant son aveu pour lequel un délai était accordé, — 1393 ; — puis, l'aveu une fois accepté, le Bailli donna, le 28 avril 1395, main levée pour le tout. Pareil délai ou répit fut accordé le 18 février 1414 à l'abbé *Simon* nouvellement élu; en août 1440 par Henri VI, roi de France et d'Angleterre; le 18 février 1449 par Charles VII à l'abbé *Guillaume*; le 20 janvier 1467 Louis XI dispensa même *Louis d'Harcourt* de tout aveu se contentant de celui de son prédécesseur, comme il fit en 1480 pour *Pierre d'Amboise*, etc.

En règle avec le roi et l'évêque d'Evreux, l'abbé *Astorge* s'occupa de la réforme du monastère dont la discipline laissait beaucoup à désirer. Il commença par une réforme extérieure depuis longtemps demandée par ses religieux. Les bénédictins des environs et d'Angleterre portaient tous, en effet, la robe noire, seuls les moines de Lyre depuis l'abbé Raoul, venu du Bec, en avaient une blanche. Or on ne concevait pas alors un bénédictin en habit blanc, témoin ce naïf dialogue relevé par Hauréau dans un manuscrit de la Bibliothèque Nationale (*mss. 14.877*, fol. 83):

« Secundo quæritur si sit monachus *albus vel niger*? — Res-
« pondetur : *niger*, quia carnem mortalem accipit et factus est in
« simili nostræ carnis, postea nostri habitum habens mœroris
« dum vixit, habens partim similitudinem, non rem. Unde ait :
« *Nigra sum sed formosa* : in poena mœroris, sine culpa. Tertio
« de quo ordine? — Respondetur : de ordine benedicto Benedicti,
« nam *Benedicta mater in mulieribus, Benedictus* fructus, *Bene-
« dicta* terra, Ecce odor filii mei sicut odor agri pleni, cui
« *benedixit* Deus inter benedictos benedicetur. — Quarto : de qua
« abbatia? De abbatia franchisiæ Francorum; factus sub lege

« ut eos qui sub lege erant redimeret, ut adoptionem filio-
« rum reciperemus, etc. — Hæc vero situata est abbatia ad duas
« leucas de Parisiis, etc. »

Voilà du moins un religieux qui savait apprécier la France !
Revenons à notre réformateur.

Il commença par obtenir une bulle de l'antipape Clément VII (1),
donnée d'Avignon en 1393, 15ᵉ année de son prétendu règne,
pour changer l'habit blanc de ses moines en noir, couleur primitive. La *Neustria* qui reproduit cette pièce *in extenso* n'a pas
manqué de suivre ses errements coutumiers et l'attribue à Clément VI qui, régnant de 1342 à 1352, ne pouvait signer une bulle
en 1393, ni nommer Astorge comme abbé de Lyre à cette époque,
puisque tous les documents placent son administration de 1390
à 1400. Il est vrai que notre fameux historien ne s'embarrasse pas
pour si peu ! D'un trait de plume il supprime sept abbés avant
Astorge : Hildier II, Robert III, Guillaume V, Jean II, Guillaume VI,
Guillaume VII et Georges Nizier lui sont complètement inconnus !

Ce changement d'habit excita la verve poétique de quelque
moine de Lyre, car du Buisson Aubenay, dans son *Itinéraire de
Normandie* (fol. 56) nous a conservé une vingtaine de vers, sur ce
sujet. Les voici :

> Placet interdum nova mutatio rerum,
> Quam ut honestam aprobat communis usus.
> Ponunt antiqui varios rerum eventus;
> Post multos annos, prospera sequi videmus.
> Lirensi loco primitus nigri coloris,
> Fundatus ordo qui multis floruit annis;
> Et post ibidem ex Becco pater assumptus
> Per quem hic ordo, tunc niger, albus efectus.
> Sed fratres nostri qui Angliæ morabantur
> Colorem antiquum dimitere noluerunt.
> Hic albi monachi, nigros insula tenebat;
> Duplo colore hic ordo divisus erat.
> Astorgius abbas hanc videns varietatem
> Putavit justum ordinem tenere primum.
> Hic et conventus unanimi voluntate

---

(1) Voir la bulle à l'*Appendice*, n° 4.

Jussu papali usi sunt antiquitate;
Anno Mileno trecentum quater viginti,
Tredecim ultra oportet addere ibi,
Papae Clementis volente lege primeva,
Laus Deo, Liræ facta resumptio nigra.

Au bas de ces vers du Buisson ajoute : « Lequel Astorgius donna
« permission de changer l'église de Rugles à un appelé Le Mercier
« seigneur de Rugles lors et viron le susdit an 1393 et luy permist
« de la metre ou elle est dont le chancel est sur lire au fief d'Aube-
« nay avec le derrière du cœur et jardin du curé. » (*Bibliot.
Mazarine*, mss. n° 4406).

Le mot *environ* 1393 doit s'entendre plutôt avant cette date
qu'après puisque le P. Anselme dit que « Jean le Mercier, ministre
de Charles VII, conserva cette fonction jusqu'en 1393 époque à la
quelle il fut exilé » (t. VIII, p. 343). On peut donc, sans crainte,
placer la construction de l'église de Rugles entre 1390 et 1393.

L'année suivante, 1394, Astorge donnait l'habit monacal à
plusieurs novices ainsi que nous l'apprend un manuscrit qui se
trouvait dans la riche bibliothèque Phillips (1) : « *In anno Domini
M° CCC° IIII*^{xx}° *xiiij*° *inducti fuerunt frater Robertus de Maugny,
Johannes Roigier, Robertus du Valet, Thomas le Bourguignon,
Johannes de Sarqueny, Guillelmus... fis may (?); induit eos...*
BEAUCLER. »

Astorge de Beauclerc s'occupa ensuite de la discipline qui fut
momentanément rétablie, maintint ses religieux dans l'esprit de
leur vocation, c'est à dire l'étude et la prière, éloignant d'eux tout
bruit extérieur de nature à les distraire. Loin donc de suivre
l'exemple de leurs confrères du Bec qui fortifièrent leur abbaye,
source ensuite pour eux d'ennuis considérables, les religieux de
Lyre restèrent en dehors des deux partis, priant Dieu de mettre
un terme aux terribles ravages des guerres, s'appliquant à panser
les plaies des malheureux, à les aider de leur bourse et de leurs
conseils. Les successeurs d'*Astorge de Beauclerc* bénéficieront
de cette prudente conduite.

Il figure au nécrologe le 26 juillet, l'an 1400.

---

(1) Nous reviendrons sur ce manuscrit dans le chapitre consacré à la
bibliothèque de Lyre.

ETIENNE DU PRÉ (1) (1400-1414), *30ᵉ abbé*. — La *Neustria* toujours bien documentée ne connaît pas cet abbé, écrivant simplement : « 22ᵉ *Thomas* defunctus 3 nonas Februar. », puis « 23ᵒ *Richardus*, obiit 18 calend. Maii. » Inutile de dire que Thomas et Richard n'ont jamais été abbés de Lyre et que le successeur certain d'*Astorge de Beauclerc* fut *Etienne du Pré*. Son serment se trouve dans un manuscrit, propriété de la Société libre de l'Eure, qui contient les signatures des chanoines au moment de leur installation, avec le serment de quelques abbés depuis 1393. Celui d'Etienne commence ainsi : « *Ego Stephanus abbas monasterii de Lira ebroicensis diœcesis canonicam obedientiam et reverentiam domino G... Episcopo Ebroicensi suisque successoribus... promitto... super majus altare, anno Domini millesimo CCCCᵒ, die xxviij mensis februarii.* »

Etienne du Pré était, au moment de son élection, étudiant à Paris, ainsi que l'atteste le passage suivant de l'*Inventaire de Lyre* : « Sentence rendue, le 31 mai 1403, au Châtelet de Paris où le
« sieur abbé de Lyre, en *qualité d'étudiant en l'Université de*
« *Paris*, avait attaqué, Mʳᵉ Pierre, seigneur d'Amboise, chevalier,
« pour lui faire payer : 1ᵒ une somme de 25 livres 7 sols 9 deniers
« d'arrérages de la dîme et redîme des paroisses de Pitres, Pont-
« Saint-Pierre, etc., des amendes et exploits, etc. Le dit seigneur
« est déchargé des 25 livres, mais condamné à rendre compte des
« amendes et exploits; — 2ᵒ pour être condamné à payer deux
« ans d'arrérages d'une rente de 144 sols pour les dîmes et
« redîmes, etc. La sentence fut prononcée en ce sens; — 3ᵒ pour
« être le dit seigneur condamné à payer une mine d'avoine
« 12 gélines etc. Le dit seigneur condamné à ce. Son procureur
« en appelle au Parlement qui déclare la sentence bonne et
« valable et l'appel frivole. »

Les donations se font si rares au xvᵉ siècle que nous pouvons mentionner, en 1410, celle d'un prêtre, Robert Lalehure de Chambord qui aumône au pitancier une rente de 32 sols 6 deniers à charge d'une messe du Saint-Esprit, sa vie durant, et une de *Requiem*, tous les ans, après sa mort.

---

(1) Un Jean du Pré, natif d'Evreux, d'abord dominicain, devint évêque d'Evreux en 1329. On lui attribue quelques donations en faveur de l'Abbaye de Lyre. Chassant le nomme *Jean du Prat*.

Cet abbé de Lyre dès 1414 donnait, nous ignorons pour quel motif, sa démission, et figurait le 20 juillet au nécrologe avec l'éloge suivant : « *Obiit D. Stephanus abbas hujus loci valde probus et aedificator novus* » (1).

Un manuscrit de Rouen *(mss. lat. 26)* nous apprend qu'*Etienne du Pré* en fit l'acquisition pour la bibliothèque de Lyre *emit hunc dompnus Stephanus venerabilis abbas hujus monasterii*, ce qui prouve l'amour de notre étudiant pour les livres historiques, puisqu'il s'agit des *Antiquités judaïques* de Josèphe.

SIMON DE MONCEAUX (1414-†1440), *31° abbé*. — Natif de Romilly-sur-Andelle *Simon de Monceaux* fit serment de fidélité à l'évêque d'Evreux le 29 mai 1414 : « *Ego Symon abbas monasterii beate marie de lira ebr. dioc. domino G... episcopo huic ecclesiæ beate marie canonicam obedientiam et reverentiam perpetuo me exhibiturum promitto et hec propria manu consigno... in ecclesia ebroic. super majus altare hora magne misse in dicta ecclesia Domini anno M° CCCC° xiiij^{to}, die xxix maii...* » (*Mss. n° 3. Soc. lib. de l'Eure*).

Le 18 février 1414 il avait obtenu du roi des lettres de *répit* pour son serment de *féauté*; en 1416 réparait la chapelle de l'Infirmerie, dédiée à la Madeleine, qui était tombée en ruines; elle fut consacrée, en 1422, par Guillaume, évêque d'Hebron. On érigea, en 1428, dans le dortoir, la chapelle Sainte-Catherine.

Nous avons vu, en parlant des biens de Lyre en Angleterre, avec quelle énergie *l'abbé Simon* s'opposa, le 24 juillet 1417, aux projets d'Henri V qui voulait s'emparer de ses possessions pour les donner à une chartreuse. Ce même roi lui accorda un sauf-conduit pour aller lui prêter serment (2). — De son côté Charles

---

(1) En 1410 Charles VI donnait commission à son bailly d'Evreux de décharger l'abbaye des contributions de guerre si elle en était exempte par ses titres et main levée du temporel en attendant que les religieux montrent leurs titres qu'ils n'osent porter à Evreux, dans la crainte qu'on ne les leur vole en y allant, à cause des guerres qui sont au pays. *(Inventaire n° 30)*. *Ædificator novus*, parce que l'incendie du 23 avril 1414 avait causé beaucoup de dégâts. (Mss. 149, de Rouen).

(2) Henri VI roi d'Angleterre, couronné roi de France défend, le 24 avril 1426, de contraindre les habitants de Lyre à faire la garde et le guet au château de Conches, à cause du droit de franchise accordé par ses prédécesseurs. *(Inventaire)*. — Ce même roi avait donné des lettres patentes en date du 16 octobre 1422, vidimées le 11 juillet 1423

de France, dauphin du Viennois et régent du royaume délivra. le 3 juillet 1421, une sauvegarde en faveur de Lyre, « parce que les
« religieux ne s'étaient pas mis du parti des anglais à leur entrée
« dans la Normandie, bien qu'ils eussent vécu et conversé avec
« eux, ce qu'ils avaient été contraints de faire pour garantir leur
« vie et ne s'étaient nullement mêlés à la guerre, mais seulement
« avaient continué de faire le service divin ». *(Inventaire n° 31)*.

Les actes administratifs de *Simon de Monceaux* sont nombreux, prenons les plus importants.

D'abord le 17 mars 1420 acte capitulaire « par lequel *Simon*,
« abbé de Lyre, s'oblige à payer à perpétuité, aux archevêques de
« Rouen, 20 sols de rente, aux synodes d'été et d'hiver par
« moitié, en reconnaissance du renoncement, fait par les grands
« vicaires de l'Archevêque Louis d'Harcourt, de la nomination à
« la chapelle Saint-Augustin (dans la forêt de Longboil), depuis
« que par la faute de *Robert, abbé de Lyre,* elle était passée en
« mains laïques, l'ayant donnée de son chef et sans aucun droit à
« un de ses parents, clerc séculier, il y avait environ 30 ou
« 40 ans ». Ce chiffre peut être doublé, car il s'agit de Robert III qui gouvernait de 1332 à 1334, donc il faut compter environ 90 ans depuis cet acte de népotisme.

---

par lesquelles ce prince, se disant roi de France et d'Angleterre, enjoint au Vicomte de Rouen d'informer si les religieux de Notre-Dame de Lyre, au diocèse d'Evreux, ont droit et sont en possession de prendre la dime et redime de toutes les rentes, revenus et issues tant des amendes de haute justice, basse que moyenne, etc., de la vallée d'Andelle qu'ils disaient leur avoir été aumônées par les comtes d'Hereford et de Leicester, leurs fondateurs. — La Chambre des Comptes, le 8 juillet 1423, rendait à Caen son mandement pour enjoindre au Vicomte de Rouen de laisser les religieux de Lyre jouir de la dime et redime « des
« rentes, juridiction et autres revenus tant en bled, oiseaux que en
« deniers de la terre et seigneurie de Noyon-sur-Andelle confisquée au
« profit du roi sur le seigneur de Rohan, rebelle envers Sa Majesté,
« données ensuite à Jean de Poisemer *, écuier anglais, et revenue
« depuis en la main du Roi par le trépas dudit écuyer. » *(Bibl. Nat. Mss. Moreau 341,* fol. 334 v°).

* L'abbé Carêsme le nomme Jean de Passemershe et le dit vivant en 1427 alors que notre document signale son trépas avant le 8 juillet 1423 (*Dict. de l'Eure,* t. I, p. 736).

On devait employer ces revenus, d'après les lettres des vicaires généraux annexées à l'acte ci-dessus, analysé par l'*Inventaire*, au soulagement des infirmes de Lyre, autrement dit c'était pour l'*Infirmier* de l'Abbaye. Martin V, à ce sujet, avait délégué Guillaume, abbé de Sainte-Catherine, qui, le 5 septembre 1424, rendait un jugement définitif en ce sens, tout en réservant les droits curiaux du Curé de la Neuville (1).

Simon de Monceaux par un acte capitulaire du 13 septembre 1426
« attribua la dite chapelle à l'office d'infirmier à charge de l'entre-
« tenir convenablement et d'y assurer le service divin. Puis,
« l'année suivante, 17 septembre 1427, par un autre acte capitu-
« laire il donnait, avec la permission de Martial, évêque d'Evreux,
« à l'office d'infirmier la dîme de Saint-Martin de Laigle en
« échange de la chapelle Saint-Augustin, à cause de l'éloignement,
« en sorte que l'infirmier emploiera toute la dîme au soulage-
« ment des malades dudit monastère, de même que les huit livres
« de rente que le curé de la Vieille-Lyre payait audit infirmier,
« avec charge de payer au chantre du couvent six livres de
« pension à lui accordées par *Etienne*, prédécesseur immédiat
« dudit *Simon* ». (*Inventaire*).

Tous les abbés eurent à s'occuper de l'irritante question des dîmes et la tranchèrent généralement par un accord avec le curé. C'est ainsi qu'en 1428 (2) *l'abbé Simon* au sujet des menues dîmes des fiefs de la Hérîpière et du Breuil, situés à Rugles, consentit à les partager avec le curé.

Enfin par un acte capitulaire il contracta une union de prières avec l'abbaye de Cormeilles. Voici cet acte d'après la *Neustria* :
« Universis sacræ religionis fratribus, cunctisque fidei sacro-sanctæ cultoribus, tam presentibus, quam futuris : *Simon* humilis et devotus frater, miseratione Divina, *Abbas* monasterii B. Mariæ de

---

(1) Le 14 janvier 1522 l'abbé de Lyre donnait procuration à deux de ses officiers pour accepter la fondation d'un anniversaire fondé par Germain le Comte et l'assignation de 100 sols tournois de rente légués par le dit Le Comte.

(2) Le 27 mai 1428 une ordonnance, rendue aux Assises d'Orbec, mettait hors de cause les religieux de Lyre et leurs sujets, qu'on taxait d'une amende, pour défaut de garde au château de Conches, garde qu'ils ne devaient en aucune façon à Conches, mais plutôt à Breteuil.

Lyra, Ordinis Sancti Benedicti, Ebroicensis Diœcesis, totusque ejusdem loci conventus, salutem in eo qui est omnium vera salus sempiternam. Quos eadem fides et religio vere fecit esse germanos, etc... Datum in nostro Capitulo, anno Domini M° CCCC° trigesimo primo, die x mensis Aprilis. »

On trouve encore le nom de cet abbé, dit la *Gallia*, le 4 avril 1440 après Pâques, dans Gaignières. Il figure le xi des calendes d'avril dans l'obituaire d'Auguste Molinier.

GUILLAUME VIII LE BAS (1440-1463), *32e abbé*. — Après la mort de *Simon de Monceaux* les religieux de Lyre portèrent leur choix sur Godefroy Gastine, un des leurs. Mais un moine de Jumièges, *Guillaume le Bas*, ayant été nommé par le Pape, comme abbé de Lyre, Godefroy Gastine devint prieur du Désert. Louis de Luxembourg, archevêque de Rouen, permit à Pasquier de Vaux, évêque d'Evreux, qui venait de lui prêter le serment d'usage (28 juillet 1440) de bénir le nouvel abbé de Lyre dans la chapelle de Saint-Marc, à Rouen, 31 août 1440. Guillaume le Bas partisan, comme son évêque, des Anglais, dut recourir aux soldats anglais afin de prendre possession de son abbaye. On devine comment il y fut reçu et quelle influence il eut dans le monastère!

L'*Inventaire* raconte ainsi son arrivée : « Il prit possession avec
« une troupe de gens armés, c'est-à-dire des Anglais dont un
« était remarquable par sa force et sa bonne mine. Il prêta
« serment au roi à Louviers, le 2 octobre 1449, et les moines
« étant toujours irrités contre lui il résigna en faveur de Louis
« d'Harcourt et lui-même devint évêque d'Abelon. Pendant son
« administration il a fait faire de nouvelles stalles parsemées de
« lys et tous les arcs de pierre qui supportent la tour. Il acheta
« l'aigle d'airain et les vêtements sacrés de couleur verte dont les
« anges sont revêtus. C'est lui qui le premier régla que les frères
« recevraient pour leur habillement une somme d'argent fixée à
« 12 livres pour les religieux de chœur et à 8 livres pour les
« autres (1) ».

Malgré ces avantages et les sommes considérables dépensées pour l'embellissement de son église abbatiale, tout autant que

---

(1) Voir également la *Gallia* : Hic dum adhuc cœnobium administraret, fecit nova subsellia, etc.

pour le bien être des religieux, ceux-ci se plaignirent de sa mauvaise conduite et administration, portèrent leurs doléances à Guillaume de Floques, évêque d'Evreux (1), par Jean Badelorge, ancien prieur claustral, devenu prieur de Maupas. Le 21 novembre 1454 l'évêque prononça une sentence par laquelle il ôtait à Guillaume le Bas l'administration de son abbaye et l'envoyait dans les prisons de l'officialité de Rouen. C'était la revanche du parti français contre le parti anglais. En même temps l'évêque nommait M⁰ Gerard Thomé, professeur de théologie, Jean Badelorge (2) et Michel Bouchard, prieur claustral de Lyre, pour gouverner l'abbaye pendant l'interdit de l'abbé.

« Des lettres de l'official de Rouen, du 11 mars 1455, attestent
« aux religieux de Lyre qu'il a élargi de ses prisons Guillaume le
« Bas qui lui avait demandé cette grâce à l'occasion de la fête de
« Pâques, et s'était soumis à la défense qui lui avait été faite, à
« son retour à l'abbaye, de rien changer au gouvernement présent
« et de se mêler en quoi que ce soit à son administration. Le
« 4 septembre de la même année, l'official de Rouen désignait le
« prieur claustral Michel Bouchard comme supérieur des religieux,
« en attendant le jugement de l'abbé, et Jean Badelorge comme
« administrateur du temporel de l'abbaye, avec ordre de rendre
« ses comptes en présence de l'abbé et de la communauté. » *(Inv.)*.

Le procès intenté contre Guillaume le Bas se continuait et la procédure l'avait porté en cour de Rome. En 1456 Alain, cardinal d'Avignon, légat *a latere* en France, avait donné commission à l'archidiacre d'Ouche, à l'official de Lisieux et à Roger d'Etampes, chanoine de Bayeux, pour examiner le procès pendant entre l'abbé de Lyre d'une part, et frère Badelorge, prieur de Maupas, et le couvent de Lyre de l'autre. Les pièces du procès étaient

---

(1) Guillaume le Bas lui avait prêté serment le 18 avril 1450 d'après le manuscrit de la *Société libre de l'Eure* : « Ego Guillelmus humilis abbas monasterii beate Marie de Lira ordinis sancti benedicti ebr-dioc. R⁰ G. episcopo, etc. canonicam obedientiam et reverentiam... etc, promitto, etc.

Anno domini M⁰ CCCC⁰ quinquagesimo, die xviij aprilis. »

(2) Cette famille Badelorge devait être des environs de Lyre, car, le 27 mai 1396, Perin Badelorge et sa femme vendent à Lyre 23 sols 8 deniers à l'usage des pitances.

revenues à leur point de départ; une transaction était proche. Elle se fit et chacun y trouva son compte. D'abord *Guillaume Le Bas* prenait le parti de s'effacer; le 26 août 1463, il donnait des lettres par lesquelles il nommait Geoffroy Gastine prieur du Désert, Michel Bouchard prieur claustral, et noble homme Guillaume Lacherey, écuyer, pour gouverner l'abbaye en son absence. C'était comme une première satisfaction donnée aux électeurs de Geoffroy Gastine en 1440. La même année, au mois d'octobre, une bulle du Pape Pie II nommait Guillaume le Bas évêque d'Avelonne, avec permission de se faire sacrer par « tels Evêques catholiques qu'il voudra choisir ».

Le règlement de comptes définitif avec ses moines fut particulièrement laborieux. Sa lettre est du 14 mai 1467 « conte-
« nant règlement par lui fait avec les religieux pour raison
« de plusieurs sommes et demandes mobiliaires qu'ils lui
« fesaient qui furent réglées à 200 livres, à diminuer sur la
« somme de 300 qui lui était due sur les revenus de l'abbaye
« à cause de la pension de 200 livres que M. le patriarche
« lui avait créée. *Nota :* dans les demandes des religieux il y
« avait 50 saluts d'or, reçus par le dit abbé, de Mre Thomas
« Locautte curé de Glos pour un obit par lui fondé en la dite
« abbaye, mais cette somme avait été employée par le dit
« *Guillaume* à faire l'aigle en cuivre du chœur en 1461. » — (*Inventaire*).

Ce pauvre abbé n'avait pas été plus heureux dans la nomination de son frère, Jean Le Bas, au prieuré de Maupas. Dom Michel Josse avait, en effet, obtenu de lui, en 1444, ce bénéfice vacant par la résignation de dom Guillaume de la Mare. Mais il ne fit guère qu'y passer car, deux ans après, André le Galois, moine de Lyre, résignait ce prieuré en faveur de Jean le Bas, dominicain, qui promettait de prendre le froc bénédictin à Lyre. Jean le Bas, témoin probablement de la zizanie qui régnait entre son frère et ses moines, abandonna son projet et résigna Maupas, non en faveur d'un religieux de Lyre, mais de Guillaume Adeline, frère mendiant. *Guillaume le Bas*, poussé par ses moines et dans l'intention de se débarrasser du prieur claustral qu'il regardait comme un des plus acharnés contre lui, le nomma prieur de Maupas. Il eut à lutter contre les prétentions d'Adeline, puis à la mort de celui-ci, contre Bréhally, de l'ordre des Frères-Prêcheurs. Enfin Jean

Bréhally se désista et remit son prétendu droit aux mains du Pape Pie II qui, par un bref de 1459, fulminé en 1460 par l'évêque de Lisieux, maintint frère Jean Badelorge en possession de ce bénéfice. Nous avons vu plus haut quelle part il prit dans la lutte contre Guillaume Le Bas, son abbé (1). — Il est très probable, cependant, qu'il demeurait à Lyre et non à Maupas dont les bâtiments étaient en très mauvais état. « Le 5 juillet 1452 on a,
« en effet, des lettres du cardinal Touteville (2), légat en France,
« par lesquelles il accorde des indulgences à tous ceux qui visite-
« ront le prieuré à certaines fêtes et qui feront quelques dons
« pour le rétablissement dudit prieuré. » (*Inventaire*, t. IV, p. 182, n° 31).

Pendant cette guerre intestine entre l'abbé et ses moines on oubliait de rendre les aveux nécessaires. C'est pourquoi Pierre de Tilly, seigneur des Bottereaux, faisait saisir, en 1456, le fief du Buisson-Morel faute *de foi et hommage*. Aussitôt l'abbé fit opposition, et le seigneur « par affection pour les religieux n'insista pas ». — Le 18 août 1460 on trouve un accord, souvent cité, pour l'école de la Neuve-Lyre « entre Robert du Hamel, maître ès arts,
« curé d'Auvergny et les moines de Lyre, en vertu duquel ce curé
« se charge des réparations des dites écoles et s'oblige de payer
« 60 sols de rente à Lyre au moyen de quoi il pourra nommer un
« clerc pour gouverner cette école; en cas d'incapacité du titu-
« laire les religieux en nommeront un autre ».

Le 24 août 1462 Louis XI rétablissait l'abbaye, « tant en chef
« qu'en ses membres avec tous ses sujets, dans le droit de ne
« plaider que devant le vicomte de Breteuil, *au siège de Glos*, et
« devant le bailli d'Evreux au siège de Breteuil, puis à l'Echiquier
« de Rouen. Il paraît par ces lettres, ajoute l'*Inventaire*, que Lyre
« et les environs avaient été désolés par les guerres en sorte qu'il
« ne restait *qu'un ou deux religieux à l'abbaye* et que beaucoup de
« titres avaient été perdus dans ces malheurs ».

---

(1) Abbé Porée : *Le Prieuré de Saint-Nicolas de Maupas, à Capelles (Eure)*, Brionne, E. Amelot, 1906.

(2) Il s'agit ici de Guillaume d'Estouteville, cardinal, archevêque de Rouen, fils de Jean et de Marguerite d'Harcourt, nommé cardinal en 1437 par Eugène IV, puis légat en France *(Moreri)*. — Un Guillaume d'Estouteville fut évêque d'Evreux (1374-1376).

Une ordonnance rendue le 15 août 1380 avait, en effet, changé le siège des juridictions « assignant aux religieux un autre lieu « pour plaider que celui d'Evreux désigné pour la vicomté de « Pont-de-l'Arche, pour siège d'assises et bailliage et désignant la « Vieille-Lyre comme siège de Vicomté et pour assises et bailliage ; « que les appellations des jugements rendus à la cour de Lyre à « cause de la haute, moyenne et basse justice qu'elle avait à Lyre, « Glos, Pacy et Breteuil pendant la dixième semaine ressorti- « raient au bailliage de Pont-de-l'Arche, de même que ceux « rendus pour les délits et autres cas concernant les bois de la « Haye de Lyre ». Charles VI confirmait cette ordonnance en avril 1381 et le 5 mars 1385. Enfin au mois de mars 1408 le même roi déclarait que Lyre, en première instance, irait « devant le « vicomte de Breteuil au siège de Glos, comme le plus proche, et « par appel devant le bailli d'Evreux ou son lieutenant au siège « de Breteuil sous le ressort souverain en la cour du Parlement ou « Echiquier de Rouen ».

Terminons ce qui concerne ce dernier abbé régulier en disant que, le 16 août 1455, il fut condamné à une amende de 60 livres ainsi que l'atteste le compte du promoteur de la cour de Rouen (S^{ne}-Inf. G. 168, t. I, p. 48, col. 1 de l'*Inv.* par Ch. de Beaurepaire).

La *Gallia* nomme Jean le Bas comme successeur de Guillaume, son frère, et dit qu'on trouve son nom dans les chartes de Gaignières du 9 janvier 1458 et du 16 décembre 1466. Dans ce cas il agissait au nom de son frère, car il est indiscutable, par tout ce qui précède que *Guillaume le Bas* était encore abbé de Lyre en 1463, époque à laquelle il résigna son abbatiat à Louis d'Harcourt, son successeur immédiat. On a encore une et même plusieurs quittances données en 1463 par *Guillaume*, abbé de Lyre, aux chanoines de Rouen pour une rente due à l'abbaye au sujet d'un droit de dîme et redîme. (*Arch. de la S^e-Inf^{re}*, G. 4025).

Il faut donc absolument rejeter Jean le Bas de la liste des abbés de Lyre, puisqu'il ne fut que prieur de Maupas et clore la nomen- clature des *abbés réguliers* par l'infortuné *Guillaume le Bas*.

Sa nomination par le Pape, en effet, provenait d'un nouveau système inauguré par Clément V, continué par ses successeurs et devenu presque la règle pendant le xve siècle, en attendant les commendes royales accordées à François Ier par le Concile de

Latran. Clément V, voyant ses cardinaux privés des revenus romains, voulut leur en créer d'autres en leur donnant la jouissance de certains bénéfices réguliers, d'abord hors France comme les prieurés anglais, puis, ceux-ci ne suffisant plus, le Pontife les nomma prieurs en France et bientôt abbés des riches monastères dont il se réserva la confirmation ou l'élection elle-même. Partout il y eut résistance des moines, réclamations des seigneurs, fils ou descendants des premiers bienfaiteurs; on dut briser leur résistance par des interdits, des excommunications, de telle sorte que les commendes papales prévalurent enfin.

Ce ne fut certes pas pour la prospérité des abbayes, mais bien pour leur ruine matérielle et religieuse.

CHAPITRE CINQUIÈME

ABBÉS COMMENDATAIRES JUSQU'A LA RÉFORME DE SAINT MAUR. — LOUIS Ier D'HARCOURT. — PIERRE Ier D'AMBOISE. — BENOÎT DE CHAUMECY. — JEAN III DE CLÉRY. — RENÉ DE PRIE. — AMBROISE LE VENEUR. — JEAN IV LE VENEUR. — GABRIEL LE VENEUR. — HIPPOLYTE D'ESTE. — LOUIS II OU ALOYSE D'ESTE. — LOUIS III DE GUISE. — LOUIS IV DE LORRAINE. — CHARLES DE BOURBON. — JACQUES I DAVY DU PERRON. — JEAN V DU PERRON.

LOUIS Ier D'HARCOURT (1463-1479), 33e *abbé*. — Louis Ier d'Harcourt, successivement évêque de Béziers, archevêque de Narbonne, évêque de Bayeux avec le titre de patriarche de Jérusalem afin de ne pas perdre son rang d'archevêque, devint abbé de Lyre, en 1463, et non en 1457, comme l'affirme Fisquet dans sa *France Pontificale*. Guillaume le Bas, en effet, devenu évêque d'Avelonne, lui avait résigné ce bénéfice en 1463, moyennant une pension de 200 livres, ainsi que nous l'avons vu au précédent chapitre.

Charles VII avait en très haute considération ce nouvel abbé, mais son fils, au début de son règne, ne suivit pas l'exemple paternel à cause de l'approbation donnée par le patriarche, probablement, à la révolte des princes contre lui. L'*Inventaire* mentionne, à la date du 27 mars 1465, « une ordonnance du Roi « Louis XI adressée au Bailli de Rouen pour donner main levée « provisoire des revenus de l'abbaye, en la sergenterie de Pont-« Saint-Pierre, au prieur claustral de Lyre qui avait été chargé de « faire la recette et les charges de son monastère en l'absence du « patriarche évêque de Bayeux, abbé commendataire de Lyre, « *absent du royaume pour certains crimes dont il était accusé* ».

Cette absence explique pourquoi dans les registres de la Chambre des Comptes à Paris on trouve, à la date du 10 janvier 1467, un serment prêté à Louis XI par Jean Balue, évêque d'Evreux, en qualité de commendataire de l'évêché de Bayeux.

Le patriarche de Jérusalem avait tellement pris à cœur la Ligue du Bien Public qu'il abandonna ses bénéfices pour s'y adonner entièrement, fit rendre le château de Rouen aux confédérés, s'entremit pour la reddition de celui de Caudebec, officia le jour de l'inauguration du duc de Normandie et, pour tous ces crimes, fut excepté par Louis XI de la première amnistie avec quatre autres personnes : Jean de Lorraine, comte d'Harcourt; Jean de Beuil, comte de Sancerre ; Pierre d'Amboise, seigneur de Chaumont-sur-Loire et son fils aîné Charles d'Amboise (1).

De plus « pendant la guerre du Bien Public, le roi faisait
« désavouer certain mandement par ses ambassadeurs auprès du
« Pape et il en rejetait toute la responsabilité sur Louis de
« Harcourt, évêque de Bayeux, qui était alors étroitement lié avec
« Thomas Basin, évêque de Lisieux : *excusabunt mandatum quod-*
« *dam publicatum in regno ; illud nempe dolis et fraude Bajocensis*
« *episcopi surreptum* ».

Mais la rancune royale s'apaisa. Le 20 janvier 1467 « le dit
« Mre Louis de Harcourt et les religieux de Lyre obtenaient
« dispense de fournir aveu au roi, le dénombrement de leur
« temporel ayant été donné en 1450 par le précédent abbé et le
« dit abbé de Harcourt ayant fait le serment (2) de féauté depuis
« l'avénement de Sa Majesté ils obtinrent, le 29 avril 1468, main
« levée de leurs revenus, saisis faute dudit aveu ». — De plus
Louis XI accordait « à Louis d'Harcourt, abbé de Lyre, des lettres
« d'amortissement pour plusieurs revenus acquis par les religieux
« et pour ceux à acquérir jusqu'à 100 livres de rente. L'abbé
« donnait cette somme pour le repos de l'âme du comte d'Aumale,
« son père, tué à la bataille de Verneuil près la dite abbaye,
« voulant chasser les Anglais ».

Sous son abbatiat Lyre eut à soutenir un procès à l'occasion d'un édifice servant de halle aux draps, construit à Verneuil ; par

---

(1) *Histoire des règnes de Charles VII et de Louis XI*, par Thomas Basin, évêque de Lisieux, t. II, 126, 158, et t. IV, 132, 234, 235, 247 et 253. (*Coll. de l'Hist. de France*, Paris, 1856, in-8°).

(2) D'après La Roque (*Hist. de la Maison d'Harcourt*, t. I, p. 438) il avait fait ce serment le 16 mars 1463 à Nogent, et les lettres en furent expédiées le 9 août suivant 1464 (N. S.).

« Jean Percheron sur un terrain, au bout des halles à draps, au
« préjudice des religieux auxquels toutes ces halles appartenaient
« aussi bien que le terrain. La sentence rendue le 18 juin 1473
« déclare que le fonds et l'édifice sont à Lyre et décharge Perche-
« ron de la rente due au domaine pour sa fieffe ».

Le 8 avril 1475 *Louis d'Harcourt* donnait comme coadjuteur à dom Geoffroy Gastine, prieur du Désert, à cause de sa vieillesse, dom Louis Cléry, religieux et cellérier de Lyre.

Jean de Garancières fit, le 28 août 1476, un accord avec l'abbaye afin de lui confirmer le patronage de l'église des Bottereaux et de la chapelle Saint-Nicolas du château. En échange les religieux consentirent à donner à dîner le 15 août au prévôt, au verdier et à six serviteurs ou hommes du seigneur des Bottereaux avec droit, pour ce dernier, de nommer un recteur aux écoles de la paroisse.

Quant aux dîmes il y eut une transaction en juillet 1478 pour Boisnormand « entre l'abbé de Lyre et M. Etienne Belenfant, curé
« de Saint-Julien de Bosnormand, en présence de Guillaume de
« Gisay, écuyer, seigneur et patron de cette paroisse, pour éviter
« les difficultés au sujet des deux tiers de la dîme sur les sept fiefs,
« savoir : d'Ernaud du Chemin, de la Baudevinière, de la Pillière,
« de Roger de Malmarie, de la Sauvagerie, d'Echaufay et de
« Basilie. L'abbé abandonna son droit de dîme sur ces fiefs à
« condition que le curé laisse toute la grosse dîme de cent acres
« de terre en un seul tenant qui se trouve devant la *Rouge-
« Maison.* »

M⁽ʳᵉ⁾ Nicolas Thibaut, curé de l'une des portions de Glos et procureur fondé de M⁽ʳᵉ⁾ Jean Hue, curé de l'autre portion, transigea avec l'abbaye de Lyre, le 13 avril 1479, de la manière suivante : « Les curés abandonnent tout leur droit prétendu sur
« les grosses et menues dîmes, les oblations et offrandes de la
« chapelle Saint-Maur au manoir de la Broudière (ils ne laissaient
« avant qu'un certain nombre de chandelles ou luminaire appelé
« une *hauce*), mais au lieu de 12 livres de pension à l'abbaye, ils
« ne donneront que quatre livres et seront déchargés du service
« de la chapelle de la Broudière. »

D'après La Roque *Louis II d'Harcourt* mourut le 15 décembre 1479, le 19 selon la *Neustria* et le 14 décembre, disent les bénédictins. Comme son illustre famille il blasonnait : *de gueules à deux fasces d'or.*

Pierre Ier d'Amboise (1479-1481), *34e abbé*. — Pierre d'Amboise un des 17 enfants de Pierre d'Amboise et d'Anne de Bueil avait pour frères : Jean, évêque de Maillezais, puis de Langres; Emery, grand prieur de France, ensuite grand maître de Malte; Louis, évêque d'Albi; Jacques, abbé de Jumièges, de Cluny, évêque de Clermont; Georges, archevêque de Rouen, le fameux cardinal d'Amboise, premier ministre de Louis XII, etc.

Pierre d'Amboise était déjà abbé de Saint-Jouin-sur-Marne quand il obtint, le 16 décembre 1479 (1), l'abbaye de Lyre avec dispense, accordée par Louis XI, d'en rendre aveu, le roi se contentant de celui de ses prédécesseurs. Les lettres furent enregistrées le 19 mars 1480 au baillage d'Evreux. Son serment de féauté est du 12 novembre 1480.

Nommé à l'évêché de Poitiers, en 1481, il donna sa démission d'abbé de Lyre. Le 26 avril 1481, en effet, le prieur présente à la cure de Breteuil Etienne Brunet, *sede vacante*, à cause de la vacance du siège abbatial. (G. 24). Pierre d'Amboise avait pour blason : *palé d'or et de gueules de six pièces.*

Benoît de Chaumecy ou de *Chamecy* (1484-1500), *35e abbé*. — Parent du maréchal de Guise ce religieux de Saint-Julien de Tours, ancien veneur du roi Louis XII, obtint l'abbaye de Lyre comme consolation d'avoir perdu, par sa négligence, celle de Saint-Julien. Aussi dans l'intention de reprendre cet enviable bénéfice il permuta Lyre avec Jean de Quedillac et permit — ce qui ne se comprend guère — aux religieux de se choisir un autre abbé. Ceux-ci procédèrent aussitôt à l'élection et nommèrent *Jean de Cléry* à l'unanimité.

Quand Jean de Quedillac se présenta, pour prendre possession de son bénéfice, les bénédictins s'y opposèrent constamment et chassèrent Benoît lui-même, accouru de Tours, afin d'appuyer ses

---

(1) Cette date prouve bien que son prédécesseur mourut le 14 ou le 15 décembre et non le 19 janvier. Cependant jusqu'à l'entérinement des lettres le siège était considéré comme vacant, car le 27 février 1479, *sede vacante*, les religieux de Lyre présentent Jean Sébire à la cure du Noyer, vacante par la permutation d'un autre Jean Sébire. Ce nouveau titulaire mourut en 1491 et eut pour successeur Humbert Fricaud qui, le 27 août, permutait avec Humbert Friçand le jeune. *(Arch. de l'Eure, G. 28).*

droits. Le Grand Conseil auquel il en appela ne put que lui accorder des dommages-intérêts. A cause de ces difficultés le prieur claustral et le couvent de Lyre, au nom de *dom Benoît*, abbé, présentèrent pour la cure de Champdominel, le 16 juillet 1498, Jean Juniani, puis, après la démission de ce dernier, — 28 novembre, — Jean le Teinturier, chanoine d'Evreux.

Des lettres du recteur de l'Université de Paris — 7 novembre 1492 — attestent que Benoît de Chamecy étudiait alors le droit canon sous Me Robert de Tullen, docteur en droit.

JEAN III DE CLÉRY (1500-1512), *36e abbé.* — Elu par les moines de Lyre, confirmé dans cette dignité par l'évêque d'Evreux après la mort de son prédécesseur arrivée l'an 1500, *Jean de Cléry* eut cependant, malgré la justice de sa cause, à lutter contre Jean de Quedillac qui, le 19 juin 1500, prenait possession de l'abbaye à main armée! La lutte continua jusqu'en 1512, époque à laquelle *Jean de Cléry* résigna son bénéfice au cardinal René de Prie. On peut se faire une idée de l'âpreté de la procédure quand on saura qu'une des pièces forme un rouleau de parchemin de 107 pieds de longueur (35m 30)!!!

Il y eut des alternatives de succès et de revers. En 1501 (1) Jean de Quedillac paraît l'emporter, car Jean Millon, chanoine d'Evreux, son vicaire général, présente Jean le Maygnan à la cure des Baux-de-Breteuil; le 16 novembre 1502 il présentait lui-même Jean des Granches, *alias* des Champs, au bénéfice du Noyer-en-Ouche; le 29 novembre, à 8 heures du matin, son procureur présentait Etienne Fromont à la chapelle ou léproserie de Sainte-Madeleine de la Vieille-Lyre, vacante par le décès de Jean de Villiers, et, le 15 février 1503, au même bénéfice vacant par la mort de Gabriel le Boucher; le 2 septembre 1505 il présentait enfin Aubin Duclos à la chapelle Sainte-Madeleine de Chambines-sur-Hécourt.

Un arrêt du Grand Conseil — 22 septembre 1512 — fit cesser cette lutte désastreuse en autorisant le cardinal de Prie « résignataire dudit Jean de Cléry » à exécuter les sentences obtenues contre Jean de Quedillac qui fit opposition. Il fallut un autre

---

(1) D'après le registre de la Chambre Apostolique de 1501 l'abbaye de Lyre était taxée à 300 florins.

arrêt du Grand Conseil qui « déboute le dit de Quedillac du
« pourvoi par lui pris contre le précédent arrêt avec dépens,
« puis ordre au bailli d'Evreux ou à son lieutenant de mettre à
« exécution le dit arrêt, après quoi il verbalise sur ce qui fut fait
« s'étant transporté à Lyre le 8 juin 1513 où était le seigneur
« Cardinal de Prie accompagné de Messieurs les évêques de
« Lisieux et d'Ayde et plusieurs autres ecclésiastiques et séculiers ».

L'un ou l'autre de ces abbés fit approuver, le 12 novembre 1500, la charité de Pacy-sur-Eure établie en l'honneur de Notre-Seigneur Jésus-Christ, de la Sainte Vierge, de saint Michel, de la translation de saint Nicolas et de sainte Anne. A cause du litige entre les deux prétendants le prieur et le couvent de Lyre présentèrent à la cure de Pacy, vacante par le décès de Guillaume Rondel, Michel le Vavasseur, prêtre — 19 octobre 1501 — qui ne l'obtint probablement pas, puisque le 16 juillet 1519 on confère à Jean Chauvin cette cure dite *encore* vacante par la mort de Guillaume Rondel, *dernier curé.*

La question des dîmes troublait toujours les esprits et fournissait une abondante matière de procédure! Ainsi de 1500 à 1507 un curé de la Neuville-Chandoisel, le sieur Parent, plaide au sujet des grosses et menues dîmes; son voisin d'Amfreville-sous-les-Monts, frère Guilbert Le Fèvre, et ses successeurs réclament pour celle de Fontipou, etc.

Outre les dîmes l'administration de ces biens en diverses paroisses, éloignées les unes des autres, nécessitait une attention soutenue. Ainsi, le 2 mars 1506, le manoir et le clos de Saint-Lubin fut vendu par décret à cause des dettes du fermier. Les religieux firent, de suite, opposition. Noël Bosquet, écuyer, seigneur de Tilly, adjudicataire, voulut bien transiger avec eux aux conditions suivantes : « L'abbaye fieffe au dit Bosquet, pour
« 39 ans, les six acres de l'enclos, moyennant 35 sols de fermage,
« sauf la chapelle et les oblations. Si les moines veulent agrandir
« la chapelle le dit Bosquet transportera ailleurs la maison
« attenante à icelle. Si quelque religieux malade de la lèpre va
« au dit Saint-Eglan il jouira de l'enclos et le dit Bosquet, le
« même temps, après les 39 ans expirés. Le dit Bosquet rendra le
« tout contre 60 livres, enchère de son décret avec les améliora-
« tions, plantera 50 entes sur le dit enclos à la fin de son terme,
« rendra la marre peuplée de poisson et laissera les chemins de

« 12 à 13 pieds de large pour aller à la chapelle des églises de
« Lyre, les Baux et Neaufle. » — Le 3 janvier 1520 les bénédictins
remboursèrent les soixante livres et rentrèrent en possession de
leur domaine.

RENÉ DE PRIE (1512-1516), 37ᵉ *abbé*. — Fils d'Antoine de Prie,
baron de Buzançais, grand queux de France, et de Madeleine
d'Amboise, René, grâce à la faveur du cardinal Georges d'Amboise
son cousin-germain, s'éleva de bonne heure aux plus hautes
dignités de l'Eglise. Il fut successivement grand archidiacre de
Bourges et archidiacre de Blois, doyen de Saint-Hilaire de Poitiers,
protonotaire apostolique, abbé commendataire de Landais, de
Loroux, de Miseray, de la Prée, de Déols, *de Lyre*, de Micy,
d'Issoudun et aumônier du roi Louis XII avec lequel il récitait
souvent le bréviaire. Evêque de Bayeux le 11 août 1498, créé
cardinal par le pape Jules II le 4 janvier 1506, nommé à l'évêché
de Limoges en 1510, puis à celui de Lectoure en 1513, il opta
pour l'évêché de Limoges dont il se démit quelques années après,
ainsi que de celui de Bayeux. Retiré dans son abbaye de Lyre il
y mourut le 9 de septembre 1516. On l'inhuma, suivant ses
désirs, dans son abbaye de Notre-Dame de la Prée, auprès du
tombeau de sainte Fauste. Sur sa tombe était gravée l'épitaphe
suivante :

« Hélas! mortels, le révérendissime seigneur *René de Prie*,
« cardinal du titre de Sainte Sabine, évêque de Bayeux et de
« Limoges, en quittant cette vie humaine, a rendu son âme à
« Dieu très bon et très grand, son cadavre a été humblement
« déposé par ses ordres auprès de sainte Fauste. Il mourut
« le 5 des ides de septembre 1516 » (1).

René de Prie blasonnait *de gueules à 3 trèfles d'or, 2 et 1*.

Quelques mois avant son arrivée l'évêque d'Evreux, par son

---

(1) Fisquet, *passim*. — « Hic jacet, heu mortales! Eminentissimus ac
« Reverenissimus DD RENATUS DE PRIE, filius *Antonii* Baronis *de Prie*,
« Domini de Busancois, et *Magdalenæ* d'Amboise, ab humanis discedens
« animam Deo Optimo Maximo tradidit, suumque cadaver jussit humi-
« liter recondi juxta sanctam Faustam. Obiit V Idus septembris 1516. »

L'*Obituaire* d'Auguste Molinier, fol. 5 verso, écrit : « Août D 5 Idus
(ou IV ou III) hac die domini Mo Do XVIo obiit Raymundus Renatus de
Prie, cardinalis, abbas hujus abbatie. »

vicaire général, « permettait d'exposer à la vénération des fidèles
« de la Neuve-Lyre les reliques de saint Gilles, saint Loup, saint
« Eloi, saint Nicolas, saint Christophe, d'un des saints Innocents,
« de sainte Marguerite, de sainte Austroberte et de sainte Fare,
« présentées au vicaire général dans certains reliquaires avec
« d'autres saintes reliques qui sont depuis longtemps dans l'église,
« le tout présenté par Guillaume Lyenard, curé. — Le vicaire
« général accorde 40 jours d'indulgences à tous les fidèles qui
« vraiment confessés et pénitents visiteront l'église le jour de
« saint Gilles et de saint Eloi et feront une aumône ».

Les présentations faites par le cardinal de Prie sont : celle de Michel Dolivet à la cure de Bois-Panthou, 31 janvier 1512; celle de Pierre de Gouye, prêtre, à la cure des Bottereaux vacante par la mort de Révérendissime Père en Dieu Mgr Martin d'Orgis, évêque d'Hébron, dernier curé, 28 août 1513; celle de frère Jean Darthoys, religieux de Saint-Benoît à la cure de Breteuil, 4 avril 1516, etc.

Avec l'autorisation de l'évêque d'Evreux, Toussaint Varin, religieux de l'ordre des Ermites de saint Augustin, évêque de Thessalonique, faisait, le 27 juin 1514, la dédicace de l'église Sainte-Radegonde de Morainville et la bénédiction du cimetière.

L'année suivante — 1er mai 1515 — le cardinal de Prie permettait aux paroissiens de la Vieille-Lyre de construire un petit clocher sur leur église, avec ordre toutefois de n'y mettre que les cloches qui y étaient déjà, après les avoir pesées. Au lieu d'un petit on commençait un grand clocher, d'où le 18 juillet défense de continuer la construction; enfin « le 22 mars 1518 l'abbé per-
« mettait de couvrir le clocher, à condition de clore et d'étouper
« les fenêtres du côté du monastère ».

Enfin le pieux cardinal avait accordé, le 27 avril 1513, cent jours d'indulgences à tous ceux qui visiteraient dévotement la chapelle de la Madeleine, près la Vieille-Lyre, le Vendredi-Saint, le jour de Pâques, le lundi suivant et le jour de saint Marc.

AMBROISE LE VENEUR (1516-1531), *38e abbé*. — Les trois abbés suivants appartiennent à la patriarcale famille des Le Veneur de Tillières dont les membres occupaient, au xvie siècle, les situations les plus hautes comme les plus enviables. Neveu d'Etienne Blosset de Carrouges, évêque de Lisieux; frère de Jean IV le Veneur, archidiacre de Lisieux, puis évêque cardinal, Ambroise Le Veneur avait été doyen du Chapitre d'Evreux, avant d'être élu évêque de ce diocèse par les chanoines qui usèrent de leur privilège pour la dernière fois.

Pourvu de l'abbaye de Lyre, après le décès du cardinal, il prêta serment de fidélité au roi le 15 octobre 1516 (*Catal. des actes de François Ier*, t. V, 16.229) et ne rendit aveu pour le temporel de son bénéfice qu'en 1521.

Selon cette déclaration les moines avaient le droit de nommer les maîtres pour les écoles de Rugles, alternativement de trois en trois ans, avec les curés de Saint-Germain suivant la transaction passée le 23 décembre 1429. Mais en 1525 le curé, Mre Henri Gueslet, et son vicaire, Michel Girard de la Héripière, soulevèrent des difficultés au sujet du maître d'école nommé par l'abbaye. Une sentence les condamna et le vicaire qui tenait école à la Héripière, chez lui, dut même cesser sous peine de 1.000 livres d'amende. Le greffier, ami des vicaires, ayant poussé la complaisance jusqu'à changer la sentence en leur faveur, il fallut obtenir un autre arrêt !

Bien que les ventes deviennent excessivement rares au xvie siècle cependant on en rencontre quelques-unes. Ainsi le 13 juin 1523 Richard de Moriancourt, sieur de la Rivière, de la paroisse d'Ambenay, vendit « à l'office de sacristain 50 sols de rente hypo-
« thèque sur tous ses biens pour 25 livres et dix sols au vin du
« marché, avec faculté de rachat pour lui ou ses hoirs. Pierre de
« Moriancourt, son petit fils, en représentation de la rente
« de 50 sols qu'il prenait sur Poursaint Doucet du Boisnormand,
« suivant contrat du tabellionnage de Rugles, en date du
« 5 octobre 1601 ».

Chacun sait que de nombreuses léproseries avaient été établies en Europe, à la suite des Croisades, cause première de cette maladie autrefois inconnue. Au xvie siècle cependant elle tendait à disparaître et au xviie on put réunir leurs biens aux hospices généraux. Celle de la Vieille-Lyre fut réunie à l'hospice de Bernay, celle de la Barre à l'Ordre Notre-Dame du Mont-Carmel, malgré l'énergique opposition des religieux. On trouve en 1526, pour cette maladrerie de la Madeleine ou de Saint-Marc de la Barre une sentence de l'official d'Evreux « qui déclare Simon Petit
« Oeuil, de la paroisse de Mézières, diocèse de Chartres, non
« atteint de la lèpre et ordonne de le mettre hors de la léproserie.

« Il se maria avec Michelon, fille de Jacques le Jeune, qui se
« disant atteinte de la lèpre faisait valoir 13 acres 1/2 de la
« maladrerie, malgré le prieur qui fut débouté par les juges
« (1526-1527) ». — Le prieur se pourvut contre la sentence,
mais on ignore le résultat de son appel !

Ambroise le Veneur, on ne sait pour quel motif, résigna son
évêché en 1531 en faveur de Gabriel le Veneur, son arrière-neveu,
âgé de 14 ans, et son abbaye, vers la même époque, à Jean le
Veneur, son frère. Il mourut, non le 23 septembre 1531 comme
le dit Fisquet, mais le 23 septembre 1536 au château de Condé et
fut inhumé le jeudi, 26 octobre, dans le chœur de la cathédrale
d'Evreux par Mgr l'Evêque d'Avranches, en présence de celui de
Séez et celui de Thessalonique, son suffragant, des abbés de la
Croix, de la Noë, de l'Estrée, etc. Ambroise le Veneur portait
d'argent à la bande d'azur chargée de trois sautoirs d'or.

JEAN LE VENEUR (1531-1535), *39e abbé.* — Ambroise résigna son
abbaye de Lyre, non en 1533 comme l'ont avancé différents
auteurs, mais en 1531. Le 19 janvier 1531, en effet, dans la présentation pour Saint-Germain de Rugles on le dit : cy-devant abbé de
Lyre, vicaire général de Jean le Veneur, abbé de Lyre; même
expression le 19 mai 1532 et le 15 mai 1533; le 31 mars 1532, jour
de Pâques, Ambroise le Veneur, cy-devant abbé de Notre-Dame
de Lyre et pensionnaire sur l'abbaye avec droit de présenter à la
moitié des bénéfices et vicaire général de Jean le Veneur,
Evêque de Lisieux et abbé de Lyre, présente vénérable personne
Jean Chauvyn, prêtre chanoine, à la cure du Béhélan vacante par
le décès de Robert Chauvyn. » (G. 24).

Recommandable par son mérite et ses vertus, Jean le Veneur
fut comblé d'honneurs par trois rois de France : Charles VIII,
Louis XII et François Ier. Outre ses titres d'évêque, de grand
aumônier de France, de cardinal du titre de Saint-Barthélémy-en-
l'Ile, il obtint successivement la commende des abbayes de
Grestain (1503), de Notre-Dame de Préaux (1506), du Mont-Saint-
Michel (1524), de Lyre (1531), de Lonlay au diocèse du Mans, de
Saint-Fuscien au diocèse d'Amiens, enfin du Bec en 1534.

Les tribunaux se montraient de plus en plus favorables aux
curés contre les gros décimateurs, car le relâchement de la vie
monastique, en général, faisait oublier les immenses services
rendus au moyen âge par les ordres religieux. D'un autre côté le

clergé séculier, en contact constant avec les fidèles, savait plaider sa cause et les intéresser à sa triste situation. Qu'on en juge par les réclamations du curé de la Neuve-Lyre en 1536 d'après l'*Inventaire* : « Vidimus, fait le 31 janvier 1537, d'un accord entre
« l'Abbé et Mr Jacques Loison, curé de la Neuve-Lyre, au sujet
« des dîmes. Il prétendait que depuis vingt ans le droit commun
« l'autorisait à recevoir toutes les grosses, vertes, mixtes et per-
« sonnelles dîmes, administrant les sacrements à plus de
« 500 personnes répandues dans divers villages et qu'il n'était pas
« juste de lier la bouche, lui qui était le bœuf qui pilait le blé
« dans l'aire du Seigneur, mais qu'on devait lui donner les biens
« temporels pour les biens spirituels qu'il administrait et que
« cependant les religieux voulaient le priver de la jouissance où
« il était de percevoir les grosses et vertes dîmes, lui laissant
« seulement les dîmes des veaux, des laines, des agneaux, des
« petits cochons et des chèvres, avec les oblations et sépultures
« sur lesquelles oblations et menues dîmes les religieux disaient
« encore avoir droit de prendre sept livres de pension, encore
« que sur tout cela le curé demandait une portion congrue sur
« les grosses dîmes avec toutes les vertes. A cela les religieux
« répondaient qu'ils étaient patrons et en possession de percevoir
« les grosses et vertes dîmes, donc le Curé devait se contenter
« comme par le passé des oblations et des dîmes mixtes, mais les
« religieux pour lui être agréables ajoutent 15 boisseaux de blé
« de rente, mesure de Lyre, sur les grosses dîmes du trait de
« Beauvoir avec les vertes dîmes dans les jardins et closages, à
« condition de payer les sept livres de pension comme par le
« passé. »

Le sieur Acard, curé de Fontipou (Flipou) obtint davantage encore. L'abbaye de Lyre se vit forcée, par sentence rendue aux Andelys, confirmée par le Parlement auquel les religieux avaient eu recours, d'abandonner au curé, outre la 15e gerbe ou le 15e boisseau, la dîme sur deux masures, dites l'une le clos Fouet, l'autre Bouteraye, et sur 48 pièces de terre, comme novales.

A quelle date Jean le Veneur résigna-t-il son abbaye de Lyre et son prieuré de Maupas à son petit neveu Gabriel ? Inutile de consulter la *Neustria* car ces deux abbés ne figurent pas dans sa liste. Après Ambroise le Veneur vient immédiatement un *Georgius*, abbé sans doute, mais mort en 1389! Si nous en croyons l'*Inventaire* les armes de *Gabriel Le Veneur* furent mises sur les nouvelles bornes plantées le 4 septembre 1535 entre la Haye de Lyre et la forêt de Breteuil, par conséquent la résignation du Cardinal serait du mois d'août 1535.

Dans un procès-verbal dressé au mois de juillet 1535 par André Sanguin, lieutenant général du grand maître général réformateur des Eaux-et-Forêts, etc., au sujet des droits d'usage de l'abbaye dans les forêts de Breteuil et de Conches, on lit ce qui suit : « ... le dit sieur commissaire se transporta à l'abbaye de
« Lyre et fut mené au chapitre où les religieux ayant été assem-
« blés, il fit description de leurs noms et surnoms, y ayant
« seize religieux prêtres et six novices, tous présens; et en outre
« fut dit qu'il y en avait sept autres religieux absens aux bénéfices
« de ladite abbaye quy alloient et venoient; qu'il y avoit un
« profex de la dite abbaye étudiant à Paris aux dépens d'icelle;
« que depuis le décedz du sieur cardinal de Prie, leur abbé, il
« étoit mort huit religieux, et que leur abbé, alors cardinal et
« évêque de Lisieux, leur avoit dit qu'il avoit l'intention d'y en
« mettre jusqu'au nombre de quarante. A l'égard des serviteurs
« et domestiques de ladite abbaye, la déclaration en ayant été
« fournie, le nombre se trouva de beaucoup plus fort que celuy
« des religieux, de quoy l'avocat du Roy se récria, disant que
« l'on ne devoit leur bailler aucun bois, ny bétail, protestant de
« faire reformer ledit nombre de serviteurs en tems et lieu. (1) »

Ce qu'il y a de certain c'est qu'il n'était plus abbé en 1537 d'après ce passage du Grand Pouillé pour Ambenay : « M° le Vicomte, vicaire général d'Evreux, et de M° Jean le Veneur, cardinal du titre de Saint-Barthélemy, évêque et comte de Lisieux, *cy-devant abbé commendataire de Lyre* et pensionnaire sur icelle avec pouvoir à lui accordé par un indult de Rome de présenter à tous les bénéfices et offices de la dite abbaye, présente, etc. » — (G. 23).

Jean le Veneur, qui fut aussi prieur de Maupas, mourut le 7 août 1543 à Marle, diocèse de Laon, fut rapporté le 15 à l'abbaye du Bec et inhumé le 3 septembre dans la cathédrale de Lisieux, près de son oncle Etienne Blosset de Carouges. Comme son frère, Ambroise le Veneur, il blasonnait *d'argent à la bande d'azur, chargée de trois sautoirs d'or*.

(1) *Archives de l'Eure*, H, 445.

GABRIEL LE VENEUR (1535-1549), *40ᵉ abbé*. — Fils de Jean le Veneur et de Gilonne de Montejean, frère de Tanneguy premier comte de Tillières, nommé par François Iᵉʳ le 31 décembre 1531 à l'évêché d'Evreux, alors qu'il n'avait que quatorze ans, à la demande de son grand oncle Ambroise le Veneur, administrateur du diocèse jusqu'à sa majorité, il obtint encore par résignation la commende de Lyre au mois d'août 1535. En outre, selon la mode abusive de l'époque, il eut les riches bénéfices suivants : l'abbaye de Notre-Dame de Grestain (1543-1550), de Saint-Taurin d'Evreux (1556), de Saint-Evroult (1) (1546) et de Jumièges (1549). La cathédrale d'Evreux bénéficia de sa belle fortune comme de celle d'Ambroise, son grand oncle; le portail nord et la tour, malgré la perte de sa grosse cloche nommée la *Gabrielle*, sont encore là pour l'attester !

Sous son abbatiat commencèrent des difficultés soulevées par les paroissiens de la Neuve-Lyre au sujet du bois de la Haye de Lyre dans lequel ils prétendaient avoir droit de passage, de bois vert, de paturage, de prendre des pierres, etc. Condamnés en 1546, ils en appelèrent ce qui nécessita une enquête l'an 1552.

Parmi les présentations faites par cet abbé et naturellement acceptées par lui, comme évêque d'Evreux, il y a celle de Regnault Vigor à la cure de Chéronvilliers à laquelle Jean de Mainemares, chanoine et prieur du Désert, présentait, quatre jours après, Denys Baudouyn (28 novembre 1543); — une autre à la même date pour Saint-Jean-du-Bois; — enfin le 14 juillet 1544 Gabriel le Veneur conférait à dom Jean Panthou, prêtre, religieux de Lyre, la cure de la Vieille-Lyre.

L'*Inventaire* nous apprend que l'abbé avait un jardin et des édifices à Evreux près le couvent des Cordeliers, paroisse Saint-Denys, donnés par Gabriel le Veneur, abbé de Lyre, à son cousin

---

(1) Il était encore, à cette date, prieur de Saint-Ismère. — Le 8 octobre 1542 l'abbé de Lyre et ses religieux envoyèrent une lettre circulaire aux monastères avec lesquels ils étaient en société de prières pour leur recommander leurs confrères décédés depuis plusieurs années. C'était une imitation pieuse des fameux *rouleaux des morts* en usage au moyen âge, comme celui de la reine Mathilde.

Jean le Veneur, le 9 décembre 1544 en échange de 6 livres de rente sur une maison sise à la Vieille-Lyre. Quelques mois avant de recevoir l'onction épiscopale Gabriel le Veneur permuta son abbaye de Lyre avec le cardinal Hippolyte d'Este, abbé de Jumièges depuis 1539. On était en novembre 1549 et le sacre eut lieu au mois de janvier. Gabriel le Veneur mourut au château de Tillières le 15 mai 1574 et portait les mêmes armes que ses oncles *d'argent à la bande d'azur, chargée de trois sautoirs d'or*.

Hippolyte d'Este (1549-1571), *41ᵉ abbé*. — Il ne s'agit pas ici du premier cardinal de Ferrare Hippolyte d'Este, fils d'Hercule Iᵉʳ et d'Eléonore d'Aragon, mort le 3 septembre 1520, mais du second, né en 1509, d'Alphonse Iᵉʳ d'Este et de la fameuse Lucrèce Borgia (1). Son frère, Hercule II époux de Renée de France fille de Louis XII, sa nièce mariée au duc de Guise, ses talents, ses qualités aimables le firent accueillir à la cour de François Iᵉʳ avec une extrême bienveillance. Les plus riches bénéfices, les plus hautes dignités ecclésiastiques devinrent son partage. Abbé de Jumièges en 1539 Paul III le nommait cardinal le 5 mars, puis archevêque de Milan la même année, avec le gouvernement du patrimoine de Saint-Pierre, l'archevêché de Lyon, la protection des affaires de France à Rome; en 1540 il devenait conseiller privé du roi, abbé de Saint-Médard de Soissons; en 1546 évêque d'Autun, bénéfice qu'il permuta pour l'archevêché de Narbonne; abbé de Pontigny, de Boibonne, etc.; commandant, pour le roi de France, du duché de Parme et de la province de Sienne; évêque d'Arles avec trois nouvelles abbayes, etc. On reprocherait au cardinal de Ferrare cette cumulation de bénéfices hors de toute mesure qui fit dire à un écrivain religieux qu'il en était comme accablé : *exoneratus plus quam ornatus*, et ces nombreuses permutations qui semblaient faire du patrimoine ecclésiastique une marchandise, si elles ne trouvaient une sorte d'excuse dans le relâchement général et les abus qui régnaient alors, et si d'éminents services rendus à l'Eglise et à l'Etat ne jetaient un voile sur ce qu'elles ont de répréhensible.

---

(1) Piganiol de la Force (t. IX, p. 229) et le *Dictionnaire de la Conversation* (Este, p. 39) le disent fils d'Hercule II et de Renée de France, nous avons suivi Moreri, Michaud, H. Martin, etc.

On ne peut disconvenir que le cardinal de Ferrare n'ait eu de grands talents, dont il fit un noble et bon usage, et que sa vie extrêmement laborieuse n'ait été constamment employée au bien public. Il cultivait les lettres, protégeait les savants et les admettait à sa familiarité. Enfin son corps étant usé beaucoup plus par le travail que par les années il mourut à Rome le 2 décembre 1572 et fut enterré à Tivoli, dans l'église des Cordeliers.

Naturellement tous ces bénéfices étaient administrés par ses grands vicaires et les bons moines de Lyre ne virent probablement jamais leur nouvel abbé, pas plus que son successeur le cardinal Louis d'Este, son neveu! Le prieur claustral dirigeait seul le monastère et administrait au mieux des intérêts de chacun (1).

On était alors non seulement en pleine crise religieuse, mais encore révolutionnaire. Les richesses de l'Eglise excitaient de féroces appétits; les Etats réunis, le 13 décembre 1560, à Orléans, parlèrent d'aliénations, de confiscations des biens du clergé, afin de payer les dettes du roi. On dut en venir à une transaction, c'est à dire à la promesse de fournir chaque année seize cents mille livres pendant six ans. « De 1561 à 1567, dit l'abbé Mesnel (2), période pendant laquelle, aux termes du contrat de Poissy, le clergé devait verser 9.600.000 livres, on lui fait payer 21.344.000 livres et plus, tant par aliénation des biens d'Eglise que par autres surcharges inventées. »

Les abbayes furent donc obligées, afin de payer ces lourdes impositions, d'aliéner une grande partie de leurs propriétés à la fin du XVIe siècle. Les religieux de Lyre aliénèrent ainsi en 1563 leur ferme de la Bourgeraye qu'ils purent racheter l'année suivante. « Cependant, dit l'*Inventaire*, au rôle arrêté au Conseil « en 1676 les propriétaires de la ferme furent taxés à 312 livres « 12 sols 6 deniers pour le huitième denier de l'aliénation. Mais

---

(1) En 1561 l'*Inventaire* signale un mandement de l'Official d'Evreux à tous les supérieurs ecclésiastiques du second ordre par lequel, en vertu de la bulle de Pie IV, accordée à la demande du cardinal de Ferrare, abbé de Lyre, il leur ordonne d'excommunier les détenteurs des biens de l'abbaye et ceux qui connaissaient les voleurs sans les dénoncer.

(2) *L'Aliénation des biens d'Eglise en 1586-1588* (Soc. libre de l'Eure Ve série, t. VIII, p. 11.)

« les religieux en obtinrent décharge. Quant à la rente en blé sur
« le moulin de la Couture à Bernay, aliénée le 11 octobre 1564 à
« M^{re} Ch. le Comte de Nonant pour 250 livres, elle ne fut jamais
« recouvrée. Dom Sébastien Chrétien, prieur de Lyre en 1660, et
« dom Maur Bourard, cellerier, la revendiquèrent bien sur
« M. de la Morandinière, puis en 1661 sur Messieurs de la Rochette
« et de la Gatine mais ils n'en reçurent que 300 livres pour
« acheter ailleurs une rente et en 1674 ils devaient encore
« 35 livres. »

L'absence de l'abbé rendait difficiles les présentations aux bénéfices, chacun s'arrogeant ce droit! Ainsi le 24 octobre 1570, Robert Despagne, bourgeois d'Evreux, fermier et receveur général de Lyre, présentait à la cure des Bottereaux, vacante par le décès de Nicolas Girard, Henry le Roux; le 27 du même mois le cardinal de Ferrare présentait Nicolas de Jumelles; le 5 janvier 1571, pour Berville, les présentateurs augmentent. C'est d'abord Robert Despagne le fermier de Lyre avec son candidat Jean Buhot; puis le 9, les religieux qui présentent Henry le Bas; le 13, l'abbé présente Jacques Bataille, prêtre de Toulouse; le 28 décembre le prince François, fils et frère du Roi, duc d'Alençon et d'Evreux présente, à cause de son duché d'Evreux et à cause du litige entre le seigneur de Romilly et l'abbé, Pierre Gaulepied, prêtre, un de ses chapelains; le roi lui-même présenta le 22 novembre 1572 Marin de Bourgetz, prêtre de Lisieux! S'il y avait tant de compétiteurs pour une pauvre église de campagne quel devait être leur nombre pour les gros bénéfices, comme les abbayes ou les évêchés!

Il était grand temps d'appliquer les sages mesures du Concile de Trente sur la résidence de ceux qui avaient charge d'âmes, sur le cumul des bénéfices, car le Concordat fait avec François Ier avait porté à son comble l'anarchie dans l'Eglise.

Hippolyte d'Este, cardinal de Ferrare avait pour armoiries : *Ecartelé aux 1 et 4 de* l'Empire, *aux 2 et 3 de* France, *à la bordure endentée d'or et de gueules qui est* Ferrare; *cet écartelé séparé par un pal du gonfalionner de l'Eglise et sur le tout un écusson d'azur à un aigle d'argent, couronné, becqué et membré d'or qui est* d'Este.

Louis II ou *Aloyse* d'Este (1575-1586), *42e abbé*. — Né le 25 décembre 1538 d'Hercule II duc de Ferrare et de Renée de France, fille de Louis XII, il parut dès son enfance si sage et si modeste que le pape Paul III le fit, à dix ans, coadjuteur de l'évêché de Ferrare. Henri II le gratifia de l'archevêché d'Auch et Pie IV le créa cardinal en 1561. On l'employa dans diverses affaires qu'il négocia toujours avec beaucoup de prudence et de bonheur. Il vint deux fois légat en France sous le règne de Charles IX et d'Henri III ; se trouva, en 1578, aux états de Blois et fut le protecteur des affaires de France en cour de Rome, où il s'acquit beaucoup d'estime. De Thou le nomme *le trésor des pauvres et l'ornement du Sacré-Collège*. Commandeur de l'Ordre du Saint-Esprit, lors de l'institution, il mourut à Rome le 30 décembre 1586 après avoir ordonné que son cœur serait porté en France pour être déposé dans l'église d'Auch, ses entrailles dans celle de Saint-Louis de Rome et son corps dans celle de Saint-François de Tivoli. Guillaume le Blanc, évêque de Vence, fit son éloge en vers.

Les aliénations commencées sous son prédécesseur se continuèrent, nombreuses, sous son abbatiat, ainsi qu'en témoigne surabondamment l'*Inventaire*.

En 1569 l'abbaye de Lyre qui avait déjà fieffé plusieurs portions de terre et jusqu'à son manoir des Seaules d'Ambenay, aliéna le moulin Roger avec tous ses droits de banalité, quatre acres de pré à Transières et des rentes à Chambord moyennant 2485 livres payées par Jacques Jouey ou Jouen, avocat. « C'était, dit l'abbé Lebeurier, une des sources les plus importantes de son revenu ; mais, au mois de mai 1575, les commissaires, députés par le roi pour l'aliénation des biens ecclésiastiques, vendirent la seigneurie même d'Ambenay à un autre avocat, Esmond Baudot, au prix de 750 livres, en réservant toutefois l'hommage du fief et le patronage de l'église à l'abbaye. Cette seigneurie, après tous les démembrements qui précèdent, n'avait plus guère que des revenus casuels, quelques rentes seigneuriales et des droits honorifiques à l'église, mais elle donnait une influence qui abandonnait de plus en plus l'abbaye (1). » — Les religieux la reprirent

---

(1) *Ambenay*, page 154. Pour compenser ces aliénations pénibles, Mrᵉ Chardin Chambrois, prêtre de la Vieille-Lyre, constitua 30 sols de rente, hypothéquée sur tous ses biens présents et à venir, pour la somme de 15 livres payée par le sacristain de Lyre, avec liberté de la franchir pour le même prix.

en 1661 pour 2373 livres et quelques années après — 1664 — se hatèrent de la rendre au sieur Baudot, car elle leur rapportait à peine cent livres de revenu.

La même année — 1575 — les moines aliénèrent, au profit du sieur Louis de la Noe, écuyer, une livre de poivre de rente seigneuriale, sur l'aînesse Marion de Gisay, au prix de 105 livres et la seigneurie de Couvain payée 240 livres par Nicolas Buglet.

Enfin au mois de juillet 1577 la seigneurie de Neaufles fut également vendue à Guillaume Baudot, sauf le patronage. Jean Bardouil, écuyer, seigneur du fief du Val, situé dans la même paroisse, voulut empêcher le sieur Baudot de prendre le titre de seigneur de Neaufles et contesta même à l'abbaye le droit de patronage. L'affaire traîna, comme toujours, après quoi, si nous en croyons le témoignage du fils Baudot, les droits honorifiques furent adjugés à son père, au préjudice du sieur Bardouil. La vente se fit au prix de 3012 livres dont 262 restèrent entre les mains de l'acquéreur à charge d'en payer la rente au denier douze, soit 21 livres 18 sols. En 1582 il fut déchargé de cette rente et du capital. Du Perron, évêque d'Angoulême et abbé de Lyre, voulut, en 1637, racheter la seigneurie, mais ne put y parvenir. Cependant en 1661, les religieux la recouvrèrent moyennant 3242 livres, plus 835 livres en 1677, à cause de nouvelles difficultés.

Ces aliénations suscitèrent souvent des réclamations, même des oppositions. Ainsi lorsque les religieux voulurent vendre les bois de la Haye de Lyre, les paroissiens de la Neuve-Lyre s'y opposèrent, mais leur instance ne fut pas suivie. Après un essai de transaction en 1582 le Parlement de Rouen homologua, le 5 juin 1584, l'accord suivant : « L'abbé de Lyre donne à fieffe
« aux paroissiens de Lyre 150 acres de terre en une pièce, sans
« comprendre dans la mesure les chemins, pour leur commodité,
« à condition de la tenir de l'abbaye pour vingt deniers, par
« acre, de rente à la Saint-Remy avec droits seigneuriaux plus
« cinq écus et demi de droit d'entrée, la dîme de tous les grains
« et fruits, moins six acres dont le revenu servirait aux réparations de la maison d'école à la Jeune-Lyre et le surplus au
« profit du maître d'école, chargées seulement du droit de dîme;
« que cette fieffe ne passerait qu'aux domiciliés de la Jeune-Lyre
« et que les paroissiens renonceraient à la droiture prétendue sur
« le restant. » — Une note ajoute : « Le droit d'entrée n'ayant

pas été payé et les religieux n'ayant pas approuvé la fieffe, la dite pièce fut vendue malgré l'opposition des paroissiens à l'occasion de l'aliénation des biens ecclésiastiques. » — Mais d'après un acte du 22 décembre 1586 elle fut vendue « au profit des paroissiens de la Neuve-Lyre à raison de huit écus par acre (166 acres) et à la charge de tenir les dits héritages de l'abbaye et aux conditions ci-dessus. »

Quant aux actes particuliers du cardinal d'Este (1) comme abbé de Lyre nous trouvons à la date du 28 juillet 1584 une ordonnance du roi Henri III au bailli de Rouen « afin de faire jouir le cardinal d'Este des effets d'amortissement accordés par François Ier et donner main-levée des revenus saisis faute d'aveu par l'abbé de Lyre. L'abbé, dans sa supplique, avait prouvé que depuis 300 ans l'abbaye avait toujours été dispensée de fournir aveu, sauf toutefois la contribution à la somme de 80.000 livres payée par les gens de main-morte de Normandie au temps de François Ier (2) ».

Dès le 7 juillet 1574 on trouve un concordat pour neuf ans entre le cardinal d'Este et les religieux au sujet de la nourriture, du vestiaire, gages des domestiques, réception des hôtes, entretien de l'Eglise, etc. Neuf ans après, 16 mai 1583, le concordat fut continué avec augmentation de 480 livres.

Dans toutes les abbayes royales on devait recevoir un moine lay, nommé l'oblat, pour lequel les religieux versaient tous les ans 150 livres au receveur des dîmes. En 1466 on avait voulu leur imposer Georges Rest, séculier, mais après examen du bailli d'Evreux sur les revenus il n'insista pas. C'est en 1528 qu'un arrêt du Parlement de Rouen leur enjoignit d'accepter Guillaume Duval, de le nourrir, vêtir, loger, etc. En 1551 les religieux

---

(1) Dans les Registres-Mémoriaux de la chambre des Comptes de Normandie, publiés par les *Antiquaires de Normandie*, t. XVIII, on trouve, en 1582, des « lettres patentes contenant confirmation des privilèges de Lire dont est à présent possesseur le cardinal d'Est ». (f° LXXXV).

L'année suivante, 1583, arrêt de la Chambre sur la vérification de ces lettres (fol. XLIX).

(2) En 1585 on rencontre une plainte des religieux de Lyre et une enquête sur les dommages occasionnés par les gens de guerre qui avaient logé dans l'abbaye, après en avoir brisé les portes.

préférèrent payer 125 livres à Toussaint le Marinel que de l'admettre au monastère. Macquaire Moulin, pauvre soldat, obtenait le 30 mars 1584 un brevet du roi pour une place de *moine lay* à Lyre en récompense de ses services afin d'y être nourri, vêtu, etc., en y faisant tel service qu'il pourra s'il n'est marié, et s'il est marié il aura 60 livres de rente. Au mois d'avril suivant le roi envoyait encore un pauvre soldat, Denis Genillard.

Le cardinal d'Este plaidait, en 1584, contre l'abbaye de la Noë afin de se faire payer d'une rente de 24 boisseaux de méteil et de 64 d'avoine. A chaque instant il fallait recourir à ce moyen contre les moines ou les fermiers, de sorte que M. de Fougy, receveur de Lyre en 1737, trouva plus avantageux de cesser l'accord de 1222, sujet de chicanes continuelles, et d'affermer lui-même la dîme des Gomberts.

A quel moment Louis d'Este devint-il abbé de Lyre? Son prédécesseur mourut le 2 novembre 1572 et le Grand Pouillé dit que le 8 avril 1573 : dom René Durant, prieur claustral, frères Thomas Leleu, sous-prieur, Adrien d'Hellenvilliers, aumônier, Nicolas le Boullenger, secrétaire, Robert Passelou, chantre, Jacques Emengard, Nicolas le Mère, Jean Postel, tous religieux de Lyre, *le siège abbatial vacant*, présentèrent à la cure de Neaufles; même indication au 24 avril 1574 : pour Morainville, *sede vacante*, dom René Durand, prêtre, et les religieux présentent, etc.

La première présentation du cardinal de Ferrare est du 5 août 1575, pour Morainville, et nous indique la date de sa nomination. Sans doute le pape Grégoire XIII, la première année de son Pontificat — 1572 — lui avait accordé ses bulles pour l'abbaye de Lyre, vacante par le décès du cardinal, son oncle, mais malgré le visa de l'évêché d'Evreux et la prise de possession on regardait le siège abbatial comme vacant, d'après le Pouillé, jusqu'à la prise de possession effective du titulaire.

Terminons ce qui concerne l'administration de cet abbé par une tentative de nomination, au prieuré de Maupas, du 30 janvier 1583. D'abord « acte d'obédience donné à dom Nicolas le Maire et Richard David, religieux de Lyre demeurant à Maupas avec Me Nicolas Bardel, prêtre séculier, installés par sentence du juge d'Orbec, le prieuré vacant par le décès de Louis de Bailleul. Lyre nomma dom Thomas le Leu, prieur claustral, [avec visa en date du 22 mars 1583 du grand vicaire de Lisieux et prise de possession le lendemain], muni de ses lettres de tonsure, de profession, d'ordres mineurs et de diaconat. Mais dom Eustache Cordier réclama le même bénéfice, en vertu d'un indult de M**re** Jérôme Hennequin, conseiller au Parlement de Paris, et l'obtint par arrêt du 2 juin 1583.

Alors les deux religieux se firent adjuger, au siège d'Orbec, cinquante écus par provision, quatre écus pour cierges (1**er** mars 1583); le 19 avril les fermiers furent condamnés à leur verser quarante écus pour les mois de mai, juin, juillet avec les meubles nécessaires, à charge pour les religieux de résider à Maupas.

Dom Cordier se pourvut contre cette sentence et, le 16 septembre 1583, le Grand Conseil ordonne que les moines auront sur les fruits du prieuré 120 écus à compter du jour de leur obédience, à condition de ne rien dégrader, démolir, etc.

L'abbaye de Lyre resta donc près de quarante ans dans la famille d'Este, passant de l'oncle au neveu, puis au petit neveu. On pourrait ajouter qu'elle y resta jusqu'à la fin du XVI**e** siècle puisque Anne d'Este, sœur du dernier abbé, épousa François de Lorraine, duc de Guise, frère de Louis de Lorraine, cardinal de Guise, abbé de Lyre, comme son neveu Louis IV de Lorraine, aussi cardinal, alliés l'un et l'autre à la famille de Bourbon qui donnera le dernier abbé, en la personne de Charles de Bourbon.

Louis III de Lorraine, *cardinal de Guise* (1586-1588), 43**e** abbé. — Fils de François de Lorraine, duc de Guise et d'Aumale, prince de Joinville, marquis de Mayenne et de Renée de France, Louis III naquit le 6 juillet 1555, fut promu à l'archevêché de Reims, à peine âgé de 18 ans, créé cardinal en 1578, ordonné prêtre en 1579, sacré en 1583, enfin nommé commandeur du Saint-Esprit. Il tint la même année son Concile provincial et fut assassiné par les Calvinistes, avec son frère, le 24 décembre 1588, au château de Blois.

Henri Martin raconte ainsi le meurtre du cardinal : « Le
« cardinal de Guise, dit-il, s'était associé avec emportement aux
« entreprises de son frère : captif et le couteau sur la gorge, il
« menaçait déjà ses geôliers; libre, on ne pouvait douter qu'il ne
« se consacrât tout entier à venger le duc Henri. Après deux jours
« d'hésitations, sa mort fut décidée. Il ne fut pas facile de
« trouver des exécuteurs; les Quarante-Cinq, tout souillés du
« sang de Henri de Guise, Larchant et ses gardes du corps, le

« grand prévôt et ses archers, reculèrent devant ce qu'ils
« nommaient un sacrilège. Un capitaine aux gardes françaises,
« nommé du Guast, accepta, et, le lendemain matin, fit massa-
« crer le cardinal à coups de hallebarde par quatre soldats de sa
« compagnie. La mère des Guises réclama en vain du roi les
« cadavres de ses fils : les corps des deux frères furent consumés
« dans la chaux vive, de peur que les ligueurs n'en fissent des
« reliques. » (T. X, p. 115, 116).

L'*Inventaire* de Lyre hésitait à le mettre au nombre des abbés.
« On ne trouve rien, écrivait-il, sur le cardinal de Guise comme
« successeur du cardinal d'Este, cependant les lettres patentes
« employées au numero suivant disent que l'abbaye était vacante
« par la mort du cardinal de Guise. Il peut se faire que ce soit
« une faute de copiste qui aura mis de Guise au lieu d'Este. »

Non, ce n'est pas une faute de copiste, car le Grand Pouillé nous dit que, le 8 novembre 1587 Louis de Guise, cardinal, archevêque de Reims, *abbé de Lyre*, présentait à la cure des Baux-de-Breteuil (G. 24.) — Ceci donne approximativement la date de sa prise de possession, car le mois précédent les présentations sont faites, le trône abbatial vacant, par dom Thomas le Leu, religieux profès et prieur claustral de Lyre. (G. 24).

Pendant la vacance qui dura depuis l'assassinat du cardinal, 24 décembre 1588, jusqu'au 21 janvier 1593, l'abbaye fut gouvernée par le prieur claustral, pour le spirituel, et mise en économat pour le temporel. Henri IV, en effet, par ses lettres patentes du 24 juin 1591 signifiait aux religieux « qu'il nommait Mº François
« le Moine, lieutenant général à Vernon, pour économe de Lyre
« à la place de Thomas Morieul, économe nommé le 20 février
« 1590, tué par les ennemis et qu'il gouvernera jusqu'à la
« nomination de l'abbé (1), successeur du cardinal de Guise, et
« que tous les procès seront plaidés à Evreux à cause des guerres,
« et, par appel, au parlement transféré à Caen ». (*Inventaire*).

Louis IV de Lorraine, *cardinal de Guise* (1593-1598), *44ᵉ abbé.*

---

(1) Le 26 janvier 1591 le maréchal vicomte de Tavannes accordait une sauvegarde pour Lyre, pièce reproduite dans le volume intitulé : *Musée des Archives Départementales*. (*Bibl. de l'Ecole des Chartes*, 1878, p. 400).

— Neveu du précédent abbé, Louis de Guise né en 1575, quoique destiné, dès son enfance, à l'état ecclésiastique, hérita de la valeur de son père, Henri de Guise, et ne se plaisait qu'aux exercices qui demandent de la force et du sang-froid. Ayant eu une difficulté avec le duc de Nevers, au sujet du prieuré de la Charité, et fatigué des lenteurs ordinaires de la justice, il lui proposa de la terminer par l'épée. Les deux adversaires étaient déjà sur le terrain, lorsque le roi, informé de cette querelle, donna l'ordre d'arrêter le cardinal de Guise. Celui-ci recouvra sa liberté quelques mois après et obtint la permission de suivre le roi dans son expédition de Poitou. en 1621, où il se signala dans l'attaque d'un des faubourgs de Saint-Jean d'Angely; mais étant tombé malade au bout de quelques jours il se fit transporter à Saintes et mourut le 21 juin 1621.

On assure, dit Feller que nous suivons, qu'au lit de la mort il témoigna le plus grand repentir d'avoir vécu d'une manière si peu conforme à son état. Quoique simple diacre, sous-diacre même, affirme le *bibliophile Remigius* (Almanach historique de Reims, 1881, p. 35), il était cependant archevêque de Reims, puis fut créé cardinal en 1615.

Guerrier plutôt qu'archevêque il ne s'occupa de son abbaye de Lyre que pour en toucher les revenus. Muni de ses bulles en mai 1592, grâce au duc de Mayenne, il ne put prendre possession par procureur que le 21 janvier 1593 dans la chapelle de la Sainte-Vierge, derrière le chœur de la cathédrale de Rouen, à cause des guerres civiles qui désolaient Lyre (1) et ses environs, à condition de réitérer cet acte dans l'église du monastère dès que les circonstances le permettraient. Jean de Piles, son vicaire

---

(1) Les religieux de Lyre avaient, en 1407, acheté une maison à Rouen, rue de Martainville, paroisse Saint-Maclou. Dans leur requête au Roi ils exposaient que pendant les guerres dont la Normandie avait été le théâtre, leur monastère avait été pillé et plusieurs fois détruit par les ennemis du royaume de France; que, par suite, leurs prédécesseurs avaient dû fuir, et qu'en prévision d'événements semblables, ils avaient songé à s'assurer une demeure où ils pourraient être en sûreté. — On voit s'ils avaient sagement agi! — *(Archives de l'Eure*, H. 468).

Cette maison était louée à la fin du xvie siècle, car le 11 avril 1619

général, prévôt de Reims, fut son procureur et présenta pour lui, le 3 mars 1593, à l'église de Saint-Éloi.

Quant au temporel il laissa l'abbaye en économat dont les titulaires sont : Hesbert le Sueur en 1595, Jean le Vasseur 1596, François Langevin en 1598, etc.

Ces lamentables nominations d'abbés, qui ne connaissaient même pas leurs bénéfices, incapables peut-être de dire exactement où ils étaient situés, ouvraient la porte à tous les abus, à toutes les ambitions pour les plus petits comme pour les plus grands ! On sollicitait l'appui de tous ceux qui avaient quelque autorité.

Ainsi le 19 janvier 1593 la cure de la Neuve-Lyre se trouvant vacante, par décès, Nicolas le Mounier l'obtint du cardinal de Plaisance, légat du Saint-Siège ; le 29 l'official d'Évreux, *sede vacante*, donnait son *visa* ; le 30 il prenait possession. Mais le 6 février Guillaume Le Roux faisait opposition à cette prise, la sienne, d'après lui, étant antérieure. Alors Nicolas le Mounier obtient, en sa faveur, du grand vicaire de l'abbé de Lyre une présentation, le 22 février, visée le 3 mars par l'official d'Évreux. L'affaire traîna et ne finit que le 2 janvier 1608 par un accord. Le Mounier abandonnait tout son droit prétendu sur la cure de la Neuve-Lyre et Guillaume le Roux le tenait quitte des dépens. — Mais quelle triste époque et quelle plaie hideuse que ces abbés commendataires !

CHARLES DE BOURBON (1598-1599), *45ᵉ abbé*. — Fils naturel d'Antoine de Bourbon, roi de Navarre et de Louise de la Béraudière demoiselle de Rouet, Charles de Bourbon, ainsi frère d'Henri IV, naquit en 1557. A peine âgé de douze ans on le nommait, en 1569, évêque de Comminges, puis de Lectoure. Reçu

---

il y a une « sentence des requêtes du Palais à Rouen condamnant par
« provision le sieur Guillaume Haley, avocat général en la cour des
« aydes à Paris, comme héritier en partie du sieur Brice, à payer à
« l'abbé de Lyre 29 années d'arrérages de 15 livres de rente foncière
« à prendre sur la maison où pend pour enseigne la Crosse, à Rouen,
« rue Martainville, pour la fieffe de la dite maison, faite le 17 mars
« 1463, et pour l'estimation de deux chambres pour les religieux qui
« vont à Rouen et d'une écurie, etc. »

Dans la déclaration du temporel de 1684 et de 1692 on dit que
« l'abbaye avait dans la ville de Rouen l'hotel de Lyre, de présent aliéné. »

docteur en droit l'an 1588 il devint prieur de Saint-Orens et ambitionna, mais en vain, le siège métropolitain de Reims. Henri IV le nomma, le 13 novembre 1594, archevêque de Rouen; il n'obtint ses bulles qu'en 1597 sur les instances d'Arnaud d'Ossat, ambassadeur de France à Rome, depuis cardinal. Quoiqu'il eût alors 40 ans, il n'était encore que diacre, il reçut donc la prêtrise le 26 décembre 1597 et fut sacré le lendemain par le cardinal Pierre de Gondy, évêque de Paris.

Charles de Bourbon, nommé abbé de Lyre le 16 avril 1598 à la place du cardinal de Guise, ne s'occupa pas davantage du monastère que son prédécesseur. Au reste il ne fit que passer, car l'histoire manuscrite des Evêques d'Evreux nous dit qu'en « 1599, au mois de mai, du Perron sortit de sa retraite pour accompagner M. le cardinal Charles III de Bourbon, lorsqu'il fit son entrée solennelle dans Rouen, en qualité d'archevêque de cette ville... Cette cérémonie achevée, il revint à Condé pour y reprendre ses travaux et alors le roi lui donna l'abbaye de Lyre. »

Les seules pièces qui existent de cet abbé de Lyre sont : une prière aux religieux de vouloir bien proposer un de ses aumôniers à la cure d'Ambenay, 28 avril 1598; une « acceptation du don des « revenus de l'abbaye de Lyre-la-Vieille, fait par Henri IV au « cardinal du Perron, alors évêque d'Evreux, avec promesse « d'une pension de 1333 écus un tiers; » et, en 1599 (13 juin), ratification du concordat de 1574 pour les religieux.

La pauvre *Neustria* ne mentionne aucun de ces abbés : Louis d'Este, Louis de Guise, Louis de Lorraine et Charles de Bourbon lui sont inconnus! En retour du Monstier inscrit un Etienne qui n'a jamais existé.

JACQUES Ier DAVY DU PERRON (1599-1618), *46e abbé*. — Jacques naquit le 25 novembre 1556 à Saint-Lo, place de la Belle-Croix, de Julien Davy Du Perron, médecin, et d'Ursine Lecointe. Son enfance se passa en Suisse parce que ses parents, calvinistes, furent obligés de s'exiler afin de se soustraire à la rigueur des édits contre les protestants. Son père lui enseigna le latin avec les mathématiques et comme il avait une mémoire prodigieuse il apprit, seul, le grec, l'hébreu, la philosophie, la théologie, etc. Bientôt connu d'Henri III, grâce à ses protecteurs qui lui avaient fait abjurer son erreur, il devint le conseiller intime d'Henri IV et un des principaux auteurs de son abjuration.

Devenu premier aumônier de France, conseiller d'Etat, évêque d'Evreux le 11 décembre 1595, sacré le 27, il ne prit possession que le 8 juillet 1596. Sincèrement converti, du Perron s'occupa de son diocèse avec le plus grand zèle, prêchant, écrivant contre l'hérésie, convertissant d'abord sa propre mère, Ursine Lecointe, puis Sancy, général des Suisses, Henri de Sponde, continuateur des *Annales* de Baronius, plus tard évêque de Pamiers; luttant avec le plus grand succès, à Fontainebleau, contre Duplessis-Mornai, le pape des huguenots; acquérant en un mot l'admiration des catholiques et la profonde estime du pape Clément VIII.

Nos bons religieux de Lyre durent enfin se tranquilliser, en voyant à leur tête un prélat si dévoué aux véritables intérêts de l'Église. C'est le 18 août 1600 qu'il prit possession de son abbaye.

Dès le 18 avril il avait approuvé, pour six ans, le concordat de 1574 se réservant d'organiser autrement le régime du monastère. Dans son château de Condé il se mit aussitôt à l'œuvre, en sorte que le nouveau Concordat, partageant les biens de Lyre en mense abbatiale et conventuelle, était complètement rédigé le 9 septembre 1604. Les biens destinés aux moines, dîmes, fermes, rentes, etc., devaient assurer la nourriture et l'entretien de dix-neuf religieux (1), maximum de cette époque. L'évêque promit de faire homologuer ce concordat par la Cour de Rome, à condition de recevoir du couvent 100 livres de rente, sa vie durant. Une supplique adressée au Pape, en date du 25 septembre 1605, par du Perron reçut cette mention *fiat ut petitur* dans la bulle de Paul V, enregistrée au Grand Conseil le 31 décembre 1607, au Parlement de Rouen le 31, enfin homologuée le 13 juin 1609 par arrêt du Grand Conseil.

Sous son abbatiat eut lieu, le 12 septembre 1601, une transaction

---

(1) La *Gallia* dit que les ruines occasionnées par le système néfaste des commendes et par les Calvinistes furent réparées par le cardinal du Perron qui aimait à venir à Lyre pour se reposer de ses travaux. Sur son conseil les moines s'affilièrent à la Société *Exemtorum* et restaurèrent un peu l'église.

Dans les *Registres-mémoriaux*, déjà cités, on trouve en 1601. « don et remise à la dame Despoix des reliefs et treizième à cause de l'acquisition par elle faicte de la moitié des terres de Romilly et Quincarnon et du fief appelé le fief de Lire. » (fol. IV, registre 18).

avec Jérôme Hennequin, abbé de Bernay et prieur de Maupas. On décida que, pendant douze ans, il ne serait pas question d'augmenter la pension des religieux, que le prieur paierait 300 livres tous les ans aux moines retirés à Lyre; qu'il ferait dire la messe à Maupas les dimanches et fêtes pour vingt écus donnés par le couvent sur les 120; qu'il recevrait bien, une fois l'an, les religieux, le jour de la saint Nicolas en décembre et qu'il ferait pendant ce temps réparer les bâtiments.

Quelques constructions de Lyre exigeaient une prompte réparation. On résolut de faire une coupe des bois de haute futaye, afin de se procurer les ressources nécessaires. En recevant les lettres autorisant cette coupe, jusqu'à concurrence de 1.500 écus, le Parlement ordonna « d'examiner la nécessité du travail, le « revenu de l'abbaye dont le tiers devait être employé à cette « dépense, d'examiner enfin s'il n'y aurait pas d'autres biens à « prendre, qui seraient moins nuisibles que cette coupe. » — (9 décembre 1602).

Après les bâtiments il fallut s'occuper des titres de propriété, du plan terrier de l'abbaye. Un arrêt du Parlement de Rouen, en date du 26 juillet 1607, validait « les papiers, journaux et livres « de recette, les originaux ayant été perdus ou détruits par « les guerres ».

Le cardinal du Perron, de concert avec ses religieux, permit, le 20 mai 1610, à messire Jacques de Jouen (1), sieur du Boisle, de réédifier ou de terminer une chapelle joignant l'église de Glos. Puis, le 18 avril 1612, ce seigneur abandonnait tous ses droits sur le jardin Cédille pour ceux des religieux sur la terre du Boisle.

« On croit, dit l'*Inventaire*, que le clocher de l'abbaye tomba « de son temps et qu'il le fit réédifier, en 1613, tel qu'il est « aujourd'hui au moyen d'une somme donnée par Henri IV, « d'une coupe de bois et du produit du plomb dont le premier « clocher était couvert. »

---

(1) Jacques Jouen, sieur du Boisle, vendait en 1605 à Gilles d'Espinay, avocat, sieur de Couvain « demeurant en son lieu de la Pitière, paroisse de Glos », un moulin nommé le Moulin-Roger, sis à Ambenay, avec ses dépendances pour 2.300 livres tournois. *(Archives de l'Eure,* II, 513).

En dehors de la coupe des bois, autorisée en 1602, il n'y en a pas d'autres de signalées, si ce n'est que le 23 décembre 1610 on trouve une « adjudication au sieur Bucaille, maître de forges à « Lyre, de 90 arpents de bois à la Bourgeraye, à raison de 55 livres « l'arpent. » Mais le prix devait servir au « franchissement de « 450 livres de rente en deux parties, au capital de 4.500 livres, « constituée au profit des sieurs Bigot, Quintanadoine et du « Chesne, avec charge de payer le droit de dîme à l'abbé de « Conches, Gabriel de Quesnel, soit 495 livres 10 sols. »

Il y eut dans les années 1614, 1615, 1616 et 1617 de longues procédures entre dom François Vallet, prêtre, religieux de Lyre, prieur de la léproserie de la Vieille-Lyre et Ambroise de Bonnechose, seigneur de Boisnormand, à l'occasion des blâmes d'un aveu pour les héritages dudit prieuré, rendu à cette seigneurie. Il paraît, ajoute l'*Inventaire*, que les ancêtres de ce de Bonnechose étaient les fondateurs de la maladrerie.

Voici quelques présentations faites par du Perron ou ses représentants : le 7 mars 1602, César de Ligny, son secrétaire, auteur des *Ambassades et négociations du cardinal du Perron*, présentait en son nom au prieuré de la Madeleine ou léproserie de la Barre ; le 27 juillet 1617 Pierre Bessin, prêtre, fut présenté à la cure du Bois-Panthou par le cardinal et Jean du Jardin à celle de Roman ; le 9 avril 1618 Pierre Haye, prêtre de Lisieux, au bénéfice d'Ambenay vacant par le décès de Guillaume Vallée ; le 29 juin 1618 Nicolas du Chemin à Chambord vacant par la mort de Robert Noblet.

Quelques mois après, 5 septembre 1618, le cardinal du Perron succombait à l'âge de 63 ans, au moment où il travaillait à une réplique au roi d'Angleterre. « En ce moment, l'humilité et le « respect du prélat pour les choses saintes était tel que lorsque « M. de Cospeau, évêque d'Aire, voulut lui donner le viatique, « il dit que ce n'était point en son lit, mais en un lieu consacré qu'il « voulait recevoir son Créateur, et il commanda qu'on le portât « dans sa chapelle. Voyant ensuite cet évêque pleurer et plaindre « sa perte, il lui dit que l'église se soutenait par son propre poids « et ne mettait pas son appui sur la suffisance des hommes ; que « quant à lui, il s'était toujours reconnu écolier de l'Eglise et « donnait tout à la miséricorde de Dieu sans présumer de ses « œuvres, comme le Pharisien, se regardant comme un grand « pécheur. Ses domestiques que l'on dit avoir toujours été réglés

ARMOIRIES DE L'ABBAYE DE NOTRE-DAME DE LYRE
d'après une plaque de cheminée à la Vieille-Lyre.

« comme des religieux dans un monastère fondaient en larmes
« et voulurent avoir sa bénédiction. »

Du Perron blasonnait : *d'azur, au chevron d'or, accompagné de trois harpes de même* (1).

JEAN V DU PERRON (1618-1621), 47ᵉ abbé. — Frère du précédent il lui succéda et comme archevêque de Sens et comme abbé de Lyre. A la demande du cardinal, en effet, Paul V lui accorda, en 1616, la coadjutorerie de Saint-Taurin et de Lyre dont il prit possession le 11 avril 1619. « Il passait, dit Feller, pour savant dans les langues anciennes, et le cardinal l'avait présenté pour la place de précepteur du Dauphin ; mais Vauquelin Desyveteaux lui fut préféré. On lui attribue une *Apologie pour les Jésuites, au sujet du livre de Suarez*. » Il mourut, dit-on, à Montauban en 1621.

Son administration ne dura donc que trois ans. Il donna, le 1ᵉʳ mars 1620, une procuration à Mᵉ François Hamelin, son

---

(1) Du Buisson-Aubenay dans son *Itinéraire de Normandie* dit :
« De Lyre estoit abbé ce grand cardinal du Perron, Jacques Davy,
« qui aux deux lyres des armes de sa famille adjousta la troisième,
« celle de ceste abbaye, qu'il laissa à son frère, sieur de la Guette,
« archevêque de Sens, et cestui cy à un sien neveu grand aumosnier de
« la reyne d'Angleterre qui la possède. »

Plus loin il ajoute : « Les armes de l'abbaye sont une lyre ou harpe,
« laquelle le cardinal du Perron, Jacques Davy, estant abbé ajousta
« aux deux siennes qui sont *d'or, accompagnées ou surmontées d'un
« chevron d'argent en champ d'azur*. — Armes du fondateur sont sur
« gueules une rose ou quintefeuille d'argent, dont chaque feuille est
« chargée d'une certaine chose faite ainsi ✠ que je ne scaurois à qui
« accomparer qu'à une hallebarde ou à une hermine enlevée et est de
« sable ès vitres de l'église et triplée en chaque feuille de la rose. » —
(Vulson, en son recueil de diverses armoiries, sur la fin de la page des
Lyons, appelle cela quintefeuille d'ermine). — « Armes de la dame y
« ensepulturée sont de gueule à 5 fusées ou plus tôt losanges d'or ès
« vitres : car en la sépulture elles sont sans couleur. »

De ces observations il résulte que les armes de Lyre qui étaient primitivement, et encore à l'époque de l'*Itinéraire de Normandie*, *d'azur à une harpe d'or*, furent dans la suite augmentées du blason du fondateur et de son épouse, d'où les armoiries de la plaque de cheminée dont nous donnons la reproduction : *écartelé aux 1 et 4 de gueules à une rose d'hermines, aux 2 et 3 de gueules à cinq fusées d'or, 3 et 2, sur le tout*

aumônier, pourvu du prieuré de la Madeleine, afin d'en régir les revenus et d'en assurer le service; renouvela la transaction pour Maupas avec Dreux Hennequin, le prieur de Lyre s'obligeant à dire la messe dans la chapelle Saint-Nicolas « joignant l'aistre du chœur, proche le tombeau où est inhumée la fondatrice »; obtint enfin une sentence des requêtes du Palais, à Rouen, « condam-
« nant le sieur Guillaume Haley, avocat-général en la cour des
« aydes à Paris, comme héritier en partie du sieur Brice à payer
« à l'abbé de Lyre 29 années d'arrérages de 15 livres de rente
« foncière, à prendre sur la maison ou pend pour enseigne la
« crosse, à Rouen, rue Martainville à cause de la fieffe de la
« dite maison faite le 17 mars 1463 et pour l'estimation de
« deux chambres réservées aux religieux qui vont à Rouen et
« d'une écurie, avec mandement accordé au dit sieur Haley pour
« aprocher ceux qui avaient emporté les derniers deniers du
« décret de la dite maison adjugée au sieur Brice, aux fins de
« son recours ».

---

d'azur, à une harpe d'or. — Ce changement doit être le fait, probablement, des bénédictins de la Congrégation de Saint-Maur en 1646, puisque Du Buisson-Aubenay, lors de son voyage sous Jacques le Noël du Perron, ne parle que des premières. Il ajoute que « Speed, en son
« *Théâtre de l'Empire Britannique*, met une charte topographique du
« comté de Leycester, en marge de laquelle sont les maisons et
« familles qui l'ont possédé, dont la première est celle de de Bellemonte
« ou Beaumont souz un Robert qui vivoit l'an 1102, auquel il donne
« pour armes : de gueules à une quintefeuille, chargée en chaque
« feuille d'une ermine dont il omet les blasons, lesquelles armes il donne
« aussy à la ville de Leycestre, qui est située au fin milieu du comté. »

Il ne faut pas oublier que le voyageur normand, trompé par l'inscription mise sur le tombeau d'Alise de Tosny, a confondu les de Meulan comtes de Leycester avec les premiers fondateurs de Lyre, comtes de Hereford. Voici, en effet, ce qu'il vit : « Dans le cloître de l'abbaye est une tombe de liais, élevée de 2 ou 3 piés hors de terre sur pilastres, portant une statue de femme gisante, couverte d'une grille de fer, et sur les bords d'icelle tombe est escript en lettres gothiques : *Dame Alis de Tony femme de Gme de Crepont comte de Leycestre et de Breteuil, grand mal d'Angleterre et fondateur de céans et de Cormeilles, laquelle trépassa le V octobre l'an MLXVII. Priez Dieu pour.....* (Voir page 19 ce que nous avons dit à ce sujet).

Avec le successeur de Jean V du Perron, et malgré certains abbés commendataires, trop semblables à ceux du xvi° siècle, l'abbaye de Lyre va cependant retrouver des jours glorieux grâce à la réforme de Saint-Maur. Sa bibliothèque heureusement conservée, ses précieux manuscrits, retrouveront des savants capables de les apprécier et de les mettre en œuvre. Les moines redeviendront ce qu'ils furent à leur origine c'est-à-dire de véritables bénédictins.

CHAPITRE SIXIÈME

ABBÉS COMMENDATAIRES *(suite et fin)*. — Jacques II le Noël du Perron. — Réforme de Saint-Maur. — Louis V Barbier de la Rivière. — Jacques III Bretel de Grémonville. — Jean VI Séguier de la Verrière. — Louis VI de Calvières. — Cardinal de Rohan-Soubise. — Pierre II de Pardaillan de Gondrin d'Antin. — Louis VII Constantin de Rohan Guéméné. — François de Narbonne.

Jacques II, le Noël du Perron (1622-1648), *48e abbé*. — Né dans le diocèse de Coutances, Jacques était fils de Robert le Noël, seigneur de Gruchy et de Marie Davy du Perron, sœur du cardinal, dont il ajouta le nom au sien. Le 21 mai 1616, il obtint la coadjutorerie de l'abbaye de Saint-Taurin dont son oncle était abbé commendataire, et, après la mort de Jean V du Perron, son autre oncle, archevêque de Sens, il reçut en commende l'abbaye de Lyre, par brevet royal du 24 juin 1622. Il avait le prieuré d'Acquigny dès 1619, quoique simple clerc.

Devenu, en 1629, grand aumônier de la reine d'Angleterre Henriette-Marie, épouse de l'infortuné Charles Ier, puis évêque d'Angoulême en 1636, il réforma son abbaye de Saint-Taurin en 1642, prononça le discours d'ouverture à l'assemblée du clergé de France, comme député de la province de Bordeaux (1645), et, la même année, fut l'un des juges délégués par Innocent X pour informer sur la conduite de René de Lisieux, évêque de Saint-Pol-de-Léon, rétabli sur son siège le 6 septembre 1646.

Enfin transféré le 30 août 1646 à l'évêché d'Evreux, sur la recommandation de la reine d'Angleterre, il put surveiller de plus près la réforme de son abbaye de Lyre, réforme réalisée entièrement avant sa mort, survenue un an après sa prise de possession, 17 février 1649.

Jacques le Noël du Perron blasonnait : *Ecartelé, au 1er et au 4e*

d'azur, au chevron d'or, accompagné en chef de deux oiseaux affrontés d'argent qui est le Noël ; au 2ᵉ et au 3ᵉ d'azur, au chevron d'or, accompagné de 3 harpes de même, qui est du Perron. C'est lui qui fit élever à ses deux oncles le magnifique mausolée qu'on admirait dans la cathédrale de Sens et dont les inscriptions avaient pour auteur Nicolas Bourbon, professeur royal en langue grecque, à Paris (1). La publication des œuvres de controverse du cardinal du Perron lui est également attribuée, sauf son *Traitté du Sainct Sacrement de l'Eucharistie* (2ᵉ édition, 1629) publié par Jean du Perron, archevêque de Sens.

Avant d'en venir à l'introduction de la Réforme de Saint-Maur parlons de quelques actes administratifs (2) de ce pieux abbé de Lyre. Le 25 janvier 1638 il obtenait une sentence d'excommunication contre « certains *quidams* qui avaient volé trois ou quatre « mille livres déposées dans un coffre, au chartrier de l'abbaye, « ainsi que des titres et papiers. »

La situation du monastère s'aggravait de jour en jour. On refusait souvent d'acquitter les charges envers les curés, aussi bien qu'à l'égard des seigneurs, soit mauvaise volonté, soit impuissance. Ainsi le 10 février 1636 « Guillaume le Blond, curé « d'Ambenay, muni d'un certificat de bonne conduite délivré par « celui de Sainte-Foy de Conches, réclamait une augmentation « de traitement à l'abbaye parce qu'il n'avait que 96 boisseaux de « blé, mesure de Rugles (très petite) et trente livres d'argent qu'on « ne lui payait même pas régulièrement, en sorte que le « 19 mars 1653 il obtint une sentence, au bailliage de Breteuil, « contre Lyre qui lui devait quatre années d'arrérages. »

---

(1) Ce mausolée placé à gauche, dans le chœur, en 1636, était d'un très beau marbre et avait coûté 8.000 livres. On y voyait les figures, au naturel, des deux frères, à genoux, avec leurs épitaphes. Voir : *Vie du cardinal Du Perron* par M. de Burigny, p. 395 et suivantes.

(2) Dès son arrivée il faisait un bail à ferme à Girard Passetemps, bourgeois d'Evreux « cy devant receveur général pour feu Monseigneur le cardinal du Perron » des revenus temporels desdites abbayes de Lyre et de Saint-Taurin, y compris le prieuré d'Acquigny et les terres de Romilly-sur-Andelle dépendant de l'abbaye de Lyre, pour le prix principal, outre les charges, de 25.000 livres par an, dont 11.000 pour l'abbaye de Lyre et 14.000 livres pour le surplus (1622). (*Archives de l'Eure*, H, 583).

Messire François de Péricard, de son côté, fit condamner le 9 novembre 1644, les religieux à lui payer l'estimation du dîner à lui dû le jour de l'Assomption, ainsi qu'à douze de ses domestiques, à ses chiens et ses chevaux à cause de sa Seigneurie des Bottereaux (1).

Quant aux présentations Jacques le Noël du Perron (2) en fit une le 13 août 1626 pour la cure de Berville, vacante par le décès de Jean le Mercyer, et présentait Claude de Bonnechose. — Le 23 juillet 1627 avait lieu une transaction entre Me Pierre de Belville, pourvu du prieuré de la Madeleine à la Vieille-Lyre et Me Jean le Landois. Le premier en resta titulaire, moyennant cent livres, avec les frais, dépens, amendes, à sa charge.

Venons maintenant à l'Introduction de la Réforme.

Introduction de la Réforme de la Congrégation de Saint-Maur.

Le règne de Louis XIII a été, pour la France, une époque de véritable rénovation religieuse. De tous côtés des âmes généreuses, ardentes, pleines de foi, soutenues, encouragées par des hommes

---

(1) C'était grande fête à Lyre, le 15 août, fête patronale de l'abbaye, grand pèlerinage à Notre-Dame, grand nombre de curés, affluence de fidèles! M. Louis Regnier possède une image de cette époque dont voici la description : La Sainte Vierge dans une gloire, entourée d'un rosaire, portant l'enfant Jésus sur le bras; à droite une église avec un moine agenouillé devant la porte; à gauche un château-fort dans le lointain, puis une chapelle avec béquilles suspendues de chaque côté; au bas un cul-de-jatte en prières. Des armoiries : *à 3 chevrons de gueules*, indiquent par la forme de l'écu que cette image est de la fin du xve siècle ou du commencement du xvie. Enfin on lit au bas : Imago B. Mariæ aspri collis Lyræ.

(2) Le 24 octobre 1633 on le trouve parrain à la Vieille-Lyre : « Fut « baptisé Jacques le Prévost fils de Jean, sieur de la Vastinne... et l'ont « tenu sur les fonts noble homme Jacques le Noël, conseiller du Roi et « conseiller d'estat, grand omosnier de la reine d'Angleterre et abbé « de Lire, Saint-Taurin, etc.; et Suzanne fille de noble homme Louys « Le Cornu, sieur de la Ballivière. » (*Reg. de baptême*, notes de M. Delieuvin).

IMAGE DE DÉVOTION DE NOTRE-DAME DE LYRE
D'après une gravure du XVIe siècle appartenant à M. Louis Regnier.

tels que saint Vincent de Paul, saint François de Sales, saint François Régis, le vénérable Père Eudes de Mézeray, Mr Olier, le Père de Condren, etc., entreprirent la lutte contre l'hérésie, puissante au xvie siècle, et contre le relâchement des mœurs. Tout était gangrené dans le clergé séculier comme dans le clergé régulier. Les bénédictins, en effet, qui, au moyen âge, avaient défriché ou fait défricher de vastes terrains, sauvé de l'oubli les auteurs grecs et latins, les Pères de l'Eglise, les livres de l'Ancien et du Nouveau Testament, par leurs manuscrits, avaient fini par se laisser influencer, mal défendus contre l'hérésie, à cause de l'abandon de leurs abbés commendataires, et contre la misère, les revenus servant à enrichir les familles nobles, pendant que les bâtiments croulaient de toutes parts. Une réforme s'imposait.

Elle commença en Lorraine vers 1597 sous le nom de Congrégation de Saint-Vannes, fondée par dom Didier de la Cour qui, le 30 juillet 1600, fit avec ses confrères serment de suivre la stricte observance de la règle de Saint-Benoît. Bientôt d'autres monastères accédèrent à l'union et le nombre en devint si considérable que dom Didier érigea une seconde congrégation sous le nom de *Saint-Maur* avec même règle, même genre de vie, même institut, quoique avec des supérieurs généraux différents. Le renom de cette dernière devait rapidement éclipser celle de Saint-Vannes et la faire oublier.

Sur la demande de Louis XIII, c'est-à-dire du cardinal de Richelieu, le pape Grégoire XV approuva les statuts de la nouvelle congrégation qui fut confirmée par Urbain VIII, en 1627. Ses travaux scientifiques rendirent les plus grands services à la civilisation. C'était à la fois l'ordre le plus riche et le plus savant de France. La congrégation se divisait en dix provinces, chacune contenait au moins vingt maisons conventuelles dont les plus considérables étaient : Saint-Germain-des-Prés à Paris; Saint-Denis, Saint-Bénigne, à Dijon; Saint-Germain, à Auxerre; Marmoutier, Saint-Ouen de Rouen, Saint-Wandrille, Saint-Rémi à Reims, Jumièges, le Bec, Caen, Bernay, etc.

Cette congrégation faisait un noble usage de ses richesses; les maisons abbatiales étaient de véritables palais, dont le bon goût égalait la magnificence (1); les parties conservées un peu partout

---

(1) On trouvera la description de celle de Lyre dans le chapitre X intitulé : *Lyre au point de vue archéologique.*

en sont la preuve palpable. Lors de la suppression des Jésuites, en 1762, les bénédictins de *Saint-Maur* furent appelés à diriger plusieurs de leurs établissements d'éducation. Le plan d'études qu'ils arrêtèrent et qu'ils suivirent constamment est le meilleur et le plus complet que l'on connaisse. L'Assemblée Constituante l'avait adopté pour les écoles centrales, établies dans les chefs-lieux de départements et destinées à remplacer les anciens collèges.

Parmi les recueils historiques les plus importants de cet ordre, on peut citer : *Annales ordinis sancti Benedicti;* les *Acta sanctorum* du même Ordre; la *Gallia christiana;* le *Monasticon gallicanum*, recueil de gravures donnant un plan cavalier des abbayes bénédictines, avec leurs notices, sous le titre de *Monasticon benedictum*, restées manuscrites en 47 volumes à la Bibliothèque Nationale et dont Léopold Delisle a donné une courte analyse *(mss. lat.* 12.658-12.704), le *Recueil des historiens de France*, l'*Antiquité expliquée*, l'*Art de vérifier les dates*, l'*Histoire littéraire de la France*, etc. Ces différents ouvrages ont pour auteurs : d'Achéry, Mabillon, Germain, Ruinart, Martène, de Sainte-Marthe, de Montfaucon, Massuet, Bessin, Lobineau, Bouquet, Clémencet, Lenoir, Thibault, Jouvelin, Bourget, etc.

Jacques le Noël du Perron, après avoir introduit, en 1641, la réforme de Saint-Maur dans son abbaye de Saint-Taurin d'Evreux, voulut procurer le même bienfait à celle de Lyre (1).

Du Monstier, toujours bien informé, dit dans sa *Neustria* que ce fut le 25 novembre 1643 (2), ajoutant : « l'original est conservé

---

(1) Dubuisson-Aubenay qui visitait l'abbaye à cette époque en parle ainsi : « Sur la Vieille-Lyre est une abbaye (elle est taxée à 300 florins au livre des taxes des évêchés et abbayes de France, qui commence par la description des passages d'Italie, in-8° par Toussaint Denyn, du temps du roi François Ier, à Paris) sur un costeau que la rivière arrouse par le pié, accompagnée de tout ce qui se peut dire, car il y a prairies, eaues, réservoirs, bois éloignés, bois enclos dans le parc et vignoble, et, tout autour, de belles campagnes. *(Bibl. Maz. mss.* 4406. fol. 58 v°).

(2) La *Gallia*, mieux renseignée, dit : « C'est surtout Jacques du
« Perron, neveu du cardinal, qui apporta le vrai remède à tous ces
« maux en introduisant à Lyre, en 1646, les religieux de la Congré-
« gation de Saint-Maur. — Avec eux, comment la basilique fut ornée,
« comment les bâtiments furent réparés, les biens récupérés, le peuple
« ramené à l'instruction et à l'Eglise, inutile de l'écrire, les pierres
« elles-mêmes le crient bien haut ! »

par Louis de la Rivière, abbé de Lyre, chez qui l'auteur l'a vu, le 23 décembre 1660. » L'a vu, peut-être, mais assurément ne l'a pas lu, car la réforme ne fut introduite à Lyre que le 24 juin 1646, en la fête de saint Jean-Baptiste.

Le 10 octobre 1645 l'abbé obtenait un arrêt du Conseil privé du Roi « défendant aux prieur et religieux de recevoir des novices « à l'habit et profession et ordonne la réforme incessante de « Lyre, par l'introduction des bénédictins de Saint-Maur, moyen- « nant une pension convenable aux anciens religieux ». — Le 25 novembre suivant, l'évêque d'Angoulême signait un concordat avec les nouveaux religieux ; le 27 février 1646 ces derniers faisaient un accord avec les anciens (1), accord homologué par le parlement de Rouen le 7 mai et ratifié le 9 par le Supérieur Général de la Congrégation qui le fit approuver, le 16 mai 1648, par son Chapitre général. Bref le jour de saint Jean-Baptiste — 24 juin 1646 — Jacques le Noël du Perron installa lui-même les bénédictins de Saint-Maur dans son abbaye de Lyre, devant une assemblée d'élite.

Il restait à Lyre, au moment de la Réforme, une huitaine de religieux profès, tous prêtres, avec les charges suivantes : Martin Hélart, prieur ; dom Jean de la Haye, sous-prieur ; dom Jacques Benenfant, sacristain ; dom Pierre le Marchand, aumônier ; dom Pierre Fleury, chantre ; dom Laurent Legrand, dom Nicolas Brière et dom Georges Bardouf prieur de Francheville (2).

---

(1) Voir *Appendice n° 4*. — Le Supérieur général était alors dom Tarisse, l'ami de Mr Olier curé de Saint-Sulpice et fondateur du Séminaire. — Un de ses successeurs à Saint-Germain-des-Prés, Bernard Audebert, Supérieur général de Saint-Maur, permettait, en 1664, aux religieux de Lyre d'échanger avec le sieur Baudot la seigneurie d'Ambe- nay « qui vaut en menus cens et rentes vingt cinq livres et en casuel vingt cinq écus » contre six acres de pré affermées à 300 livres de rente. *(Archives de l'Eure,* H, 515).

(2) Ce prieuré, dépendant de l'abbaye de Saint-Lomer de Blois, était à la présentation de celle de Lyre qui y nommait ses religieux. Dom Georges Bardouf, religieux profès de Lyre, l'avait obtenu le 6 mars 1600, par résignation de dom Jean Aussour. La possession lui en fut disputée par plusieurs compétiteurs, dit le Grand Pouillé, et en parti- culier par Dom Martin le Roy, prêtre, prieur claustral de Lyre. Le 4 mai 1642, nous écrit sœur Gertrude D. Rigault, archiviste des Dames

D'après le concordat de 1645 ces religieux devaient assurer le service divin jusqu'à la saint Jean-Baptiste 1646, après quoi ils se conformeraient aux usages, cérémonies, etc., des nouveaux bénédictins qui leur assurèrent les premières places à l'église, aussi bien qu'aux processions; faculté d'officier aux fêtes de l'Assomption, de l'Annonciation, de Saint-Pierre, de Saint-Gilles et des « quatre bonnes fêtes de l'année. » — Les anciens purent garder « leur prieur, l'usage des reliques, vases sacrés, ornements, livres, « l'entière disposition de l'église, de la sacristie, du trésor, « chartrier, chapitre, dortoirs, réfectoire, cuisine, cave, greniers, « étables, cours, jardins, parc », sauf ce qui avait été réservé aux nouveaux dans un acte annexé au concordat. Moyennant une somme de 2.000 livres tournois les bénédictins de Saint-Maur tenaient quittes les anciens moines de toutes réparations, leur assurant, en outre, une pension viagère annuelle de 400 livres, plus 50 livres au prieur, et à ceux qui n'avaient pas d'office — Laurent le Grand et Nicolas Brière — également cinquante livres, à moins que, dans la suite, ils n'aient quelqu'office. A la mort de l'un d'entr'eux, la pension des survivants se trouvait augmentée de cinquante livres et jamais diminuée, sous quelque prétexte que ce soit. Même règle pour les offices qui iraient toujours au plus ancien jusqu'à extinction, après quoi ils feraient retour à la congrégation de Saint-Maur, sauf celui d'aumônier qui leur sera rendu après le décès de Pierre le Marchand.

Ce sage concordat permit aux deux communautés de vivre dans le plus parfait accord, tout ayant été méticuleusement prévu.

Le 26 août 1647 le Père visiteur de la Congrégation de Saint-Maur, procureur de Normandie, fit un règlement pour la léproserie de la Barre « portant que le Père procureur de Lyre « toucherait les revenus du prieuré de Saint-Marc, qu'il délivre- « rait alternativement à celui de Conches et au dépositaire de la « Congrégation sur les sommes dues à cause dudit prieuré. »

Bénédictines de Verneuil, il assistait, avec le titre de prieur de Lyre et de Francheville, au mariage de sa cousine Marguerite de Bardouf, fille de feu Georges de Bardouf sieur de la Rouillardière et de Marie de Migneray, laquelle épousait Guillaume Vallée, escuyer, sieur de Belnoc. — Les Bardouf ou Bardouil blasonnaient *de sable à la face d'or, accompagnée de 3 tridents d'argent.*

Une requête du curé de la Vieille-Lyre, du vicaire, des échevins et des paroissiens fut adressée, le 25 mars 1647, aux religieux, afin de demander « en fieffe une place sur leur fonds pour y bâtir une sacristie ».

Après la mort de Jacques le Noël du Perron, à qui la *Gallia* attribue la réparation des stalles du chœur (1), l'abbaye de Lyre fut mise en économat par lettres patentes du roi — 25 février 1649, — vérifiées et enregistrées au greffe de Breteuil le 12 mai suivant. Nicolas Bérenger le jeune, de la ville d'Evreux, devenait économe pour six mois. *(Inventaire)*.

Au moment des travaux exécutés dans le chœur de la cathédrale d'Evreux, en 1895, on mit à jour sept sépultures épiscopales au nombre desquelles se trouvait, à gauche de l'autel, celle de notre abbé. Le cercueil en plomb, trapézoïdal, mesurait 50 centimètres à la tête, 25 aux pieds, autant en hauteur, et deux mètres de longueur. Sur une plaque de plomb, mêlée aux ossements, on avait frappé, avec un instrument semblable à un emporte-pièce, l'inscription suivante :

<blockquote>
CI-GIS ET REPOSSE LE CORPS
DE FEV ILLVSTRISSIME ET RÉVÉ-
RENDISSIME PÈRE EN DIEV MESSIRE
JACQVES DV PERRON EVESQVE
D'EVREVX GRAND OMOSNIER DE LA
ROINE DANGLETERRE ABBAY DES
ABBAIES DE LIRE ET DE SAINT
TAVRIN 1649
</blockquote>

On a trouvé également une mince tige de plomb recourbée pour imiter une crosse épiscopale (2).

Louis V Barbier de la Rivière, (1649-1670), *49ᵉ abbé*. — Si nous

---

(1) Sedilia chori reparavit. La *Neustria* dit que F. Julien Manceau, de Chartres, lui dédia son livre, intitulé : *Theologia meditativa, ac devota, pro ordine religionis ad verum Dei cultum, inter Angelos et homines.* — Gallice edita Ebroicis, ann. 1633.

(2) Voir la *Semaine Religieuse d'Evreux* du 9 mars 1895, page 28, et *Rapport sur la découverte de plusieurs sépultures dans la cathédrale d'Evreux* par M. l'abbé Guéry, Evreux, Ch. Hérissey, in-8º, 1896.

en croyons l'article peu flatteur de Feller, le nouvel abbé était loin d'avoir les qualités et la piété de son prédécesseur! Qu'on en juge. « Louis Barbier, connu sous le nom d'abbé de la Rivière,
« avait été régent au collège du Plessis, à Paris, et ensuite aumô-
« nier de l'évêque de Cahors, qui le plaça auprès de Gaston de
« France, duc d'Orléans. C'était un homme fin et adroit, d'un
« caractère vil et méprisable. Il s'insinua dans les bonnes grâces
« du prince, en flattant ses passions; et, quand il fut maître de
« sa confiance, il en abusa, en révélant ses secrets au cardinal
« Mazarin. Ses intrigues et ses lâches complaisances, qui auraient
« dû lui mériter un autre traitement, lui valurent plusieurs
« riches abbayes, et enfin l'évêché de Langres, auquel était
« attachée la pairie. C'est à sa nomination que Boileau fait
« allusion dans ces deux vers de la première satire :

« ..... Le sort burlesque en ce siècle de fer
« D'un pédant, quand il veut, sait faire un duc et pair.

« Cet homme n'était cependant point encore satisfait de sa
« fortune. Il fit le voyage de Rome, dans l'espoir d'obtenir le
« chapeau de cardinal; mais il ne put y réussir. Quelques
« personnes assurent cependant qu'il venait d'être nommé à cette
« dignité, lorsqu'il mourut à Paris, en 1670. Sa mort consola
« ceux qui avaient vu avec peine son élévation; et les malins
« s'égayèrent sur son compte par des épigrammes satiriques. La
« Monnoye en rapporte deux dans son édition du *Menagiana* et
« on lui attribue la meilleure. Le testament de cet évêque était
« une pièce tout à fait bouffonne; entre autres articles singuliers,
« celui-ci mérite d'être cité : Je ne laisse rien à mon maitre-
« d'hôtel, parce qu'il y a dix-huit ans qu'il est à mon service. »

Les bénédictins de Saint-Maur ne durent pas être très fiers d'avoir un pareil abbé, pas plus que le suivant. Mais du moins celui-ci les laissa tranquilles à leurs études, car ils ne le virent jamais; le sieur Bérenger, économe pendant la vacance, devenu son procureur et son receveur, lui envoyait ses revenus (1).

Avant la nomination de ce triste abbé commendataire le grand

---

(1) De 1650 à 1666 on a des quittances délivrées par Nicolas Bérenger le jeune, receveur général de l'abbaye de Lyre à M. Harou, maître des grosses forges de la dite abbaye. *(Arch. de l'Eure,* H. 585).

vicaire du Chapitre d'Evreux, *sede vacante*, permit au prieur de Lyre, le 1ᵉʳ avril 1648, de bénir de nouveau la chapelle de la Broudière qui avait été employée à un usage profane, de l'orner, de l'embellir, afin que le peuple pût la visiter dévotement, comme auparavant.

Louis de la Rivière, Evêque et duc de Langres, conseiller du Roi en ses conseils d'Etat et privé, chancelier et surintendant de ses Ordres, qu'Henri Martin (1) ne traite pas mieux que Feller, possédait Lyre le 14 septembre 1649 et le conserva jusqu'à sa mort, arrivée le 30 janvier 1670.

Ces abbés s'intéressaient si peu à leurs bénéfices que leurs héritiers étaient obligés de transiger avec le successeur, qui exigeait les réparations nécessaires (2). Ensuite chacun avait une manière différente de traiter avec les religieux, donnant le moins possible et se déchargeant sur eux des gros travaux. Voici la transaction de l'abbé de la Rivière passée le 19 décembre 1656 avec les bénédictins :

« L'abbé leur abandonne les dîmes d'Ambenay, à condition
« d'être déchargé de la réparation des chancels, granges
« dîmeresses et moulins, de leur mense conventuelle, des
« portions congrues aux vicaires perpétuels là où ils touchent
« les dîmes, à la réserve des pensions en grains ou en argent des
« vicaires perpétuels de la Vieille et de la Neuve-Lyre payables
« par lui ; les religieux pour la commodité de la forge lui cèdent
« différents prés. — Puis l'abbé échange son logis abbatial, cour
« et jardin, comme trop engagé dans les lieux réguliers contre le
« corps de logis au-dessus du grand portail, les écuries avec les
« greniers au-dessus, et les autres dans la grande cour, ensemble

---

(1) *Histoire de France*, t. XI, p. 567 ; t. XII, p. 159, 215, 220, 282, 312 et 348.

(2) Les paroissiens de Neaufles exposent que le droit de patronage appartient à Lyre, que la paroisse est de grandissime étendue, difficile à desservir, l'église étant bâtie et située sur une montagne, que la paroisse a plus de vingt hameaux, qu'il y a 4 à 500 communiants. Le curé n'a que le tiers d'un trait de dîme et la terre la plus stérile et ingrate du pays que l'on appelle vulgairement *les Grains*, alors que les religieux s'attribuent la jouissance des meilleures parties de la paroisse, de même que le prieur de Notre-Dame du Désert possède les dîmes du village de Saint-Nicolas, etc. *(Notariat de Lyre*, Delieuvin).

« la basse-cour, le vivier, les jardins, à charge par les religieux
« de mettre le tout en état d'être habité. — Il leur abandonne la
« nomination aux cures où ils perçoivent les dîmes, y compris
« celles de Glos, Rubremont, Marnières, Bois-Penthou, Ambenay,
« Bois-Anzeray et Couvain, plus le droit de pourvoir à l'office de
« Sénéchal. Quant à la dîme de Bertreville, l'abbé paiera
« 1000 livres aux religieux, à condition d'avoir les fruits de la
« dîme, suivant condamnation obtenue contre le vicaire perpé-
« tuel. »

Un arrêt du Parlement de Rouen, en date du 30 mars 1658, confirma cette transaction.

Tranquille désormais l'abbé de la Rivière, préoccupé surtout de son chapeau de cardinal, se lança de plus en plus dans la politique, laissant les moines, comme par le passé, traiter les affaires moins importantes, former des novices, s'adonner à leurs chères études.

Ainsi, sur la réclamation du curé de la Neuve-Lyre, ils veillèrent à la réparation du chœur qui tombait en ruines (1652 à 1656); firent défendre à Mre Denis de Chatigny, prêtre, « faisant la fonction de curé au dit lieu, de passer outre à la
« publication de la quérimoine obtenue par les religieux, contrainte
« de 50 livres sur lui jugée à cet effet » (19 décembre 1656); le R. P. Prieur au nom de la communauté établissait, le 20 juillet 1657, un règlement pour la distribution du pain bénit, sur une plainte à lui adressée par Me de la Roche de ce que le pain bénit ne se séparait point à la Neuve-Lyre et le priant de donner, comme seigneur, ses ordres à ce sujet (1); le 15 août 1659, à la porte du cloître de l'abbaye, les prévôt et frères de la charité reconnaissent, en présence de quatre témoins, qu'ils n'ont aucun droit de tenir leur siège dans la nef de la Vieille ou de la Neuve-Lyre et qu'ils ne peuvent le faire qu'avec la permission des

---

(1) Le R. P. Prieur fit, le même jour, un règlement pour la Vieille-Lyre, disant que le pain bénit serait « distribué après les prêtres au prévôt général de l'abbaye, puis au verdier, placés aux premiers sièges après les prêtres, enfin à ceux qui les suivront dans le chœur. » Le curé était alors Christophe le Roux qui, le 24 mai 1657, reconnaissait que le vin de messe lui était fourni par les religieux, non comme obligation, mais par charité. Il donnait sa démission le 28 octobre 1661.

religieux ; enfin le 24 mars 1664 Mre Denis de Chatigny, curé de la Neuve-Lyre reconnaît devoir 7 livres de rente à l'abbaye, plus 50 livres pour les arrérages, et, le 12 juillet 1666, il remettait sa démission entre leurs mains.

Me de la Roche écrivit en décembre 1657 deux lettres au Père Prieur : la première dans laquelle il déclare s'être placé dans le chœur (1) uniquement avec son autorisation et sollicite la même faveur pour la sépulture d'un de ses enfants, demande qui forme l'objet de la deuxième lettre, ayant encore perdu un fils ; enfin le 2 mars 1688 une lettre pour y inhumer son père. La veuve de Mr de Gauville écrivit aussi le 8 mai 1670, pour faire enterrer, dans le chœur, son fils puîné.

La famille de la Roche s'était implantée à Saint-Michel-de-Sommaire au XVIIe siècle. Un Jacques de la Roche, écuyer, seigneur de ce pays, achetait en effet, de Gilles d'Epinay, la seigneurie de Couvain aliénée par l'abbaye, le 6 mai 1575, à Nicolas Buglet pour 240 livres. Comme les religieux la réclamaient le sieur d'Epinay, afin de ne pas la rendre, vendait le tout 320 livres. Une sentence du 21 janvier 1676 les condamna tous les deux à restituer le fief de Couvain aux moines, moyennant 300 livres, avec recours sur le vendeur pour le surplus.

Le nouveau curé de la Vieille-Lyre, vicaire de Christophe le Roux démissionnaire en 1661, intenta un procès à l'abbé de la

---

(1) Le 5 janvier 1679 le chapitre de Lyre accordait sur sa demande, à M. de la Roche, *gentilhomme de ce pays*, l'autorisation de placer son banc dans le chancel de l'église d'Ambenay, « duquel le curé de la dite paroisse l'avoit, sans leur consentement, rejetté et placé parmi les paysans. » Le nom de ces sieurs de la Roche était *de la Vallée*. Aymé de la Vallée, chevalier, seigneur de la Roche, la Salle et la Chapelle, capitaine et major du régiment de Mr le Grand Maître faisait l'accord pour le pain bénit le 23 avril 1669. C'est son fils, Jacques de la Vallée, qui écrivait la lettre de 1688.

Mr Delieuvin, ancien instituteur à la Vieille-Lyre, conseiller municipal, a bien voulu mettre gracieusement à notre disposition cinq cahiers de notes, extraites des registres du notariat de Lyre. Nous lui en exprimons ici toute notre gratitude, aussi bien que pour ses autres notes sur l'Epoque révolutionnaire. Ces nouvelles sources seront indiquées par la mention : *Delieuvin*.

Rivière (1) afin d'en obtenir, comme c'était son droit, une pension congrue. L'abbé lui accorda une rente de 100 livres, payable de six mois en six mois, par avance, outre ce que le receveur de l'abbaye lui donnait, à condition de ne plus rien demander ni pour lui, ni pour son vicaire s'il en prenait un « sans préjudice au sieur Pierre Amyard du revenu ordinaire de sa cure » (29 mai 1666). L'abbé de Lyre préféra transiger que d'être condamné comme il le fut, le 1er décembre 1667, à verser 300 livres à François Morel, curé de Saint-Jean de Laigle, et 100 livres pour son vicaire.

Généralement ces transactions relevaient du procureur de l'abbaye. Ainsi le 13 juillet 1655 Me Nicolas Béranger, receveur de l'abbaye, faisait un accord avec Me Gilles Giffard, curé de Neaufles, lui cédant 60 livres tous les ans à la Saint-Jean, pour le passé, et à l'avenir la jouissance d'un tiers de la grosse dîme, y compris les fieffes, avec les novales, closages et jardins, selon la sentence du 18 juin 1653 contre l'abbé de la Rivière.

Une requête était présentée aux religieux, le 24 octobre 1660, par la veuve de Jacques de la Vigne, sieur de Tréauville, et par Antoine de la Vigne, sieur de Saint-Eglan, fils, afin qu'on leur permit d'inhumer le corps dudit feu sieur de Tréauville, à l'endroit où sont leurs ancêtres, moitié dans la nef, moitié dans le chœur de l'église de Neaufles (1), ce qui leur fut accordé.

---

(1) Il fut obligé, par sentence, d'en accorder une, le 28 février 1668, au curé de Romilly-sur-Andelle, plus les menues et vertes dîmes. Avant, celui-ci recevait 80 livres de l'abbé, 80 du fermier et certaines dîmes à Saint-Crépin. M. de la Galazière, curé de Romilly, fit condamner l'abbé, le 17 septembre 1666, à réparer le chœur et les ponts de la rivière, afin qu'il pût administrer les sacrements au hameau de la Hauterive.

(1) Le 10 mai 1643 Dlle Marie de Tourlaville, veuve de Gabriel de la Vigne, écuyer, sieur de Tréauville, demandait, dans son testament, d'être inhumée dans la nef de Saint-Hilaire de Neaufles « devant l'hostel du crucifix, avec quelque marque pour la distinguer. » (Notar. de Lyre, Delleuvin). Cette famille de la Vigne blasonnait : *d'or à l'aigle éployé de sable, au chef de gueules, chargé de 3 dards d'argent.*

Les religieux permirent encore d'y enterrer un enfant de Mr du Merle (1).

Le doyen de Lyre en faisant sa visite décanale trouva le chœur des églises des Bottereaux et d'Anceins en mauvais état. Il fit saisir les grains dans les granges des religieux et des curés. Aussitôt les bénédictins obtinrent contre leur abbé, (1653 à 1656), une contrainte jusqu'à 2000 livres et la réparation fut de suite exécutée. En même temps il y avait procès pour les dîmes. Les religieux en première instance, à Breteuil, firent condamner François Magore, receveur de la baronnie des Bottereaux, à leur verser 500 livres. La dame d'Aguesseau, veuve du sieur Philippe Gruin, receveur des tailles d'Alençon, seigneur de cette paroisse, mise en cause par Magore, se prétendit exempte de la dîme et fut condamnée, n'ayant pu produire aucuns titres à l'appui de son affirmation. Elle en appela, mais le Parlement approuva les religieux, « même pour la litre funèbre (2) placée par la dite dame, à la mort de son mari (1655 à 1660). » Remariée au marquis de Nantouillet, elle voulut persister dans son appel qui n'eut d'autre résultat que de lui faire payer 264 livres 18 sols 6 deniers de frais. Plus tard Anne Gruin, sa fille unique, épouse d'Anne le Vaillant, marquis de Rebais, désavoua sa mère, renonçant, ainsi que son mari, à toutes ces prétentions ridicules.

La dame d'Aguesseau obtint cependant, en 1657, contre les religieux, le fameux dîner de l'Assomption auquel, à cause des abus, ils cherchaient sans cesse à se soustraire. La sentence rendue à Breteuil dit : qu'ils sont tenus seulement *du vivre* dont ils usent ce jour-là.

S'ils veillaient sur leurs droits, le sénéchal de l'abbaye n'était pas moins attentif. Il poursuivait spécialement les picoreurs, permettant aux moines d'user contre eux de censures ecclésiastiques afin de les découvrir. Le 5 novembre 1655 il en condamnait trois à dix livres d'amende en faveur des religieux, trente livres

---

(1) Sur la famille du Merle on peut consulter l'Abbé Rombault dans sa monographie d'une des plus anciennes familles normandes qui a donné son nom au Merlerault, monographie intitulée : *Les Du Merle au* XIIIe *siècle. (Bull. de la Soc. hist. et arch. de l'Orne*, 1894, p. 455-470).

(2) On la força également d'effacer la litre mise par elle dans l'église de Bois-Penthou, en 1655.

de dommages et intérêts à l'adjudicataire de la pêche, avec défense de récidiver sous peine du carcan. L'année suivante deux autres furent condamnés à trois livres 15 sols d'amende, chacun, envers les moines (27 septembre 1656). Ces peines ne corrigeaient pas les voleurs car, le 14 juillet 1659, le sénéchal ordonnait une visite dans les maisons, afin d'y saisir les filets, puis, en 1661, il condamnait M. de la Ballivière à enlever, à ses frais, les prises d'eau faites sur la Rille, parce qu'il n'y avait aucun droit, pas plus que de passer sur les prés de Lyre. Enfin, au mois de décembre Michel Bertheron était décrété de prise de corps pour délit de pêche.

Disons enfin, avant d'en arriver aux présentations, que les religieux voulurent, en 1652, rembourser aux habitants de la Neuve-Lyre le prix principal des 166 acres aliénées. Autorisés par un arrêt du Grand Conseil, du 12 novembre 1657, ils transigèrent le 16 décembre 1660 à condition qu'on leur paierait la dîme à la dixième gerbe, le droit de champart à la quatorzième gerbe de ce qui reste une fois la dîme enlevée, enfin que les paroissiens tiendraient ces héritages de l'abbaye à raison de 20 deniers par acre de rente, avec reliefs, treizièmes, etc.

En vertu de l'accord fait avec l'abbé de la Rivière le 19 décembre 1656, frère Marc Rivard, prieur et le couvent de Lyre présentèrent, le 13 avril 1657, à la cure d'Ambenay François le Gendre, prêtre, bachelier en théologie, gradué; et, malgré l'abandon souscrit par lui, Louis, évêque duc de Langres, présenta de son côté un candidat, ce qui fut imité par Rome d'où vint un troisième postulant. Il y eut bientôt cinq candidats! Celui du prieur; Louis Cabriole, présenté par l'abbé; Philippe Lucas, par Rome, disait-il; Jean Mahiel, à qui Lucas avait résigné; enfin François le Boucher, nommé sur une signature de Rome, la cure ayant vaqué assez longtemps pour que la nomination en fût dévolue au Souverain Pontife.

Dom Jean d'Arimont, religieux bénédictin, fut nommé en 1661, par le sous-prieur de Lyre à la chapelle du Chesne; puis le 13 juillet 1666 les prieur, religieux et couvent de Lyre, à cause de leur mense conventuelle, présentaient à la cure de la Neuve-Lyre, vacante par la démission de Denis de Chastigny, Etienne de Chastigny (1), qui, en 1668, résignait son bénéfice à François de Chastigny.

---

(1) En 1657 il était curé des Bottereaux.

Une double présentation se voit encore, en 1660, pour Neaufles. Frère Marc Rivard, prieur claustral, présente à la cure Pierre Amyard, prêtre d'Evreux (1), et, le 4 avril, Louis de la Rivière présentait Richard des Notz, prêtre de Bayeux (2).

Même discussion pour le prieuré de Francheville, vacant en 1660. Jacques de Chevestre, prêtre, curé de Cintray, ayant en effet démissionné, le seigneur de Mélicourt présenta, le 24 janvier, Julien Gobart; le 27 septembre 1661 on le conférait à frère J. B. de Sageon, religieux profès de Saint-Benoît; le 28 janvier 1662 à dom Pierre de Boscregnoult, religieux profès qui céda son droit à son confrère, de sorte que le 30 mai 1667 J. B. de Sageon en restait paisible possesseur.

C'est à cette époque que Jacques le Doulx de Melleville, prieur du Désert, résigna ce bénéfice afin de l'unir au Grand Séminaire d'Evreux dont il était le fondateur, à quoi l'abbé de Lyre se refusa pendant très longtemps. Le nouveau prieur fut Jean Eudes, professeur au Séminaire; puis, par résignation, en juin 1668, Léonor de Bethon, prêtre de Bayeux, mort en 1670, enfin Julien Franchomme, clerc de Coutances (3).

JACQUES III BRETEL DE GRÉMONVILLE, (1670-1686), 50e abbé. — Cet étrange abbé — car il était chevalier de Malte, — appartenait à une vieille famille normande très célèbre, les Bretel de Grémonville, seigneurs de Lanquetot, de Saint-André, d'Auberbosc, très probablement originaire de Doudeville et déjà connue au XVe siècle, puisqu'on trouve un de ses membres, Raoul Ier, élu de Caudebec à cette époque et que Jehan Bretel est cité comme défaillant à une *montre* ou « revue d'armes » en 1470. « Si on « veut avoir une idée, dit Georges Dubosc (4), des services rendus

---

(1) L'année suivante il obtenait la cure de la Vieille-Lyre.
(2) Ce dernier obtint le bénéfice, puisque, en janvier 1679, on dit la cure vacante par le décès de Richard des Notz, dont le successeur fut Jean Diacre, gradué. — Les héritiers de feu des Notz remirent aux religieux deux reliques trouvées dans ses meubles, l'une de saint Vital, l'autre de saint Silvin reçues de son frère, à son retour de Rome, avec une relique de saint Vincent.
(3) L'abbé de la Rivière blasonnait : *d'azur au chevron d'or accompagné de 3 croisettes au pied fiché du même.*
(4) *Journal de Rouen*, 10 décembre 1910.

« par cette famille, qu'on sache qu'elle a fourni quatre premiers
« présidents au Parlement de Normandie et plusieurs conseillers;
« deux ambassadeurs à la diplomatie, au nombre desquels est
« notre abbé; nombre d'officiers à l'armée dont quatre furent
« tués en combattant (1); un marin tué également les armes à
« la main; un poète, un prélat et plusieurs prêtres à l'Eglise. »

Jacques Bretel de Grémonville, né à Rouen en 1625 (2) de Raoul Bretel et d'Isabeau Groullart, fut chevalier de Malte, commandeur (3), général des Vénitiens pendant plus de dix ans, puis ambassadeur extraordinaire de France à la cour de l'empereur à Vienne de 1668 à 1671. Henri Martin fait le plus grand éloge de son ambassade : « Les négociations, dit-il, furent rouvertes et
« conduites à Vienne, avec une dextérité et une vigueur extraor-
« dinaires, par l'ambassadeur français de Grémonville. La supé-
« riorité des diplomates français de ce siècle sur la plupart des
« diplomates étrangers est quelque chose de bien frappant; ce
« n'est pas seulement par le talent, c'est surtout par la force
« morale qu'ils les surpassent; du côté des étrangers, l'intérêt
« personnel, sous la forme la plus grossière et la plus déhontée,
« compromet ou trahit sans cesse les intérêts de l'Etat confiés à
« l'agent politique; du côté des Français, la personnalité de

---

(1) Parmi les chevaliers de Malte il y eut : Antoine, fils de Flament de Bretel, reçu le 21 juin 1464; Nicolas, fils de Raoul Ier du nom et de Marie de Saldaigne, en 1597; un autre Nicolas, fils de Louis Bretel et de Françoise le Roux du Bourgtheroulde, tué d'un coup de mousquet en 1616, âgé de 29 ans; François, reçu en 1631, tué devant Lérida en 1647, frère de Jacques; François-Raoul, 1668.

(2) « Le deuxième jour de mars 1625 a été baptisé un enfant, fils de messire Raoul Bretel, chevalier, seigneur de Grémonville, conseiller du Roy en ses Conseils d'Etat et privé, et président en sa Cour de Parlement de Rouen et de dame Ysabeau Groullart, son épouse. Il a été nommé Jacques par Monsieur de Béthencourt, conseiller du Roy audit Parlement de Rouen, parrain, et Mademoiselle de Boelles, femme de Monsieur de Boelles, maître des comptes en Normandie, marraine. » — Registre de Saint-Cande-le-Jeune, à Rouen. (Cf : *La Normandie historique*, etc., article par Arsène Legrelle, janvier 1896, p. 15).

(3) Cette commanderie dont il était titulaire se trouvait près de Bruxelles et lui rapportait 14.000 livres, ce qui, joint aux 20.000 livres de Lyre, lui faisait un revenu de 34.000 livres!

« l'agent s'identifie passionnément avec l'œuvre entreprise et son
« dévouement à l'Etat et au prince est sans réserve : leur gloire
« est sa gloire et il n'attend que d'eux sa récompense (1). »

Sa récompense fut l'abbaye de Lyre que Louis XIV lui donna en 1670, qu'il conserva jusqu'à sa mort (29 novembre 1686). Il blasonnait : *D'or au chevron de gueules chargé vers la pointe d'une fleur de lys d'or et accompagné de 3 molettes d'éperon d'azur, chargé d'un poisson nommé Brethel, d'argent.* L'*Inventaire* lui consacre la courte notice suivante : « Jacques Bretel, lieutenant
« général des armées du Roi, chevalier de Saint-Jean de Jérusa-
« lem, commandeur de l'ancien hôpital d'Angers, fut nommé à
« Lyre en 1670 et mourut à Paris le 29 novembre 1686. Il eut une
« infinité de procès avec les religieux, les partages qui existent
« actuellement sont de lui, en 1679. Les religieux lui firent bâtir
« le logis abbatial. »

Ce malheureux logis abbatial devint le cauchemar des bénédictins de Lyre, le sujet de longues discussions, de plans sans cesse changés, tout cela résumé dans un *factum* « pour les religieux,
« Prieur et couvent de l'Abbaye Notre-Dame de Lyre, ordre de
« Saint-Benoît, congrégation de Saint-Maur, demandeurs en exécu-
« tion d'Arrest de réception de devis. — Contre le sieur Chevalier
« de Grémonville, abbé de la dite abbaye, défendeur.

« ..... L'ancienne maison Abbatiale de Lyre, qui est encore
« existante, ne se trouvant pas dans une situation commode pour
« l'abbé et les religieux, parce qu'elle estoit enclavée dans les
« lieux réguliers, feu Mᵉ de la Rivière, evesque de Langres, leur
« Abbé et prédécesseur dudit le Grémonville la céda aux
« religieux par un Concordat de 1656 moyennant d'autres
« bâtiments qu'ils lui donnèrent en contr'échange, en consé-
« quence duquel traité les religieux s'en accommodèrent avec leurs
« lieux réguliers, dans lesquels elle a présentement une entière
« communication.

« Le chevalier de Grémonville prétend que cet ancien logis

---

(1) *Hist. de France*, t. XIII, p. 328. — Voir surtout Mignet qui a mis en relief son habileté diplomatique dans ses *Négociations relatives à la succession d'Espagne*, t. II, pp. 330-481, t. III, pp. 378-558 et t. IV, pp. 188-245.

« abbatial estoit de 32 toises de face, et il s'est fait dans son
« *factum* un moyen spécieux de plainte contre les Demandeurs
« pour dire qu'ils le veulent réduire à se contenter d'un logement
« de 14 toises, ce qui est une illusion pour tâcher de surprendre
« la religion du Conseil. L'ancienne maison abbatiale n'a jamais
« eu plus de 14 toises, elle est encore existante, il est vray qu'il
« y avoit une méchante galerie de bois y attenante qui en
« dépendoit, et laquelle a été depuis démolie, comme ruineuse et
« inutile, et le tout contenoit ensemble 30 toises ou environ, cette
« observation véritable de l'ancien état des choses fait voir que
« toutes ses grandes exagérations, dont il se sert pour offenser
« et décrier l'un des plus saints Ordres réguliers, et pour blâmer
« les religieux de Lyre en particulier par la voix infectée d'une
« noire calomnie en les taxant d'avidité et d'usurpation du bien
« d'autruy, ne sont en effet que des suppositions artificieuses
« pour tâcher de donner quelque couleur à une cause la plus
« déplorée qui fut jamais, puisque suivant le devis que les dits
« religieux luy ont offert en exécution des arrêts du Conseil qui
« sont intervenus, et contre lesquels il n'est pas recevable à se
« pourvoir, non seulement il aura un très beau bâtiment de
« 14 toises de face, mais encore d'autres bâtiments adjacents
« que l'on y joindra pour le logement de ses officiers et
« domestiques, et le tout composera pour le moins 30 toises
« de longueur et fera que son logis abbatial sera un des plus
« beaux et des plus commodes qu'il y ait dans aucune abbaye
« de la Province.

« Depuis 1674 il était en procès avec les moines et changeait
« d'avis à chaque instant. On voulut lui construire une maison
« abbatiale, en 1676, il s'y opposa parce que le lieu choisi se
« trouvait au milieu d'une vigne et à l'opposé des fenêtres du
« dortoir des religieux dans une partie du parc (1).

« On chercha un autre endroit et, par une transaction du

---

(1) « Le R. P. Prieur est député avec Dom Robert Samuel pour terminer avec Monsieur notre abbé ; mais voyage inutile et qui n'a servi tout au plus qu'à faire connaître Monsieur l'abbé à notre R. P. Prieur » (5 mars 1679). — Le 9 décembre 1680 les religieux faisaient, pour ce motif, un premier emprunt de 8,000 livres ; le 13 août 1686 un second de 2,000, etc. *(Arch. de l'Eure,* H. 582).

« 9 mai 1682, on s'en rapporta à un Procureur Général qui, le
« 16 mai audit an, donna ordre au Lieutenant Général de Breteuil
« de se transporter à Lyre, ce qu'il fit et décida que le manoir
« abbatial ne pouvoit être construit plus utilement et commodé-
« ment que dans la première cour de l'abbaye, depuis la lettre
« F.F. marquée dans le plan Géométral produit au Conseil,
« jusqu'à la lettre D.D., à l'effet de quoy ils auroient planté des
« piquets.....

« Le 17 août 1682 (1) fut donné permission de bâtir, arrêt
« signifié le 1er septembre au sieur de Grémonville et, le quatre,
« le chevalier s'opposait à la démolition et à la reconstruction
« sans mentionner la transaction. Sans donner suite à cet arrêt,
« à cause de son inconstance, il revint sur la transaction du
« 3 mai 1683, accepta l'endroit choisi auquel on construirait
« nouveau corps de logis de 14 toises dans œuvres joignant
« quelques bâtiments adjacents..... le tout feroit par le dehors
« 36 toises de face ou environ.

« Mais il revint encore sur sa décision ce qui force aujourd'hui
« les demandeurs à en finir par cette requête, car il traduit par
« un dernier effort de chicane les religieux au Conseil du Roi.

« Dans cette requête on voit un devis du projet d'un très bel
« édifice qui sera construit à neuf... Le chevalier de Grémonville,
« qui a tant d'aversion pour ses religieux, aura la satisfaction
« d'en être éloigné, sa maison doit être suivant les arrêts placée
« dans la première cour de l'Abbaye qui est un lieu le plus
« propre pour sa santé et où il pourra plus librement recevoir
« les agréables compagnies qu'il a coutume d'y mener... » *(Bibl.
Nat. Fm. 9945).*

L'inconstance du chevalier de Grémonville fit que le logis
abbatial ne fut commencé qu'en 1684, terminé en 1687, reçu le
1er mars 1688 c'est-à-dire deux ans après sa mort, en sorte qu'il
n'eut pas le plaisir de l'habiter. Il est vrai que le 23 mars 1676 il

---

(1) En 1682 l'abbaye de Saint-Etienne de Caen se trouva tellement
endettée que le Supérieur Général se vit obligé de faire appel aux
autres monastères normands. Bernay fut taxé à 900 livres, Lyre à 600,
le Bec à 650, etc., pendant plusieurs années. (Hippeau, *Saint-Etienne
de Caen*, p. 269).

avait eu soin, dans son Concordat avec les religieux, d'exiger une rente de 600 livres comme indemnité de logement, « avec jouissance du parc entier. »

Dès son arrivée il poursuivait Pierre Barbier de la Rivière, frère et héritier de son prédécesseur, qui offrit 4 000 livres aux religieux afin d'être débarrassé de ce vrai normand, amateur de chicanes (26 avril 1672) (1).

Mais toutes ces transactions, ces accords, ces compromis ne lui plaisaient pas encore, il se croyait lésé, c'est pourquoi, le 27 septembre 1678, il obtenait un arrêt du Grand Conseil « ordonnant de diviser tous les biens en trois lots, dont le « premier serait pour lui, le deuxième reviendrait aux religieux « et le troisième servirait à supporter les charges. »

Tout fut donc compté, pesé, mesuré; on ne négligea ni les rentes en œufs, ni les plus petites dîmes, en sorte que l'*Inventaire* signale en tête de chaque article sa valeur exacte et son attribution. La mense abbatiale, d'après ce partage terminé en 1679, s'élevait à 40.000 livres de revenu, sans aucunes charges.

Malgré toute son habileté diplomatique et son influence à la Cour le chevalier de Grémonville ne put empêcher la réunion de la maladrerie de la Barre à l'Ordre de Notre-Dame du Mont-Carmel. On dut même réparer les bâtiments avant de s'en dessaisir, les nouveaux possesseurs se chargeant d'acquitter les obligations établies par les fondateurs (1673-1674). Dom Louis Boudon envoya les titres à Paris dans l'espoir de revendiquer la léproserie, mais inutilement. Après le prieuré du Désert, Lyre perdait celui de la Barre !

En procès avec les uns et les autres, le chevalier de Grémon-

---

(1) On trouve, en 1671, une lettre de dom Germain Liesse, bénédictin de Lyre, à un moine de l'abbaye de Saint-Taurin dans laquelle, après avoir traité une affaire, il ajoute :

« ..... Il me souvient, mon Révérend Père, que demeurant à Evreux j'ay veu, aux environs de la ville, du sainfoin et de la Bourgogne dans des campagnes. Nous souhaiterions bien en avoir quelques boisseaux de graines pour semer avec d'avoine au commencement de cet esté dans des terres que nous voulons réduire en pré. C'est pourquoi s'il y avait moyen de nous en faire avoir 3 ou 4 boisseaux nous vous en aurions bien de l'obligation, nous l'enverrions quérir. » *(Arch. de l'Eure, H. 595).*

ville se vit encore condamné, le 30 septembre 1680, par arrêt du Conseil « à payer 30 livres au curé de la Vieille-Lyre pour le vin
« des messes dites dans cette église, y compris 60 sols aux frères
« de charité de la Vieille et de la Neuve-Lyre pour leur assistance
« à l'office dans l'Abbaye, le jour de la mi-août. »

La même année (10 août 1680) Anne de Chastigny, « veuve en
« premières noces de feu Etienne de Héris (1), en son vivant
« sieur du Mesnil, donna 280 livres aux religieux pour avoir part
« aux messes, prières qui se font chaque jour à Lyre, plus deux
« messes basses à perpétuité, l'une à son décès et l'autre à celui
« de son mari, arrivé le 30 juin. »

Sitôt les partages terminés le chevalier de Grémonville rendit son aveu au Roi (2) « tant de la manse abbatiale que conventuelle
« dans lequel est employée la baronnie de Lyre, située dans
« plusieurs paroisses, avec cour, usage et justice, laquelle s'exerce
« dans le prétoire de la dite baronnie proche la porte de l'abbaye.
« Il est dit aussi que le sénéchal est lieutenant général du bailli
« verdier, charge toujours exercée par un religieux de Lyre et
« que ses sentences ressortissent à la table de marbre du palais,
« à Rouen, qu'il avait autrefois la juridiction royale chaque
« dixième semaine à Breteuil, Glos, Lyre, Pacy et Pont-Saint-
« Pierre, et que le même dit office de sénéchal fut érigé en
« vicomté pour toutes les causes des hommes et vassaux de Lyre,
« à cause de la dite baronnie, savoir les lettres de garde-gardienne
« et droit de *committimus*, les privilèges de barons fossiers, les
« exemptions des treize francs de Lyre, celles des autres vassaux
« qui doivent payer à l'office de Bailli le panage de leurs porcs,
« toute l'eau et la pêche de l'Isle depuis le grand pont de la
« Neuve-Lyre jusqu'à Champignoles, et depuis le dit lieu de Lyre

---

(1) On trouve dès 1632 Etienne de Héris sieur du Mesnil, demeurant à la Vieille-Lyre, Guillaume de Héris, frères de Pierre de Héris, curé de Lyre, mort avant le 1er juillet; Christophe de Héris, tuteur des enfants mineurs de Etienne de Héris, son frère, dont l'épouse était Aulienne de Chastigny (1651); Jean de Héris en 1657, etc. *(Notar. de Lyre*, Delieuvin).

(2) Son serment de féauté et de fidélité pour le prieuré de Saint-Crépin-de-Romilly, vicomté de Rouen, est du 24 octobre 1683, et du 12 juillet 1684 pour ses religieux.

« jusqu'au grand pont de Rugles, le droit de pêche deux jours
« la semaine, hors les fiefs dépendant de l'abbaye dans lesquels
« elle a droit de pêche quand bon lui semble, tant dans la
« rivière que dans les mares et fossés des vassaux. Enfin plusieurs
« fiefs nobles, patronages, dîmes, le tout amorti par François Ier
« le 28 juillet 1584. »

Le 17 juillet la chambre des Comptes de Rouen accordait acte de cette déclaration, et, avant de donner main levée, ordonna de faire lecture de cet aveu à l'issue des messes paroissiales des lieux où les fiefs sont situés. Mais le chevalier de Grémonville, hargneux envers la Cour comme à l'égard des particuliers, n'ayant pas voulu faire les frais de la preuve et la justification de son aveu, n'eut pas la dernière main-levée.

Laissant leur processif abbé se débattre avec toutes ces procédures, les religieux veillaient sur leurs biens. Ainsi, en 1677, ils firent opposition au décret de la terre des Bottereaux, « parce
« que le droit de pêche employé dans le dit décret depuis le pont
« d'Escubley jusqu'au grand pont de Lyre, doit être de la Jeune-Lyre
« d'autant que toute la rivière est à l'abbaye depuis la Jeune-Lyre. »

Malgré l'amortissement de 1584 par François Ier on les força de nouveau, en 1675, à payer un amortissement perpétuel des droits de tiers et danger (1) pour leurs bois de Lyre et de Glos. Ils durent vendre un certain nombre d'arpents, vente qui produisit 3.660 livres avec lesquelles ils payèrent 1387 livres 10 sols, pour trente arpents de futaye et 187 1/2 de taillis à 100 sols l'arpent. Le reste de la somme servit aux réparations ainsi que le produit de la coupe des baliveaux s'élevant à 1620 livres, nouvelle occasion de chicane avec le chevalier de Grémonville!

Ils assignèrent devant l'Officialité d'Evreux, le 28 juin 1684, Antoine Goujon, curé de la Neuve-Lyre (2) pour l'obliger « à dire

---

(1) C'était un droit du Roi sur les bois consistant à prendre un tiers du prix de la vente (10 livres sur trente, par exemple) et un dixième pour le *danger* (3 livres sur 30). Quelques auteurs disent que, par ce dixième, on évitait le *danger* de les vendre sans la permission du Roi.

(2) *Le Grand Pouillé* (G. 27) dit que, le 26 septembre 1682, Jacques Potier de Novion, évêque d'Evreux, étant au monastère de Lyre dans le cours de ses calendes, conféra à *Noël* Goujon, prêtre, curé de Mélicourt, la cure de Saint-Gilles de la Jeune-Lyre.

« les raisons qu'il avait de ne pas assister processionnellement,
« avec son peuple, selon la coutume, aux offices de l'Assomption
« dans l'église de l'Abbaye et voir ordonner qu'il n'y manquerait
« plus à l'avenir. Le curé répondit qu'il avait été occupé auprès
« des malades, mais qu'il y avait mis un prêtre et, que, d'ailleurs,
« les religieux étaient obligés de donner le *pastum* aux sieurs
« curés, prêtres et à la charité, ne devant assister à la procession
« qu'à cette condition, laquelle manquant de la part des
« religieux, l'obligation cessait. Les religieux soutinrent que s'ils
« donnaient le *pastum* c'était par honnêteté, non par obligation.
« — Le 9 mars suivant le curé reçut l'ordre d'assister en
« personne, avec son clergé, aux offices de l'Assomption et à la
« procession, à moins d'excuse légitime dont il sera tenu
« d'avertir le Père Prieur. »

L'année suivante — 10 novembre 1685 — ils obtenaient commission du Grand Conseil pour y assigner ce curé récalcitrant « vicaire perpétuel de la paroisse de la Jeune-Lyre et
« plusieurs autres, avec défense aux dits curés de s'adresser,
« comme ils l'avaient fait, aux juges des lieux, pour raison de
« leurs portions congrues qui seront réglées au dit Grand Conseil
« à 200 livres par an, payables de quartier en quartier par les
« décimateurs, somme exempte de toutes charges, à condition
« d'abandonner tout ce qu'ils possèdent, sauf du creux de
« l'Eglise et fondations d'obits, presbytère, cour, jardin et pré
« cloturé d'iceluy (1). »

Le chevalier de Grémonville ne fit qu'une présentation pendant son abbatiat, le 20 mai 1686, celle de François de Canonville à la cure de Berville vacante par le décès de Jean Martel, prêtre. Les autres sont le fait des religieux. En 1679, le 19 août, Thomas Bouttin, curé de Bois-Maillard, obtient la cure de Chambord vacante par la résignation de Jean Marion, curé depuis le 10 janvier 1658; en 1683 dom Robert d'Espagne, bénédictin de

---

(1) A la date du 12 mai 1684 on trouve une délibération relative à une relique (vertèbre) de saint Just, martyr, donnée par Madame la comtesse de Bonnelle, « ayant eu de Mgr le Cardinal de Bonsy le corps entier dudit saint, dont la translation auroit esté faicte par Mgr l'Evesque de Lysieux dans l'église de Fervacques. » *(Archives de l'Eure,* H. 582).

la Congrégation de Saint-Maur, reçoit de la Cour de Rome ses provisions pour la chapelle de Saint-Autin. « Au dos de la pièce, dit
« l'*Inventaire*, est la prise de possession en vertu de la dite procu-
« ration par dom Honorat Oudineau, célerier de l'abbaye de Lyre. »

Puis il ajoute : « Dans la déclaration de 1684 on mentionne
« la chapelle ou hermitage Saint-Augustin vulgairement dite
« Saint-Autin, dépendante de l'office d'infirmier dont était pourvu
« frère Mathurin d'Espagne avec 18 acres de terre autour et
« plusieurs bâtiments, le tout possédé par Mr Féron, sieur de
« Saint-Aubin, plutôt par usurpation que par fieffe.

« Cette chapelle avait été usurpée par un huguenot de Rouen
« en 1562, pendant les troubles, et les religieux, malgré les
« provisions de 1683 sous le nom de Robert d'Espagne, ne
« purent rentrer en possession.

« En 1737 la ferme Saint-Autin était possédée par le sieur de Beau-
« fort avec 18 acres dont neuf, dit-il, exemptes de rente. Les débris
« de la chapelle existent encore dans la masure de la dite ferme. »

Après le décès de Jacques Bretel de Grémonville, que certains auteurs placent, à tort, dans son abbaye de Lyre (1), Me François Julien, avocat au Parlement de Paris, en fut nommé économe et passa « procuration pour la régie d'icelle à Me Marc-Aurelle Marays le 25 juin 1687 ».

Un arrêt du Parlement, du 30 juillet 1687, ordonnait l'exécution du compromis entre le chevalier de Grémonville et le curé de Saint-Martin de Laigle qui, en sa qualité de titulaire de l'Eglise *matrice* antérieure à celle de Saint-Jean, s'était opposé à l'abandon fait par lui de toutes les dîmes, par conséquent des charges qu'elles entraînaient. D'après cette transaction il restait, net, 150 livres de rente à l'abbaye de Lyre.

Enfin le 20 mai 1687 les religieux firent un bail de 3, 6 ou 9 avec Guillaume Sireude (2), curé d'Auvergny, et son neveu, pour

---

(1) Voir : *Revue de Rouen* ; Adolphe Hébert pour sa monographie des Bretel de Grémonville au millénaire normand ; et *Académie de Rouen* 1847, p. 289-293 article de Cheruel ; en 1871 discours de M. d'Estaintot sur les deux Bretel de Grémonville.

(2) Un Jacques Syreude a publié « *Le trésor immortel, tiré de l'Ecriture Sainte*, réimprimé à Rouen par Ch. de Beaurepaire, in-8°, 1899, dans la collection des *Bibliophiles normands*.

le droit de pêche à Neaufles et Ambenay à charge d'un plat de poisson le jour du gage-plège des seigneuries susdites, avec défense de pêcher en même temps que les moines, après avis, bien entendu. Ils avaient présenté, le 26 février 1687, le siège abbatial vacant, Michel Paillard, prêtre, à la cure de Saint-Gilles de la Neuve-Lyre, vacante par le décès d'Antoine Goujon.

Jean-Jacques Séguier de la Verrière, (1688-1689), *51º abbé*. — Messire Jean-Jacques Séguier de la Verrière, ancien évêque de Nîmes, devint abbé de Lyre le 5 janvier 1688 (1) et mourut au mois de novembre 1689, en sorte que son administration dura deux ans à peine.

Elle fut surtout occupée à la liquidation des comptes entre les religieux, le sieur Julien économe de l'abbaye, le sieur commandeur d'Avernes, receveur au grand prieuré de France, héritier, pour ce motif, du pécule du chevalier de Grémonville et le nouvel abbé.

Le 14 février 1689 en vertu d'une transaction le commandeur Eustache Bernart d'Avernes paya 8.000 livres aux religieux, c'est-à-dire 3.000 pour les granges, églises, chancels, etc.; 4.000 pour la forge et les moulins *Rouge* et *Trisay*, curage de l'étang; enfin 1.000 pour tous les frais. Une nouvelle condamnation, en date du 31 mars 1689. forçait l'Ordre de Malte à verser encore 6 000 livres pour le rétablissement des moulins tombés en ruines par la négligence du commandeur de Grémonville. L'arrêt du Conseil portait de plus une autre somme de 6.000 livres dont les 2/3 serviraient à l'achat d'un fonds au profit de la mense abbatiale et 2.000 à la mense conventuelle. Décision confirmée le 24 septembre 1692, après quoi les religieux achetèrent la ferme de la Biguerrie.

A la même date des paroissiens de Lyre qui, pour revendiquer leur droit de pâture dans les bois de l'Abbaye, avaient envoyé une vingtaine de vaches dans un bois de quatre ou cinq ans, furent condamnés chacun à dix livres d'amende avec dépens, défense de récidiver sous peine de confiscation. L'un d'entr'eux, Jacques de Chatigny, qui avait reconnu n'avoir aucun droit, renonçant d'y aller sans la permission des moines, obtint remise

---

(1) Il rendit au Roi son serment de fidélité le 15 juillet 1688.

de l'amende et ne paya que sa part des frais. — Au mois d'avril Jacques du Hamel de la Vieille-Lyre payait, lui aussi, dix livres d'amende, mais pour pêche prohibée avec défense de récidiver sous peine *du fouet*. Les picoreurs aussi bien que les braconniers étaient alors très sévèrement punis.

Après le décès de l'ancien évêque de Nîmes, Pierre Grisot, prêtre, obtint, le 24 décembre 1689, des lettres d'économat pour Lyre (1).

Louis VI de Calvières, (1689-1698), 52ᵉ *abbé*. — L'*Inventaire* s'exprime ainsi à son sujet : « 19 mars 1692, ordonnance des
« Trésoriers de France à Rouen par laquelle après avoir vu le
« brévet de Sa Majesté du 24 décembre 1689 pour la nomination
« de Mʳᵉ Louis de Calvières à Lyre, à la charge de 6.500 livres de
« pension annuelle et viagère, avec l'acte de prise de possession
« du 17 mai 1691 ils ordonnent que le nom dudit sieur abbé sera
« employé sur les Etats du Roi pour la jouissance des droits et
« revenus appartenant à la dite abbaye dans la généralité de
« Rouen. Il mourut à Rouen le 4 mars 1698. »

Fils naturel du marquis de Saint-Césaire, conseiller au Parlement de Toulouse, après avoir échangé une abbaye pour l'évêché d'Alais il permuta ce dernier avec la commende de Lyre afin de payer plus facilement ses dettes. On trouve, en effet, le 5 août 1693 « une copie informe d'un acte par lequel l'abbé
« et ses créanciers chargent le sieur Marc Aurelle Marays de
« régir les revenus de l'abbaye pour 1.000 livres par an, après
« avoir payé au moins 20.000 livres, dont 6.500 pour les
« pensions; 3.000 pour la nourriture et entretien de l'abbé;
« 2.000 pour les réparations, le reste pour les dîmes et autres
« frais et le surplus aux créanciers de l'abbé. »

Ainsi les revenus des abbayes, jadis employés au soulagement des pauvres, servaient maintenant à payer les dettes d'un prodigue! Il avait bien fallu faire la part du feu : les abbés gaspillaient, sans aucun profit, les deux tiers des revenus, pendant que les bénédictins vivaient chichement de l'autre tiers,

---

(1) Les Séguier de la Verrière (Provence) blasonnaient : *d'azur au lion d'or, rampant contre un palmier du même : à la champagne échiquetée d'argent et de sable de 3 tires.*

sur lequel ils trouvaient encore le moyen de faire quelques aumônes et d'entretenir richement leur église.

Des âmes pieuses venaient quelquefois à leur secours. « Dame
« Elisabeth de Morainvilliers, épouse de messire Guillaume
« de Potin (1), chevalier, seigneur du Chesne, leur offrit
« 1.500 livres à prendre sur ses meubles après décès, pour une
« messe chaque semaine pour le repos de son âme et celle de
« son mari et une grand'messe par an le jour de son décès,
« ce qui fut accepté par le Père procureur. » — Une pièce jointe
à celle-ci est « une approbation de ce don, mais pour la moitié
« seulement, par dame Joachim de Morainvilliers, épouse du
« sieur Raymond Lescot, écuyer, héritière de la dite dame du
« Chesne, avec le consentement par elle donné aux religieux de
« recevoir des mains de M. du Chesne l'intérêt de 700 livres, et,
« comme elle ne voulait pas donner la somme entière, elle
« déclare que l'abbaye ne serait obligée de faire les prières
« qu'eu égard à la somme reçue ou à l'intérêt; » (12 août 1690
et 30 octobre 1695). — Une note ajoute que le 15 mars 1720
Mr du Chesne paya les 750 livres dont il faisait la rente, en sorte
que les religieux dirent une messe tous les 15 jours, d'après
la donation.

En juillet 1692 (2) il y eut une transaction entre Louis de

---

(1) La famille Potin conserva Morainville jusqu'à la Révolution.
En 1761 Nicolas Potin était maitre de la grosse forge de Trizay
lorsqu'il vendit son office de conseiller procureur du Roi à Conches.
En 1772 il achetait le fief du Buisson-Morel 25.200 livres à Pierre-
Simon-Charles de la Blondinière. Il avait pour fils Louis-Nicolas
Potin, écuyer, sieur de Morainville en 1790 et qu'on retrouve
le 3 prairial an III. *(Notar. de Lyre,* Delieuvin).

Philippe Potin fils de Gilles, sieur du Chesne, fut maintenu le
15 juillet 1667, il portait : *D'argent à la fasce d'azur, accompagnée
de 6 merlettes de sable, 3 en chef, 3 en pointe.*

(2) Louis de Calvières rendit au Roi son serment de fidélité le
21 mai 1691, un autre le 18 septembre, puis le 14 mars 1692, enfin
le 19 juin 1693. — En 1698 le revenu était de 34.000 livres et il n'y
avait que 7 religieux d'après un manuscrit intitulé : *Mémoire concernant
la généralité d'Alençon et la Province du Perche* dressé par M. Pinon,
Me des Requestes, intendant de la dite Généralité. (1698, in-4° à la
Bibl. de la *Soc. libre de l'Eure).*

Calvières, le commandeur d'Avernes, les héritiers de Jean-Jacques Séguier et de Barbier de la Rivière par laquelle Louis de Calvières, moyennant 2.000 livres, les tient quittes de tout, même de rétablir le cloître. Toujours poursuivi par ses créanciers il faisait argent de tout au détriment des religieux. Un arrêt du Grand Conseil — 24 décembre 1692 — le força de donner la somme nécessaire à la reconstruction du cloître, c'est-à-dire 5.600 livres, à laquelle les bénédictins ajoutèrent 1.000 livres, prises sur la mense conventuelle.

Ces arrangements nécessitaient de part et d'autre de grosses dépenses. En voici un exemple entre mille. Un avocat de Breteuil, Christophe Badin, avait transporté aux religieux une somme de 300 livres sur Nicolas Biard, marchand à Sainte-Marguerite-en-Ouche qui refusa de payer. Le 28 mars 1692 une sentence de la Vicomté de Conches le condamnait à solder les 300 livres; Biard fit opposition et fut de nouveau condamné le 7 novembre 1692, avec dépens; le 4 juillet 1697 autre condamnation avec dépens et amende; il en appelle au Parlement qui, le 26 juin 1699, rend le même arrêt et condamne le sieur Biard à rendre les 300 livres, plus à payer les frais, taxés à 255 livres 17 sols 1 denier, outre 6 livres 5 sols 3 deniers pour le contrôle!!! On dut saisir quelques effets de cet entêté normand qui, pour se libérer, vendit plusieurs parties de rente d'où, pour les religieux de Lyre, une rente de 4 livres 10 sols sur les représentants et héritiers d'André Hucher, racquittable par 63 livres de principal.

Revenons à notre abbé de Lyre toujours aux abois à cause de ses tenaces créanciers. Guillaume Syreude, curé d'Auvergny, lui ayant réclamé les 300 livres de sa portion congrue, pour laquelle il avait opté en 1687, Louis de Calvières préféra lui abandonner, sa vie durant, la grosse dîme, à condition que ce curé lui paierait 130 livres de rente et se chargerait des réparations du chœur, (19 décembre 1692). Mais en 1709 le curé ne voulut plus payer les 130 livres de rente, demandant une nouvelle estimation de la dîme. A l'époque de l'*Inventaire* il jouissait du tiers de la grosse dîme, sans aucune charge.

C'est ce Guillaume Syreude qui, en sa qualité de procureur de l'abbé de Lyre, acheta la terre de la Biguerrie, moyennant 4.000 livres payées par le receveur du commun trésor de l'Ordre Saint-Jean de Jérusalem à demoiselle Françoise de la Vigne.

Cette demoiselle avait déjà vendu, le 16 décembre 1689, tous ses biens présents et à venir aux religieux, afin de s'acquitter de 500 livres empruntés dans une extrême nécessité, à condition de lui faire une rente viagère de 120 livres. Le contrat de vente et le reçu des 4.000 livres sont du 5 février 1693.

Françoise de la Vigne rendit aussitôt cette somme aux religieux à cause de 1.500 livres empruntées à plusieurs reprises, « à « condition de lui faire 150 livres de rente viagère, 60 livres « de douaire à la dame de la Vigne autant que douaire aura lieu, « 60 sols au trésor de l'Eglise de Neaufles, 202 livres à divers « particuliers, enfin que la donatrice serait inhumée dans sa « paroisse et qu'on lui dirait 40 messes et un service. »

L'abbé de Galvières céda cette ferme aux religieux à cause d'une dette « pour la réfection du cloître » moyennant 200 livres, après quoi ils seront libres de lui rendre la ferme ou de lui payer 200 livres.

Les bois n'étaient pas tout profit pour l'Abbaye. Le 15 septembre 1693, en effet, l'abbé de Galvières et les religieux de Lyre, dans le rôle arrêté au Conseil, furent taxés, à raison de 10 livres par arpent, à la somme de 5.931 livres, avec ordre de payer de suite sur cette somme 1.779 livres 6 sols. De tous côtés les charges pleuvaient sur l'abbaye! En 1696 et 1697 les bénédictins, taxés à 2.200 livres par les syndics du clergé pour la subvention de la capitation, finissent par obtenir, croit-on, que cette somme soit réduite à 1.800 livres.

Terminons ce qui concerne cet abbé par quelques faits moins importants. Ainsi, en 1695, le sieur Chandoisel, curé de Rugles, écrit au Père cellérier de l'abbaye afin de lui « marquer « l'innocence avec laquelle il avait permis, dans la douleur, « que son neveu fût enterré proche le lutrin, se soumettant à « ce qu'on voudrait pour éviter des ennuis à l'abbaye; » — en 1698 « le sieur du Perron, curé de Corneuil, dans une requête « à l'Evêque, dit que la chapelle Saint-Nicolas (probablement « celle du château) est en ruines, que l'image a été portée à « l'Eglise paroissiale et demande que les trois messes soient « dites à l'Eglise, chaque semaine, et non ailleurs, pour 60 livres « prises sur les revenus de la dite chapelle; » — le prieur de Lyre, une fois l'an, au 6 décembre, allait à Maupas célébrer le service divin la veille, le jour et la nuit, recevait 300 livres et on disait, chaque jour, une messe à Lyre en l'honneur de saint Nicolas. patron du prieuré (1684-1692); — les religieux autorisèrent, en 1698, Guillaume d'Epinay, écuyer, brigadier des gardes du Roi, « à mettre un banc dans le chœur et chancel de l'église de Couvain tant pour luy que pour la dame sa femme et enfans; — enfin le 19 mai 1698 il y eut délibération du chapitre au sujet des prétentions de M. du Plessis Chatillon, marquis de Rugles « qui auroit fait mettre un banc dans le chancel de la paroisse de Saint-Germain dudit Rugles, fait apposer ses armes aux vitres dudit chancel et même fait donner quelqu'actes publics où il avoit fait insérer la qualité de patron honoraire de la ditte église » (1).

Louis de Calvières mourut à Rouen le 4 mars 1698 et fut inhumé dans l'église de Saint-Vincent, puisque dans les comptes de cette paroisse on trouve cinq livres pour son inhumation (Arch. Seine-Inférieure, G. 7722) (2).

ARMAND-GASTON DE ROHAN-SOUBISE, *cardinal* (1698-1713), 53ᵉ *abbé*. — A un abbé besogneux succéda un opulent abbé! Armand-Gaston, en effet, fils de François de Rohan-Soubise et d'Anne de Rohan-Chabot, né le 14 juin 1674, devint coadjuteur puis évêque de Strasbourg, abbé de Monstier, de Foigny, de Chaise-Dieu, de Saint-Wast d'Arras, docteur de Sorbonne, membre de l'Académie, cardinal le 8 mai 1712, grand aumônier de France le 10 juin 1713, commandeur de l'Ordre du Saint-Esprit. Ses abbayes lui rapportaient plus de 100.000 livres de rentes (3), son évêché la même somme, en sorte que son revenu

---

(1) Archives de l'Eure H. 582. — En 1700 on trouve Claude d'Epinay, écuyer, sieur de l'Oraille et de Glatigny portant : *d'argent au chevron d'azur chargé de 11 besans d'or.* Cette famille habitait Auvergny, car on voit Philippe d'Epinay, sieur d'Auvergny en 1651, Mathieu d'Epinay, curé de Saint-Aignan de Glos en 1662; le 15 prairial an XI inventaire à Auvergny, des meubles de François-Joseph d'Epinay, mort le 18 germinal, etc. *(Notar. de Lyre,* Delieuvin).

(2) Les Calvières de Languedoc blasonnaient : *fascé de gueules et d'or, les 3 fasces de gueules chargées de 6 besants d'argent 3, 2 et 1, au chef d'or chargé d'un sanglier de sable.*

(3) Monstier (diocèse de Châlons) valait 25.000 livres; Foigny (diocèse de Laon) 15.500; Chaise-Dieu (diocèse de Clermont) 16.000; Saint-Wast d'Arras 40.000; Lyre 20.000, en tout 116.500.

total dépassait 300.000 livres! Sa résidence de Salerne, où il tenait un grand état, fut embellie par ses soins; les gens de lettres et les artistes trouvèrent toujours en lui un protecteur généreux et éclairé. Sa bibliothèque, déjà considérable, s'augmenta bientôt de celle de M. de Thou, payée par lui 40.000 livres au président de Menars. Elle se trouvait à Paris à l'hôtel Soubise, actuellement les Archives Nationales.

Le premier acte qu'on ait de son administration est un mémoire contre le marquis de Pont-Saint-Pierre qui avait fait peindre une litre au dehors de l'église Saint-Georges de Romilly, après la mort de son père, Claude de Roncherolles, arrivée en 1700. « On ignore le résultat, ajoute l'*Inventaire*. On trouve
« seulement des pièces fournies par le Marquis prouvant qu'il
« était seigneur de Romilly, entr'autres une de la donation de
« la dite terre par Charles V à Philippe de Calleville, son cham-
« bellan, en 1369. La litre ne fut mise qu'à l'extérieur parce que
« le curé avait fermé la porte, et, même, ne fut pas achevée
« autour du chœur (1) ».

Ensuite il fallut entreprendre un procès avec le duc de Bouillon au sujet des droits de Lyre dans la forêt de Breteuil. D'après l'arrêt, rendu en 1705, « l'abbaye jouit du dixième de tout le
« revenu des bois vendus ainsi que des autres produits, dont un
« tiers appartient aux religieux et les deux autres à l'abbé. Ce
« dixième est remis par le duc de Bouillon au receveur des
« charges locales à Evreux qui défalque 3 sols 3 deniers et un
« quart de denier par livre pour les droits des officiers de la dite
« forêt....., Le duc de Bouillon ayant fait défricher aux Baux-de-
« Breteuil 50 ou 60 acres de terre, nommées le haras, le fermier
« paie 108 livres pour la dîme. Le tout réuni peut faire, année
« commune, près de 11.000 livres. »

---

(1) En 1703 Lyre cherche à revendiquer le fief des Barils et du Bois-Guillot, aliéné le 22 décembre 1586, contre le marquis de Laval en le remboursant. Quelques lettres du marquis feraient croire que l'affaire se termina à l'amiable, mais rien de certain. Les religieux, parait-il, demandèrent aveu du fief ce à quoi s'opposa le seigneur de Tillières, disant qu'il avait été amorti par ses ancêtres, mais que le fief ayant été aliéné la tenure lui en appartenait. (*Inventaire*, p. 200).

L'abbé de Lyre (1) ayant interdit au seigneur du fief au Veneur, à la Neuville-Chandoisel, d'inhumer à l'avenir aucune personne de sa famille dans le chœur de l'Eglise, avec ordre d'enlever du *sancta sanctorum* le banc qu'il y occupait, celui-ci, nommé Alexandre de Rassent, soutint que « depuis plus de
« 400 ans lui et ses auteurs avaient droit de sépulture, en preuve
« la grande tombe de pierre sur laquelle est gravé en habit
« d'ecclésiastique Nicaise le Veneur, en son vivant curé, seigneur
« et patron de la Neuville qui aumôna à Lyre ladite Seigneurie
« et le patronage; que les armes dudit sieur et de ses auteurs
« étaient de tout temps gravées aux vitres de la sacristie et que
« l'on n'avait jamais contesté ce droit de sépulture, Nicaise le
« Veneur l'ayant conservé à ses descendants, en marquant, par
« sa tombe, la place qu'il s'était réservée lors du don de la dite
« seigneurie et patronage à Lyre. A l'égard du banc il n'a rien
« innové et s'il est dans le *Sancta sanctorum*, c'est à cause de
« quelque changement pour la facilité du peuple à la communion,
« mais il veut bien le remettre au premier endroit.

Ce mémoire était accompagné de plusieurs pièces prouvant que le patronage n'avait pas été aumôné par Nicaise Le Veneur et que ce n'est pas lui qui est représenté sur la pierre tombale. Un procès-verbal d'un sieur Lefast, maître écrivain juré, du 18 mai 1707, atteste qu'il a trouvé « sur une pierre placée au *Sancta*
« *Sanctorum*, du côté de l'épître, une figure qui représente un
« prêtre en surplis et à genoux, dont le visage est effacé et qu'il
« n'a pu lire que ces mots : CY GIST HONNORABLE HOMME M^e...
« LE BLANC VENON EN SON VIVANT PRETRE ET CVRE DE LA NEVVILLE
« CHANDOISEL LEQVEL DECEDA LE... JVILLET... PRIEZ DIEV POVR LUY. »

« On ne voit aucune décision, termine l'*Inventaire*, mais
« Me de Rassent, dernier mort, a été enterré dans le chœur du
« côté de l'Epître, depuis peu d'années. »

Vers 1710 on réclama 77 livres pour la réparation de l'église de la Neuville (2). Le cardinal de Rohan répondit qu'en vertu

---

(1) Son serment de fidélité est du 8 juillet 1705, dont acte le 29 octobre au dit an.

(2) La librairie Dumont vendait en 1905 une pièce intitulée : « Devis des réparations et réédifications à faire à la nef et de la reconstruction

d'un accord, en date du 25 novembre 1451, les trésoriers avaient assumé toutes les réparations, à condition de prendre sur la dîme une rente de 20 sols, portée à 40 dans la suite. Cependant en 1736 le prince Constantin de Rohan fit réparer le chœur et chancel de concert avec l'abbé de Saint-Ouen de Rouen qui paya le tiers de la dépense.

Enfin le dernier acte de l'évêque de Strasbourg est un contrat du 28 mars 1708 avec Toussaint Harou (1), écuyer, sieur de la Blinière, au sujet de l'inondation de trois pièces de pré causée par la retenue des eaux de la forge. En vertu de cet accord le sieur Harou abandonne les trois pièces pour cent livres de rente foncière à Pâques. L'amortissement coûta 87 livres, 1 sol, 8 deniers, aux religieux. « Cette rente fut racquittée par l'aban-
« don d'un pré sis à la Jeune-Lyre, nommé le pré du Broc,
« évalué 2.000 livres. Ce pré avait été aliéné en 1563, puis
« repris le 26 juin 1661. Le 6 novembre 1730 les religieux
« donnèrent 250 livres, plus 25 pour les deux sols par livre pour
« l'amortissement et 48 livres pour l'insinuation de la dite
« quittance. » — (Inventaire).

Le cardinal de Rohan se démit de son abbaye de Lyre en 1713. Il blasonnait comme sa famille : *De gueules à 9 macles d'or, 3, 3 et 3*.

Pierre II de Pardaillan de Gondrin d'Antin, (1713-†1733), 54ᵉ abbé. — L'année même de sa prise de possession, 25 juillet

---

du clocher de l'église de la Neuville-Champ-d'Oisel (xviiie siècle, in-4º, 16 p.). (Catal. nº 145 de 1905, nº 219 — 3 francs).

Dans une revue intitulée *Mélusine* (nos de janvier et mars 1877) il y a un article qui porte : « Baudry, *Traditions populaires de la Neuville-Chant-d'Oisel* (Normandie). Consulter enfin *Traité de la Noblesse* par de la Roque p. 207 et 208.

(1) Toussaint était un des 12 ou 13 enfants de Noël Harou, sieur du Mesnil, de la Prairie, etc., et de Charlotte Le Prévost. Noël Harou, leur père, receveur général de Lyre en 1635, mort en 1643, avait changé le haut fourneau de Trisay. Ses nombreux enfants par l'achat des fiefs de la Blinière, de Rubremont, de Vallauney, de Combon, du Tremblay, etc., purent contracter des alliances avec la noblesse des environs en sorte que leur nom se rencontre, à chaque instant, avec les familles de Gauville, Bimorel, Giverville, de Courcy, Bellemare, etc.

1713, Louis-Antoine de Pardaillan de Gondrin, duc d'Antin, achetait un magnifique hôtel construit en 1707 par l'architecte Pierre Levé et qui avait coûté plus de 200.000 écus à François Mauricet de la Cour, hôtel nommé ensuite *hôtel du duc d'Antin* d'où le nom de rue d'*Antin*, puis appelé, après 1757, *hôtel de Richelieu* parce qu'il fut alors vendu au maréchal de Richelieu.

Protégé par son père, Directeur Général des bâtiments, jardins, arts et manufactures de France, le nouvel abbé obtint que le pont de la Vieille-Lyre, qui était à la charge de l'abbaye, serait rétabli avec les deniers destinés à l'entretien des ponts et chaussées. La décision est de 1716; trois ans après le pont était terminé.

M⁰ de Savary, grand maître des Eaux et Forêts au département de Rouen, adjugeait « en la maîtrise de Pont-de-l'Arche une « coupe de 42 arpents de futaye en quatre ventes et une autre « de 12 arpents de bois taillis dans la forêt de Longboil pour « l'usance (1) ordinaire de 1723, moyennant 27.800 livres en « principal et les sols par livre. »

L'Abbé de Lyre fit cesser, le 15 août 1725, grâce à un scandale, le fameux repas de l'Assomption. L'*Inventaire* nous raconte, en effet, que les religieux après avoir donné « à manger au sieur de « Rebais (2) et autres personnes amenées avec lui, » en reçurent, comme remercîments, force injures, car, ajoute-t-il, « ils s'étaient saoulés! » On supprima le repas, remplacé par une rente de douze livres.

Le 15 septembre 1731 surgissait une autre difficulté avec le curé de Flipou que l'Evêque de Langres forçait à contribuer aux réparations du chœur de son église, sous prétexte qu'il percevait les dîmes. Le curé alléguait la sentence de 1534, un bail à ferme

---

(1) Terme d'Eaux et Forêts qui signifie l'exploitation de la coupe d'une vente adjugée à un marchand. *(Dict. de Trévoux).*

Le serment de cet abbé fut rendu au Roi le 9 mai 1707 d'après un registre des *Archives de l'Eure*, intitulé *fiefs du Bailliage d'Evreux*, que nous avons cité depuis Bratel de Grémonville.

(2) La famille Le Vaillant de Rebais habitait les Bottereaux à la fin du xvii⁰ siècle et Bosquentin. Le marquis de Rebais a laissé son nom au vieux manoir des Bottereaux qui, depuis lors, a porté le nom de *Rebais* et où on voit encore les débris de l'ancien château féodal. *(Dict. de l'Eure*, 367, 460 et 467).

passé par le procureur de l'abbé de Grémonville, etc. Bref, en 1736, le Prince Constantin de Rohan, son successeur à Lyre, fit exécuter les réparations sans rien demander au curé « la dépense « étant peu importante bien que, dit l'auteur de l'*Inventaire*, il « y eût été obligé à cause des dîmes qu'il percevait. »

Un accord était intervenu, le 22 juin de la même année, entre l'abbaye de Lyre et celle de Saint-Pierre-sur-Dives qui avait la grosse dîme de Gisay. Cette dernière consentit à payer 25 livres de rente à la condition que Lyre participerait aux charges des décimateurs (1). »

Pierre de Pardaillan de Gondrin d'Antin mourut dans son évêché de Langres le 2 novembre 1733 (2). Il blasonnait : *Ecu coupé parti de 4 traits, 10 quartiers. Au 1, un lion accompagné de 7 écussons portant une fasce et mis en orle; au 2, un lion; au 3, une cloche; au 4, coupé à 3 pals flamboyants; au 5, fascé ondé*

---

(1) Messire Claude-Ignace-Joseph de Simiane, évêque et comte de Saint-Paul-Trois-Châteaux, prince de Chabrière, abbé et comte de Saint-Pierre-sur-Dive avait donné sa procuration à Dom Claude Mallet, prieur de l'abbaye de Bernay pour les religieux de Saint-Pierre et à dom Martin Philippe de la même abbaye; — Mgr Pierre de Pardaillan de Gondrin d'Antin, évêque duc de Langres, pair de France avait donné la sienne à dom François-Joseph Mullot, cellerier. *(Not. de Lyre*, Deheuvin).

(2) Le 21 juin 1735 « requête de Louis-Constantin de Rohan et des « prieur et religieux de Lyre contenant qu'après le décès de l'Evêque « de Langres, dernier titulaire de l'abbaye de Lyre, les bâtiments ou « dépendances se sont trouvés en si mauvais état que par le procès-« verbal qui en a été dressé le 3 décembre 1734, clos le 17 du même « mois, à la requête et diligence du sieur Marchat œconome séquestre, « en présence du curateur à la succession vacante dudit sieur Evesque « de Langres, elles ont été estimées la somme de 40.737 livres 4 sols « 9 deniers, sans aucune ressource dans cette succession pour pouvoir « tirer la moindre somme, à l'effet de subvenir aux réparations qui ne « proviennent la plupart que du deffaut d'entretien annuel depuis « dix ans, ainsi qu'il est constaté par ce procès-verbal, de sorte que « sans un secours extraordinaire il est impossible de pourvoir aux « réparations les plus urgentes et indispensables... telles que la répa-« ration du clocher de Breteuil, etc. » *(Arch. de l'Eure* : Maîtrise de Pacy, n° 16).

de 8 pièces; au 6, un vase; au 7, quatre pals; au 8; une clef adextrée de 3 tourteaux; au 9, un lion sous un chef chargé d'une fleur de lys; au 10, un fascé ondé et sur le tout un écusson au château surmonté de 3 têtes de Maure : timbré d'une couronne ducale entre une mitre et une crosse, sous un chapeau épiscopal devant un manteau d'hermines, dans un cartouche, sans légende, d'après une présentation pour la cure de Romilly, mars 1733. (Demay, *Inv. des sceaux de Normandie*).

Louis-Constantin de Rohan-Guémené (1734-1779), 55ᵉ abbé. — Né le 24 mars 1697 de Charles III de Rohan et de Charlotte-Elisabeth de Cocheflet, Louis-Constantin fut d'abord chevalier de Malte, puis capitaine de vaisseau le 24 février 1720; chanoine, abbé de Lyre, évêque de Strasbourg et cardinal. L'*Inventaire* s'exprime ainsi à son sujet : « Son Altesse Monseigneur Louis-« Constantin de Rohan-Guémené nommé à Lyre le 23 mai 1734 « prit possession par procureur le vendredi 3 septembre. C'est « lui qui fit faire l'Inventaire de Lyre, fit réparer tous les bâti-« ments, chancels et granges, ayant trouvé le tout en tel état « qu'on ne pouvait l'habiter. » — Son procureur était Mʳ de Bence, chanoine d'Evreux, qui prit possession le 3 septembre 1734, acte enregistré le 7 septembre.

A l'abbé de Rohan on doit donc les superbes bâtiments dont nous reproduisons les plans en hauteur, les plans de terre exécutés par dom Miserey, l'habile moine dessinateur, le superbe Inventaire en quatre volumes in-folio d'une si grande utilité pour nous. Il apporta dans son administration abbatiale toute la grandeur qu'il tenait de sa naissance et de ses talents. Loin de pressurer les revenus de son bénéfice, comme un grand nombre de ses prédécesseurs, ce prince généreux dépensa tout le produit de sa mense à l'embellissement du monastère.

Ses religieux, quoique divisés entr'eux par des questions théologiques dont nous allons dire quelques mots, surent cependant s'associer à ces nobles sentiments et contribuer à leur réalisation de leurs propres deniers.

La division intestine venait du néfaste jansénisme qui, après avoir séduit les grands seigneurs du xviiᵉ siècle, s'était infiltré dans les couvents, gangrenant particulièrement deux ordres célèbres : les bénédictins de Saint-Maur et les Pères de l'Oratoire.

Sur les ordres du Roi, en effet, le chapitre de 1723, que les fougueux jansénistes nommaient *le brigandage de Marmoutier*, avait décidé que les réappelants seraient exclus, non seulement de l'élection au chapitre, mais encore des places de supérieurs, professeurs, directeurs de novices, etc.

C'est le 6 juin 1733, pour l'élection d'un conventuel à l'assemblée provinciale qui devait se tenir à l'abbaye du Bec, qu'apparaît pour la première fois cette malheureuse division. Sitôt le chapitre réuni le Prieur interroge les religieux sur leurs sentiments.

« Dom Mathurin Larcher dit qu'il avait eu le bonheur d'adhérer
« à la cause de Mgr l'Evêque de Senez et qu'il regardait cette
« adhésion comme une des meilleures actions que Dieu lui eut
« inspirée pendant sa vie, espérant qu'il lui ferait la grâce de
« persister dans les sentiments où il était de la justice de la
« cause dudit seigneur Evêque de Senez qu'il regardait comme
« injustement condamné par l'assemblée d'Ambrun.

« Dom Joseph Mullot, prêtre, dit qu'il avouait avec plaisir que
« non seulement il avoit appellé de la bulle *Unigenitus* en 1717,
« mais encore que depuis la déclaration du Roi en 1720 en faveur
« de l'accomodement il avait déclaré par un acte authentique
« qu'il s'opposait audit accomodement et persistait dans son
« appel. Que par erreur son nom se trouvait sur la liste de ceux
« qui avaient adhéré à Mgr l'Evêque de Senez, mais que quoiqu'il
« n'eut fait aucun acte en faveur de ce Prélat et depuis sa
« condamnation au Concile d'Ambrun (1), il n'avoit cependant
« regardé ce concile que comme un *brigandage* pareil à celui
« d'Ephèse, et que l'unique raison qui l'avoit empêché de
« s'élever contre, c'est que dès l'année 1724 il avoit eu l'honneur
« d'écrire en son particulier à Mgr de Montpellier pour lui faire
« scavoir qu'il n'avait pas d'autre sentiment que luy sur le
« formulaire..... Il a ajouté qu'il avoit fort balancé s'il donnerait
« son suffrage dans la présente élection. Que deux motifs parti-

---

(1) Pendant le Concile provincial d'Embrun, tenu en septembre 1727, on répandit une lettre adressée à Mgr de Soanen, évêque de Senez, qui s'y trouvait, lettre signée d'environ 120 religieux et ecclésiastiques de différents diocèses qui s'unissaient à lui et adhéraient à sa cause. C'était une espèce de bataillon, que l'on voulait opposer au jugement du Concile. (*Mém. pour servir à l'hist. Eccl. pendant le* xviii° *siècle*, t. II, p. 37).

« culiers l'y avoient enfin déterminé..... Le premier c'est qu'il
« avoit remarqué que Dieu avoit béni la simplicité avec laquelle
« on avoit obéi aux ordres du Roy dans les assemblées qui précé-
« dèrent nos trois derniers chapitres généraux, puisque malgré
« un si grand nombre d'exclusions, ces trois chapitres avoient
« été composés de supérieurs assez courageux pour résister aux
« menaces d'un commissaire et aux intrigues d'autres personnes
« qui avoient voulu les engager à recevoir la Constitution. — Le
« deuxième motif c'est qu'il voyait dans la communauté plusieurs
« religieux, non exclus, instruits et bien intentionnés qui étant
« conventuels ne choisiraient pour députez que des supérieurs
« qui auroient autant d'éloignement qu'eux pour toute accepta-
« tion de la Bulle », ajoutant que si on passait outre il protestait
contre cet acte, malgré les lettres du Roi, *qu'il est résolu d'obéir à
Dieu plutôt qu'aux hommes*, dont acte.

Dom frère Pierre-Louis Bouet Cochetiere (1), sous-diacre, ainsi que frère Guillaume Lucas, religieux, clerc, parlèrent dans le même sens et le procès verbal fut signé de : fr. Joseph le Paulmier, prieur; fr. Pierre-François Boudier, sous-prieur; fr. Louis Pillon, antique; fr. Jean Desperroys, fr. Mathieu Larcher, secrétaire.

Au chapitre tenu le 3 avril 1736 le R. P. Mathurin Larcher demanda permission « au R. P. Prieur de faire lecture d'un écrit
« dont il était porteur, signé de luy, de dom Joseph Mullot, de
« Louis-Denys Hellot et de Charles Potier, tous prêtres religieux
« de ce monastère. Laquelle lui ayant été accordée, le dit dom
« Mathurin Larcher auroit lu cet écrit contenant en substance
« que flattez de la douce espérance de voir revivre incessamment
« dans la Congrégation l'union, la paix et la régularité qu'ils
« avoient eu la douleur de voir s'affaiblir depuis la privation de
« notre liberté dans nos élections que Sa Majesté a la bonté de
« nous rendre aujourd'hui, déclarent qu'ils allaient contribuer à
« l'élection d'un conventuel, se réservant toutefois la liberté de
« demander en temps convenable et à qui il appartiendra l'exa-

---

(1) Né à Alençon, profès de Saint-Wandrille le 30 novembre 1724, âgé de 19 ans, mourut le 19 novembre 1763 à l'abbaye de Saint-Nicolas d'Angers, prêtre.
(Cf. *Soc. hist. et arch. de l'Orne*, 1911, p. 480).

« men juridique des raisons qu'ils se croyent en droit de proposer
« contre la canonicité du chapitre que quatorze supérieurs ont
« tenu seuls à Marmoutiers en 1723 et demandant que la dite
« déclaration fust insérée dans l'acte capitulaire de ce jour; ce
« que le R. P. Prieur leur ayant accordé sans avoir pris au
« préalable les suffrages de la communauté dom Jacques Benoist,
« prêtre religieux profès, auroit déclaré qu'il s'opposoit à l'enre-
« gistrement de la susdite déclaration, demandant que la commu-
« nauté délibérât sur cela, prétendant que cette déclaration était
« contraire aux intentions de Sa Majesté expressément marquées
« dans sa déclaration dattée du 11 juillet 1734 et dans la dernière
« lettre de cachet qu'Elle a eu la bonté d'accorder pour la
« liberté des élections dans la Congrégation. Sur quoy les dits
« RR. Pères se seroient désistez de leur demande par rapport à
« l'enregistrement et restreints à demander que deux religieux
« voulussent bien signer leur déclaration comme témoins de la
« lecture qui en auroit été faite. La chose mise en délibération
« par le R. P. Prieur, la communauté à la pluralité des voix se
« seroit opposée à l'enregistrement demandé et répondu que les
« suppliants pourraient faire signer leur déclaration par qui bon
« leur sembleroit aux conditions que leur signature seroit en
« leur propre et privé nom. La communauté déclarant à la
« pluralité ne vouloir en aucune manière autoriser le dit écrit
« dont il sera dressé acte sur le registre capitulaire. »

Signé : fr. Pierre Eudes, prieur; fr. Jacques Viole; frère Jacques Benoist, senior; fr. Mathurin Larcher, secrétaire (1).

Ce procès verbal nous montre bien la situation, d'autant plus lamentable, des monastères, que l'hérésie avait captivé les âmes les plus vertueuses et les religieux les plus exemplaires. La preuve en est dans la rédaction de cette assemblée capitulaire, faite avec la plus grande sincérité par le secrétaire, dom Mathurin Larcher, l'auteur même de l'appel. D'un autre côté on peut se convaincre qu'à cette époque les religieux jansénistes étaient en minorité puisque toute la communauté, *à la pluralité des voix*, s'oppose aux désirs des quatre appelants.

---

(1) Arch. de l'Eure H, 582. C'est un registre in-folio moyen de 197 feuillets contenant les délibérations et actes capitulaires du 16 septembre 1676 au 15 juin 1788.

Mais convaincus de la justice de leur cause ils se firent apôtres près des jeunes religieux surtout, en sorte qu'au chapitre du 3 avril 1739, réuni pour élire un conventuel à l'assemblée provinciale de Jumièges, ils purent obtenir l'enregistrement de quelques protestations, malgré le zèle du R. P. Prieur, dom Pierre Collinet qui, la veille, leur avait adressé une exhortation. En effet la séance était à peine commencée, après la lecture des chapitres des Constitutions, que « le R. P. dom Louis La Coste, prêtre, et
« frère Charles Le Roux, diacre, tous deux religieux de Lyre, se
« sont levés et ont dit ne pouvoir concourir à l'élection du conven-
« tuel pour raisons de conscience et ont présenté une protesta-
« tion signée de leur main. Lecture faite de la dite protestation
« et sur ce délibéré il leur a été déclaré qu'on ne pouvoit recevoir
« et admettre leur protestation, ce que voyant ils se sont retirés.

« Après quoy s'est levé frère Henry Chrestien, sous-diacre,
« aussi religieux, lequel a dit ne pouvoir aussi par raisons de
« conscience concourir à l'élection du conventuel et a présenté
« une protestation signée de sa main. Lecture faite de sa protes-
« tation et délibéré on luy a dit que pour calmer ses inquiétudes
« on recevoit et admettoit sa protestation dont la teneur en
« suit, etc. » (C'est toujours une protestation contre les assemblées précédentes depuis 1723).

« Se sont aussi levés les R. R. Pères dom François-Joseph
« Mullot, cellerier; dom Louis-Denis Hellot; dom Nicolas-Joseph
« Derely; dom Louis le Comte et moy sous-signé frère Pierre
« Jean Marie, secrétaire du Chapitre, tous prêtres et religieux qui
« avons présenté une déclaration signée de nous contenant nos
« sentiments au sujet des élections faites des supérieurs et
« conventuels depuis 1723.

« Lecture faite de nostre dicte déclaration s'est pareillement
« levé frère Pierre le Parsonnier, diacre, religieux, lequel a dit
« adhérer à la dicte déclaration dans son entier comme contenant
« ses vrais sentiments qu'il n'a pas eu occasion jusqu'à présent
« de faire connaître. »

Ainsi donc, en trois ans, le nombre des appelants avait doublé, en sorte que les religieux demeurés fidèles n'osèrent plus s'opposer à l'insertion de ces protestations au procès verbal et consentirent même à donner des copies « aux requérants et appelants des derniè-res assemblées depuis 1723, particulièrement contre celle de 1733. »

Dom François-Joseph Mallot, ardent janséniste, fut élu conventuel, ce qui prouve amplement le chemin parcouru, depuis 1733, par l'hérésie dans les monastères bénédictins.

Il fallut les prétendus miracles du cimetière Saint-Médard pour ouvrir les yeux de ces bons moines. Les scandaleuses indécences des convulsionnaires firent, en effet, comme l'avait dit un magistrat, *du tombeau du diacre Paris le tombeau du jansénisme*. La secte ne s'en releva pas; ses débris se perdirent dans la tourmente révolutionnaire.

Mais il est temps d'en venir aux actes administratifs de l'abbé de Rohan qui obtint d'abord, le 6 décembre 1735, un arrêt du Conseil d'Etat « pour la vente de la vieille futaye de l'enclos de
« l'abbaye, plus 106 arpents 47 perches restant du quart mis en
« réserve des bois et des anciens baliveaux laissés sur les
« 32 arpents exploités en 1719, à la charge de réserver, dans les
« 106 arpents, 20 baliveaux par arpent, pour le prix de ces bois,
« moins le dixième destiné aux communautés pauvres de filles
« religieuses, être employé au repiquage en glands et fesnes
« desdits 32 arpents et le surplus aux réparations les plus
« urgentes de la manse abbatiale pour la part de l'abbé et pour
« celle des religieux à la réparation du clocher de Breteuil, que
« autres étant à leur charge.

« Les 106 arpents 47 perches furent adjugés au sieur Michel
« Hue, marchand à Rouen, pour 265 livres l'arpent et les
« baliveaux ou vieille futaye pour 1.450 livres. Celle du parc de
« l'abbaye fut adjugée au sieur Gabriel Le Chartier, de Conches,
« pour 6.600 livres, le 31 janvier 1736. »

Sur le produit de cette vente on prit 14.000 livres destinées aux réparations de la grosse forge; 14.000 livres à la ferme Saint-Crépin de Romilly et à la grange dimeresse de la Neuville-Chandoisel, à l'église et grange de Roman, à la ferme de Melbue (1),

---

(1) « Au commencement du XVIIIᵉ siècle, Mgr Armand-Gaston de Rohan, chanoine, comte de Strasbourg, abbé de Lyre, donne pouvoir à François de Beaudot, escuyer, sieur d'Ambenay et de la Saussière demeurant à Rugles pour adjuger les travaux à faire aux logis et bâtiments de la ferme de Melbue et de la Biguerrie (Neaufles) et de la Bourgeraie. Jacques Legrain, maçon et couvreur à Breteuil, entreprit

au clocher de Breteuil, etc. Quant au repiquement un arrêt du Conseil d'Etat en date du 24 avril 1736 y substitua le repiquage d'espèces de bois convenables au terrain avec dispense « de procéder à l'adjudication pour le clocher de Breteuil déjà réparé et ordonne de rembourser aux religieux 6.500 livres pour cette réparation. »

Une transaction intervenait, le 25 juin 1736, « entre Mgr le « Prince Constantin de Rohan, abbé de Lyre, et Mre Jean de « Bernières, seigneur du Boisle, au sujet du droit de présentation « exercé par ce dernier en vertu de l'accord du 18 avril 1642 ; il « abandonne ce droit aux abbés de Lyre, conservant, du consen- « tement de l'abbé, les droits et honneurs dans l'église de « Glos. »

Depuis longtemps la chapelle de la Madeleine, située sur le grand chemin de Paris, à droite, en allant de la Vieille-Lyre à la ferme de la Bourgeraye, était en ruines. C'est pourquoi l'abbé de Lyre écrivit, le 11 ou 12 juin 1737, à Messieurs les administrateurs de l'Hospice de Bernay, pour leur demander les matériaux qui restaient « des débris de la dite chapelle » réunie au dit hôpital. M. l'abbé d'Irlande répondit de suite au R. P. Mullot, cellerier de l'abbaye de Lyre, que le Conseil accordait toute permission, en sorte que les pierres de la chapelle servirent à réparer le logis abbatial. A cause de l'union des biens de la Madeleine à l'hospice de Bernay les habitants de Lyre ont toujours droit à un lit. L'arrêt de réunion est du 17 décembre 1708, confirmé le 20 janvier 1709 pour les léproseries de Saint-Jean de la Barre, de la Vieille-Lyre et de Chambrais.

En octobre 1741 Jean-Charles-Laurent Levasseur de Valmenil, écuyer, curé de Berville, transigeait avec l'abbaye et le chapitre

---

le travail moyennant 770 livres pour la Biguerrie et 430 pour Melbue et la Bourgerale.

Il y a 25 ans environ (1875-1882) on a trouvé près de 200 pièces de monnaie dans la cour de Melbue. L'origine en est inconnue. — La grange édifiée dans cette ferme vient de disparaître (octobre 1907). C'était sans doute la plus ancienne des constructions existant dans la commune. Elle couvrait environ 400 m². Sur un de ses piliers intérieurs et entaillée dans le bois on lisait la date de 1446, sans doute celle de la construction. (Notes de M. Delieuvin).

d'Evreux, consentant de payer 100 boisseaux de blé méteil et 50 d'avoine au chapitre, 50 de blé méteil et 25 d'avoine aux religieux, rendus à Evreux ou à Lyre, mesure du chapitre (boisseau de 16 pots pour le blé et 18 pour l'avoine) à condition de rester seul décimateur. L'abbé de Lyre demeurait patron de Berville (1).

Le prince Louis-Constantin de Rohan, avec son aveu au Roi, fournissait quatre déclarations de temporel de ses prédécesseurs dont une copie collationnée le 25 juin 1742 se trouvait dans un cahier :

La 1re de Simon (de Monceaux) du 8 avril 1418;
La 2e de Guillaume (VIII le Bas) du 1er janvier 1450;
La 3e de Jean III de Cléry du 10 avril 1511;
La 4e d'Hippolyte (d'Este) du 12 avril 1567.

Dans tous leurs monastères les bénédictins entreprenaient de superbes bâtiments. « S'ils aimaient la beauté de la maison de Dieu, dit le chanoine Porée, ils ne tenaient pas moins à occuper eux-mêmes des demeures spacieuses, commodes, imposantes dans leur simplicité, et d'une ampleur qui nous étonne encore aujourd'hui (2). » Caen, Le Bec, Lyre entreprirent les mêmes travaux vers la même époque et les exécutèrent avec autant de soin que de célérité. — Le 10 mars 1759 on trouve une délibération du chapitre « pour emprunter 10.000 livres afin de terminer les bâtiments, faire le dortoir et conserver une partie du cloître entièrement exposée aux injures des mauvais temps. » L'année suivante — 15 juin 1760 — nouvel emprunt de 5.000 livres affectées au bâtiment du milieu.

Un *factum* imprimé, du 26 juin 1762, nous apprend que les religieux étaient en procès avec le curé du Chesne. Voici l'en-tête de cette pièce, propriété de M. Delieuvin : « Mémoire pour

---

(1) En 1745 Mre César-Antoine du Plessis-Châtillon, comte de Rugles, échangea son droit de patronage de Saint-Pierre de Bois-Arnault contre celui des moines sur Saint-Germain de Rugles et l'abbaye présenta depuis à la cure.

(2) *Histoire de l'abbaye du Bec*, t. II, p. 494.

« M⁰ Louis Pipon, curé de la paroisse Du Chesne intimé en appel
« et demandeur incidemment contre les sieurs Prieur et
« religieux Bénédictins de l'abbaye Royale de Notre-Dame de
« Lyre, appellants de sentence rendue en baillie de Breteuil,
« le 27 juillet 1758, anticipés et défendeurs en demande
« incidente.

« A ce qu'il plaise à la Cour, accorder Acte à l'Intimé de ce
« que vu la transaction de 1226, close le 12 février 1760, aux
« mains de M. le Rapporteur, veille du jour par lui indiqué pour
« le jugement; il consent que sur l'appel des Parties, la Cour
« mette l'appellation et ce dont est appellé au néant, émendant,
« ce faisant ordonner que les Parties jouiront de la grange dont
« est question, parce que néanmoins la dîme provenante de la
« Cure de la dite paroisse Du Chesne y sera reposée et qu'il
« plaira à la Cour, vu l'affectation des Parties de n'avoir clos la
« dite transaction aux mains de M. le Rapporteur que la veille
« du jugement, les condamner aux dépens, tant faits en première
« instance, qu'en cause d'appel; et au surplus, faisant droit sur
« la demande incidente formée par l'Intimé, ordonner que la
« dite transaction de 1226 sera exécutée suivant la forme et
« teneur, ce faisant, que l'Intimé percevera à l'avenir la sixième
« gerbe de toute la dîme de la paroisse, sans exception, sur
« toutes les terres dixmées par les parties et les condamner aux
« dépens de leurs contestations. »

Dans ce mémoire le curé prouve 1.ᵒ que la grange étant dans sa cour lui appartenait; que depuis quinze ans environ les moines avaient profité de l'absence de curé pour pratiquer, à cette grange, une porte sur la rue; — 2ᵒ que les religieux n'ont produit que la veille du jugement la pièce de 1226, afin d'augmenter les frais du plaignant, puisqu'il avait proposé au R. P. Marette une conciliation, repoussée ironiquement en ces termes : « on vous montrera nos preuves! » — 3ᵒ Que l'acte de 1226 dit que le curé a droit de percevoir la sixième gerbe de toute la dîme *percipiet idem dictus Robertus sextam garbam totius decimæ Parochiæ*. Or les bénédictins ont pris une portion de la dîme sur les fieffes de Poligny et de Long-Buisson sans en faire part, depuis six ans, au curé du Chesne. C'est le motif pour lequel ils ne voulaient pas montrer leur pièce de 1226, ni en laisser prendre copie par leur adversaire.

Ce serait peu connaître l'esprit processif de l'époque que de croire l'affaire terminée aussi simplement. Une question de novales vint se greffer sur celle de la grange dimeresse et douze ans après le curé finissait par obtenir, avec droit d'un sixième sur la grange, une indemnité pour la sixième gerbe, non perçue depuis près de dix-huit ans (1).

On trouve enfin dans le registre des délibérations capitulaires, à la date du 10 janvier 1768, mention d'une association mutuelle alors connue sous le nom de *tontine*. Dom François Follin, prieur, dit le procès verbal, « a représenté que le R. P. Dom Jean le « Febvre, son prédécesseur, avoit sur sa tête une action de tontine « comme sur tous les autres effets du défunt, il étoit à propos de « déléguer de leur part, à Paris, un procureur constitué. » Dom Vernet fut autorisé à toucher les arrérages de la rente, due depuis le décès de dom Jean le Febvre, avec pouvoir de signer ce que Mr Le Clerc de la Ronde, receveur de la dite tontine, exigera pour toucher cette somme qui doit être de 22 livres 17 sols plus 17 livres 2 sols, moins cependant la retenue sur les 22 livres qui n'en laissera que dix-neuf.

---

(1) « Le 14 février 1775 les religieux de Lyre en tant que gros déci-
« mateurs de la paroisse du Chesne et en conséquence sujets aux
« réparations du chancel de l'église, consentent que Mre Louis-Philippe
« Potin, comte de Vauvineux, baron de Montgaudry, capitaine de
« cavalerie, commandant pour le Roi du Maine, Perche et Laval,
« demeurant ordinairement à Paris, faubourg de Saint-Germain, rue
« Palatine, paroisse Saint-Sulpice, seigneur dudit lieu du Chesne, fasse
« percer la muraille à côté du chœur, du côté de l'évangile, pour y
« placer un banc en qualité de seigneur de l'église pour y prendre luy
« et sa famille séance et qu'il fasse construire une espèce de chapelle
« qui excédera sur le cimetière, qu'il fera clore en murs de bonne
« matière et entretenir entièrement à l'avenir, luy et ses héritiers, de
« manière à ne causer aux religieux aucune peine, perte ny dommage.
« Par le travail qu'il fera exécuter, personne ne pourra entrer de
« l'église dans la dite chapelle qui aura une porte d'entrée du côté du
« cimetière ; à ce moyen les religieux demeurent déchargez des répa-
« rations de murailles et de couvertures se trouvant sur la chapelle
« et l'entrée d'icelle du côté du chœur de la dite église du Chesne,
« lesquelles restent désormais à la charge dudit seigneur de Vauvi-
« neux. ». (*Notariat de Lyre*. — Delieuvin).

Le Prince Louis-Constantin de Rohan-Guemené (1), comme toute sa famille, blasonnait *de gueules à 9 macles d'or, 3, 3 et 3.*

FRANÇOIS DE NARBONNE-LARA. (1779-1789), 56° *et dernier abbé.*
— Né, en 1720, au château d'Aubiac, ancien diocèse de Condom, de François de Narbonne, seigneur de Birac et d'Aubiac et d'Angélique-Olive de Goth de la même maison que le pape Clément V, il fut d'abord simple vicaire de paroisse; puis, grâce à son frère, vicaire général d'Agen, abbé de Pessan au diocèse d'Auch, le 8 mars 1759, enfin évêque de Gap le 16 novembre 1763. Transféré à l'évêché d'Evreux, le 19 décembre 1773, il en prit possession le 8 décembre 1775. Mgr de Narbonne à peine arrivé entreprit de nombreuses réformes qui firent beaucoup de bruit et causèrent un grand mécontentement.

Suppression d'un grand nombre de fêtes, avec solennité remise au dimanche, telles que celles des Apôtres, des Patrons, de saint Martin, de saint Jean l'Evangéliste, de saint Taurin, etc. Cette dernière surtout lui suscita un procès avec les bénédictins d'Evreux qui continuèrent, malgré l'évêque, à célébrer cette fête le 11 août, sous prétexte qu'ils étaient exempts de la juridiction épiscopale.

Suppression, du moins en ordonnance, de quatre paroisses

---

(1) Dans les actes il prend les titres suivants : Son Altesse Sérénissime et Eminentissime Monseigneur le prince Louis-Constantin de Rohan, cardinal et Prince de Strasbourg, landgrave d'Alsace, prince du Saint-Esprit, commandeur de l'Ordre du Saint-Esprit, abbé commendataire des abbayes royales de Notre-Dame de Lyre et de l'Epvre (près Toul).

Mort en 1779, il eut pour héritier avec bénéfice d'inventaire Très Puissant et Très Illustre Prince Son Altesse Sérénissime et Eminentissime Mgr le Prince Louis-René-Edouard de Rohan, cardinal, évêque et Prince de Strasbourg, etc. *(Archives de l'Eure,* Maîtrise de Pacy, n° 16).

Le logis abbatial, sous le prince de Rohan, était habité de 1771 à 1777 par Nicolas Potin, négociant, maître de forges de Trizay, lieutenant de la grande louveterie du Roi, car dès 1765 il s'occupait des affaires du cardinal. Actes de 1771 et du 9 septembre 1777. *(Notariat de Lyre.* — Delieuvin.)

d'Evreux sur huit, d'où révolte des paroissiens; assemblées tumultueuses; placards affichés à la porte de l'évêché représentant une église démolie par des maçons, sur le clocher de laquelle était l'Evêque d'Evreux jetant les pierres en bas. Au dessous il y avait des vers analogues à cette caricature.

Suppression des superbes tombeaux placés dans le chœur de la cathédrale, afin de le paver en marbre, travail qui lui coûta 12.000 livres.

Réforme de la chaussure des capucins parce que, disait-il, « les hommes ne sont pas des animaux et ne doivent pas marcher « nus pieds comme des brutes. » Ils durent donc porter bas et souliers comme les autres.

Aussi l'auteur des *Mémoires de Louis XVIII* a-t-il fait, de ce prélat, un portrait peu flatté qu'il ne faudrait pas prendre à la lettre, car son amour des pauvres et ses largesses plaident hautement en sa faveur! On l'a vu pendant le rigoureux hiver de 1789 se présenter lui-même à la halle, pendant cinq semaines, fixer le blé au plus bas prix et faire ensuite compter la différence par un homme de confiance qui l'accompagnait avec une bourse. Aucune bonne œuvre n'était étrangère à sa noble générosité : pensions pour les filles pauvres, pour les jeunes lévites, pour des infortunés sollicitant son appui près d'augustes protecteurs auxquels ils croyaient devoir les secours reçus, alors qu'ils ne les devaient qu'à lui, comme ils le découvrirent après sa mort. Pendant les hivers il créait des ateliers de charité, établissait des chaufferies au rez-de-chaussée de son palais épiscopal, distribuait pain, bois, vêtements, etc., bref ses revenus étaient le patrimoine des pauvres.

La commende de l'abbaye de Lyre, obtenue le 3 octobre 1779, en augmentant ses revenus ne lui fournit que de nouveaux moyens de répandre de plus abondantes aumônes. Sous une écorce rude il avait un cœur excellent et compatissant qui lui faisait mettre son bonheur à rendre les autres heureux. Aussi ne fut-il gênant ni envers son chapitre, ni à l'égard de ses moines de Lyre qu'il laissa entièrement libres.

Le registre capitulaire ne mentionne aucune ingérence de l'Evêque, dont l'administration nous serait inconnue sans un *factum* du sieur Theroulde, fermier général de l'abbaye royale de Lyre, imprimé en 1787 (1). Ce mémoire, souvent cité dans ces pages, nous a été gracieusement communiqué par M. E. Guillemare, le bibliophile ébroïcien, providence des travailleurs, à qui nous renouvelons toute notre gratitude pour les nombreux services qu'il nous a rendus, soit par le prêt de volumes et de pièces rares, soit par la correction méticuleuse de nos épreuves.

Comme tout *factum*, ce mémoire est non seulement une défense, mais encore une accusation formelle de mauvaise foi, portée contre Mgr de Narbonne. Il expose d'abord le fait en ces termes :

« En 1779, l'abbaye de Lyre fut mise en économat, et on fit
« annoncer que les biens de la mense abbatiale de cette abbaye
« étoient à affermer : je me présentai comme enchérisseur, et je
« devins adjudicataire par 64.100 livres. L'adjudication m'en fut
« faite dans des termes qui me firent croire que les dîmes des
« forêts de Breteuil m'appartiendroient sans partage avec les
« religieux de Lyre; cependant ceux-ci étant venus en réclamer
« un tiers, et m'ayant démontré que ce tiers leur appartenoit, j'ai
« fait mes représentations à Mr l'Evêque d'Evreux, à qui le Roi
« avoit donné cette abbaye peu de jours après la passation de
« mon bail, n'ayant pu obtenir de lui la justice que je réclamois,
« je me suis vu obligé de la demander aux tribunaux.

« Je passe sous silence les premiers temps de la procédure;
« quoiqu'ils offrent plus d'un exemple du crédit que Mr l'Evêque
« d'Evreux a employé pour soutenir ce procès. Enfin, l'affaire
« ayant été portée en la grand'chambre du Parlement de Paris,
« nous y avons l'un et l'autre discuté par écrit et longuement
« nos moyens respectifs. Mr l'Abbé de Tendos fut nommé pour
« les examiner, dès lors on doit croire que dans son rapport il a
« fait ressortir toute la force et l'énergie des raisons des parties;
« aussi la grand'chambre, après l'avoir entendu, a condamné
« Mr l'Evêque d'Evreux à me tenir compte de la non-jouissance

---

(1) L'année précédente il en avait déjà publié un dont M. Délieuvin possède un exemplaire. Celui de M. Guillemare est plus complet. Il contient une copie « extraite sur l'original, de l'état présenté, signé par M. l'Econome général et annexé à la minute du Bail général des biens et revenus de l'abbaye de Lyre. » — Voir *Appendice* nº 5.

« du tiers des dîmes des forêts de Breteuil, que les religieux de
« Lyre étaient venus prendre.

« Mais ce Prélat, considérant ce qu'il est, et ce qu'il peut
« relativement à moi, s'est alors imaginé d'obtenir d'une autre
« manière ce que venoit de lui refuser le Parlement de Paris :
« (il a été trouver l'administration par elle, *ces mots sont biffés*
« *sur le mémoire*) il a surpris un Arrêt du propre mouvement qui
« casse l'Arrêt du Parlement de Paris. et renvoie les parties pour
« leur être fait droit devant Nosseigneurs de la Commission des
« Economats.

« J'ai fait à ce sujet, mes très humbles représentations à
« Sa Majesté, et j'ai exposé que pendant cinq ans qu'avoit duré
« la procédure, la régie des Economats avoit en tout le temps
« d'intervenir dans l'affaire si elle l'eût jugé à propos; qu'elle ne
« l'avoit pas fait alors parce qu'elle étoit sans qualité comme sans
« intérêt dans cette affaire, qui ne concernoit que M' l'Evêque
« seulement, par la raison que quand Sa Majesté nomme à une
« abbaye, elle transporte dans la main du Titulaire tous les droits
« qu'avoit l'administration.

« M' l'Evêque d'Evreux, à qui on communiqua mes représen-
« tations, me fit proposer par les Bureaux 15.000 et ensuite
« 25.000 livres, pour me tenir lieu du dédommagement que je
« prétendois; je ne crus pas devoir les accepter, parce qu'il m'en
« appartient plus de 43.000 livres, et que ma fortune ne me
« permet pas de faire un sacrifice de 18.000 livres. Alors
« M' l'Evêque d'Evreux s'est attaché à retarder le rapport de
« l'affaire; depuis six semaines, elle étoit dans le portefeuille du
« Ministre; une indisposition lui étant survenue, le portefeuille
« fut envoyé à M. le comte de Vergennes. M' l'Evêque d'Evreux
« fut le voir, il lui fit parler, mais ayant pressenti dans ces
« différentes audiences que l'opinion du Ministre n'étoit pas en
« sa faveur, il le pria de ne pas se charger de cette affaire,
« comme n'étant pas de son département; elle fut donc renvoyée
« à M' le baron de Breteuil, qui après son rétablissement voulut
« bien me promettre d'en faire lui-même le rapport très inces-
« samment; mais là je me suis encore trouvé croisé par
« M' l'Evêque d'Evreux, qui par de très hautes protections fit
« demander de remettre le rapport de cette affaire au 2e ou 3e
« conseil de Fontainebleau; le Ministre eut la bonté de m'en

« prévenir, et de me faire inviter à aller dans ma province,
« jusqu'aux premiers jours de novembre : nous étions alors au
« mois d'août. Je m'en retournai, et vers la fin d'octobre je me
« disposais à partir pour Fontainebleau, lorsque par ordre du
« Ministre je reçus un nouvel avertissement, que je ne serois
« rapporté qu'en décembre ; un mois après on m'écrivit encore
« que le rapport ne se feroit que dans les mois suivants.

« Pendant ce temps, Mr l'Evêque d'Evreux agissoit : à cette
« époque, ayant cru le moment favorable pour lui, il a fait tout à
« coup volte-face, et il a alors poursuivi le rapport avec autant
« de chaleur qu'il avoit fait d'efforts pour le retarder. Aussi
« l'affaire fut portée au Conseil le deux février ; mes représenta-
« tions y furent rejettées et il fut dit que l'Arrêt du propre mouve-
« ment subsisteroit, et que les parties demeureroient renvoyées
« au bureau des Economats pour leur être fait droit.

« On s'attend sans doute que Mr l'Evêque d'Evreux, content
« d'avoir fait anéantir une procédure de six années, et un Arrêt
« du Parlement, se dispose à discuter devant la commission l'objet
« en litige? Moi-même je le croyois, mais Mr l'Evêque d'Evreux
« vient de manifester des vues beaucoup plus étendues.

« Pressentant que mes moyens me suivroient par-tout, que
« par-tout où ils seroient discutés, il rencontreroit le même sort
« qu'il a eu au Parlement ; il m'a dernièrement fait signifier que
« je n'ai plus la liberté de contredire, ni même d'examiner ses
« arguments, que je dois au contraire les trouver bons, et que
« c'est l'ordre du Roi ; il va jusqu'à me dénier ce droit sacré et
« naturel de me défendre à la Commission où Sa Majesté nous
« a renvoyés. Interprétant les termes du préambule de l'Arrêt du
« propre mouvement, il leur fait dire que le Roi, en cassant
« l'Arrêt du Parlement de Paris, a anéanti les moyens que
« fournit en ma faveur l'article II du bail, qu'il ne m'est plus
« permis de reprendre la discussion de ce même article II (c'est
« cependant l'unique objet de difficulté), qu'ainsi, si je veux
« continuer ce procès, je dois chercher quelqu'autre plan.

« N'entendant rien à ce système de Mr l'Evêque d'Evreux, qui
« m'assigne pour procéder devant la Commission, et qui en
« même temps me dispute le droit de m'en faire entendre, qui,
« comme partie, se présente devant ces Magistrats, et en même
« temps veut commander leur opinion, j'ai été dans les bureaux

« du Ministre demander l'explication d'une conduite qui me
« paroissoit aussi étrange, et j'y ai lu le passage du nouvel écrit
« de Mr l'Evêque d'Evreux, dans lequel il développe ce système.

« On m'a répondu que le préambule de l'Arrêt du propre mou-
« vement ne faisoit point loi, que c'étoit l'Arrêt et non le préambule
« qu'il falloit consulter, que par l'Arrêt, le Roi ayant renvoyé à
« la Commission des Economats la connoissance du procès élevé
« sur la question de sçavoir si j'avois ou non droit au dédomma-
« gement prétendu pour la non-jouissance des dîmes des forêts
« de Breteuil, Sa Majesté avoit saisi ce Tribunal du pouvoir
« d'entendre les parties, et de leur faire droit d'après ce qui lui
« seroit apparu de leurs moyens respectifs; qu'ainsi je pouvois
« devant ces Magistrats rappeler et faire valoir tout ce qui pou-
« voit établir la justice et la légitimité de ma demande.

« En effet, si cela n'étoit pas ainsi, pourquoi serois-je renvoyé
« pardevant la Commission? Sur quoi ce tribunal auroit-il à
« prononcer? Comme j'imagine qu'il doit y être question de
« scavoir si en me rendant adjudicataire des revenus de la
« Mense abbatiale de Lyre, j'ai pu être induit en erreur, rela-
« tivement aux dîmes des forêts de Breteuil, je vais retracer ce
« qui s'est passé lors de l'adjudication de cette ferme, rappeller
« les termes employés dans les actes, présenter mes moyens et
« discuter ceux que Mr l'Evêque d'Evreux a cru pouvoir invoquer
« en sa faveur. »

Tout le procès portait sur l'article II dans lequel il y avait l'énumération des biens affermés, avec mention du prix de chaque chose. Théroulde ayant examiné ce mémoire, après un voyage dans le pays, afin de se rendre mieux compte des objets, devint adjudicataire de cette mense pour 64.100 livres, alors qu'elle était tenue avant lui pour 26.100 livres en ferme générale, produisant 41.400 livres par les sous-baux.

Voici ce fameux article II : « Jouira le preneur de tous les
« revenus temporels, fixes et casuels de ladite abbaye, *en quoi*
« *qu'ils puissent consister, sans aucune exception ni réserve,*
« *détaillés ou non détaillés en ces présentes,* et consistants *princi-*
« *palement* dans la dîme de Saint-Martin de Laigle; dîme du
« Désert, paroisse des Beaux-de-Breteuil; dîmes de Chalets et prés,
« paroisse de Vieille-Lyre; dîmes de Roman; dîmes d'Anceins;
« dîmes de Nauphle; dîmes de Fretils; dîmes des Beautheraux;

« dîmes de Saint-André de la Barre; dîmes de Beauvais, les
« terres appellées les hautes terres et prés y joints; la dîme de
« Buisson-Morel; la ferme de la Bourgeraye; les prés des Essarts,
« la dîme de Saint-Denis de Béhelan; la dîme du Bois-Ernault;
« la dîme d'Auvergny; la dîme de Morinville et Boissy; la dîme
« de Chambord; la dîme des fiefs de Nauphle; la dîme d'Ambe-
« nay; la dîme de Gombert; la ferme et la dîme de la Brou-
« dière; la dîme de Couvin; la ferme et la dîme de Saint-
« Crépin de Romilly; la dîme de la Neuville-Champdoisel; la
« dîme de la Guéroude Saint-Ouen, d'Abtée *(sic)* et Champ-
« doisel; dîmes des Beaux-de-Breteuil; les prés de la Pierre; la
« ferme de Melbuc; la dîme de Chéronvilliers; la ferme de
« la Biguerrerie; la dîme de Saint-Germain de Rugles; la dîme
« des Noés; la dîme des Noyers; *la grosse forge de Trisé et dépen-*
« *dances, terres et prés y joints pour les deux tiers de la mense*
« *abbatiale*; le pré Ozanne; la dîme de Heuquet pour le fief de
« Montigny; la dîme de Marnefer; *la dîme des Haras des Baux*
« *pour les deux tiers qui s'acquittent par le fermier de M. des*
« *Minières*; la dîme de Berville; les vignes de Passy; *les deux*
« *tiers de la dîme de Passy*; les rentes seigneuriales de la Vieille
« et Neuve-Lyre; *la dîme ancienne sur le receveur des deniers*
« *réservés du Comté d'Evreux; le supplément des dixmes sur la*
« *forest de Breteuil, Passy, Merey et Hécourt* (objets en contes-
« tation); la dîme de la forêt de Longbois, de la Maîtrise du
« Pont-de-l'Arche; les treizièmes des Seigneuries; les prés Jarry
« et Bernier; les prés de l'Echange; le pré du Sous-Prieur; *les*
« *deux tiers de dix-sept à dix-huit arpents de bois; les deux tiers*
« *de quatre arpents quatre-vingt-quinze perches dans le bois de la*
« *Broudière;* deux parties de rente sur le Pont-Audemer; droits
« de profits seigneuriaux et féodaux, si aucuns il y a; les
« amendes et confiscations; la jouissance des droits d'aubaine et
« déshérence, à la charge, par le preneur, du remboursement des
« frais, si aucuns sont faits à ce sujet.

« Pour du tout jouir par le dit preneur, audit titre, ledit temps
« durant, ainsi qu'en ont joui ou dû jouir les fermiers actuels,
« pour ce qui en appartient à la mense abbatiale; en consé-
« quence, tant du partage fait des biens et droits de ladite
« abbaye entre M. le Commandeur de Grémonville, lors abbé
« commendataire, et les Religieux de ladite abbaye, que de la

« transaction passée entr'eux, devant de Troye et Néra, notaires
« à Paris, le 9 mai 1682. »

L'article II déterminait donc, avec précision, ce qui se
partageait avec les religieux par ces mots *les deux tiers de*, etc.,
indiquant ainsi que l'autre tiers appartenait à la mense conventuelle. Il aurait par conséquent fallu que la même expression fût employée pour les dîmes de la forêt de Breteuil, car, en les mentionnant simplement, le preneur pouvait croire, et crut en effet, qu'il n'y avait, à ce sujet, aucun partage. Tous les arguments, explications, raisonnements, etc., ne purent renverser cette irréfutable objection, qui était un fait de toute évidence :
contra factum non datur argumentum, dit la sagesse des nations.

On ignore la solution de ce procès, si toutefois il y en eut une, car, deux ans après, la Révolution venait mettre fin à toutes ces procédures, mais le bon droit était certainement du côté du sieur Theroulde. L'influence politique, seule, de l'Evêque d'Evreux aurait pu, contre toute justice, le faire condamner.

Issu d'une des plus anciennes et des plus illustres maisons d'Espagne, celle de Lara, qui portait cette fière devise : *nous ne descendons pas des rois, mais les rois descendent de nous*; vicomte de Narbonne, seigneurie de sa famille depuis le xiiie siècle; aumônier des tantes du roi Louis XVI; parent du fameux comte Louis de Narbonne-Lara dont la mère était dame d'honneur de Madame Adelaïde, et qui joua un rôle politique important à la fin du xviiie siècle, etc., l'Evêque d'Evreux avait certainement de très puissants protecteurs à la Cour de France. C'est pourquoi son adversaire commençait habilement son plaidoyer en ces termes:

« Je ne suis qu'un simple Particulier, et mon adversaire est
« un grand Seigneur, je suis Fermier, et il est Evêque; presque
« étranger à ce pays, je n'y ai ni connoissance ni protecteurs que
« je puisse invoquer; je n'ai pour moi que des moyens » — et la justice de ma cause, aurait-il pu ajouter. Espérons que le charitable Evêque d'Evreux n'aura pas voulu faire l'aumône avec le produit d'un malentendu!

Il est vrai qu'à cette date l'Abbé de Lyre avait grand besoin d'argent pour payer les réparations ou reconstructions dont le total s'élevait à plus de cent mille livres.

Un orage épouvantable, en effet, arrivé le 13 juillet 1783, ou le 15 d'après un autre procès verbal, avait « consumé un grand

« bâtiment attenant à l'église, avec le bled, foins, bois de char-
« pente et de menuiserie qu'il contenait, la porte d'entrée et les
« bâtiments tant dessus qu'aux deux côtés bâtis en pierre de
« taille, et grès ; jusqu'à un vieux bâtiment ainsi que les greniers
« qui étaient à l'usage de l'Abbé ; une partie du toit de l'aile
« gauche qui a été en proye aux flames ; la charpente en a été
« singulièrement endommagée, ce qui occasionne beaucoup de
« réparations pour l'extérieur et l'intérieur de l'église, etc. »

Ces renseignements sont tirés d'une supplique, adressée le 20 juillet 1784, afin d'obtenir permission de vendre 146 arpents de bois de haute futaye au prix de 81.000 livres, outre les charges, pour faire face aux dépenses estimées, d'après le devis annexé à la supplique, 82.435 livres, 15 sols. Le Conseil d'Etat autorisa la vente et Mgr de Narbonne remerciait les Eaux et Forêts par la lettre suivante :

« Evreux, 15 avril 1786.

« Je vous remercie bien sincèrement, Monsieur, du soin que
« vous avez bien voulu prendre pour la délivrance de deux coupes
« des bois de mon abbaye. Je vous prierai dans le tems de la même
« opération conformément aux arrêts du Conseil, comme aussi de
« constater le bon état des nouvelles plantations, j'y ai fait tout ce
« que j'ai cru le plus avantageux pour l'amélioration de mon abbaye.

« Je joins ici, Monsieur, les quittances pour le payement du
« dernier terme de la réserve échu à Pâques. Vous m'obligerez
« infiniment de m'en faire passer de suite le certificat que je
« dois envoyer moi-même à M. le Grand Maître pour avoir son
« ordonnance. Je me flatte que vous voudrez bien engager votre
« Greffier à me faire le plutôt possible cette expédition pendant
« mon séjour à Evreux. S'il étoit possible de l'avoir mercredi ou
« jeudi vous me feriez le plus grand plaisir. J'ajoute à mes
« quittances celles que m'a fait remettre le Prieur de mon abbaye.

« J'ai l'honneur d'être avec un bien sincère attachement,
« Monsieur, votre très humble et très obéissant serviteur.

† Fr. Evêque d'Evreux (1). »

---

(1) *Archives de l'Eure*, Maîtrise de Pacy, nos 16, 17 et 18. Ces deux derniers numéros sont les plans des bois de l'abbaye, tandis que le n° 16 est un dossier de pièces et de procès verbaux.

Voici le résumé des réparations, constatées par un procès verbal d'architecte qui employa 60 vacations, en 1787, pour les vérifier, avec le prix à payer par l'abbé et les religieux.

	Sommes dues par l'Abbé	Par les Religieux.
Forge, fourneau, fenderie, moulin rouge, art. 1, 2, 3, 4, 5, 6, 7 et 8.	5.339¹ 6ˢ 8ᵈ	2.669¹ 13ˢ 4ᵈ
Bâtiments de MM. les Prieur et religieux. art. 9.		5.260¹
Chancel de l'église du Chesne art. 10.		3.402¹
» de l'église de Romilly art. 11.		2.090¹
» de la Neuville-Chandoisel art. 12.		1.600¹
» de l'église de Glos art. 13.		4.152¹
Ferme de la Broudière art. 14.		1.590¹
Grange des dîmes des Baux de Breteuil. art. 15.		3.200¹
Chancel de l'église de Roman. art. 16.		428¹
» de Boissy et de Morainville art. 17.		950¹
» de la Barre et Chambord art. 18.		5.710¹
Bâtiments de MM. les Prieur et religieux		1.606¹
Réparation à l'orgue de l'abbaye.		2.400¹
	25.059¹ 6ˢ 8ᵈ	15.337¹ 13ˢ 4ᵈ
Réparations aux bâtiments de l'abbaye lors du procès verbal du 14 déc. 1784.	18.128¹ 9ˢ	23.960¹ 6ˢ
	43.187¹ 15ˢ 8ᵈ	39.297¹ 19ˢ 4ᵈ

Le total de ces dépenses faisait 82.435 livres, 15 sols, avec quittances à l'appui de tous les ouvriers charpentiers, menuisiers, serruriers, peintres, couvreurs, etc. Un autre état, joint au procès verbal de 1784, montait à plus de cent mille livres!

Dépenses inutiles, car quelques années après, la Révolution chassait abbé, religieux; vendait ces superbes bâtiments à l'encan, en sorte qu'en moins de dix ans il n'en restait pas pierre sur pierre!

Mgr de Narbonne dénoncé, traqué, dut s'enfuir d'abord à Paris où il resta peu de temps. De là il passa en Belgique et s'arrêta dans la ville de Tournay, d'où il envoya une lettre pastorale dans laquelle il traçait aux prêtres fidèles de son diocèse la conduite qu'ils devaient tenir dans les temps malheureux et les circonstances difficiles où ils se trouvaient. Le Prélat y prononçait la peine de suspense contre Lindet et aussi contre les deux Evêques intrus de la Seine-Inférieure et de l'Orne qui avaient usurpé des portions de son diocèse. De là il partit pour aller rejoindre à Rome (1) Mesdames de France, tantes du Roi Louis XVI, desquelles il était l'aumônier. Peu après son arrivée dans cette capitale du monde chétien, il fut attaqué de la maladie de la pierre dont il souffrit beaucoup. Il se soumit à la cruelle et dangereuse opération alors en usage pour cette maladie, et il en mourut le lundi 12 novembre 1792.

Son corps est « inhumé dans l'église nationale de Saint-Louis des Français, dit Fisquet, chapelle Sainte-Chantal, et, sur le marbre placé au dessus de son tombeau, on grava une épitaphe latine qui fut composée par Mgr Benoist Stay, dataire de la pénitencerie et secrétaire des brefs de Sa Sainteté aux puissances.

---

(1) En passant par la Bavière il resta six semaines gravement malade au monastère des Chanoines de Latran de Saint-Michel près d'Ulm, ainsi qu'en témoignent deux documents tirés des Archives du Vatican et qui nous ont été envoyés par le R. P. Edouard d'Alençon, archiviste général des Capucins, à Rome. Nous donnons le premier dans l'*Appendice, n° 6*; voici le second :

Le 19 novembre 1791, l'abbé « Nicolaus, Praelatus et Abbas Lateranensis », écrivait au Nonce de Munich qui lui reprochait de ne point lui avoir répondu : « Cum Illmus Episcopus Ebroicensis postquam
« per 6 septimanas apud me infirmabatur, jam die 13 elapsi sanus
« ac integer a me discesserit, responsum dare distuli... de expensis a
« Summa Sede pro Illmo Dno Episcopo solvendis ex lectis et relictis
« tuis suavissimis nihil legi. Interim Illmus amantissimusque Episco-
« pus et ego in osculo pacis invicem discessimus, partem expensarum
« si non omnem, plurimum tamen et maximam in me suscipiens.
« Deus T. O. M. sit tanti Episcopi in itinere comes donec Romam
« incolumis deveniat. » (Archives du Vatican, *Nonciature de Bavière*, documents non classés).

Cette épitaphe disparut, en 1799, après l'enlèvement de Pie VI; nous ignorons si depuis elle a été replacée.

Mgr Guthlin, curé de Saint-Louis des Français, consulté par Sa Grandeur Mgr Meunier, évêque d'Evreux, a bien voulu répondre, en mars 1912, que la pierre tombale se trouve dans la troisième chapelle, à droite, chapelle dite autrefois de Sainte Jeanne de Valois, aujourd'hui de Jeanne d'Arc. Les armoiries, timbrées du chapeau à 10 glands et de la couronne ducale, le champ du blason, *de gueules plein*, constitué par une plaque ovale de porphyre rouge, se trouvent dans le pavé, à gauche de l'autel, avec l'inscription suivante :

D. O. M.
FRANCISCVS-E-COMITIBVS-DE-NARBONNE-LARA
EPISCOPVS-EBROICENSIS-ABBAS LIRENSIS
VICTORIÆ-LVDOVICI XV-REGIS-CHRISTIANISSIMI-FILIÆ
A-PIIS-LARGITIONIBVS
A-PIO VI-P.M.-BENIGNE-EXCEPTVS
OBIIT-ROMÆ-PRID. ID. NOV.-AN. MDCCXCII
ÆTATIS SVÆ LXXIII.

CHAPITRE SEPTIÈME

Etats Généraux de 1789. — Décret sur les Ordres Religieux. — Inventaire du mobilier, de l'argenterie, etc. — Vol a l'abbaye. — Dispersion des moines. — Vente des biens meubles et immeubles. — Ruines de l'église. — Démolition de tous les batiments de Notre-Dame de Lyre.

C'est le 5 mai 1789 que s'ouvrirent, à Versailles, ces Etats-Généraux qui devaient bouleverser tout l'ancien régime, sous prétexte d'en réformer les abus (1) et qui débutèrent par la confiscation des biens ecclésiastiques, tant du clergé régulier que séculier.

Les biens du clergé seront mis à la disposition de la nation, telle

---

(1) Sans doute il y avait des abus. L'abbé Delalande, curé d'Illiers-l'Evêque, syndic député de MM. les curés du diocèse d'Evreux, les constatait le 11 janvier 1788, surtout les abus commis dans le rôle des décimes et « dans l'amertume de son âme » suppliant de rapporter le rôle du 17 octobre de l'année dernière. ce que la Chambre ayant refusé il dépose son mémoire comme protestation. Ce mémoire établit le revenu des bénéfices et les taxes correspondantes :

Evêché, valeur annuelle 36.000¹ taxé 1.283¹ au lieu de 6.000¹.
Abbaye de Lyre » 64.000¹ » 6.000¹ » 16.000¹.
Abbaye de Conches » 49.333¹ » 6.426¹ 6ˢ » 12.333¹.
Un canonicat » 7.800¹ » 324¹.
Mense conventuelle de Lyre, valeur annuelle 45.000¹ taxée 2.283¹ au lieu de 7.500¹.
Mense du Parc, taxée 333¹ au lieu de 2.166¹.
Abbaye de Saint-Sauveur, valeur annuelle 60.000¹, taxée 2.311¹ au lieu de 10.000¹.

Les cures, au contraire, sont taxées avec une rigueur injuste. Ainsi celle de Laigle, casuel réuni, vaut 200¹ et on la taxe 24¹ : celle de la

est la motion laconique qui, proposée dans la séance du 2 novembre, votée malgré les réclamations de plusieurs évêques, mit entre les mains des ennemis haineux de l'Eglise les moyens de faire la Révolution. Rien ne fut respecté, pas même les possessions des hôpitaux (1)! Mais pour liquider tous ces millions on procéda méthodiquement, d'abord par des inventaires faits en présence des derniers possesseurs, puis par des décrets qui, en exigeant certains serments, avaient pour but de priver les réfractaires d'une modique pension, allouée à des vieillards qu'on chassait impitoyablement de leurs cloîtres. L'histoire, a-t-on dit, est un éternel recommencement, l'époque actuelle ne vérifie-t-elle pas cette incontestable vérité?... Revivons ces jours néfastes!

En vertu du décret de l'Assemblée Nationale, rendu le 13 février 1790, ratifié par Louis XVI le 26 mars, tous les vœux monastiques furent abolis, les ordres religieux supprimés. Les officiers municipaux devaient, disait l'article V, dresser un état des religieux profès de chaque maison, avec leur nom, âge, fonctions, désir de quitter ou de se rendre dans un monastère qui sera ultérieurement désigné. A la Vieille-Lyre les interrogatoires commencèrent le 5 mai par Dom Pierre-Marie Levasseur, dom Pierre-Michel Duvrac, dom Jean-Jacques-Henri Besserve qui déclarèrent accepter la pension offerte par l'Assemblée Nationale. Mais Duval du Mesnil, maire de la commune, interrompit ce questionnaire afin de procéder à un travail plus urgent et d'une plus grande utilité pour la Révolution, l'inventaire de tous les objets précieux renfermés dans le monastère de Notre-Dame de Lyre.

Ferté-Fresnel, réduite à 66¹ paie 36¹; celle de Foucrainville de 900¹ taxée 102¹ au lieu de 75¹; celle du Cormier qui vaut 1.400¹ avec le traitement du vicaire, donc 1.200¹ pour le curé est taxée 233¹ 5ˢ au lieu de 120¹, etc.

Sommée à plusieurs reprises la Chambre refusa toujours de se réunir pour rapporter le rôle, ce fut la Révolution qui le rapporta, mais celui qui avait signalé les abus en fut une des victimes! (*Notariat d'Evreux*).

(1) Voir notre notice : *Annales de la Communauté des religieuses hospitalières d'Harcourt*, p. 49. — Consulter aussi un article de l'abbé A. Picard intitulé : *La vieille France monastique* dans la *Revue des Deux-Mondes*, 15 novembre 1909, page 424.

A cause de son importance en voici le procès verbal *in extenso.*

« Du vendredi quatorzième jour de may mil sept cent quatre
« vingt dix sur les dix heures du matin en exécution des lettres
« patentes du Roi données à Paris le vingt six mars dernier sur
« les décrets de l'Assemblée nationale les vingt février, dix neuf
« et vingt mars aussi dernier portant injonction aux municipa-
« lités de se transporter dans les maisons religieuses de leur
« ressort à l'effet de se faire représenter les registres et comptes
« de régie, les arrêter, etc., inventorier par description sommaire
« et dresser un état de l'argenterie, argent monnoyé, effets de
« la sacristie et autres objets les plus précieux des dites maisons.
« En conséquence nous Maire et officiers municipaux, en pré-
« sence du Procureur de la commune, les fonctions de secrétaire
« greffier remplies par M. le Maire, vu l'absence indispensable de
« l'ordinaire, nous sommes transportés en l'abbaye de ce lieu,
« ordre de Saint-Benoît, congrégation de Saint-Maur, représentée
« par dom Labigne, sous prieur d'icelle, dom Homméril, prieur
« étant absent (1), en la présence de celle de dom Nicolas l'Artois,
« de dom Alexandre du Bocquet, de dom Paul Labatte, de dom
« Joseph Franck, de dom Louis Audry, de laquelle maison sont
« absents pour le moment savoir : dom Jean Levasseur, dom
« Pierre du Vrac, dom Besserve.

« Nous avons demandé la représentation des registres de régie
« générale de la maison, à quoi a répondu dom Labigne que
« dom Homméril, prieur, avant son départ ne lui en avait laissé
« aucuns dans le cas d'être représentés *(sic)* et suffisant pour
« remplir le vœu des décrets de l'Assemblée, pourquoi il nous a
« requis de suspendre cette oppération *(sic)* jusqu'au retour
« d'icelui dom Prieur auquel il a expédié un courrier à cet
« effet, ce qui demeure consenti et arrêté que nous allons procé-
« der à la description des effets de la sacristie en présence du
« religieux cy dessus désigné, lesquels ont pris lecture des d.
« lettres patentes.

« Nous sommes transportés dans la sacristie et y avons trouvé

---

(1) Dans le chapitre IX, consacré aux moines de Lyre, nous donnerons deux lettres de ce dernier prieur de Lyre publiées par la *Revue
benédictine*, XIX, 1902, 176-177.

« premièrement un soleil d'argent doré, une croix d'argent
« supportée par trois pieds, de deux pieds neuf pouces de hau-
« teur, la croix processionnale d'argent de deux pieds et demie
« d'hauteur et son bâton revêtu d'une feuille d'argent, deux
« anges d'argent tenant deux reliquaires de la hauteur d'un pied,
« deux autres petits anges aussi portant reliquaire d'argent de la
« hauteur de neuf pouces sur pied destaux de bois, une croix de
« vermeil portant du bois de la vraie croix à double bras,
« soubassement carré, orné de pierreries de la hauteur de quinze
« pouces, un reliquaire image de la Sainte Vierge, argent doré,
« l'enfant Jésus non doré avec une couronne dorée sur la tête,
« de vingt deux pouces d'hauteur y compris le pied destal, un
« enfant Jésus avec sa croix d'argent massif, une couronne dorée
« avec quelques pierres grenat et autres blanches et vertes sur un
« pied destal de cuivre au pied duquel est un reliquaire, en
« médaillon, l'enfant Jésus de la hauteur de dix-neuf pouces, un
« saint Benoît d'argent massif avec sa crosse, de la hauteur de
« quinze pouces sur un pied destal de cuivre doré et un petit
« reliquaire (1), une sainte Scholastique d'argent massif avec un
« bâton cassé de la hauteur de quinze pouces, deux autres saintes
« en argent massif, l'une tenant une croix et l'autre une palme
« dorée de la hauteur de quinze et seize pouces, pieds destaux
« de bois noir avec reliquaires dedans, un épistolier couvert d'un
« côté d'une plaque d'argent doré avec quelques pierres et de
« l'autre d'une plaque d'argent aux armes de la maison, douze
« pouces de hauteur, un autre épistolier couvert d'un côté d'une
« plaque d'argent doré et de l'autre en velours cramoisi de même
« hauteur, un encensoir et sa navette d'argent ainsi que ses
« chainons, bassin hauteur de neuf pouces, les chainons trente
« deux pouces, la navette six pouces de longueur et une petite
« cuiller d'argent, deux grandes burettes cizelée de hauteur de
« six pouces avec leur bassin de six pouces de long sur sept de
« large, deux autres burettes et leur bassin d'argent peint en

---

(1) L'Inventaire ne donne pas les statues en pierre de l'église. Il y en avait une de saint Firmin à cause du pèlerinage établi par les Mauristes, d'après l'image ci-contre, propriété de M. Georges Quérey, de la Neuve-Lyre, qui nous l'a gracieusement communiquée. Une tradition locale prétend que les statues furent jetées dans la Risle.

« bleu avec guirlandes, quatre autres burettes d'argent, une
« coupe pour l'ablution, en argent, hauteur de six pouces, un
« petit ciboire d'argent avec son couvercle de six pouces d'hau-
« teur, un petit vaze aux saintes Huiles de deux pouces, cinq
« calices avec leurs patènes aussi d'argent dont un doré, trois
« cizelés et un autre uni, un petit reliquaire d'argent doré de
« trois pouces et demi d'hauteur ; à l'autel huit chandeliers dont
« deux pour les acolites, une lampe et une croix de cuivre
« argenté ; dans le tabernacle un ciboire d'argent d'environ dix
« pouces, et attendu qu'il est midi, nous avons arrêté la séance
« et renvoié la continuation à cette après dînée trois heures. Les
« officiers de la municipalité présents sont M. le Maire,
« MM. Jacques Masson, Marais, Dumoutier et Etienne Loiseau qui
« ont signé ainsi que le Procureur de la commune et MM. les
« religieux désignés présents.

« Du dit jour aux termes du renvoi de ce matin, nous officiers
« municipaux avons sur les trois heures de relevée continué
« notre oppération en présence comme dit est et commencé
« premièrement par les ornements déposés au dit lieu de la
« sacristie savoir : quatre chappes du premier ordre et parement
« d'autel, deux dalmatiques, trois étoles, la garniture du dais et
« l'écharpe ensemble deux voiles de calice d'étoffe de soye
« blanche, fleurs or et soye de différentes couleurs, parement
« étoffe fond or et fleurs en soye, *dans une petite boëte l'anneau de*
« *saint Thomas en une émeraude.* Item cinq chappes, trois cha-
« subles, deux dalmatiques et ce qui s'ensuit d'étoffe fond argent
« et soye couverte en fleurs de soie rouge.

« Item quatre chapes blanches, une écharpe, une chasuble du
« 2ᵉ ordre de soye fond blanc.

« Item trois chapes velours cramoisi, deux chasubles de même
« et ce qui s'ensuit.

« Item sept chapes noire, violette et verte et ce qui s'en suit.

« Item deux chapes rouges, une chasuble, étole, etc., et une
« chasuble verte passée et dix chasubles journalières.

« Enfin le linge de la sacristie annoncé par dom la Bigne
« consiste en a peu près quarante aubes tant bonnes que
« mauvaises.

« Dans une grande caisse trouvée dans la partie collatérale
« gauche du chœur six devants d'autels de toutes couleurs.

« De là sommes passés à la bibliothèque où nous avons compté
« dix tablettes dans le pourtour et compté le nombre de trois
« mille huit cent vingt cinq volumes de tous les formats et
« reliures différentes et boucains couverts en parchemin sans y
« avoir remarqué aucuns manuscrits et attendu qu'il est six heures
« et demie passées, nous avons clos la séance et renvoié la
« continuation à demain neuf heures du matin et avons signé.
« Du samedi quinze mai mil sept cent quatre vingt dix, nous
« officiers municipaux en présence de MM. les religieux désignés
« en notre procès verbal d'hier, et en celle du Procureur de la
« commune avons par continuation aux termes du renvoi
« cy dessus, sur les neuf heures du matin oppéré à l'état des
« effets de la dite abbaye avons commencé par le dortoir ou
« chambre des religieux ; dans celle de Dom Prieur trouvé pre-
« mièrement dans le premier appartement deux bergères, trois
« fauteuils en jeanne que nous croyons velours d'Amiens, un
« trumeau sur la cheminée dont la glace porte vingt neuf pouces
« de large et vingt un pour hauteur, un sécrétaire fermé uni en
« bois de noier, un fauteuil de cabinet en cuir, trois chaises en
« paille et trois gravures sous verre à baillettes dorées, l'une por-
« trait et les deux autres paysages, une petite table en bois,
« enfin deux chenets pelle et pincette avec de petites garnitures
« en cuivre argenté. Dans la chambre à coucher un lit complet,
« la courte pointe, les rideaux et trois petits fauteuils en
« indienne à fleurs rouges, fond blanc, une chaise en paille
« et un paravant sur lequel est un papier ordinaire. Dans
« l'appartement qui suit appelé chambre d'été un canapé
« passé en tapisserie, un petit secrétaire en marqueterie, quatre
« fauteuils et une chaise en paille. — Dans la chambre de Dom
« Levasseur un lit complet en alcôve, la courte-pointe et les
« rideaux en toile à carreaux, jaune et blanc, un secrétaire uni
« en bois de noier, un grand fauteuil à malade garni en drap
« bleu, une glace dont la bordure est en baillette dorée de vingt
« trois pouces de largeur et quinze pouces de hauteur, un fau-
« teuil et quatre chaises en paille, dans le cabinet à côté une
« petite comode en marqueterie à dessus de marbre, sur une
« petite corniche cent quarante cinq livres de différents formats
« et reliure, un fauteuil vieux en tapisserie, un paravant et quatre
« chaises en paille et le feu complet. Dans une chambre à côté

« non occupée un bois de lit simple, une paillasse, un oreiller,
« un traversin en coutil, un vieux bureau en bois de chêne, un
« fauteuil et quatre vieilles chaises en paille. Dans une chambre
« voisine non occupée un bois de lit et une paillasse et quatre
« mauvaises chaises. Dans la chambre de Dom Duvrac absent et
« dont personne n'a la clef a été déclarer contenir, par Dom Le
« Frank, un lit complet, deux tables, six chaises, quelques livres
« de la bibliothèque, enfin un feu complet. Dans la chambre de
« Dom L'Artois un secrétaire uni en bois de noier, un grand
« fauteuil à malade; un paravant, deux fauteuils et six chaises
« en paille; dans celle à coucher un lit complet, la courte-pointe
« et les rideaux en indienne fond blanc et fleurs rouges, une
« comode unie en bois de noier, vingt deux livres de biblio-
« thèque. — Dans la chambre de dom Labigne, sous prieur, un
« lit complet en alcôve, une courte-pointe de perse fond blanc
« à fleurs rouges, rideaux d'indienne rouge à l'alcôve, une table,
« un fauteuil et six chaises en paille, un feu uni complet. —
« Dans la chambre de décharge, deux fauteuils en canne. Le
« lit de la courte-pointe désignée perse dans la chambre à
« coucher et rideaux, un bois de lit uni. — Dans une chambre
« voisine non occupée un vieux bureau, une paillasse sur un
« simple bois de lit, dix livres de bibliothèque, un fauteuil et
« trois vieilles chaises en paille. — Dans la chambre de dom
« du Bocquet un petit secrétaire en marqueterie, une table simple
« de bois peint en noir, un fauteuil en cuir, un fauteuil et
« quatre chaises en paille, un feu uni complet, dans la chambre
« à coucher un lit complet, courte-pointe d'indienne rouge,
« rideaux d'alcove indienne fond blanc, une table, sept chaises
« en paille; dans un petit cabinet cent cinquante livres de
« bibliothèque de formats différents et reliés. — Dans la chambre
« de Dom Franke, un lit complet, courte-pointe, rideaux de
« baldaquin et d'alcove d'indienne fond blanc à fleurs rouges,
« deux fauteuils et six chaises en paille bois peint, deux tables
« et un feu uni complet. — Dans la chambre de Dom Labatte un
« lit complet, courte-pointe d'indienne et rideaux d'alcove tenture
« de tapisserie, une petite table unie, six chaises et un fauteuil,
« un mauvais feu complet. — Dans la chambre de Dom Audry,
« un lit complet, courte-pointe de siamoise, rideaux d'indienne
« à l'alcove, une table, un fauteuil et six chaises, une table de

« nuit. — Dans la première chambre d'hôtellerie n° 3, à côté
« de celle d'où nous sortons un lit complet en alcove, courte-
« pointe et rideaux jeaunes à carreaux blanc et jaune, une table
« et huit chaises en paille, dans le cabinet un lit de domestique,
« un fauteuil et deux chaises et une table. — Dans la suivante
« n° 5 un bois de lit, une paillasse, une couverture en laine et de
« vieux rideaux de toile grise, une table et un prie-dieu en bois
« de chêne, un vieux fauteuil et quatre chaises; dans le cabinet
« un vieux bois de lit et une chaise. Dans la suivante n° 6 un
« lit en alcove complet, la courte-pointe et les rideaux d'in-
« dienne et deux chaises en paille. — Dans la suivante n° 7 un
« lit simple, courte-pointe d'indienne, rideaux de toile grise,
« deux tableaux près la cheminée l'un de saint Benoît et l'autre
« de sainte Scolastique, milieu d'icelle une gravure encadrée,
« portrait du roi Louis XV, à gauche quatre autres tableaux
« portraits encadrés tous en bordure dorée vieux, une table
« vieille et un vieux feu. — Dans la chambre n° 8 un lit simple,
« courte-pointe d'indienne, rideaux de serge, quatre vieux
« tableaux à bordure dorée, une table, trois fauteuils en vieille
« tapisserie. — Dans la chambre de Dom Besserve absent n° 9
« il a été déclaré par le domestique qu'elle contenait un lit
« simple, courte-pointe et rideaux d'indienne, une table, deux
« fauteuils et six chaises, une table de nuit. — Chambre n° 12
« un petit bois de lit, une paillasse, deux matelas, rideaux de
« serge bleue, une table et cinq chaises. — Suivent six chambres
« de domestiques avec leurs petits lits de peu de valeur et
« quelques chaises. — La chambre des cloîtres occupée par
« Dom Besserve un lit simple, rideaux de toile flambée bleue,
« cinq chaises et une petite table. — De là nous sommes passés
« à la salle d'infirmerie où nous avons trouvé une grande table
« de service, une petite de décharge, sur la cheminée un tableau
« en gravure de la Vierge sous verre, bordure dorée, seize chaises
« en paille, deux buffets contenant le service de la table en
« fayence française, anglaise… et vingt couverts d'argent tant
« à filets qu'autres, deux cuillères à potage, une longue et une
« ronde, six cuillers à ragoût, une grande fourchette de service,
« une seule cuiller à café, les autres venant d'être volées et dont
« il a été dressé procès-verbal par le Procureur du Roi du
« baillage de Bretheuil. MM. les religieux nous ont prié sur

« ce que l'argenterie paraissait menacée par' l'épreuve du vol
« précédent de trouver bon qu'il la distribue entre eux, ce qui
« leur a été par nous accordé à la charge de la représenter si
« besoin est, ce à quoi ils se sont obligés à peine d'en répondre.
« Le linge de la maison a été déclaré par la dame Grenier, blanchis-
« seuse d'icelle, consister en trente paires de draps de maître tant
« bons que mauvais, seize paires de draps de draps (sic) de maître
« tant bons que mauvais, seize paires de draps de domestiques,
« cinq doubliers neufs, quatre petits doubliers ou nappes, deux
« cent serviettes, douze nappes de cuisine, quelques tabliers de
« cuisine, essuie-mains, etc. La batterie de cuisine consiste en
« trois grandes turbotières, trois poissonnières, deux grandes
« casseroles rondes, dix sept petites. *aquère* (aiguières), trois
« passoires, vingt petites tourtières, quatre grandes, quatre cou-
« vercles, une marmite, le tout en cuivre rouge. Le surplus en
« marmites de fonte, etc., tournebroche, garnitures de cheminée,
« table de cuisine et autres ustensiles, etc. Dans le salon de
« compagnie une glace sur la cheminée entourée de baillettes
« d'or et de vingt six pouces de longueur sur dix huit de hau-
« teur, deux consoles de bois doré avec leurs tablettes en marbre,
« une table longue contenant un jeu de trictrac, six fauteuils en
« velours cramoisi d'Amiens, six fauteuils en tapisserie, deux
« tables de jeu et un feu complet, garniture en cuivre doré.
« Dans la grande salle à manger deux tables peintes, un Christ
« sur velours noir, dont le cadre est de bois doré, un portrait à
« mi-corps d'un cardinal de la maison de Rohan. — De là passés
« dans l'appartement de la cellerie : une table, sept chaises et
« fauteuils neufs en paille, un mauvais feu. Dans celui de la
« dépositairerie une table et un fauteuil de tapisserie. — De là
« sommes passés à la cave sous la cuisine et y avons trouvé le
« fût de sept tonneaux et une petite tonne, un panier de bouteilles
« vuides au nombre d'environ trois cents. Sous la remise trouvé
« quatre tonneaux commencés sous trois cercles et non enfoncés.
« Dans le pressoir trouvé cinq tonneaux deux petites et une
« grande tonne. Trouvé dans la pâture près du pressoir six vaches
« dont une génisse sous poil rouge, tête blanche. — Passés à
« l'écurie trouvé une jument sous poil noir de l'âge de cinq ans
« et deux autres déclarées en outre mais être absentes, l'une âgée
« de 21 ans et l'autre de 7 ans. — La blanchisseuse a déclaré

« que l'endroit où elle fait les lessives contient une grande et deux
« petites cuves, deux chaudières, quatre chariers bons et mauvais.
« Oublié sous la remise deux mauvaises voitures, une à quatre
« roues et l'autre un cabriolet et deux charrettes. Et attendu qu'il
« est près de six heures, qu'il ne nous reste plus rien qui
« mérite en dresser état nous avons clos la séance et renvoié la
« continuation pour le chartrier, comptes de régie et pour tout
« ce qui nous reste à faire jusqu'au retour de Dom Prieur. »

« Du lundi dix septième jour du mois de mai mil sept cent
« quatre vingt dix, nous maire et officiers municipaux, informés
« par dom Labigne, sous-prieur de l'abbaye de ce lieu, pour
« l'absence de dom Hommeril, prieur, que le trésor d'icelle
« placé dans la partie gauche du cœur et contenant toute l'argen-
« terie de leur église désignée par le détail que nous en avons
« fait suivant notre procès verbal de vendredi dernier quatorze
« de ce mois avait été volée dans la nuit dernière, en consé-
« quence nous a réquis d'en dresser procès verbal et de cons-
« tater le peu d'objets qui en restent et par là avoir état de ceux
« enlevés, à quoi procédant en présence du Procureur de la
« commune et assistés du secrétaire greffier, nous sommes trans-
« portés dans le cœur de la dite église, au lieu du trésor où nous
« avons trouvé 1° les deux serrures du battant droit brisées, les
« paines forcés par quelque fort instrument qui a fait brèche à la
« bordure, entre icelle et le milieu des deux battants qui est en
« forme de pilastre, une bayette y attenante avec cheville de
« bois, laquelle a été brisée en plusieurs morceaux et éclats,
« trouvé sur une table appelée crédence les objets de peu de
« valleur extraits des effets enlevés et deux chandeliers argentés
« que les voleurs ont reconnus pour ne pas mériter leur attention,
« six pieds destaux avec et sans médaillon. Dans le trésor forcé
« et volé en plus grande partie trouvé les objets cy après : Le
« bâton de chantre, le soleil d'argent doré, une sainte d'argent
« massif de la hauteur de 15 ou 16 pouces, pied destal de bois
« noir, un ange d'argent massif portant un pied de hauteur,
« piedestal de bois noir, l'encensoir d'argent, la croix proces-
« sionale et son bâton, les deux épitoliers, un vase des saintes
« huiles, un petit reliquaire d'argent doré, un morceau d'argent
« massif en forme de crosse, six reliquaires moyens détachés des
« pieds destaux et des mains de différentes statues de saints.

« Persuadés que les objets manquant ne pouvaient pas avoir
« été transportés bien loin et qu'il n'était pas impossible de les
« retrouver, nous avons demandé l'assistance de la garde natio-
« nale dont nous ne pouvons trop louer le zèle (1), avec laquelle
« nous avons fait une perquisition exacte dans l'enclos de la
« maison, accompagné de dom Labigne, sous prieur, qui ne nous
« a pas quitté et qui a donné à connaître d'une manière qui nous
« a paru franche et loyale combien il était sensible à l'événement,
« et parvenus à environ cinquante pas de la porte pillière sous
« une couverture de mur, il a été trouvé une partie de l'argen-
« terie qui faisait l'objet de notre recherche, dont le détail suit :

« 1° Enfant Jésus en argent massif avec sa couronne dorrée
« garnie de pierre grena verte et blanche de dix sept pousse de
« long sans pied d'estal brisée par le bas et par le bras droit.

« Item une sainte Scolastique en argent massif de quinze
« pouce de hauteur brisée par le bas au dessous du bras gauche.

« Item une navette d'encenssoire d'argent massif de six pouce
« de longueur et trois pouces edemy de largeur.

« Item une sainte d'argent massif de quinze pouce de longueur
« sans pied d'estal brisée par le bas, les bras forcée.

« Item deux anges d'argent massif de huit pouce edemy de
« hauteur, ayant porté reliquaire ce qui se voit par la situation
« des mains, sans pied destal. Le bas un peu froüessé.

« Item un pied de croix du metre autel argent massif sur trois
« pieds, de sept pouces edemy de hauteur.

« Item deux autres partie de chandelliers argent massif, une
« de sept pouces edemy de hauteur et l'autre qui est l'écuelle de
« six pouces edemy de large.

« Item une coupe pour la communion de six pouces de hau-
« teur, argent massif et quatre pouce de largeur moins deux
« ligne.

« Item un saint Benoît argent massif de quinze pouce de
« hauteur avec sa crosse cassée en trois morceaux.

« Item un ange argent massif d'un pied de hauteur. Le bras
« droit cassé, enfoncé en devant, le bras brisé.

---

(1) Le Directoire accorda, le 6 octobre 1790, une somme de 147 l.
1 s. 9 d. à la Garde nationale de la Vieille-Lyre pour ses fatigues à la
recherche de l'argenterie disparue. *(Archives de l'Eure,* L. 182).

« Item deux couronnes qui paraissent d'or et que nous avons désigné dans notre procès verbal comme dorée, ne pouvant les voir en dedans étant sur la tête des saints.

« Item une palme d'argent massif dorée en dessus de six pouces de longueur.

« Ensuite ayant été informé que la garde avait trouvé dans un autre endroit plusieurs autres pièces d'argenterie nous nous sommes rendue de suitte au lieu désigné et avont trouvé sur le grenier d'un lieu d'aisance ou latrine adossé contre le mur du potager.

« 1° Le pied d'un chandelier brisé argent massif avec sa visse en fer de la hauteur de onze pouces, l'écuelle de la largeur de huit pouces edemy.

« Item, un chandellier argent massif entier de la hauteur de dix neuf pouces qui est le pareil du morceau ci-contre.

« Item une vierge d'argent massif doré avec un petit Enfant Jésus sur un bras en argent de seize pouces de hauteur sur un pied destal de cuivre doré sur 4 pieds.

« Item un pied destal en bois avec trois clous en argent et une petite plaque d'argent déchirée, restée à un des clous portant un controlle à la lettre A, trouvée dans le potager en fasse de l'abbaye près de la petite porte qui sort dans l'enclos. — A été retrouvé dans un tiroir de la sacristie *l'anneau de saint Thommas, évêque de Cantorbie.*

« De la réquisition de dom Labigne, souprieur, et du consentement du procureur de la commune, toutte l'argenterie retrouvée et celle qui n'avait pas été volée a été transférée en notre présence dans le chartrier de la dite maison dont les clefs ont été remises au nombre de deux au procureur de la commune.

« Trouvé dans le dit trésor volé un mémoire en parchemin intitulé : Mémoire des reliques de l'abbaye de Notre-Dame de Lyre dont dom Labigne a consenti le dépôt au bureau de la municipalité, certifié signé de M. le maire et lui.

« Le présent clos et arrêté ce dit jour et an que dessus. »

« Du dit jour premier juin mil sept cent quatre-vingt-dix le procureur de la commune aiant présenté deux objets d'argenterie qui lui ont été apportés hier par Etienne Queulin, jeune homme âgé d'environ douze à treize ans, né en cette paroisse,

« lequel est fils du secrétaire greffier de cette municipalité,
« lesquels sont la poignée de deux calices qu'il a apportés enve-
« loppé d'un linge lié d'une corde moyenne. Nous maire et
« officiers municipaux réunis en conseil complet, de la réqui-
« sition du dit procureur de la commune, en présence de
« M. Frémont, commandant de la garde nationale de ce lieu et
« M. Etienne Leroux capitaine d'icelle, nous sommes transportés
« sur le pont, appellé le pont de la Vieille-Lyre avec le dit
« Queulin fils pour savoir de lui comment il a trouvé les mor-
« ceaux de calice en question, où la étant le dit Queulin nous
« aurait montré l'endroit où ces deux morceaux étaient envelopé,
« comme dit est, d'un linge ou morceau de toile qui parait
« avoir été peinte en rouge, sur lequel il a été mis un seellé
« par le dit procureur et par lui conservé au besoin, lequel
« endroit où étaient les dits morceaux d'argenterie envelopé est
« le côté de l'abreuvoir sous la première arche, à environ trois
« pieds du premier pilier ; là s'est présenté le sieur François
« Clozet, lieutenant de la dite garde nationale, lequel a déclaré
« avoir attiré le dit morceau de linge avec son épervier à la
« distance où le dit Queulin l'a ramassé, que lui dit Clozet n'y
« avait pas apporté la moindre attention, mais qu'il l'avait
« reconnu dans les mains du dit Queulin pour être celui qu'il
« avait approché. Vu quoi et les soupçons que cette argenterie
« fait naître en réfléchissant que ces deux morceaux envelopés
« ne pouvait y être que depuis très peu de temps puis que le
« linge ou toile était assés net et non enduit d'une bourbe légère
« que l'eau dépose dans son cours et qu'il paraîtrait que l'argen-
« terie volée ne serait pas encore très éloignée, le Procureur de
« la commune remettra les morceaux de calice dans la dite toile,
« les liera avec la même corde, afin que remis à l'Etat qu'on les
« lui a apportés ils puissent servir s'il est possible à connaître les
« voleurs, recéleurs, fauteurs ou autres y aiant participé ou qui
« en auraient connaissance. Pourquoi le dit procureur de la
« commune demeure réservé quand bon lui semblera à donner
« son réquisitoire pour faire entendre témoins si sur ses informa-
« tions il apprend que bien soit fait.

« Et arrêté en l'hôtel de ville les dit jour et an que dessus.
« Signé : Duval du Mesnil, maire, secrétaire par absence, Masson ;
« 1er officier, J.-Bte Marais ; 2e officier Etienne Loiseau ; 3e officier,

« Jacques, Dumontier, François Duval, Foucault, procureur.

« Du six juin mil sept cent quatre vingt dix sur les quatre
« heures de relevée le procureur de la commune aurait fait
« informer M. le maire par Jean-Antoine Landrieu, enfant
« âgé d'environ dix ans, lequel est venu aussitôt au bourg de
« cette paroisse, au domicile du dit procureur. Là se sont
« trouvés MM. François Duval et Jean-Baptiste Marais, officiers
« de la municipalité d'icelle et il nous a été exibé sur une vieille
« pièce de toile pleine de terre et de vase, laquelle renfermait
« beaucoup d'objets d'argenterie volés dans la nuit du seize au
« dix sept du mois dernier, lesquels venaient d'être retrouvés
« envelopés dans la dite toile liée d'une corde par l'enfant
« cy dessus désigné qui a déclaré avoir coupé la corde sur la
« place du bois appelé le petit bois à Gonse, près le pont de Lyre
« à la gauche d'icelui au triège nommé les Cotils où étaient
« déposés les dits objets d'argenterie embalée. — Procédant à la
« reconnaissance, nous nous sommes pleinement convaincus
« ainsi que le procureur de la commune que cette argenterie fait
« partie de celle par nous inventoriée dans le trésor de l'abbaye
« de ce lieu le quatorze du mois aussi dernier et les dits objets
« retrouvés consistant savoir le dessus de la croix de maitre autel,
« argent massif à l'exception du pied que nous avons retrouvé
« dans la perquisition du 17 du dit mois de mai, la croix d'argent
« doré enrichie de pierreries, à double bras portant du bois de
« la vraie croix, un ciboire avec son couvercle argent massif —
« deux coupes de calices d'argent cizelé — une autre coupe de
« calice d'argent doré, les trois pieds des dits calices, d'argent
« massif, dont un doré et trois patennes d'argent massif dont une
« d'argent doré, les quatre grandes burettes avec leurs bassins
« d'argent massif dont un ainsi que les burettes émaillées en bleu
« avec guirlandes. Il nous a été observé par le procureur de la
« commune que lorsque le paquet lui a été remis il a remarqué
« qu'il avait été déposé dans l'eau et dont il avait été tiré depuis
« bien peu de tems et que la toile ou emballage semble la même
« que celle qui contenait les deux morceaux de branche de
« calices trouvés sous le pont de Lyre ainsi qu'il a été constaté
« par notre procès verbal du premier de ce mois, sur laquelle
« toile le procureur a apposé un papier et son cachet. Il a été
« arrêté que cette même argenterie retrouvée aujourd'hui va

« être incontinent déposée avec les autres objets d'argenterie de
« la dite abbaye dans le chartrier de la dite maison.

« Fait et arrêté ce dit jour et an que dessus. Signé Duval du
« Mesnil (1), maire, François Duval, Jean-Baptiste Marais 2e officier,
« Foucault procureur. »

Le maire, sur qui retombait tout ce travail, écrivait, le 30 mai, à Robert Lindet, commissaire du roi, pour l'informer du vol commis à l'abbaye, qu'une garde y était placée « que l'argenterie soit partie et que ses moines fussent au diable ». — Aussi le 5 août 1791 il envoyait le tout à la Monnaie, malgré les réclamations des paroissiens qui voulaient échanger leur ostensoir contre celui des religieux. La veuve Frémont de la Vieille-Lyre, épouse du feu commandant de la garde nationale, conserva, chez elle, plus d'un an, cette argenterie.

Les gardiens, MM. le Bas et David, avaient beau veiller, les vols continuèrent comme nous le verrons par la suite.

Ces inquiétudes un peu calmées le maire interrogea les religieux sur leurs intentions, mais sans grande ardeur, car cette enquête traîna jusqu'à la fin de janvier 1791. Donc le 25 juin 1790 dom Pierre-Sévère-Joseph Franck, dom Antoine-Louis-Joseph Audry originaire de Saint-Omer-en-Artois déclarèrent que leur intention était de se retirer ;

Dom Pierre Hommeril, né le 18 septembre 1742 à Vesly, diocèse de Coutances, religieux profès à l'abbaye Saint-Martin-de-Séez le 18 février 1762, prieur de Lyre, déclare, le 3 janvier 1791, se retirer dans sa famille à Vesly ;

Dom J.-B. La Bigne, né le 22 mai 1736 paroisse Notre-Dame de la Couture à Bernay, diocèse de Lisieux, profès à Jumièges, le 29 mai 1758, sous-prieur de Lyre, consent à continuer la vie commune (4 janvier) ; mais quelques jours après (le 9) se rétractant il dit se retirer dans sa famille à Bernay ;

Dom Pierre-Michel Duvrac, né le 11 juin 1747 à Guerbaville, diocèse de Rouen, profès de Jumièges, le 20 mai 1773, ira où

---

(1) Mr Duval du Mesnil fut un des administrateurs du district de Verneuil pendant les années 1791 et 1792 ainsi que Mr Mesnil, juge de paix à la Neuve-Lyre. (V l'article de Lorin dans la *Soc. lib. de l'Eure* 2e série, t. 1, p. 406.)

bon lui semblera et le 21 janvier il ajoutait à sa déclaration du 5 :
« peut être dans le district de Caudebec » ; il avait 44 ans ;

Dom Jean-Jacques-Henri Besserve, né à Rouen paroisse Saint-Pierre-l'Honoré, le 11 avril 1745, profès de Jumièges le 29 mars 1773, désire continuer la vie commune d'après sa déclaration du 5 janvier.

Dom J.-B. Paul Labatte, né le 25 janvier 1761 au diocèse de Meaux, profès à Jumièges le 8 septembre 1782, ira où bon lui semblera.

Dom Edme-Marie-Nicolas Lartois, né le 23 septembre 1745, opta pour une pension de 800 livres qu'il touchait encore en l'an IX, comme domicilié à Evreux ;

Dom Alexandre-Joseph Dubocquet, né le 21 septembre 1717, résidait à Breteuil où il touchait également les 800 livres de pension, après s'être retiré d'abord à Chelles le 30 septembre 1790 ;

Dom Louis-Georges Marchand se présentait enfin à Lyre, le 31 mai 1791, pour y vivre en communauté parce que, disait-il, ce monastère avait été choisi comme maison de retraite.

Ainsi donc sur dix religieux, présents à l'abbaye à l'époque révolutionnaire, deux seulement, dont un se rétracte bientôt, acceptent la vie commune, triste résultat des querelles jansénistes et de l'esprit philosophique du XVIIIe siècle! Puis celui qui avait déclaré vouloir continuer à vivre en communauté devint, le 29 août 1791, curé assermenté de Condé-sur-Iton !

Quant au projet de faire de Lyre une maison de retraite, en vertu du décret du 13 janvier 1791, il suscita une énergique opposition des habitants du Bec, le 8 avril suivant, en ces termes : « tous les habitants en général dudit lieu ayant été
« informés depuis plusieurs jours qu'il était question de la
« suppression totale de la maison conventuelle du Bec, et d'en
« faire partir les religieux qui y sont encore résidants, pour les
« transférer ainsi que leurs confrères qui préfèrent la vie
« commune, à l'abbaye de Lyre ; cette nouvelle a causé l'alarme
« et le trouble dans tous les esprits... le vœu des habitants et
« même celui de plusieurs paroisses circonvoisines est qu'il soit
« présenté une requête à MM. les administrateurs du département
« de l'Eure pour demander la conservation de cette maison, et
« qu'elle soit destinée à servir de retraite aux religieux qui juge-
« ront à propos de finir leurs jours dans le cloître. » — M. le

Chanoine Porée, à qui nous empruntons cette requête, dit que « malgré toutes ces démarches le directoire du département de l'Eure maintint l'abbaye de Lyre comme maison de retraite (1). »

Le District de Verneuil, dans sa délibération du 18 mars 1791, formait, en effet, le projet d'établir cette maison de retraite avec ordre de procéder à un nouvel inventaire, afin de laisser les meubles nécessaires à une vingtaine de religieux. Cet inventaire établi par MM. Jacques-Robert le Bas et Charles-Louis David, le 26 février *(donc avant la délibération)* existe encore aux Archives de l'Eure, avec celui des objets qui sont destinés à être vendus.

Dans le premier état, on conservait : un buffet, 220 assiettes, plats, salières (n° 30) ; bouteilles, chandeliers argentés, grande table de salle à manger (n° 32) ; une poêle à marrons, broche à rôtir, etc. (n° 33) ; dix tables de réfectoire, une de compagnie (n° 35) ; 9 bonnets carrés, 6 robes rouges d'enfants de chœur, 15 surplis, 5 camails, 20 aubes, 21 amicts, 21 corporaux, 145 purificatoires, 15 nappes d'autel, grande glace dorée de 8 pouces, 7 chapes noires, vertes et violettes, 2 tuniques noires, chasubles, etc. (n° 59) ; 6 chandeliers au maître-autel, une croix argentée, 5 cloches au clocher, 3 timbres d'horloge, les orgues avec leurs 4 soufflets (n° 60) ; 4 chapes de premier ordre, 2 dalmatiques, 3 étoles, garniture du dais et l'écharpe, 2 voiles de calice en soie blanche, 5 chapes, 2 tapis de 1ᵉʳ et 2ᵉ ordre, 3 chapes velours cramoisi ainsi que deux chasubles, etc. (n° 61) ; un calice, 2 burettes, un ciboire d'argent, le vase des saintes huiles, etc. (n° 69).

Mais tout cela fut inutile, parce que, d'après le *Rapport — imprimé — du Procureur Général-syndic fait à la session du Conseil Général du département de l'Eure le 15 et 16 novembre 1791* le monastère de Lyre était, paraît-il, trop étroit.

Au Chapitre *Épidémies, Secours et Récompenses*, page 18 de ce rapport, on lit, en effet : *Maisons de retraite.*

---

(1) *Histoire du Bec*, tome II, p. 539. — Cf. : *Archives de l'Eure L.* 1253. — L'affirmation de Mʳ le chanoine Porée, d'après E. Veuclin, est en partie inexacte, car le 25 juin 1791, l'abbaye du Bec était substituée à celle de Lyre comme maison de retraite, ce qui explique comment des moines restèrent au Bec jusqu'au 26 mars 1792, ainsi que le dit l'auteur lui-même à la page 541 du tome II. (V. *Archives de l'Eure L.* 1254. p. 195.)

« Pour satisfaire aux décrets de l'Assemblée Nationale, qui
« accordent aux religieux de tout ordre la faculté, ou de vivre
« dans le monde, ou de continuer la vie commune, et pour en
« même temps accélérer la vente et l'évacuation des maisons
« religieuses supprimées, il étoit du devoir de votre Directoire
« d'indiquer à ces religieux, ayant préféré de vivre en commun,
« les maisons de retraite où ils pourroient se réunir; par sa
« délibération du 26 mars 1791 il a indiqué pour les religieux
« rentés et de même traitement la maison conventuelle de la
« ci-devant abbaye de Lyre avec les lieux claustraux en dépen-
« dant; et pour les religieux non rentés, la maison et aussi les
« lieux claustraux en dépendant du ci-devant couvent de La
« Garde-Châtel, district de Louviers; et postérieurement à cet
« arrêté la maison de Lyre ayant été trouvée trop petite pour le
« nombre des religieux voulant vivre en commun, celle *du Bec*
« *trouvée plus grande et plus commode a été*, par délibération
« ultérieure du 8 juin 1791, portant dérogation en cette partie à
« celle du 26 mars précédent, *adoptée et définitivement indiquée*
« *pour maison de retraite.* »

Dans l'inventaire du mobilier à vendre, détaillé chambre par chambre, outre les objets déjà mentionnés, il est intéressant d'en relever quelques uns : chambre n° 6, horloge dite réveil, armoire; n° 28, trois bibliothèques avec les papiers de l'abbaye (1); n° 29 chambre dite de compagnie : 4 tables à jouer, 2 tables de marbre, dorées, 10 fauteuils en tapisserie, 2 chenets cuivre doré; n° 30 grande salle : 2 moulins à café, une poêle à café, un plateau à café, 32 verres *à pattes*, 41 assiettes, 8 compotiers, 4 coquilles, 2 plats à fruits, 16 plats de service, le tout faïence de Strasbourg, 20 assiettes, porcelaine, à dessert, 2 flambeaux, un plat à brochet en Strasbourg, 2 sucriers avec leurs plats, 2 sceaux à liqueurs, cafetière, plateau sur lequel il y a 4 figures,

---

(1) Le 27 octobre 1793 Masson demandait son salaire pour son inventaire des titres de l'abbaye en sorte que, le 9 novembre, le Directoire lui accordait 1.800 livres à raison de 6 livres par jour à prendre sur le receveur de l'enregistrement à Lyre. Le curé Morand obtenait 60 livres pour le catalogue de la Bibliothèque. (*Archives de l'Eure, L, 1275*).

11 petits pots à crème en Strasbourg, 12 autres sur deux plateaux, pyramide à dessert, etc. ; n° 31 salle à manger : 114 assiettes blanches, 6 compotiers, un cabaret à café, 2 moutardiers en Strasbourg, table à pied de biche, etc. ; n° 32 cuisine : écuelle de cuivre argentée, 2 plats d'étain, grande chaudière en cuivre, 12 casseroles, 6 grandes poissonnières, marmite de cuivre, salières de cristal, etc. ; n° 48 remise : un carrosse à quatre roues, 2 voitures à deux roues, banneaux, etc. ; n° 50 serre : 14 chassis, 22 cloches à melon, etc. ; n°s 59, 60, 61 sacristie : 28 aubes, 5 chandeliers de cuivre, etc. ; n° 64 *château de Camberzi* (sic) : une bergère avec paillasse et oreiller, table à jouer, 3 rideaux à fleurs, de croisée, 3 chaises et un fauteuil, paille, arrosoir, etc. ; n° 65 autour du cloître une pendule avec sa boîte et à l'autre côté cadran neuf espèce de placard avec boiserie, etc. ; n° 66 l'horloge avec ses poids ; n° 69 dix couverts d'argent, 6 cuillières de service, deux à pot et une à café ; n° 70 quinze paires de draps, 87 serviettes, 10 doubliers, 10 nappes communes, 48 tabliers de cuisine, 62 torchons ; n° 72 la bibliothèque suivant inventaire particulier, etc. Fait à Lyre ce 3 mars 1791.

D'après le décret de l'Assemblée Nationale chaque religieux avait le droit d'emporter, s'il ne continuait pas la vie commune : sa chambre, plus un couvert d'argent, 12 serviettes et 3 paires de draps. C'est pourquoi, le 9 juillet 1791, dom Jean-Jacques Henry Besserve demandait 3 paires de draps, 12 serviettes, 2 nappes de cuisine, 3 ou 4 torchons, de la vaisselle, etc., ce qui lui fut accordé (1).

Ainsi commençait la dispersion du mobilier et de tous côtés les demandes affluèrent, chacun venant prendre part à la curée.

D'abord les paroisses voisines, y compris la Vieille-Lyre, sollicitèrent des ornements, des autels, des cloches, l'église elle-même ! Voici la réponse du district de Verneuil, à ce sujet, au maire de la Vieille-Lyre :

---

(1) Le 29 février dom du Bocquet avait réclamé divers objets et le 5 août demandait, en outre, 94 volumes restés dans sa chambre. (*Archives de l'Eure*, L, 1275).

« *Verneuil, le 15 août 1791.*

« Monsieur,

« Votre lettre du 15 du mois dernier est relative à deux objets.
« Le premier concerne la réclamation que vous faites des orne-
« ments de la ci-devant abbaye de Lyre, le second l'échange de
« son église avec celle de votre commune.

« Le premier a pour concurrent les paroisses de la Jeune-Lyre,
« de la Ferrière et de Neaufle. Le Directoire adopte cette division,
« mais vous conserve la majeure et la plus précieuse partie, il
« adopte aussi purement et simplement la permutation dont
« s'agit (1).

« J'ai l'honneur d'être respectueusement, etc.

« Monsieur, etc. »

Le Procureur syndic du District de Verneuil.
Signé : Bellemère.

L'église abbatiale devint donc, pour quelques mois, église paroissiale. Mais, bientôt, un certain nombre de propriétaires, de la Neuve-Lyre, des Baux et de Cernay, réfléchissant que l'entretien de ce temple serait autrement onéreux que leur petite église et serait la cause d'une augmentation d'impôts sur les terres qu'ils possédaient dans cette commune, s'opposèrent à cet échange qui fut définitivement abandonné.

Cette requête, adressée au Directoire le 18 novembre 1791, le fut à l'insu des habitants de la Vieille-Lyre qui, le lendemain, 19 novembre, écrivaient eux-mêmes pour demander les cloches, en ces termes : « Elles sont indispensablement nécessaires pour
« appeler les paroissiens à l'office, trop éloignés pour entendre
« les petites cloches telles que celles de l'ancienne église, celles
« de la cy-devant abbaye faisant aujourd'huy l'église paroissiale,
« les paroissiens s'en étant mis en possession sur l'avis et d'après

---

(1) La délibération du Directoire ajoute : « à condition que dans le transport qui pourroit être fait des choses religieuses nécessaires au service d'une paroisse ou autre on ait tout le respect dû à tout ce qui peut servir au culte religieux à qui elles appartiennent. »

« le vœu du Directoire, leur ancienne église étant trop petite
« pour la population qui s'élève à près de 1.200 habitants,
« menaçant ruine et étant dans un état de dépérissement, c'est
« pourquoi les habitants de la Vieille-Lyre réclament les trois
« principales cloches de la cy-devant abbaye, abandonnant les
« trois de leur église et les deux petites de l'abbaye (1). »

Les propriétaires de la Neuve-Lyre, des Baux et de Cernay, n'obtinrent pas immédiatement gain de cause. Mais bientôt ceux de la Vieille-Lyre, mis en demeure de faire au monument les réparations indispensables à son existence, écrivirent au Directoire, le 24 messidor an III, pour réclamer leur église « celle de l'abbaye nécessitant 10.000 livres de réparations, tandis que pour 4.000 la leur serait remise en état. » Ainsi fut condamnée l'abbatiale !

Quant aux ornements, partagés entre quatre communes, en voici l'attribution d'après le registre du Directoire, à la date du 18 août 1791 : « *A la Vieille-Lyre* : les deux premiers articles de « l'Inventaire, soit 4 chapes du premier ordre et parement « d'autel, 2 dalmatiques, 3 étoles, garniture du dais et l'écharpe, « 2 voiles de calice en soye blanche, fleurs d'or et de soye de « différentes couleurs, parement d'étoffe fond d'or et fleurs en « soye ; — 5 chapes, 3 chasubles, 2 dalmatiques en étoffe fond « d'argent et soye couvertes en fleurs de soye rouge ; — *A la*

---

(1) « Ayant ajourné, Messieurs, la réunion de la Vieille à la Jeune-
« Lyre, ou de la Jeune-Lyre à la Vieille-Lyre jusqu'à cette époque, il
« convient que l'office de la Vieille-Lyre continue d'être célébré dans
« l'église de l'abbaye : en conséquence, nous vous prions, Messieurs,
« de surseoir à la descente des trois principales cloches de cette der-
« nière église ; mais bien de faire procéder à la descente de celles de
« la ci-devant église paroissiale de la Vieille-Lyre qui, de quelque
« manière que s'effectue la réunion, disparaîtra de la carte géogra-
« phique.

« Les administrateurs composant le directoire de l'Eure,
    « Ledier, Desmoyaux, Savary,
    « Delhomme, procureur général syndic. »

Le 15 ventose an II le citoyen Hébert reconnaissait avoir reçu 36 francs pour ce travail. — Le 29 prairial an II les administrateurs donnaient 10 fr. 38 pour la descente des orgues de l'abbaye. (Delieuvin).

« *Neuve-Lyre* : 4 chapes blanches, une écharpe, une chasuble
« du 2ᵉ ordre en soye fond blanc, 3 chapes velours cramoisi,
« 2 chasubles de même et ce qui s'en suit; — *à Neaufles et à la*
« *Ferrière* à partager également l'article V, c'est-à-dire 7 chapes
« noires, violettes et vertes, 2 chapes rouges, une chasuble,
« étole, etc. — De 10 chasubles et 40 aubes de l'article VI
« la Vieille et la Neuve-Lyre auront 3 chasubles et 15 aubes,
« le reste aux autres communes. — Enfin les 6 devants d'autel
« resteront à l'abbaye jusqu'à nouvel ordre. »

La paroisse des Baux présentait aussi une requête, le 7 novembre 1791, afin d'obtenir Sainte-Suzanne ou le prieuré du Désert comme succursale, parce que « la commune se compose de 18 villages, a 7 lieues de tour, 1.600 habitants, dont 400 à Sainte-Suzanne qui se trouve à une lieue de l'église. » Le Directoire accorda la demande.

On ne pouvait renverser l'ordre établi depuis des siècles sans laisser en souffrance certains services publics, comme les écoles, ou des intérêts particuliers comme ceux des créanciers de l'abbaye, ou des rentiers pour un capital prêté. Le conseil général de la Vieille-Lyre adressa, le 1ᵉʳ mars 1791, une pétition afin d'obtenir le maintien des secours alloués par les religieux à la Sœur qui tenait leur école, secours qui consistaient en 140 livres de traitement, plus le pain, le cidre et le bois. « Sur l'année 1790
« elle n'a reçu que 60 livres de l'abbé de Lyre en sorte que sans
« ces secours, la Sœur ne pourra plus tenir les petites écoles, elle
« sera obligée de se retirer dans sa communauté; la paroisse
« serait ainsi privée de l'instruction de ses enfants et les pauvres
« malades de leur médecin, privations qui occasionneraient les
« regrets de tous les citoyens de la paroisse et à coup sûr les
« murmures de tous les pauvres qui sont en grand nombre. » —
E. Veuclin dit que le Directoire accorda la continuation du secours et 200 livres, mais le registre (L. 229) affirme, au contraire, que la requête fut rejetée, l'Assemblée Nationale voulant organiser l'Instruction publique sur d'autres bases.

Le Directoire fut plus humain pour deux anciens serviteurs de l'abbaye. « La municipalité ayant exposé que les religieux du cy-
« devant Ordre de Saint-Benoît au nombre de quatre sont sur le
« point de partir, qu'il existe deux hommes dans cette communauté
« dont la perspective serait affreuse, si l'administration ne s'occu-

« pait de leur sort, que l'un nommé Jean Legrain, âgé de 79 ans,
« sourd et muet dès sa naissance, a été adopté par la dite com-
« munauté à l'âge de 16 ans, qu'il y a toujours travaillé comme
« un forçat et que sa maison n'a rien fait pour lui (*il n'est pour-
« tant pas parvenu à près de 80 ans sans que les moines s'en soient
« occupés !*); — que l'autre nommé Jean Ivelin, âgé de 75 ans,
« était d'ancienneté le tailleur de la maison, qu'il a travaillé de
« son métier tant que sa vue le lui a permis, qu'alors les religieux
« eurent pitié de son sort en déclarant par un acte capitulaire le
« prendre comme portier à la charge de le nourrir et entretenir
« jusqu'à la fin de ses jours, ainsi qu'il est plus au long en la
« requête tendante à ce qu'il plaise à l'administration, etc. Arrêté
« par le Directoire que Jean Legrain et Ivelin se retireront dans
« l'hôpital de Verneuil avec leur mobilier, moyennant 150 livres
« pour Legrain et 100 livres pour Yvelin (1) qui portera le
« revenu qu'il peut avoir. »

L'Assemblée Nationale, en s'emparant des biens monastiques, avait, dans son décret, promis d'indemniser ceux qui avaient des créances ou des rentes sur les abbayes. Chacun se hâta de produire ses titres.

Le 14 septembre 1790 Marie-Marguerite Lallemand, de Saint-Pierre d'Evreux, demande une rente viagère à elle due, selon un acte du 27 octobre 1787, par l'abbaye de Lyre, rente de 200 livres admise du Directoire, le 20 octobre, lequel en donna, le 17 décembre, l'ordonnance définitive.

Mr de Goey, capitaine de chasseurs, ancien régiment de Conty, demeurant à la Vieille-Lyre, demande, le 13 octobre 1790, 1.300 livres de rente pour 13.000 de capital, placés à fond perdu sur l'abbaye à 10 %, le 1er octobre 1786. — Le 14 mai 1791 on lui accordait 1.950 livres d'arrérages; le 28 septembre on ajoutait 2.600 livres pour deux années échues, en décidant que la rente serait continuée jusqu'à son décès.

Pierre Bajle, demeurant à Paris rue Sainte-Marguerite, expose, le 22 décembre, qu'il est porteur d'un titre de rente, sur Lyre, au capital de 5.000 livres, soit 250 livres d'intérêt payées jusqu'en 1788. Le Directoire accorde les arrérages et la rente.

---

(1) Le 16 fructidor an II il avait 81 ans et obtenait un secours du Directoire pour augmenter sa pension (L, 231, p. 24).

J.-B. Hardy, docteur en médecine à N.-D. du Val de Conches, présente, le 28 mars 1791, une créance de 762 livres pour visites à dom Courdemanche, ancien prieur, et à d'autres religieux. On lui accorda 860 livres à cause des frais.

Un bourrelier de Lyre, J.-B. Marais, obtient pour son travail à l'abbaye 39 livres 11 sols (23 avril) ; — le boucher, Joseph Hébert, 951 livres (12 juillet) ; — la veuve de Jean-Pierre de Monfreuisse, épicière à Rouen, 7.222 livres 8 sols ; — enfin Antoine Laîné, organiste, demeurant à Laigle, paroisse Saint-Jean, 240 livres restant d'une somme de 800 livres pour réparations, fournitures à l'orgue de l'abbaye d'après « l'obligation du sieur Chahau cy-devant prieur, en date du 3 avril 1756, etc. »

Ainsi tout se réglait légalement et on ne peut s'empêcher d'admirer l'ordre qui présidait à cette colossale liquidation, en lisant les nombreux registres des districts et du Directoire. Rien n'est laissé à l'arbitraire, tout est prévu par les décrets, exécuté ponctuellement par les administrateurs, enregistré soigneusement, vérifié par des inspecteurs. De nos jours, si certaines pièces n'avaient pas été perdues, on pourrait retrouver tous les objets donnés ou vendus, comme on peut s'en faire une idée par les procès verbaux cités plus haut.

Le Prieur claustral, dom Pierre Hommeril, avait exactement tenu les comptes de son couvent et les soumit au Conseil municipal afin d'en obtenir décharge. « L'administration du sieur
« Hommeril, dit le Conseil en appuyant sa requête au Directoire,
« paroit marquée au coin de la délicatesse la plus scrupuleuse,
« puis qu'en sa qualité d'administrateur il auroit pu prendre
« pour la dépense de sa maison sur les revenus de l'année 1790
« jusqu'à concurrence de son traitement et celui de ses religieux,
« sans qu'on eut pu lui faire le moindre reproche, n'ayant rien
« fait, il a cru se ménager et à ses collègues leur traitement
« entier pour la dite année 1790. »

Le revenu de 1790 montait à 36.054 livres 15 sols 6 deniers sur lesquels le district de Verneuil avait déjà reçu 34.225 livres, 15 sols, 6 deniers. Ces comptes furent enfin approuvés le 27 août 1791 de la manière suivante : recettes 26.172 livres 18 sols 4 deniers, dépenses 26.169 livres 13 sols 7 deniers avec un boni de 3 livres 4 sols 9 deniers.

En septembre commença la vente des immeubles provenant

de l'abbaye de Lyre ; voici quelques exemples de cette première aliénation :

2 acres de pré, paroisse de Neaufles	6.717¹ 1ˢ 2ᵈ
9 acres de pré dit de la Pierre à Neaufles	18.640¹ 4ˢ 8ᵈ
Ferme de la Biguerie à Neaufles	8.345¹ 8ˢ 6ᵈ
Pré normand	5.952¹ 7ˢ 6ᵈ
Pré de la Brétesche	3.916¹ etc.

Le décret d'aliénation des biens est du 19 août 1792 et voici ceux qui furent vendus à la Vieille-Lyre, avec le prix d'acquisition :

Le moulin à blé de la Vieille-Lyre		4.700¹
Prés du moulin		8.800¹
Prés des petites Hunes		1.906¹
	Produit net.	
Prés	169¹	3.718¹
3 acres 3 vergées 3 perches	346¹ 19ˢ 11ᵈ	6.973¹ 19ˢ 10ᵈ
Forge de Trisay (mense conventuelle)		50.123¹ 19ˢ 6ᵈ
Prés de la forge	1.045¹	22.990¹ 6ˢ 6ᵈ
Ferme de la Boisselette	1.803¹	39.666¹
25 acres de terre	267¹	5.874¹
Ferme de la Bourgeraye	1.228¹ 7ˢ 4ᵈ	27.024¹ 16ˢ
Pré des Essarts	1.409¹ 3ˢ 4ᵈ	31.001¹ 13ˢ 4ᵈ
Ferme de Melbue	1.044¹ 1ˢ 3ᵈ	22.969¹ 10ˢ 3ᵈ
Ferme de Saint-Lubin		2.200¹ etc.

Le tout montait à 257.883 livres 10 sols 5 deniers, divisé en 30 articles, (*Archives de l'Eure*, L, 1258) d'après l'estimation de la Municipalité, mais fut en réalité vendu beaucoup plus. Voici les lots importants :

Forge de Trisay	60.000¹
Ferme de Melbue	30.800¹
Moulin Rouge	10.000¹
Ferme de la Biguerrerie	13.175¹
Moulin de la Vieille-Lyre	29.100¹

Fermes de la Boisselette et de la Secreterie	67.300¹
Ferme de la Bourgeraye	41.000¹
Droit de champart de la Vieille-Lyre	10.500¹

Ainsi ces huit articles seulement forment une somme supérieure aux trente articles estimés par la municipalité de la Vieille-Lyre !

Quant au mobilier, avant d'en faire la vente on procéda, le 13 ventose an II, à un nouvel inventaire en présence de François-Robert Mesnil, notaire à la Neuve-Lyre, et de Jean-Germain Delaunay, huissier et agent national au même endroit. Un décret du 13 brumaire an II requérait, en effet, « un état des meubles « et immeubles provenant de l'actif affecté, à quelque titre que « ce soit, aux fabriques des églises paroissiales, succursales, « chapelles et confrairies, etc. » Or, comme l'abbatiale était devenue paroissiale il fallut de nouveau inventorier ses meubles. Inutile de recommencer le détail des ornements, il suffit de relever quelques mentions inédites, telles que 153 livres de fer provenant des marteaux des cloches, 1.660 livres de plomb provenant des orgues, 290 livres d'étain, deux confessionnaux, une chaire à prêcher, « plusieurs autres grabats de boiseries « comme les petits autels (1), un buffet de sacristie en bois de « chesne à vingt un batants et tiroirs pour retirer les ornements, « 30 bancs, 10 selles, un lutrin, 18 escabeaux, le buffet d'orgue, « quatre autels en bois, deux antiphonaires, deux graduels, « quatre processionnaux, un missel, rituel, etc. »

Malgré de persévérantes recherches il nous a été impossible de retrouver l'acte de vente de tous ces objets, acte qui doit exister si nous en croyons E. Veuclin affirmant que, le 7 prairial an II : « Un huissier vendait aux enchères le mobilier de la ci-devant « église abbatiale, notamment : le buffet d'orgue, à François « Martin Le Roux, maître menuisier à la Vieille-Lyre, pour « 312 livres 10 sols; le grand autel du chœur, ou plutôt la « contretable du grand autel et le tabernacle, 56 livres 10 sols; « cinq autres contretables, de 12 livres 10 sols à 20 livres

---

(1) Tout ce qui précède se trouvait dans l'église paroissiale abandonnée, ce qui suit dans celle de l'abbaye où il y avait encore 310 livres de plomb et 242 livres d'étain provenant des orgues.

« chacune; le portique de la petite sacristie avec le tableau étant
« au dessus, 55 livres 5 sols; la boiserie de la sacristie, 160 livres
« 10 sols; 2 cadres, 50 sols; 2 autres tableaux 5 livres, 3 cadres
« dorés remplis de verre blanc, 5 livres, etc. » (*L'Antiquaire de Bernay*, n° 79, p. 329, et 99 p. 408).

Le 12 pluviose an II tous les religieux avaient abandonné l'abbaye car, à cette date, Dumontier, percepteur de la Vieille-Lyre, demande « décharge de 1.700 livres pour les contributions
« patriotiques, attendu que les ex-religieux qui auraient pu four-
« nir leur quote-part sont partis sans laisser d'adresse, sauf les
« religieux Homméril, la Bigne et la Batte; absents : Lartois,
« Le Franck, Audry, Le Vasseur et Duvrac qui ont dû payer
« ailleurs. »

Il ne restait donc plus qu'à vendre les bâtiments et le terrain de l'abbaye. C'est pourquoi, le 15 fructidor an III, l'administration décidait de diviser le tout en trois lots « parce que les
« bâtiments ne présentent pas la possibilité d'un établissement
« de manufactures à rouages. Donc la municipalité de la Vieille-
« Lyre fera faire un plan visuel (1) de ces trois lots, non compris
« l'église et une autre partie à démolir. — Le citoyen Feuillet,
« conducteur des travaux publics, est chargé de ce travail. »
(*Archives de l'Eure*, L, 1270).

On vendit la manse abbatiale le 21 floréal an V à Simon Fontaine, demeurant à la Vieille-Lyre, moyennant 5.040 francs. Ce lot comprenait : « une maison, bâtiments et dépendances,
« 82 pieds de longueur, 29 de largeur, 30 de hauteur; en bas
« deux appartements à feu et une chambre froide, au second
« quatre chambres avec chacune un petit cabinet, et, sur le tout,
« un grenier; maison construite en pierre de taille, brique et
« caillou, couverte en tuiles avec quatre égouts. »

Des trois lots le plus important était celui de la manse conventuelle, y compris l'église. Cette dernière, faute d'entretien, s'écroula en partie dans la nuit du 13 au 14 brumaire an VI. Voici le procès-verbal du Directoire à cette occasion et les mesures prises par lui :

---

(1) Ce plan visuel est probablement celui qui se trouve aux Archives Nationales.

« 23 brumaire an VI. Vu une copie collationnée d'un procès
« verbal rédigé le 15 de ce mois par les agent et adjoints de la
« commune de la Vieille Lyre qui constate que dans la nuit du
« 13 au 14 la cy-devant église de l'abbaye dudit lieu s'est
« écroulée en partie, que la flèche n'est plus suportée que par
« une moitié de la tour, et qu'au premier moment elle s'écroulera
« aussy ;
« Et la lettre du commissaire du pouvoir exécutif près l'admi-
« nistration municipale du canton de la Neuve-Lyre du 17 ;
« L'administration centrale de l'Eure considérant qu'il résulte
« du procès verbal de l'agent municipal de la commune de la
« Vieille-Lyre et de la lettre du commissaire du pouvoir exécutif
« près l'administration municipale du canton de la Neuve-Lyre
« que la chute de la flèche de la cy-devant abbaye de la Vieille-
« Lyre est prochaine ;
« Considérant que cette chute pourrait occasionner un grand
« préjudice à la République par la perte de la thuile, de l'ardoise
« et du plomb qui se trouveraient amoncelés sous les décombres ;
« Considérant qu'il convient de prévenir cette perte, mais
« qu'il est préférable de faire contrôler par un homme de l'art
« l'état de ruine dans lequel se trouve l'édifice dont il s'agit ;
« ARRÊTE : le commissaire du Directoire exécutif entendu, que
« par le citoyen Bâton entrepreneur de bâtiments demeurant sur
« la commune d'Evreux procès verbal sera dressé de l'état de
« ruine dans lequel se trouve la cy-devant église de l'abbaye de
« la Vieille-Lyre par la chute des murailles et des pilliers qui la
« soutiennent, à l'effet de quoi celui rédigé le 15 de ce mois par
« les agent et adjoints municipaux de la commune de la Vieille-
« Lyre et la lettre de la commission du pouvoir exécutif près
« l'administration municipale lui seront mis aux mains et le
« procès verbal sera de suite adressé avec les autres pièces de
« l'administration centrale pour être par elle pris une détermina-
« tion ultérieure et faire acquitter sur le champ de la dépense
« qu'occasionnera l'opération confiée au citoyen Bâton (1). » —
(*Archives de l'Eure*, Domaines nationaux, pièce).

---

(1) Le 6 frimaire an VI le Directoire accordait au citoyen Baton 36 livres à raison de 12 livres par jour plus 20 sols pour le droit de timbre, soit 37 livres.

D'après le procès verbal de la commune l'accident eut lieu, non dans la nuit du 13 au 14, mais dans celle du 14 au 15 « les « murailles et les pillés et les jambes de force des voutes du « cœur renversée ; beaucoup de bois des charpentes cassée et « brissé, ce qui était le soutient de la flèche, etc. » C'est pourquoi le conseil municipal prit, le 17 brumaire, la résolution de faire descendre la cloche de l'abbaye moyennant 35 francs, payés au citoyen Fontaine le 21 brumaire. (Delieuvin).

L'écroulement définitif se produisit le 9 frimaire à dix heures du matin, d'après le procès verbal de l'agent municipal. Il n'y avait plus qu'à mettre en lieu sûr ce qui pouvait avoir quelque valeur. On ramassa donc les bois, le fer, le plomb qui gisaient parmi les décombres. Le tout mis dans la nef de l'église on en boucha les ouvertures, afin d'éviter les vols qui s'étaient produits déjà à diverses reprises (1).

Mais comme il fallait toujours recourir au Directoire siègeant à Evreux, ce qui demandait un certain temps, le conseil de la commune, afin de payer de suite les six hommes employés à ce travail, vendit aux enchères une grille de fer qui se trouvait dans la sacristie. Pierre Vallée en offrit 17 francs les cent livres. Or comme elle pesait 458 livres l'acquéreur versa, de suite, 60 francs distribués aux maçons et aux gardiens de l'église. (17 floréal an VI).

Cette façon d'agir, un peu cavalière pour l'époque, ne fut pas toujours aussi bien acceptée. Ainsi le 7 brumaire an VII, Foucher, receveur des domaines, expose au Directoire que la municipalité de la Neuve-Lyre a ordonnancé « les dépenses occasionnées par la « vente des matériaux provenant de l'écroulement du clocher de

---

(1) Le 19 novembre 1791 Le Bas écrivait que « Chesnel, gardien de l'abbaye, est venu lui dire hier, qu'il avait été volé, jeudi la nuit ou vendredi, bien 400 livres de plomb, pris sur le fronton du bâtiment neuf et sur une des gouttières d'une chapelle de l'église ; les voleurs ont emporté cela par une porte de l'enclos qu'ils ont cassée », ajoutant : « si la maison n'est pas vendue, ce n'est pas la bien sûrement la fin... » ; — le 10 mars 1793 vol de ferrures et de plomb ; — le 1 nivose an III le registre municipal constate un vol de plomb aux lucarnes et montants, aux greniers du cloître, des gouttières en plomb ; — le 14 pluviose an VI, vol de fer et de plomb dans l'hôtellerie et les dortoirs. etc.

« la cy-devant abbaye du dit lieu, que ces dépenses montent à
« une somme totale de 453 francs, mais que l'inspecteur refuse
« d'admettre comme pièces de comptabilité les mandats de
« l'administration municipale, pourquoi il demande qu'il lui en
« soit délivré d'autres. » Le Directoire après avoir reconnu que
la municipalité avait outrepassé ses pouvoirs, ordonna d'établir
d'autres mandats jusqu'à concurrence de la somme de 453 francs
à prendre sur les deniers provenant de la vente des matériaux.

Le 17 ventose an VI eut lieu la vente de la « maison ci-devant
« conventuelle de l'abbaye de Lyre, consistant en plusieurs bâti-
« ments considérables, construits en pierre et brique, ayant servi
« de demeure, d'église et à différents autres usages, le tout
« édiffié sur un terrain clos de mur, contenant viron 35 acres,
« savoir : 15 acres de terre labourable, plantées d'arbres fruitiers,
« 10 acres de bois taillis de l'âge de 14 ans; 4 acres de prairies,
« les pièces d'eau comprises, 2 acres 1/2 de cour plantée d'arbres
« fruitiers, sur laquelle est encore édiffié un pressoir; 3 vergées
« de cour d'entrée dans laquelle il y a un vivier, 2 acres en
« jardins potagers, avec terres, serres et arbres en espalier, enfin
« 3 vergées plantées de hêtres formant avenue;
« Tous les dits objets sont estimés par procès verbal du 1ᵉʳ plu-
« viose au revenu de 3.535 francs et en capital à 64.900 francs,
« compris le prix des baliveaux, chênes et autres arbres modernes,
« estimés séparément à 2.200 francs, de laquelle somme les
« trois quarts forment la première mise à prix, soit 48.675 francs;
« Vendu au citoyen Jean-François Bereytter, demeurant à Frétis
« (sic), dernier enchérisseur, pour la somme de douze cents douze
« mille francs, plus 2.517 francs de frais. » — (*Archives de
l'Eure*, Dom. Nat. 100 à 200, loi du 16 brumaire an V, n° 107).

Quelques mois après — 17 prairial an VI — l'acquéreur rétro-
cédait son achat à Nicolas Lejeune par acte passé devant Vingtain et Le Sourd, notaires à Paris. Enfin le 8 fructidor an VIII,
devant Germain Fossey, notaire à la Ferrière-sur-Risle, Etienne
Lejeune propriétaire à la Vieille-Lyre, procureur de Nicolas
Lejeune, huissier priseur et de Florentine d'Obersecq son épouse,
demeurant à Paris, rue Guenegaud 1625, division de l'Unité,
vendit au citoyen François Lecerf, législateur, demeurant au dit
lieu de Paris, rue de Seine, 90, la manse conventuelle de Lyre
pour la somme de douze mille francs de prix principal.

Ce François Lecerf était un ancien professeur de rhétorique au collège d'Evreux qui, accusé de fédéralisme, fut brûlé en effigie avec Puisaye, puis devint représentant du peuple et président de l'administration départementale.

Le 15 messidor an XII on le proposait au poste de juge de paix, à Rugles, en rappelant tous ses titres : « Lecerf François, domi-
« cilié à la Vieille-Lyre, âgé de 48 ans, professeur au collège
« d'Evreux, et depuis procureur général syndic, président de
« l'Administration centrale, législateur et membre du collège
« électoral du Département, etc. »

A François Lecerf, donc, il faut attribuer la démolition de la célèbre abbaye de Lyre, la vente des pierres, des tombeaux, le morcellement de ce vaste domaine (1), la dispersion enfin de tout ce qui, de près ou de loin, pouvait éterniser le souvenir des antiques bienfaiteurs du pays et des paroisses avoisinantes.

Heureusement par une permission providentielle il nous reste ce qui fit la vie intellectuelle des moines, je veux dire leurs riches et précieux manuscrits, dont l'examen approfondi ne formera pas le côté le moins intéressant de leur histoire. Qu'importent, en effet, leur vie matérielle, la beauté de leurs bâtiments, la richesse de leur abbatiale, si nous avons ce que le bénédictin désire avant tout : son livre de prières et ses livres d'étude?

Toute la vie du moine se résume en cela, et, sous ce rapport, l'abbaye de Lyre, assurément moins célèbre que celle du Bec, est beaucoup plus riche que sa voisine, comme on en pourra juger dans le chapitre suivant.

---

(1) Le 5 décembre 1820 François Lecerf, propriétaire, et Catherine-Françoise Branchard, sa mère, demeurant à la Vieille-Lyre, vendent une cour plantée d'arbres fruitiers, édifiée d'un four et contenant 1 hectare, 67 ares, 40 centiares, sise à la Vieille-Lyre, faisant partie de l'enclos de l'abbaye. B. D. C., au levant, l'acquéreur, D. C. les vendeurs par une pièce d'eau sur le bord de laquelle il y a des bornes plantées, D. B., au nord, les vendeurs par un passage tendant à la porte Pillière ; D. B. les vendeurs, par leur jardin. Acquéreur François Duval. Prix 3.000 francs.

Aujourd'hui propriété de Melle Milcent, institutrice en retraite. (Delieuvin).

CHAPITRE HUITIÈME

Bibliothèque de Notre-Dame de Lyre. — Livres liturgiques. — Ecriture Sainte. — Patrologie. — Auteurs profanes. — Incunables. — Inventaire de la Révolution. — Manuscrits conservés.

« Chaque monastère, suivant la règle de saint Benoît, était
« obligé d'avoir une bibliothèque; on regardait celui qui en
« manquait comme *un camp dépourvu des objets nécessaires à sa*
« *défense*. Le docte Mabillon nous apprend quelle était la richesse
« d'une foule d'abbayes qui furent, dans des siècles d'ignorance,
« des foyers de science et de lumière, telles que Lérins, Marmou-
« tier, Luxeuil, Corbie, Saint-Remi de Reims, Saint-Bénigne de
« Dijon, le Bec, etc. (1). »

Lyre ne fit pas exception à la règle bénédictine, puisque Emeric Bigot disait, dans une lettre déjà citée (p. 2), que ses manuscrits étaient *les plus considérables* de la contrée. Il en existe plusieurs anciens catalogues. D'abord un du xiie siècle dans le manuscrit latin 4224 (fol. 164-167) publié dans la préface d'Orderic Vital par L. Delisle (*éd. de la Soc. de l'hist. de France*, p. XVI-XX) et par M. H. Omont dans le *Catalogue des Manuscrits*, etc. (*Rouen*, t. II, p. 380, 381). Cette liste comprend 137 numéros, réduits à 130 au xviiie siècle et mentionnés par Montfaucon dans sa *Bibliotheca bibliothecarum mss. nova* (1739, t. II, p. 1256-1261).

« C'est à cette époque que plusieurs manuscrits de Lyre furent prêtés aux Bénédictins de Saint-Ouen de Rouen pour leurs travaux littéraires; ces volumes, qui n'avaient pas encore été restitués à l'abbaye au moment de la suppression des établisse-

---

(1) *Fleurs monastiques*, par Maxime de Mont-Rond, p. 468. Paris, 1860, in-8º.

ments religieux, sont maintenant conservés à la Bibliothèque de Rouen. »

Plusieurs de ces manuscrits méritent un examen attentif et fourniront des détails intéressants sur la célèbre abbaye.

Livres liturgiques. — Un des plus curieux est le numéro 66 de la bibliothèque d'Évreux, intitulé : *Rituale Lirense*. Voici d'abord sa caractéristique : Ms. du xiie siècle, Parchemin, 145 feuillets, 240 sur 160 millim., de 24 lignes à la page, avec rubriques tracées à l'encre rouge, souvent rayées. Initiales rubriquées. Les litanies des Saints, sur deux colonnes, sont répétées quatre fois, aux fol. 2, 45vo, 129vo et 144vo.

Parmi les Saints on trouve, après les Apôtres : « Ste Alexander, Ste Marcelle, Ste Sixte, Ste Laurenti, Ste Ypolite cum sociis tuis, Ste Corneli, Ste Cypriane, Ste Polycarpe, Ste Théodore, Ste Georgii, Ste Dyonisii cum sociis tuis, Ste Nigasi cum sociis tuis, Ste Luciane, Ste Eustachii, Ste Leodegarii, Ste Quintine, Ste Wandregisile, Ste Philiberte, Ste Ebrulfi, etc. »

Les litanies se terminent par diverses oraisons relatives à la pluie, à la guerre, à la sécheresse, aux mourants, etc.

Au verso de la page 4, dans la marge, on lit ces deux vers :

> Agag pinguis erat quia raro parumque studebat;
> Nec non pinguis erat quia carnem non macerabat.

Au feuillet 6 commencent les répons et les capitules pour le temps de l'Avent, avec les oraisons : *Capitula et orationes duplicia festorum dicend. ad Benedictus et Magnificat*. Ensuite se déroule le *Propre du Temps*, comme aujourd'hui. A remarquer seulement quelques variantes dans le chant noté, et dans les paroles de l'*Exultet* pour la bénédiction du cierge pascal, le Samedi-Saint. Ainsi avant *O vere beata nox*, etc., on lit : « O vere beata et « mirabilis apis cuius nec sexum masculi violant, fœtus non « quassant, nec filii destruunt castitatem; sed, sicut sancta « concepit virgo Maria, virgo peperit et virgo permansit. O beata « nox quæ expoliavit, etc. » La terminaison est un peu différente de la liturgie romaine : « una cum patre nostro papa romano « quiete temporum concessa in his paschalibus gaudiis conser- « vare digneris. »

Les litanies du feuillet 45vo ont de plus : « Ste Audoene, Ste Taurine, Ste Germane, Ste Vigor, Ste Laude, Ste Ansberte,

Sto Benedicte, Ste Maure, Ste Philiberte, Ste Columbane, Ste Wandregisile, Ste Leufrede, Ste Turiave, Sta Genofeva, Sta Juliana, Sta Radegundis, Sta Columba, Sta Fides, etc. » Les oraisons sont de la Sainte Vierge, de saint Michel, de saint Jean-Baptiste, de saint Pierre, des Apôtres, des Martyrs, de saint Martin, de saint Benoît, etc.

Viennent ensuite les bénédictions (f. 55) plus nombreuses que de nos jours, car il y en a pour la sacristie, le dortoir, l'infirmerie, le réfectoire, le cellier, le vestiaire, le fruitier, le pressoir, le bureau (*in scriptorio*), l'hôtellerie, les greniers, le four, *in lardario, in caminata*, etc.

Au verso du feuillet 66 se trouvent les prières pour les oblats et les profès. D'abord *dum primum tonditur infans*, — la tonsure se donnait, en effet, dès l'enfance; — puis *dum clericus efficitur infans*, et *oblatio laicorum* par cette formule : « Ego frater... offero hunc puerum secundum regulam Sancti Benedicti coram Domino et sanctis ejus in hoc monasterio quod est constructum in honore Sancte Marie Virginis, in presentia domini N. Abbatis. » On bénissait le froc *benedicatur cuculla* dont l'enfant était revêtu *tunc vestiatur puer sancto habitu in nomine Patris*, etc. Enfin, plus tard, s'il avait la vocation, conduit dans l'église il y faisait profession en ces termes : « Ego frater N... presbiter vel
« diaconus promitto stabilitatem meam et conversionem morum
« meorum ad obedientiam secundum regulam Sancti Benedicti
« coram Domino et sanctis ejus in hoc monasterio quod est
« constructum in honore sancte Marie in presentia domini N...
« Abbatis. »

Le religieux profès, après plusieurs prières prononcées sur lui, recevait le baiser de paix de tous les moines présents et gardait, pendant trois jours, un profond silence *dato pacis osculo ab omnibus, permaneat cum summo silentio in albis, usque ad tertium diem.* (f. 70vo).

Au feuillet suivant commence le *Propre des Saints*, mais il y manque le premier feuillet puisqu'il débute au XV des calendes de janvier (18 décembre) et qu'il finit à la saint André (30 novembre). Dans l'Appendice no 7 on trouvera le calendrier avec les obits qui y sont marqués.

Le commun des Apôtres, des Martyrs, etc., de la Dédicace des Eglises, va du feuillet 114 à 124 verso. Puis, à la page 125, prières pour les moribonds : « Primitus canantur VII. psalmi et sic dicantur, etc. »; cérémonies de l'Extrême-Onction, litanies des agonisants récitées par le couvent (1), mais, au lieu de *ora pro nobis*, il y a *intercede pro anima ejus; libera*, etc., et *defende animam ejus*.

Une fois la mort bien constatée, on lavait le corps du religieux, avant de le revêtir du froc et de la coule, et on le portait à l'église en chantant *Subvenite* : « Post hæc portatur corpus in
« Ecclesia cantando ℣ *Subvenite Sancti Dei*, etc.; *Non intres in*
« *judicium cum servo tuo*, etc.; *libera me, Domine, de morte*
« *eterna*, etc. (noté). Cum autem cantor inchoaverit *in paradisum*,
« etc., tunc eat processio inantea. Deinde priores et post omnes
« portetur corpus defuncti. Expleta autem antiphona dicat Sacer-
« dos hanc orationem *In sancto adventu*, etc. (noté). Exequiis rite
« celebratis membrisque feretro expositis : tumulo quoque ex
« more composito *Post exitum Israël de Egypto deprecemur*
« *clementiam*, etc. » — Ces cérémonies du xiie siècle pour une

---

(1) Quand un moine était à l'agonie le couvent tout entier devait courir près de lui, laissant même l'office, d'après ce texte du coutumier de Lyre, cité par dom Martène :

« Ubicumque fuerit conventus extra ecclesiam nisi tantum ad pro-
« cessionem in Dominica, sive festivam, sive pro afflictione per claus-
« trum, audita tabula defuncti, omnes ad mortuum currant, nisi sint
« ad hujusmodi processionem. Si in capitulo fuerit conventus ad
« collationem, audita tabula non dicet Lector : *Tu autem :* sed
« dimisso libro super analogium, cum aliis currat; deinde toto officio
« completo de ecclesia revertantur in capitulum, et dicat qui præest :
« *Benedicite*, et absolvat defunctum, et dividat vigilias, etc. » Tous les
« cas sont prévus soit pour la messe, soit pour l'office, de telle sorte
« qu'au tintement de la clochette tous accourent au moribond :
« Quando anima in exitu suo visa fuerit laborare, unus è famulis qui
« eum custodiunt accipiat tabulam, et pulset eam minute et acriter;
« tunc omnes fratres cum summa velocitate accurrant ad mortuum
« canendo moderata voce : *Credo in unum Deum*. Post letaniam si
« moritur, id est si adhuc trahit, dicat Cantor : *Subvenite sancti Dei* ;
« *Requiem æternam dona ei*. Subjungat Sacerdos : *Proficiscere anima*
« *Christiana*. »

(D. Martène *De antiquis monachorum ritibus*, p. 767, ex *M. S. consuetudinibus Lyræ*).

inhumation, quoique différentes de celles suivies au Bec (1), se rapprochent beaucoup du rituel romain qui les a presque copiées.

Enfin l'office des morts, à neuf leçons comme aujourd'hui, n'a que quelques variantes. Voici le commencement de chaque leçon :

I. — *Parce mihi, Domine, nihil enim sunt dies mei*, etc.
II. — *Tædet animam meam vitæ meæ*, etc.
III. — *Manus tuæ fecerunt me*, etc.
IV. — *Quantas habeo iniquitates*, etc.
V. — *Homo natus de muliere*, etc.
VI. — *Quis mihi hoc tribuat, ut in inferno*, etc.
VII. — *Spiritus meus attenuabitur, dies*, etc.
VIII. — *Pelli meæ, consumptis carnibus*, etc.
IX. — *Vir fortissimus Juda collatione facta*, etc.

Ici se trouve intercalée la bénédiction (2) pour les voyageurs (f. 143) et l'office des morts reprend par la leçon *Quare de vulva*, etc., avec le *Libera me Domine*, noté en chant grégorien.

---

(1) *Histoire de l'abbaye du Bec*, t. I, p. 498. Le manuscrit de Lyre dont se servit dom Martène pour son traité *de antiquis monachorum ritibus*, donne un texte un peu différent. Le voici : « Quando omnino « mortuus fuerit, ceteris dimissis, incipiat Cantor ɲ̃ *Subvenite : suscipiat* « *eam*, et sic fiat commendatio. Hanc commendationem dicet totus « conventus sedens circa corpus defuncti in loco quo mortuus est; et « interim sonent omnia signa in ecclesia ter. Post commendationem « exeat conventus infirmitorio dicendo : *Placebo*, et *Dirige*; et corpus « lavetur interim. Cum autem omnia parata fuerint, efferatur corpus « foras, cruce præcedente, et aqua benedicta cum candelabris et thu-« ribulo. Tunc Prior percutiat tabulam ter, et Sacerdos accedat ad « corpus, et post incenset et aspergat illud aqua benedicta, et dicat « alta voce : *Pater noster*, etc. ut in libro reperies. Tunc Cantor « incipit ɲ̃ *Subvenite : Libera me*; et ingrediatur ecclesiam, signis « omnibus semel sonantibus, et reincipiant ubi desierant si totum « officium non dixerant; etc. » — Les deux manuscrits utilisés par D. Martène sont aujourd'hui perdus.

(D. Martène, op. cit. p. 795, *ex M. S. consuetudinibus Lyræ*).

(2) Il y a une bénédiction *ad peram* et une autre *ad baculos*.

Pierre de Chartres publia un *Manuale de officiis* qui se trouve dans le manuscrit 32 d'Evreux. Ce traité liturgique explique brièvement le *Pontifical*, la consécration des églises, l'ordination des clercs, y compris celle des évêques, les prières du bréviaire, cérémonies de la messe, fêtes de l'année, de l'Avent au dernier dimanche de la Pentecôte, etc.

Quelques variantes sont à signaler, pour la messe, en particulier. Après le *confiteor* du prêtre, au bas de l'autel, le célébrant, dans certaines églises, donnait le baiser de paix au diacre et au sous-diacre « osculatur diaconum et subdiaconum quia ipse est vicarius ejus qui pacem osculi attulit in mundo. » — A propos du *Kyrie eleison* l'auteur remarque que l'Eglise se sert de trois langues à la messe (latin, grec, hébreu) parce que le titre de la croix était écrit en trois langues.

Il rapporte ensuite une opinion des théologiens du moyen âge sur la consécration. D'après quelques uns la transsubstantiation est opérée après *Accipite*, avant *Hoc est corpus meum*, parce que, dit-il, le sens est celui-ci : « Recevez et mangez, c'est-à-dire mangez sacramentalement et spirituellement, puis : *Ceci est mon corps*. Quoique cette expression ne soit pas répétée dans l'évangile il faut la comprendre comme réitérée, comme s'il disait : il donna à ses disciples, disant *ceci est mon corps* et alors se fait la transsubstantiation; en répétant ces paroles : recevez et mangez, ceci est mon corps, non pour transsubstantier, mais pour *montrer*, parce que le changement est déjà fait. *Dicunt tamen quidam quod cum dixit : accipite, jam facta est transsubstanciatio quadam benedictione nobis incognita. Quando autem protulit verba : hoc est corpus meum, non dixit illa ad transsubstanciendum sed ad ostendendum quod factum erat.* » (Fol. 42, verso.)

En parlant de la communion Pierre de Chartres écrit : « Dans
« la primitive église le peuple communiait tous les jours, mais
« les péchés se multipliant on décida de ne l'admettre que le
« dimanche, puis trois fois l'an : à Pâques, à la Pentecôte et à
« Noël. Maintenant la plupart ne communient qu'une fois, à
« Pâques. Pour remplacer la communion dominicale, de nos
« jours, on donne seulement le pain bénit *et pro communione*
« *quam solebant sumere in diebus dominicis, modo sumunt panem*
« *benedictum.* »

Il n'y avait ni bénédiction du prêtre, ni évangile de saint Jean, la messe finissait avec l'*Ite missa est* ou *Benedicamus Domino*, etc.

Après la Circoncision de Notre-Seigneur Jésus-Christ Pierre de Chartres parle *de festo stultorum.* « Aujourd'hui, dit-il, fête des sous-diacres, nommée par certains *fête des fous*. On la célèbre ainsi : les uns à l'Epiphanie, les autres dans l'octave. *Fiunt autem quatuor tripudia, post nativitatem Domini : in ecclesia levitarum, sacerdotum, puerorum, id est minorum etate et ordine et subdiaconorum qui ordo incertus est. Unde quandoque annumerantur inter sacros ordines quum non enumeratur quod exprimitur. In eo quod certum diem non habet; et officio celebratur confuso.* »

Ducange, dans son glossaire de la basse latinité, consacre un long article à ces fêtes, en citant même le texte ci-dessus d'après Beleth, au mot *Kalendæ* (1).

Sur le feuillet 130, servant de garde, un écolier du XVe siècle a écrit, probablement à l'insu de son maître, ces deux vers :

> Candidior stellâ me diligit una puella
> Non est in villâ que sit formosior ista.

Paroles corrigées d'une autre main, également au XVe siècle :

> Bien doit mourir de male mort
> Qui difame autrui à tort (2).

Cinq hymnes notées, en l'honneur de la Sainte Vierge, nous prouvent, une fois de plus, l'amour des bons religieux pour la patronne de leur monastère Notre-Dame de Lyre (ms. 39, fol. 1 à 5). Quelques-uns de ces morceaux sont inédits, d'autres excessivement rares ne figurent que dans Dreves (*Analecta hymnica*), ou dans Kehrein (*Lateinische Sequenzen*). C'est pourquoi, sur le conseil d'un de nos amis, très compétent en ces matières, nous les donnons ici *in extenso*.

---

(1) Sur ces fêtes consulter Bonnin *Opuscules et mélanges historiques sur Evreux*, 1845, in-12, p. 134.

(2) Ms. 32. XIIIe siècle. Parchemin, 130 ff. — 195 sur 150 millim. de 20 lignes à la page; initiales rouges, vertes, filigranées, débordant sur la marge, rel. veau gaufré.

I

1
.... tencium
Debilium presidium
Columpna firmitatis
Alumpna sanctitatis
O benigna, laude digna.

2
Jubilus letantium
Flebilium solatium
Medela sanitatis
Tutela libertatis.

3
Tu federis oraculum
Caracteris signaculum
Itineris vehiculum
Tu limes equitatis
Ad lumen claritatis.

4
Tu pauperis umbraculum
Tu miseris latibulum
Tu sceleris piaculum
Tu lumen veritatis
Tu lima pravitatis.

5
Tu tronus Salomonis
Preclara celi thronis
Tu vellus Gedeonis
Tu rubus visionis.

6
Tu thalamus pudoris
Tu balsamus odoris
Tu libanus candoris
Tu clibanus ardoris.

7
Tu medium discordium
Conubium amoris
Humilium refugium
Remedium languoris.

8
Consilium errantium
Auxilium laboris
Conpendium currentium
Stipendium victoris.

9
Mundicie tu speculum
Tu glorie spectaculum
Per gratie miraculum
Es mater genitoris
Origo conditoris.

10
Ave speciosa
Rutilans aurora
Nubes pluviosa
Celitus cirroza
Cor aridum dulcora.

11
Ave gratiosa
Gratiam implora
Prece pretiosa
Filium exora
Adesto mortis hora. Amen.

II. — *Planctus beate Marie Virginis in passione filii sui Domini nostri* (1).

1

Plantus ante nescia
Plantu lassor, anxia
Crucior dolore;
Orbat orbem radio
Me iudea filio
Gaudii dulcore.

2

Fili dulcor unice
Singulare gaudium
Matrem flentem respice
Porrige solatium
Pectus mentem lumina
Torquent tua vulnera
Que mater, que femina
Tam felix, tam misera.

3

Flos florum, dux morum
Venie vena
Quam gravis in clavis
Est tibi pena!
Proh dolor, hinc color
Effugit oris
Hinc ruit, hinc fluit
Unda cruoris.

4

O quam sero deditus
Quam cito me deseris,
O quam digne genitus,
Quam abiecte moreris!
O quis amor corporis
Tibi fecit spolia
O quam dulcis pignoris
Quam amara premia.

5

O pia gracia sic morientis,
O scelus, o zelus invide gentis,
O fera dextera crucifigentis
O lenis in penis mens patientis.

6

O verum eloquium
Justi Symeonis,
Quem promisit gladium
Sentio doloris,
Gemitus, suspiria
Lachrymeque foris,
Vulneris indicia
Sunt interioris.

---

(1) L'abbé Ul. Chevalier la signale comme se trouvant dans un ms. d'Evreux et Kehrein l'a publiée d'après Miss. fratr. Paris 1520. On la trouve aussi à Rouen, ms. 666 (A. 506); n° 3639 (fol. 185) de la Bibl. Nat.; 15153 (fol. 229) et add. A. 44 de la Bodléienne, attribuée dans un manuscrit de Rouen O.68 à saint Bernard, ms. du xve siècle. Attribution fausse, dit Hauréau. L'auteur paraît être Godefroid de Saint-Victor, c'est en effet la dernière de ses œuvres poétiques dans le n° 942 de la Mazarine, fol. 234.

(Cf : *Poèmes latins attribués à saint Bernard*, par B. Hauréau, 1890, 8Yc 294, Bibl. Nat.)

7

Parcito proli
Mors michi noli
Tunc michi soli
Sola mederis :
Morte beate
Separer a te
Dum modo nate
Non crucieris.

8

Quod crimen, que scelera
Gens commisit effera :
Vincla virgas vulnera
Sputa spinas cetera
Sine culpa patitur;
Nato queso parcite,
Matrem crucifigite,
Aut in crucis stipite
Simul nos affigite,
Male solus moritur.

9

Reddite mestissime
Corpus vel exanime,
Ut sic minoratus
Crescat cruciatus
Oculis amplexibus;
Utinam sic doleam,
Non dolore peream,
Nam plus est dolori
Sine morte mori,
Quam perire citius.

10

Quid stupes gens misera
Terram se movere,
Obscurari sidera
Languidos lugere.
Solem privas lumine
Quomodo luceret?
Egrum medicamine
Unde convaleret?

11

Homicidam liberas,
Iesum das supplicio,
Male pacem toleras,
Veniet seditio.
Famis, cedis, pestium
Scies docta pandere
Iesum tibi mortuum
Barabbamque vivere.

12

Gens ceca, gens flebilis,
Age penitentiam,
Dum tibi flexibilis -
Est Iesus ad veniam.
Quos fecisti fontium
Prosint tibi flumina -
Sitim ceda[n]t omnium
Cuncta lavant crimina.

13

Flete Syon filie
Tante grate gracie
Iuvenis angustie
Sibi sunt delicie
Pro nostris offensis;
In amplexus ruite.

14

In hoc solo gaudeo
Quod pro vobis doleo
Vicem queso reddite
Matris dampnum plangite!

Dum pendet in stipite
Mutuis amplexibus,

Se parat amantibus
Brachiis extentis.

III. — *Sur le mépris du monde.* — Cette prose attribuée à saint Bernard dans ses Œuvres (p. 915, éd. de 1719) a été, de nos jours, attribuée à Philippe de Grève (1). Il y a cinq strophes de six vers chacune, et un refrain de 4 vers.

1

Cum sit omnis caro fenum
Et post fenum fiat cenum
Homo quid extolleris?
Cerne quid es et quid eris
Modo flos et verteris
In favillam cineris.

Refrain :

Terram teris
Terram geris
Et in terram reverteris
Qui de terra sumeris.

2

Per etatum incrementa
Immo magis detrimenta
Ad non esse traheris
Sicut umbra cum declinat
Vita fugit et festinat
Claudi meta funeris.
    Terram teris.

3

Homo dictus es ab humo
Cito transis quia fumo
Similis efficeris
Nonquam in eodem statu
Permanes dum sub rotatu
Huius vite volveris.
    Terram terris.

4

O sors gravis, o sors dura
O lex dira quam natura
Promulgavit miseris.
Homo nascens com merore
Vitam ducis com labore
Et com metu moreris.
    Terram teris.

5

Ergo si scis qualitatem
Tue sortis voluptatem
Carnis quare sequeris
Memento te moriturum
Et post mortem id messurum
Quod hic seminaveris.
    Terram teris.

---

(1) Cf. : Abbé Vacandard : *Revue des Quest. hist.*, janvier 1891, p. 218-231; Hauréau : *Poèmes latins attribués à saint Bernard*, Paris 1890. Ce poème se trouve dans un manuscrit de Vienne; mentionné par Denis (Cod. theol. Vindob. t. I, col. 1271); — dans un autre du musée britannique décrit par Paul Meyer (*Arch. des miss. scient.* 1866, p. 284); — publié par Klemming d'après un ms. de Norvège (*Latinska Sanger*, t. IV, p. I). — Dans le ms. de Londres l'auteur est nommé Philippe de Grève, ce qui est probable.

IV. — *Quod mundus sit transitorius.* Dreves a publié cette prose dans son ouvrage *Analecta hymnica*, XXI, p. 94, d'après le ms. 13 mil. Mel., tout en mentionnant celui d'Evreux avec ses variantes :

1

Dic, qui gaudes prosperis
Et veste purpurea,
Homo, massa cineris
Et ymago lutea,
Tanquam palea
Sunt et momentanea
Hec, quibus innitteris,
Et in fine fellea
Caudam habent viperis
Cum sint tibi mellea.

2

Qui natus conciperis
In vulva feminea
Attende, quid fueris
Es vel eris postea;
Sperne terrea,
Nam cum mortis lancea
Percussus egrederis
Hac de domo carnea,
Signum monstrat funeris,
Quod nil eras antea.

3

Si sub humo carperis
Ut vestis a tinea
Et spiritus duceris
Ad loca tartarea
Loca flammea,
Vasa tunc argentea,
Que nunc amas, oderis;
Benefac propterea,
Et eris, si feceris
Ereptus a framea.

4

Ade germen veteris
Et proles viperea,
Quid frustra deciperis
Tendens ad erronea,
Momentanea?
Ad regna siderea,
Dives, non admitteris,
Que de juris linea
Constat esse pauperis
Cum perhenni laurea.

5

Celum non ingrederis
Cum regali trabea,
Cum equorum faleris,
Cum domo marmorea
Vel eburnea;
Ab ignita romphea
Veniens repelleris,
Orci trusus spelea,
Dum Christum non sequeris
In corona spinea.

6

Hec si cogitaveris,
Quid in archa ferrea,
Que moriens deseris,
Ut pereas per ea,
Claudis erea?
Qui cras subitanea
Forte morte moreris,
Da sponte spontanea,
Ut tibi cum superis
Stola detur aurea. Amen.

V. — *Sur l'Annonciation.* L'Abbé Ul. Chevalier, tout en signalant cette dernière, d'après le manuscrit de Lyre, ne mentionne pas qu'elle ait été publiée :

1
Investigans semitas
Nostre redemptionis
Deficit subtilitas
Humane rationis.
Arguit antiquitas
Vi consecutionis
Quod tulit feconditas
Labem corruptionis.

2
Omnis in hoc littera
Veterum consensit,
Si fuit puerpera
Masculum presensit.
Logica proposuit
Phisica concessit
Ubi partus affuit
Lubricum precessit.

3
Sed fecunda
Virgo munda
Solvit hanc argutiam
Novo more
Cum pudore
Pariens per gratiam.

4
Rex nature
Suo iure
Hanc mutare potuit
Quod letari
Nec luctari
Sic mutanda debuit.

5
Pudor et fecunditas
In carne virginali,
Mira res est deitas
In homine mortali
Mirum est potentia
In numine vitali
Et mortis victoria
In cruce triumphali.

6
O felix puerpera
Que virum nescisti
Et tollentem scelera
Mundi genuisti.
Baiulans ad ubera
Nata genitorem
Contra carnis federa
Facta conditorem.

7
Novo more
Sine rore
Virga sicca floruit
Cuius fructus
Nostri luctus
Lacrimas absorbuit.

8
Rore tellus
Rore vellus
Fluxum rore gratie
Ex quo fluxu
Sine luxu
Profluit rex glorie.

Ces proses ou hymnes notées, copies ou œuvres peut-être des bons religieux de Lyre au XIIIe siècle, prouvent que la poésie était en honneur et qu'on s'efforçait d'imiter les grands auteurs sans négliger des travaux plus sérieux, comme le manuscrit 43 : *Sedulii carmen Paschale*. Sedulius vivait au ve siècle et composa son ouvrage à la demande du prêtre Macedonius : « Domino sancto ac beatissimo patri Macedonio presbitero Sedulius in X^{to} salutem. Priusquam me, venerabilis pater, operis nostri decurso volumine censeas, etc. » Le volume débute ainsi :

> Romulidum ductor, clarius altera solis... etc.

Puis, au bas de la page (fol. 1) en lettres majuscules rubriquées :
« Incipit ars Sedulii poete qui primo laicus in Ita || lia philoso-
« phiam didicit postea Cumaliis me || trorum generibus heroï-
« cum metrum Macedo || nio consulente docuit. In Achaia libros
« suos || scripsit tempore imperatorum minoris Theo || dosii
« filii Archadie et Valentiani filii Constantii. »

Après la préface, qui se termine au folio 5, vient le poème :

> Pascales quicumque dapes conviva requiris
> Dignatus nostris accubitare thoris... etc.

avec les premières lettres de chaque héxamètre rubriquées, ainsi que les titres de chapitre. Tout le livre est surchargé de notes interlinéaires, sorte de glose, et divisé en cinq parties : « Expliciunt quinque libri Sedulii viri eloquentissimi grammatice poetae per metrum scripti. Incipit ymnus ejusdem :

> A solis ortus cardine
> Ad usque terre limitem
> Christum canamus principem
> Natum Maria Virgine... etc.

Une partie de cette hymne se trouve à *Laudes* de la Nativité de Notre Seigneur au bréviaire romain, mais avec des variantes dues aux corrections faites sous Urbain VIII, tandis que l'*Office de Rouen* (t. I, p. 374, Rouen MDCCCXI) la donne exactement.

En tête du volume, sur un feuillet de garde, on lit cette formule solennelle d'excommunication : « Ex auctoritate Dei Patris omnipotentis, et Filii, et Spiritus Sancti, et sanctorum apostolorum, et sanctorum canonum, et nostri ministerii, excommunicamus N... nisi resipuerint et ad emendationem venerint. Amen, amen, fiat, fiat. » — C'est le plus ancien manuscrit de Lyre, il remonte au ixe siècle. (Parchemin, 61 ff. 195 sur 150 millim. Rel. peau blanche, avec fermoir et agrafe émaillée.)

Deux manuscrits de Lyre, aujourd'hui perdus, servirent à dom Martène, avec quelques autres, pour composer son livre *De antiquis monachorum ritibus.* Impossible de le suivre dans ce détail du *temporal* et du *sanctoral*, il suffira d'y relever quelques coutumes spéciales à notre monastère. Ainsi à certaines fêtes l'Abbé, le Cellerier, etc., servaient les moines, à table, en signe d'humilité : « tunc *ex M. S. consuet. Lyrensis monasterii*, in quibus in die Nativitatis Domini [ad coquinam scribitur Domnus Abbas, Cellarius et duo Hebdomarii, similiter in die Paschae, et in festivitate Sanctae Trinitatis, et in Assumtione Ste Mariae, et in festo omnium S. S.]. L'autre coutumier, au lieu de Cellerier, disait : le Bailli, et à la place de la Toussaint mettait *in omnibus festis in quibus Venite cantatur a quatuor monachis.* (p. 294).

Une autre coutume se rapporte au Carême et au lavement des pieds le Jeudi Saint (p. 350 et 404). Avant la distribution des livres on faisait une lecture sur les observations quadragésimales : « Ipsa die fit sermo a praesidente in capitulo *de institutione psalmorum prostratorum* et abstinentia ciborum; postea loquentur de ordine; deinde praesidens proferat sententiam pro criminibus qui numerari solent in hac die, etc.; tunc cantor legat tabulam librorum. » Après cette lecture le chantre annonçait une messe *de Spiritu sancto* et une autre *pro fidelibus* à l'intention de ceux qui avaient ou écrit, ou donné ces manuscrits à l'abbaye de Lyre, plus cinq messes *pro fidelibus, pro fratribus de Noa*, etc. » Quant au Jeudi Saint l'Abbé, ayant lavé les pieds à tous ses religieux, sortait du Chapitre avec le Prieur *Abbas linteum depositurus, Prior linteo, alio tamen quam Abbatis, praecincturus,* puis ils rentraient au Chapitre où le Prieur lavait les pieds à son Abbé.

Robert de Gauville, abbé de Lyre, afin d'augmenter la solennité de la fête de saint Benoît ajouta ce qui suit aux statuts de ses prédécesseurs : « Anno Domini MCCLXXVIII statutum est in
« pleno Capitulo per voluntatem Domini *Roberti de Gauvilla* tunc
« Abbatis Lyrae, per consensum conventus ejusdem loci, quod
« festum S. Benedicti in xl solemniter celebretur in cappis : ita
« videlicet quod ad majorem Missam, quae erit de eo, dicetur :
« *Kyrie, Gloria, Sanctus, Agnus* cum versibus, et *Credo*, et sona-
« bit classicum post Missam. *Placebo* et *Exultabunt* non dicentur,

« nec VII psalmi cum letania ad Primam; psalmi vero familiares
« sicut in Dominicis xl dicentur; » — en 1304 un autre abbé,
« *Guillaume Heduart*, ajouta « quod festum S. Benedicti in xl
« solemniter celebretur in cappis, et erunt tres ad *Venite*, et
« processio solemnis per claustrum, etc. »

Une fête *en chapes* ne se comprenait guère sans un adoucissement quelconque au réfectoire, même en Carême. C'est pourquoi *Robert de Gauville* ajouta ce statut : « In refectorio habebit con-
« ventus de coquina 1 generale, et unam pittantiam, sicut festis
« in albis consuevit habere, et quinque fercula dabuntur ad
« scillam; et Pittantiarius qui pro tempore fuerit secundam
« pittantiam ordinatam de bonis piscibus de conventus pittantiis
« sine ullo cunctamine providebit. » (p. 587-588).

Si, du Rituel de Lyre, on passe aux bréviaires des religieux, les remarques deviennent de plus en plus intéressantes. Qu'on ne se figure pas cependant ces bréviaires semblables aux nôtres qui renferment tout l'office! Ceux du xii⁰ ou du xiii⁰ ne contiennent guère que les rubriques, les hymnes, capitules et oraisons. Un autre manuscrit donnait les psaumes que les moines, du reste, savaient par cœur; un troisième, nommé *lectionarium*, les légendes des saints. La bibliothèque d'Evreux possède deux bréviaires de Lyre (nᵒˢ 117 et 122); les *Heures* de la Sainte Vierge (nᵒ 121); deux psautiers *psalterium cum canticis et hymnis* (nᵒˢ 70 et 78); le martyrologe d'Usuard (nᵒ 17); un *lectionarium* (nᵒ 104); un *evangeliarium* (nᵒ 68); un *antiphonarium* (nᵒ 89); *Vitæ sanctorum* (nᵒ 96), etc.

Les deux bréviaires (1) ont un calendrier qui sera publié avec celui du manuscrit 66, à l'appendice nᵒ 7, ainsi que les obits d'abbés qu'ils renferment. C'est dans le nᵒ 117 qu'au folio 290 se

---

(1) Ms. 117, xiv⁰ siècle. Parchemin. 399 ff. 92 sur 70 millim. Rel. parchemin. — Ms. 122, xiv⁰ siècle, Parchemin. 165 sur 115 millim. non relié, enveloppé dans 4 feuillets d'un graduel de la fête de saint André, notes sur 4 lignes. Ad Vesp. ŷ. *Venite post me faciam vos fieri piscatores*, etc. — A. Chassant a publié la poésie française du feuillet 290 v⁰ avec d'autres prières du xv⁰ siècle dans un opuscule intitulé : *Oraysons très devotes, plaisantes et bien composées en l'honneur de la royne de paradis* (xiii⁰ et xv⁰ siècle). Evreux, 1838, in-8⁰ gothique.

rencontrent des prières françaises du xiv⁰ siècle. D'abord *Je me confesse à Dieu*, etc. :

>   Dex a vos me faz ge confes
>   Et Sainte Marie après.
>   A toz sainz et à totes seintes
>   De ceu que geai fet choses meintes
>   En pensée, en parole et en fet
>   Donc j'ai vers vos dex mult meffet
>   Por ceu pri ge seinte Marie
>   Et toxte sa compaignie
>   Seinz et seintes conjointement
>   Quil prient deu omnipotent
>   Por moi que il par sa pitié
>   Me regart et get de pechié
>   Me done par sa miséricorde
>   Lamor, la pex et la concorde. Amen.

Ensuite une pièce de vers, en l'honneur de la Sainte Vierge, qui se trouve également dans le manuscrit anglais dont nous avons parlé à la page 32, en supposant qu'il venait de Lyre, ce qui en est encore une preuve :

>   Dame Seinte Marie Reine gloriose
>   Porte de Paradis pucele graciose
>   Virge oies ma priere si com tu es pitose
>   Dame sus totes autres plesant et delitose.
>   *Ave Maria gratia plena, Dominus tecum*, etc.

>   Mere deu debonnere dame de grant renom
>   Por les V seintes letres qui sunt en votre nom
>   Gardez moi mes V sens et me donnez I don
>   Que de toz mes pechiez par vos aie pardon.
>   *Ave Maria*, etc.

>   Deproiez votre fils por ma solution.
>   Et que ge aie à la mort vraie confession.
>   Que mame ne set pas mise a dampnation.
>   Mes puisse avoir en ciel parfete mansion.
>   *Ave Maria*, etc.

Dame ie vos requier o grant devotion.
S'il vos plest quer moiez de ma peticion.
Quer ge sai bien por voir sanz nule obiection
Par vos puet mame avoir de mort rédemption.
     Ave Maria, etc.

A toi haute pucele à toi haute reine,
Soivent tuit pecheoors secors quiere et mecine.
Quer tu es la fonteinne et la seinte piscine
Qui toz pechiez esleue par la vertu divine.
     Ave Maria, etc.

Let doz es douce dame de pes et de concorde.
De pitie de dolcor et de misericorde
Virge anceis que la mort angoisouse me morde
A ton filz jeshucrist me se pes et acorde.
     Ave Maria, etc.

Tant por a este mame desmenere et glote
Ne gart lore que terre por mes pechiez menglote
Pucele debonere ma repentance escole
Les elz deu cuer mesclere piecea que ne vi gote
     Ave Maria, etc.

Anemis en ses laz tenu ma mult grant piece.
Virge par ta dolcor de romples et de piece.
Dedaignes consentir iames tant me meschiece
Quen nule vilanie qui te deplese en chiece.
     Ave Maria, etc.

Dame merci te cri que puisse avoir ta grace.
Les pechiez que iai fez me pardonne et efface.

Et si motroie et donne que iames ne face
Pechie ne vilanie donc ge vers toi mesface.
        Ave Maria, etc.

       . .

Virge douce pucele qui por humilite
Temple fus dignement de seinte trinité.
Esloigne de mon cuer orguil et vanite
Et i met vraie amor simplece et charite.
        Ave Maria, etc.

       . .

Rose de grant biauté qui fenestre es et porte
De ioie permanable si com reison aporte.
Moi chetif pecheoor qui si me desconforte
Par ta seinte dolcor esleece et conforte
        Ave Maria, etc.

       . .

Ma dame coroneé qui asise es a dextre
De ton filz jhesucrist en la gloire céleste.
Sens et santé me donne, et bien viure et tel estre
Que te puisse seruir et amender mon estre.
        Ave Maria, etc.

       . .

Pucele debonere qui nommee es marie
Par qui tote chose est sostenue et garie,
Oste moi lennemi qui souent me tarie,
Deffent moi de ses laz quil nait de moi baillie.
        Ave Maria, etc.

       . .

Dame ie le te pri par la componction.
Que de ton filz eus quant soufri passion.
Esloigne de mon cuer male temptation.
Mame pren et mon cors en ta subiection.
        Ave Maria, etc.

Dame en qui la sustance de tot le monde meint
Mult ont grant espérance en toi meintes et meint.
Ton chier filz ma créance deprie qu'il tant meint
Quabone repentance et bonne fin me meint.
                Ave Maria, etc.   Amen.

Ces prières françaises sont suivies de celle-ci, en latin, qui fait allusion à une vision de saint Bernard dans laquelle Marie lui apparaît et laisse tomber de son sein, dans la bouche du saint, quelques gouttes de lait (1). C'est le sujet d'un admirable Murillo au musée de Madrid. La pièce semble inédite (fol. 293) :

1	2
Pluat stilla	Qui archana
De mamilla	Parum sana
Gloriose virginis	Mentis mee foveat
Fundat rorem	Et quod sordis
Qui ardorem	Est in cordis
Extinguat libidinis.	Occultis removeat.
3	**4**
Mater Dei	Interpella
Cordis mei	Dei cella
Dolorem considera	Pro me tuum filium;
Preces meas	Et dignare
Queso veas	Meo dare
Ad regentem sidera.	Dolori consilium.
5	**6**
Delictorum	Sum primitus
Funestorum	Non sum purus
In profundum corporis	A reatu sanguinis
Vivens male	Involutus
Criminale	Et pollutus
Quod nunquam alloqueris (?)	Fetore libidinis.

(1) Le ménologe de Clairvaux inscrit le miracle de la Lactation à la date du 13 mai, mais le chanoine Vacandard n'y voit que « l'expression concrète et réaliste d'un phénomène purement mystique et moral ». Il cite un poème à ce sujet, autre que celui de notre manuscrit et postérieur. (*Vie de saint Bernard*, t. II, p. 79).

7

Sum prophanus
Mendax, vanus
Sum tenax et cupidus
Sompnolentus
Temulentus
Detractor et invidus.

8

Sum superbus
Et acerbus
Carens pacientia
Quasi demens
Ira fremens
Paratus ad iurgia.

9

Plenus vanis
Ac prophanis
Cogitationibus
Dolo plexis
Et obscenis
Offendens sermonibus.

10

Et malorum
Qui tantorum
Mole pressus iaceo
Cuius rei
Causa dei
Sanctum nomen taceo.

11

Dignus parum
Ob mearum
Sordium congeriem
Que penarum
Eternarum
Mihi parant seriem.

12

Quarum metu
Madens fletu
Pectus cogor tondere
Et ex mentis
Penitentis
Motu planctum fundere.

13

Deum ora
Mortis hora
Ne dampner cum impiis
Sed coniungar
Atque fungar
Sempiternis gaudiis.

14

Caro mea
Prorsus rea
Penas michi cumulat
Et de corde
Puro sorde
Germen mali pululat.

15

Quasi natus
Ad reatus
Ita reus omnium
Mater clemens
Tuum gemens
Imploro auxilium.

16

Tu culparum
Diversarum
Pregravato cumulo
Mater prolem
Stella solem
Michi placa postulo.

17	18
Spes dolorum	Tu cunctorum
Contrictorum	Delictorum
Sola consolatio	Posse michi veniam
Quem honorat	Ut te duce
Et adorat	Plenum luce
Angelorum concio.	Ad regnum perveniam.
	Amen.

Le calendrier (fol. 295) comprend, à gauche, cinq colonnes. La première *cyclus epactarum*; la deuxième *littera dominica*; la troisième *Kalendæ, nonæ, Idus*; la quatrième *propre des Saints, obits*; la cinquième si l'office se chante en chapes *in cappis*, à XII leçons, etc. A droite du feuillet dans un rectangle, surmonté de trois croix de Malte, à l'encre rouge et à forme triangulaire aux deux extrémités, est inscrit *le nombre d'or*.

Viennent ensuite, avec lettres majuscules ornementées, les cantiques *Benedicite; Benedictus; Magnificat; Nunc dimittis;* le Symbole de saint Athanase, les Litanies des Saints sur deux colonnes. On y remarque saint Taurin, saint Léger, saint Ouen, saint Maur, saint Evroult, saint Leufroy, etc.

Les hymnes sont souvent différentes de celles du Bréviaire romain, toujours à cause de la réforme opérée sous Urbain VIII. Aux vêpres de saint Michel l'hymne commence par *Tibi Christe splendor Patris*, etc.; celle des laudes débute comme de nos jours, mais varie au second vers :

<blockquote>
Christe, Sanctorum decus angelorum
Rector humani generis et auctor
Nobis eternum tribue benignus
    Scandere celum.
</blockquote>

Au romain : Christe, sanctorum decus Angelorum
Gentis humanæ Sator et Redemptor,
Cœlitum nobis tribuas beatas
    Scandere sedes.

Il en est de même pour l'hymne de la Passion, que nous avons eu le plaisir de retrouver exactement semblable dans l'*Antiphonaire d'Evreux* de Mgr Rochechouart (t. II, p. 306, à Paris 1738, in-12). Mais l'office des morts (fol. 393) avec ses antiennes notées sur une portée de 4 lignes, tracées à l'encre rouge, n'a aucune variante et se termine à ces mots de la deuxième leçon des matines : *indica mihi cur me ita...*

Ce curieux manuscrit porte sur le feuillet de garde cette mention : « Henricus Omont Ebroicensis hoc ms. perlustravit, gallicasque preces a domino A. Chassant anno 1839 jam editas, et Liranum necrologium summa cura transcripsit, anno 1877 die 25 octobris. H. O. » On sait que Henri Omont, ancien élève du Lycée d'Evreux, est aujourd'hui conservateur des manuscrits à la Bibliothèque Nationale et membre de l'Institut.

Le manuscrit 121 (1) est intitulé : « *Hore beate Marie virginis, secundum usum Lirensis monasterii, quas emit dompnus Johannes Panthou, religiosus ac baillivus dicti monasterii, anno Domini...* » Jean Panthou était prieur de Lyre en 1542, l'achat fait par lui est donc antérieur de quelques années et place ce volume dans le premier quart du xvie siècle. — L'ordre suivi est le même que dans tous les livres manuscrits ou imprimés de cette époque. Seules les Litanies varient à cause de quelques saints déjà cités : saint Léger, saint Quentin, saint Ouen, saint Evroult, saint Columban, saint Wandrille, saint Leufroy, etc.

fol. 74 v° : psaumes de l'office des morts avec les leçons de matines, etc.

fol. 102 v° : *Orationes Sancti Gregorii papæ.*

fol. 104 : Oratio de B. M. V. *O illustrissima et excellentissima gloriosa semper Virgo Maria*, etc.

fol. 107 v° : *Forma plenarie remissionis in mortis articulo*, etc.

fol. 109 : Incipiunt benedictiones secundum usum beate Marie

---

(1) Ms. 121. xvie siècle. Parchemin et papier. 124 ff. de 23 à 27 lignes à la page. 152 sur 85 millim. — Belle écriture avec lettres initiales rubriquées et ornées. Reliure ancienne gaufrée avec fleurs de lis aux quatre coins et fleurons dorés au milieu : dos fleurdelisé entre les nervures. — Le calendrier qui va du feuillet 1 à 11 est écrit sur papier et d'une autre main que le manuscrit qui commence au feuillet 12, sur parchemin. — De même à partir du feuillet 116 le papier revient avec l'écriture des premiers feuillets. — Je possède un *Officium Beatæ Mariæ*, imprimé à Paris en 1595, latin-grec, dont l'ordre est absolument celui du manuscrit 121, avec la prière de saint Grégoire : *Bone Jesu, verbum patris*, etc.

de Lyra, ordinis Sancti Benedicti *in dominicis et festis xij lection. in nostro ordine*, etc.

fol. 113 : Les dix commandements de la loy :

> Ung seul dieu tu adoreras
> Et aymeras parfaitement.
>
> Dieu en vain tu ne jureras
> Ne aultre pareillement.
>
> Les dimenches tu garderas
> En servant dieu devotement.
>
> Pere et mere honoreras
> Affin que vives longuement.
>
> Homicide point ne seras
> De faict ne vollontairement.
>
> La voye d'aultrui tu nes [ras?]
> Ne retiendras à escient.
>
> Luxurieux point ne seras
> Ne lubricque pareillement.
>
> Faulx tesmoignage ne diras
> Ne mentiras aucunement.
>
> Femme point ne désireras
> Qu'en mariage seulement.
>
> Biens d'aultrui ne convoiteras
> Pour les avoir injustement.

L'hymne des laudes, composée par Fortunat, se retrouve au bréviaire de Claude de Sainctes et dans Ul. Chevalier qui, cependant, ne donne pas la strophe suivante :

> Maria mater gratie
> Mater misericordie.
> Tu nos ab hoste protege
> Et hora mortis suscipe (1).

Au verso du feuillet 114 on lit ces recommandations : « Nous prions pour lestat de leglise; premierement pour nostre Sainct Pere le Pape, tous cardinaux, archevesques, evesques, abbes,

---

(1) Dans *Opera omnia* de J.-M. Thomasii, t. II, p. 384, il y a la même hymne, avec mention que cette strophe manque au ms. C. 13.

« prieurs, cures, chappelains, gens de religion et touttes gens
« deglise de quelque estat qu'ils soient. Que Dieu les benisse et
« conserve et mette bonne paix en nostre mere Saincte eglise et
« les ames quil met au gouvernement puissent si bien inservir et
« gouverner que ce soit au prouffit et sallut dicelles ames, Amen.
« Et appres nous prions pour le bras seculier et especiallement
« pour le Roy de France, pour la Royne et pour leurs enfants et
« pour tout leur bon conseil, desdits comtes, barons, chevalliers,
« escuiers, gens de justice que Dieu par sa grâce... » (Le reste est
effacé.)

Enfin sur la garde du volume on a collé la prière suivante,
imprimée :

ORAISON DE MONSIEUR SAINCT HUBERT.

O glorieux Sainct Hubert d'ardenne
Qui de Dieu as loyer tel,
Que garder peux les corps de peine
Des biens-faicteurs de ton Hostel.
Contre la rage et danger tel,
Aller convient en ton Eglise
Pour estre de ce cas mortel
Préservé par ta grâce exquise
De la saincte estolle et divise
Que l'envoya le Roy Iesus,
Vueilles garder en ta franchise,
Tes bons confreres sans abus,
Si qu'ils ayent en leur devise
La gloire des heureux là sus... Amen.

La feste de Monsieur Sainct Hubert est le III iour de nouembre.

Un Bréviaire (1), dit *ad usum Ebroicensem* par M. H. Omont, manuscrit du xve siècle (no 56), commence au folio 2 — le premier est illisible — par l'office de la Nativité de J.-C. — Au feuillet 17: fête de saint Thomas de Cantorbéry, dont la *lectio 1a* débute ainsi : « Quoniam, fratres Karissimi, de passione gloriosi martyris Thome Cantuariensis archiepiscopi qui non modo, etc. » — Puis office de saint Evroult : « Venerabilis igitur Ebrulfus admodum nobili

---

(1) Ms. 56. xve siècle. Parchemin, 178 ff. à 2 col. 233 sur 153 millim. 21 lignes environ à la page. Lettres rubriquées, filigranées d'une extrême finesse, rinceaux, fleurons, etc.

ortus prosapia Bajocasme urbis oriundus extitit. Quem parentes nimia educantes, etc. » Oraison : « Supplicationibus nostris omnipotens Deus, piissimas aures tuas inclina, ut qui sancti Ebrulfi confessoris tui atque abbatis, etc. »; ou : « Concede, misericors Deus, ut intercedente beato Ebrulfo confessore tuo atque abbate, ab omnibus nos digneris custodire adversis. »

fol. 39vo : à la généalogie *qui fuit Jesse* tête expressive de ce patriarche.

fol. 40vo : office de saint Maur. *Lectio 1*a : « Beatus igitur Maurus clarissimo senatorum genere... etc. » Oraison : « Adesto, Domine, populo tuo ut beati Mauri confessoris tui abbatis merita preclara suscipiens ad impetrandam misericordiam tuam per eius patrociniis adjuvetur, etc. »

fol. 42vo : Saint Sulpice, évêque et confesseur. *Lectio 1*a : « Beatus quidem Sulpicius ortus claris parentibus, etc. » — Oraison : « Omnipotens sempiterne Deus claritate in hodierne celebritatis propitius respice ut quibus Sulpicii confessoris tui atque pontificis frequentare gaudemus supplicia, eo apud te intercedente cunctorum veniam peccatorum reportare mereamur. »

fol. 48 : Fête de sainte Agnès, tête de vierge.

fol. 57vo : Têtes grotesques.

fol. 72 : Saint Aubin. *Lectio 1*a : « Religiosorum vita virorum quantum est meritis, etc. »; *lectio 2*a : « Igitur Albinus episcopus Venetice regionis occeane, britannie et finis indigena, nec exiguis parentibus, etc. »

fol. 74vo : Saint Benoît (1), abbé. *Lectio 1*a : « Fuit virtute venerabilis gratia Benedictus et nomine, ab ipso puericie sue tempore, cor gerens senile, etc. » Au fol. 74vo, 75 et 75vo, lettre azurée, rehaussée d'or, tête de saint Benoît.

fol. 78vo : double tête; fol. 81, tête expressive.

---

(1) Le ms. 64, avec la règle de saint Benoît, offre au folio 1 une initiale A, dans laquelle est figuré saint Benoît, avec un moine prosterné à ses pieds. — xiie siècle. Parchemin, 23 ff. 245 sur 145 millim. — Le ms. 67, également du xiie siècle, traite le même sujet : *Bedæ presbyteri liber de temporibus*. Il est remarquable par ses initiales, fol. 1, 2, 62, etc. Parchemin, 83 ff. de 34 lignes, 232 sur 152 millim. Rel. peau blanche avec fermoir.

fol. 105 : Saint Leufroy. *Lectio 1ª* : « Beatus vir Leufredus iusta Gallias pago ebroicensi exortus est, sanguinis nobilitate conspicuus, parentibus christianissimis natus. Hic in adolescentia sua cum in vana mundi hujus gloria se exercere posset, totam militiam suam Domino vero regi devovit, magis cupiens pauperem Christum nudus ipse sequi quam diviciis seculi vestitus ad tempus, sicut flos feni florere, etc. »

fol. 107 : Lettre à 3 têtes remarquables de finesse; puis, 107vo grotesque.

fol. 108 : Tête de jeune fille. — Autres têtes ff. 113, 114, 116, 122, 126, 127, 148, 166, etc.

fol. 167vo : Saint Taurin. Quelques variantes, pour les leçons, avec le Bréviaire du xive siècle de la Société libre de l'Eure et avec celles publiées par L.-T. Corde (*La Châsse de Saint-Taurin*, 1866, in-4º). La Bibliothèque Nationale possède cinq manuscrits de la légende de saint Taurin. L.-T. Corde donne, après Ch. Lenormand dans sa fameuse brochure *Découverte d'un cimetière mérovingien*, le numéro 989 qui est du xie siècle.

Le manuscrit s'arrête au 15 août, fête de l'Assomption.

Deux *psautiers* de Notre-Dame de Lyre (1) (mss. 70 et 78), l'un du xie siècle et l'autre du xiie, sont intéressants par leurs miniatures ou leurs lettres ornées. Au folio 66 du nº 78 il y a, en effet, une miniature à pleine page représentant saint Georges terrassant le démon (160 sur 125 millim.); en regard : « Quid gloriaris in malicia qui potens es iniquitate » en capitales rustiques d'or, sur fond pourpre. De même au folio 28 du nº 70, une superbe lettre initiale à *Quid gloriaris* (ps. 51), tête de monstre marin, arabesques à l'intérieur de la lettre, etc., ainsi qu'à la page 118 verso. Les couleurs employées sont : vert, rouge, bleu et or, filigranes jusque dans les marges.

Après les psaumes viennent, folio 111, les prières : le *Credo* de saint Athanase, le *Pater noster*, le Symbole des Apôtres, le *Gloria in excelsis Deo* et les Litanies, toujours sur deux colonnes, avec

---

(1) Ms. 70. xiie siècle. Parchemin, 180 ff. 220 sur 140 millim. Rel. parchemin. Incomplet du commencement et de la fin. — Ms. 78, xie siècle. Parchemin, 203 ff. 155 sur 220 millim. Rel. parchemin. Incomplet.

les noms des saints du diocèse, sauf saint Maur, saint Evroult, saint Leufroi, ajoutés, au xiv⁰ siècle, dans la marge.

Enfin au folio 149 l'hymne de saint Evroult, notée en neumes et que Dreves (1), seul, a publié. La voici :

1

Summi regis potentia
Cuncta disponens saecula
Divina spargit munera
Credentium per pectora.

2

Quo postulemus supplices.
Ut nos illustret desides,
Quo simus apti capere
Donum supernae gratiae.

3

Cujus nitoris schemate
Ornati decentissime,
Laudes promamus inclitas
Ebrulpho sancto debitas.

4

Qui per iter monasticum
Pervenit ad aethereum
Excelsi throni thalamum,
Sanctorum consors civium.

5

Ebrulphe pater lucide,
Nostros clamores suscipe
Tuisque sacris precibus
Nos munda culpis omnibus.

6

Ut luce spiritalium
Resplendentes charismatum
In corde simus sobrii,
In carne semper liberi.

7

Tuoque nos precamine
Fac poli summa scandere,
Quo valeamus cernere
Jesum benignum sedule.

8

Sit regi regum Domino
Cum prole et paraclito
Imperium et gloria
Per saeculorum saecula.

Une hymne à saint André débute de la même manière.

Le calendrier du n° 78 paraît avoir été à l'usage de l'abbaye de Tegernsee (Bavière) (2) et on y a marqué au 1ᵉʳ janvier le décès de Robert d'Aviron, ancien doyen du Chapitre d'Evreux (1228-1232),

---

(1) *Analecta hymnica*, tome XII, p. 108, d'après notre manuscrit de Lyre, n° 70.

(2) Voir quelques mots sur cette antique et considérable abbaye dans la *Revue Bénédictine*, avril 1912, p. 208. L'article est intitulé : *Les inscriptions dedicatoires des premières églises de Tegernsee sous l'abbé Fondateur Adalbert*, par Dom G. Morin.

mort religieux à Bonport où il s'était retiré, *obiit magister Robertus de Aviron* (1ᵉʳ janvier).

Le *Martyrologe d'Usuard* (ms. 17) renferme l'obituaire de Lyre publié dans le *Recueil des historiens de France*, t. XXIII, p. 470, que nous donnerons dans le Chapitre dixième. Outre la règle de saint Benoît on y trouve encore plusieurs hymnes, copiées à différents endroits, la plupart avec musique notée. En voici quelques-unes peu connues ou inédites :

I (fol. 2)

1

Deus in adjutorium
Meum, intende vitium
  Delens superbiæ
Ut fermentum psallentium
Non fermentet obsequium
  Regine gloriæ.

2

Deprecemur mente lœta
Ut qui caret semper meta,
  Aperiat mire
Cordis aures hic propheta
Istud grecum per effeta,
  Quod est aperire.

3

Collaudemus pluraliter
Dei matrem concorditer
  Concordia mira.
Concordantes suaviter
Non delirantes pariter
  Delirante lyra.

4

Rogitemus matrem miram
Ut acceptet nostram lyram
  Qua [m] sibi cantamus,
Avertat a nobis iram
Ne inviam vel deliram
  Viam incedamus.

                      Amen (1).

II (fol. 3)

1

Verbo Verbum incarnatur
Dum Maria salutatur
  E salutis bajulo
Sponso sponsa collocatur
Pax in terra reformatur
  Universo populo.

2

Virginale gravi datur
Claustrum nimis admiratur
  Naturalis regula
Totum Deus operatur
Sic breviter persolvatur
  Ista questiuncula.

---

(1) Dreves XV, p. 139, n° 180 : Cod. Ebroic. (R. Liren.) 17 sæc 12 add. sæc. 12/13. Ohne melodie mis Systemen für eine solche. — Ms. 17. XIIᵉ siècle. Parchemin, 159 ff. 185 sur 125 millim. Rel. en bois, brisée.

3

Virgo sancta te precatur
Grex hic ut exaudiatur
  Ejus deprecatio
Ut ad regnum perducatur
In quo quisque deprecatur
  Diurno denario.
              Amen (1).

III (fol. 4ᵛᵒ)

1

Gaude gloriosa (2)
Morborum medela
Laude copiosa
Iustorum tutela
Tutela iustorum
Copiosa laude
Medela morborum
Gloriosa gaude.

2

Via in viando
Viantes procura
Curia curando
Deviantes cura
Cura deviantes
Curando curia
Procura viantes
In viando via.

3

Prece preciosa
Precantes intende
Nece tenebrosa
Peccantes deffende
Deffende peccantes
Tenebrosa nece
Intende precantes
Preciosa prece.
              Amen.

---

(1) Inédite, car Ul. Chevalier, qui la croit du xıı^e siècle, ne dit pas qu'elle ait été publiée.

(2) Hymne du xıı^e siècle peu connue, éditée par Pertz et Mone. Les poètes de cette époque, comme ceux des siècles suivants, se forgent, à plaisir, d'énormes difficultés dont ils triomphent plus ou moins. Ainsi dans le cas présent le premier mot de la strophe : *gaude*, en sera le dernier; le second : *gloriosa*, devient l'avant-dernier; le 3ᵉ *morborum* et le 4ᵉ *medela*, formeront le 7ᵉ vers : *medela morborum*. Même tour de force pour les 3ᵉ et 4ᵉ vers, dont le 5ᵉ et le 6ᵉ seront, en sens inverse, la reproduction.

IV (fol. 156) (1)

1

Salve, celi janua
Porta paradisi
Vervecis ingenua
Genitrix occisi
Nudis extas pallium
Egris medicina
Flos florum convallium
Rosa sine spina.

2

Vitri non integritas
Sole violatur
Nec tua virginitas
Partu defloratur
Nec tua preconia
Des oblivioni
Sis pro nobis domina
In conspectu throni.

3

Castitatis lilium
O virgo Maria
Interpella filium
Mediatrix pia.
Ut a sordis vitio
Nos purget virtute
Sicque celi gaudio
Nos donet salute.

Amen.

Enfin, au verso de ce feuillet, se trouve le vieux *Noël* suivant, publié par Dreves :

1

Congratulamini
Marie Virgini
Cuncti catholici
Qui fertis Domini
Vasa, mundamini
Vos omnes clerici.

2

Laudantes virginem
Que Deum hominem
Fert virgo pariens
Fontem, originem
Boni, dulcedinem
Amarum nesciens.

3

Istis exultemus
Illis insultemus
Qui sint increduli
Deo jubilemus
Matrem collaudemus
Istius parvuli.

4

Populus gentium
Vadens per devium
Videt nunquam lumen
Dum matris gremium
Portat mancipium
Quod est verum numen.

---

(1) Hymne publiée par Pertz et Mone d'après le manuscrit de Lyre qui, seul, l'a conservée.

5	6
Natus est parvulus	In hac miserie
Nobis infantulus	Valle, nos hodie
Omnibus gaudium	Mater nos conforta
Fons hic fit rivulus	Misericordie
Arbor ramunculus	Fons, vena veniæ
Per carruca pium.	Felix celi porta.
	Amen.

Les autres hymnes commencent ainsi :

fol. 3ᵛᵒ : Salve, virgo, vere domina celorum, nostri miserere.....
      publiée par Pertz VIII, 376 et Mone II, 449, d'après ce manuscrit.
fol. 11 : Spiritus et alme orphanorum paraclite.....
      très commune et très répandue.
fol. 12 : Exultet aula celica
      Letetur mundi machina
      Dum refert solis orbita
      Nicholai solempnia.

A la suite on lit ces mots : « Anno Domini MCCLII, vj idus julii
« receperunt dominus prior de Warham et monachi qui cum eo
« erant... concesserunt ei participationem omnium bonorum... (1)
« qui fient in ecclesia sua in perpetuum, tam in vita quam in
« morte et cum dies ipsius ad illorum notitiam pervenerit, memo-

---

(1) Il s'agit ici d'une association de prières comme Lyre en avait avec le Bec, le chapitre d'Hereford et d'autres abbayes, mentionnées dans un manuscrit indiqué par Montfaucon sous ce titre : *Associationes Monasteriorum cum Lirinensi Cœnob.*, in-4º. (*Bibl. Biblioth.*, t. II, p. 1261.)
Un manuscrit de Saint-Evroult (Bibl. nat., 10062, fol. 78-81) donne le nom de toutes ces abbayes avec les prières consenties. Voici celles du diocèse d'Évreux :

    Pro defunctis Sanctæ Marie Lirensis VII officia.
      »   »   Sancti Petri Castellionis »   » . Même note pour Saint-Taurin d'Evreux.

Le Bec devait 30 messes chantées, Bernay 7 messes ainsi que Cormeilles et Préaux. Au fol. 80, on lit : « Hoc etiam Rogerio de Lira, monacho Becci, concessimus. »
    fol. 81 recto : « Pro Tusteno monacho de Lira, audito obitu ejus, cantabit unusquisque nostrum tres missas et ipse similiter pro nobis. »

« ria de eo fiet in ecclesia et in capitulo et nomen ejus fuerit
« martirologio annotatum, etc. » On a vu (p. 160) que *Wareham*
était un prieuré d'Angleterre relevant de Notre-Dame de Lyre.

fol. 157vo : Spe mercedis et corone || stetit Thomas in agone.....
fol. 159ro : O domina dominatrix || illumina, vite datrix.....
publiée par Pertz, VIII, 376, et par Mone, II, 449, d'après notre
manuscrit.

Le manuscrit 57 donne également le martyrologe d'Usuard avec
la règle de saint Benoît, et, au folio 139, une liste des abbés de
Lyre, depuis Robert du Châlet jusqu'à Simon de Monceaux,
31e abbé (1).

L'unique *lectionarium* (2) de Lyre commence à la veille de la
Nativité : « Lectio 1ª secundum Matheum. In illo tempore cum
esset desponsata mater, etc. » Ce manuscrit du XIIIe siècle, à deux
colonnes, mesure 380 sur 270 millimètres, contient 251 feuillets
en parchemin et ne donne lieu à aucune observation.

Il en est de même pour l'*Evangeliarium* (no 68) du XIIe siècle,
sauf deux notes. Une au folio 2 : « Reliquie sancti Petri apostoli,
« unus dens. He reliquie fuerunt archiepiscopi Alnodi, et ipse
« unciam auri Rome emit. Ego vero Winnocus, servus servorum
« Xpisti, post obitum ejusdem episcopi Godrico de tiam cleroque (?)
« ipsius cenobii manu mea inde precium dedi, scilicet medieta-
« tem uncie auri; habet vero simul de sepulcro Xpisti. » (XIIe s.)
L'autre note est au folio 140 : « Iste liber constat Ric [ardo] Blacwylle », en écriture du XIIIe siècle. Le volume a 143 feuillets de
24 lignes à la page, mesurant 250 sur 150 millim., avec lettres
ornées, titres rubriqués, etc.

Après l'*antiphonarium* du XIIIe siècle (3), vient le manuscrit des
Vitæ Sanctorum du XIIe, no 96, avec 111 feuillets de 265 sur 180 millim. Il commence par la vie de saint Nicolas, représenté dans

---

(1) Ms. 57. XIIIe siècle. Parchemin. 139 ff. de 23 à 24 lignes. Lettres
multicolores, filigranes, titres rubriqués. 232 sur 163 millim. Rel.
parchemin.

(2) Ms. 104. XIIIe siècle.

(3) Ms. 89. XIIIe siècle. Parchemin. 237 ff. 285 sur 195 millim. Rel.
peau blanche. Les fol. 27, 31, 71, 108, 147, 199, 228, 230 et 233 ont
été lacérés.

l'intérieur de la première lettre, mitre en tête et crosse à la main.

Au folio 24 un moine du Bec raconte les miracles opérés par saint Nicolas, avec une histoire de la fondation de la célèbre abbaye, histoire reproduite par Robert de Torigni dans sa Chronique. L'endroit où se sont produits ces miracles est parfois indiqué, comme celui de Brionne (fol. 30) : « Brionensi castro qui abest a supradicto Beccensi cenobio fere miliario, fuit quidam vir nomine Isoardus pater Noberti patris Roberti Cementarii qui extitit monachus in memorata ecclesia a quo didicit hoc ille qui hæc scripsit... » Plus loin (fol. 34), récit d'un miracle arrivé à Malleville-sur-le-Bec : « Quidam vir Goscelinus nomine de villa quæ vocatur Mala villa sita in pago rothomagensi, ardens, etc. Hoc actum est anno ab Incarnatione Domini MCXI, mense decembri qui est apud ebreos X, apud nos vero XII, regnante Domino nostro Jesu Christo. »

Deux autres miracles eurent lieu à Pont-Saint-Pierre. Le premier se rapporte à un certain Hugues de Pont-Saint-Pierre qui obtint de saint Nicolas, grâce aux prières de son épouse, de venir terminer ses jours en Normandie, quoiqu'il fût mort dans un lieu « qui ob nomen magni loci qui ibi defluit lacus Losona vocitatur ». Le narrateur affirme tenir ce miracle du fils du bon Hugues, moine à l'abbaye du Bec (1).

Le second miracle se rapporte à deux jeunes gens qui, la nuit, volèrent de l'argent mis en dépôt dans l'église Saint-Nicolas par une femme du pays. A plusieurs reprises ils s'efforcèrent de s'enfuir dans la forêt et, toujours ramenés par une force invisible près de l'église, finirent par enfouir le trésor dans un jardin, où il fut retrouvé.

---

(1) Aug. Le Prévost a donné une partie du texte dans ses *Notes* (t. II, p. 597-598) d'après le ms. 19 de la Bibliothèque d'Alençon ; — M.-A. Joly en a donné une traduction partielle dans le *Bulletin de la Société des Antiquaires de Normandie* (t. IX, 1884) et M. Gustave Prévost dans *L'Église et les campagnes du moyen âge* (p. 66-67). Enfin M. l'abbé Porée dans son *Histoire de l'abbaye du Bec* (t. I, p. 35, note 3) et surtout M. Louis Régnier dans sa notice sur *L'Église de Pont-Saint-Pierre* (p. 6-7) en ont parlé et le dernier auteur en a tiré toutes les conclusions archéologiques que comporte ce curieux récit.

Nous donnons les deux miracles à l'*Appendice* n° 9.

Pris de scrupule pour tous ces faits merveilleux, craignant d'avoir été trop crédule et de transmettre à la postérité des erreurs, le bon moine du Bec allait détruire son précieux manuscrit lorsque, par une indéniable protection de saint Nicolas, il échappa lui-même à une mort certaine *anno ab Incarnatione MCXXV mense augusto mediante* (fol. 37).

Cette histoire se termine par deux miracles similaires arrivés, l'un à Montfort (fol. 44vo), l'autre au prieuré de Beaumont-le-Roger (fol. 45), alors desservi par des chanoines.

Après les leçons pour la translation de saint Nicolas, vient au feuillet 49 la vie de saint Bernard, abbé de Clairvaux, avec ces distiques :

> Clare sunt valles, sed claris vallibus abbas
> Clarior, his clarum nomen in orbe dedit.
> Clarus avis, clarus meritis, et clarus honore,
> Clarior eloquio, religione magis.
> Mors est clara, cinis clarus, clarumque sepulcrum
> Clarior exultat spiritus ante Deum.

Puis, folio 80, un psautier de la Sainte Vierge composé par un moine de Pontigny qui a pris un verset de chaque psaume afin d'en faire l'application à la Reine du Ciel :

> Suscipe, regina celi, que mente benigna
> Cantica de psalmis offero sumpta sacris.
>
> Ave lucerna seculi
> Beati cujus oculi... etc.

Comme les xiie et xiiie siècles chantèrent la Vierge Marie aussi bien dans les poésies que dans les sculptures des basiliques!

* * *

ÉCRITURE SAINTE. — On ne sera pas étonné des nombreux manuscrits relatifs à ce sujet, entre les mains des moines de Lyre. D'abord une magnifique Bible, en deux volumes in-folio, ainsi mentionnée dans le catalogue du xiie siècle :

Isti libri in hac ecclesia continentur in duobus voluminibus que vocantur Bibliotheca divinarum scripturarum.

I. — In primo volumine continentur isti libri : Genesis, Exodus, Leviticus, Liber Numeri, Deuteronomium, Liber Jesu Nave, Liber Judicum, Liber Ruth, Liber Regum IIII, Ysaias, Jeremias, Ezechiel, Daniel, Liber duodecim Prophetarum, scilicet : Osee, Johel, Amos, Abdias, Jonas, Micheas, Naum, Abbacuc, Sophonias, Aggeus, Zacharias, Malachias.

II. — In secundo isti : Liber Job, Libri Salomonis tres, scilicet : Proverbia, Ecclesiastes, Cantica canticorum, Liber Sapiencie, Liber Jesu filii Sirach, qui appellatur Ecclesiasticum, Libri Paralipomenon duo, Liber Tobie, Liber Judith, Liber Hester, Liber Esdre, Libri Machabæorum II, Psalterium David. — Hii sunt libri novi Testamenti : Liber Actuum apostolorum, Apocalipsis Johannis, Epistole canonice VII, scilicet Jacobi Iª, Petri IIe, Johannis IIIe, Jude Iª, Epistole Pauli XIIII, Libri IIIIor evangelistarum, scilicet : Mathei, Marci, Luce, Johannis.

In hac Bibliotheca deest Psalterium quod sanctus Jeronimus transtulit de hebreo in latinum, verbum ad verbum, et liber qui appellatur Pastor, qui non est in canone.

Cette Bible, remarquable par ses miniatures, est conservée à la Bibliothèque de Rouen (mss. 2-3) et figurait à l'exposition du millénaire normand. Elle est du XIe siècle, sur parchemin, mesure 464 sur 245 millim., avec 231 et 206 feuillets. On y rencontre quelques indications stichométriques. Prêtés par les bénédictins de Lyre à leurs confrères de Saint-Ouen, avant la Révolution, ainsi qu'une vingtaine d'autres, ces manuscrits, après la suppression des ordres religieux, sont devenus la propriété de la capitale normande.

Sur le texte biblique, le moyen âge, à l'instar des Pères de l'Eglise des premiers siècles, s'appliqua souvent à faire des gloses conservées dans les bibliothèques monastiques.

Les *Postillæ* (1) de Nicolas de Lyre, avant tous les autres commentateurs, quoiqu'il ne fut pas bénédictin, devaient se trouver

---

(1) Ms. 97 d'Evreux. — XVe siècle. Parchemin. 271 feuillets à 2 col. 290 sur 200 millim. Rel. veau. Miniatures aux fol. 140, 140vo, 141, 141vo, 142, 143, 144, 145vo, 147, 161 et 196. Le titre est celui-ci : *Nicolai de Lyra postilla in Pentateuchum*. Les autres manuscrits existaient encore à Lyre quand Montfaucon fit son catalogue. Après le premier il mentionne :

Postilla ejusdem in Josue, Judicum, Ruth, Regum, Paralipomenon, Esdræ, Nehemiæ et Esther, in-fol.
»   »   *in Job et Psalm.*, in-fol.

en grand honneur dans l'abbaye de Lyre. Une copie faite par Nicolas Guy, ami de Raoul Bouvier d'Angers qui la corrigea de concert avec maître Jacques Maugny, à Narbonne, porte la date de 1455 *mense martio*. Ce Raoul Bouvier, autrefois élevé à la dignité d'Evêque de Beziers et d'Agde à cause de l'éminence de sa doctrine et de ses vertus, puis vicaire général de Louis d'Harcourt, patriarche de Jérusalem, évêque de Bayeux et abbé commendataire de Lyre, offrit ce riche manuscrit à notre abbaye, avec six autres contenant l'exposition littérale et mystique, du même Nicolas de Lyre, sur la Bible. Vingt saluts d'or avec un calice de vermeil accompagnaient ce don généreux, à condition de faire pour lui et ses successeurs, un obit solennel le sept des ides de juillet.

Un manuscrit conservé à Rouen (n° 35) renferme la *Genesis* avec glose marginale et interlinéaire ; au folio 3, huit médaillons formant un I et représentant la création ; xiii° siècle, avec 144 feuillets de 335 sur 228 millimètres en parchemin.

A la même bibliothèque se trouvent trois autres manuscrits (1) (40, 45, 46) donnés par maître Etienne de Reims à l'abbaye de Lyre, au xiii° siècle, et qui renferment une glose sur l'*Exode et le Lévitique* (n° 40) ; — sur les *Nombres, Josué, les Juges* (45) ; — sur le *Deutéronome, Ruth, Tobie, Judith, Esther* (n° 46).

Quatre manuscrits encore sont des gloses sur le prophète *Isaïe*,

---

Postilla ejusdem in Tobiam, Baruch, Judith, libr. Machabeorum, Sapientiæ et Ecclesiasticum, in-fol.

»   »   *in Parabolas Salomonis, Cant. Canticorum, Ecclesiasten, Isaiam, Jeremiam, Ezechielem, Danielem et in 12 Prophetas minores*, in-fol.

»   »   *in universum Testamentum novum*, in-fol. — In calce hujus libri additur quæstio ejusdem autoris *contra Judæos de adventu Messiæ*.

Item *tractatus de visione divinæ essentiæ ab animabus Sanctis*.

(Biblioth. Bibliothecarum, t. II, p. 1257.)

(1) Ms. 40. xiii° siècle. Parchemin. 243 feuillets, 322 sur 218 millim Rel. mod. — Ms. 45. xiii° siècle. Parchemin. 225 feuillets, 326 sur 220 millim. Rel. mod. — Ms. 46. xiii° siècle. Parchemin. 145 feuillets, 315 sur 220 millim. Rel. peau blanche.

trois d'Evreux (nos 14, 21, 69) (1) et un de Rouen (no 67); un sur *Jérémie* (74 de Rouen) donné par Luc, évêque d'Evreux, grand bienfaiteur de Lyre; — un sur les livres *Sapientiaux* (no 63, Rouen) (2); — deux sur *le Cantique des Cantiques* (nos 9 et 14, Evreux) (3); — enfin de Cassiodore *expositio in psalmos* (4) (493-495, Rouen). Le copiste de ce dernier, Richard Gautier, a mis une souscription en vers à la fin du premier et du troisième volume :

I. Libri scriptorem donet mercede be }
   Qui celis residet per quem sunt cuncta cre } ata
   Gaute, scrib } atur si sciri nomen am }
   Posteris add }   ut nomen sic habe } atur
   Car post *ri* veniat, post *car*, *dus* deinde sequ } atur

III. Pro scriptore roget qui librum perlegit } istum
    Donarique sibi poscat pro munere cr }
    Dum vivit vivat sanus, sit prospera v }
    Virtutisque colat vitiorum labe sop } ita
    Anglicus est scriptor, Gauterius est sibi n }
    Pro mercede bonum Dominus sibi conferat } omen

(1) Ms. 21. xiiie siècle. Parchemin. 146 feuillets de 180 sur 150 millim. 32 à 36 lignes à la page. Rel. peau blanche. — Ms. 69. xiie siècle. Parchemin. 85 feuillets, 260 sur 188 millim. Lettres ornées, rouges, vertes, filigranes; lettres remarquables aux ff. 29, 64, 65, etc. — Ms. 14. xiiie siècle. Parchemin. 132 ff. 182 sur 140 millim. couv. peau.

(2) Ms. 67. xiiie siècle. Parchemin. 99 feuillets, 260 sur 180 millim. Rel. peau blanche. — Ms. 74. xiiie siècle. Parchemin, 143 feuillets, 338 sur 215 millim. Rel. mod. — Ms. 63. xiie siècle. Parchemin, 182 feuillets, 328 sur 230 millim. Rel. peau blanche.

(3) Ms. 9. xiie siècle. Parchemin. 162 ff. 180 sur 125. Rel. peau avec ais de bois. Initiales azurées et rubriquées. — Ms. 14, *supra*, note 2.

(4) Ms. 493-495. xiiie siècle. Parchemin, 144, 138 et 108 feuillets à 2 col. 375 sur 255 millim. Rel. mod. Ce sont trois superbes manuscrits avec lettres initiales de toute beauté. Les bénédictins de Lyre s'étaient dépouillés, au profit de leurs confrères rouennais, de leurs plus précieux manuscrits, avec espoir de retour, cependant.

Le manuscrit (1) 47 d'Evreux contient différents livres de l'Ancien Testament, tels que : Isaïe, Jérémie avec ses *Lamentations*, les douze petits prophètes, Ezéchiel, paraboles de Salomon, l'*Ecclésiaste*, le *Cantique des Cantiques*, l'*Ecclésiastique*, le *Livre de la Sagesse*, Job (2).

On trouve souvent sur les derniers feuillets ou sur les gardes de livres des annotations, soit du scribe, soit des lecteurs. Ainsi au dernier folio de celui-ci un moine écrivit au xve siècle :

A son chier frère salut et amitié en ntre Seigneor.

Au dernier feuillet le *rebus* suivant :

Res est in nemore nigro vestita colore
Si caput abstuleris res erit alba nimis.

Il s'agit évidemment du mot *cornix*. Puis plus bas les signes symboliques des quatre évangélistes :

Virgo Johannes avis, Lucas vitulus, Leo Marcus
Est homo Mathæus, quatuor ista Deus.

Enfin le manuscrit (3) 42 *Interpretationes hebraicorum nominum* termine ce qui se rapporte à l'Ancien Testament. C'est en quelque sorte un dictionnaire hébreu du xiiie siècle, sur deux colonnes, avec lettres initiales rubriquées, la première filigranée en bleu et rouge, débordant dans la marge.

Les premières gloses du Nouveau Testament commencent par le manuscrit 90 de Rouen *super Matthæum et Marcum* (xiiie siècle)

---

(1) Ms. 47, xiiie siècle. Parchemin, 294 ff. à 2 col. de 37 lignes, 185 × 135 millim. Rel. parchemin. Quelques lettres rubriquées et filigranées. Gardes avec un antiphonaire du xve siècle, office de saint Martin; au commencement et à la fin, sermon sur la calomnie et glose sur l'officier de Pharaon dans la prison, avec Joseph.

(2) Le ms. 9559 de la Bibl. Nat. renferme les morales de saint Grégoire sur Job; liv. 1-16, xiie siècle, c'était le numéro 124-125 du catalogue de Lyre.

(3) Ms. 42. xiiie siècle. Parchemin. 45 ff. 220 sur 150 millim. 45 lignes à la page sur 2 col. Rel. peau blanche.

et 73 d'Evreux *super Matthæum et Lucam* (xiie siècle); — se continuent par le numéro 69 (Evreux) sur l'Evangile *de saint Jean* (1) (xiie siècle) avec une lettre initiale très ornementée et au-dessus un aigle tenant un livre dans ses serres; — les *Actes des Apôtres* dans le numéro 20 avec la préface de saint Jérôme (xiiie siècle); le commentaire du diacre Arator sur le même livre (n° 24, xiie s.) (2). Arator, diacre de l'Eglise romaine, vivait au vie siècle. Il dédia son ouvrage au Pape Vigilius qui le fit lire publiquement à l'église :

Domino Sancto et Venerabili in Christi gloria
Spiritualiter erudito Floriano abbati   } Titre rubriqué.
Arator diaconus salutem.

Qui meriti florem maturis sensibus ortum
Hominis ore tui iam Floriane tenes, etc.

Quatre manuscrits commentent les épitres de saint Paul (n°s 74, 75 et 84 d'Evreux, 149 de Rouen) (3). Dans ce dernier manuscrit,

---

(1) Ms. 90. xiiie siècle. Parchemin. 208 ff. 380 sur 250 millim. Rel. carton. — Mss. 73. xiie siècle. Parchemin. 176 ff. 240 sur 158. Rel. bois. — Sur saint Jean il y a de plus le n° 59 du xiie siècle. Parchemin. 245 sur 160, de 83 ff. à 14 lignes. Rel. veau gaufré, cavaliers dans la bordure, quadrupèdes, et, au centre, David jouant de la harpe, accosté de deux évêques, crosse en main. — Ms. 91. xiiie siècle. Parchemin. 79 ff. 288 sur 200 millim. Rel. bois brisé : et le ms. 111 du xiiie siècle. Parchemin. 136 ff. à 2 col. 300 sur 210 millim. Rel. parchemin avec fermoir. Il renferme encore, outre 3 dialogues de Sulpice Sévère sur les vertus de saint Martin, le Ier livre des Sentences de Pierre Lombard, l'histoire du siège de Troie et surtout une vie de saint François compulsée par le R. P. Edouard d'Alençon pour sa belle édition intitulée : *S. Francisci Assisiensis vita et miracula... auctore Fr. Thoma de Celano*, Romæ, Desclée, 1906, in-8° de 480 pages.

(2) Ms. 20. xiiie siècle. Parchemin. 94 ff. à 2 col. 195 sur 135 millim. Rel. parchemin. Beau ms. — Ms. 24. xiie siècle. Parchemin. 122 ff. 240 sur 145 millim. de 18 lignes jusqu'au fol. 82, puis à 2 col. Lettres rouges, vertes, filigranes, etc.

(3) Ms. 74. xiie siècle. Parchemin. 122 ff. 210 sur 140 de 15 lignes. Rel. Parch. — Ms. 75. xiiie siècle. Parch. 143 ff. de 20 lignes, 238 sur 160 millim. Rel. peau blanche. Sur la couverture en haut, sous une corne transparente fixée avec six clous, on lit ce titre : *Epistole Pauli*,

au feuillet 2, il y a une note relative à l'incendie de l'abbaye de Lyre, le 23 avril 1414 :

« Anno gratie domini millesimo cccc^{mo}xiiij, die xxiij mensis
« aprilis, festo beati Georgii martiris, inflammatus et succensus
« fuit locus monasterii seu ecclesie hujus abbatie ubi nonnulla
« incommoda irreparabiliaque damna fuerint, venerabili patre
« Domino Symone de Moncello existente abbate ejusdem loci, qui
« per resignationem seu demissionem magistri Stephani de Prato...
« benedictionem cum magno honore et ingenti apparatu in eadem
« ecclesia a Domino ebroicensi susceperat (1).   BOUVIER. »

Le numéro 75 est remarquable par ses lettres, particulièrement aux feuillets 2, 3, 24, 43, 55vo, 62vo, 69, 74, 78vo, 82vo, 85, 90, 93vo, 95vo, 97, etc.

Enfin le manuscrit 63 (2) fournit *sententie super Apocalipsim* de Richard de Saint-Victor en sept livres (XIIe siècle).

Comme glose générale sur l'Evangile il y avait (3) *Magistralia super IIII Evangelistas* qu'un prieur de Sainte-Marie-du-Val tira des ouvrages de Pierre le *Mangeur-Comestor* (ce doyen de Troyes est plus souvent cité sous le nom de Comestor), d'Hedwin et de maître Herbert. On y trouve les vers suivants :

> Si tibi discendi sit amor, sit cura legendi,
> Si legis intente, poteris prodesse repente;
> Hic potes audire quod erit satis utile scire,
> Hic sunt doctorum presentia dicta bonorum
> Forsitan ubi noscas qui sint, si nomina poscas,
> Non dicam rursum, titulus docet, aspice sursum.

Glose veteres. — Ms. 84. XIIIe siècle. Parchemin. 138 ff. 250 sur 162 millim. Rel. peau blanche avec closes en plomb. — Ms. 149. XIIe siècle. Parchemin. 191 ff. à 2 col. 350 sur 245 millim. Rel. peau blanche.

(1) Bibl. mun. de Rouen, ms. 149 (A, 197) fol. 2.

(2) Ms. 63. XIIe siècle. Parchemin. 140 ff. de 28 lignes tracées. 232 sur 152 millim. Rel. peau blanche avec fermoir. Au fol. 1 lettre A sur fond or très jolie de forme et d'ornementation, de même aux fol. 44, 45, 111vo, 118.

(3) Ms. 41. XIIIe siècle. Parchemin. 152 ff. 205 sur 145 millim. Rel. peau blanche. Il y a 28 à 30 lignes à la page avec lettres rouges, bleues, vertes, filigranées dans les marges, titres rubriqués jusqu'au feuillet 84, etc., puis mis dans les marges.

Au feuillet 83ᵛᵒ, sont des conseils hygiéniques sur les saignées, l'époque, les avantages, la manière, etc., et à la fin, sur la garde, avec le paraphe du bon moine Alecis ces mots :

De Abbaytia Lire
Nolite eum allienare;

puis, un peu plus bas, de la même main :

Quis ut Deus
Salutare meus
In me non prevalebit
Inimicus,

avec paraphe formant une tête, à droite. En face, autre signature déjà rencontrée, semblable à celle d'Alecis et comme une tête de hareng, ce qui confirmerait notre opinion qu'il se nommait Guillaume Harent.

Un manuscrit de Rouen (1422) contient les *Miracula sancti Jacobi* de Turpin, archevêque de Reims; une épître du pape Calixte II; les miracles des saints Paul, apôtre, Clarus et Cyriaque, martyrs (fol. 41); une vie de saint Léonard (fol. 49); un ouvrage de Hugues, archevêque de Rouen, *super hæresibus in Aremorico* (fol. 137), etc. (1).

PATROLOGIE. — En suivant l'ordre du catalogue de Lyre, établi au XIIᵉ siècle, on trouve d'abord de saint Jérôme *epistolarum LXXV ad diversos excerpta moralia* (ms. 1) (2); *Excerpta varia Hieronymi* (ms. 2, fol. 68) (3). Dans ce manuscrit existent plusieurs hymnes, notées en musique, qui seraient plutôt mieux désignées par le nom de satires, du moins pour la suivante :

---

(1) Ms. de Rouen, 1422. XIIᵉ, XIIIᵉ siècles. Parchemin. 168 ff. 253 sur 170 millim.

(2) Ms. 1. XIIIᵉ siècle. Parchemin. 169 ff. à 2 col. 180 sur 135 millim. Rel. bois brisée.

(3) Ms. 2. XIIIᵉ siècle. Parchemin. 155 ff. de 26 lignes à la page. 170 sur 128 millim. Rel. peau blanche, brisée. — Le ms. 9. fol. 141 donne aussi une lettre de saint Jérôme *ad Dardanum*.

De malis monachis.

1

Ego mundi timens naufragium
Et mundanis involvi fluctibus,
Fugi tandem ad monasterium,
Quasi portum salutis omnibus.
Heu Caribdis elapsus faucibus
Et attractu vitato Syrtium,
Modo timens maius exicium
Circumfundor Scylleis canibus.

2

Monachalem assumens habitum,
Evasisse putavi vitia,
Sed quod erat prius absconditum
Modo patet, fraus et malitia;
Nisi Dei succurrat gratia,
Factus ero tanquam vas perditum
Et reversus canis ad vomitum,
Sed retrorsum nulla vestigia.

3

Non hoc tamen dico, quod sæculi
Sint amanda cuiquam flagitia
Nec ad morem vivendum populi,
Sed ubique pugna pro patria;
In mundo sunt acroceraunia,
Et hic latet caverna reguli,
Sed non fiunt Christi discipuli,
Nisi crucis ferant supplicia.

4

Religio fuit antiquitus
Jejunium et contemplatio,
Modo non sic, sed regnat ambitus,
Fastus, livor, murmur, detractio,
Hypocrisis et superstitio;
Sed monachum non facit habitus
Nec cervicis pronæ circuitus,
Sed caritas et conversatio.

5

Hæc est ficus siccanda penitus
Fructu carens umbrosa folio,
Vere fundi vasa interitus
Inceperunt a sanctuario;
Naburzadan jacet imperio
Hierusalem eversa funditus,
Ergo tantum dolor et gemitus
Restat bonis et lamentatio.

6

Non Ebrei, dico, sed ebrii
Redierunt ad ollas carnium,
Hos affligunt item Ægyptii
Redactos ad luti servitium;
Plora, Rachel, noli solatium,
Quia tibi jam non sunt filii,
Ceciderunt in ore gladii
Sicut olim per adulterium (1).

Ce moine scandalisé serait-il le même qui, plus loin, folio 9, note avec grand plaisir, en face de l'année 1246, son départ de Lyre : « Isto anno veni in Anglia jam moratus in religione sexdecim annis, habens etatis pene triginta et vii annos »?

---

(1) Dreves donne cette diatribe d'après notre ms., mais d'un vers en fait deux, à tort selon nous, car ce sont des vers décasyllabiques avec rimes bien marquées. (Dreves, *op. cit.* XXI, 132).

Guillaume Alexis dut, plus tard, trouver dans ce morceau d'une belle venue l'idée de son *Mireur des moines* :

> Retirez-vous, noirs emplumez
> Qui avez fait à Dieu les vœux
> Destre en lieu obscur enfermez
> Sans manger chair, n'estre repeuz
> D'aucuns morceaux délicieux
> Pour mieux tenir vie angélique
> Et vous estes, jeunes et vieulx
> Tenans vie diabolique, etc.

Le manuscrit 14, folio 43, donne l'opuscule de saint Jérôme *Super Isaiam et super cantica canticorum* déjà cité ; il y a encore *Sermo in nativitate Sancte Marie matris Domini* (ms. 37, fol. 59) ; *auctoritates excerptæ ex operibus S^{ti} Hieronymi* (ms. 39, fol. 132 r°) ; *tractatus de membris Domini* (ms. 45, fol. 1 à 156 et ms. 71) (1). — Ce dernier traité possède de nombreuses notes au bas des pages, des lettres initiales intéressantes, des titres rubriqués, etc. Au folio 114, verso, on lit : « Quidam abbas secum cogitaret quomodo, clauso utero, Christus exire potuisset et hoc impossibile reputaret ; invenit zonam qua cinctus erat ante pedes suos, ita nodatam sicut erat circa se ante, et audivit vocem dicentem sibi : sic potuit Christus, clauso sepulcro, prodire. »

Saint Ambroise dans l'ancien catalogue était représenté par neuf ouvrages (n°s 69 à 78). Le manuscrit latin 10596 de la Bibliothèque Nationale en renferme plusieurs. A Évreux il ne reste que *exceptiones de libris beati Ambrosii episcopi de officiis*

---

(1) Ms. 37, xiiie siècle. Parchemin. 108 ff. à 2 col. 210 sur 150 millim. Rel. parch. — Ms. 39. xiiie siècle. Parchemin. 174 ff. 230 sur 165 millim. Rel. peau blanche. 29 lignes à la page. Lettres rouges, bleues, filigranes, etc. Le feuillet de garde est tiré d'un traité de l'Incarnation du xiie siècle. — Ms. 45. xiiie siècle. Parchemin 196 ff. 210 sur 165 millim. Rel. parchemin. — Ms. 71. xiiie siècle. Parchemin. 118 ff. 235 sur 185 millim. Rel. parchemin.

Des extraits de saint Jérôme sont encore dans le ms. 553 de Rouen, fol. 244 : « *Ieronimus super epistolam ad Titum.* » Ms. xii-xiiie siècles. Parchemin 254 ff en partie à 2 col. 222 sur 156 millim.

ministrorum (ms. 48) (1). Volume précieux pour ses lettres rouges, vertes, filigranées, ses volutes, etc., surtout aux fol. 56, 58ʳᵒ, 67, et par ses hymnes en l'honneur du Christ et de la Sainte Vierge. La plupart sont inédites et composées, très probablement, par les moines de Lyre. Ul. Chevalier signale là première sans indiquer qu'elle ait été publiée. Ce sont des vers léonins dont la césure du deuxième pied rime avec le sixième :

I

Cernite, captivi, pro vobis quanta subivi
In cruce morte mea dampnatur mors aliena
Et sic emendo quod Adam deliquit edendo
Nec Deus hec nec homo presens qui cernis imago
Sed Deus es et homo quem sacra figurat imago
Quod non vivit homo quod sit Deus esse negatur
Traditur, patitur, moritur, petit ima supernis
Nec satis es tecum qui rebus subjicis equum
Quippe quod argentum, quod forma, quod ordo clientum
Quod celebres fundi Festum breve gloria mundi.

II

En l'honneur de la Vierge (2).

Alma, serena, pia, precelsa beata Maria,
Tu fons ortorum, tu certa salus miserorum
Lumen cecorum, requies optata laborum,
Da mihi, te clare, carissima, semper amare,
Te mihi da clare clara cum laude vocare
                      Alma serena, etc. (3).

Dulcior es melle, te laudant quoque puelle,
Mirantur stelle, fugiunt metuendo procelle;

---

(1) Ms. 48. xiiᵉ siècle. Parchemin. 177 ff. 205 sur 145 millim. Rel. peau blanche. 32 à 35 lignes à la page.

(2) Se trouve à la Bibl. Nat. L. 8307, à Vienne (Autriche), publiée par Denis et Hauréau, xiiᵉ siècle, vers léonins avec rime du deuxième pied comme ci-dessus.

(3) La répétition du premier vers formait le refrain. Il en sera de même dans les morceaux suivants.

Sis mihi solamen, sis eternale levamen,
Sis et tutamen, sis et per cuncta juvamen.
    Alma serena, etc.

Tu delictorum veniam mihi posce meorum,
Et fac me morum vernare decore proborum;
Sis mihi salvatrix, sis obsecro semper amatrix,
Sis consolatrix, sis mater et auxiliatrix,
    Alma serena, etc.

Tu perpulcra genis, oculis tu grata serenis,
Tu dulcis, lenis, cunctis tu mater egenis;
Me tam ferventer, clamantem, tamque libenter,
    Alma serena, etc.

III

Cette pièce, inconnue d'Ul. Chevalier, se compose d'héxamètres dont les césures du premier et du troisième pied riment ensemble, sorte de tour de force, très usité à cette époque.

Diva parens, merore carens, dilecta Maria
Sponsa Dei, memor esto mei, miserere dolenti.
Sum fragilis, non sum stabilis, succurre cadenti.
Quid faciam? Quid deveniam? Quid ero miserandus
Te rogitans, ad te fugitans, venio recreandus.
    Diva parens, etc.

Si pereunt, si pretereunt quecumque videmus
Nos teneri, veri pueri, quonam fugiamus,
Stella maris quos ipsa paris solita pietate
Ipsa tua nos dulciflua salva bonitate.
    Diva parens, etc.

Te lacrimis precor, oro nimis flos optime florum,
Sis requies, sis leta dies, sis cura tuorum;
Mire decor, te virgo precor, digneris adesse
Nosque polo, pereunte solo, fac semper inesse.

IV

Ul. Chevalier indique le morceau suivant sans autre mention, il est donc probablement inédit. Vers léonins ordinaires avec rimes bien observées, poésie intéressante :

Clara pudicicia, pulcherrima prole Maria
Tu vite portus, tu delectabilis ortus
Dulcior es manna, te felix edidit Anna.
Ortum virtutis, portum largire salutis
Et manna vite, mihi da sine fine, cupite (1).
    Clara pudicicia, etc.

Celorum porta, mundo feliciter orta
Eruat a portis tua me clementia mortis
Lacta me manna, dulcissima mater et alma
Lacta languentem, lacta, rogo te, sitientem,
    Clara pudicicia, etc.

Omnes tu flores, omnes tu vincis odores
Flos honestatis sit odor mihi virginitatis
Pulcrior es luna, sublimior omnibus una
Fac sic sublimis mea vita levetur ab imis.
    Clara pudicicia, etc.

Tu vite pomum, tu mellifluum, cinamomum
Purpureis violis radiisque simillima solis
Da mihi quod quero, quod per te cernere spero
Regnum celorum, veniam scelerumque meorum.

V

Dreves a publié la poésie suivante d'après un manuscrit parisien (XXXII, 168), mais inférieur à celui d'Evreux. Il faut remarquer la singularité de la facture qui conserve la mesure de l'héxamètre, mais deux rimes intérieures, sans souci de la césure. Les rimes de la deuxième et de la troisième strophe tombent après deux pieds ce qui produit un singulier effet!

Pulchra Maria! serena Maria, benigna Maria
Dulcis alumna, superna columna, decusque perhenne,
Tela maligna repelle, benigna, metumque gehenne,
Nostra mamilla, deique papilla, mei miserere;
Quæ fugienda nimisque cavenda diu retinuere
    Pulchra Maria, etc.

Dira cupido, ceca libido, regnat ubique
Quisque malorum, queque bonorum tractat inique

---

(1) Génitif fém. de cupitus, a, um, désirable.

Casta virago, sancta propago, corrige vanos
Aula pudoris, mater [honoris] amoris protege sanos
     Pulchra Maria. etc.

Lux orborum, dux claudorum, dirige justos
Os mutorum, spes cunctorum, sis mihi custos
Sis dilectrix, sis protectrix, sis mihi mater
Pulcher I. H. C., dulcis I. H. S. sis mihi frater.
     Pulchra Maria, etc.

Dia puella, venusta puella, puella colenda
Virgo jocunda, deoque secunda nimisque stupenda
Tolle timorem, pelle dolorem perpetualem.
Fac me fortem vincere mortem spiritualem.

VI

Pièce inédite, vers léonins ordinaires, signalée par Ul. Chevalier.

Mater casta, pia clarissima, Virgo Maria
Fac mihi quod posco, melius quam poscere nosco
Et que corde peto tribuas mihi munere leto
Fac me mundari, mundatum justificari
Justum firmari, firmatum salvificari.
     Mater casta, etc.

Sit meus, ore, pater carus tibi, caraque mater
Fratrum nostrorum memor esto simulque sororum
Et fac gaudentes notosque meosque parentes
Consolans cunctos in amore pio mihi junctos
     Mater casta, etc.

Fac nostros reges justas componere leges
Principibus presta donari mente modesta
Divitibus prebe cum Christi vivere plebe
Pauperibus dona vite gaudere corona
     Mater casta, etc.

Ecclesie patres custodi, protege matres
Dilige chatholicos. fidei reprimens inimicos
Et non credentes fac Christo credere gentes.

VII

Indiquée simplement par Ul. Chevalier, même facture que le IIIᵉ et Vᵉ morceau.

> Virgo puerpera, sis mihi prospera, Sancta Maria.
> O venerabilis, o memorabilis, o generosa
> Mater amabilis, inviolabilis, imperiosa
> Suscipe carmina, dilue crimina, suscipe vota
> Funde precamina, ferto juvamina, spes mea tota,
> > Virgo puerpera, etc.

> Tu violaria, tuque rosaria, vincis odore
> Lactea lilia, pulcra monilia vincis amore
> Te modulamine, te jubilamine vocis honoro
> Te quoque pectore, te quoque corpore totus adoro
> > Virgo puerpera, etc.

> Te carissima, te clarissima gloria celi
> Oro, supplico, laudo, predico mente fideli,
> Tu pulcherrima, tu celeberrima, tu decus orbis
> Tu nostris pia ac ad omnia consule morbis
> > Virgo puerpera, etc.

> Splendida moribus, altior omnibus optima nutrix
> Me, rogo, dirige; me, pia, dilige, sis mihi tutrix
> Ad mea cantica, spes, precor, unica dulcius audi
> Jam mea timpana, jam precor organa precipe claudi.

VIII

Ul. Chevalier n'indique pas, en la signalant, qu'elle ait été publiée.

> O flos egregia nascens de stirpe Maria
> Sancta tua dextra benedic nos intus et extra
> Per te vivamus, per te Christo placeamus
> Fac nostras animas meritis, oramus, opimis
> Corpora purifica, virgo sacra, virgo pudica,
> > O flos egregia, etc.

> Assis oraclis assis nostris habitaclis
> Assis et rebus cunctis benedicta diebus

Non has flamma voret, non hos ardere laboret
Non sit tempestas, non seviat ulla potestas.
                    O flos egregia, etc.

Terre fecunde, plene sint piscibus unde
Conserva fructus, undarum comprime fluctus
Ventos refrena, celum pluviale serena
Fulminis ardorem tonitrus depelle fragorem.
                    O flos egregia, etc.

Magnos algores nimios moderare scalores
Pestis tollatur, bellum non inveniatur
Crimina linquantur, cuncti veniam mereantur
Christus adoretur, Christus rex verus ametur.
                              Amen.

On trouve encore, folio 101, l'épitaphe du Pape Urbain II (1088-1099), précédée de ces trois vers :

Si moriatur ovis multum valet illa ruina
Extrahitur pellis, describitur intus et extra :
Si moriatur homo, moritur caro, pellis et ossa.

Voici enfin l'inscription du Pontife romain :

Hic jacet Urbanus, quo non urbanior alter ;
Grammaticus, rethor, dialecticus, omnis in arte
Qui valuere magis, minus hoc valuisse probantur.
Innumeras gentes solo sermone coegit
Ire super Persas, et Persis abstulit urbem
Qua de morte sumus vita moriente redempti (1).

Le manuscrit 430 de Rouen contient trois ouvrages de saint Ambroise *de fide* V; *de Spiritu Sancto* libri III; et *de incarnationis dominicæ sacramento* liber I (2). D'autres mss. d'Evreux ne

---

(1) Ms. 48. XII° siècle. Parchemin. 177 ff. de 32 à 35 lignes. 205 sur 145 mill. Rel. peau blanche.

(2) Ms. 430 de Rouen. XII° siècle. Parchemin. 118 ff. 280 sur 190 millim. Rel. peau blanche.

renferment que des extraits, tels que les numéros 1, fol. 64; 2, fol. 68; 37, fol. 8; 39, fol. 139; 54, fol. 188 (1).

Des dix-huit ouvrages de saint Augustin, mentionnés au catalogue du XIIe siècle, il ne reste que le livre *de edificationibus fidei ecclesiasticorum dogmatum* (ms. 9, fol. 144). — En dehors des huit lettres au comte Boniface (ms. 46, fol. 97) on n'a que des extraits dans les manuscrits 2, 10, 19, 49, 48 et 54.

Le ms. 48 conserve de saint Cyprien son sermon *de oratione dominica* (n° 104 au XIIe s.) et les numéros 1 et 2 quelques extraits.

Trois ouvrages de Cassiodore (105, 106 et 107 au XIIe s.) sont conservés à Rouen par le manuscrit 490 : *Cassiodori variarum form [ul] arum* [libri I-IV]; fol. 54 : *ejusdem variarum epistolarum libri VIII-XII*; fol. 107 : *liber Magni Aurelii Cassiodori senatoris de anima;* fol. 130 ejusdem *de institutione divinarum litterarum*. (XIIe s. Parchemin. 151 ff. 268 sur 182 millim. Rel. peau blanche) (2).

Saint Bernard dès le XIIe siècle était représenté par quatre ou cinq manuscrits dont deux sont conservés à Evreux et les autres à Rouen. Le numéro 38 (3), fol. 7, possède le livre *de duodecim*

---

(1) Ms. 54, XIIe siècle, Parchemin, 203 ff. — 205 sur 145 millim. Rel. peau blanche. Lettres multicolores, initiales filigranées, rehaussées d'or, etc. Au folio 202 verso, ces vers à noter :
Si quis in hoc mundo vult multis gratus haberi
Det, capiat, querat, plurima pauca nichil.
Et au folio 203 un fameux remède contre les serpents : « Accipe aquam fontis et infunde eam super cultellum cum albo manubrio mucrone sursum in vase directo, et dic interfundendo aquam, signo crucis preposito : in nomine Patris, etc., Amen et *Pater noster*, ter. Porro. Pota. Zyro. Zebeta. Aray, Zaray. Paraclitus. In nomine Domini summi. Amen. Postea detur predicta aqua ad bibendum vel ipsi leso a serpente, vel ei qui eum esse lesum putat, et lesus statim sanabitur. Probatum est. »

Il est très curieux de rencontrer pareille recette dans un livre écrit par des moines.

(2) A la page 292 nous avons parlé du psautier de Cassiodore en trois volumes (108-110 du XIIe siècle), en sorte que nous avons tous les ouvrages de cet auteur, tels qu'on les possédait à Lyre.

(3) Ms. 38, XIIe siècle. Parchemin, 127 ff. de 35 lignes à la page. 225 sur 145 millim. Rel. peau blanche, avec agrafes formées de deux tournois. Lettres rubriquées.

gradibus humilitatis et superbiæ (ex-116 du xii⁰) et *apologia ad Guillelmum, S. Theodorici abbatem* (fol. 1). Au folio 21 il y a, de plus, *Sancti Bernardi tractatus ad Henricum, Senonensem archiepiscopum*. Au xiiie siècle les moines se procurèrent *tractatus, sive omelie, quatuor venerabilis Bernardi, in evangelio secundum Lucam : Missus est angelus* et des extraits *in honorem Mariæ*, (ms. 37 (3), fol. 60 et fol. 8; ms. 39, fol. 143 v⁰). La vie de saint Bernard, écrite vers 1167 par Alain, évêque d'Auxerre, se trouve dans le manuscrit 96 d'Evreux avec la *vita S. Malachiæ* de saint Bernard (fol. 49 et 81); 145 sermons au numéro 14; le traité *de interiori homine* (ms. 21); une lettre à Robert, son neveu, et une autre aux chanoines de Lyon *de conceptione Mariæ* (ms. 46, fol. 145 et 148) (4). Enfin le numéro 553 de Rouen nous fournit les opuscules suivants : *Sermones de adventu Domini* (fol. 5); des extraits (fol. 134); le sermon sur l'évangile *Missus* et d'autres *qui desunt in superioribus* sur l'Avent et *de verbis Ysaie* (fol. 171 v⁰); sermon *de obedientia et contemptu divitiarum* (fol. 207). Sur le feuillet de garde de ce manuscrit, en tête du volume, on lit de première main : « Hunc librum in parte scripsit et in parte scribi fecit Johannes monachus Lirensis et indigena. » Ce Jean, dit M. Henri Omont, a probablement écrit les fol. 5-45 et les huit premières lignes du fol. 46 recto, à pleine page.

Ce dernier manuscrit, au fol. 231, donne quelques extraits de Pierre de Riga qui a paraphrasé une grande partie des livres de l'Ancien et du Nouveau Testament, en vers de différents mètres. Ce poème est intitulé *Aurora* « parce que, dit l'auteur, il dissipe « les obscurités de l'ancienne loi, comme l'aurore dissipe et met « en fuite les ténèbres de la nuit. » Les extraits *Auroræ* sont ceux du livre *Josue ben Nun*, le second de l'opuscule :

Post mortem Moysi factum est Deus ut loqueretur...

« Tous les critiques conviennent, dit Michaud, que le poème

---

(3) Ms. 37. xiiie siècle. Parchemin. 108 ff. à 2 col. 210 sur 150 millim. Rel. parchemin.

(4) Ms. 46. xiiie siècle. Parchemin. 148 ff. de 30 lignes. 195 sur 135 millim. Rel. peau blanche.

de Riga annonce un talent de versification très remarquable pour l'époque où il a été composé. »

Quant à Jean, moine de Lyre au XIIe siècle et *indigena* il est bien difficile, pour ne pas dire impossible, de l'identifier. L'obituaire de cette époque inscrit, sans doute, aux nones de janvier le décès de Jean Pichez, prieur de Lyre, mais il y en a d'autres! Deux en février, un en mars, un en août du XIIIe, un en septembre, etc. Enfin vers le milieu du XIIIe siècle on trouve un Jean de *Chambreis*, moine de Lyre.

Hugues de Saint-Victor († en 1140) ainsi nommé de l'abbaye où il passa son existence depuis 1118, à Paris, composa un certain nombre d'ouvrages qui se trouvaient dans les monastères du moyen âge. Lyre en possédait cinq (119 à 124) qui existent dans les manuscrits suivants : le numéro 23 d'Evreux, folio 1, donne le *Liber de duodecim abusionibus claustri materialis* (ex-122); folio 38 *Liber de claustro anime*, dit *de arra anime* dans le catalogue du XIIe siècle (121); le *summa sententiarum* (n° 38, fol. 58) est le premier cours complet de théologie en ce genre, divisé en sept traités; enfin *de sacramentis* le plus considérable de ses ouvrages (ex-119).

Le manuscrit 23 (1) contient, en outre, le fameux traité du Pape Innocent III *de contemptu mundi*, traduit en vers français par le bon moine de Lyre, Guillaume Alexis.

On y trouve encore — fol. 132 — en l'honneur de la Sainte Vierge la prose suivante (2), notée :

1	2
Benedicta es celorum regina Et mundi totius domina	Vocaris que solem justitie *(paris)* A quo illuminaris

---

(1) Ms. 23. XIIIe siècle. Parchemin. 167 ff. de 20 lignes. 150 sur 132 millim. — Initiales rubriquées et azurées, lettrines avec filigranes jusque dans les marges, de trois couleurs, rouges, bleues, vertes. Au fol. 149 on lit : Che livre est Guillemin Ducreux qui lemblera pendu sera au post de l'*Ave Regina. Ave Maria gratia*. — même mention au folio 167.

(2) Cette prose est dans nos vieux missels d'Evreux, édition de 1497, f. CCIII, ainsi qu'à l'Appendice de celui de 1610 en usage jusqu'en 1740, Kehrein l'a publiée, mais il n'a pas le dernier vers, il répète *quo salvantur omnia*, ce qui est une faute.

Et egris *medicina*
Tu preclara maris stella

Te Deus pater ut Dei mater
Fieres et ipse frater

3

4

Cujus eras filia
Sanctificavit, sanctam servavit
Et mittens sic salutavit
  Ave plena gratia!

Per illud ave prolatum
Et tuum responsum gratum
Est ex te verbum incarnatum
Quo salvantur omnia.

5

Nunc mater exora natum
Ut nostrum tollat reatum
Et regnum det nobis paratum
  In celesti patria.
    Amen.

Et cette autre en l'honneur de saint Edmond (1) :

Confessor Christi, Emunde
Pro nobis preces infunde
Marie Virgini fecunde
  Deitatis gratia.

Maria regina mundi
Per preces sancti Edmundi
Munda nos in sinu mundi
  In Dei presentia.
    Amen.

Quant au glossaire *latino-gallicum* du feuillet 149 il a été publié par Alph. Chassant sous ce titre : *Petit dictionnaire latin-français du XIIIe siècle* (Paris, Aubry, 1857, in-8º et 2e éd. en 1877), de même que le traité de médecine de la page 163 l'a été par MM. P. Meyer et Ch. Joret dans la Revue *Romania*, 1887.

Des six ouvrages de saint Grégoire-le-Grand au XIIe siècle (124-131) il ne reste que des extraits dans les manuscrits 19 (fol. 128 et 194), 54 (fol. 131) et 2 (fol. 102). Mais on a le *psalterium* (ms. 28) et surtout XIV livres *epistolarum* dans le

---

(1) Signalée par Ul. Chevalier et publiée par Dreves xxviii-292.

manuscrit 110 d'Evreux (1). — De plus, la perte du *Dialogus* (129) est compensée par la traduction du n° 8 français, dont la *Romania* en 1879 (page 512) a donné le prologue, avant de publier la *Vie saint Gregore*, du même manuscrit et qui contient 2378 vers octosyllabiques. Ce volume du xiv° siècle est le plus intéressant, au point de vue littéraire, de ceux de Lyre, aussi a-t-il été presque complètement imprimé. M. A. Chassant a donné l'*Advocacie Notre-Dame*, du folio 147, et *La chapele de Baiex* du feuillet 160, d'abord dans le tome VII (p. 126-180) du recueil de la Société libre de l'Eure, puis dans le tome VIII (p. 314-349) avec des notes nombreuses.

Ce manuscrit devait être le livre de chevet du bon prieur de Bucy, Guillaume Alecis, qui y a mis son empreinte un peu partout! — D'abord au feuillet 165 on lit : « Iste dyalogus beati Gregorii est de cenobio Lirensi, qui rapuerit, aut furto eum abstulerit, sit anathema. Scriptum II idus junii 1469. ALECIS. » Puis plus bas, de la même main, ces vers :

> Homme vivant selon raison
> Considère le temps qui court,
> Est plus eureux en sa maison
> Que les grands qui vivent en court,
> ALECIS.

Plus bas encore mais d'une autre écriture, ce sixain :

> Cil n'est pas sans Ire
> Qui d'ostel est sire
> Et trouve despence.
> Celui bien aise est
> Qui trouve tout prest
> Et à rien ne pense
> (Signé) : *Lemonnier*.

Sur la garde, en écriture du xv° siècle : « Guille Duval escuier filz de Colin Brunehault. » — Plus bas : « Gaude mater X^{ti} que per aurem concepisti. »

---

(1) Ms. 110, xii° siècle. Parchemin. 174 ff. 330 sur 220 millim. Rel. veau gaufré avec fermoirs.

Puis ce quatrain historique :

> Mars aux marteaux
> Et avril aux coustiaux
> Mil CCC IIII^{xx} et VII
> C'esmut à Paris le commun

par allusion sans doute au soulèvement des parisiens, mécontents des impôts établis par le duc d'Anjou.

Et encore, de la fin du xive siècle :

> Pour poy de cresson nouvellet
> Fut prins en grève le maillet,

toujours au sujet de la même révolte. Enfin sur le même feuillet (1) :

---

(1) Ms. 8 fr. xive siècle. Parchemin. 165 ff. de 47 lignes à 2 col. 298 sur 210 millim. Rel. peau blanche, avec fermoir et agrafe. — A. de Montaiglon signale une copie de ce manuscrit à la Bibliothèque Nationale (Lancelot 140, Regius 7271, 3, 3.) de la seconde moitié du xve siècle, exactement semblable, sauf les différences d'orthographe résultant de la postériorité de la transcription. La copie est d'Antoine Simonet à la demande de la comtesse de Penthièvre. M. de Montaiglon pense qu'il s'agit de Louise de Laval, épouse de Jean de Brosse, IIIe du nom, comte de Penthièvre, vicomte de Bridiers, seigneur de Bonnac et de L'Aigle, mariée en mai 1468 et morte en 1480. La copie est du 20 mars 1472, d'après ces lignes : « Actum per me, Anthonium [Si] « monet, et patratum vicesima die mensis marcii anno Domini M° « quadringentesimo septuagesimo secundo, ad instanciam Domine « Domine (sic) comitisse Panthevrie, cujus optata compleat Deus « pienter in exitu presenti, scilicet ingressum regni celestis. Amen. » (Cf. : *Romania* 1879, p. 510-511).

Pour comprendre le sens des deux mots *cresson* et *maillet* il suffit de lire Mezeray à la date 1382 : « Il arriva l'année suivante que le duc d'Anjou ayant fait publier les fermes des impôts au Châtelet, comme un des commis du partisan fut dans la halle demander un denier à une herbière, pour une *botte de cresson*, le peuple s'amassa aux cris de cette femme, se mit en fureur, alla enfoncer l'hôtel-de-ville pour avoir des armes, et y prit trois ou quatre mille *maillets* de fer, à cause de quoy en appella ces séditieux les *maillotins*. »

Le tavernier m'appelle ge di que suy *assum*
Ge pourpence en mon cuer et *meditatus sum*,
Despendre le mien *semper paratus sum*,
De mener bonne vie *semper natus sum*.

Comme il ne reste que des extraits d'Isidore de Séville (ms. 2, fol. 68 et 139; ms. 39, fol. 150) le dernier du catalogue du xiie siècle, nous allons parler de ceux qui sont entrés à Lyre au xiiie siècle, en suivant l'ordre du catalogue d'Evreux, pour les manuscrits non encore examinés.

D'abord le numéro 4 avec son traité *de ecclesiasticis officiis* de Jean Beleth, divisé en trois parties :

1º Des institutions ecclésiastiques
- de locis sanctis.
- de festis, processionibus, etc.
- de ecclesiasticis officiis, matines, laudes, etc.

2º De divers sermons;
3º Des explications liturgiques sur les fêtes.

Au folio 83vo l'auteur donne la signification du *dragon*, avec sa longue queue, qu'on portait, jadis, à la procession, les deux premiers jours des rogations *devant* la croix et la bannière, le troisième jour *derrière*. — A la fête de SS. Jacques, Jude et Simon (fol. 104), ces vers (1) :

Tres tribus Anna viris fertur peperisse Marias
Que nupsere viris ioseph, Alpheo, Zebedeo.
De Iacobis binis... non ambigat amodo quivis
Hic satus Alpheo; fuit alter et a Zebedeo,
Quem prius audisti; fratrem memor assere Christi,
Jerusalem primum legimus quem sede potitum.
Vulgo solempnis maii solet esse Kalendis
Ultimus ast ille frater fuit *apochalipse*
Galicie qui sunt te gaudent esse *colomum?*
Nathalem qui sui colit A PEDE septima iuli [Julii].

---

(1) Ul. Chevalier signale cette hymne comme étant dans un ms. de Vérone, cap. 84, 120 b.

Le purgatoire de saint Patrice commence au feuillet 121 :
« Cum continua salute patri filius obedientie munus, jussisti,
« pater venerande ut scriptum vobis mitterem quod de
« purgatorio in vestra me retuli audisse presentia, quod
« quid libencius agredior eo quod ad id exemplum pater-
« nitatis vestre jussione instancius compellor. Licet enim utili-
« tatem, etc. »

De remarquables dessins à la plume sont aux feuillets 132 à 136 : David tuant un lion; sacré par Samuel; tuant le Goliath; un guerrier du xiiie siècle; Jonas figure de Jésus-Christ; David louant de la harpe devant Saül, etc.; prêtre disant la messe, saint Grégoire probablement.

Au folio 137 lettre de l'abbé Gilbert (Crespin) à saint Anselme *de disputacione nostre fidei* : « Reverendo Patri et Domino Anselmo
« abbati suus filius ac servus frater Gillebertus Westmonasterii
« cenobii procurator et servus, prosperam in hac vita
« diurnalitatem et beatam in futura eternitatem. Paternitati et
« prudencie tue discutiendum mitto libellum quod nuper
« scripsi, etc. » Cette lettre est en forme de dialogue et termine le volume.

Deux notes identiques relatent une prise d'habit dans l'abbaye de Lyre, en 1321, de « Johannes Pepin, Johannes Piquelier,
« Johannes de Gournayo, Petrus de Elemosina, Richardus de
« Frigidomonte, Garinus de Seulez, Johannes de Conchis. » —
(Ms. 4. xiiie s. 152 f. de 23 lignes. 170 sur 130 millim. couvert. peau rouge gaufrée. Initiales rubriquées et ornées, titres de chapitre rubriqués, etc.).

Les numéros suivants n'ont rien de particulier au point de vue local. Un traité de Raymond de Pennafort *de penitentia* (ms. 5); un autre, mais anonyme, *de excommunicationibus*, etc. (ms. 6); un compendium *veritatis theologice* d'Albert de Colonia, attribué, dit M. H. Omont, à Hugues de Strasbourg (ms. 7) (1), nous amènent

---

(1) Ms. 5. xiiie siècle. Parchemin. 100 ff. à 2 col. de 40 lignes à la page, environ. 180 sur 132 millim. Rel. parch. avec gardes formées d'un fragment d'Antiphonaire du xve siècle. Titres rubriqués et initiales azurées et ornées. — Ms. 6. xive siècle. Parchemin. 73 ff. de 16 lignes à la page. 175 sur 120. Rel. parch. — Ms. 7. xive siècle.

au *campus floridus* d'Henri de Pacy, moine de Lyre, d'après une note du xviie siècle (ms. 8). Cette glose sur l'Ecriture Sainte commence en ces termes : « Quum in Claustro sederem tacitus, quietus quidem corpore, sed per campos silvasque scripturarum oculis et mente discurrens, inveni de Floribus scripturarum, etc. » Le volume qui comprend 116 feuillets donne, à partir du folio 74, des sermons dont un (f. 105) sur l'Oraison dominicale. On trouve Henri de Pacy, à Lyre, en 1244.

Le manuscrit 9, déjà souvent cité, renferme, en plus, des vers d'Hildebert, évêque du Mans, de Marbode et de Serlon (f. 159vo). Hildebert, né en 1057, religieux de Cluny, disciple de Bérenger et de l'abbé Hugues, évêque du Mans en 1098, puis archevêque de Tours en 1125, jouissait d'une grande réputation pour sa science de la morale, de la discipline et de l'histoire. Ses sermons, ses vies de saints et ses poésies sacrées sont dans toutes les bibliothèques du moyen âge. Dans le cas présent il s'agit d'une poésie en l'honneur de la *Sainte Vierge* :

>   Virgo parens Christi
>   Placa mihi quem genuisti.
>   Exora pro me Petre
>   Nobilis incola Rome.
>   Et tu Paule sacer
>   Vir specialis et acer.
>   Et tu care Deo,
>   Qui natus es ex Zebedeo, etc.

Dans le manuscrit suivant (n° 10) (1) il y a de lui *Passio sancte Agnetis*, poëme sur le martyre de la jeune romaine,

---

Parchemin. 119 ff. de 25 à 26 lignes. 170 sur 125 millim. Dérelié. Titres rubriqués. — Ms. 8. xiiie siècle. Parchemin. 116 ff. de 29 lignes. 170 sur 135 millim. Rel. peau avec courroies. — Après la messe les moines se rendaient au cloître pour s'y adonner à la lecture, ou aux réflexions : « missa celebrata, uti Regula præcipit sedentes in claustro vacent lectioni. » (D. Martene *de antiquis Monach. ritibus*. p. 78).

(1) Ms. 10. xiiie siècle. Parchemin. 150 ff. de 34 à 35 lignes, 168 sur 112 couv. bois. — Dans le ms. 77 se trouvent les miracles de saint Thomas de Cantorbery, xiiie siècle. Parchemin. 95 ff. à 2 col. de 37 lignes. 250 sur 160 millim. Rel. peau blanche, avec fermoir. Initiales multicolores.

Agnes sacra sui pennam scriptoris inauret...

« Illustre Agnès, donne-moi une plume d'or, et distille sur mes
« lèvres le parfum du nectar : je veux, avec les fleurs de la
« poésie, célébrer ton martyre, afin que le récit de tes souffrances
« nous fasse connaître la grandeur de ta foi. La naissance de cette
« vierge a mis sur la tête de Rome une couronne de fleurs, et,
« comme un miroir brillant, elle a envoyé ses rayons par toute la
« terre. L'éclat de sa famille, la beauté de sa personne, etc. »
(Cf. : *Actes du martyre de Sainte Agnès par Mgr D. Bartolini*,
trad. par M. l'abbé E. J. Materne, Paris, 1864, in-8°).

Trente trois de ses sermons figurent au numéro 38, fol. 87, et,
dans le numéro 54 (fol. 40ro), des vers sur la Sainte Trinité (1) :

Alfa et omega, magne Deus, Heli, Heli, Deus meus...
. . . .
Cum Moyse et Helia pium cantem alleluia.

Marbode, évêque de Rennes (xie et xiie siècle) et Serlon natif
de Vaubadon près Bayeux, abbé de Savigny au diocèse d'Avranches, ont, l'un et l'autre, composé des ouvrages très connus au
xiie siècle et quelques poésies dont le numéro 9 donne des
extraits.

Revenons au manuscrit 10 à cause de la vie de saint Thomas
de Cantorbery et de ses miracles. « C'est, dit M. H. Omont, le
« recueil composé par Benoît de Peterborough et publié dans le
« tome II des *materials for the history of Thomas Becket* (London,
« 1876, in-8°); le prologue est celui de Jean de Salisbury (publié
« *ibid.*) » — Au folio 83 hymne en l'honneur de saint
Thomas, signalée par Ul. Chevalier et probablement inédite :

Ante chaos jurgium indigeste molis...
. . . .
Præstet id quod petimus regni rex celorum. Amen. (Plus de
Finito libro reddatur cena magistro.   [500 vers).

---

(1) Cette poésie, souvent imprimée, est d'Hildebert certainement
quoique attribuée parfois à Conrad le Chartreux, à Abailard, enfin à
saint Bernard par le ms. 950 de l'Arsenal (ms. du xve siècle).

A la suite, ces deux distiques :

> Annus millenus centenus septuagenus
> Primus erat, primas quo ruit ense Thomas,
> Quinta dies natalis erat, flos orbis ab orbe
> Vellitur et fructus incipit esse poli.

Le manuscrit 13 (1) contient un traité de saint Thomas de Hibernia *de tribus punctis christianæ religionis;* le livre *conscientie* par Robert de Sorbonia et l'*amatorium* de saint Bonaventure. Une note nous apprend que la reliure a été payée par un moine de Lyre, Jean Bouard : « Hunc librum religari fecit Johannes Bouardus, Lirensis monasterii monachus, ex permissis sibi pecuniis, anno millesimo quadragentesimo octogesimo tertio. Bouard. »

Hugues de Bilhonio, prédicateur, avec son ouvrage *super quartum librum Sententiarum* et saint Anselme avec son *elucidarium* forment le numéro 15. (XIIIe siècle. Parchemin. 171 ff. de 25 à 32 lignes. 195 sur 145 millim. Rel. parchemin.)

Des extraits de saint Grégoire, de saint Augustin, de Bede, de maître Hugues de Conches, d'Origène *super Vetus Testamentum*, de saint Bonaventure *opusculum de sex alis Cherubim* sont dans le manuscrit 19, avec deux miniatures à pleine page. La première (fol. 127vo) représente le Christ en croix entre Marie et Jean, la seconde (fol. 227vo), un Chérubin. Les feuillets 127-134 sont palimpsestes. (XIIIe siècle. Parchemin. 240 ff. de 36 lignes. 182 sur 135 millim. Couverture peau blanche avec fermoir.)

Un moine de Lyre, Raoul de Romilly (2), plus tard abbé de ce moustier (1282-1296), compila les sermons du manuscrit 21 qui fournit encore (fol. 110) des extraits de Jacques de Vitry et de Pierre de Chartres sur les *offices ecclésiastiques* (fol. 138), avec ce distique au folio 119 :

---

(1) Ms. 13. XIIIe siècle. Parchemin. 121 ff. de 20 lignes (fol. 1 à 42) et de 30 lignes (fol. 42 à 121). 172 sur 126 millim. Rel. peau. Dans d'autres manuscrits de Rouen H. Omont au lieu de *Bouard* a lu *Benard*.

(2) C'est lui encore qui fit un statut afin de forcer les prieurs vivant en dehors du monastère à venir faire leur semaine à Lyre, tels que les prieurs de Capelles, du Désert, etc.

Virgo Deum genuit, sed si quis quo modo querit
Non est nosse meum, sed scio posse Deum (1).

« Incipit prologus pannonnie vel pannormie Ivonis venerabilis « Carnotensis episcopi multimoda distinctione scripturarum sub « castorum eloquiorum facie contentarum » libri VIII, ainsi débute le manuscrit 25 du XII⁰ siècle. C'est un recueil de lois avec lettres initiales à fleurons, filigranes multicolores jusque dans les marges (2).

Un des célèbres prédicateurs du XII⁰ siècle, Pierre Comestor, dit *le mangeur*, à cause du grand nombre de livres en quelque sorte dévorés par lui, illustre pendant près de trois siècles pour son livre *Scolastica historia*, sorte d'*histoire sainte*, le fut à plus juste titre par ses sermons. Le manuscrit 28, folio 75, en donne quelques-uns qui ont été imprimés dans l'édition des œuvres de Pierre de Blois par le P. Busée. D'autres sont aux numéros 2, fol. 21; 23, fol. 133, 147; 46, fol. 84 (3).

La *Vie* des Pères du Désert se trouvait, dès le XI⁰ siècle, au monastère de Lyre, c'est le manuscrit 30 d'Evreux (4). Il faut remarquer ici, une fois pour toutes, que les IX⁰, X⁰, XI⁰ et XII⁰ siècles ont peu d'abréviations, par conséquent la lecture en est facile, tandis que le XIII⁰ et le XIV⁰ en sont farcis, c'est une véritable sténographie qui suppose, pour les déchiffrer, de fortes connaissances paléographiques.

Dans le manuscrit 46 (5) (fol. 99) sont des lettres de Godefroy

---

(1) Un ms. de Rouen 650 [A. 341] émet la même pensée dans ce quatrain :

Virgo Deum peperit, sed si quis quomodo querit
Non est scire meum, sed scio posse Deum.
Nec scio, nec dicam dubie peperisse pudicam
Credo catholice castam peperisse pudice.

(2) Ms. 25. XII⁰ siècle. Parchemin. 122 ff. de 35 lignes. 210 sur 143 millim.

(3) Ms. 28. XIII⁰ siècle. Parchemin. 143 ff. de 35 lignes environ. 200 sur 140 millim. Lettres rubriquées, filigranes, etc. Rel. peau blanche.

(4) Ms. 30. XI⁰ siècle. Parchemin. 118 ff. 230 sur 150 millim. Rel. parch. 28 lignes à la page avec initiales rouges.

(5) Ms. 46. XIII⁰ siècle. Parchemin. 148 ff. 195 sur 135 millim. Rel. peau blanche. Titres et initiales rubriqués, filigranes, etc. Au fol. 1, fragment de saint Martin de Tours.

de Breteuil, sous-prieur de Sainte-Barbe-en-Auge, et de Jean, abbé de Beaugency, publiées, d'après ce manuscrit, par dom Martène *(Thes. anecd.* t. I, p. 494-555). Le copiste a mis à l'encre rouge, au bas des pages, quelquefois même en haut, quatre vers latins, quelquefois plus, qui résument la lettre, avec des réminiscences d'Ecriture Sainte et même des auteurs païens.

Pour la première lettre on lit :

> Consolator abi! quia luctu vincor et ira,
> Iram qui didici vincere sœpe Lyra.

(Timoheo) Verbera patris habes, ubera matris habe :
(Tito)   Ubera matris habes, verbera patris habe.

A la 2e :

> His famulatur honor qui non famulantur honori,
> Jure tenet virgam, qui non est virga timoris.
>
> Diligit ille Rachel; nec Liam ferre recusat
> Uxoremque novus ducit utramque Jacob.

Fin de la 3e :

> Felices in sorte sua quos terminus arcet
> Et quibus est contra maxima grata quies.

(Pudore) Mens tua sit turtur, pro simplicitate columba;
Sic accepta Deo, sic fies hostia sancta.

Fin de la 4e :

> Sæpius in vili virtus latet obruta panno,
> Sæpius in vili sunt bona multa domo.
>
> Est pietas punire scelus, scelus est sceleratis
> Parcere, nil pietas hæc pietatis habet.

A la fin de la 5e :

> Felix qui donis tantæ virtutis abundat
> Ejus enim mentem vix ulla molestia turbat.
>
> Vive, precor, sed vive Deo; nam vivere mundo

Mortis opus, viva est vivere vita Deo.

Tam felix utinam quam pectore candidus essem
Extat adhuc nemo saucius ore meo.

A la fin de la 6e :

Si culpa est in eo quam sit purgare necesse
Purget, et æternum purgato det Deus esse.

A la fin de la 7e :

Huic sine nocte diem, vitam sine morte, quietem
Det sine fine, quies, vita, diesque Deus.

Hostia pro justis, laus est pro justificandis,
Cautio pro reliquis, causam agit alterius.

A la fin de la 8e :

Sit lenis ventus, placidum mare, lucidus aer.
Sollers nauta, tenax anchora, firma ratis.

A la fin de la 11e :

Est aliquando bono bene ne gravibus superetur.
Est male quo maculas lavet, adversisque pietur ;
Est aliquando malo bene quo gravius ferialur,
Est male quo redeat vel ut hic quoque jam patiatur.

A la fin de la 12e :

Gaudebas dapibus, gaudebas divite mensa;
Nunc tenuum victum sobria cœna dabit.
Terram contemnas, qui cœlum quœris habere,
Si mansura voles, hic fugitiva fuge
Non dabitur segni cœlestis gloria regni,
Non dabitur lento, sed forti, sed violento.

A la fin de la 13e :

Vitis est ut arboribus decor est, ut vitibus uvæ,
Ut gregibus taurus, segetes ut pinguibus arvis,
Tu decus omne tuis.

A la fin de la 14ᵉ :

Vitæ præsentis sic comparo gaudia ventis
Cum neutrum duret, nemo comprehendere duret.

A la fin de la 15ᵉ :

Quos ligat æquus amor, quos mentis identidat ardor
Non pro diversa sunt regnare duo.

A la fin de la 16ᵉ :

Quamvis lætari soleant novitate moderni
Nihil tamen est novitas utilitate carens
Ardenti studio sacra perlege dogmata, si vis
Dulcis aquæ saliente sitim restringere rivo.

A la fin de la 17ᵉ :

Felices undae quibus interiora lavantur,
Et mentis facies clarior efficitur,
In terris duo sunt quæ nil abscondita prosunt.
Fossus humo census, clausus sub pectore sensus.

Fin de la 18ᵉ :

Petrus vocaris, firmus esto
In Christo petra fidei fundamine jacto
Spe paries surgit, culmina complet amor.
Vivit agendo fides, ubi non est actus amoris,
Gignit abortivam spem moribundus fides.
Quamvis multorum multi placeant tibi libri,
Hanc habens, sapias, sufficit ipsa tibi.

Fin de la 19ᵉ :

Non odio, non sit pretio, non sit prece cœcus
Justitiæ rigor et fidei vigor omnibus æquus.

Fin de la 20ᵉ :

Implens officium, reprimensque prioris honorem,
    Sic vita sicut tempore primus eras
Mens, facies, oculus, pura, serena, pudicus,
    Dextera, lingua, pedes, larga, modesta graves.

Fin de la 21ᵉ :

Quis sit verus amor, quid verbis picta simultas
 Verba notant, vultus indicat, acta probant.

Fin de la 22ᵉ :

Vivitur obsequio mortis, mors janua vitæ est
 Sed quibus ad vitam vita parator iter.
Parvo perpetuam mereare labore quietem,
 Et fletu pensa gaudia longa brevi.

Fin de la 23ᵉ :

Sed via virtutis dextrum petit ardua collum
Difficilemque aditum primo spectantibus offert.

Fin de la 24ᵉ :

Nunc animi Rex esto tui, moderare dolorem
 Nemo doloris ope damna levare potest.

Fin de la 25ᵉ :

Res bene si detur quamvis data, semper habetur
 Nulla reservata gloria, multa datæ.

Fin de la 26ᵉ :

Actorem laudabo Deum, quem lædit aperte
Quisquis in hoc operis invidiosus erit.

Fin de la 27ᵉ :

Hieronymi meritis applaudens gloria famæ
 Laudibus attollit, perpetuatque virum.

Fin de la 28ᵉ :

Pauperiem modico contentus semper amavit,
 Et Dominus rerum nihil cupiendo fuit.
Candidus insuetum miratur lumen olympi,
 Sub pedibusque videt nubes et sydera cœli.

Fin de la 29ᵉ :

Dans celle-ci le bon moine se souvient de la première églogue du poète de Mantoue :

> Ante leves ergo pascentur in æthere cervi
> Quam vester nostro labatur pectore vultus.
> Sermo brevis, si vivere vis, clam judice teste,
> Clam pudeat quod non deceat fieri manifeste
> Corpore deposito cum libet ad ætera perges
> Evades hominem factus Deus ætheris almi.

Fin de la 30ᵉ :

> Fit vox grata chori quotiens cor concinit ori,
> Multaque dulcedo dulci venit ex citharedo
> Illa dies mihi cum liceat tua dicere facta
> En erit ut liceat mihi totum ferre per orbem.

Fin de la 34ᵉ :

> Aut metues dulces, aut experieris amores.
> Sensibus humanis res est non parva, reponas.
> Nec succus pecori, nec lac subducitur agnis
> Nec mala vicini pecoris contagia lædunt.

Fin de la 40ᵉ :

> Diligo te sane, si quæris quomodo? Pure.
>   Si quantum? Juxta pondus amicitiæ.

Fin de la 41ᵉ :

> Si quis amat vere, quod amat nescit removere
>   A cordis thalamo
> Est ratio, quod amor rationis nesciat usum
> Est in amore modus, non habuisse modum.

Fin de la 42ᵉ :

> Conflictu triplici me vexant tres inimici,
> Serpens antiquus, caro lubrica, frater iniquus.

Fin de la 43ᵉ :

Ille Deum vita accipiet, divisque videbit
Permixtos heroas, sed et ipse videbitur illis.
Lenta salix quantum pallenti cedit olivae
Puniceis humilis quantum saliunca rosetis
Tantum cedo tibi !

Dans la 45ᵉ lettre :

Abbas Fulcherius mihi mel pro melle rependit
Spirituale dedi, materiale dedit.
Esculei fructus pira coctana melle redundant,
Gratia mittentis plus mihi melle sapit.
Dona recompenset donis, quæ dulcia per se
Plenius indulcat melle lingua senis.
Verba representans Domini faciemque serenam,
Munera commendat nuntius ipse mihi.

Fin de la 49ᵉ et dernière lettre :

Censeo laude styli dignum quam regia cœli
Suscipit et rutilis inscribunt sydera gemmis.
Exilium patria, mare portu mutat agonem
Pace, crucem palmam, cognitione fidem.

Une chronique de Lyre commence le manuscrit 60 : *Anno ab incarnatione Domini DCCCLI venit Hastingus in regnum Francorum*, jusqu'à la mort de Garin, évêque d'Evreux, *anno MCC*, chronique publiée dans le *Recueil des Hist. de France*, t. XXIII, p. 468. Le reste du manuscrit traite *de computo*. Les tableaux sont rayés en traits rouges et verts, le calendrier va de 1093 à 1596. A remarquer au fol. 45 une lettre avec une Vierge assise à l'intérieur, un dragon aux pieds, un autre fait le tour de l'O, ailes au sommet. C'est la vierge de l'Apocalypse *datæ sunt alæ duæ*, etc. Un D au feuillet 47 est dessiné simplement avec entrelacs, personnages à gauche, chien à droite, grande finesse (1).

---

(1) Ms. 60. XIIᵉ siècle. Parchemin, 140 ff. de 14 lignes, 252 sur 168 millim. Rel. peau blanche avec fermoir. On peut y ajouter le ms. 67 pour le livre de Bède *de temporibus*, XIIᵉ siècle. Parchemin,

Avec le *diadema monachorum* de Smaragde (ms. 83) (1) se terminent les manuscrits d'Evreux pour les auteurs ecclésiastiques. Celui de Rouen (535) a de plus l'ex-libris suivant : « Iste unus librorum est monasterii Beate Marie de Lira, ordinis sancti Benedicti Ebroycensis dyocesis. — ALEXIS. » — Puis au dernier feuillet ces mots : « Iste liber, quem ego frater Johannes Bonard, monachus hujus cenobii Lirensis, feci religari ex pecuniis sacris michi permissis, est dicti cenobii... anno Christiano millesimo quadringentesimo octogesimo primo. — Bonard » (2).

Le numéro 568 de Rouen (3) contient quatre livres des *Sententiarum* de Pierre Lombard avec cette note au folio 1v° : « Iste est textus Sententiarum magistri Petri Lombardi quondam Parisiorum episcopi... quem quidem textum concesserunt religiosi beate Marie de Lira, diocesis Ebroicensis, michi Radulpho Bouverii. »

Quand nous aurons signalé les épîtres d'Ives de Chartres (542), le *Decretum Gratiani* avec une glose, la *concordia regularum* (4) et la première partie de la *Somme théologique* de saint Thomas d'Aquin (678) (5) nous aurons parcouru, dans ces manuscrits du

---

83 ff. de 34 lignes. 232 sur 152 millim. Rel. peau blanche avec fermoir, lettres initiales avec têtes de dragon, levriers, personnages à tête d'aigle, etc. Le ms. 2, fol. 6, donne aussi un traité *de computo*.

(1) Ms. 83. xiiie siècle. Parchemin, 138 ff. 250 sur 162 millim. Rel. peau blanche avec clous en plomb.

(2) Ms. 535. xie siècle. Parchemin. 206 ff. 270 sur 195 millim. Rel. moderne.

(3) Ms. 568. xiiie siècle. Parchemin 231 ff. à 2 col. 334 sur 252 millim. Cartonné.

(4) Ms. 106. xiiie siècle. Parchemin. 275 ff. à 2 col. 405 sur 270 millim. Rel. peau brune avec coins en cuivre. Note en tête du volume : « Precium hujus libri duodecim libris parisiensium. Pignus pro sexto libro Decretalium precio IIII libr. » — La *concordia regularum* n° 61 du premier catalogue se trouve à la Bibl. Nat. ms. lat. n° 10879.

(5) Rouen. ms. 542. xiie siècle. Parchemin. 170 ff. 220 sur 150 millim. Rel. peau blanche. — Ms. 678. xive siècle. Parchemin 272 ff. à 2 col. 326 sur 220 millim. Au verso du dernier feuillet, en écriture du xive siècle, on lit : [ordo] angelorum in hac continetur annotatione... (à la fin) G. Euvrie. » Un ms. lat. de la Bibl. Nat. 4221, venu de Lyre, renferme aussi les épîtres d'Ives de Chartres et ses sermons, des brefs des Papes en faveur de Lyre, un vieux catalogue des livres de ce monastère avec une liste des rentes et des présentations. Ce manuscrit est du xiie siècle.

moyen âge, ce qui peut intéresser au point de vue local et patrologique.

AUTEURS PROFANES. — On a reproché souvent aux moines d'avoir dédaigné la belle littérature grecque et romaine. Injuste accusation! Comment serait-elle parvenue jusqu'à nos jours, si leurs manuscrits ne nous l'avaient point transmise?

Le numéro 1 (1) de Lyre nous offre sept livres de Senèque *de beneficiis;* des épîtres de Symmaque (fol. 33); des extraits de Solin, géographe latin du III° siècle (fol. 139); dix formules de droit, etc. Guillaume Alexis dut souvent le parcourir car les volumes qu'il affectionnait ont cette formule déjà rencontrée : « Istè unus librorum est cenobii lirensis, ordinis sancti benedicti, etc. ALEXIS. » Même note au manuscrit 26 du traité de Priscien *de constructione partium orationis* (libri XVII-XVIII) (2). — Des extraits d'Ovide, de Juvénal, d'Horace, de Perse, de Claudin, d'Alexandre, de Lucain, de Virgile, etc., se trouvent au numéro 2, folio 79 à 102. Aristote figure dans le manuscrit 79 avec les traités suivants : *Physicorum libri VIII* (fol. 1); *de cœlo et mundo* (fol. 75); *de meteoris libri* IV (fol. 150); *de vegetalibus* (fol. 200); *de generatione et corruptione* (fol. 215); *de anima* (fol. 234); *de sensu et sensato* (fol. 281); *de differentia spiritus et animæ* (fol. 294); *de morte et vita* (fol. 304), etc. (3).

Trois autres manuscrits de Rouen ont été étudiés par le bon moine de Lyre. D'abord le numéro 1040 où il trouvait des modèles dans les discours de Cicéron (fol. 1 à 13), les épîtres de Symmaque, les opuscules d'Apulée *de fato*, de Claudien, etc., d'où la note : « Hic unus librorum etc., 1472. ALEXIS. » (4). —

---

(1) Ms. 1 d'Evreux XIII° siècle. Parchemin. 109 ff. A partir du f. 159 il y a 2 colonnes avec écriture plus fine donnant 37 lignes au lieu de 27. — 180 sur 135 millim. Majuscules rubriquées, belle gothique. Au folio 159 : Incipiunt (en vert) Ysagoge (en rouge) in moralem (en vert) philosophiam, etc.

Le ms. 2 d'Evreux a *liber proverbiorum* de Senèque au folio 15.

(2) Ms. 26. XIV° siècle. Parchemin 52 ff. de 23 lignes à 2 col. 205 sur 140 millim. Lettres rouges avec filigranes dans les marges.

(3) Ms. 79. XIII° siècle. Parchemin. 315 ff. 260 sur 172 millim. Rel. veau brun.

(4) Rouen. Ms. 1040, XII° siècle. Parchemin. 109 ff. à 2 col. 325 sur 230 millim.

Dans l'histoire des Juifs de Flavius Joseph il prenait des exemples pour appuyer ses théories (1124) et dans Quinte Curce (1128) un style précis, éloigné du mauvais goût de son époque (1).

Le *viaticum* (2) de Constantin l'Africain, un des hommes célèbres du xie siècle, est curieux à consulter au point de vue médical et l'école de Salerne lui doit une grande partie de sa renommée. (Ms. 62). André Turini prétend que ce traité n'est qu'une traduction d'Isaac, médecin arabe, dont il a publiée les *OEuvres* en 1515. La première lettre représente le copiste, un moine écrivant, et au folio 32, il y a une intéressante miniature.

On trouve encore l'ouvrage *de proprietatibus rerum* de Barthélémy de Glanvill, franciscain anglais du xive siècle, divisé en 19 livres, dans lequel il a fondu les idées d'Aristote, de Platon et de Pline avec ses propres observations (3). En tête du volume, sur le feuillet de garde, ces mots : « Iste liber est cenobii Lirensis, Ebroycensis diocesis. *J. Bouard.* »

Enfin viennent les opuscules d'Alexandre Neckam avec la note suivante, en écriture du xiiie siècle, au folio 1 v{o} : « Sciatis de « libro magistri Alexandri Nequam, abbatis Cirecestrie, de cujus

---

(1) Rouen. Ms. 1124, xiiie siècle. Parchemin. 197 ff. à 2 col. 336 sur 228 millim. Avant la reliure moderne on lisait, d'après une note de M. A. Pottier, sur les gardes : « Guillermus Aleccis » et « emit hunc dompnus Stephanus venerabilis abbas hujus monasterii. » — Ms. 1128. xiiie siècle. Parchemin. 90 ff. 290 sur 202 millim. Au fol. 88 verso : « Iste unus librorum est monasterii beate Marie de Lira, ordinis, etc. Alecis. » Le titre est celui-ci : « *Quinti Curcii Rufi de gestis Alexandri magni*, etc. »

Dans ce même manuscrit on trouve les vers suivants, peut-être d'Alexis :

Femmes, enfants qui veullez prouffiter
Ne veuillez pas vos anciens irriter
Quent femme veult elle veult ung empire
Quent elle veult, au monde n'est rien pire.

(2) xiiie siècle. Parchemin. 79 ff. de 42 lignes avec nombreuses notes marginales. 258 sur 180 millim. Rel. parchemin. Lettres azurées, filigranées, etc. Au fol. 79 verso, recettes médicales.

(3) Rouen. Ms. 989. xive siècle. Parchemin. 316 ff. à 2 col. 252 sur 180 millim. Rel. peau blanche.

« titulo inquirere voluistis (1), quod ipsum sic invenimus intitu-
« latum : *Incipit liber partium Veteris et Novi Testamenti, qui
« intitulatur correctiones Promothei.*

« Relationem hujus tituli non invenimus evidenter expressam.
« Hec tamen que subscribuntur, ne penitus ignari videamur,
« reperimus scripta de Promotheo super Bucolica. Promotheum
« aiunt hominem ex limo fecisse, quem quidem inanimatum et
« insensibilem fecerat, cujus opus Minerva mirata, spopondit ei
« quod si vellet de celestibus bonis ad suum opus adjuvandum,
« ei adquireret. Ille se nescire respondit que bona in celestibus
« habentur, sed si fieri posset se ad superos elevaret. Quod cum
« fecisset Minerva, vidit ille omnia celestia flammatis agitari
« vaporibus, et clam ferulam Phebeis applicans rotis, ignem
« furatus est. Quem pectusculo creati hominis applicans, anima-
« tum reddidit corpus. Iratus inde Jupiter relegavit eum in monte
« Caucaso per Mercurium, ibique consumitur jecur a vulture, vel
« ut quidam dicunt ab aquila. Hec non sine ratione finguntur.
« Nam Promotheus vir prudentissimus fuit. Unde etiam Promo-
« theus dictus est a pothi prometias, id est, a providentia. Hic
« primus Assirius astrologiam insinuavit, quem residens in monte
« Caucaso altissimo nimia sollicitudine providerat. Dicitur vultur
« cor ejus edere quia atrox est sollicitudo, qua ille affectus siderum
« omnes deprehendit motus. Et hoc quia per prudentiam fecit,
« qui prudentie et rationis Deus est, ad saxum religatus dicitur.
« Deprehendit preterea rationem fulminum et hominibus indi-
« cavit, inde celestem ignem dicitur esse furatus. Hec per
« ordinem Scripta invenimus. Ex hiis igitur si melius potestis
« conscite que sit ratio tituli prescripti. Nobis videtur hunc esse
« sensum : Correctiones Promothei, id est, congregationes sapien-
« tis sive prudentis. Valete. »

Tels sont les ouvrages profanes, manuscrits, qui restent aujour-
d'hui de la belle bibliothèque de Lyre. Montfaucon signale de
plus : un livre de Raoul de Longchamp *continens omnes scientias*

---

(1) Ce titre est celui-ci : Correctiones Promothée. Ferrum situ rubi-
ginem ducit..., facio eum vomere liram. » Ms. 72 d'Evreux, xiiie siècle.
Parchemin, 109 ff. 255 sur 190 millim. Rel. peau blanche. Une seule
lettre ornée avec filigranes dans la marge.

et artes (139); de vieilles fables gauloises et leur allusion (186); la Pragmatique sanction (221); un traité *de Medecina* (227); *Institutiones Porphyrii* (240); les Catégories d'Aristote (241); un traité *de apibus* (251); *Plurima notabilia super libros Ovidii et aliorum Poëtarum* (321); Guido Aretinus *de musica et micrologo* (325); un livre *continens matricula organica* (326); l'*Ars* Mag. Franconis *de musica mensurabili*, in fol. (327), etc.

IMPRIMÉS. — Après les curieux manuscrits, qui sont aujourd'hui la richesse de la bibliothèque ébroïcienne, il convient de rechercher si celle de Lyre possédait des incunables. La réponse est d'autant plus difficile que l'Inventaire ne donne ni la date, ni le lieu d'impression des éditions gothiques. M. Morand, curé de la Vieille-Lyre, auteur de ce travail, laissa de côté les manuscrits dont trois seulement sont indiqués : d'abord le n° 242 *Vitæ Patrum Complectentes hist. Eremetarum*; puis le n° 796 « manuscrit gotique *(sic)* de Pierre Lombard sur des questions dogmatiques et théologiques, en parchemin, 1 vol. in-folio »; enfin le dernier numéro 919 : « tractatus gotice manu scriptus in quo agitur de Incarnatione, de Nativitate, de Passione, de Resurrectione, de Ascensione, de Spiritu Sancto, etc., 1 vol. in fol. parchemin. »

En dehors de là cinq impressions gothiques sont simplement signalées. La première (n° 22) : « *Melliflui… docti S. Bernardi Abb. Clarev. opuscula*, 1 vol. in-fol. Gotice. Parisiis venumdatur a J. Parvo. » — La deuxième (n° 63) *Hugonis Cardinalis opera et commentaria*, 5 volumes in fol. gotice *scripta* qui, à cause de cette dernière expression, désigne plutôt un manuscrit qu'un imprimé. La troisième — aujourd'hui conservée à la Bibliothèque d'Evreux (n° (a) 520). — (n° 71 de l'inventaire) *Tabula de mundi temporibus*, gotice impressa, cum figuris, 1 vol. in-fol. grand papier. Ce titre est défectueux, le voici tel qu'il figure dans un cartouche dessiné à la plume : *Registrum* || *huius ope* || *ris libri cro* || *nicarum* || *cū figuris et ymagī* || *bus ab initio mūdi* ||. Il y a plus de 2.000 figures sur bois et Brunet en parle ainsi : « 300 ff. chiffrés au texte, au recto du dernier *Adest nunc studiose lector*, etc. (1); entre les

---

(1) « Adest nunc studiose lector finis libri Cronicarum per viam
« epithomatis et breviarii compilati opus quidem preclarum et a doc-
« tissimo quoque comparandum. Continet enim gesta quecumque
« digniora sunt notatu ab initio mundi ad hanc usque temporis nostri

ff. CCLXVI et CCLXVII doivent se trouver 6 ff. non chiffrés dont un est blanc et les 5 autres contiennent *De Sarmacia regione*, etc. — Les ff. CCLVIIII, CCLX et CCLXI sont blancs pour des notes que les lecteurs désiraient ajouter d'après le verso du feuillet 258. — A la page 207, additions. Au fol. 1 la lettre initiale destinée à être dessinée et peinte ne l'a pas été. — L'ouvrage est de Schedel Hartmann, 4 juin 1493. » — Le quatrième incunable (n° 86) intitulé *Nicolaus de Lyra in prophetas* gotice impressus. 1 vol. in-folio est aujourd'hui (a) 13 d'Evreux, sous ce titre : *Postillæ perpetuæ in V. et N. Testamentum*, contient depuis Isaïe jusqu'au IIe livre des Machabées. Goth. *Romæ, Conrad Sweynheym et Arn. Pannartz, in domo Petri de Maximis 1471-1472*, in-folio. — Le cinquième (n° 146) n'est pas un incunable, car la date d'impression est de 1509 ; il est ainsi catalogué par Mr Lambert, le distingué bibliothécaire de la ville d'Evreux : BONIFACII VIII *Liber sextus Decretalium et* CLEMENTIS V *constitutiones* (Gothice). Lugduni, Fradin, 1509, in folio. »

Trois autres incunables d'Evreux proviennent encore de Lyre quoiqu'ils ne figurent point au catalogue du curé Morand. D'abord *Legenda Sanctorum* par Jacques de Voragine, gothique, avec ces mots à la fin du livre : *Finit lombardica hystoria per mandata Anthonii Koburger Nurenberge impressa anno salutis 1482,*

« calamitatem. Castigatusque a viris doctissimis ut magis elaboratum
« in lucem prodiret. Ad intuitum autem et preces providorum civium
« Lebaldi Schreger et Sebastiani Kamermaister hunc librum duūs
« Anthonius Koberger Nuremberge impressit. Adhibitis tamen viris
« mathematicis pingendique arte peritissimis. Michaele Wolgemut et
« Wilhelmo Pley den Wurff quarum solerti acuratissimaque animad-
« versione tum civitatum tum illustrium virorum figure inserti sunt.
« — Consummatum autem duodecima mensis Julii. Anno salutis ntri
« 1493. »
Ce qui précède se lit à la page 300 recto, mais le vrai nom de l'auteur est à la page 266 : « Completo in famosissima Nuremburgensi
« urbe Operi || de hystoriis statum mundi ac descriptione urbium fe—
« || lix imponitur finis collectum brevi tempore auxilio docto || ris
« Hartman Schedel, qua fieri potuit diligentia. Anno XLi || millesimo
« quadringentesimo nonagesimo tercio, die quarto mensis Junii
« Deo igitur optimo sint laudes infinite. »

in-folio. (*Catal. d'Evreux*, t. I, p. 631. (a) 371). La provenance de ce livre est en tête du volume, parfaitement lisible, tandis que pour les deux suivants on a effacé le nom de Lyre, qui se devine cependant. Il s'agit de la *Pharsale* de Lucain, 1477, édition de Venise in-folio (T. I, p. 372) et d'un *Volumen gothicum* de 1496 (t. I, p. 560) traitant d'arithmétique.

Il est impossible d'examiner les 920 numéros de l'Inventaire dont beaucoup ne sont que des ouvrages sans intérêt aujourd'hui. Une cinquantaine sont du XVIe siècle, les autres du XVIIe et du XVIIIe siècle. On ne sera pas étonné d'y rencontrer les grands ouvrages de la Congrégation de Saint-Maur : *Annales ordinis Sti Benedicti* par Mabillon, les *acta sanctorum* de Luc d'Achery, le *Menologium Benedicti nunc Sanctorum*, la *Chronique générale de l'Ordre de Saint-Benoît*, (n°s 134 à 158); le *Traité des Etudes monastiques* de Mabillon (n° 177); *De re Diplomatica* de Mabillon (n° 826); *l'Antiquité expliquée et représentée en figures* de Montfaucon en 15 volumes in-folio (n° 827); enfin des œuvres telles que la collection des Pères par Marguerin de la Bigne, la *Gallia Christiana*, *l'ancienne et nouvelle discipline de l'Eglise* du R. P. Thomassin (n° 273), l'histoire de Normandie de Gabriel Dumoulin, les annales de Baronius, *Rollo Northmanno* de Denyau, curé de Gisors, Virgile (n°s 872 et 909), Cicéron (884), Tite-Live (910), Térence (911), Théophraste (916), Corneille (914), Pascal (917), etc., et l'innombrable collection de livres enfantés pour ou contre le Jansénisme.

INVENTAIRE SOUS LA RÉVOLUTION. — Cet inventaire manuscrit, propriété de la *Société libre de l'Eure* (F. 14), débute ainsi :
« Catalogue des livres et manuscrits de la Bibliothèque de la
« cy-devant abbaye de Lyre, ordre de Saint-Benoît, Congrégation
« de Saint-Maur, rédigé par nous curé du bourg et paroisse de la
« Vieille-Lyre, département de l'Eure, District de Verneuil, en
« vertu de la commission à nous adressée par MM. composant
« le Directoire du dit District, en date du dix sept juin dernier,
« signé Guy, en présence de M^{rs} Le Bas, administrateur du même
« District, Duval, maire de la dite paroisse, Foucault, procureur
« de la commune qui nous a représenté la clef de l'appartement
« renfermant les livres composants la dite Bibliothèque, dans
« lequel appartement avons été introduit par Mr Queru, président
« du dit Directoire et les cy-dessus dénommés, le huit du mois

« d'août dernier, à laquelle opération avons procédé en commen-
« çant par mettre des fichets dans le 1er volume de chaque corps
« d'ouvrage qui nous a paru digne, suivant l'instruction à nous
« adressée en même temps que la dite commission au surplus de
« laquelle nous nous sommes conformé, lesquels livres consis-
« tent, etc. »

Le catalogue, avec ses 920 numéros, se termine ainsi : « Le
« reste de la Bibliothèque ne consiste plus qu'en livres de peu de
« conséquence, couverts la plus part en parchemin, en journaux,
« esprit des journaux, mercures, causes célèbres, livres classiques,
« de controverse, étant au nombre d'environ deux mille volumes,
« et qui ne nous ont pas paru mériter des remarques. »

Mr Morand demandait, le 12 mai 1792, une récompense pour deux mois et demi employés à dresser cet inventaire. Le District lui accorda 60 livres à raison de 3 livres par jour *(Arch. de l'Eure,* L. 1257). Une autre récompense, à laquelle il était loin de s'attendre, lui fut, plus tard, accordée : la prison!... Il n'en sortit que le 23 frimaire an VIII « attendu que le citoyen Morand
« a justifié par actes autentiques avoir prêté tous les serments
« voulus par les lois des 26 décembre 1790 et 15 août 1792, s'être
« rangé sous les drapeaux de la Garde Nationale un des premiers
« et l'avoir lui-même organisée en 1789, s'être refusé en l'an IV
« d'adhérer aux propositions des chouans royalistes qui le désar-
« mèrent, etc. » *(Arch. de l'Eure,* L. 260).

Mais revenons à notre bibliothèque qui, pas plus que le plomb, n'était à l'abri des voleurs malgré son inventaire. « Le trente
« germinal, an troisième de la République, la municipalité se
« transporte à la bibliothèque de l'abbaye dont la porte a été
« forcée avec un instrument de fer. Le citoyen Morand, secrétaire,
« cy-devant curé, qui avait été chargé par l'administration de
« Verneuil en 1791 de faire le dépouillement de cette bibliothèque
« a constaté que le dictionnaire de Noël Chaumel, deux vol.
« in-folio, était volé, l'histoire romaine de Tite-Live, Virgile de
« l'abbé Desfontaines 2 vol., plusieurs autres ouvrages in-12,
« dont il ne se souvient pas de l'intitulé, mais qu'il sera facile de
« vérifier par le catalogue qu'il a déposé au district en octobre
« 1791, etc. » *(Registres de la mairie,* copie de Mr Delieuvin).

Nouveau vol constaté l'année suivante : « Le cinq fructidor
« an quatrième de la République la municipalité constate que la

« serrure de l'appartement qui renferme les livres de la ci-devant
« abbaye de ce lieu a été forcée avec un ferrement, que le pre-
« mier volume des Antiquités de Montfaucon et le quatrième de
« son supplément et plusieurs autres volumes ont été enlevés
« sans pouvoir en donner la désignation vu que le citoyen
« Morand, chargé de faire le dépouillement de la bibliothèque, en
« a remis le catalogue au district sans que celui-ci lui en ait fait
« parvenir un double, qui lui avait cependant été promis lors de
« l'envoi du procès verbal relatif au premier vol (30 germinal
« an III). — Serrures enlevées à beaucoup d'appartements, même
« une roue de l'horloge et une autre laissée sur place. Vu le grand
« nombre des archives, rien n'y semble dérangé. » *(Registres de
la mairie.* Delieuvin).

En tête du catalogue se trouve la note suivante : « L'adminis-
« tration n'a point ordonné le transport des livres portés au
« présent catalogue; ils sont restés sous la garde et surveillance
« de la municipalité de la Vieille-Lyre. Les commissaires à la
« Bibliothèque ont inutilement réclamé près l'administration du
« District de faire effectuer le transport des livres dont s'agit,
« surtout depuis l'envoi d'un procès verbal qui constate que les
« portes de l'appartement dans lequel les dits livres sont déposés,
« ont été forcées et plusieurs volumes enlevés. Ils ont en vain
« redoublé leurs instances à l'époque où la suppression des Dis-
« tricts a été fixée.

« Verneuil, 12 Brumaire, 4e année répne.

« J. B. Buquet, Cre ».

Enfin le 8 vendemiaire an V le Directoire d'Evreux accordait
100 livres « aux citoyens Fontaine et Leroux qui avaient apporté
« dans cette ville la bibliothèque de Lyre, payables sur le produit
« de la vente du mobilier des domaines nationaux. » Deux
voitures et deux jours, pour une distance de 8 lieues, méritaient
bien cette somme (L. 214). — Au 21 et au 27 brumaire de la
même année on trouve encore 126 livres « pour sept chevaux à
« 6 livres chaque et 3 jours à voiturer *les effets* provenant de
« Lyre (L. 245), puis 140 livres (L. 237), etc. »

Que faut-il entendre par ces *effets* de Lyre? Les livres, des
manuscrits, des meubles? Un savant archéologue, M. Louis
Régnier, pense que les quatre stalles, actuellement dans la

chapelle du Lycée, proviennent de l'abbaye de Lyre et sont semblables à celles de l'église des Bottereaux. Ont-elles été apportées dans l'ancien couvent des Capucins, en même temps que la bibliothèque de l'abbaye?... Impossible, sans documents, de donner une réponse affirmative à toutes ces questions si intéressantes.

On sait que tous les livres ou manuscrits des établissements supprimés par la Révolution furent centralisés au chef-lieu de département et classés, en ce qui concerne celui de l'Eure, par Rever, ancien curé de Conteville, directeur de l'Ecole Centrale établie dans le couvent des Capucins où ces bibliothèques se trouvaient.

Il est fort probable que les manuscrits de Lyre, considérés comme quantité négligeable par le curé Morand, firent partie du même envoi que les titres de Lyre, inventoriés par le citoyen Masson, auquel le Directoire accordait, le 9 novembre 1793, 1.800 livres à raison de 6 livres par jour, payables sur le receveur de l'enregistrement à Lyre. (L. 1275).

Mais pour être arrivés enfin à bon port ces livres sont-ils tout à fait en lieu sûr? Hélas! certains collectionneurs sont aussi funestes que les voleurs! Evreux avait alors, comme préfet, Masson de Saint-Amand, historien, littérateur, et qui, souvent, venait examiner les précieux manuscrits des bénédictins. Plusieurs prirent le chemin de la Préfecture, sans espoir de retour, car, bientôt, figuraient au bas du premier feuillet ces mots : « Bibliothèque de Mr Masson de Saint-Amand, conseiller du roy en tous ses conseils, maître des requestes jusqu'en 17.. époque de leur suppression, préfet du département de l'Eure, à l'organisation des préfectures en l'an VIII, membre de la Légion d'honneur en l'an XII. Ceci écrit en l'an XIII, février 1805, première année du règne de Napoléon Ier, empereur. »

Ce curieux ex-libris se trouve sur un manuscrit de Lyre, autrefois acheté par M. Thomas Phillipps, à Cheltènham, (n° 16.230 de sa bibliothèque, vendue il y a quelques années). Il eut le même sort que le superbe missel de Jacques Juvenal des Ursins, pris également par ce bibliophile peu scrupuleux, vendu 36.000 francs à la ville de Paris (1) et brûlé dans l'incendie de l'Hôtel-de-Ville.

---

(1) Voir la brochure d'Ambroise Firmin Didot sur le Missel de Jacques Juvenal des Ursins, grand in-8°, Paris, 1861, 56 pages.

en mai 1871! Les livres comme les peuples ont leurs destinées. *Habent sua fata libelli!*

MANUSCRITS CONSERVÉS. — Il est temps de terminer ce chapitre, malgré l'abondance des documents. Sur les 137 (1) manuscrits, réduits à 130 à l'époque de Montfaucon, nous en avons 74 à Evreux, 24 à Rouen, 5 à la Nationale (mss. lat. 4221, 9559, 10061, 10596 (?), 10879), le ms. 2 de la Bibliothèque de l'Evêché d'Evreux (2), *S. Augustini expositio in Ps. I. L. et Bedœ expositio in tabernaculum testimonii* (XIIe siècle), enfin celui de Thomas Phillipps *liber equivoquorum fratris G. de Barqueto*, d'où 105 manuscrits aujourd'hui conservés, c'est-à-dire la presque totalité, car dans les 130 de Montfaucon sont compris plusieurs traités réunis, de nos jours, en un seul volume. Ainsi le dernier (n° 186 de Montfaucon, *livre de vieilles fables gauloises et leur allusion*) renferme, fol. 9-23, les fables d'Eude de Cherrington, à deux colonnes; c'est une traduction en prose française des fables de Odo de Ciringtonia, d'où on a fait Eudes de Shirton ou Cherrington, composées vers 1200; puis, fol. 163-177, *traité des synonymes* (n° 93, de Montfaucon) de Godefroy de Vinsauf (de

---

(1) Le catalogue du XIIe siècle qui énumérait ces 137 numéros, ajoutait ces deux vers :
 Cetera que desunt, quia cuncta dapes anime sunt,
 Scribite, scriptores, ut discant posteriores.

(2) L'abbé Porée décrit ainsi ce manuscrit : « Très beau manuscrit
« de la première moitié du XIIe siècle sur parchemin à 2 colonnes. La
« grande initiale B occupe la moitié de la première page et forme un
« entrelacement fantastique de branches feuillagées, d'oiseaux, de
« monstres, encadrant quelques sujets relatifs à la vie du roi David; il
« sonne du cornet à bouquin, il étrangle une bête féroce, il frappe
« Goliath de sa fronde, il joue de la harpe. Le géant Goliath est armé
« d'une cotte de mailles, d'une lance et d'un casque conique tout
« comme les guerriers normands de la Broderie de Bayeux. Cette
« miniature tracée à la plume est peinte en tons clairs; le vert et le
« rouge dominent avec quelques fonds bleu clair ou pourpre. Au bas
« de la première page on lit : *Ex libris manuscriptis monasterii Beatæ*
« *Mariæ de Lyra, ordinis sancti Benedicti Congregationis Sancti Mauri.*
« — In folio, rel. neuve de velours noir avec clous et coins de cuivre
« argenté. »
C'était dans le catalogue du XIIe siècle le n° 88 et 133.

Vinosalvo) ou de Mathieu de Vendôme; au folio 149-162 un traité des *homonymes* avec *l'explicit liber equivocorum fratris G. de Barqueto.*

Ces richesses bibliographiques consolent quelque peu de la ruine de l'abbaye!

Ce qui est profondément regrettable c'est la perte des quatorze registres de l'histoire de Lyre, mentionnés dans l'Inventaire du XVIIIe siècle, et qui devaient donner, avec les plus grands détails, tous les faits intéressant le monastère, tant pour sa vie intime que pour ses relations forcées avec l'extérieur. Les quatre superbes volumes d'inventaire des titres peuvent suppléer quelques pièces de propriété ou de procédure, mais sont presque inutiles pour l'histoire même de cette abbaye normande.

On ne peut que répéter ici *habent sua fata libelli!*

CHAPITRE NEUVIÈME

Moines de Lyre. — Bénédictins célèbres avant la Réforme. — Religieux de la congrégation de Saint-Maur.

En l'absence du registre des professions, aujourd'hui perdu, l'obituaire de Lyre conservé à la Bibliothèque d'Evreux — ms. 17, fol. 5 à 11 — nous fournira le nom d'un grand nombre de religieux depuis la fondation du monastère. Les auteurs des *Historiens des Gaules* (t. XXIII, p. 470) l'ont, non pas publié, mais résumé en y ajoutant quelques noms pris dans le manuscrit 11053 de la Nationale — qu'ils désignent par la lettre B (1) — et dans un obituaire communiqué par Aug. Le Prevost (lettre C).

Il est donc indispensable de le donner *in extenso*, complété par les deux manuscrits ci-dessus indiqués (B-C); par des indications prises dans les manuscrits 117 et 122 d'Evreux, tous deux du xive siècle et par l'obituaire d'Aug. Molinier dont nous avons déjà parlé (p. 32).

Au manuscrit 17, écrit au début du xiiie siècle, les moines de Wareham ajoutèrent ensuite de nombreux obits que nous placerons entre crochets [ ]. Les moines de Lyre seront faciles à discerner, aussi bien que les prieurs et les abbés, car, au dessus de leur nom, on trouve ces trois lettres : m. h. l. *monachus hujus loci;* mil. veut dire *miles;* mul. *mulier*, etc.

Donc, en résumé, six obituaires seront employés avec ces signes :

A, ms. 17 et ses additions [ ];

B, ms. 11053 de la Bibliothèque Nationale;

---

(1) Ce manuscrit n'a que les quatre derniers mois de l'année. — On ne comprendra pas dans la table des noms de personnes ou de lieu ce chapitre neuvième qui est, lui-même, en quelque sorte, une table des moines de Lyre, sauf ceux qui auront une notice.

C. ms. d'Aug. Le Prévost;
D, ms. 117 de la Bibl. d'Evreux;
E, ms. 122 de la Bibl. d'Evreux;
F, Obituaire d'Aug. Molinier.

Le tableau suivra toujours cet ordre, par conséquent il est inutile de mettre la lettre A qui désigne le principal obituaire.

Ex obituariis Lirensis monasterii.

JANUARIUS.

1. — Kal. — Rodulphus Augn. — Elisabeth. [Robertus d'Aviron, Ebroic. decanus].
2. —IIIINon. — Stephanus. — Osbernus. — F : Obiit Osbernus, abbas.
3. —IIINon. — Leigardis. — Obiit magister Godefridus de Rupella.
4. — II Non. — Guacelinus, mil. — F : obiit Agnes, mul.
5. — Nonis. — [Johannes Pichez, prior Liræ].
6. — VIII. — Rom. Theodoricus, m. — C : Johannes de Bosco Ernaldi.
7. — VII. — Rohais.
8. — VI. — Willelmus Rohais.
9. — V. — Rogerius Odo.
10. — IV. — Domnus Osbernus abbas hujus loci (1177) id. E et F qui ajoute 1 missa.
11. — III. — Amalbertus. — Gaufridus, m. h. l.
12. — II. — Ernaldus, m. h. l.
13. — Idibus. — Domnus abbas Enardus. Guillelmus de Paceio, miles et Willelmus dominus hujus loci. [Willelmus de Britolio et Willelmus de Paceio].
14. — XIX. — Ricardus comes hujus loci.
15. — XVIII. — Rogerius, m. h. l. — Garinus. — Radulphus.
16. — XVII. — Guimundus, miles. — [Obiit magister G. de Gessiz].
17. — XVI. — Rodulphus. — Willelmus, m. h. l. — Tustinus, mil. — Samson. — Vascelinus. — C : Ysabella, comitissa Glovecestriæ.

18. — XV. — Geraldus, m. — Willelmus, h. l. — [Willelmus de Vernolio, m. h. l.].
19. — XIV. — Albericus, m. h. l. — [Ricardus de Pratellis, condam prior de Warham].
20. — XIII. — Salomon, m. h. l. — Ex Utic. necrol. Ricardus de Lira.
21. — XII. — Henricus, m. h. l. — Rog. — Leudo. — Radulfus Boseval, mil. [Ascelinæ de Noville].
22. — XI. — Nicholaus de Valeya, m. h. l.
23. — X. — Fulcherius, m. h. l. — Matheus de Ebroicis.
24. — IX.
25. — VIII. — Ingulfus, m. h. l. — Hugo, m. h. l.
26. — VII. — F : Obiit Herenboore la blonde (xiiie siècle).
27. — VI. — Willelmus, sacerdos. — Johannes, famil. — Stephanus, m. h. l.
28. — V. — C : Domnus Robertus de Gauvilla, m. h. l. — Isabella (1), regina Franciæ († 1271). E et F : Robertus, abbas.
29. — IV. —
30. — III. — Stephanus, m. h. l. — Henricus, m. h. l. — Radulphus, m. — Jocelinus, mil. — C : Lucas episcopus (2).
31. — II. — Guido, m. h. l. — Bernardus, mil. — Emmelina.

FEBRUARIUS

1. — Kal. —
2. — IIII. — Herbertus, m. h. l. — Hugo. — Guillelmus, mil. — Agnes, mul. et F.
3. — III. — Hilderinus, m. h. l. — Rosomundus, h. l. [Matheus, mil]. — C : Thomas abbas.
4. — II. — Johannes, m. h. l. — Radulfus, m. h. l. — Idonea, mul. — Johannis.
5. — Nonis. — Herbertus, m. h. l. — Germundus, mil.
6. — VIII. — Anfridus, m. h. l.

---

(1) Ysabella de Aragonia, Philippi III uxor, anno 1271 mortua.
(2) Lucas. Ebroicensis episcopus ab anno 1203 ad annum 1220.

7. — VII. — Rodulfus, mil. — Garinus, mil. — Fulbertus, mil. — Mathilda, mul.
8. — VI. — Galterius, m. h. l.
9. — V. — Radulfus, m. h. l. — Grento, mil. — Emma, mul.
10. — IIII. — Rodulfus, m. h. l. — Ricardus, abbas. — Gillebertus de Tileriis, mil.
11. — III. — Rodulfus Comin.
12. — II. — Odoenus, h. l. — Radulfus, m. h. l. — Gauquelinus, mil. — Popelina monaca [Walterus].
13. — *Idibus.* — Robertus, m. h. l.
14. — XVI. — Heodericus, m. h. l. — Rainaldus, m.
15. — XV. — C: Rainaldus Comm. Insulæ *(Sic in C compendii nota voci comm. superjecta).*
16. — XIV. — Yvon, m. h. l. — Lucas de Barra, m. h. l. — Froelina, mul.
17. — XIII. — Heodericus, m. h. l. — Leodegarius, m. h. l. — Gauterinus, m. h. l.
18. — XII. — Fulcoin, m. h. l. — Agidis, monacha. — Orieldis, mul.
19. — XI. — Lambertus, m. h. l. — Osbertus, laicus. — Walterus, m. h. l.
20. — X. — Guillelmus comes (1), institutor hujus loci. D, *1 missa*, E et F.
21. — IX. — Elveredus, mil. [Margareta vidua Roberti filii Johannis].
22. — VIII. — Domnus abbas Malmesberiensis Gregorius, m. h. l. C : 1159 et F. — Walterius, m. h. l. — Johannes, m. h. l. — Radulfus, mil. — C : Radulfus, episcopus Herefordiæ.
23. — VII. — Engelius, mil.
24. — VI. — Robertus, m. h. l. — Margareta, mul. — [Alicia domina de Britolio].
25. — V. — Girardus, m. h. l. — Osbernus, m. h. l. — Rodulfus. — C : Robertus de Arbressello.
26. — IIII. — Nicholaus abbas. — Maria, mul. — Cristina, mul.

---

(1) Comes Leycestriæ. C.

27. — III. — Guillelmus, m. [Rogerius].
28. — II. — Guillelmus, m h. l. — Eustachius, mil.

MARTIUS

1. — *Kal.* — Hadevis, mul. — Gilebertus, m.
2. — VI. — Robertus, m. h. l.
3. — V. — Guillelmus, m. h. l.
4. — IIII. — Ingenulfus, m. [Durandus, prior]. — C. Laureta comitissa Leicestriæ.
5. — III. — Christianus, m. h. l.
6. — II. —
7. — *Nonis.* —
8. — VIII. — Guillelmus puer, filius Eustachii. — Osbertus, mil.
9. — VII. — Petrus, m. h. l.
10. — VI. — Guillelmus de Crih. — C : Hamelinus abbas.
11. — V. — Domnus Gaufridus, abbas h. l. 1177-1206 — Bernardus, mil. — D, E et F Gaufridus, abbas.
12. — IIII. — Auvedus, sac. [Johannes Filol.]
13. — III. — Radulfus, m. h. l.
14. — II. — Osmundus, m. h. l. — Osbertus A — Osbernus, mil. [O. fratris Johannis Poucin 1326]. — C : Johannes Lovet junior, mil. — Ms. 66 dit : *Osbernus miles fundator hujus loci.*
15. — *Idibus.* — Alicia.
16. — XVII. — Johannes, m. h. l. — F : Obiit Robertus Foulon, abbas Liræ (1332-1334).
17. — XVI. — Richardus, m. h. l.
18. — XV. — Gillebertus, m. h. l. — F : Obiit Johannes Le Blond, abbas Liræ (1350-1362).
19. — XIIII. — C : Stephanus, decanus Herefordiæ *(post annum 1234).*
20. — XIII. — Willelmus, m. h. l. — [O. Royes mater Willelmi] C : domnus abbas Hildebertus.
21. — XII. — Rogerius, monachus de Witot. — C : Stephanus, burgensis Vernolii.
22. — XI. — Martinus, laicus. [Matheus, m. h. l.]
23. — X. — Robertus, m. h. l. — [Adam, m. h. l.] C :

Willelmus Paenel, archidiaconus Constantiensis.

24. — IX. — Rogerius, m. h. l. — Rodulfus, m. h. l. — [Willermus de Stokes].
25. — VIII. — Adelicia regina *(Henrici I regis Angliæ uxor, anno 1151 mortua?)*.
26. — VII. — Radulfus, m. h. l. — Matildis de Brillesford.
27. — VI. — Galterius de Laci, mil.
28. — V. — Avesgaudus abbas. — Jordanus de Insula. — C : Magister Alexander.
29. — IIII. — Ranierus, m. h. l. — Robertus, levita. [Margeria de Haules]. C : Radulfus episcopus Ebroicensis. (1223).
30. — III. — Gauterius laicus.
31. — II. — C : Alienor regina (1204).

APRILIS

1. — *Kal.* — Lanzo, m. — Petronilla, comitissa Leicestriæ.
2. — IIII. — Rogerius, m. — Radulfus, m. h. l.
3. — III. —
4. — II. — Herinbertus, m. h. l. — Garinus, m. h. l.
5. — *Nonis.* — Robertus, comes Leicestriæ. — Rogerius, m. — Rogerius, mil. - Itelina, mul. - [Herbertus, m. h. l.] D, E, F : Robertus comes Leicestriæ; C ajoute *primus* et Ricardus episcopus Ebroicensis (1236).
6. — VIII. — Radulfus, m.
7. — VII. — Jocelinus, m. [Richardus] C : Ricardus, rex Anglorum (1199).
8. — VI. — Gauterius, m. h. l. — C : Rogerius de Herlenviler, mil.
9. — V. — Domnus Barno, abbas h. l. (3e abbé) — Heboldus, laicus. — Berta, mul. [Ginebaldus de Sancto Vincentio]. C : Galeranus, comes Mellenti † 1166. — Petronilla de Auribecco.
10. — IIII. — Alboldus, m. — Wuillelmus, m. — C : Nicholaus de Glotis, miles.
11. — III. — Willelmus.
12. — II. — Rodulfus, m. — Amelina, mul.

13. — *Idibus.* — Robertus, m. h. l. — C : Agnes monacha, fundatrix prioratus S^{ti} Nicholai.
14. — XVIII. — Rodulfus, m. — Willelmus, m. - [Johannes, laicus].
15. — XVII. — Guillelmus, m. h. l. — D, E, F : Ricardus, abbas h. l. *1 missa* (1221-1226).
16. — XVI. — Rodulfus, eps Herefordensis. — Guillelmus, abbas Becci (1124). — Bernardus, m. h. l. — Regnardus, m. h. l. — Fulcherius et Nicholaus, m. h. l. — C dit *Robertus*, episcopus, etc.
17. — XV. — Gillebertus, m. h. l. — [Girardus Flandrensis].
18. — XIV. — Osbernus, m. h. l. — Herveus, m. h. l. — Clemens, h. l.
19. — XIII. — Galterius, m. h. l. — C : Garinus, Silvanectensis episcopus (1227).
20. — XII. — Domnus Robertus, abbas h. l. — David, m. h. l. — Robertus, h. l. — Gillebertus, mil. — Hugo, mil. [Nicholaus de Andeure] D, E, F : Robertus *primus* abbas h. l. 1 missa.
21. — XI. — Domnus Anselmus archiepiscopus (1109). — Ricardus comes. — F : Simon Moncel abbas Liræ (1414-1440).
22. — X. — Rogerius, m. h. l. — Domnus abbas h. l. Willelmus (1166). — Willelmus, h. l. C dit au 22 Willelmus, episcopus et au 23 Willelmus abbas h. l. — E ajoute *1 missa*.
23. — IX. — Drogo, h. l. — Rainerius. — Matelina, mul. — Guleria, mul. — [Gaufridus] E et F : Willelmus, abbas h. l.
24. — VIII. —
25. — VII. — Guillelma, monaca. — F : Robertus Belin.
26. — VI. — Willermus, m. h. l. *(quondam prior Lyræ ex Utic. necrol.)* — Radulfus, abbas h. l. D'après C. ce doit être Raoul Ier (1130-1142) [Dyony — sius] m. h. l.
27. — V. — Rogerius, m. h. l. — Rogerius, puer. — Hermengardis, mul.
28. — IIII. — Elisabeth, mul. — Leburgis, mul. — Cornely

sanctarum mul. et fratrum Fontis Ebraldi. — C : Gervasius de Hantonia.

29. — III. — Germundus, m. h. l. — Fulbertus, m. h. l. — Joseph. — Rogerius. — C : Radulfus de Thevrai. — F : Robertus Eudoast, abbas (1229).

30. — II. — Richardus, m. h. l. — Adelix, mulier. — C : Osmundus, civis Rotomagensis.

MAIUS

1. — *Kal.* — Guillelmus de Marinis, m. h. l.
2. — VI. — [Johanna, mulier.]
3. — V. — Domnus Erfastus, abbas m. h. l. (2ᵉ abbé) — Guillelmus. — Guillelmus.
4. — IV. — Galterius, m. h. l. — Jordanus, m. — Hugo, m. — Herveus heremita. — Thomas, m. — C : Willelmus abbas. — Willelmus de Friadello clericus.
5. — III. — Willelmus, m. h. l. — C : Robertus, archiepiscopus Rothomagensis (1221).
6. — II. — Radulfus, m. — Eustachius, m.
7. — *Nonis.* — Teardus, pater. — Ivereus, mil. — Anschitillus, mil. — Ada, mul. — Emma Segar femina.
8. — VIII. — Richardus, m. h. l.
9. — VII. — Rogerius, m. h. l.
10. — VI. — Rogerius, m. h. l. — Odo, m. h. l. — Fromundus, m. — C : Baldevinus, comes.
11. — V. — Robertus, m. — Guillelmus, mil. — Gulbertus, mil. — C : magister Albericus de Vitreio, presbiter.
12. — IV. — [Memorandum quod Willelmus Dil dedit quoddam mesnagium cum curtillagio in villa de Stoborga Deo et beatæ Mariæ de Warham, pro salute animæ suæ et uxoris et parentum suorum et pro salute animæ domini Willelmi de Stokes et Aliciæ, uxoris suæ].
13. — III. — C : Hugo homo Dei.
14. — II. —
15. — *Idibus.* — Hugo miles.

16. — XVII. — Renoldus, m.
17. — XVI. — Martinus, m. h. l. [Iodell de Warham].
18. — XV. — Mavilla, relicta Odonis Anderbodi.
19. — XIV. — Hugo, m. h. l. — Guillelmus. — Leobaldus, canonicus.
20. — XIII. — Osbernus, clericus.
21. — XII. — Gervasius, abbas. — Hammundus, m.
22. — XI. — Albericus, abbas
23. — X. — Rogerius, mil. [Nicholaus, m. h. l.].
24. — IX. —
25. — VIII. — Hawis, comitissa Glœcestræ.
26. — VII. — [Johannes, abbas h. l.]—*(Jean I d'Almenesches 1226-1241)*. D, E, F, id.
27. — VI. — Liscelina, mul.
28. — V. — Ernaudus, m. h. l. — Gillebertus, m. h. l. — Garinus, m. h. l. — Nicholaus et Johannes, m. h. l.
29. — IV. — Gunbertus, m. — Radulfus.
30. — III. — Eustachius, m. — C : Eustachius, prior S^{ti} Pancratii. D, E et F : Domnus abbas Johannes. (1226-1241).
31. — II. — Leobaldus, m. — Audoenus, m.

JUNIUS

1. — *Kal.* — Garinus. — Guillelmus, m. h. l. — C : Johannes, Ebroicensis episcopus (1256).
2. — IIII. — Guascelinus, mil.
3. — III. — Ausfredus, m. h. l. — Helervis, mul.
4. — II. — Baldewinus, comes. — Hawis, mul. — Helewis, mul. — [Galfridus, m. h. l. — Guillelmus m. h. l.] — C et F : Dnus abbas Gaufridus; Radulfus Ebroic. eps, Ysabellis, mater regis Henrici III Angliæ († 1246).
5. — *Non.* — Robertus, comes Mellenti (1118).
6. — VIII. — Aubertus, m. h. l. — [Rogerius l'Enveisié, presbiter].
7. — VII. —
8. — VI. — Rainaldus, m.

9. — V. — Rogerius de Barra, m. h. l. — Radulfus, m. h. l. — Bernuinus, m. (1).
10. — IV. — [Philippus, m. h. l. — Nicholaus, laicus].
11. — III. — Rogerius de Novo Burgo, h. l. — [Radulfus, m. h. l.] C : Henricus rex Anglorum junior (1183).
12. — II. — Bernardus, m. h. l. — Robertus, m. [Avice de Warham].
13. — *Idibus*. — Ricardus, m. h. l.
14. — XVIII. —
15. — XVII. — Guillelmus de Godessella, m. h. l. — Gilbertus, m. h. l. — [Johannes Math., cler.] C : Magister Rogerius de Avernaio.
16. — XVI. —
17. — XV. — Guillelmus, m. h. l. — Agnes, mul.
18. — XIV. — [Martinus, m. h. l.]
19. — XIII. — Vitalis abbas. — Gilbertus, m. — [Rogerius, m. h. l.]
20. — XII. — Godefridus, m.
21. — XI. — Thomas filius.
22. — X. — Ramerius, m. h. l. — Odo, mil. — [Dna Johanna Louel. — Fulco, m. h. l.]
23. — IX. — Nicholaus. — C : Yvo de Ferreriis.
24. — VIII. — Gaufridus, m. h. l.
25. — VII. — Sahildis, mul. — Liscelina, mul. — C : Symon, comes. (Leycestriæ *ex Utic. nec.*)
26. — VI. — Gilibertus, mil. — Ascelina, mul.
27. — V. —
28. — IV. — Rogerius, m. — Ricardus, m.
29. — III. — Arnulfus, m.
30. — II. — Radulphus, m. h. l.

JULIUS

1. — *Kal.* — Garinus, m. h. l. — Hunfredus, sacerdos.

---

(1) *Les Historiens des Gaules* ont mis ces noms au 8 juin par erreur, comme ceux du 26 juin ont été mis au 28.

2. — VI. — Rogerius, m. h. l. — Audoenus episcopus Ebroic. († 1139).
3. — V. — Gaufridus, m. h. l. — Susanna, mul. — Berta, mul. — [Petrus, miles.]
4. — IV. — Lancelinus, m.
5. — III. — C : Magister Willelmus de Paceio.
6. — II. — Domnus abbas Ernaldus, h. l. (4e abbé xie s.).
7. — Non. — Thomas de Wintersis, miles. — C : Henricus, rex Anglorum († 1189).
8. — VIII. — Fulcodus, m. h. l.
9. — VII. — [Reginardus, clericus].
10. — VI. — Rainaldus, m. h. l. — Servinus, m. sac.
11. — V. — Gauquelinus, m. — Godricus, m.
12. — IV. — Ricardus, m. h. l. — Rogerius, m. h. l. — [Petrus, m. h. l.]
13. — III. — Robertus, m. h. l.
14. — II. — Ricardus, m. h. l. — C : Philippus rex Franciæ († 1223).
15. — Idibus. — Tone abbas (vel Tovo). — [Willelmus, m. h. l.]
16. — XVII. — [Petrus, m. h. l.]
17. — XVI. — [Guillelmus, laicus. — Mathildis, mul. — Robertus, m. h. l.]
18. — XV. — C : Magister Gillebertus de Sancto Jacobo.
19. — XIV. — Fulco m. h. l.
20. — XIII. — C : Petronilla, filia comitis Leicestriæ. — Hadvis. — Alienor, comitissa Salesberiensis.
21. — XII. —
22. — XI. — Gislebertus, abbas. — [Ricardus comes de Clare].
23. — X. — Ernaldus, m. h. l.
24. — IX. — Guillelmus, m. — Teodericus, mil.
25. — VIII. — Robertus, m. h. l. [Gorvinus, m.]
26. — VII. — Radulfus, m. h. l. — [Abraham, m.] F : Sancte Anne (fin xve)
27. — VI. — Guillelmus abbas. — Guillelmus, nobilis comes Flandriæ filius Roberti comitis Normannorum. († 1128).
28. — V. — C : Thomas, decanus Herefordiæ (1216).

29. — IV. — Willelmus, m. h. l. — Robertus miles.
30. — III. — Guillelmus, m.
31. — II. — Isambardus, m. h. l.

AUGUSTUS

1. — *Kal.* — Rainaldus, m. h. l. — Guillelmus, rex Angliæ († 1100, C dit le 29 juill.) — Herlevinus, mil.
2. — IIII. — Johanna, mul. — [Durandus, prior de Deserto] C : *3 aug. notatus*.
3. — III. — Maria, abbatissa Wintoniæ. [et C, le 4 aug. Symon, comes Leycestriæ, et Henricus filius ejus. — Johannes, comes Nivernensis († 1270].
4. — II. —
5. — *Nonas*. — Philippus, m. — Gauquelinus, m. — Gaufridus. m. h. l.
6. — VIII. — Galterus. [Alicia, uxor ejus].
7. — VII. — Godefridus, mil. — Johannes, m. h. l.
8. — VI. —
9. — V. — Rogerius, Wigornensis episcopus († 1179). — Ypolitus, mil. — F : Hac die domini MDXVI obiit Raymundus Renatus de Prie, cardinalis, abbas h. l.
10. — IV. — Johannes, m. h. l. — [Guillelmus et Simon, m. h. l.]
11. — III. — Roes, uxor Willelmi de Chaincyo.
12. — II. — Albericus.
13. — *Idibus*. — Michael Lambert, m. h. l. — Richardus, m. h. l.
14. — XIX. — Hunfredus, m. — Rogerius, comes. [Aalix de Stokes] C : Garinus, Ebroicensis eps et mater ejus (1201).
15. — XVIII. — Henricus.
16. — XVII. — Gilla monacha. — Rogerius filius ejusdem, m.
17. — XVI. — [Willelmus le Bastart, mil.] C : Willelmus, abbas Leicestriæ.
18. — XV. — Radulfus, m. h. l.
19. — XIV. — Rogerius, m. h. l. — Gaufridus, mil. — Robertus, m. h. l.

20. — XIII. — Robertus, m. h. l. — Helena, mul. — E : Robertus, comes, 1 missa.
21. — XII. — Rodulfus, m. — Symon, mil. — Asa, monacha. — [Robertus, m. h. l. — Robertus abbas h. l. (in C : ab anno 1216 ad annum 1221), Mazelina, mul.'ad succurrendum.] C : Willelmus mil., dominus de Feritate.
22. — XI. —
23. — X. — Benodus, m.
24. — IX. — Hugo, m. h. l. — C : Magister Augerus, archidiaconus Ebroicensis. — Ludovicus, rex Franciæ († 1270).
25. — VIII. — Guillelmus. — Lecelina, familiar.
26. — VII. — Herlewinus, abbas Becci. C : Herluinus († 1078). — [Philippus Mathei].
27. — VI. — [Johannes, m. h. l. — Johannes, presbyter.].
28. — V. — Gislebertus. Ebroicensis episcopus (1112).
29. — IIII. — Reginaldus, m. — Lucas, sacerdos. — [Ysuldis, mul.].
30. — III. — Fulco, m.
31. — II. — Robertus, comes Leicestriæ : ex Utic. necrol. peregrinus Jerosolimis. — Amicia, comitissa. — Tescendis, mul. — C après Leicestriæ, ajoute *et Amicia, comitissa ejus.* — D, E *Robertus comes 1 missa.* — F *Robertus comes et Amicicia, mater ejus.*

SEPTEMBER

1. — *Kal.* — Domnus Gislebertus, abbas h. l. († 1143). — Humbaldus, m. h. l. — Hamelinus, m. h. l. — C : Balduwinus, filius comitis Insulæ.
2. — IV. — [Ricardus, m. h. l.] — F : Obitus Johanne Eudoarde.
3. — III. — Johannes, laicus. — Willelmus, sac ; familiares.
4. — II. — Nicholaus, m. h. l. — C : Rogerius de Praiellis.
5. — *Non.* — Garinus, abbas — C : Guarinus [Egidius, m.].
6. — VIII. — Baldricus, m. h. l. — Gaufridus, m. h. l.
7. — VII. — Dervina, mul. — B : Petrus de Ponte.

8. — VI. — Hainericus, prior. — Robertus, m. h. l. — [Philippus, c. m. h. l.] C : Willelmus, comes. — Mathaeus, civis Rothomagensis.
9. — V. — Gillebertus, m. h. l. — Guillelmus, rex († 1087). — [Petrus de Rusellis, Petronilla, mul.] C : Ægidius episcopus († 1179).
10. — IV. — Guillelmus, m. h. l. — Fulbertus, m. — Guibertus. — B : domina Petronilla de Herlainviler.
11. — III. — Guarinus, m. h. l. — Rogerius, m. h. l. — Bernardus, clericus.
12. — II. — Guillermus, m. h. l. — [Johannes de Bradelée, armiger.]. E : Guillelmus, abbas. 1 missa.
13. — Idibus. — Guido, m. h. l. — Rodulfus, mil.
14. — XVIII. — [Ricardus Lomer.]
15. — XVII. — [Edmundus, comes.]
16. — XVI. —
17. — XV. — Hylarius, m. h. l. — Willelmus Binet, mil. — [Richart Gerart.]
18. — XIV. — [Robertus, m. h. l.]
19. — XIII. — Guillelmus, abbas h. l. et F († vers 1130). — Gaudeanus, m. h. l. — Hamylinus, m. h. l. — Agnes, mul. — B : Johanna de Gornaio. — C : Gundelmus.
20. — XII. — Radulfus, m. h. l. — Gilbertus, m. h. l. — [Rodulfus, m. h. l. — Villebertus.]
21. — XI. — Johannes, m. h. l. — C : Robertus, comes Mellenti (circa annum 1204).
22. — X. — Thomas, m. h. l. — [Martinus, m. h. l.] B : Rogerus le Brun.
23. — IX. — Odo de Paceo, m. h. l.
24. — VIII. — Robertus de Winnd.
25. — VII. — Martinus, canonicus.
26. — VI. — Abscendis, mul. [Willelmus de Capellis, mil. — Nicholaus Binet].
27. — V. — Eustachius, mil.
28. — IV. — Willelmus, m. h. l. — [Gillebertus, abbas h. l. († 1262).] D, E, F. Gillebertus, abbas h. l.
29. — III. — Alderedus, m. — Gaufridus, m. h. l. — B. Ri-

cheldis, relicta David Anglici. — Martinus, primus presbyter de Baucis.

30. — II. — Lambertus, mil. — Walterius, laic. — [Ricardus.]

OCTOBER

1. — *Kal.* — Willelmus, m. h. l. — Rodulfus, mil.
2. — VI. — Rainbaldus, mil. [Edith Brac, h. l.]
3. — V. — Morandus, m. h. l. — Hugo, m. h. l. — Helewis, mul.
4. — IV. — Hugo, h. l. — Gauquelinus de Ferrariis, mil. — Elisabeth, mul. — C : Galeranus juvenis.
5. — III. — Adeliz, uxor Willelmi, h. l. fundatoris. [Willelmus, m. h. l.] D, E, F : Adelicia comitissa.
6. — II. — Ernulfus Avenel. — Robertus, m. h. l.
7. — *Non.* — Beringerius, m. — [Philippus, m. h. l.] B : magister Robertus de Charlée, XVI solidos et bibliothecam.
8. — VIII. — Benicelinus, m. h. l. — Hemelinus, mil. — Galfridus, m. h. l. — C : Robertus, Lyncolnensis episcopus († 1253). — Willelmus de Sakevilla ; B, Sakenvile.
9. — VII. — Rodulfus, m. h. l. — Alexander de Valle.
10. — VI. — Robertus et Petrus de Curtiniaco, mil. B : Petrus. [Amicia.]
11. — V. — Anschitillus, m. [Willelmus, m. h. l.]
12. — IV. — Willelmus, m. h. l. [Walterius, Salmonius, Reginaldus, m. h. l.]
13. — III. — Hugo, m. h. l. — Radulfus, mil. — E. Robertus, comes, 1 missa.
14. — II. — Normanni anglico bello sub Willelmo principe 1066 (C au 18 octobre). — Manasserius, m. h. l. — Rogerius filius, m.
15. — *Idibus.* —
16. — XVII. — Garinus, m. h. l. — Guarnerius, m. — Emma, mul. — Hadwise, mul. — Lescia, mul. B : Colinus le Tort. — Nicholaus de Sapo et Gerovisia, uxor ejusdem.

17. — XVI. — [Radulfus de Athées, m. h. l. — Helias, sac.]
18. — XV. — Baudricus, m. h. l. — Rodulfus, m. — C : Johannes, rex Anglorum († 1216.)
19. — XIV. — [Johannes, m. h. l.]
20. — XIII — Gundrannus, m. h. l. — Guillelmus, m. h. l. — Ansfridus, m. Becci. — Robertus III comes Legrecestriae et F. — Hilderius (B : Heuderius) de Pasceio, laic. — B : Agnes l'Eschacière.
21. — XII. — [Gaufridus Warwick.]
22. — XI. — Hugo Asinus, m. h. l. — Fulco, m. h. l. — Lucas, m. h. l.
23. — X. — [Ricardus, m. h. l.]
24. — IX. — Rodulfus de Sancto Victore, m. h. l.
25. — VIII. — Rodulfus, h. l. — Berhers, mul. — Rescendis, mul. — Godefridus, mil. — Angeria, mul. Albreia, mul. — [Gilebertus de Clare, comes; C : comes Gloucestriæ.]
26. — VII. — Gaufridus, m. h. l. — Gauquelinus, m. — Bartholomeus, m. — Hugo, pater. — Willelmus, mil. — Radulfus.
27. — VI. — Aubertus, m. h. l. — Rogerius, m. — Willelmus, mil.
28. — V. — [Christiana Pache. — Willelmus, h. l.] B : Guillelmus, presbiter de Barra.
29. — IV. — Mahildis regina. — Teobaldus, m. h. l. — Willelmus, m. [Rogerius, m. h. l.]
30. — III. — Theodericus de Scanno.
31. — II. — Robertus Azimus, mil.

NOVEMBER

1. — Kal. —
2. — IV. — Matildis regina († 1083). [Radulfus, prior h. l. de Warham.]
3. — III. — Willelmus, m. h. l. — Rogerius, m. — Teodericus, laic. — Radulfus, m. h. l.
4. — II. — Robertus, m. h. l. — B : Guillelmus de Sancto Johanne presbyter.

5. — *Non.* —
6. — VIII. — Domnus abbas h. l. Silvester. — C. : Silvester, abbas Castellionis, *ex Lirensi*. E. et F. — [Justinus, m. h. l.]
7. — VII. — B : Johannes de Siccis Molendinis.
8. — VI. — Walterius de Valle. — C. : Ludovicus, rex Franciæ († 1226). — Gillebertus de Chaorciis.
9. — V. — Robertus. presbyter.
10. — IV. — Ermenaldus, m.
11. — III. - Johannes Fromundus, sacerdos. — C : Guillelmus de Saqueinvilla, mil.
12. — II. — Audoenus, mil.
13. — *Idibus*. —
14. — XVIII. — Symon. m. h. l. — C. : Ægidius, episcopus. — B : Herbertus Godard.
15. — XVII. — [Mercelina, mul.]
16. — XVI. — Gundrannus, m. h. l.
17. — XV. — [Gaufridus, prior h. l. — Renatus, m. h. l.]
18. — XIV. — Guirdinus, m. h. l. C : Joscelinus, Ricardus, episcopi.
19. — XIII. — Gaufridus, m. h. l. - Richerius, mil.
20. — XII. — Fromundus, m. — [Willelmus, m. h. l.] B : Matheus de Pomerol, mil.
21. — XI. — Ricardus filius G.
22. — X. — Godefridus, m. h. l. — Radulfus, m. h. l. — Odelina, mul.
23. — IX. — Gutmundus, m. h. l. — Bennardus, m. — Willelmus, comes Glocestriæ. — Willelmus de Britolio et dans F. — Willelmus. — C : Radulfus, Ebroic. eps († 1269.)
24. — VIII. — Willelmus, m. h. l. — [Margareta.]
25. — VII. —
26. — VI. — Robertus Paganus, m.
27. — V. — Andreas, m. h. l. — Radulfus, m. h. l. — Emericus, m. — Rodulfus, m. — Galterius, mil. — Anduldis mul. F. Robertus de Vittot.
28. — IV. — Osbernus, m. — Oizannus.
29. — III. — Robertus, m. h. l. — B : Emelina de Bretescha.
30. — II. — Guimundus, mil.

DECEMBER

1. — *Kal.* — Heccelinus, mil. — Leigardis, mul. — B: Lejardis de Villeta.
2. — IV. — Henricus, rex Anglorum († 1135). — Robertus, m.
3. — III. — Guarinus, m. h. l. — Ernaldus, mil. — Willelmus, m. h. l. — C : Theobaldus, rex Navarræ († 1270.)
4. — II. — Rodulfus, m. h. l.
5. — *Non.* — Robertus, m. h. l. — Richeldis, mul. — B : Reginaldus de Houcemaigne.
6. — VIII. — Willelmus, mil.
7. — VII. — Rogerius, m. h. l. — [Willelmus, prior h. l.]
8. — VI. —
9. — V. — Ernaldus, m. h. l. — Hunfridus, m. h. l.
10. — IV. — Gaufridus, m. h. l. — Rogerius Pipe. — [Urcia Flori, mul.]
11. — III. — Herding et uxor ejus Eluene. — Robertus. — Johannes et Eustachius. — Willelmus, m. h. l. — Godard, m. C : Rogerus, abbas Yberii, m. h. l.
12. — II. —
13. — *Idibus.* — Johannes Aurifaber. — Symon, presbyter, iste delegm. dom. — Willermus.
14. — XIX. — [Mareus, m. h. l.].
15. — XVIII. — Robertus, m. h. l.
16. — XVII. — Herbertus, mil. — B : Emelina Bourdon. — Hodiena Chevalier.
17. — XVI. — Thomas, m. h. l. — Gotmannus, mil. — Robertus Trenchart, mil. — B : Guillelmus de Bossaio, mil.
18. — XV. — Stephanus, m. h. l. — Johannes, m. — Matheus. — Radulfus, m. h. l.
19. — XIV. —
20. — XIII. —
21. — XII. —
22. — XI. —

23. — X. — Radulfus, m. h. l. — Rogerius, m. h. l. — Bauduinus, episcopus. — Guillelmus, mil.
24. — IX. — Justinus, m. h. l. — Gaufridus, mil. — Robertus, mil.
25. — VIII. — Robertus, m. h. l. — Gillebertus, m. h. l. — Henricus, m. h. l. — Rogerius.
26. — VII. — Domnus abbas h. l. Hildierius. — D. et F. (1142-1147.)
27. — VI. — Alicia. — [De la pale.]
28. — V. — Gaulterius, m. h. l. — [Albericus, m. h. l.]
29. — IV. — Alexander, m. h. l. — B : Johannes de Barra, mil.
30. — III. — C : Johannes de Barra, mil. — B : *die 29 dec. annotatus est.*
31. — II. —

XIe SIÈCLE. — Outre les moines qui figurent à l'obituaire nous pouvons ajouter les suivants d'après les chartes :

Geoffroy, moine de Lyre, qui fut nommé premier abbé de Fontenay (diocèse de Bayeux) par Guillaume, roi d'Angleterre, à la prière de Raoul (Taisson) fils du fondateur et du consentement d'Odon, évêque de Bayeux (1055-† 1070).

Robert du Châlet, 1er abbé de Lyre; Raoul, fils du fondateur; Guillaume, neveu d'Ernauld, fils de Popeline, 1071 (chartes n° 3 et 13); Godefroy, sous l'abbé Ernauld (ch. n° 323) et Fulcoin; Guillaume de Houssemagne (Inv. ch. 45, art. II).

XIIe SIÈCLE. — Richard du Bois-Anzerai et Roger, son frère (ch. 23 et 24); Silvestre, *vir venerandæ simplicitatis*, moine de Lyre, élu abbé de Conches, à la place de Vincent, déposé 1152; Raoul de Groslay en 1162 (ch. 325); Aubert de l'Arche-Gauthier, dit le Maire, de Pacy-sur-Eure (Le Prév. 516²); Raoul, nommé l'Abbé, qui doit être Raoul d'Auvergny, vers 1192; Jean, moine de Lyre et *indigena* (Bibl. de Rouen, ms. 553); Toustaint, moine de Lyre, etc.

XIIIe SIÈCLE. — Raoul de Saint-Victor, célérier (Arch. de l'Eure, H. 526) vers 1200; Richard et Aubert, prieurs de Maupas, vers 1219 (*id.* H. 919); en 1244 : Raoul de Romilli, Henri de Pacy, auteur du *Campus floridus*, André..., Jean de Chambreis, moines de Lyre (H. 440); Roger de Putot, ancien seigneur de Bois-Anzeray, père de Mathieu II, en 1250; frère Aubry, prieur en 1252 (G. 122, n° 270); frere G. de Barquet, *explicit liber equivocorum fratris G. de Barqueto*; Robert de Chambrey, prieur de Maupas, en 1278 (H. 919); Simon de Séez-Moulins qui fit profession vers 1200; Raoul Faget, de Landepereuse; Guillaume Gaucelin, procureur et économe de Lyre, en 1227 (Le Prév. 516²); etc. Notons en passant que saint Thomas de Canteloup, chanoine d'Evreux, demeura quelque temps à l'abbaye de Lyre. On trouve encore dans le cartulaire normand : R... prieur de Lyre en 1221 et Robert en 1282.

XIV° SIÈCLE. — Jean Mabille, prieur du Désert en août 1302. En 1321 : Jean Pepin, Jean Piquelier, Jean de Gournay, Pierre de l'Aumône, Richard de Froimont, Garin de Seulez et Jean de Conches, prirent l'habit monacal à Lyre (Ms. 4 d'Evreux). A N.-D. du Désert on rencontre dom Robert du Bosc, prieur en 1371 et dom Robert de Mousseaux en 1395, déjà mentionné en 1392 (G. 122, n° 425, fol. 139). Enfin prirent l'habit en 1394 : fr. Robert de Maugny, Jean Rotgier, Robert du Valet, Thomas le Bourguignon, Jean de Serquigny, Guillaume... etc. (1).

XV° SIÈCLE (2). — Jean le Bourguignon et Jean de Cléry, prieurs du Désert en 1405; dom Robert Demonchaulx, de Maupas le 13 octobre 1414; Robert du Vallet, le 24 mai 1431; dom Michel Josse, nommé prieur de Maupas en 1444 à la place de Guillaume de la Mare; puis André le Galois qui résigne ce bénéfice à Jean le Bas, Michel Hue religieux de Lyre, en 1446 (H. 587, t. IV, p. 182, n° 29, 30, 31, 32.) Deux ans après on y trouve f° Jean Badelorge et

---

(1) On trouve à la Bibl. Nat. fond fr. 20.895 (Gaignières) p. 63, 4 quittances de frère GEORGES, « humble abbé du moustier de N.-D. de Lyre » de 1380, 1382, 1385 et 1386 avec son sceau qui représente un abbé, crosse dans la main droite, revêtu de la chasuble, un livre dans la main gauche.

(2) Le fond fr. (Gaignières) à la Bibl. Nat. contient 3 quittances d'ÉTIENNE l'humble abbé du Moustier de N.-D. de Lyre, des 22 juin 1402, 1er mai 1401, dernier octobre 1407 et 6 de Guillaume le Bas depuis 1448 jusqu'à 1461. Le sceau porte : SIGILLV GVILERMI DEI GRATIA ABBATIS DE LYRA. Au milieu N.-D. de Lyre assise, tenant l'enfant Jésus debout sur le genou droit; au-dessous un abbé agenouillé, crosse en main : à droite un blason : *une rose à 5 pétales*; à gauche les armes de l'abbaye, *une seule lyre*.

dom Michel Bouchard qui en 1448 était prieur du Désert, remplacé en 1452 par François Gastine. En 1463 f̊ Jean Badelorge, ex prieur conventuel est toujours à Maupas, jusqu'en 1468, dom Michel Bouchard, prieur, et Geoffroy Gastine à N.-D. du Désert (H. 587, t. I, p. 21). — En 1475, dom Louis Cléry cellerier de Lyre; dom Geoffroy, senior; en 1481, Jean Bouard (m. 13 d'Evreux et ms. 989 de Rouen); en 1485, dom Robert le Sonneur, prieur claustral; dom Jean Ringuet, bailli; dom Henry Girard, sacristain : dom Estienne Boscheron, chantre; Robert le Roux ; Guillaume Petit, sous-prieur; Jean Picot; Jean Suhart, prieur de Maupas en 1505 (H. 914); Pierre Cresson; Michel le Bougile; Martin Petit; Jean Chevestre; Benoist le Meriere; Jean Bonnet; Noël Advenel, tous religieux profès (H. 512). Enfin dom Jean Dorbec en 1492 (H. 462).

Mais le plus célèbre des moines de Lyre, à cette époque, fut le prieur de Bucy, Guillaume Alexis, dont nous avons, naguère, écrit la biographie (1). Les éditeurs de ses Œuvres, MM. Arthur Piaget et Emile Picot, dans leur *Notice* (2) placée en tête du tome III, n'ont rien ajouté, rien découvert de plus à son sujet. Impossible de l'identifier, impossible de retrouver ce fameux prieuré de Bucy! Parmi les moines présents à Lyre, en 1485, un an avant son prétendu départ pour Jérusalem, il n'y a que Guillaume Petit, sous-prieur, portant même prénom. Aux œuvres, par nous analysées, le tome III ajoute : *Le débat de l'omme mondain et d'un sien compaignon qui se veult rendre religieux*, composé de 64 strophes de 8 vers octosyllabiques, *ab, ab, bc, bc*, dont le dernier est un proverbe. Voici la première :

L'OMME MONDAIN

Mon compaignon, que veulx tu faire
De te rendre religieux?
Jadis souloys aux dames plaire,
Dancer et chanter en tous lieux.

---

(1) Cf : *Revue Cathol. de Normandie* 15e année, p. 250-312, 16e année, p. 25, 61, 147, 173, 219, 289 et 17e année, p. 19 et 61 : — ou le tirage à part en vente à la librairie Champion, Paris.

(2) *Œuvres poétiques de Guillaume Alexis*, 3 vol. in-8o, Paris, Firmin-Didot et Cie, 1896, 1899 et 1908. Société des anciens textes français.

> Hélas! je t'ay veu si joyeux
> Et tenir tousjours table ronde!
> Attens au moins que soyes vieulx :
> Il n'est vie que d'estre au monde.

XVIᵉ SIÈCLE. — Jean Suhart, dernier prieur régulier de Maupas, reste jusqu'en 1520, quoique l'inventaire de Lyre nomme, en 1522, dom Nicole Hue prieur de Maupas. François Iᵉʳ, en effet, usant du droit acquis par le nouveau Concordat mit ce prieuré en commende et le donna à Jean le Veneur de Tillières, abbé de Lonley et du Bec, évêque de Lisieux et cardinal.

Dom Louis de Roussillon, curé de Saint-André de la Barre, meurt le 23 juillet 1507; frère Jean Darthoys, religieux de Saint-Benoît, est présenté à la cure de Breteuil le 4 avril 1516; dom Guy de Mailloc, religieux de Lyre, était prieur de la léproserie de la Barre en 1518 et curé de Capelles en 1523; Jean Panthou, prieur claustral de 1542 à 1545, fut de plus curé de la Vieille-Lyre (1544), prieur de la léproserie de la Barre (1538), et mourut le 10 août 1548 (1); frère Nicolas Sureau, prêtre, religieux, son successeur à la chapelle Sainte-Marie-Madeleine de la Barre, mort en septembre 1551, fut remplacé par frère Pierre Emengard, prieur claustral, décédé lui-même avant le 23 octobre 1556, date de la nomination de Claude de Coulonges, protégé par le cardinal de Ferrare. Dom Nicolas le Doyen, prieur claustral de Lyre (G. 32 et H. 560) et René Durand, aumônier, en tant que procureurs de leur abbé, le cardinal de Ferrare, « vendirent à Etienne Bigot, écuyer, demeurant paroisse Saint-Erblanc de Rouen 200 livres de rente pour 2000 livres afin de racheter les terres, seigneuries, prévostés, fermes, prieurez, ryvières, rentes et revenus aliénés. » (*Tabell. de Rouen* 13 décembre 1564, communiqué par M. Foulon, avec un bail des dîmes de Lyre à Bretteville près Cany dépendantes de la baronnie de Bans-le-Comte) (2).

Dom René Durand, devenu prieur claustral en 1573, présentait,

---

(1) Le ms. 121 d'Evreux porte qu'il fut acheté par ce religieux : « Incipiunt hore, etc. quas emit Johannes Panthou, religiosus ac bailliyus dicti monasterii. » [Voir aussi G. 33 et H. 472, Arch. de l'Eure].

(2) Voir *Appendice* nº 9.

le 24 avril 1574 à la cure de Morainville (G. 25) à cause de la vacance du siège abbatial, en union avec les religieux suivants : Thomas Le Leu, sous-prieur ; Adrien d'Hellenvilliers, aumônier ; Nicolas le Boullenger, secrétaire ; Robert Passelou, chantre ; Jacques Emengard, Nicolas le Mere, Jean Postel, tous religieux profès de Lyre (G. 28). Pierre Boucher, en 1573, était prieur de la Madeleine et Nicolas Le Sec mourut en 1576.

Au début du XVIe siècle le prieuré du Désert, on ignore pour quel motif dit le bon J. A. Avenelle, tomba en main séculière jusqu'à ce que le 21 octobre 1581 frère Adrien Maillard, religieux profès de Lyre, le revendique contre Mathurin Duprey « soi disant moine », qui le conserva jusqu'à sa mort arrivée le 20 août 1587. Aussitôt dom Thomas Le Leu, prieur claustral, nomma Adrien Maillard au bénéfice vacant, mais inutilement, le prieuré resta en mains séculières jusqu'à son union avec le Grand Séminaire d'Evreux.

Parmi les religieux de Lyre résidants à Maupas on trouve, en 1583, dom Nicolas le Maire, Richard David [† en 1597] et Eustache Cordier ; puis, en 1598, dom Pierre Briant.

Thomas le Leu, prieur claustral, gouverna l'abbaye près de dix ans soit à cause de la vacance du trône abbatial après l'assassinat du cardinal de Guise, soit à cause de l'absence des abbés commendataires.

XVIIe SIÈCLE, *jusqu'en 1646*. — En 1602 on trouve à Lyre : dom Martin le Roy, prêtre, prieur claustral (G. 33) ; Jacques Esmengard, sous-prieur ; Robert Pasdelou, aumônier ; François Vallet ou Vallée, prieur de la Madeleine à la Vieille-Lyre, mort en 1622 G. 33) ; Michel Georges, chantre ; Jehan Aussour qui avait résigné son prieuré de Francheville en 1600 (G. 33) ; Jacques de Lombelon ; Bréant, *prieur* ; Jehan de la Haye, prieur de la léproserie de la Barre ; Jehan le Leu ; Jehan Charles ; Martin Hellard, et Le Marchand Simon, tous religieux prêtres. (H. 482).

Le 16 janvier 1622, il y avait au couvent de Lyre : dom Adrien Maillard, prieur claustral depuis 1608 ; Michel Georget, aumônier ; Jacques de Lombelon ; Jean le Leu, chantre ; Jean de la Haye, sous-chantre ; Martin Hellard, sacriste ; Georges de Bardouf, prieur de Saint-Martin de Francheville ; Jacques Bonenfant ; Louis le Tailleur ; Pierre le Marchand et Louis le Grain, tous religieux profès, réunis pour présenter un candidat à la cure de Pacy. (G. 29.)

En 1630 dom Georges de Bardouf était prieur claustral. (G. 33.) — L'archiviste des dames bénédictines de Verneuil l'a souvent rencontré dans les actes du notariat de cette ville, notamment le 4 mai 1642. Il assistait au contrat de mariage de sa cousine Marguerite de Bardouf, fille de feu Georges de Bardouf, sieur de la Rouillardière (1) et de Marie de Migneray, qui épousait Guillaume Vallée, écuyer, sieur de Belnoc (ou Belnoe).

Les autres religieux profès en 1630, mentionnés dans l'acte des Archives de l'Eure (H. 489), sont : Michel Georget, aumônier; Martin Hélart, sous prieur; Jacques de Lombelon; Jehan de la Haye; Louis le Tailleur, sacristain; Jacques Bonenfant; Pierre Le Marchand; Philippe; Louis Chagrain; Pierre Fleury; Adrien Marmion, prieur de Saint-Marc de la Barre et Silvestre Perrecyot, titulaire de ce prieuré en 1645.

Au moment de la réforme de Saint-Maur, Martin Hélard était prieur claustral. Il mourut le 14 novembre 1646 et fut remplacé par Jehan de la Haye, alors sous prieur, élu par Jacques Bonenfant; Pierre le Marchand, aumônier; Pierre Fleury, chantre; Laurent Legrand; Nicolas Brière et Georges Bardou, religieux de l'abbaye, demeurant à Francheville. (Delisuvin.)

Bénédictins de la Congrégation de Saint-Maur

Dans chaque monastère de cette célèbre congrégation il y avait trois registres, in-folio, intitulés : *Matricula monachorum professorum Congregationis S. Mauri in Gallia, Ordinis sancti Patris Benedicti*, édités en 1669, 1690 et 1783. On devait y inscrire, dans les colonnes préparées à l'avance par l'impression : le numéro d'ordre du religieux, ses nom et prénoms, son lieu natal, son diocèse, son âge au jour de la profession, le lieu et le jour de cette profession, enfin le lieu et la date de sa mort. Les secrétaires, malheureusement, manquèrent souvent d'exactitude pour la tenue de ces registres, en sorte qu'il y a une grande diversité, pour les numéros matricules, si on les compare les uns avec les autres.

---

(1) Nicolas de Bardoul tenait en 1602 la vavassorie de la Rouillardière, sise à Francheville.

Dom P. Denis s'est servi de celui de l'abbaye de Conches, afin d'y relever tous les bénédictins originaires de l'Orne (*Soc. hist. et arch. de l'Orne*, t. XXIX, p. 523 et suivantes), tandis que nous avons suivi le ms. 12795 de la Bibliothèque nationale.

Comme à partir du 2 août 1668 l'abbaye de Lyre eut un noviciat jusqu'en 1705, nombreux furent les bénédictins formés dans ce monastère. Nous les donnons, d'après leur matricule, avec des notes biographiques quand ils auront quelque célébrité.

344. — Dom Martin-Adrien MARMION, né à Valognes (Manche), profès au Bec le 6 mai 1629 à l'âge de 30 ans, mort à Lyre le 26 octobre 1658, prêtre. Procureur en 1651, 1652 (H. 544) et 1657.

Il était procureur de l'abbaye. (H. 544).

352. — Dom François Maurice LOUDET, né à Rouen, profès au Bec, âgé de 18 ans le 28 avril 1629, mort à Lyre le 3 juin 1650, prêtre.

592. — Dom Nicolas-Valérien THURET, né à Bernay (Lisieux) (1), profès à Jumièges le 26 avril 1634, âgé de 19 ans, mort à Lyre le 22 octobre 1657, prêtre.

649. — Dom André-Hugues LE CLERC, né à Saint-Dizier (Châlons-sur-Marne), profès à Saint-Remi de Reims le 5 avril 1635, âgé de 20 ans, mort le 13 juillet 1650 à Lyre où il était prieur. (H. 469).

1166. — Dom Laurent VITRAY, né à Yenville (Orléans), profès à Vendôme le 11 août 1645, mort à Lyre le 14 décembre 1668, prêtre.

1178. — Dom Nicolas BOURDON, né à Bourges, profès à Vendôme le 6 novembre 1645, âgé de 32 ans, mort à Lyre le 24 décembre 1668, prêtre, 1660 (H. 560). (H. 474 en 1663).

1254. — Dom Claude-Henri SAMANECHILDIS, né à Châlons-sur-Marne, profès à Saint-Remi de Reims le 22 janvier 1648, âgé de 21 ans, mort à Lyre le 19 juillet 1711, prêtre.

1354. — Dom Guillaume DU NOYER (2), né à Caudebec (Rouen),

---

(1) Le nom du diocèse, avant la Révolution, sera toujours ainsi indiqué.

(2) Un M. Dunoyer, conseiller du Roy, maire perpétuel de la ville de Codebec, bailly de Maulevrier et ancien lieutenant-général de la vicomté et capitaine de la première compagnie des bourgeois de la ville (1696-1701) blasonnait : d'or à un noyer de sinople sur une terrasse de même ».

(G. Prévost, *Armorial*, I, 289, n° 1.)

profès à Vendôme le 22 juin 1648, âgé de 22 ans, mort à Lyre le 16 novembre 1689, prêtre.

Le 1er juillet 1687, comme cellérier, il assurait 200 l. à Michel Dufour, organiste. (Delieuvin).

1473. — Dom Pierre CHEROT, né à Plenest (Saint-Brieuc), profès à Saint-Mélaine de Rennes le 18 juin 1653, âgé de 23 ans, mort à Lyre le 21 juillet 1678, prêtre.

1620. — Dom Jacques DE PORCARO, né à Vannes, profès à Jumièges le 6 décembre 1655, âgé de 31 ans, mort à Lyre le 27 décembre 1689, prêtre. (H. 469 et H. 472).

1982. — Dom Honorat OUDINEAU, né à Choue (Chartres), profès à Vendôme le 16 février 1661, âgé de 19 ans, mort à Lyre le 3 mai 1710, prêtre.

Cellérier depuis 1688 à l'abbaye de Lyre, où il apparaît dès 1680, on trouve son nom dans tous les actes de cette époque. Sa fonction consistait, effectivement, à défendre les intérêts temporels du monastère et à le représenter devant les tribunaux.

2030. — Dom Jacques ESNAULT, né au Havre, profès à Jumièges le 17 novembre 1661, âgé de 21 ans, mort à Lyre le 20 janvier 1710, prêtre.

2107. — Dom Bonaventure LE COCQ, né à Lendelin (Coutances), profès à Jumièges le 4 janvier 1663, âgé de 27 ans, mort à Lyre le 3 octobre 1693, prêtre.

2548. — Dom François ROSE, né à Breteuil (Evreux), *premier profès* de Lyre (1) le 2 août 1668, âgé de 20 ans, mort le 28 octobre 1703 à Saint-Jean de Laon.

Il y eut six profès le même jour, beau début pour le noviciat de Lyre. — François Rose se livra d'abord à la poésie et nous a laissé quelques tragédies chrétiennes. Ensuite il composa en prose : *Le nouveau sys-*

---

(1) Dom U. Berlière mentionne cependant dom Siméon DUVERNAY, comme profès de Lyre le 8 juillet 1664, à l'âge de 22 ans, mort à Séez le 2 mars 1713. (*Nouv. suppl.* p. 201).

Et l'abbé Piel dit (t. I. p. 284, n° 224), que le 10 avril 1666, frère Jérôme CHEVALIER, religieux de Saint-Maur à Saint-Taurin d'Évreux, est ordonné sous-diacre, *sub titulo obedientiæ*, en l'église abbatiale de N.-D. de Lyre.

tème par pensée sur l'ordre de la nature et de la grâce, 1696, in-8, puis *Les couvers de la Congrégation de Saint-Maur*, Paris, 1702, afin de prouver qu'ils ne sont pas de véritables religieux ; enfin *Un Système de la Gloire*, resté manuscrit.

(Cf. *Bibl. hist. de* Dom le Cerf, p. 430 ; le *Cabinet hist.* p. 200, etc.)

2549. — Dom Jean SAVOURAY, né à Canouville (Rouen), profès à Lyre le 2 août 1668, âgé de 31 ans, mort le 7 septembre 1705 à Ivry, prêtre.

2550. — Dom François LE NOIR, né à Alençon (Séez), profès à Lyre le 2 août 1668, âgé de 21 ans, mort le 23 avril 1714 à Saint-Taurin d'Evreux, prêtre.

2551. — Dom Charles BORDIN, né à Séez, profès à Lyre le 2 août 1668, âgé de 21 ans, mort à Caen le 28 octobre 1726, prêtre.

2552. — Dom Daniel BILLOUET, né à Rouen, profès à Lyre le 2 août 1668, âgé de 19 ans, mort le 27 mars 1699 à N.-D. de la Chaume, prêtre.

M. L. Halphen a publié un fragment d'une lettre écrite par ce bénédictin en 1689 à Dom Michel Germain (Bibl. nat. lat. 12662, fol. 132) et relative à des recherches dans les archives de l'abbaye de Beaulieu. (*Suppl. litt.* etc. par Dom Berlière, p. 44).

2553. — Dom Charles DE LANNAY, né au Havre, profès à Lyre le 2 août 1668, âgé de 19 ans, mort au Bec le 18 avril 1727, prêtre.

2554. — Dom Jean IRREBERT, né à Rouen, profès à Lyre le 2 août 1668, âgé de 21 ans, mort au Bec le 18 avril 1727, prêtre.

Écrivit une lettre à Dom Jean Gelé, dans laquelle il dit « je souhaitte de tout mon cœur que le travail de dom J. De Moré lui soit utile... » « si il y avoit ici lieu de luy rendre quelqu'autre service, je me feroy toujours un véritable plaisir de m'y employer »... Il était, le 13 novembre 1711, prieur de Saint-Évroult ; de Préaux en 1717. (*Revue Bénéd.*, janvier 1911, p. 47).

2568. — Dom Louis RUFFY, né à Rouen, profès à Lyre le 4 septembre 1668, âgé de 18 ans, mort à Saint-Vandrille le 10 janvier 1726, prêtre.

Voir à son sujet : *Revue Bénéd.*, 2 avril 1909, p. 229.

2569. — Dom François CHEVILLON, né à Lisieux, profès à Lyre le 4 septembre 1668, âgé de 18 ans, mort le 10 janvier 1726, à Saint-Wandrille, prêtre. Cette note est biffée sur le registre, nous l'inscrivons cependant.

2577. — Dom Henri Josse, né à Boissy-Maugis (Chartres), profès à Lyre le 30 septembre 1668, âgé de 21 ans, mort à Saint-Martin de Séez le 1er février 1710, prêtre.

2590. — Dom Claude Gibert, né à Caen (Bayeux), profès à Lyre le 4 novembre 1668, âgé de 21 ans.

2633. — Dom Jacques Berthaes, né à Saint Cyr (Lisieux), profès à Lyre le 13 juillet 1669, âgé de 27 ans, mort à Saint-Ouen de Rouen le 15 juillet 1693, prêtre.

2634. — Dom Jean-Baptiste Nicolle, né à Louviers (Evreux), profès à Lyre le 13 juillet 1669, âgé de 26 ans.

Ce bénédictin était fils aîné du peintre Jean Nicolle et d'Anne David, son acte de baptême porte : « 1642, 19 janvier. L'enfant de Mre Jehan Nicolle, *peintre* et Anne David sa femme, nommé Jehan-Baptiste par Mre Marius Nicolle, *organiste* et Jeanne David ». (Cf. : *Jean Nicolle, peintre*, par le chanoine Porée).

2635. — Dom Abraham Le Vasseur, né à Alençon, profès à Lyre le 13 juillet 1669, âgé de 21 ans, mort à Saint-Martin de Séez le 10 avril 1708, prêtre.

2653. — Dom Gabriel Pouget, né à Nogent-le-Rotrou (Chartres), profès à Lyre le 26 août 1669, âgé de 17 ans, mort le 9 mars 1714 à Lyre où il était prieur, prêtre.

2654. — Dom Jean Langlois, né au diocèse de Chartres, profès à Lyre le 26 août 1669, âgé de 19 ans, mort à Jumièges le 28 juin 1676, prêtre.

2655. — Dom Eloi d'Aligre, né à Chartres, profès à Lyre le 26 août 1669, âgé de 19 ans, mort à Chartres le 10 novembre 1721, prêtre.

2656. — Dom Jacques des Pierres, né à Alençon, profès à Lyre le 26 août 1669, âgé de 20 ans, mort à Saint-Ouen de Rouen le 14 avril 1721, prêtre.

2657. — Dom François Egasse, né à la Mussoire (Séez), profès à Lyre le 26 août 1669, âgé de 22 ans, mort à Tiron le 20 décembre 1702, prêtre.

2658. — Dom François Le Carbonnier, né à Cherbourg (Coutances), profès à Lyre le 26 août 1669, âgé de 25 ans, mort à Saint-Wandrille le 20 septembre 1692, prêtre.

2659. — Dom Guillaume Péry, né à Caen, profès à Lyre le 26 août 1669, âgé de 20 ans, mort au Bec le 20 octobre 1733, prêtre.

2729. — Dom Jacques Demyée, né à *Basochum ou Bazocum*,

profès à Lyre le 7 août 1670, âgé de 22 ans, mort à Fécamp, prêtre, 18 mai 1719.

2730. — Dom Charles Le Clerc, né à Compiègne (Soissons), profès à Lyre le 7 août 1670, âgé de 22 ans, mort à Fécamp le 16 avril 1710, prêtre.

2778. — Dom Nicolas Le Noir, né à Alençon, profès à Lyre le 23 avril 1671, âgé de 21 ans, mort à Jumièges le 24 février 1703, prêtre.

2779. — Dom Guillaume Grip, né à Lisieux, profès à Lyre le 23 avril 1671, âgé de 22 ans, mort au Bec le 7 juin 1715, prêtre.

2809. — Dom Laurent Sanson né à Dieppe (Rouen), profès à Lyre le 26 août 1671, âgé de 24 ans, mort à Saint-Evroult le 30 septembre 1719, prêtre.

2810. — Dom Antoine Bourdon, né à Caen, profès à Lyre le 26 août 1671, âgé de 18 ans, à Lyre en 1677 (H. 472), mort à Saint-Germain-des-Prés le 4 octobre 1695, prêtre.

2811. — Dom Nicolas Houel, né à Montivilliers (Rouen), profès à Lyre le 26 août 1671, âgé de 24 ans, mort à Saint-Germain-des Prés le 14 novembre 1712, prêtre.

2812. — Dom Jean Des Monts, né à Grandchain (Lisieux), profès à Lyre le 26 août 1671, âgé de 21 ans, mort à Séez le 25 avril 1693, prêtre.

2817. — Dom René Robehier, né à Caen (Bayeux), profès à Lyre le 16 septembre 1671, âgé de 20 ans, mort à Tiron le 17 mai 1681, prêtre.

2822. — Dom François de Saint-Pol, né à Paris, profès à Lyre le 8 octobre 1671, âgé de 19 ans.

2823. — Dom Denys Rosty, né à Caen, profès à Lyre le 8 octobre 1671, âgé de 20 ans, mort à Aumale le 11 juillet 1738, prêtre.

2824. — Dom Pierre Le Cirier, né à Montesson (Paris), profès à Lyre le 8 octobre 1671, âgé de 19 ans, mort à Tiron le 17 février 1710, prêtre.

2825. — Dom Guillaume Fouques, né à Bernay (Lisieux), profès à Lyre le 8 octobre 1671, âgé de 20 ans, mort à Compiègne le 10 février 1702, prêtre.

Traducteur des *Heures bénédictines à l'usage des Pères convers de la Congrégation de Saint-Maur* (Cf. : L. Du Bois : *Hist. de Lisieux*, t. II, p. 264; Frère, I, 483; Oursel, I, 374; Tassin G. G. I, 289; François, I, 337; Le Cerf, H. C. 281-283).

3016. — Dom Charles Descorches, né à Genestal (Evreux), profès à Lyre le 19 août 1675, mort à Beaumont le 21 janvier 1722, prêtre.

3026. — Dom Gabriel Lesvoyts, né à Pont-l'Evêque (Lisieux), profès à Lyre le 28 décembre 1675, mort à Tiron le 27 octobre 1733, prêtre.

3044. Dom Charles Dujardin, né à Rouen, profès à Lyre le 6 août 1676, âgé de 19 ans, mort à Fécamp le 14 juin 1733.

Il fut prieur de Saint-Evroult (1707-1723) et a donné au *Monasticon benedictum* : 1º *Abrégé de l'histoire de Saint-Père de Chartres*, 1709, ms. lat. 12689, fol. 302. 2º *Remarques sur la fondation de l'abbaye de Saint-Chéron-lès-Chartres*, 1709, id. fol. 311.

D. U. Berlière (Nouv. Suppl. p. 186) dit encore qu'en 1715 il était prieur de Bonneval, etc.

3047. — Dom Martin Laisné, né à Chambrais (Lisieux), profès à Lyre le 11 août 1676, âgé de 20 ans, mort à Chartres le 22 février 1727, prêtre.

3056. — Dom Gilles de Barville, né à Pervenchères, profès à Lyre le 27 octobre 1676, âgé de 23 ans, mort le 22 février 1692 à Saint-Wandrille, prêtre.

3060. — Dom André Le Fèvre, né à Caen, profès à Lyre le 14 novembre 1676, âgé de 20 ans, mort à Saint-Georges de Boscherville le 28 août 1720, prêtre.

3061. — Dom Laurent Eudes, né à Rouen, profès à Lyre le 14 novembre 1676, âgé de 19 ans, mort à Saint-Germain-des-Prés le 6 septembre 1691, prêtre.

3062. — Dom François Le Moyne, né à Rouen, profès à Lyre le 14 novembre 1676, âgé de 20 ans, mort à Saint-Ouen de Rouen le 20 janvier 1704, prêtre.

3072. — Dom Jacques Le Lièvre, né à Guerbaville (Rouen) profès à Lyre le 10 mars 1677, âgé de 23 ans, mort à Fécamp le 22 novembre 1717.

Ul. Robert le dit régent de rhétorique à Pontlevoy où il fit représenter par les élèves, le 6 juillet 1690, une pièce de sa composition, intitulée : *L'Éducation de la noblesse*. (*Cabinet hist.* 1881, p. 178). Voir aussi *Loir-et-Cher histor.* 1897, 142.

3073. — Dom Charles Marechesne, profès à Lyre le 10 mars 1677, âgé de 31 ans, mort à Fécamp le 29 janvier 1704, prêtre.

3074. — Dom François Le Comte, né à Nogent-le-Rotrou (Chartres), profès à Lyre le 10 mars 1677, mort à Jumièges le 19 avril 1737, prêtre.

3087. — Dom Jacques Douault, né à Rouen, profès à Lyre le 14 juillet 1677, âgé de 19 ans, mort à Conches le 6 septembre 1710, prêtre.

3088. — Dom Pierre Thibault, né à Rouen, profès à Lyre le 14 juillet 1677, âgé de 19 ans, mort à Fécamp le 15 juillet 1738.

Il fut supérieur général de la Congrégation de Saint-Maur après avoir été prieur à Beaumont en 1693, à Saint-Vigor de Bayeux en 1696, à Saint-Étienne de Caen pendant six ans, à Saint-Bénigne de Dijon en 1705, à Chezal-Benoist, visiteur de cette province en 1708, en 1711 de celle de Bourgogne, prieur en 1714 à Fécamp, le 7 août 1720 supérieur général, continué le 13 juin 1723, le 3 mai 1725. Le Chapitre de 1726 le renversa comme trop attaché à la bulle *Unigenitus* et l'envoie prieur à Fécamp, et, en 1733; il meurt comme simple religieux le 15 juillet 1738 (Cf. : *Nouvelles Eccl.* année 1728 au mot *Bénédictins* et 1729).

3095 — Dom François de Guillots, né à Rouen, profès à Lyre le 1er septembre 1677, âgé de 20 ans, mort à Saint-Wandrille le 24 septembre 1728, prêtre (1).

3096. — Dom Robert de La Meterie, né à Rouen, profès à Lyre le 1er septembre 1677, âgé de 19 ans, mort à Saint-Wandrille le 13 juin 1693, prêtre.

3097. — Dom Jean Travers, né à Nogent-le-Rotrou, profès à Lyre le 1er septembre 1677, âgé de 21 ans, mort à Jumièges le 30 avril 1699, prêtre. Au dessous du matricule 4000 on ajoute : Jean Travers mort à Lyre le 28 mars 1724.

3102. — Dom Michel Housset, né à Rouen, profès à Lyre le 4 novembre 1677, âgé de 19 ans, mort à Saint-Denis le 13 octobre 1720, prêtre. Secrétaire à Lyre en 1685.

3132. — Dom Marin Allard, né à Saint-Candide (2) (Lisieux), profès à Lyre le 13 mai 1678, âgé de 19 ans, mort à Fécamp le 4 juin 1710, prêtre.

---

(1) Un J. B. Guillots « escuyer, sieur de la Houssaye, blasonnait : de gueules à 2 lions rampant affrontés d'argent qui se touchent les pattes de devant » (*Armorial*, G. Prévost, II, 179, n° 33).

(2) C'était Saint-Cande-le-Vieil, église collégiale et paroissiale desservie par trois chanoines-curés.

3135. — Dom André Olivier, né à Saint-Cyr-de-Bailleul (Avranches), profès à Lyre le 4 juin 1678, âgé de 24 ans, mort à Saint-Germain-des-Prés le 24 octobre 1724, prêtre.

Il fut procureur à Saint-Pierre de Chartres, puis à Saint-Germain-des-Prés ; après avoir exercé ces mêmes fonctions au Bec, il devint syndic de la Congrégation au Parlement de Rouen, puis au Parlement de Paris. Il mourut à Saint-Germain-des-Prés, (Abbé Vanel, *Nécrologe*, etc.. p. 140).

3136. — Dom Claude Chandeboys, né à Sainte-Scolasse-sur-Sarthe (Séez), profès à Lyre le 4 juin 1678, âgé de 33 ans, se retrouve à Lyre le 14 mars 1699 (H. 454), mort à Séez le 10 mai 1727, prêtre.

3145. — Dom Pierre Lohy, né à Rouen, profès à Lyre le 16 septembre 1678, âgé de 19 ans, mort *extra* (c'est-à-dire en dehors de la Congrégation).

3148. — Dom Pierre Davarend, né à Séez, profès à Lyre le 25 novembre 1678, âgé de 23 ans, mort à Lonlay le 6 janvier 1708, prêtre.

3150. — Dom Jacques Roussel, né à Vernon (Evreux), profès à Lyre le 11 janvier 1679, âgé de 20 ans, mort à Saint-Taurin d'Evreux le 26 novembre 1718, prêtre.

3157. — Dom Charles Neveu, né à Cany (Rouen), profès à Lyre le 20 mars 1679, âgé de 22 ans.

3158. — Dom Joseph Minter (?), né au Vieux-Séez, profès à Lyre le 20 mars 1679, âgé de 20 ans, mort à la Couture le 27 avril 1709, prêtre.

3159. — Dom François de Gaugy, né à Gerberoy (Beauvais), profès à Lyre le 3 avril 1679, âgé de 24 ans, mort à Ivry le 16 novembre 1704, prêtre.

3160. — Dom Jacques Le François, né à Montgomery (Lisieux), profès à Lyre le 14 avril 1679, âgé de 24 ans, mort à Fécamp le 20 février 1727, prêtre.

3174. — Dom Robert Quimbel, né à Rouen, profès à Lyre le 31 juillet 1679, âgé de 19 ans, mort à B. M. de Josaphat le 26 juillet 1725, prêtre (1).

---

(1) Un Adrien Quimbel, marchand de liqueurs, à Rouen, blasonnait : « *de gueules à 2 levriers d'argent, courant l'un sur l'autre* ». (G. Prévost, *Armorial*, etc. I, 85, n° 209).

Dom Quimbel était prieur de Préaux le 16 mars 1716. (Abbé Piel, II, p. 289, n° 473).

3175. — Dom Charles Le Coq, né à Rouen, profès à Lyre le 31 juillet 1679, âgé de 21 ans, mort au Bec le 27 avril 1737, prêtre.

3181. — Dom Charles de Creux, né à B. M. de Villers (Rouen), profès à Lyre le 28 août 1679, âgé de 24 ans, mort au Bec le 10 août 1726, prêtre.

3182. — Dom André Le Recoquille, né à Lozelière (Paris), profès à Lyre le 28 août 1679, âgé de 19 ans, mort *extra*.

3183. — Dom François L'Héritier, né à Evreux, profès à Lyre le 28 août 1679, âgé de 21 ans, mort à Saint-Wandrille le 19 avril 1731, prêtre, secrétaire en 1686.

Prieur de Lyre (1699-1705), recommandable par sa piété. Touché par un écrit de dom Le Tellier, son confrère, contre la Constitution, il écrit au sieur Robinet, grand vicaire de Rouen, pour réparer sa faute en obtenant des pouvoirs pour la signature pure et simple du Formulaire et l'acceptation de la Bulle (*Nouvelles eccl.*, II, 199, a-43, p. 100).

3185. — Dom Jacques de Pronsac ou Proussac, né à Lizelle (Chartres), profès à Lyre le 13 septembre 1679, âgé de 23 ans, à Lyre en 1691, mort à Lyre le 4 avril 1733, prêtre (1).

3189. — Dom François de Guilbert, né à Bursard (Séez), profès à Lyre le 2 octobre 1679, âgé de 20 ans, mort à N.-D. de Josaphat le 14 avril 1741, prêtre.

3197. — Dom Charles Mazurier, né au diocèse de Rouen, profès à Lyre le 31 décembre 1679, âgé de 20, ans mort *extra*.

3209. — Dom Charles Bienaimé, né à Rouen, profès à Lyre le 9 avril 1680, âgé de 21 ans, mort à Saint-Wandrille le 15 février 1725, prêtre.

3215. — Dom Denys Daniel, né à Rouen, profès à Lyre le 14 mai 1680, âgé de 19 ans, mort à Conches le 2 septembre 1690.

3228. — Dom Pierre Le Marier, né à Dieppe (Rouen), profès à Lyre le 18 juillet 1680, âgé de 23 ans, mort à Saint-Denys ou à Séez le 17 février 1723.

3245. — Dom Jacques Le Febvre, né à Rouen, profès à Lyre le 16 septembre 1680, âgé de 22 ans, mort à Conches le 20 septembre 1726 (Cf. : n° 2869).

---

(1) D'après l'abbé Piel (II, p. 269, n° 373), il était prieur de Bernay le 5 septembre 1715 et à Saint-Evroult en 1733, mort avant le 17 janvier (*Id.* III, p. 116, n° 621). Il le nomme *de Proussac*.

3246. — Dom Jacques Juillot, né à Rouen, profès à Lyre le 16 septembre 1680, âgé de 24 ans.

3247. — Dom Guillaume Roussel, né à Conches (Evreux), profès à Lyre le 23 septembre 1680, âgé de 21 ans, mort à Argenteuil le 5 octobre 1717, prêtre.

Retiré à Reims, malgré ses talents pour la prédication, il y traduisit les lettres de saint Jérôme (3 vol. in-8°, 1703-1707). Il préparait une bibliothèque des Historiens de France par ordre des siècles (ms. in-folio), restée inédite ; l'histoire de saint Irénée, etc. Son épitaphe sur Mabillon a été réimprimée dans la *Bibl. des auteurs de la Congrégation de Saint-Maur* et dans *l'Hist. litt. de Saint-Maur*. On a encore de lui une dissertation sur le Narsès dont parle saint Grégoire le Grand, restée manuscrite (Cf. : Moreri et M. Oursel, II, p. 444).

3248. — Dom Guillaume-Nicolas L'Evesque, né à Rouen, profès à Lyre le 11 octobre 1680, âgé de 20 ans, mort à Bonne-Nouvelle de Rouen, 20 décembre 1724. Secrétaire à Lyre en 1687.

Etant religieux à Saint-Wandrille il obtenait, d'après l'abbé Piel (Inv. de Lisieux), la chapelle du Mont-Millon, à Bernay, le 1er août 1706. — « Le chapitre général de 1705 établit à Saint-Wandrille un cours de théologie, composé de 12 écoliers, ayant pour professeurs deux des plus célèbres maîtres qui avaient enseigné dans la province de Normandie. Dom G. Lévêque fut un des deux professeurs. Sous-prieur et cérémoniaire, il dressa un calendrier des saints de cette abbaye, approuvé par le prieur et les séniurs, et envoyé au chapitre général de 1708. » (D. Toustain et D. Tassin, *Hist. de l'abbaye de Saint-Wandrille*). — Etant à Saint-Pierre-sur-Dives, en 1710, il envoya une note à Dom Massuet, pour la continuation des *Annales*. (M. Lecomte dans *Mélanges Mabillon*, 269, cité par dom U. Berlière, *Nouv. Suppl.*)

3249. — Dom Jean Renoult, né à Rouen, profès à Lyre le 11 octobre 1680, âgé de 18 ans, mort à Tiron le 23 octobre 1734, prêtre.

3261. — Dom François Drely, né à Rouen, profès à Lyre le 1er février 1681, âgé de 20 ans, mort à Saint-Taurin le 12 septembre 1726, prêtre.

3262. — Dom Mathurin Despagne, du diocèse d'Evreux, profès à Lyre le 1er février 1681, âgé de 24 ans; il fut infirmier à Lyre de 1683 à 1692, mort à Saint-Evroult le 20 janvier 1732, prêtre. Cf. : p. 258.

3263. — Dom Jean Desperroys, né à Notre-Dame des Vaux (Lisieux), profès à Lyre le 1er février 1681, âgé de 23 ans, mort à Lyre le 17 avril 1739, prêtre. Cf. : p. 272.

Il était senieur en 1723 à l'abbaye de Lyre et appelant en 1733.

3278. — Dom Louis BACQUET, né à Rouen, profès à Lyre le 26 mai 1681, âgé de 22 ans, mort à Saint-Ouen le 5 novembre 1712, prêtre.

3279. — Dom Jean FOURQUEMIN, né à Bernay (Lisieux), profès à Lyre le 8 juin 1681, âgé de 21 ans, mort à Coulomb le 25 avril 1722, prêtre.

3303. — Dom Laurent AMONTOURS, né à Rouen, profès à Lyre le 15 septembre 1681, âgé de 22 ans.

3305. — Dom Louis PILLAIS, né à Bellême (Séez), profès à Lyre le 5 octobre 1681, âgé de 18 ans, mort au Bec le 3 décembre 1733, prêtre.

« D'abord sous-prieur à Saint-Evroult il devint, en 1702, administrateur de Notre-Dame de Josaphat, puis prieur de Notre-Dame de Beaumont-en-Auge (1705-1711), de Saint-Florentin de Bonneval (1711-1714), de Notre-Dame d'Ivry (1714-1717), de Lessay (1717-1720), à Dives (1720-1726). (Dom Denys, *Bull. hist. de l'Orne*, 1911, p. 372).

3307. — Dom Guido de MONCEAUX D'AUXI, né à Hanvoile (Beauvais), profès à Lyre le 20 octobre 1681, âgé de 19 ans, mort à Aumale le 9 janvier 1735.

3308. — Dom Etienne CHAILLOU, né à Dreux (Chartres), profès à Lyre le 20 octobre 1681, âgé de 19 ans, mort à Lyre le 4 mars 1687, diacre.

3313. — Dom Charles LE PREST, né à Le Locheur (Bayeux), profès à Lyre le 19 novembre 1681, âgé de 19 ans, mort à Jumièges le 24 décembre 1689, prêtre.

3314. — Dom Jacques-Joseph LE PAULMIER (1), né à Séez,

---

(1) Le 23 novembre 1706 il obtenait le prieuré simple du Valboutry, vacant par la résignation faite en sa faveur par Jean Edeline, dernier titulaire, et le 15 octobre 1707 dom Christophe Inger, sous-prieur de Saint-Pierre-sur-Dives, prenait possession en son nom. On le dit résidant à Saint-Ouen de Rouen. (Abbé Piel, t. I, p. 711, n° 392).

Le 6 juillet 1708 Jean Edeline revendique le prieuré pour lui, *id.* p. 736, n° 575. Mais Dom Le Paulmier en était encore titulaire le 28 février 1720; on le dit prieur de Saint-Etienne de Caen. (Abbé Piel, II, p. 443, n° 207).

profès à Lyre le 1ᵉʳ décembre 1681, âgé de 18 ans, mort à Séez le 20 août 1736, prêtre.

« Religieux plus recommandable encore par son exactitude à remplir tous ses devoirs que par la noblesse de sa naissance » dit dom Boudier dans son Hist. ms. du prieuré de Saint-Vigor de Bayeux, gouverna pendant plus de 30 années consécutives divers grands monastères normands. Administrateur de celui de Dives de 1699 à 1702, il fut ensuite prieur de Saint-Vigor (1702-1706), de Saint-Wandrille (1706-1711), de Saint-Ouen de Rouen (1711-1717), de Caen (1717-1723), du Bec (1723-1729), de Lyre (1729-1733). Le 18 novembre 1718, à la tête de la communauté de Saint-Etienne de Caen, il avait appelé de la Constitution *Unigenitus*. » [Dom Denys, *op. cit.*] Cf. : p. 272.

3324. — Dom François GAULTIER, né à Louviers (Evreux), profès à Lyre le 10 février 1682, âgé de 33 ans, mort à Saint-Evroult le 23 avril 1691, prêtre (1).

3328. — Dom Richard-Tannegui HOUSSER, né à Rouen, profès à Lyre le 25 février 1682, âgé de 20 ans, mort à Caen le 2 juillet 1723.

Religieux à Saint-Ouen de Rouen, en 1715, il collationna les mss. d'Isidore de Séville qui étaient dans cette abbaye, de même que les mss. du Bec et du Mont Saint Michel; puis ceux d'Origène au Bec, à Jumièges, à Beauvais, à Caen, à Evreux, etc., pour dom de La Rue (*Suppl. grec* mss. 285-286, 289-290, où l'on trouve des lettres de ce mauriste).

Cf. : *Revue Bened.* Janvier 1911, p. 49, sa lettre à dom Jean Gelé du 13 octobre 1713; Robert, *Suppl.* p. 56, etc. Voici deux lettres au sujet d'Origène :

« P. C.

Mon Révérend Père,

Voicy le reste des Homélies d'Origène sur la Genèse et tout l'Exode que j'ay collationné sur le mss. de Jumièges. Je travaille sur le Lévitique que je vous envoyeray quand je l'auray achevé. Ce mss. est très beau mais une main étrangère y a fait quelques ratures et corrections qui paroissent assez judicieuses, mais qui pouroient diminuer son

---

(1) Un Jean Gaultier, receveur au grenier à sel de Louviers, blasonnait : « d'azur à 2 chevrons d'or : party d'azur à l'aigle éployé d'or surmonté d'une étoile d'argent en chef. » (G. Prévost, *Armorial*, etc., II, 219 n° 340).

autorité si c'étoit en matière de conséquence et que l'on fût obligé de produire le mss. Je suis grâces à Dieu délivré de la fièvre quarte, elle a déjà manqué trois accez. Si elle ne revient point, je travailleray avec plus d'empressement que je n'ay fait pour donner des preuves que je suis,

Mon Révérend Père,
Votre très humble serviteur et affectionné confrère
Fr. Richard Housset, M. B.

Au Bec ce 24 novembre 1713.

Je vous prie de vouloir bien me faire la grâce de présenter mes très humbles respects au R. P. Assistant. » *(Bibl. nat. Suppl. grec,* 286, fol. 184).

« P. C.

Mon Révérend Père,

Je me sers de cette occasion pour souhaiter à V. R. la nouvelle année parfaitement heureuse et remplie de toutes sortes de grâces et pour luy demander le secours de ses saintes prières et le renouvellement de son amitié. Je vous envoye ce que j'ay recueilly du mss. de Jumiège sur le Lévitique, Josué, les Juges, le Cantique et Ezéchiel. Il me reste encore 9 homélies sur Isaïe et 14 sur Jérémie que j'espère achever dans dix ou douze jours, après quoy je demanderay l'autre mss. de Jumiège pour y travailler, je ne say ce qu'il contient j'ay été un peu détourné parce qu'il m'a falu écrire pour notre P. Procureur qui est toujours infatigable, et à qui le monastère du Bec aura des obligations tant qu'il subsistera. Son absence me donnera un peu de relâche et plus de liberté de travailler pour V. R. et luy donner des preuves que je me fais un vray plaisir de lui rendre quelque petit service et de l'assurer que je suis très véritablement,

Mon Révérend Père,
Votre très humble et obéissant serviteur
Fr. Richard Housset, M. B.

Je vous prie de me permettre d'assurer icy de mes très humbles respects le R. P. Assistant et de luy demander excuse si je ne me suis pas donné l'honneur de luy écrire au commencement de cette année. » *(Suppl. grec,* 289, fol. 31 *à la Bibl. Nat.).*

3330. — Dom Jacques DAGUIN, né à Commeaux (Séez), profès à Lyre le 23 mars 1682, âgé de 33 ans, mort à Notre-Dame de Josaphat le 7 octobre 1696, prêtre.

3333. — Dom Jacques BASIGE, né à Caen, profès à Lyre le

12 avril 1682, âgé de 19 ans, mort à Séez le 29 octobre 1684, prêtre.

3352. — Dom Louis Ignou, né à Montivilliers (Rouen), profès à Lyre le 15 juillet 1682, âgé de 19 ans, mort à Saint-Taurin le 21 août 1698, prêtre.

3353. — Dom Siméon de Vernay, né à Cristot (Bayeux), profès à Lyre le 15 juillet 1682, âgé de 22 ans, à Lyre en 1696, 1711, 1710, 1712 (H. 954), mort à Saint-Wandrille le 5 novembre 1731, prêtre.

3365. — Dom Mathieu Hue, né à Nogent-le-Rotrou (Chartres). profès à Lyre le 26 août 1682, âgé de 19 ans, mort à Lyre le 5 avril 1734, prêtre. Prieur de Lyre du 24 mai 1714 au 1er juillet 1720.

Définiteur au chapitre de 1729, Visiteur de France (a-29, 20 mai, 25 juin, art. de Tours, p. 78, 96) exilé par lettre de cachet à Saint-Josse-sur-Mer (a-29, 1er juillet, art. d'Orléans, p. 107), exclu par ordre surpris au Roi du Chapitre de 1733 avec plusieurs autres, etc. [*Nouv. Eccl.* a-33, p. 107a, 131].

3372. — Dom Godefroy-François Jamet, né à Evreux, profès à Lyre le 20 octobre 1682, âgé de 22 ans, mort à Saint-Evroult le 14 avril 1685, clerc.

3373. — Dom René Massuet, né à Saint-Ouen-de-Mancelles (Evreux), profès à Lyre le 20 octobre 1682, âgé de 17 ans, mort à Saint-Germain-des-Prés, 19 janvier 1716.

Inutile de rééditer ici la brochure du chanoine Porée sur ce célèbre bénédictin auquel la section de Bernay *(Soc. lib. d'Agricul. de l'Eure)* a érigé, naguère, une plaque commémorative dans son pays natal. — « Ardent janséniste, dans une lettre de 1716 il y marque son horreur pour la Constitution « ravissant à J.-C. son titre et ses droits de Sauveur, rendant inutile sa venue, etc. » — La lettre de 1715 à dom Thierri de Viaixnes, prisonnier à Vincennes, qui l'a demandé pour son Confesseur y marque à ce sujet son humilité en se croyant indigne d'une telle confiance, sa disposition à s'acquitter de ce devoir, ses gémissements sur le malheur du siècle dans les temps difficiles, de faire marcher les inconvénients à craindre avant l'observation des règles fixes et certaines, son chagrin de voir cette fausse maxime pénétrer dans les cloîtres, d'entendre les Supérieurs majeurs crier sans cesse la nécessité de *sauver le corps*, et jamais celle de *sauver l'âme*, etc. » [*Nouvel. Eccl.* II, 269]. Voir dom Tassin, Moreri, Feller, Le Cerf et les bibliographies normandes.

3377. — Dom François Travers, né à Nogent-le-Rotrou, profès à Lyre le 9 novembre 1682, âgé de 20 ans, à Lyre en 1712, mort à Séez le 10 juillet 1732, prêtre.

3378. — Dom Marc-Antoine Souchay, né au diocèse de Chartres, profès à Lyre le 9 novembre 1682, âgé de 20 ans, présent à Lyre en 1690, 1691, procureur de Jumièges le 4 mai 1717 (abbé Piel, II, p. 335, n° 223), mort à Saint-Ouen le 14 octobre 1730, prêtre.

3392. — Dom Jacques Briffault (1), né à Rouen, profès à Lyre le 5 février 1683, âgé de 27 ans, mort à Saint-Wandrille le 13 décembre 1703, prêtre.

3398. — Dom Pierre Dumont, né à Vimoutiers (Lisieux), profès à Lyre le 2 avril 1683, âgé de 17 ans, mort à Saint-Vigor le 6 avril 1706, prêtre.

3402. — Dom Adrien Du Bocage, né à Lisieux, profès à Lyre le 20 avril 1683, âgé de 19 ans, mort au Bec le 4 octobre 1736, prêtre.

3412. — Dom Pierre Le Breton, né à Bellême (Séez), profès à Lyre le 30 mai 1683, âgé de 18 ans, mort à Saint-Ouen le 3 décembre 1723, prêtre.

Le 22 octobre 1718, à Bonne Nouvelle de Rouen, il avait appelé de la Bulle *Unigenitus*.

3413. — Dom Jean de Barville, né à Nocé (Séez), profès à Lyre le 10 mai 1683, âgé de 25 ans, mort *extra*.

3421. — Dom Charles-François Pomeraye, né à Rouen, profès à Lyre le 21 mai 1683, âgé de 23 ans, mort à Préaux le 31 août 1691, prêtre.

3432. — Dom Nicolas Flays, né à la Gonfrière (Evreux), profès à Lyre le 24 juillet 1683, âgé de 19 ans.

3436. — Dom Jacques Nicole, né à Chartres, profès à Lyre le 3 août 1683, âgé de 19 ans, mort à Sainte-Croix de Bordeaux le 3 octobre 1725, prêtre.

3437. — Dom Michel Félibien, né à Chartres, profès à Lyre le 3 août 1683, âgé de 18 ans, mort à Saint-Germain-des-Prés le 25 septembre 1721, prêtre.

---

(1) Un N. Briffault, ancien religieux et prieur de Saint-Julien, blasonnait de 1696 à 1701 : *d'or à un aigle de gueules*. (G. Prévost, *Armorial*, I, p. 121, n° 156.

Après avoir fait sa philosophie à Lyre il étudia la théologie à Saint-Denys ce qui lui donna l'idée d'écrire l'histoire de cette célèbre abbaye (Paris, 1706, in-folio). On a de lui : *Lettre circulaire sur la mort de Mme d'Harcourt, abbesse de Montmartre* (Paris, 1699, in-4º); *Vie d'Anne-Louise de Brigueul, abbesse de Mouchy* (Paris, 1711, in-8º); *Histoire de la ville de Paris*, terminée par dom Lobineau; une *Vie de saint Anselme*, restée manuscrite. Cf. : Le long article de Le Cerf (103-127); Feller, Tassin, etc., dom Berlière, p. 215, *Nouv. suppl.*

3442. — Dom J.-B. TRAVERS, né à Souancé (Chartres), profès à Lyre le 1ᵉʳ septembre 1683, âgé de 18 ans, mort à Jumièges le 3 avril 1699, prêtre.

3446. — Dom Louis PAVÉE, né à Saint-Maurice-sur-Huisne (Séez), profès à Lyre le 22 septembre 1683, âgé de 21 ans, mort à Saint-Ouen le 13 avril 1728, prêtre.

3447. — Dom Jean MONCHIN, né à Paris, profès à Lyre le 22 septembre 1683, âgé de 18 ans, mort à Saint-Denys le 7 septembre 1712, prêtre.

3464. — Dom Pierre EUDES, né à Rouen, profès à Lyre le 22 novembre 1683, âgé de 19 ans, prieur à Lyre du 29 juillet 1720 à 1726, puis du 3 août 1733 à 1736, enfin du 4 juin 1740 à 1742. — Cf. : p. 273. [En 1713 il était prieur de Saint-Pierre-sur-Dives].

3465. — Dom Antoine DU FRESNE, né à Envermeu (Rouen), profès à Lyre le 22 novembre 1683, âgé de 24 ans.

3466. — Dom Gaspard DU VERNAY, né à Grainville (Bayeux), profès à Lyre le 22 novembre 1683, âgé de 22 ans, présent à Lyre en 1711, mort à Caen le 21 février 1738, prêtre.

3480. — Dom Maurice CIRON, né à Quillebeuf (Rouen), profès à Lyre le 25 janvier 1684, âgé de 21 ans, mort à Fécamp le 18 août 1724, prêtre.

3503. — Dom Charles AVENIER, né à La Loupe (Chartres), profès à Lyre le 12 mai 1684, âgé de 19 ans, mort à Tiron le 12 mars 1708, prêtre.

3515. — Dom André PIVAIN, né à Blévy (Chartres), profès à Lyre le 6 juillet 1684, âgé de 19 ans, mort à Lyre le 12 août 1693, prêtre.

3516. — Dom Jean BOUALD, né à Milhau (Rodez), profès à Lyre le 6 juillet 1684, âgé de 33 ans.

3517. — Dom Benoît ou Arturus DU NOYER, né à Rouen, profès

à Lyre le 6 juillet 1684, âgé de 33 ans, mort à Fécamp le 1er février 1717, prêtre.

3518. — Dom Robert COLLEVAUX, né à Saint-Sauveur-le-Vicomte (Coutances), profès à Lyre le 6 juillet 1684, âgé de 27 ans, mort à Saint-Vigor le 21 août 1695, prêtre.

3530. — Dom Claude HEUDEBERT, né à Rouen, profès à Lyre le 1er août 1684, âgé de 20 ans, mort à Fécamp le 20 novembre 1725, prêtre.

3532. — Dom Sébastien DOULLAY, né à Chartres, profès à Lyre le 12 août 1684, âgé de 19 ans, mort à Saint-Julien-le-Noble le 5 janvier 1696, prêtre.

3534. — Dom Guillaume GARNIER, né à Chartres, profès à Lyre le 24 août 1684, âgé de 20 ans, mort à Bonneval le 21 juin 1726, prêtre.

Il était prieur de Notre-Dame de Josaphat. On a de lui une lettre à dom Chevillard, prieur de Saint-Wandrille, du 25 octobre 1712, adressée de Maintenon et relative à la vacance du prieuré de Saint-Jean de Bourdeau près Dieppe. Guillaume Garnier avait été prieur de Coulombs en 1702, 1708, 1711, puis de Notre-Dame de Josaphat en 1714, 1717, 1726, enfin de Saint-Florentin de Bonneval en 1705, 1720, 1723. [Cf. : Bigot, *Bonneval* et dom Berlière, *Suppl.*].

3536. — Dom Jean DE LESPINAY, né à Boissi (Lisieux), profès à Lyre le 14 septembre 1684, âgé de 21 ans, mort à Saint-Evroult le 1er mai 1724, prêtre.

3563. — Dom André-Etienne GUEUDEVILLE, né à Rouen, profès à Lyre le 15 avril 1685, présent à Lyre de 1691 à 1728, mort à Saint-Wandrille le 15 octobre 1738, prêtre.

3575. — Dom René DU HAMEL, né à Mortagne (Séez), profès à Lyre le 27 juin 1685, âgé de 19 ans, mort à Ivry le 23 mai 1731, prêtre.

Prieur de Saint-Martin de Vertou de 1705 à 1711. Mort en réputation de sainteté les prêtres du voisinage voulurent tous assister à son inhumation. Dom Martène ajoute que son tombeau était en grande vénération et que de son temps beaucoup de personnes y venaient chaque jour implorer son intercession. Ce qu'il ne dit pas, cependant, c'est que le 18 avril 1725 et de nouveau, le 17 novembre 1730, dom Du Hamel avait envoyé de Notre-Dame d'Ivry son adhésion aux protestations des appelants. Une première fois déjà, au Bec, il avait appelé le 21 octobre 1718. [Cf. : Dom Denys, *Soc. arch. de l'Orne*, p. 374]. *Matr.* 3577 à Paris.

3604. — Dom Adrien Sacquespée, né à Rouen, profès à Lyre le 1er octobre 1685, âgé de 19 ans.

3625. — Dom J.-B. Langlois, né à Gournay (Rouen), profès à Lyre le 1er mai 1686, âgé de 21 ans.

3641. — Dom Antoine Hébert. né à Séez, profès à Lyre le 22 juillet 1686, âgé de 18 ans, mort à Saint-Evroult le 24 janvier 1727, prêtre. N° 3643 de Paris.

3644. — Dom Pierre Michel, né au Havre (Rouen), profès à Lyre le 1er mai 1686, âgé de 23 ans.

3651. — Dom Thomas Le Febvre, né à Caen, profès à Lyre le 10 août 1686, sous-prieur de Lyre en 1705, prieur de Beaumont en 1717. (Abbé Piel, II, p. 323, n° 152).

3652. — Dom Claude Dupré, né à Brezolles (Chartres), profès à Lyre le 10 août 1686, âgé de 19 ans, mort en 1736.

Dom Martène écrit de lui : « Supérieur Général, né à Brezolles le 18 novembre 1667. Profès à Lyre sous dom Martin Filon qui y était prieur et père-maître, malgré ses parents de chez lesquels il s'était enfui. Profès le 10 août 1686, âgé de 19 ans : fit son séminaire à Saint-Ouen, fut ordonné à Jumièges. Il conserva l'esprit de religion qu'il avait reçu à Lyre, durant son séminaire à Saint-Ouen sous le R. P. dom Simon Bougis.

« Professeur de cinquième à Tyron, de philosophie à Fécamp où il trouva comme prieur Martin Filon autrefois à Lyre, puis sous-prieur de Saint-Ouen et directeur des jeunes profès. Professa la théologie à Caen, devint prieur de Saint-Pierre de Chartres (1705), abbé de Saint-Martin de Séez (1708-1714), visiteur de Normandie, définiteur, prieur de Fécamp, de Saint-Germain, enfin Supérieur Général » (1735). [*Nouv. Eccl.* 1737, p. 44; Vanel 176, 181, 245, 341, 345, etc.]

Le 24 novembre 1720 il écrivait une lettre à D. Bernard de Montfaucon en partant de l'abbaye de Lyre pour se rendre à celle de Tiron, afin de lui proposer comme élève et aide dom Nicolas Toustain qui en était alors sous-prieur.

Le n° 1425 de la Bibl. de Reims cite sous le n° 12 :

« Ad R. P. Cl. Dupré, O. S. B. electum in præfectum generalem, carmen gratulatorium auct. Thiboust. » — Paris, 1736, in-4°.

3661. — Dom Pierre Le Févre, né à Lisieux, profès à Lyre le 2 septembre 1686, âgé de 32 ans, à Préaux en 1717 (abbé Piel, II, p. 330, n° 191), mort à Saint-Evroult le 28 avril 1724, prêtre.

3697. — Dom Vital Vivier, né au Puy-en-Velay, profès à Lyre le 9 mars 1687, âgé de 19 ans.

3701. — Dom Louis Pillon, né à Mieuxcé (Séez), profès à Lyre le 6 juillet 1687, âgé de 23 ans, mort à Lyre le 12 octobre 1734, prêtre. Cf. p. 272.

On le trouve à Lyre dans des actes de 1714, 1719, 1727, 1729, après avoir été religieux à Bernay en 1706 Il était cellerier depuis 1719. Il avait protesté, le 31 août 1733, avec quatre autres religieux de Lyre, contre la canonicité du chapitre général qui venait de se tenir à Marmoutier. (Dom Denys, d'après le ms. 10.188 de la Bibl. de l'Arsenal). Voir l'acte du 6 juin 1733 à Lyre, page 271. Les autres appelants étaient dom Mathurin Larcher, dom Joseph Mullot et dom Pierre-Louis Bouet. — Le 18 août 1713 on le voit religieux à Bernay. [Abbé Piel, II, p. 153, n° 514].

3707. — Dom Marin Cresté, né à Louversey (Evreux), profès à Lyre le 20 juillet 1687, âgé de 20 ans, mort à Boscherville le 4 octobre 1710, prêtre.

3715. — Dom Jean Pinchon, né à Harcourt (Evreux), profès à Lyre le 3 août 1687, âgé de 20 ans.

3716. — Dom Jean Plet, né à Rouen, profès à Lyre le 3 août 1687, âgé de 24 ans, mort à Tiron le 19 octobre 1711, prêtre.

3738. — Dom Gabriel Guérin, né à Vire (Bayeux), profès à Lyre le 28 octobre 1687, âgé de 22 ans, mort à Fécamp le 17 avril 1710, prêtre.

Cf. : François Ier, 432, 433. — Tassin, 533, 704. — Tassin G. G. II. 210, 482.

3753. — Dom Mathurin Barbe, né à la Posté (Le Mans), profès à Lyre le 8 mars 1688, âgé de 24 ans, mort à Fécamp le 22 novembre 1738, prêtre.

3768. — Dom Chrysostôme Ingen, né à Lisieux, profès à Lyre le 13 juillet 1688, âgé de 21 ans, mort à Séez le 27 juin 1726, prêtre. Cf. : n° 3314.

3774. — Dom Jacques Dupuis, né à Noyon, profès à Lyre le 15 août 1688, âgé de 21 ans, mort à Saint-Riquier près d'Abbeville le 23 juillet 1703, prêtre.

3783. — Dom André Le Tellier, né aux Andelys (Rouen), profès à Lyre le 12 septembre 1688, âgé de 21 ans.

3784. — Dom François Le Tellier, né aux Andelys, profès à Lyre en même temps que son frère, âgé de 19 ans, mort à Caen âgé de 74 ans.

Les Nouv. Eccl. (1743, p. 99) le disent né en janvier 1670, baptisé le 22 février, professeur de théologie à Saint-Etienne de Caen, à la place de dom Massuet, puis à Saint-Bénigne de Dijon et à Saint-Remi de Reims. Lit au réfectoire de Saint-Wandrille la Constitution, adhère à l'appel en 1718, 1720. Imprime en 1732 un « avis pour les religieux de la Congrégation de Saint-Maur. » Se retire au Bec, puis en sort pour raison de santé en 1742 et meurt à Caen âgé de 74 ans. [a, 43, p. 99]. 4 février 1743.

Ses ouvrages sont : *Les Commendes*. — *Dissertation sur ce principe de théologie morale : qui veut la cause, veut l'effet*. — *Dissert. sur les Prêts trop usités dans le commerce*. — *Dissert. ayant pour objet de détruire le principal argument des Protestants contre l'infaillibilité de l'Eglise*. — *Thèse sur l'Eglise*, 1702, in-4º. — Dans ses manuscrits : *Culte des saints de Saint-Wandrille*. — *Défense d'une consultation de D. Fr. Lami*. — *De l'usage de donner la communion aux novices*. — *Traité sur la tolérance*. — Cf. : *Nouv. Suppl.* de dom U. Berlière, p. 378; Porée, *Abbaye du Bec*, II, 493; Tassin, 624-626, 646; Tassin, G., G. II. 350-358, 388; Vanel, S. L. 324-332, etc.

3786. — Dom Henri TARILLON, né à Paris, profès à Lyre le 29 septembre 1688, âgé de 19 ans.

3788. — Dom Nicolas PLANTEROSE, né à Dieppe, profès à Lyre le 18 octobre 1688, âgé de 20 ans, à Lyre 16 novembre 1699. (H. 454 et H. 582), mort à Beaumont le 9 mars 1721, prêtre (1).

3793. — Dom Pierre RESTOUT, né à Caen, profès à Lyre le 22 novembre 1688, âgé de 22 ans, mort à Saint-Denys le 3 novembre 1737.

3798. — Dom Edouard LE LORRAIN, né à Paris, profès le 27 décembre 1688, âgé de 20 ans, à Lyre où il était secrétaire en 1696 (H. 582), mort à Melun le 9 octobre 1705, prêtre.

3818. — Dom Augustin GUISLAIN, né à Rouen, profès à Lyre le 19 mai 1689.

3827. — Dom Louis CLOUET, né à Alençon, profès à Lyre le 24 juillet 1689, âgé de 20 ans, mort à Séez le 4 juillet 1737, prêtre.

« Il fut successivement administrateur de Saint-Pierre de Conches (1714-1717), prieur de Saint-Wandrille (1717-1723), de Saint-Ouen de

---

(1) Un Pierre Planterose, quartinier de la ville de Rouen, blasonnait : « *De gueules à un chevron d'or, accompagné de 3 roses d'argent.* » (G. Prévost, *Armorial*, I, 109, nº 34).

Rouen (1723-1729), visiteur de Normandie en 1729. Exilé à Lessay pour avoir pris comme secrétaire Dom François Chasal adhérent public à l'appel de l'évêque de Senez, puis déposé à la diète de 1730, il ne dut qu'à l'intercession du duc de Brancas la fin de son exil et la permission de se retirer à Saint-Martin de Séez.

Pendant qu'il était professeur de théologie à Caen, il fit imprimer des thèses qu'il distribua dans la ville et qu'il devait soutenir dans la grande salle de l'abbaye, le mercredi 19 et le jeudi 20 mai 1706. Il apprit que l'évêque de Bayeux était à Caen. Il alla lui présenter ses thèses et le prier d'assister à la soutenance. Monseigneur lui répondit que, s'il y assistait, il ne pourrait s'y rendre qu'assez tard. Une querelle suscitée par la question de préséance existant alors entre l'évêque et le recteur de l'Université, il avait été décidé, pour éviter toute espèce de conflit, que ce Corps savant n'assisterait pas aux thèses soutenues dans l'abbaye, lorsqu'il pourrait craindre de s'y rencontrer avec Monseigneur de Nesmond. Dom Clouet eut l'imprudence d'écrire au recteur et aux professeurs des différentes Facultés que Sa Grandeur ayant annoncé l'intention de ne pas aller à l'abbaye, il se trouverait heureux de pouvoir soutenir ses thèses devant eux. Tous s'y rendirent et la cérémonie commença, en présence d'une nombreuse assemblée.

On prévoit ce qui arriva. L'Evêque de Bayeux survint au moment où on l'attendait le moins. Il voit le recteur, M. Hallot, assis à la place d'honneur; il se persuade que les religieux ont eu l'intention de l'offenser, en ouvrant la séance avant son arrivée, et en le plaçant après le Recteur. L'Evêque apostrophe le recteur, les professeurs, les religieux qui se confondent en excuses. Plus violent encore le lendemain, M. de Crévecœur, conseiller au présidial, intervint avec plusieurs autres pour l'apaiser. »

[Antiq. de Normandie 1855, p. 286. — Nouvel. Eccl. 1729, p. 87, 96, 107. — Vanel, S. L. 293-301, 301-322. — Le Cerf, H. C. 175, 186, 202, 326].

3828. — Dom Henri COLLIN, né à Paris, profès à Lyre le 24 juillet 1689, âgé de 21 ans.

3838. — Dom François L'HERMINIER, né à Alençon, profès à Lyre le 7 septembre 1689, âgé de 19 ans, mort à Caen le 10 décembre 1750, prêtre.

A Paris son numéro est 3840. — Signe le vendredi 18 novembre 1718, l'appel contre la Bulle rédigé par dom Joseph Le Paulmier, prieur de Saint-Etienne de Caen. Il était alors secrétaire du Chapitre. [Hippeau].

3839. — Dom Adrien LE COURT, né à Goustrainville (Lisieux),

profès à Lyre le 5 septembre 1689, âgé de 21 ans, mort à Saint-Germain-des-Prés le 21 août 1729.

Prieur de Cerisi, à l'âge de 55 ans, il y introduisit la réforme malgré les anciens religieux et les ruines de l'abbaye.

3842. — Dom Jean POMPONNE DE SAINTE-MARIE, né à Rouen, profès à Lyre le 23 septembre 1689, âgé de 20 ans.

Prieur de Lyre du 14 juin 1726 à 1729 il fut un des opposants au brigandage de Marmoutier de 1733. [Nouv. Eccl. 1733, art. Bénéd.]

3849. — Dom François MÉSANGE, né à Breteuil, profès à Lyre le 6 novembre 1689, âgé de 19 ans.

3853. — Dom Nicolas-François COSTÉ, né à Rouen, profès à Lyre le 1er décembre 1689, âgé de 22 ans, mort à Fécamp, le 1er février 1692, clerc.

3854. — Dom François-Charles MORIN, né à Rouen, profès à Lyre le 1er décembre 1689, âgé de 17 ans, mort à Fécamp le 23 mai 1718, prêtre.

3858. — Dom François PIOLE, né à Saint-Riquier (Amiens), profès à Lyre le 20 février 1690, âgé de 23 ans, mort à Ivry le 12 octobre 1702.

3872. — Dom Jacques JOUVELIN, né à Dreux (Chartres), profès à Lyre le 18 mai 1690, âgé de 19 ans, mort à Poitiers le 17 novembre 1713, prêtre.

Religieux au Bec il composa sur cette abbaye un recueil qui forme le ms. lat. 13.905. On a encore de lui : Mémoires pour Saint-Pierre-sur-Dives ou N.-D. de l'Epinay, ms. fr. 18.952, fol. 50; des actes relatifs à l'abbaye de Saint-Martin de Séez (FF. 18.953, p. 208). [Chanoine Porée, abbaye du Bec, II, 413, 437-438; Robert, 58; D. Berlière, 302].

3897. — Dom Claude THIERRY, né à Bernay (Lisieux), profès à Lyre le 16 octobre 1690, âgé de 22 ans, mort à Saint-Ouen le 30 octobre 1728, prêtre.

3898. — Dom Etienne HIDEUX, né à Paris, profès à Lyre le 16 octobre 1690, âgé de 21 ans, mort à 72 ans, aveugle.

En 1701 il était secrétaire du Chapitre à Lyre. Il fit ses études de philosophie et de théologie sous le savant Dom Massuet et y eut de grands succès. D'un caractère droit, ferme, vif et courageux il fut chargé avec dom Dubos de travailler à un Commentaire perpétuel sur chaque verset de l'Ecriture tiré des SS. Pères. Il prit part à l'édition du Traité de l'abstinence par dom Berthelet, bénédictin de Saint-Vannes, au recueil des Préfaces de dom Mabillon, à une critique de l'Histoire du Concile de Fra Paolo, enfin il est l'auteur des Tables des Matières de Saint-Grégoire, des Conciles de Normandie, etc.

[Cf. : Nouv. Eccl. 1743, 1757. — Tassin G. G. I, 293; II, 358. 365. — Tassin, 192, 626-631. — Le Cerf, H. C. 342. — Sauvage, École de Bonne-Nouvelle, 19. — Nouv. suppl., Berlière, 282, etc.].

3901. — Dom Antoine HAREL, né à la Saussaye (Evreux), profès à Lyre le 3 novembre 1691, âgé de 20 ans, mort à Préaux le 9 mai 1720.

3902. — Dom Jean CHAPELAIN, né à Saint-Médard de la Brière (Chartres), profès à Lyre le 22 novembre 1691, âgé de 22 ans, mort à Saint-Evroult le 14 mai 1710.

On le trouve à Lyre dans des actes de 1701, 1705, 1714, (H. 514).

3903. — Dom Joseph LE DAAL, du diocèse de Lisieux, profès à Lyre le 21 décembre 1690, âgé de 29 ans, mort à Lyre le 12 mars 1691, clerc.

3909. — Dom Georges NOEL, né à Séez, profès à Lyre le 1er avril 1691, âgé de 20 ans, mort à Lyre le 22 juin 1722, prêtre.

D'après dom Denys son matricule est : 3919, il y a donc déjà une différence de 10 numéros entre le registre de Conches et celui de Paris.

3910. — Dom Pierre CRONEAU, né au Mans, profès à Lyre le 20 mai 1691, âgé de 19 ans, mort le 19 décembre 1721, prêtre.

3915. — Dom Louis PELLAT, né à Château-sur-Loir (Le Mans), profès à Lyre le 8 juillet 1691, âgé de 21 ans, mort à Jumièges le 6 février 1713, prêtre.

3916. — Dom Guillaume GRUEL, né à Bernay, profès à Lyre le 8 juillet 1691, âgé de 21 ans, secrétaire à Lyre le 11 février 1701, 1708, 1746 (Del.).

3929. — Dom Jean-Thomas BILLOUET (1), né à Rouen, profès à

---

(1) Un Pierre Billouet, avocat à Rouen de 1696 à 1701, blasonnait : d'azur à un chevron d'or, accompagné de 3 bilboquets de même. (G. Prévost, *Armorial*, etc. I, p. 75, n° 126).

On trouve dom Thomas Billouet prieur de Bernay le 11 décembre 1719. (Abbé Piel, II, p. 435, n° 162).

Lyre le 23 septembre 1691, âgé de 20 ans, mort à Caen le 16 novembre 1736, prêtre.

3930. — Dom François Noireau, né à Nogent-le-Rotrou (Chartres), profès à Lyre le 23 septembre 1691, âgé de 18 ans.

3947. — Dom Pierre Conart, né à Séez, profès à Lyre le 24 octobre 1691, âgé de 21 ans, mort à Jumièges le 16 juin 1739, prêtre. — 3937 de Paris.

3951. — Dom Etienne Le Picart, né à Rouen, profès à Lyre le 5 février 1692, âgé de 26 ans, mort à Coulombs le 19 septembre 1728, prêtre.

3964. — Dom J.-B. de Laumone, né à Echauffour (Lisieux), profès à Lyre le 22 mai 1692, âgé de 26 ans.

3965. — Dom J.-B. de Clerbout, né à Rouen, profès à Lyre le 22 mai 1692, âgé de 23 ans.

3968. — Dom Pierre Renault, né à Rouen, profès à Lyre le 22 mai 1692, âgé de 22 ans.

3969. — Dom Mathieu Duval, né à Fresne-l'Archevêque (Rouen), profès à Lyre le 22 mai 1692, âgé de 23 ans, mort à Saint-Martin le 7 juin 1726, prêtre.

3973. — Dom Pierre Allart, né au Mans, profès à Lyre le 7 juillet 1692, âgé de 21 ans.

3981. — Dom Jean Birée, né à Alençon, profès à Lyre le 28 juillet 1692, âgé de 19 ans, mort à Jumièges le 3 mars 1734, prêtre.

Sous-prieur à Caen il fut envoyé, en 1706, à Lessay avec Dom François de Bure pour réformer cette abbaye ce qui lui donna beaucoup de peines. Les Supérieurs obtinrent un arrêt du Grand Conseil pour y établir d'autorité des religieux réformés contre les anciens qui avaient fait mourir de misère le Père Forestier. — Ensuite il devint administrateur et prieur de Préaux (1708-1714), prieur de Lonlay (1714-1720), de Tiron (1720-1723), de Bernay (1723-1729), et enfin de Jumièges (1729-1733). On le déposa au chapitre général de 1733, où il était député de la province de Normandie, pour avoir protesté contre la tenue du Chapitre. Dom René Lanceau, Supérieur Général, dut même, en 1734, demander au garde des sceaux de prendre des mesures sévères contre lui. [Dom Denys, op. cit.]. Matr. 3991.

3991. — Dom Louis-Paulin Maille, né à Rouen, profès à Lyre le 21 septembre 1692, âgé de 24 ans, mort à Saint-Taurin le 22 septembre 1727, prêtre.

3998. — Dom J.-B. Le Piard, né à Rouen, profès à Lyre le

6 novembre 1692, âgé de 24 ans, mort à Lonlay le 5 mai 1706, prêtre.

3999. — Dom Laud BRUNEL, né au Puy, profès à Lyre le 23 novembre 1692, âgé de 18 ans, mort à Orléans le 15 mai 1731, prêtre.

4000. — Dom Jean LE BARBIER, né à Rouen, profès à Lyre le 23 novembre 1692, âgé de 21 ans, prieur de Saint-Guingallois du Château-du-Loir. (Abbé Piel, III, p. 168, n° 876), mort à Saint-Evroult le 12 septembre 1738, prêtre.

4014. — Dom J.-B. SACQUESPÉE, né à Rouen, profès à Lyre le 3 mars 1693, âgé de 22 ans, mort à Fécamp le 3 juin 1718.

Il était le premier du Chapitre Général de 1693 à 1696.

4033 ou 4043 de dom Denis. — Dom Jacques HERVIEUX, né à Ecouché (Séez) profès à Lyre le 16 août 1693, âgé de 21 ans, mort à Fécamp le 3 octobre 1744, prêtre.

On le trouve administrateur de Lonlay de 1702 à 1705 et prieur de Notre-Dame de Lantenac de 1709 à 1711. — Présent à Lyre en 1712 et secrétaire en 1714.

4034. — Dom Vincent ARNOULT, né à Laval (Le Mans), profès à Lyre le 2 septembre 1693, âgé de 19 ans.

4039. — Dom Michel JOLLY, né à Montvigueult (Sens), profès à Lyre le 30 septembre 1693, âgé de 29 ans, mort à Saint-Germain-des-Prés le 20 octobre 1731, prêtre.

Procureur de Saint-Corneille de Compiègne. Il mourut chez un de ses parents auprès de Saint-Nicolas du Chardonneret. (Vanel, p. 169).

4040 ou 4050 de dom Denis. Dom Gilles VALLÉE, né à Alençon, profès à Lyre le 30 septembre 1693, âgé de 19 ans, mort à Bonneval le 29 avril 1731, prêtre.

Procureur de Lessay en 1726 et prieur de Bonneval en 1729.

4049. — Dom Benoît PERNUTON, né au diocèse du Puy, profès à Lyre le 18 novembre 1693, âgé de 21 ans.

4057. — Dom Nicolas COUDRAY, né à Condé (Chartres), profès à Lyre le 20 janvier 1694, âgé de 23 ans.

4061. — Dom Gabriel GUÉRIN, né à Paris, profès à Lyre le 12 février 1694, âgé de 18 ans.

4064. — Dom Edme PERRAULT ou Perreau, né à Paris, profès à Lyre le 19 mars 1694, âgé de 19 ans, mort en 1741.

Esprit vif, naturel heureux, perfectionné par de bonnes études et une éducation chrétienne. Professeur de philosophie, de théologie, prédicateur dans plusieurs cathédrales, à Paris en particulier le 25 décembre 1717 devant le cardinal de Bissy et l'abbé d'Estrées nommé à l'archevêché de Cambrai; puis curé de Saint-Germain-des-Prés, démissionnaire en 1727, exilé à Corbie, prieur de Samer en 1736, de Saint-Riquier en 1737. [*Nouv. Eccl.* 1742, p. 46].

On a de lui : *Dénonciation des lettres de D. Vincent Thuillier*, religieux bénédictin de Saint-Maur contre l'appel, etc., (s. l. n. d.) in-4°. *(Cabinet hist.* 27e année, p. 193).

4065. — Dom Louis LEMONNIER, né au Mesle (Poitiers), profès à Lyre le 19 mars 1694, âgé de 22 ans.

4066. — Dom Mathurin PAUSSE (?), né à Bernay (Le Mans), profès à Lyre le 12 avril 1694, âgé de 25 ans.

4071. — Dom François-Pierre DE CORVILLE (?), né à Chartres, profès à Lyre le 27 juin 1694, âgé de 19 ans, mort à Chartres le 15 décembre 1707, prêtre.

4080. — Dom Thomas DURAND, né à Fécamp (Rouen), profès à Lyre le 28 juillet 1694, âgé de 21 ans, célerier à Saint-Evroult le 5 septembre 1718. (Abbé Piel, II, p. 391, n° 497).

4098. — Dom Jacques DELAMARRE (1), né à Rouen, profès à Lyre le 18 octobre 1694, âgé de 19 ans, mort à Fécamp en 1741.

4099. — Dom Louis DAUNOUX, né à Verneuil (Evreux), profès à Lyre le 1er octobre 1694, âgé de 20 ans.

4113 de dom Denys. — Dom Henri-Léonard DUVAL, né à Alençon, profès à Lyre le 30 octobre 1694, âgé de 18 ans, mort *extra*. 4103 de Paris.

4114. — Dom Guillaume SAMSON, né à Sept-Frères (Coutances), profès à Lyre le 6 avril 1695, âgé de 20 ans, mort à Lonlay le 9 juin 1732, prêtre.

4115. — Dom Jean LETURQUIER, né à Chaumont (Rouen), profès à Lyre le 6 avril 1695, âgé de 18 ans.

4116. — Dom Guillaume DU NOYER, né à Rouen, profès à Lyre

---

(1) Les *Nouv. Eccl.* disent : « Jacques de Lamare, né à Rouen, profès à Lyre dès 1694, régent au collège de Saint-Germer, l'un des plus saints religieux de cet ordre : zélé appelant de la Bulle, etc. retiré à Fécamp où il mourut en 1741. » [1743, p. 172 et a-43, p. 42].

le 6 avril 1695, âgé de 22 ans, mort à Saint-Pierre le 3 mars 1728, prêtre.

4117. — Dom Charles RENOULT, né à Bernay (Lisieux), profès à Lyre le 6 avril 1695, âgé de 18 ans ; à Lyre 1706.

4126. — Dom Jean-Claude RENAULT, né à Rouen, profès à Lyre le 31 mai 1695, âgé de 18 ans.

4127. — Dom Séraphin-Joseph DE LIMBOURG, né à Tourny, profès à Lyre le 31 mai 1695, âgé de 20 ans, mort à Tiron le 24 novembre 1704, prêtre.

Secrétaire à Lyre en 1703.

4128. — Dom Louis HÉRAULT, né à Guineuf (Bourges), profès à Lyre le 31 mai 1695, âgé de 20 ans, mort à Saint-Wandrille le 4 novembre 1704, sous-diacre.

4129. — Dom Gabriel PAPILLON, né à Paris, profès à Lyre le 31 mai 1695, âgé de 22 ans, sous-prieur à Bernay en 1711 (abbé Piel, II, p. 103, n° 51) et prieur de Beaumont-en-Auge en 1722-1728. (Abbé Piel, II, p. 535, n° 89).

4130. — Dom Pierre-Alexandre DE SAINT-AIGNAN, né au diocèse d'Evreux, profès à Lyre le 31 mai 1695, âgé de 19 ans ; secrétaire en 1703.

4130 bis. — Dom Pierre COURTOIS, de Paris, profès à Lyre le 31 mai 1695, âgé de 19 ans, mort à Saint-Michel le 16 octobre 1710.

4147. — Dom François PELET, né à Rouen, profès à Lyre le 5 octobre 1695, âgé de 18 ans, mort à Séez le 30 juillet 1732, prêtre.

4153. — Dom René DE VALLÉE, né à Tours, profès à Lyre le 5 octobre 1695, âgé de 18 ans, mort à Molesmes le 24 mars 1736, prêtre.

4154. — Dom Jean ROVILLE ou ROUILLE, né à Tours, profès à Lyre le 5 octobre 1695, âgé de 18 ans.

4156. — Dom Michel-Jacques LE GRIS, né à Alençon, profès à Lyre le 5 octobre 1695, âgé de 18 ans, mort à Lonlay le 12 octobre 1739, prêtre.

Sous-prieur à Bonne-Nouvelle de Rouen où il avait été appelé le 4 novembre 1718, il fut nommé procureur, en 1723, à Ivry où il resta avec le titre de prieur de 1726 à 1729. Devint ensuite prieur de Cérisy (1733-1736), de Lonlay (1736-1739). Une lettre de lui, en date du

2 janvier 1728, à Montfaucon se trouve Bibl. Nat. ms. fr. 17,709, f. 170. Dom Denys lui donne le numéro 4166, d'après le registre de Conches.

4166. — Dom Pierre DE MÉDINE, né à Saint-Pierre-le-Ferment (Rouen), profès à Lyre le 11 décembre 1695, âgé de 18 ans.

4184. — Dom Michel DELAMARRE, né à Rouen, profès à Lyre le 26 avril 1696, âgé de 17 ans, mort à Fécamp le 15 avril 1731, prêtre.

4185. — Dom Jacques LEGRAND, né à Rouen, profès à Lyre le 26 avril 1696, âgé de 19 ans, prieur de Saint-Michel à Bernay, le 10 janvier 1725 (abbé Piel, II, p. 633, n° 823) mort avant le 27 octobre 1745 (abbé Piel, III, p. 711, n° 207).

4186. — Dom Antonin-Thomas NÉRON, né à Caen, profès à Lyre le 26 avril 1696, âgé de 19 ans.

4192. — Dom Romain de LA LONDE, né à Caudebec (Rouen), profès à Lyre le 17 juin 1696, âgé de 20 ans, premier du Chapitre Général de 1696 à 1699.

Prieur de Fécamp. L'un des bons Définiteurs du Chapitre de 1729. Sa conduite dans l'affaire du curé et du vicaire de Saint-Valery-en-Caux. *(Nouv. Eccl.* a. 1729, art. Béned. et Fauconnet).

4193. — Dom Charles TAINTURIER, né à Rouen, profès à Lyre le 17 juin 1696, âgé de 20 ans, mort à Saint-Ouen le 30 mai 1700, diacre.

4198. — Dom Toussaint BOURDILLAU, né à Vendôme (Blois), profès à Lyre le 5 juillet 1696, âgé de 21 ans.

4208. — Dom Martin LAILLIER, né à Chartres, profès à Lyre le 9 septembre 1696, âgé de 21 ans, mort *extra*.

4219. — Dom Guillaume GRISEL, né à Cany (Rouen), profès à Lyre le 21 octobre 1696, âgé de 22 ans, mort à Saint-Ouen le 8 janvier 1750.

Ardent appelant, exilé des Blancs-Manteaux à Préaux, en 1715. — (Cf. : Le Cerf, H. C. p. 312-315). — Dom Paul Susleane dans une lettre à Montfaucon, dit : «..... Ce n'est pas que je me lasse de travailler pour Votre Révérence. Je l'ai fait avec plaisir depuis trois ans, et depuis un an et plus. D. Grisel et moi avons couru les bibliothèques pour vous persuader du contraire... Quand nous y allions, nous n'avertissions pas chaque particulier que nous sortions pour la bibliothèque, qui ne nous a jamais servi de prétexte pour courir

Qu'est il arrivé de là, mon Révérend? C'est que de lâches délateurs ennemis de la paix, pour se venger de notre retour et de ce que notre protestation avoit arrêté leurs pouvoirs, ne cessent de déclamer à Saint-Germain que nous sommes des coureurs, gens sans régularité, intrigués dans des affaires dangereuses. Et le mal qu'il y a, c'est qu'on le croit..... Et ce n'est rien de ce qu'on dit contre moi. Dom Grisel est encore plus en but... » *(Revue Bened,* janvier 1911, p. 50).

4220. — Dom Pierre GUARIN, né au Tronquay (Rouen), profès à Lyre le 21 octobre 1696, âgé de 18 ans, mort à Saint-Germain-des-Prés le 29 décembre 1729, prêtre.

Après ses études faites à Saint-Etienne de Caen il fut envoyé à Bonne-Nouvelle de Rouen pour y apprendre le grec et l'hébreu et en deux ans il put enseigner lui-même à Reims et publia, en 1717, le *Projet* d'une grammaire et d'un dictionnaire hébraïques sur un plan nouveau, d'où querelle avec le chanoine Masclef (1716-1722). Voir Bibl. d'Abbeville, ms. 76, quatre lettres de lui à ce chanoine. Sa grammaire hebraïque est divisée en trois tomes, dont le troisième resté imparfait est un *Lexicon* très utile aux commençants.
Voir dom Paul Denis : *Dom Pierre Guarin et le chanoine Masclef*, deux grammaires hébraïques au commen. du XVIIIe siècle. (Revue Mabillon, IV, p. 36-67, 145-195). Le Cerf 176-178, Tassin 284, 491-498. — Vanel, *Nécrol.* 165-166. — Dom U. Berlière, *Nouv. suppl.* p. 269.

4225. — Dom François DE LA LONDE, né à Caudebec (Rouen), profès à Lyre le 22 novembre 1696, âgé de 23 ans, mort à Saint-Ouen le 28 août 1697, clerc.

4233. — Dom Pierre-Jean MARIE, né à la Haye-Pesnel (Avranches), profès à Lyre le 31 janvier 1697, âgé de 21 ans, secrétaire à Lyre en 1736, présent en 1739. Cf. : p. 274.

4235. — Dom Charles TETILLON, né à Brou (Chartres), profès à Lyre le 27 février 1697, âgé de 25 ans, mort à Bonneval le 6 juin 1737, prêtre.

4236. — Dom Philippe CHARON, né à Vendôme (Blois), profès à Lyre le 19 mars 1697, âgé de 22 ans.

4237. — Dom Lucas BOURDILLAT, né à Marigny (Autun), profès à Lyre le 19 mars 1697, âgé de 19 ans, mort à Saint-Wandrille le 5 février 1713, prêtre.

On a de lui un distique à la louange de dom Mabillon (Bibl. Nat. ms. fr. 19639, f. 356 publié par Jadart, *Ruinart*, 80).

4256 ou 4268 de Dom Denys. — Dom François-Pierre Obelin, né à Mortagne, profès à Lyre le 28 août 1697, âgé de 21 ans, mort à Bonne-Nouvelle le 6 février 1741.

En 1702 religieux à Séez, en 1705 secrétaire du Chapitre à Lyre, en 1709, successeur de dom Charles du Jardin, prieur de Notre-Dame de Josaphat, puis prieur à Chartres (1714-1720) où il appela de la Constitution à la tête de toute sa communauté le 25 octobre 1718, puis à Dijon (1720-1723). C'est là qu'il aima mieux abandonner sa dignité que de renoncer à son réappel. Renvoyé en Normandie il soutient par ses lettres ceux qui se soumettent à la Bulle pour se faire ordonner, leur montre leur apostasie, etc. Meurt à Rouen. On a de lui trois lettres à Montfaucon dans le ms. fr. 17711, une à dom Ruinart dans le ms. fr. 19666, f. 163.

[*Nouv. Eccl.* an 1741, p. 140, Me Oursel, p. 315. *Soc. Arch. de l'Orne*, p. 377].

4257. — Dom Jean-Pierre Du Bosc, né à Bethencourt (Rouen), profès à Lyre le 28 août 1697, âgé de 17 ans.

4274. — Dom Barthélémy de Séjournant (?), né à Paris, profès à Lyre le 22 octobre 1697, âgé de 18 ans, à Lyre en 1699 (H. 454), mort à Bernay le 1er octobre 1723, prêtre.

4290. — Dom Mathieu-Jacques Guespin, né à Redon, profès à Lyre le 29 décembre 1697, âgé de 20 ans, mort à Conches le 27 novembre 1713, prêtre.

4291. — Dom Julien de Berrue, né à Vitry, profès à Lyre le 29 décembre 1697, âgé de 18 ans.

4298. — Dom Jean Couppé, né à Gisors (Rouen), profès à Lyre le 29 janvier 1698, âgé de 19 ans.

4299. — Dom Julien Huart, né à Champcervon (Avranches), profès à Lyre le 29 janvier 1698, âgé de 20 ans.

4304. — Dom Augustin Housay, né à Caen, profès à Lyre le 20 mars 1698, âgé de 20 ans, mort à Bonne-Nouvelle le 23 septembre 1732, prêtre.

4318. — Dom Claude Gibert, né à Caen, profès à Lyre le 18 juin 1698, âgé de 20 ans, mort à Saint-Vigor le 21 février 1731, prêtre.

4319. — Dom Pierre-Paul Le Mazurier (1), né à Gruchet

---

(1) Un Adrien Le Mazurier, écuyer, sieur du Quesnay, blasonnait : d'azur à 3 trèfles d'or 2 et 1. — (G. Prévost, *Armorial*, etc., I. 218, n° 32).

(Rouen), profès à Lyre le 18 juin 1698, âgé de 22 ans. mort au Bec le 8 janvier 1705, prêtre.

4320. — Dom Nicolas FORTIN, né à Dieppe (Rouen), profès à Lyre le 18 juin 1698, âgé de 19 ans, secrétaire à Lyre en 1705, mort *extra*.

4323. — Dom Henri PORCHER, né à Rouen, profès à Lyre le 16 juillet 1698, âgé de 17 ans, mort à Saint-Ouen le 5 janvier 1736. prêtre.

4332. — Dom François BROUART, né au Mesnil-Lieubray (Rouen), profès à Lyre le 14 septembre 1698, âgé de 18 ans, mort à Dives le 6 octobre 1717, prêtre.

4333. — Dom François PARENT, né à Bernay (Lisieux), profès à Lyre le 14 septembre 1698, âgé de 24 ans.

4345. — Dom André PLANQUE, né à Bernay (Lisieux), profès à Lyre le 15 octobre 1698, âgé de 26 ans.

4346. — Dom Jacques LÉGER, né à Chartres, profès à Lyre le 15 octobre 1698, âgé de 17 ans.

Cf. : François, II, 52. — Merlet, 257-258. — Tassin, 793. — Tassin G. G. II, 619.

4354. — Dom René RIGAULT, né à Mayenne (Le Mans), profès à Lyre le 9 décembre 1698, âgé de 20 ans, prieur à Préaux en 1721, (abbé Piel, III, p. 486, n° 445), mort à Saint-Evroult le 4 janvier 1729, prêtre.

4355. — Dom François-Michel PLAIMPEL (1), né à Rouen, profès à Lyre le 9 décembre 1698, âgé de 19 ans.

Il était encore à Lyre en 1699 (H. 454) et en 1718, étant à Caen, il signe l'appel contre la Bulle rédigé par dom Joseph Le Paulmier, prieur de Saint-Étienne. Cf. : Hippeau].

4358 ou 4370 de Dom Denys. — Dom J.-B. RIVIÈRE, né à Saint-Pierre-sur-Dives, profès à Lyre le 23 décembre 1698, âgé de 22 ans. mort à Saint-Vigor le 7 avril 1739, prêtre.

---

(1) Un Nicolas Plaimpel, contrôleur au grenier à sel du Havre, blasonnait : d'argent à un pal de gueules. (G. Prévost, *Armorial*, etc. I, 350, 243).

Le ms. de Paris dit 25 décembre au lieu de 23. — Se trouvant à Saint-Vigor de Bayeux il appela de la Bulle le 19 décembre 1718.

4374. — Dom Michel MENESTREL, né à Dreux, profès à Lyre le 2 mars 1699, âgé de 29 ans, mort à Fécamp le 1er septembre 1734, prêtre.

4376. — Dom Bernard PORCHER, né à Rouen, profès à Lyre le 7 avril 1699, âgé de 17 ans.

4377. — Dom Jean LYOT, né au Havre (Rouen), profès à Lyre le 7 avril 1699, âgé de 19 ans.

4378. — Dom François FEUILLOLEY, né à Yport (Rouen), profès à Lyre le 7 avril 1699, âgé de 19 ans.

4381. — Dom Etienne PELU, né à Paris, profès à Lyre (s. d.) mort à Saint-Lucien de Beauvais le 25 avril 1710, sous-diacre.

4391. — Dom Guillet-Bonaventure FLEURIGANT, né au Havre (Rouen), profès à Lyre le 5 août 1699, âgé de 17 ans, mort à Lonlay le 19 janvier 1722.

4396. — Dom Pierre du CROCQ, profès à Lyre le 2 septembre 1699, âgé de 19 ans.

4397. — Dom Guillaume LE CLERC, né à Evreux, profès à Lyre le 23 septembre 1699, âgé de 18 ans, mort à Séez le 2 mars 1712 ou 1713, prêtre.

Plusieurs auteurs, tels que le chanoine Porée et H. Wilhelm, dit D. U. Berlière, se sont trompés à son sujet, car il y a eu, non un, mais deux religieux de ce nom et aucun avec le prénom de Charles.

Le premier Guillaume est né à Evreux, fut profès à Jumièges le 8 juillet 1664, mort au Bec le 8 mars 1727, c'est l'enragé janséniste dont parle le chanoine Porée.

Le second est celui qui nous occupe en ce moment et duquel Montfaucon écrivait : « é vivis excessit mense martii proxime magnæ spei... juvenis. » Il est encore question de lui dans une lettre de Montfaucon à M. de Coislin, évêque de Metz, publiée, pp. 74-77 de la correspondance inédite des Bénéd. par Dantier. Montfaucon y parle de dom G. Le Clerc comme d'un habile homme et d'un puissant secours fort entendu dans le grec.

Ce moine collabora à la Bibl. Coisliniana de Montfaucon.

[Cf. : Revue Bénéd. 1909, p. 229. — Le Cerf. H. C. 113, 114. — Robert, 30, etc.].

4405. — Dom René LAMBERT, né à Nogent-le-Rotrou (Chartres), profès à Lyre le 7 octobre 1699, âgé de 22 ans.

Religieux à Bonneval vers 1715 il continua l'histoire de cette abbaye, par dom Jean Thiroux (ms. 658 de Chartres) qui a été publiée sous ce titre : *Hist. de l'abbaye de Saint-Florentin de Bonneval*, des RR. PP. Dom Jean Thiroux et Dom Lambert continuée par l'abbé Beaupère et M. Lejeune, sous les auspices de la Société dunoise, etc., Châteaudun, Lecesne, 1875. in-8°.

Son matricule à Paris est 4402.

4414 ou 4429 de dom Denys. — Dom François-Charles Camuzat, né à Alençon, profès à Lyre le 14 mars 1700, âgé de 18 ans, mort à Fécamp le 4 mars 1750, prêtre.

A la diète de 1721 il fut nommé cellerier du prieuré de Saint-Vigor de Bayeux, devint ensuite prieur de Boscherville (1723-1725), d'Aumale (1725-1726) et enfin du prieuré de Notre-Dame de Beaumont en-Auge (1729-1736).

4415. — Dom Nicolas Dutuit, né à Bernay (Lisieux), profès à Lyre le 5 avril 1700, âgé de 27 ans, mort à Bernay le 17 février 1739, prêtre.

4416. — Dom Michel Gouville, né à Caen, profès à Lyre le 5 avril 1700, âgé de 18 ans, mort à Caen le 20 juillet 1714, diacre.

4417. — Dom François Hébert, né à Montrabot (Bayeux), profès à Lyre le 5 avril 1700, âgé de 18 ans.

4418. — Dom Jacques Thorin, né à Rouen, profès à Lyre le 5 avril 1700, âgé de 17 ans, mort à Caen le 26 mai 1705, diacre.

4421. — Dom Pierre Vallée, né à Lisieux, profès à Lyre le 27 avril 1700, âgé de 21 ans, mort à Saint-Evroult le 17 octobre 1738.

En 1718, se trouvant à Caen, il signe l'appel. (Hippeau). — Il était prieur de Saint-Evroult en 1736. (Abbé Piel, III, p. 374).

4424 ou 4439 de dom Denys. — Dom Siméon Le Maistre, né à Essai, profès à Lyre le 10 mai 1700, âgé de 17 ans, mort à Fécamp le 19 mars 1704, clerc.

4425. — Dom Jean Foulque, né à Bernay, profès à Lyre le 10 mai 1700, âgé de 20 ans.

Prieur à Jumièges. Ne respire que la mortification, l'austérité des anciens solitaires, donne un peu trop d'étendue à l'obéissance : pénètre d'abord du côté de la Bulle et des opinions ultramontaines; cherche à inspirer ces sentiments aux autres; rappelé lui-même à la connaissance de la vérité par ceux qu'il a prévenus en faveur de la Bulle. Prieur de Coulombs renonce à la constitution et s'attache à l'appel, instruit par la lecture des *Mémoires* du P. Quesnel. Tâche dans tous les chapitres à se faire décharger de la Supériorité. Prieur de Jumièges après le brigandage de Marmoutier en 1733 prend des mesures avec dom Ménard pour subjuguer trois religieux refusant de reconnaître les Supérieurs intrus. Son repentir de sa conduite des plus criantes en cette occasion. Transféré, en 1736 (27 mai), à l'abbaye de Lyre il y est touché de la mort de dom Pottier recommandable par sa vie pénitente et son attachement à l'appel. Abdique la Supériorité (1737) pour se préparer à la mort et pleurer ses fautes. Se retire à Fécamp, y mène une vie retirée et très exemplaire. *(Nouv. Eccl.* Table, t. I, p. 497 ou a. 47, p. 168).

4447. — Dom François-Nicolas Le Jac, né à Rouen, profès à Lyre le 11 août 1700, âgé de 20 ans.

4448. — Dom J.-B. Piedeau, né à Evreux, profès à Lyre le 11 août 1700, âgé de 24 ans.

4449. — Dom Adrien-Jacques Quinel, né à Rouen, profès à Lyre le 11 août 1700, âgé de 19 ans, mort à Fécamp le 16 mars 1704, sous-diacre.

4450. — Dom Robert Herpin, né à Rouen, profès à Lyre le 11 août 1700, âgé de 18 ans.

4451. — Dom Charles-Mathurin du Pontavice, de la Béhardière (Chartres), profès à Lyre le 11 août 1700, âgé de 23 ans, fils de Mathurin de Pontavice et de Charlotte de Bellemare.

4452. — Dom Jacques-Alexis Plichon, né à Paris, profès à Lyre le 11 août 1700, âgé de 18 ans.

4463. — Dom Nicolas-François Cervier, né à Saint-Faron le 24 octobre 1700, âgé de 19 ans, mort à Lyre le 11 août 1727, prêtre.

4465. — Dom Thomas Crevet, né à Fontenay, profès à Lyre le 27 octobre 1700, âgé de 20 ans, mort à Bonneval le 8 octobre 1710, prêtre.

4472. — Dom Gabriel-Antonin Le Ferre, né à Dieppe (Rouen), profès à Lyre le 30 novembre 1700, âgé de 21 ans, mort *extra*.

4477 ou 4492 de dom Denys. — Dom Michel Lenoir, né à Alençon, profès à Lyre le 19 janvier 1701, âgé de 17 ans, mort à N.-D. de Turpenay le 2 septembre 1738, prêtre.

Le 19 novembre 1718, étant à Notre-Dame de Josaphat il signe son appel de la Bulle.

4492. — Dom Jean-Alexis FLOCEAU, né à Rouen, profès à Lyre le 3 mai 1701, âgé de 19 ans.

4493. — Dom Henri HÉBERT, né à Rouen, profès à Lyre le 3 mai 1701, âgé de 19 ans, mort à Saint-Germer le 2 septembre 1712, prêtre.

4498. — Dom Jacques GUÉRIN, né à Dangeul (Le Mans), profès à Lyre le 3 juin 1781, âgé de 19 ans.

4510. — Dom Etienne FONTAINE, né à Bernay (Lisieux), profès à Lyre le 23 juin 1701, âgé de 24 ans, mort à Coulombs le 25 septembre 1733, prêtre.

4519. — Dom Jean-Marin BARON, né à Dieppe, profès à Lyre le 10 août 1701, âgé de 21 ans, mort à Saint-Germain le 10 octobre 1730.

Il résida quelques années à Notre-Dame d'Argenteuil, vers 1711 et mourut à l'infirmerie de Saint-Germain-des-Prés et fut inhumé dans le cloître. [Vanel, p. 168.]

4520. — Dom Jean LANGLOIS, né à Caen, profès à Lyre le 10 août 1701, âgé de 23 ans, mort au Bec le 18 juin 1731, prêtre.

4521. — Dom Nicolas LE TOURNOIS, né au Havre (Rouen), profès à Lyre le 10 août 1701, âgé de 25 ans.

Voir : François, III, 145; Frère, II, 230; Lama, 390; Oursel, II, 172; Sauvage, 14-15; Tassin, 495, 498-499; Tassin G. G. II, 152, 157-158.

4529 ou 4554 de dom Denys. — Dom François L'HEREseux, né à Alençon, profès à Lyre le 13 septembre 1701, âgé de 19 ans, mort à Tiron le 25 mars 1747, prêtre.

4545. — Dom Benoit ou Raoul NÉES, né à la Caisne (Bayeux), profès à Lyre le 14 février 1702, âgé de 20 ans, mort à Dives le 13 avril 1731.

4549. — Dom Charles DEBORY, du diocèse d'Amiens, profès à Lyre le 30 mars 1702, âgé de 21 ans.

4552. — Dom Pierre VALLÉE, né à Montreuil (Amiens), profès à Lyre le 10 avril 1702 âgé de 20 ans, à Lyre en 1714, mort au Bec le 26 janvier 1735, prêtre.

Un Pierre Vallée meurt, en 1735, profondément attaché à la vérité après avoir remis à un de ses amis les déclarations de ses sentiments. (N. E. a. 36, p. 48).

4560. — Dom J.-B. Jacob LEMIRE, né à Rouen, profès à Lyre le 19 mai 1702, mort à Séez le 10 février 1714, prêtre.

4561. — Dom Michel VAULOGET, né à Condé (Bayeux), profès à Lyre le 19 mai 1702.

4562. — Dom Chrysostome CIRASSE, né à Chartres, profès à Lyre le 19 mai 1702.

4583. — Dom Jean LE CARPENTIER, né à Rouen, profès à Lyre le 20 août 1702, âgé de 21 ans.

4584. — Dom Edouard LE THORS, né à Saint-Riquier-ès-Plains (Fécamp), profès à Lyre le 6 septembre 1702, âgé de 20 ans, mort à Saint-Ouen le 7 avril 1730, prêtre.

4585. — Dom Pierre de PILAVOINE (1), né au Coudray (Rouen), profès à Lyre le 6 septembre 1702, âgé de 18 ans, mort *extra*; à Lyre en 1721.

4586. — Dom Joseph PIQLÉ, de Saint-Riquier (Amiens), profès à Lyre le 6 septembre 1702, âgé de 24 ans.

4589. — Dom Jacques RAVERDY, né à Paris, profès à Lyre le 27 septembre 1702, âgé de 23 ans, mort à Saint-Germain le 25 avril 1749, âgé de 60 ans environ.

Correcteur d'épreuves. (Abbé Vanel, p. 213, 357).

4597. — Dom Pierre HUET, né à Lisieux, profès à Lyre le 17 décembre 1702, âgé de 20 ans, mort à Chartres le 11 octobre 1737, prêtre; présent à Lyre en 1691.

En 1729 il était prieur de Saint-Evroult. (Abbé Piel, III, p. 116). — On le trouve à Lyre en 1724.

4602. — Dom Jean PELLEHASSE, né à Saint-Lauton (Coutances), profès à Lyre le 30 décembre 1702, âgé de 19 ans, mort à Saint-Evroult le 25 juin 1710, prêtre.

---

(1) Un Charles de Pilavoine, écuyer, blasonnait : d'or à 3 gerbes de sinople, 2 et 1. (G. Prévost, *Armorial*, II, 78, nº 19 et 20).

4609. — Dom Jacques-Philippe BILLOUET, né à Rouen, profès à Lyre le 7 février 1703, mort à Orléans le 2 mars 1720, prêtre.

Il est auteur d'une lettre raisonnée sur le Songe du Vergier, imprimée en tête du *Traité des droits et libertés de l'Eglise gallicane* (t. II, éd. de 1731) où elle est fort mal à propos attribuée à M. de la Monnoye.

L'auteur des *Voyages liturgiques de France* (Lebrun des Marettes) dit de lui (p. 433) : « La bibliothèque du monastere de Bonne-Nouvelle à Orléans est fort fréquentée, et le savant bibliothécaire Dom Jacques-Philippe Billouet, que les Supérieurs y ont envoyé, ne manque pas d'y attirer par son érudition et ses manières honnêtes ce qu'il y a de gens de lettres à Orléans, étant *paratus ad satisfactionem omni poscenti.* » [Michaud; Oursel; Frère; Quérard; Tassin; Le Cerf; D. U. Berlière, etc.].

4617. — Dom Louis-Natalis HAMEL, né à Rouen, profès à Lyre le 3 avril 1703, âgé de 25 ans.

4632. — Dom Gérard DE NAYVILLE OU NEUVILLE, né à Gisors (Rouen), profès à Lyre le 19 juillet 1703, âgé de 21 ans, prieur à Préaux le 19 mars 1722. (Abbé Piel, II, n° 29, p. 526).

4633. — Dom Paul BURIETTE, né à Beaumont le-Roger profès à Lyre le 19 juillet 1703, âgé de 21 ans, prieur de Saint-Germer; à Lyre en 1712. (Del.); — prieur de Préaux en 1725. (Abbé Piel, II, p. 646, n° 900).

4653. — Dom Augustin DU BOIS, né à Echauffour, profès à Lyre le 3 octobre 1703, âgé de 32 ans.

4654. — Dom Claude ROUSSEL, né à N.-D. de Bourbonne (Langres), profès à Lyre le 14 octobre 1703, âgé de 21 ans.

4655. — Dom Claude-Antoine GOSSET, né à Laon, profès à Lyre le 14 octobre 1703, âgé de 19 ans, mort à Saint-Valéry le 14 octobre 1767 où il était prieur.

On a de lui une lettre écrite de Breteuil, le 11 novembre 1733, sur l'introduction de la Réforme de Saint-Maur dans cette abbaye. (Bibl. Nat. L. 816, n° 12).

4656. — Dom Gilles-Thomas GOMBAULT, né à Paris, profès à Lyre le 9 novembre 1703, âgé de 20 ans.

4661. — Dom Martin SAINT-SENS, né à Veulles (Fécamp), profès à Lyre le 22 décembre 1703, âgé de 22 ans, mort à Saint-Wandrille le 20 juin 1714, prêtre.

4662. — Dom Guillaume Asselin, né à Vire (Bayeux), profès à Lyre le 22 décembre 1703, âgé de 20 ans.

4665. — Dom Jacques Fournier, né à Paris, profès à Lyre le 16 janvier 1704, âgé de 20 ans, mort au Bec le 22 janvier 1721, diacre.

4685 ou 4700. — Dom Philippe de L'Estang, né à Mahéru (Séez), profès à Lyre le 8 mai 1704, mort à Lessay le 13 février 1720, prêtre.

4690 ou 4705. — Dom Charles Dufresne, né à Argentan (Séez), profès à Lyre le 13 juin 1704, âgé de 21 ans, mort à Saint-Evroult le 20 décembre 1748, prêtre.

4691. — Dom Jean Nicollet, né à Veulles (Fécamp), profès à Lyre le 13 juin 1704, âgé de 24 ans.

4692 ou 4707. — Dom René-François du Mesnil Saint-Rémy, né à Bursard (Séez), profès à Lyre le 13 juin 1704, à 20 ans, mort à Caen le 7 octobre 1761, prêtre.

Il fut cellerier à Aumale (1729-1736), à Beaumont-en-Auge (1736-1739), à Saint-Pierre-sur-Dives (1739-1742). Etant sous-prieur à Bernay, le 2 décembre 1718 il avait appelé de la Bulle.

4693. — Dom Jacques-François Turpin, né à Gand, profès à Lyre le 26 juin 1704, âgé de 23 ans.

4695. — Dom J.-B. Drouilly, profès à Lyre en 1704, diacre.

4698. — Dom Mathurin Larcher, né à Tillières (Evreux), profès à Lyre le 3 août 1704, âgé de 19 ans, secrétaire à Lyre en 1730. Voir chapitre vi, pages 271, 272 et 273.

4701 ou 4716. — Dom Jean-l'Evangéliste Melotte, né à Sevrai (Séez), profès à Lyre le 4 septembre 1704, à 19 ans, mort à Caen le 26 novembre 1711, prêtre.

4704 ou 4719. — Dom Louis Geslain, né à Villeray (Séez), profès à Lyre le 30 septembre 1704, âgé de 21 ans, mort à Saint-Wandrille le 29 août 1747, prêtre.

4707 ou 4722. — Dom Pierre-Antoine Normand, né à Alençon, profès à Lyre le 20 décembre 1704, âgé de 20 ans, mort au Mans le 21 septembre 1733, prêtre.

4722. — Dom Michel Vaulegerard, né à Neuville (Bayeux), profès à Lyre le 24 avril 1705, âgé de 23 ans.

4723. — Dom Pierre Raizin, né à Vire, profès à Lyre le 24 avril 1705, âgé de 25 ans.

4724. — Dom Pierre-Pomponne Pinard, né à Boisné (Lisieux), profès à Lyre le 17 mars 1705, âgé de 20 ans.

4736. — Dom Jacques Dupuis, né à Craville (Rouen), profès à Lyre le 15 juillet 1705, âgé de 20 ans.

4739. — Dom Louis Caban, né à Caudebec (Evreux), profès à Lyre le 15 juillet 1705, âgé de 19 ans.

4741. — Dom Claude Auvray, né à Dreux, profès à Lyre le 27 juillet 1705, âgé de 21 ans.

4742. — Dom Denys Le Sueur, né à Châteauneuf (Chartres), profès à Lyre le 27 juillet 1705, âgé de 21 ans, religieux à Beaumont en 1717. (Abbé Piel, II, p. 330, n° 191); célérier en 1721-31 (id. II, p. 495, n° 497).

4762 de dom Denys. — Dom Guillaume de Launay, né à Saint-Pierre-sur-Dives, profès à Lyre le 16 septembre 1705, âgé de 18 ans, mort au Bec le 18 mai 1767, prêtre.

En 1716 professeur de philosophie et de théologie à Caen ; 1721 reçu docteur à l'Université de cette ville, mais soupçonné de jansénisme le roi lui défendit d'en prendre le titre. Professeur de théologie à Fécamp, en 1718 il appelle de la Bulle ; devient prieur claustral à Séez où il protesta, par une lettre du 31 mars 1725, contre l'acceptation de la Bulle. On l'envoya comme procureur, puis prieur de Saint-Germer (1726-1733). Député au chapitre général de 1733 se trouva parmi les dix-huit qui refusèrent la Constitution, d'où son exil à Blois. Au chapitre de 1736 il est nommé prieur de la Chaise-Dieu, puis de Saint-Ouen de Rouen (1737-1742), abbé de Saint-Sulpice de Bourges (1742-1748), prieur de Saint-Germain d'Auxerre (1748-1754), prieur de Saint-Michel de Tonnerre 1754, mais l'année suivante donne sa démission pour raison de santé.

[Le Cerf, H. C. 60, 253, 258, 316, 329; Perreau, 94, 100, 106, 110, 115; Tassin, 783; Tassin G. G. II, 604; D. U. Berlière, 336; Nouv. Eccl. a. 33 p. 149, 152, 189, 194].

4810. — Dom Denys Bénard, né à Caudebec (Rouen), profès à Jumièges en 1707, âgé de 25 ans, mort à Lyre le 30 juin 1710, diacre.

4822. — Dom Louis-François Le Vavasseur, né à Laon, profès à Jumièges le 9 juin 1707, à 22 ans, mort à Lyre le 14 août 1712, diacre.

Outre ces bénédictins, profès à Lyre, d'autres y habitèrent soit comme prieurs, sous-prieurs, bénéficiers, soit comme simples religieux. La liste alphabétique suivante donne la date de leur présence avec quelques notes biographiques à l'occasion. Cet ordre alphabétique facilitera les recherches aux futurs généalogistes.

ALABAT (Joseph), 1704.

ALLIOT (Henri-Louis) né à Varri, profès à Séez. âgé de 17 ans; sous-prieur de Saint-Evroult en 1767, procureur et cellerier de Lyre en 1772, prieur de Conches de 1772 à 1775, cellerier à Lyre de nouveau en 1775, prieur de Lonlay en 1784 et permute sa dignité avec celle de Saint-Georges-de-Boscherville conservée jusqu'en 1778.

AUBERY (Georges), secrétaire du Chapitre en 1682.

AUDRY (Louis-Joseph). Le 18 octobre 1791 ce « cy-devant religieux de Lyre, actuellement curé de Saint-Nicolas, doit recevoir 75 livres pour reliquat de son traitement de 1790, fixé à 900 livres, plus 225 livres sur le premier quartier de 1791. » *(Arch. de l'Eure L, 1255).* Il fut aussi organiste de Saint-Omer-en-Artois.

BARBE (Louis), prieur de Lyre de 1739 à 1740.

BAZE (dom DU —), procureur en 1787. (H. 482).

BÉNARD (Sulpice), cellerier dès 1746, *senior* en 1748. Sur la grosse cloche de la Vieille-Lyre on lit : « L'an 1749, j'ai été bénie par le R. P. Dom J.-B. Duval, prieur de cette abbaye, le révérend père D. Sulpice Bénard, cellerier. » (Delieuvin). En 1765 il était procureur à Saint-Evroult. *(Abbé Piel,* IV, p. 591).

BENOIST (Jacques), à Lyre dès 1730, prieur de Saint-Germer depuis le 16 décembre 1764 d'où il partit le 9 février 1766 pour revenir à Lyre comme prieur. Hippeau mentionne un dom J. Benoît dans un acte capitulaire de 1755 à Saint-Etienne de Caen. — Cf. : p. 273.

BENOIT (Guillaume-Jean-François), secrétaire en 1774, 14 février 1775 (Delieuvin). Un Louis-Julien *Benoît* était domicilié au Bec l'an IX, né le 13 septembre 1745. — L'enquête de l'an IX le dit « d'une conduite régulière et jouit de la confiance. »

BÉRY (Charles DE) secrétaire en 1712.

BESSERVE (Jean-Jacques-Henri) né à Rouen le 11 avril 1745 profès à Jumièges le 29 mars 1773. Voir pages 293, 294, 299, 307, 310.

Biard (Etienne), sénieur en 1788 et à Caen en 1790 (Hippeau).

Blesson (Jacques), secrétaire en 1696.

Blondeau (Michel), né à Saint-Amand, profès à Saint-Wandrille le 4 décembre 1726, âgé de 21 ans, prieur d'Ivry le 4 décembre 1726, mort à Caen le 27 février 1774. Il fut aussi prieur de Préaux le 31 mai 1757 (Abbé Piel, IV, p. 308) et auteur de l'histoire manuscrite de l'abbaye d'Ivry *(Arch. de l'Eure*, G. 1797). Cf. : *Calendrier historique d'Evreux* 1750, page 64.

Bobyn (Pierre), 1677 (H. 472).

Boissel (Henri), né à Saint-Georges-de-Bohon (Coutances), profès à Jumièges le 6 juin 1720, âgé de 18 ans. A Lyre en 1730, puis prieur du 14 mai 1742 à 1744, prieur de Saint-Ouen de Rouen en 1749 où il offrit à la Bibliothèque la « Coutume reformée du païs et duché de Normandie par Jacques Godefroy, avocat à Carentan », dont il était le quatrième petit-fils ; enfin prieur de Fécamp où il mourut le 24 janvier 1766.

Boisvallée (Pierre), à Lyre le 22 février 1765 et le 12 avril 1768. (Delieuvin).

Bonnet (Symon), à Lyre en 1677 (H. 472) ; né au Puy en 1652, profès le 11 mai 1671, professeur de philosophie et de théologie à Fécamp, à Jumièges, prieur de Josaphat et de Saint-Germer où il conçut le projet de son livre *Biblia maxima Patrum*, mort à Saint-Ouen de Rouen le 11 février 1705, âgé de 53 ans. (Cf. : Le Cerf, p. 41-42), etc.

Bonvoust (Charles-Jean), né à Alençon, profès à Séez le 30 mars 1764, âgé de 17 ans, présent à Lyre dès le 12 avril 1768, et, le 10 août 1770, il donnait procuration pour régir et administrer les chapelles du Fresne et de Lindrodière (diocèse de Luçon), dont il était titulaire. (Delieuvin). [Matric. 7872].

Boscregnoult (Pierre de) 1662, voir page 249.

Bosquet (Alexandre-Joseph), le 22 septembre 1778 et M. Delieuvin a trouvé un dom Charles-Jean *Bosquet* le 11 avril 1770.

Boudier (Pierre-François), sous-prieur de Lyre en 1733, prieur du Bec, Supérieur Général, etc. Cf. abbé Porée, *Hist. du Bec*, II, 444, note 3, 504-505 ; Pillet ; Tassin ; Vanel ; *Revue Mabillon*, etc. Voir p. 272 de Lyre.

Boudon (Louis), 1674, voir page 254.

Bouet-Cochetière (Pierre-Louis), né à Alençon, profès à Saint-Wandrille le 30 novembre 1724, âgé de 19 ans, sous-diacre à Lyre où, le 31 août 1733, il signe l'acte de protestation contre la tenue du chapitre général p. 272, mort à Angers le 19 novembre 1763. (*Matric.* 5834).

BOUILLARD (Raphaël), secrétaire en 1724.

BOUBARD (Maur), cellérier en 1659, 1660, 1661, 1663. Au Bec en 1650.

BOURDON (Louis-Charles), à Lyre en 1784.

BOURGES (Auguste de —), à Lyre en 1750.

BRASDEFER (Guillaume-Gabriel-Samuel-Charles de —), né aux Moutiers, profès à Saint-Evroult le 2 mai 1774, âgé de 26 ans, sous-prieur de Lyre de 1785 à 1788, puis procureur-cellerier à Bonneval où il se trouvait à la Révolution (n° 8150).

BRÉANT (Henri-Louis), présent en 1754 et le 20 mars 1755. (Delieuvin).

BRÉARD (Alexis), né à Louviers (Eure) en 1616, présent à Lyre en 1657, auteur du ms. 1217 *Vie de saint Wandrille* (Bibl. de Rouen). Son mémoire latin sur saint Wandrille se trouve à la Bibl. Nat. ms. fr. 4899, 1-149, (Cf. : D. U. Berlière, *Nouveau supplément à l'Hist. litt. de la Cong. de Saint-Maur*, 70-71). Ce bénédictin mourut à Saint-Martin de Séez le 12 août 1688. — D. F. Lohier : *D. Alexis Bréard historiographe de Saint-Wandrille* (1606-1688). (Revue Mabillon, VII, p. 305-328) (1).

BRÉBIOU (Pierre), présent à Lyre le 26 février 1744 et 1746 (Delieuvin).

BREY (Guillaume), présent à Lyre en 1677. (H. 472).

BRICQUE (J...), présent à Lyre 1784.

BRIDE (Jean-Pierre), présent à Lyre le 23 mars 1776. (Delieuvin).

BURGEOT (Michel), présent à Lyre en 1675 comme procureur (H. 482).

CAMPION (Joseph), présent à Lyre 1721, secrétaire.

CAMPION (Pierre-François), présent à Lyre 31 août 1775, 1776, 1778.

CAMUZET (Guillaume), prieur de Lyre, assistait, en qualité de

---

(1) Le même auteur a publié : *Notes de Dom Alexis Bréard et correspondance entre les moines de Fontenelle et ceux du Mont-Blandin à propos d'une relique de Saint-Wandrille.* (Revue Mab., VII, 1911, p. 45-72).

chantre à l'inhumation de dom Vincent Marsolle, quatrième Supérieur général de Saint-Maur, le vendredi 5 septembre 1681 (*Revue Bened*. 28e année, 1911, p. 413. Cf. : François, I, 172; Tassin, 191; Tassin, G. G., I. 292). Elu prieur de Lyre le 6 juin 1678 (H. 582).

Il écrivit la lettre suivante à Mabillon :

« De Lire le 19 novembre 1683.

« J'ay fait tirer un craion très exact de la hauteur et autres dimensions de la chasuble de saint Thomas de Cantorbye dont ce généreux martyr fit présent à notre monastère après y avoir fait un séjour d'environ deux mois lorsque fuiant la persécution d'Angleterre il se retira dans la France. Cette pièce marque dans sa matière et dans sa forme son antiquité qui est une seconde circonstance qui nous la rend vénérable.

Le pallium d'archevêque qu'elle porte (1) au lieu de croix est tissus d'or d'un ouvrage fort délicat fait au point d'aiguille orné de plusieurs et différentes figures et enrichy d'un grand nombre de petits compartiments composés de semences de perles. La chasuble n'est point doublée d'aucune autre étoffe. Le fond est un satin de deux couleurs différentes, car il est jaune par le dedans et rouge cramoisy par le dehors.

Nous conservons encore un anneau de vermeil doré qui porte un saphire dans son chatton que le même sainct martyr a laissé icy pour marque de son estime et de son affection envers notre monastère. »
(Correspondance de Mabillon, t. III, p. 9, Bibl. Nat. Ms. lat. 21842, fol. 177 Nouvelles acquisitions. Coll. L. Delisle).

CARROUGET (Bonaventure), présent à Lyre en 1660 (2). — (H. 560).

CASSEL (Eustache), présent à Lyre en 1718.

CHAHAN (Jean-Antoine), le 6 septembre 1773, obtenait le bénéfice de quatre chapelles dans l'église abbatiale de Préaux et la dispense nécessaire pour les posséder. Il en prit possession le 18 janvier 1774. (Abbé Piel, V, p. 163, n° 272, p. 170 n° 296 et

---

(1) Mabillon a mis en note : « Ce n'est pas un pallium, c'est l'ornement de la chasuble ».

(2) Dom Dominique Carrouget, son frère peut-être, est auteur de l'histoire de Saint-Martin de Séez, il est mort en 1681. (Cf. : D. U. Berlière, p. 100).

10 décembre 1778). Le 24 avril 1784, étant prieur de Lyre depuis le 5 octobre 1783, il écrivait la lettre suivante :

« Je croiois, Madame, qu'après le départ de dom Mullet vos visites
« à l'abbaye seraient moins fréquentes; j'ay appris avec surprise par
« dom Bricque (que vous aviez fait prévenir) que vous deviés venir
« dîner hier, et probablement passer quelques jours suivant votre usage.

« Vous n'ignorés pas (puisque vous l'avez dit à plusieurs personnes)
« que le prieur et d'autres religieux ne vous voient pas avec plaisir,
« mais vous êtes trop intéressée pour être sensible à certains procédés.
« Il est bien désagréable pour moy de vous faire un pareil compliment,
« mais il l'est bien davantage de voir tous les jours chés soy des
« personnes qui ne cherchent que leur intérêt pour s'embarrasser si
« elles font plaisir ou non. Je me flatte, Madame, que vous voudrés
« bien ne pas vous exposer à une réception qui ne seroit pas de votre
« goût et me permettre néanmoins de vous assurer des sentiments
« respectueux avec lesquels j'ai l'honneur d'être, Madame,

« Votre très humble et très obéissant serviteur,

Chahan,
prieur de Lyre. »

L'adresse de cette curieuse lettre n'existe plus. *(Arch. de l'Eure*, H. 581). Nous retrouvons notre ex-prieur de Lyre (1783-1786) à Préaux, où, le 3 messidor an IV, il demande à être excepté de la réclusion ordonnée par les lois et notamment celle du 3 brumaire contre les prêtres réfractaires, à cause de ses infirmités. « Vu les certifats des médecins : *accordé* jusqu'à nouvel ordre sous la surveillance municipale du canton de Pont-Audemer (*extra muros*). — (*Arch. de l'Eure*, L. 256, p. 36). Sa pension était de 1000 livres.

CHAMIGNON (Claude-Joseph DE —). à Lyre le 22 février 1765 (Delieuvin).

CHEVALIER (François), né à Séez, profès à Jumièges le 9 novembre 1658, âgé de 26 ans, présent à Lyre en 1705, mort à Saint-Evroult le 8 mai 1710, prêtre. (N° 1873).

CHIBOT (Pierre), sous-prieur en 1678.

CHRESTIEN (Sébastien), présent à Lyre en 1660, prieur en 1661 (H. 518), 1664 (H. 514), 1670. (H. 472, H. 474, H. 482).

CHRESTIEN (Charles), secrétaire en 1678.

CHRESTIEN (Henry), sous-diacre de Lyre en 1739 p. 274, janséniste; 1744. (Del.).

CHUFFE (Jean), secrétaire en 1714, signe, en 1718, un appel contre la Bulle, à Saint-Etienne de Caen. (Hippeau).

CLOUET (Jean-Louis), présent à Lyre en 1698-1699. (H, 454).

COCQUEMER (Pierre), né protestant, à Lyre en 1718.

COLLET (Augustin), né à Epernay (Reims), profès à Reims le 29 juin 1673, âgé de 21 ans, prieur de Lyre du 14 juin 1687 à 1693 (H, 582), mort à Saint-Quentin 19 juin 1717. On a de lui : Témoignage sur D. Claude Martin (D. Martene, *Vie de D. Claude Martin*, 1697, 379 382) et une lettre de 1701, comme abbé de Saint-Augustin de Limoges au sujet de l'affaire des thèses des Bénédictins de Saint-Allyre (*Bibl. Nat. ms. lat.* 12676).

COLLINET (Pierre), prieur de Lyre du 15 juin 1737 à mai 1739, p. 274. (H, 582).

COTTUN (Michel), professeur de philosophie en 1718.

COURDEMANCHE (Marc Antoine), né à Bernay en 1735, profès à Séez en 1751, procureur à Jumièges le 3 juin 1776 il défendit les droits de son abbaye contre les prétentions du duc de Penthièvre et eut gain de cause. En récompense on le nomma prieur de Lyre. « En effet, écrit-il lui-même, je venais d'être
« nommé Prieur de Lyre (1er septembre 1788). M. de Chabrier
« était donc bien informé, mais l'assurance qu'il me donnait que
« ma présence au château d'Eu serait agréable à M. le duc de
« Penthièvre me flattait plus que ma promotion à la Priorature.
« J'avoue cependant que je fus sensible à cette marque de consi-
« dération de la part de mon Corps; d'autant plus que si on
« m'avait donné le choix d'une maison pour être prieur, j'aurais
« désiré celle qui m'était échue.

« Après avoir fait ses adieux à ses confrères de Jumièges dom
« Courdemanche partit pour l'abbaye de Lyre. Les religieux de
« cette maison remarquèrent à son arrivée quelque embarras sur
« sa figure : il ne savait s'il devait rire ou pleurer. Etait-ce un
« sombre pressentiment de ce qui allait lui arriver? L'accueil
« amical que lui firent ses nouveaux confrères et l'empressement
« d'une foule d'habitants à venir le saluer dissipèrent bientôt ce
« nuage. »

Tombé malade quelques jours après son arrivée il mourut le 18 février 1789 laissant un manuscrit intitulé : *Correspondance de Dom Decourdemanche avec Son Altesse Sérénissime le duc de Penthièvre et son Conseil*, 20 août 1787, 2 vol. in-4º (*Bibl. Mazarine*, ms. 4019-4020). Etienne Allaire a résumé ce manuscrit en un intéressant volume in-octavo, avec ce titre : *Le duc de Penthièvre, Mémoires de dom Courdemanche, documents inédits sur la fin du XVIII° siècle.* (Paris, Plon, 1889).

Couté (Louis), à Lyre le 24 février 1746. (Delieuvin).

Creuilly (Guillaume), présent en 1730. Le 4 juillet dom Guillaume-Nicolas *Creuilly*, sous-prieur de Lyre, est pourvu du prieuré régulier de Saint-Léonard de Dreux, diocèse de Chartres, et il déclare résider à Lyre. (Delieuvin).

Dabout (Jean-François), sénieur en 1778, trésorier en 1779. (Delieuvin).

Dalleaume (Augustin), 14 février 1775. (Delieuvin).

Danet (Pierre), prieur de Lyre du 19 août 1675 au 27 juin 1678. (H. 482).

Daret (Jean), né à Mantes le 11 janvier 1668, profès à Meaux en 1687, sous-prieur à Lyre, 1710; mort au Bec le 2 janvier 1735, à 69 ans. Ardent janséniste. (Abbé Porée, II, 491-493).

Darimont (Jean), présent en 1660, (H 560), procureur en 1671-1676. (H. 454 et H. 528, 514).

Daron (Jean-Marin), sénieur et sacristain en 1772.

David (Jacques), né à Rouen, profès à Jumièges le 5 août 1666, âgé de 23 ans, secrétaire à Lyre en 1689, mort le 19 août 1720 à Bonne-Nouvelle.

David (Pierre-Charles), prieur le 20 mai 1786 à septembre 1788. Né à Hagon le 17 octobre 1738, profès à Séez le 20 janvier 1758, au Bec en 1790 déclare se retirer à Coutances.

Dechy (Antoine-François-Fidèle), conventuel de Saint-Evroult en 1781 au Bec, secrétaire en 1782.

Delaunay (Nicolas), présent en 1714. Né à Saint-Pierre-sur-Dives, profès à Jumièges 1715, âgé de 18 ans, mort à Saint-Pierre-sur-Dives, 5 septembre 1727. Ce Nicolas de *Launai* doit être différent du précédent qui était déjà, en 1714, à Lyre, tandis que ce dernier ne fit profession qu'en 1715. (Matr. 5272).

Delmerre (Jean-Louis), mort le 26 janvier 1775 à Lyre où il était professeur. — Un Louis Delmar signe comme cellerier le 31 août 1775, (Delieuvin).

Delom (Pierre-Vincent), sénieur en 1776, 1777, né à Cahors le 14 février 1730, profès à Séez le 27 janvier 1751, âgé de 20 ans, est indiqué comme « associé de D. Lenoir » l'historiographe de Normandie. (*Arch. Nat.*, F., 19, 863). Il mourut à Saint-Germain-des-Prés, 4 mars 1790. Prieur de Fontenay en 1781.

Delyée ou de Liée (Laurent), sous-prieur le 16 janvier 1753; à Bernay en 1745, et prieur de Saint-Michel de Montmillon. (Abbé Piel, III, p. 707, n° 190 et 711, n° 207).

De Lyris (Placide), doyen à Lyre en 1770 et le 25 août 1776 il était prieur à Saint-Evroult. (Abbé Piel, V, p. 267, n° 282).

Depardé (Charles), à Lyre le 21 octobre 1690.

Depoilly (Laurent), secrétaire en 1742, 1744, 1746.

Derecq (Michel), sous-prieur en 1754; 20 mars 1755 et 13 janvier 1757. (Delieuvin).

Derely (Nicolas-Joseph), à Lyre en 1739, janséniste, proteste en 1739, p. 274. Dépositaire en 1744.

Dergny (Louis ou Laurent), à Lyre en 1744, 1746. (Delieuvin).

Deroy (René), à Lyre le 15 octobre 1772 et le 20 mars 1755. (Delieuvin).

Des Landes (Robert), présent en 1686.

Deslongchamps (Alexandre-René-Coquille), à Lyre en 1782, né à Caen le 31 juillet 1752, profès à Saint-Evroult le 2 août 1773, au Bec en 1790, déclare se retirer à Caen.

Didon (Eloi), 1708.

Drouilly (J.-B.), diacre de Vernon, prêt d'entrer à Lyre pour y faire profession (*Arch. de l'Eure*, E, 1728, fol. 36, p. 419). — [Matric. 4695].

Dubar (Joseph-Nicolas), 1754 (H, 482), procureur en 1786, dépositaire en 1788.

Du Bocquet (Alexandre-Joseph), secrétaire en 1777, 1778; sous-prieur à Saint-Evroult le 9 octobre 1784, revenu à Lyre en 1786, 1788, 1790, voir pages 294, 298, 307, 310.

Du Bos (Jean-Pierre), à Lyre en 1699 (H, 454). (Cf. : D. U. Berlière, p. 176).

Du Chesne (J.-B.), présent le 16 janvier 1753. (Delieuvin).

Dufau (Louis-Henry), à Lyre le 19 avril 1712; à Caen 1718. (Hippeau).

Dumesnil (Mathieu), sous-prieur de Lyre en 1714.

Dumont (Nicolas), à Lyre en 1718.

Durand (René-Lacroix), né à Alençon (Séez), profès à Séez le 31 octobre 1744, âgé de 20 ans, dépositaire à Lyre le 3 octobre

1757 (Delieuvin); professeur en 1759, mort le 17 avril. (Matric. 6913 de l'Orne ou 6884).

Durieux (Albert-Joseph), né à Valenciennes le 21 février 1754, profès à Lyre le 28 février 1775, qui, au Bec le 1er août 1790, déclare vouloir se retirer à Saint-Georges-du-Vièvre. (*Abbé Porée*, t. II, p. 536).

Duval (J.-B.), prieur de Lyre (mai 1748-1751). Son nom est sur la grosse cloche de la Vieille-Lyre. — Présent 16 janvier 1753 (Delieuvin).

Du Vivier (Antoine), présent le 16 janvier 1753. (Delieuvin).

Duvrac (Pierre-Michel), né le 11 juin 1747 à Guerbaville (Rouen), profès à Jumièges le 20 mai 1773, à Lyre en 1790, voir pages 293, 294, 298, 306, 318.

Eblin (J.-B.), ancien de profession, 1771.

Enault (François), senior, sous-prieur en 1770-1771 ; titulaire du prieuré de Saint-Gilles de la Plaine (Le Mans) dépendant de Lonlay, il donne procuration le 21 septembre 1770, disant résider à Lyre. (Delieuvin). Le 11 avril 1770 il y a Louis-Gabriel Enault (Delieuvin), né à Falaise, profès à Séez 20 octobre 1763, âgé de 19 ans.

Eustache (Jean-Joseph), à Lyre le 12 avril 1768.

Faverotte (Nicolas), 1744, 1746 (Delieuvin); prieur à Saint-Etienne de Caen en 1768, 1781, conventuel au Bec la même année, dernier prieur de Saint-Germain des Prés, a dressé une liste des religieux. (Cf. : *D. U. Berlière*, p. 155).

Feray (Abraham), né à Rouen, profès à Jumièges le 5 avril 1675, âgé de 19 ans, présent à Lyre en 1682, mort le 9 décembre 1727 à Saint-Wandrille. Il adressa une lettre à D. Martène, en 1707, cataloguée sous ce titre : « Notes sur la vie des religieux bénédictins de Saint-Maur par Abraham Feray. » (*Arch. Nat. Catal. des mss. 1892, p. 256, n° 1537 ou L. 814 dossier I, n° 4*). On lui doit encore la table des matières de l'*Histoire de Fontenelle* de C. Alexis Bréard.

Février (Pierre), 1750, procureur-cellerier depuis 1753 jusqu'en 1778. Il était, en outre, prieur titulaire du prieuré de Saint-Maurice de Montbron au diocèse d'Angoulême le 27 février 1765. (Delieuvin). [H, 498 et H, 520].

Fieffé (Guillaume), à Lyre en 1690, 1708, 1712, 1714 (H, 514).

Filland (Martin), né à Fleury (Orléans), profès à Vendôme

24 février 1663 à 19 ans, prieur à Pontlevoy en 1682 (Cf. : *Revue de Loir-et-Cher*, 1900, col. 55); prieur à Lyre de juin 1684 à juin 1687 (H. 582); mort au Bec le 7 août 1726 — On a de lui une lettre à Mabillon (*Revue Bénéd.*, 1900, p. 318) et: *Mandement de Fr Martin Filland, prieur et grand vicaire de l'abbaye de Fécamp, aux prêtres dépendants de cette maison etc.*, (avril 1697) 1er fol. (n° 21 du ms. de la Bibl. de Reims). [Cf. : D. Martène *Vie des Justes*, 343, et *Marmoutier*, II, 558].

Follin (François), à Lyre en 1744 (Delieuvin), prieur du 6 septembre 1767 à juin 1769, il venait de Préaux où le 13 juillet 1767 on le dit prieur, prêtre, docteur en droit. (*Abbé Piel*, IV, p. 680, n° 164); enfin prieur à Caen de 1781 à 1783; Cf. : p. 279.

Fourré (Louis), à Lyre le 19 avril 1912. (Delieuvin).

Foussard (François-Urbain), présent en 1748, à Bernay en 1745 (Abbé Piel, t. III, p. 707, n° 190 il le nomme Foussiard).

Franke (Pierre-Sévère-Joseph), à Lyre en 1790 fit plusieurs réclamations pour son traitement le 18 octobre 1791, le 18 février 1792, etc. Voir pages 294, 298, 306 et 318.

Gelu (Louis-Robert), né à la Fère, profès à Saint-Faron le 10 février 1691, à 19 ans, à Lyre en 1696, secrétaire le 14 mars 1699 (H. 454-514 et H. 582) [*Matric.* 3905].

Gibert (Claude), à Lyre le 30 avril 1669. (H. 469).

Gilles (François), secrétaire en 1744, 1746. (Delieuvin).

Giot (Jean-Louis), secrétaire en 1763, puis présent le 22 février 1765. Ulysse Robert a publié (pp. 116-119) dans ses *Documents inédits sur l'Hist. litt.* une importante lettre de ce religieux à D. Clémencet (18 septembre 1757) sur la chronique de Saint-Evroult et sur le ms. d'Ordéric Vital. (Cf. ms. 12.803 du F. F. fol. 248. — Vanel, *Lamare* 90-91).

Gobin (Jean-François), à Lyre le 19 avril 1712. (Delieuvin).

Gohier de Crevecœur (Normandie), postulant, interrogé le 29 mai 1773.

Gomise (Pierre), sous-prieur en 1669. (H. 469).

Gourneau (Jean), sénieur 1708-1712.

Gousse (Georges), en 1730.

Gravé (Amand), reçu au noviciat à Lyre en 1686, il y persévéra dix mois avec une grande ferveur. On le renvoya cependant contre le sentiment de la communauté. Resté deux ans en Languedoc, il revint à Rouen, reçut le diaconat et partit avec M. Plotte nommé abbé de la Croix-Saint-Leufroy. Cet abbé voulait établir un séminaire et recrutait des ecclésiastiques, mais ce beau zèle s'éteignit bientôt et M. *Gravé* qui s'était fait religieux sur les conseils d'un ancien, résignataire en sa faveur d'un bénéfice considérable, découragé, sollicita son entrée dans la Congrégation de Saint-Maur, près du Prieur de Saint-Ouen de Rouen. L'an 1714 il occupa la chambre du R. P. Bougis à Saint-Germain où il mourut âgé de 65 ans le 19 septembre 1726. (Yanel, p. 150).

GRELAIN (Pierre), secrétaire en 1683.

GUARIN (Louis), 1696. (H. 582, p. 74).

GUARIN (François), 1718.

GUEUDEVILLE (François), cellérier en 1664. (H. 514, H. 469, H. 472).

GUILBERT (Jacques), sous-prieur en 1677. (H. 472).

GUILLEBERT (François de), sous-prieur en 1703.

GUILMIN (Michel), 1744. (Delieuvin).

HAREL (Louis), 1730.

HAUCHECORNE (Pierre), 24 janvier 1696.

HAUDART (Jacques), prieur du 25 mai 1693 à juillet 1699. (H. 454.)

HELLOT (Louis-Denis), 1712 (Delieuvin); *antiquior* 1736; proteste en 1739, p. 272 et 274.

HÉMIN (Claude), profès à Saint-Rémy le 22 janvier 1648, âgé de 21 ans, prieur de Lyre de 1669 à 1676. (H. 469 et H. 472). 10 août 1705, mort à Lyre le 19 juillet 1711.

HERMAN (Alexis-Macaire), fils de J.-B. Joseph et de Jeanne-Joséphine-Françoise Dansin, reçut la tonsure et les ordres mineurs le 29 septembre 1771. (*Abbé Piel*, V, p. 130, n° 149); il était de Saint-Pol (Boulogne), secrétaire à Lyre en 1779, conventuel en 1781. (Abbé Porée, t. II, 516.)

HEULLÉ (Michel), 1708.

HEUZEY (Pierre), 1748.

HEZTAUL (François), procureur en 1715. (H. 954.)

HOMMERIL (Pierre), dernier prieur de Lyre, du 18 février 1789 à 1790. Outre ce que nous en avons dit dans le chapitre VII° on a de lui une lettre, propriété du chanoine Porée, publiée par la *Revue Bénéd.* XIX, 1902, p. 176-177. La voici :

« *A Conches, 8 mai 1785.*

« Monsieur,

« Jusqu'à l'époque de la protestation cy jointe, je n'avois pas éprouvé
« de ces traitements cruels et humilians qui sont devenus si communs
« depuis l'assemblée de 1783 (1). J'avois pris une ferme résolution de
« gémir en silence des abus que je voyois, comme de ceux dont
« j'entendois parler. J'ai vu de cette manière l'officier faire, en acte
« de visite, les fonctions de sénieur de la communauté, quoique nous
« fussions trois éligibles dans la maison, et les choses rester en cet
« état jusqu'au mois de janvier dernier. Ce fut vers le neuf que
« M. le Prieur (2) proposa de faire l'élection d'un sénieur. Je crus ne
« devoir pas m'opposer à cette élection, attendu que l'office de sénieur
« est de veiller principalement sur l'administration temporelle et de
« faire des représentations sur les abus qui sont à sa connaissance.
« Le sort tomba sur moi, malheureusement. Peu de jours après mon
« élection, je me transportai chez le R. P. Prieur que je ne croyois
« pas atteint de la contagion qui infecte les intrus presque générale-
« ment : il parut me recevoir avec bonté; je lui fis une observation
« avec confiance et de la meilleure foi du monde. Il y avoit de quoi
« l'affecter s'il étoit susceptible de l'être, et lui faire embrasser les
« moyens de remédier au mal dont je me plaignois; mais je n'ai pas
« été longtemps à m'appercevoir que j'avois perdu ma peine. Je lui
« avois demandé entr'autres choses la nomination des officiers comme
« prescrite par les constitutions. La première fois il me répondit qu'il
« ne regardoit pas le chapitre de Saint-Denis comme canonique; qu'il
« n'avoit pas en conséquence fait lire ses lettres d'institution; que par
« là il n'étoit pas obligé à renouveler ses officiers après la notification
« de l'arrêt du 8 janvier. Je fis d'itératives remontrances; il me
« répondit alors d'un ton railleur qu'il n'en feroit rien, et que cela
« ne nous empêcheroit pas d'être amis. Je n'eus pas de peine à
« reconnaître là le langage des intrus qui ne désirent rien tant que

---

(1) Le Chapitre extraordinaire réuni à Saint-Denis le 9 septembre 1783 aggrava la scission dans la Congrégation de Saint-Maur. Un arrêt du Conseil d'Etat du 8 janvier 1785 ordonna de reconnaître comme légitimes « les supérieurs majeurs et locaux, visiteurs, et autres officiers nommés par le chapitre de Saint-Denys » et de leur rendre obéissance sous les peines portées par les constitutions autorisées par lettres patentes du 21 juillet 1769.

(2) C'était dom Chahan ou Chahau. Voir au mot *Levasseur* une autre lettre contre lui.

« la paix, pourvu qu'ils jouissent tranquillement des places qu'ils ont
« envahies, et qu'on ne leur parle pas de constitutions, et qu'on ne
« mette aucune entrave à leur gouvernement arbitraire. La fin de
« nos misères que je regardois alors comme prochaine m'a fait dévorer
« en silence cette mortification. Je me contentai de lui dire que je ne
« signerois pas de compte, puisqu'il ne vouloit pas nommer d'officiers,
« ce que je me suis cru le droit d'exécuter. Apparemment que cela
« a piqué le soit disant procureur et le prieur en même temps ; je me
« suis aperçu qu'on cherchoit l'occasion de me le faire sentir. La
« manière dont ils se sont comportés n'est pas admirable ; j'avois dit
« à quelqu'un que je ne croyois pas qu'on passât le petit bail, contre
« lequel je proteste de nullité, sans ma participation ; ils m'ont fait voir
« le contraire, et que rien n'arreste des gens qui ne reconnoissent pas
« de loi. J'ai cru ma conscience obligée à m'opposer à leur entreprise,
« à revendiquer mes droits de capitulant dont on ne prive que ceux
« qui ont encouru des censures ecclésiastiques. Encore ne les en
« prive-t-on pas par voye de fait comme je l'ai été. Mon intention est
« de me pourvoir au Parlement par un appel comme d'abus, mais je
« ne passerai pas outre sans avoir reçu votre avis sur la conduite que
« je dois tenir. J'ose espérer que vous voudrez bien me répondre le
« plus tôt possible, et me croire dans les sentiments de la parfaite
« considération, Monsieur,

« votre très humble et très obéissant serviteur,

« F. Hommeril. »

Nous n'avons pas la protestation de Dom Hommeril.

Voici quatre lettres inédites de notre prieur qui se trouvent aux *Archives nationales* (D. XIX^{63}, liasse 331, 2 à 6) précédées de la fiche suivante :

« Demandes du Sr Hommeril.

Le Sr Hommeril demande :

1º Qu'il lui soit permis de quitter sur le champ la Communauté de Lyre, en se conformant aux décrets de l'Assemblée Nationale.

2º Que le trésor de cette maison soit mis en sûreté.

3º Que le comité ecclésiastique veuille bien lui accorder sur ces deux points une réponse qu'il puisse mettre sous les ieux des officiers municipaux de Lyre, et qui le délivre — enfin — et ses religieux de la gêne et des vexations qu'ils éprouvent depuis un mois.

A Paris, ce 16 juin 1790.

(paraphe) ».

Les quatre lettres portent l'adresse suivante :

A Monsieur, Monsieur Pouret Roquerie député à l'assemblée Nationale, maison de M. Vasselin, place Saint-Michel, à Paris.

Lyre ce 21 mai 1790.

Tandis que je dormais bien tranquilement chez vous, mon cher cousin, on s'occupoit ici à voler le thrésor de notre église. Ce vol a occasionné une rumeur terrible, si terrible que quelques religieux soupçonnés d'en être les auteurs auroient couru risque d'être massacrés, sans la prudence des officiers municipaux qui ont été appellés pour en dresser procès verbal. On a fait par toute la maison des perquisitions et on a retrouvé une partie des choses volées dans les murs de l'enclos, et une autre derrière un petit jardin d'amusement. Tout ceci a été envoyé à l'assemblée Nationale, et à mon arrivée, j'ay trouvé dans la maison au moins une douzaine de sentinelles et les religieux gardés à vûe. Je vous avois bien dit que l'on perdoit la tête dans le cloître et qu'il seroit de la plus grande nécessité de permettre aux supérieurs de payer, dès à présent, la pension à ceux qui voudroient sortir. La vie de ceux qui gouvernent sera exposée, si cela n'arrive pas bientôt. Je réclame vos bons offices de la manière la plus pressante dans la circonstance douloureuse où je me trouve. Je bénis le ciel d'avoir été absent, mais je désire ardemment que cette affaire s'assoupisse. Vous veniez de partir quand je fus pour vous faire mes adieux, obligé d'attendre pour toucher de l'argent, je ne pus y aller plus tôt; ainsi je serai votre débiteur jusqu'a la première occasion.

J'ay l'honneur d'être avec un cœur bien serré, mon cher cousin,

votre très humble et obéissant serviteur.

Homméril (et paraphe).

Lyre, le 26 mai 1790.

Nous continuons d'être gardés, mon cher cousin, et cette garde jointe à des propos et des soupçons injurieux au delà de ce qu'on peut dire, bouleverse les têtes. Je ne vous dissimulerai pas que, quoique je fusse bien tranquilement couché chez vous, lors du délit, je n'entends pas toutes les rumeurs et toutes les sottises qu'on dit de nous, sans en être vivement affecté. J'ay la liberté de vaquer à mes affaires, mais de cette liberté à la contrainte, il n'y a qu'un pas. Que je bénis le ciel de ne m'être pas trouvé ici la nuit du 16 au 17. C'est un bienfait de la providence, car je ne répondrois pas plus de ma tête, que je ne puis répondre de celle de ceux qui y étoient. Nos habitans font une garde bien assidue dans l'espoir que nos reliques leur seront allouées;

mais si on les faisoit porter à la monnoye, comme un don patriotique auquel je consentirois de bon cœur, cela n'éviteroit-il pas la peine du partage. J'ay beau me mettre l'esprit à la torture, je ne conçois rien à cet enlèvement. Ne seroit-il pas possible qu'un ou plusieurs hommes méchans eussent fait cette opération, pour rendre odieuse une maison où, au 27 d'avril jour de mon départ, il n'avoit pas été fait la moindre dépradation? Ce qui a été retrouvé étoit sous la couverture de nos murs et dans le grenier d'une petite Bijude qui sert de commodités à un petit jardin qui n'est pas loin de mon appartement où sans se gêner on pouvoit voir le dépôt en se promenant. Il y a quelque chose de singulier dans cette avanture à laquelle on a donné un éclat si singulier, que nous partirions tous dès demain si on vouloit nous le permettre. Entre vous et moi, je crois que cela entre un peu dans les vûes de quelques personnes. Cela contrarie si peu les miennes que je vous prie de m'obtenir mon Exeat de l'Assemblée Nationale et de faire donner ordre à notre municipalité de me payer le 1er quartier de ma pension. Je suis bien déterminé à quitter la maison, un gouvernement qui me pèse infiniment, et un païs où je m'ennuye à la mort, depuis mon retour on n'entend parler que de mauvaises choses, de dangers, notre agonie dure trop long, gare qu'on ne l'abbrège d'une manière tragique, j'aimerois mieux être à Vely aimé de ma famille et chéri de mes concitoyens, que d'occuper un poste chancellant qui m'expose beaucoup. O Assemblée Nationale faites moi donc jouir de cette précieuse liberté que vous me promettez, il entre chez moi en ce moment quelqu'un qui me prévient que hier il est venu un ordre pour me concentrer dans mon appartement. En vérité tout porte ombrage dans la crise où je me trouve. On a pris dans ce canton un préjugé terrible contre le clergé et la noblesse et notámment dans notre bourgade. Mon bon cousin, opérez ma délivrance et écrivez-moi vite que je vais être dégagé de mes fers. Je suis, songez-y bien, je suis déjà à mon sixième jour de souffrances, n'entendant parler que de rigueur, procès-verbaux, humiliations au delà de ce qu'on peut dire. J'ay pris Lyre avec 76.000 livres de dettes et je la rends à la Nation avec 15.000 livres, ajoutés à cela qu'au 1er juillet prochain il y aura au moins 12.000 livres de fermages échus. Je n'en suis pas mieux vu pour cela. Je suis bien sûr qu'on a peint les religieux de Lyre avec les plus noires couleurs; mais je suis persuadé que l'Assemblée Nationale ne les verra pas tout-à-fait de même. Je vous souhaite une bonne santé et vous prie de me croire bien véritablement,

       mon cher cousin
        votre très humble et obéissant serviteur,
         Homméril (et paraphe).

Le 30 mai, à 11 heures du matin.

Plus de liberté, mon cher ami, et je ne scais pas ce qui suivra. M. le Maire de Lyre m'apprit hier qu'il avoit envoyé contre moi un verbal à l'Assemblée Nationale contre mes registres de régie et qu'il attendoit sa réponse. Je lui représentai inutilement qu'on lui avoit fourni tous les registres excepté le sommier qui n'est plus en règle depuis plus de 20 ans, il me dit qu'il regardoit mes registres comme des feuilles et rien de plus. Je lui dis que les choses étant ainsi je me présenterois à l'Assemblée Nationale, il me dit de le faire. J'allois partir ce matin à 5 heures, les chevaux attelés, on m'est venu dire que je ne partirois pas sans un passeport de M. le Maire; inutilement j'ay représenté que j'en avois un du commandant de la milice, j'ay été obligé d'aller éveiller M. Duval à une demie lieue où j'ay été accompagné par un fusilier; M. Duval m'a dit qu'il falloit rester. Il faut sentir pour exprimer le rafinement de cruauté que met cet homme dans ses procédés à notre égard. Vous n'avez jamais vu une désolation comme celle qui règne dans notre maison.

Est-ce que pour me tirer de cette cruelle position vous ne pourriez pas me faire appeler auprès de l'Assemblée, afin de m'ôter la vue de ces fusils et de ces mauvais sabres qui semblent toujours prêts à me percer? Vous ne vous ferez jamais une idée de ce que je souffre depuis mon retour, on m'a dit aussi qu'on me feroit prouver mon alibi lors du vol la nuit du 16 au 17. J'étois chez vous, vous le scavez bien. Je suis innocent comme l'enfant au berceau, mais en vérité si vous ne venez à mon secours, je ne scais si je défendrai bien ma conduite. Croyez-moi il n'y a rien d'exagéré nous sommes tous comme de malheureuses victimes prêtes à être immolées, encore nous fait-on valoir une conservation plus cruelle mille fois que la mort. Je vous demande la réponse la plus prompte et la plus prompte délivrance. Jamais je n'ay rien vu d'égal à la fermentation du peuple de ce pays-cy, ce peuple dont j'étois si aimé il y a deux mois et dont partie m'aime encore et me plaint, mais les méchants triomphent. Je ne veux prendre aucun parti avant votre réponse. Ne négligez pas de me la faire poste pour poste. Je vous embrasse l'âme pleine de trouble. Et suis toujours.

Homméril (et paraphe).

O quelle position.

Lyre, ce 7 juin 1790.

Mon très cher cousin,

J'ay eu l'honneur de vous marquer que les reliquaires et partie de l'argenterie du thrésor de notre église s'est retrouvée dès le 17 mai, le reste a été retrouvé hier par des enfants qui cherchaient des fraises dans un petit bois au dessus du pont de la Vieille Lyre. Il est bien impossible que ce soit des religieux qui en aient fait le dépot dans ce petit bois, puisqu'ils n'ont cessé d'être gardés à vue depuis le 17. Ma captivité n'est pas si rigoureuse que celle des autres, mon sous-prieur et moi nous avons la liberté de sortir pour nous promener; mais la garde n'est pas moins dans notre maison et nous donne l'allarme pour un rien. Cette nuit on a cherché partout un soldat national qui, dit-on, avoit volé une livre de pain et on se dispose à en faire justice, il en seroit de même des religieux s'ils étoient convaincus de l'enlèvement du thrésor. On m'a dit ce matin qu'on commenceroit par en faire justice et qu'après cela, on feroit leur procès. Ce sera un grand bonheur si quelqu'un d'eux n'en meurt ou ne perd la tête.

Le parti de me retirer que vous me conseillez de prendre est celui qui me plaît davantage. Mais auparavant je voudrois bien sçavoir si on m'accordera les meubles de ma chambre; c'est un objet intéressant pour un homme qui n'a pas de lit ailleurs.

Le second me donneroit l'embarras d'une affaire, la milice de Lyre dit qu'elle garde le thrésor, parce qu'il doit lui appartenir et qu'il sera pris sur la valeur d'icelui pour payer les frais de la garde. Moi j'estime toujours qu'il vaut mieux en faire un don patriotique. Vous pouvez le proposer à l'Assemblée, sans crainte d'être désavoué. Cela pourroit appaiser les rumeurs et nous serions délivrés de la garde, parce qu'ils prennent ce prétexte là pour la monter. Si M. Maréchal vouloit écrire un mot à M. Duval, notre maire, et sans trop lui reprocher l'irrégularité de sa conduite, lui insinuer qu'il outrepasse ses pouvoirs, nos Mrs ne demandent que cela pour user de la liberté de se retirer accordée par le décret.

Il a laissé le procès verbal de son inventaire sans le clore, il devoit commencer par demander aux religieux s'ils entendoient rester ou profiter du décret. Et il ne l'a pas fait. Il a demandé les registres de régie, on les lui présente tels que je les tiens et tels qu'ils sont partout il a dit que c'étoit des feuilles et qu'il ne vouloit point les recevoir. Ils sont tels, mon cher ami, que je ne craindrois point de les présenter au comitté le plus sévère, non pas à arrester mais à examiner. J'imagine bien que l'Assemblée Nationale ne donnera point un effet rétroactif à ses décrets; quand cela seroit mon administration me feroit honneur. Ce qu'il y a d'inconcevable, c'est que tous ces gens là en conviennent, scavent mieux ou aussi bien que moi l'état ou j'ay pris la maison et le bien étonnant que j'y ai fait, comparaison faite de l'actif et du passif, la maison se trouvera ne devoir que six à sept mille livres le terme de saint Jean arrivé et vous voyez que nous n'en sommes pas loing. Dans mes quatre ans de gouvernement qui seront révolus à cette époque, j'ay fait pour plus de six mille livres de réparations, et mis dans la maison pour plus de 4.000 livres de meubles tant vif que mort. Ainsi vous voyez que je ne dois pas craindre que mon administration soit connüe il n'y a pas d'honnestes gens dans les environs qui ne me rendent justice. Je vous prie à jointes mains de faire écrire à M. notre Maire de finir le martyre que j'endure afin que je puisse me retirer par devers M. d'Evreux pour obtenir le bref qui m'est nécessaire. Si on ne nous accorde pas nos meubles de chambre je dirai : *Nudus egressus sum ex utero matris meæ et nudus revertar illuc.*

Regardez comme chose bien certaine c'est que depuis mon retour je n'ay pas fait une once de bon sang. Vos bons offices et votre activité eu cette occasion seront pour moi d'un prix infini.

J'ay l'honneur d'être bien véritablement,

mon cher cousin,
votre très humble et obéissant serviteur,
Homméril (et paraphe).

Voir en outre à dom *Miserey* une lettre adressée par Le Masson à dom Homméril.

Hubert (Philippe), profès à Saint-Evroult le 24 mars 1740, âgé de 24 ans, profès à Lyre où il mourut le 8 avril 1772. [*Matric.* 6630].

Hue (Vincent), 1669. (H. 469).

Hunault (Louis), 1676. (H. 514).

Isambart (René), 1744, 1746. (Delieuvin). Conventuel de Bernay en 1780.

Jacquet (Paulin), né à Verdun, profès à Saint-Faron (Meaux), le 20 juin, âgé de 17 ans, procureur à Lyre en 1663-1664, mort à Fécamp le 7 décembre 1683. On a de lui une lettre à Dom Delfau du 26 octobre 1672. (*Bibl. Nat. ms. lat. 11.645, f. 86*).

Jardin (François), né à Séez, profès à Saint-Evroult le 21 mai 1740, âgé de 17 ans, professeur de philosophie à Lyre en 1749, mort le 2 novembre 1789 à Valmont. [*Matric.* 6662].

Jollys (Jacques), 1661. (H. 482), sous-prieur en 1660. (H. 560.)

Jouault (J.-B.), 1683.

La Batte (J.-B.-Paul), né au diocèse de Meaux, profès à Jumièges le 8 septembre 1782, à Lyre en 1790. Voir chapitre VII.

La Bigne (J.-B.), né le 22 mai 1736 à N.-D. de la Couture de

Bernay, profès à Jumièges le 29 mai 1758, sous-prieur de Lyre le 12 avril 1768 (1). Cf. : chapître VII.

La Coste (Louis-Maurice de), profès à Saint-Augustin de Limoges, mort à Lyre en février 1745 où il était depuis 1739 (2). « D'un esprit droit et ferme. S'applique aux bonnes études. Dis-
« tingué dans le cloître par sa régularité. Prieur de Saint-Benoît-
« sur-Sault, puis de Saint-Michel-en-Lherme. Appellant de la
« bulle. Relegué chez les Cordeliers réformés de Robinières en
« bas Poitou par lettre de cachet de 1729 obtenues par son Général
« et l'évêque diocésain, heureux de souffrir pour le nom de J.-C...
« Mauvais traitements éprouvés par lui de la part des Cordeliers.
« — Une nouvelle lettre de cachet en 1730 l'envoie au mont
« Saint Michel, puis à Saint-Vigor de Bayeux, enfin dom Lanneau,
« son Général, lui ordonna de se rendre à Lyre où il y donna de
« grands exemples de régularité et de mortification, quoique
« aveugle. Sa mort en 1745. Lettre de M. de Senez qui fait l'éloge
« de ce pieux bénédictin. Dans son testament spirituel de 1743 il
« revendique et confirme toutes ses démarches en faveur de la
« vérité, revendique les vérités prescrites par la Bulle et en parti-
« culier le précieux dogme de la grâce efficace par elle-même;
« rend témoignage aux miracles opérés par l'intercession de M. de
« Paris et autres appelans; déclare s'en tenir sur les convulsions
« aux règles établies par M. de Montpellier. » (*Table des N.-E.
t. II, p. 12 ou a-29 (20 mai) et a-45 p. 111*). [Cf. : D. U. Berlière, p. 314. — Tassin, 524. — Tassin G. Gr. II, 197, etc.].

Lambert (Abraham), cellerier en 1746, présent en 1712. (Delieuvin).

Lamoureux (J.-B.), né à Saint-Germain-en-Laye, profès à Jumièges le 20 octobre 1711, à Lyre en 1712, mort à Saint-Denis le 24 décembre 1745. (Cf. : D. U. Berlière, page 319).

Langlois (Louis), 1762, dépositaire en 1765 et 1770, sous-prieur en 1775 et 1776; cellerier en 1778, 1779. — (H. 954).

---

(1) L'enquête ecclésiastique de l'an IX à l'an XIII dit de lui : « ancien religieux bénédictin, exerce à Bernay, honnête homme, sans aucuns moyens. » Nº 410.

(2) Il refusa de voter pour l'élection d'un conventuel le 3 avril 1739 avec Charles Le Roux et deux autres religieux. Cf. : p. 274.

Larocque (Denis de —), 19 avril 1712. (Delieuvin).

Lartois (Edme-Marie-Nicolas), né le 23 septembre 1745; à Lyre le 12 avril 1768 (Del.), et en 1790, voir chapitre VII°.

La Rue (Charles de —), né à Corbie (Amiens), profès à Saint-Faron de Meaux le 5 novembre 1703, à Lyre en 1757-1759, ami intime de dom Vincent Thuillier à tel point qu'il croyait devoir mourir le même jour que lui. (Cf. : *N.-E.* 1736, p. 44; — *Dom Le Cerf*, 433-434; — *D. U. Berlière*, 330, etc.) Jean —, 1746. (Del.).

Laugnier (?) (Pierre), sous-prieur en 1669-1676. (H. 514).

La Varenne (J.-François de —), 13 janvier 1757, (Del.); procureur à Beaumont-en-Auge en 1756, (abbé Piel, iv, p. 262, n° 175).

Le Bachelier (Amand).

Le Camus de Bernay, postulant, interrogé le 29 mai 1773.

Le Cirier (Nicolas), 1680.

Le Clerc (Guillaume), né à Evreux, profès à Jumièges le 8 juillet 1664, âgé de 19 ans, sous-prieur de Lyre 1694, mort au Bec le 8 mars 1727. — Auteur de la lettre à D. Th. Blampin sur l'édition de Saint-Augustin, tirée de la collection Wilhelm (*Bibl. de Colmar*) faisant partie des lettres de la Bibl. Nat. nouveau fonds latin 11645-11666. — (*Revue Bénéd.*, 2 avril 1909, p. 229).

Le Comte (Louis), né à Résenlieu, profès à Saint-Wandrille le 25 août 1723, âgé de 20 ans, à Lyre en 1739 où il proteste avec presque toute la communauté contre la 19° lettre théologique de dom Bernard La Taste, p. 274; mort au Bec le 10 août 1774. Présent à Lyre le 13 janvier 1757 (Del.) — [*Matric.* 5757].

Le Fay (Etienne-Columban), né à Lyre (Evreux), profès au Bec le 4 août 1630, âgé de 19 ans, mort à Bonne-Nouvelle de Rouen 1er août 1669.

Lefebvre (Etienne), dépositaire 1754-1755. (H. 954) et (H. 474).

Lefèvre (Jean), prieur de Lyre, 1766, mort en 1767. « Le « 25 avril 1767, il donnait procuration à dom Pierre-Jacques de la « Besardais, prieur de la Couture du Mans pour déclarer au greffe « de l'officialité du Mans où est situé le prieuré régulier de Saint-« Pierre de Ceton dont il est titulaire, qu'il fait sa résidence à « Lyre. » (Del.) Cf. : p. 279.

Le Goux (Julien), sous-prieur en 1726.

Leivisse (Claude de —), 1771. (H. 475).

Le Leu (Guillaume), sous-prieur en 1699.

Le Lièvre (Jacques), 1710.

Le Maistre (Simon), 1714. (H. 514).

Le Maître (Pierre), prieur de Lyre du 4 juin 1763 au 28 janvier 1766. (H. 582.) On a une *Vie de dom Pierre Le Maître pendant la Révolution* dans Bajocana, *Recueil de documents*, etc., II, 1910, p. 91-96, 138-144. Il fut aussi à Saint-Victor de Bayeux.

Le Marchand (Jacques-Sébastien), né à Saint-Pierre-sur-Dives, profès à Jumièges le 17 juillet 1764, à Lyre le 12 avril 1768 et le 11 avril 1770. (Del.) Il refusa de prêter serment à la Constitution et mourut curé de Vendeuvre en 1831, âgé de 86 ans. (*Soc. hist. et arch. de l'Orne* 1912, p. 208, *matric.* 7880).

Lemerault (Louis), né à Alençon, profès à Jumièges le 21 décembre 1711, âgé de 18 ans; à Lyre en 1712, puis professeur de philosophie à Saint-Wandrille, de théologie en 1725 à Saint-Germain-des-Prés; continua la réédition de Saint-Ambroise, devint bibliothécaire et mourut le 6 mai 1756 à Saint-Germain où il était, de plus, sous-prieur, très estimé de tous et en particulier du cardinal de Bissy, de l'évêque de Metz, du maréchal de Noailles, etc. (Cf. : D. U Berlière, p. 362, et Dom Denis, p. 383, dans *Soc. hist. de l'Orne*, juillet 1911, p. 383, *matric.* 5069).

Le Mercier (J.-B.), 1718.

Le Moine (Julien), né à Caen, profès à Saint-Wandrille le 6 juin 1725 âgé de 20 ans, sous-prieur de Lyre en 1734, mort à Saint-Père de Chartres le 13 juin 1758. On a un *factum* pour son prieuré de Davron (Chartres) dépendant de Josaphat contre les jésuites de Louis-le-Grand à Paris (*Bibl. Maz. Impr.* n° 274. A11).

Le Noir (Michel), 1712, secrétaire en 1713, 1714. (H. 954).

Le Parsonnier (Pierre), diacre, proteste le 3 avril 1739 à Lyre, p. 274.

Le Picard (Etienne), à Lyre en 1730 (?), prieur de N.-D. de Bernay le 26 septembre 1745-1750, aumônier de Grestain, (abbé Piel, III, p. 707, et IV, p. 52); prieur de Lyre du 8 juin 1781 au 15 mars 1782. (H. 582).

Le Pin (Pierre-César), né à Alençon, profès à Jumièges le 20 janvier 1723 à 21 ans, prieur de Lyre le 4 juin 1757 où il mourut le 17 avril 1763 après six ans de priorat. Il avait gouverné Lessay (1738-1739), Beaumont-en-Auge (1739-1745), Tiron (1745-1748), Coulombs (1748-1751), Saint-Germer (1751-1757), enfin le 9 août il avait été pourvu des prieurés réguliers de Saint-Quentin et de Saint-Médard, ce dernier au diocèse de Tours. (Dieulevin).

Le Prévost (Romain), 1744; 1745 sénieur; prieur de Lyre du 24 juin 1769 au 29 mai 1773. On le dit *de Gournai*.

Le Roux (Charles), diacre, 1739, janséniste, p. 274.

Lesage (Charles), né à Alençon, profès à Jumièges le 12 septembre 1655 à 25 ans, présent à Lyre en 1676 et 1678 antique (H. 514), mort à Conches le 20 octobre 1692. [*Matr.* 1601].

Le Sage (Charles), à Lyre, sous-prieur en 1736.

Le Sauvage (Pierre), secrétaire en 1676.

Lescuyer (Lucien-François), à Lyre en 1677. (H. 472.) On a de lui des lettres écrites de Saint-Fiacre, le 20 novembre 1671 et le 16 mars 1672, à D. Claude Martin pour l'édition de Saint-Augustin. (*Bibl. Nat. ms lat. 11644 fol. 125, 126*).

Lespine-Trouit (Jacques), né à Argentan, profès à Jumièges le 10 août 1718, âgé de 28 ans, secrétaire à Lyre en 1723, mort à Fécamp le 13 juin 1751. (*Matric.* 5465 de Paris et de D. Denis 5480). Le 11 septembre 1733 il proteste contre la visite à Préaux de D. Charles Luché, visiteur de Normandie.

L'Espron (Pierre), 1730.

Le Sueur (Guillaume), 1718. Compagnon de dom Thuillier pour écrire l'histoire de la Bulle. Toujours à la suite du cardinal de Rohan pour lui faire la lecture de l'histoire de la Bulle de dom Thuillier revisée par lui en premier, et, en second, par l'Eminence. (*N. E. a-42, p. 28*, voir aussi *Thuillier*).

Le Tellier (Jean-Henry), 1707.

Letellier (Guillaume), sénieur en 1785, secrétaire en 1788, prieur de Bonneval le 1er juin 1789, né à Goderville (Rouen), profès à Jumièges le 9 décembre 1775, à 21 ans. Prêta serment, devint curé de la Trinité à Fécamp (28 août 1791), puis après le Concordat se retira dans son pays où il mourut en 1833 curé de cette paroisse.

L'Étourneau (Siméon), sous-prieur de 1740 à 1744.

Levasseur (Jean-Pierre-Marie), sénieur en 1784. Voici une protestation adressée par lui en 1785 :

« L'an mil sept cent quatre vingt cinq, le premier jour de juin,
« à la requête de Dom Jean-Pierre-Marie Levasseur, religieux bénédic-
« tin de l'ordre de Saint-Benoît, Congrégation de Saint-Maur, cy devant
« demeurant à l'abbaye de Lyre et actuellement en celle de Bernay;
« j'ai Jean-Germain Delauney, sousbrigadier en la prévôté générale
« des monnoyes et gendarmerie de France, pourvu par le Roy et

« installé en ladite prévôté générale de Paris, exploitant par tout le
« royaume, demeurant au bourg de la Neuve-Lyre, soussigné, signifié,
« dit et déclaré à Dom Chahau, soit disant prieur de l'abbaye royale
« de Notre-Dame de Lyre, demeurant en la dite abbaye, seise paroisse
« St-Pierre de la Vieille-Lyre, où je me suis exprès transporté, distance
« d'une demi lieuë, où étant et parlant à son Portier de la dite abbaye
« ainsi qu'il me l'a déclaré, de ce interpellé, chargé le faire savoir à
« mondit Sr Prieur, ce qu'il a promis faire après midy à ce qu'il n'en
« ignore, que mondit sieur requérant ne suit l'obédience à lui remise
« par l'un des domestiques de la dite abbaye de Lyre, de la part du
« dit Dom Chahau, provenant de la prétendue assemblée tenuë abbaye
« de Saint-Germain-des-Prés à Paris en la présente année, que pour
« éviter toutes discussions et sous toutes réserves de fait et de droit
« à quoi il n'entend se préjudicier par la présente diligence à laquelle
« fin autant du présent exploit. Signifié et délivré audit Dom Chahau,
« requête et parlant comme dessus, le dit jour et an. Dont acte.

« Signé : DELAUNEY, FR. J. LE VASSEUR. »

5 mai 1790 accepte la pension. (Del.)

LEVAVASSEUR (Jehan), 1677. (H. 472.)

LEVESQUE (J.-Pierre-François), 13 janvier 1757 (Del.), le 3 octobre suivant on lit : Philippe. (Del.). On le retrouve à Préaux en 1793 avec une pension de 1200 livres, âgé de 70 ans deux mois.

LEYRISSE (Placide), sous-prieur le 11 avril 1770. (Del.). Voir DE LYRIS.

LIESSE (Germain), 1669 (H. 469); 1671; cellerier en 1673 (H. 498); voir sa lettre page 254; 1677. (H. 472 et H. 558, 559).

LITRÉ (François), 12 avril 1768, dit François-Guillaume le 11 avril 1770. (Del.).

LOCARD (Philippe), né à Saint-Agnan (Séez), le 20 janvier 1743, profès à Vendôme le 21 novembre 1764, diacre et secrétaire à Lyre en 1772, résidant à Caen en 1790. (Cf. : Hippeau et *Soc. hist. de l'Orne*, 1912, p. 308.) [*Matric.* 7897].

LUCAS (Guillaume), professeur, *antiquior* 1775-1776. En 1772 (15 et 24 octobre) il donnait sa procuration pour régir le prieuré régulier de Sainte-Radegonde près Neufchâtel-en-Bray (Rouen) dont il était titulaire. (Del.). — Cf. : p. 272.

MADENIÉ (Bénigne), prieur du 15 mars 1782 au 5 octobre 1783.

MALITOURNE (Gabriel), né à Alençon, profès à Saint-Evroult le 26 juillet 1741, âgé de 18 ans, à Lyre en 1744, mort le 29 juin 1786 à Faremoutiers, *alias* à Saint-Taurin d'Evreux, le 27 janvier 1786, *matricule* 6730. Un dom Malitourne eut un procès avec les jésuites pour le prieuré de Davron usurpé par ces Pères. Ils l'avaient uni à leur collège de Paris sous le spécieux prétexte de leurs missions des Indes et pour en faire une jolie maison de campagne. Dès 1751 le sieur Crosnier, chanoine de Chartres, leur en disputait la possession. Un arrêt, malgré toutes les influences, adjugea le prieuré à dom Malitourne (1). (*Nouv. Eccl.* a-60, p. 103-104, art. *Jésuites*).

MALLET (Etienne-Louis), sacristain en 1770.

MARAIS (Pierre), né à la Gonfrière le 14 août 1755, profès à Lyre le 18 décembre 1777. Il se trouvait en 1790 à Notre-Dame de Bernay et déclara quitter le cloître pour se retirer à Malétable. On lui donna 52 volumes, parmi lesquels la *Bibl. des Prédicateurs* en 8 volumes. (E. Veuclin, *L'Antiquaire*, n° 114, p. 4).

MARCHAND (Georges), 1791, voir page 307.

MARCHEIX (L. Sévère), 1724.

MARETTE (R. P. Dom —) en 1758 à Lyre, p. 278. Religieux à Saint-Evroult en 1717 il fut ordonné diacre à Lisieux le 27 mars. (Abbé Piel, II, 333, n° 213).

MARTONNE (Pierre DE —), 1712 (2).

MARY (Louis), 1746 (Del.).

MARYE (Pierre), sous-prieur en 1781, prieur du Bec en 1791.

MAZE (Vincent), 1660 (H. 560); 1663 (H. 474); 1664 (H. 514).

MÉRIEL (Jean), 1730; à Préaux en 1742 Jean-Jacques Meriel Bussy, (abbé Piel, III, p. 582, n° 340), à Beaumont-en-Auge en 1760 (abbé Piel, IV, p. 422).

MERTIER (Antoine), 22 février 1765.

MÉSANGE (Jean-Grégoire DE —), né à Alençon le 25 mai 1695, profès à Jumièges le 9 avril 1719, à Lyre en 1730, mort au Bec le 27 février 1735, diacre, (*Matric.* 5543).

MIÉE (Jacques DE —), 1677 (H. 472).

MINOT (Etienne-Jean), cellérier en 1749. (H. 954).

---

(1) Voir LE MOINE, même difficulté.

(2) Un Jean de Martonne, sieur de Vergetot, conseiller-maître blasonnait : « d'azur à la croix d'or contonnée de 4 estoilles d'or. » (G. Prévost, *Armorial*, II, 264, n° 184).

Mirebeau (Nicolas), sénieur en 1754-1757; prieur, en 1745, de Saint-Pierre de Préaux. (*Abbé Piel*, III, p. 702).

Miserey (dom J.-B.). 1759, dessinateur et auteur des beaux plans de Lyre qui figurent dans cette histoire. A ce bénédictin est due, très probablement, la vocation artistique des deux frères Le Masson, de la Vieille-Lyre. A 17 ans, en effet, dit M. Renoult, membre de l'Institut, dans sa notice historique sur François Le Masson (1) « un bénédictin lui donna les premières leçons de

---

(1) Lettre de Le Masson à Dom Hommeril, cellérier de l'abbaye de Notre-Dame de Lyre (par Conches) à Lyre.

« Monsieur,

« J'ai si peu arrêté chez moi depuis quelque temps, qu'il ne m'a été
« possible d'aller à Paris au désir de votre lettre, pour y payer
« 250 livres à votre ordre, mais soyés tranquile, j'ai eu l'honneur
« d'écrire à Dom Vernet à cet égard et vers le 6 ou le 8 juillet le
« n° Pierre Baille sera soldé, je compte de ce tems là y aller passer
« deux à trois jours dans cette capitale pour y traiter différentes
« affaires et la vôtre sera du nombre.

« Permettés moi, Monsieur, de vous prier d'avoir la bonté de dire
« à ma sœur de m'envoyer exactement la notte de ce que je peux
« vous devoir pour les sommes que vous avés bien voulu lui avancer
« jusqu'à ce jour, afin que je puisse savoir quel parti je prendrai sur
« la proposition que vous avez la bonté de me faire à son égard.

« M' le Prieur d'Yvri la Chaussée a passé avec nous 4 à 5 jours
« dernièrement, malheureusement je n'ai pas pû jouir du bonheur de
« le posséder chés moi, que par des moments de peu de durée.

« J'ai l'honneur d'être parfaitement

« Monsieur
« Votre très humble et très obéissant serviteur
« Le Masson.

« Versailles le 29 juin 1788.

« Je vous prie, Monsieur, d'avoir la complaisance de dire ou faire
« dire à ma sœur que j'ai reçu sa lettre et que lui faisons des compli
« ments je n'ai pas le tems de lui répondre. » *(Arch. de l'Eure*, H. 581).

La lettre était scellée avec un cachet portant double blason. Le premier : coupé, *d'azur à une lyre d'or et une étoile d'or à senestre*; puis au second, *d'azur au globe terrestre d'argent sur l'écliptique*.

dessin. Ses progrès annoncèrent bientôt des dispositions extraordinaires, etc. » — Sous-prieur en 1760. Cf. : p. 270.

Montagu (Pierre de —), 3 octobre 1757 (Del.).

Montigny (J. J. de —), né à Falaise, profès à Séez le 8 octobre 1761, âgé de 18 ans, procureur à Lyre le 14 février 1775 (Del.), sous-prieur à Séez en 1775 et 1777, cellérier à Jumièges en 1790 où il réserve sa décision. [*Matric.* 7793].

Morin (Jean-François), sous-prieur en 1681 (H. 469).

Mullet (Pierre-Martin), 1776, sous-prieur en 1771 (H. 581), élu de Lyre à la diète en 1778 et procureur, sous-prieur en 1782. On trouve le 22 septembre 1778 Etienne-Joseph Mullet (Del.).

Mullot (François-Joseph), ordonné prêtre le 27 mars 1717 (Abbé Piel, II, p. 333), né à Rouen, se trouve à Lyre en 1718, 1727, 1737, 1744, mort à Jumièges le 30 septembre 1756. Ardent janséniste, aussi les *Nouv. Eccl.* en parlent ainsi : « Ses heu-
« reuses dispositions pour la pénitence et pour l'étude : en état
« de remplir toutes les places de la Congrégation et surtout de
« former les novices, exclu de tout à cause de son appel et de
« son réappel. Employé à quelques offices temporels, son talent
« pour ne point se dissiper dans des emplois si dissipants. Sa
« mort subite en 1756 à l'âge de 67 ans. » (*N. E. Tables*, II, 365). Voir chapitre vi, pages 269, 271, 272, 274, 275 et 276.

Nadal (Etienne), secrétaire en 1723.

Le second : *d'argent au cerf passant; le chef d'azur chargé de 3 étoiles d'or posées en fasce.*

Les deux écussons réunis par une couronne de marquis, posés sur un pont, au dessous duquel on voit un fleuve avec deux navires.

On sait que François Le Masson, statuaire de talent, est auteur du groupe allégorique *dévouement à la Patrie* au péristyle du Panthéon, des statues de *Périclès* au Sénat et de *Cicéron* à la Chambre des Députés, etc. Louis Le Masson, ingénieur en chef des ponts et chaussées, anobli le 13 janvier 1815, a laissé un fils qui fut député du Bas-Rhin (1846-1848), officier de la Légion d'honneur, etc. — Louis Le Masson blasonnait : coupé au 1er *d'azur à deux tiges de lys posées en sautoir. d'argent, grainées d'or; au 2e de gueules au chevron d'or accompagné de 3 étoiles d'argent.*

François, le sculpteur, avait épousé, paraît-il, une demoiselle de Semellé, d'où une fille qui aurait elle-même épousé le général baron de Semellé, dont plusieurs descendants. (Notes Delieuvin).

Néru (Louis-Antoine), né à Saint-Lhomer (Séez), profès à Jumièges le 7 juin 1714 âgé de 19 ans, dépositaire à Lyre en 1722; religieux en 1725 à Beaumont-en-Auge se déclare publiquement contre la Bulle; mort à Préaux ou à Lyre le 7 avril 1777.

Nicole (Jacques-Guillaume), 1730.

Noel (Bonaventure), sous-prieur en 1661 (H. 518).

Oblin (J.-B.), 16 janvier 1753 (Del.).

Oblefere (?) 1784.

Pardu (J.-B.), 1718.

Pariset (Nicolas), sous-prieur en 1778.

Patallier (Auguste), février 1744-46 (Del.).

Pavie (Pierre), sous-prieur 22 février 1765 (Del.).

Péry (Noël), 1694, 1696, 1699 (H. 454). Religieux-profès à Notre-Dame de Bernay le 26 septembre 1745 (Abbé Piel, III, p. 707.)

Pichonnier (Jacques-Antoine-Michel), secrétaire, 1776, 1777. A Préaux en 93 avec une pension de 900 livres car il n'avait que 42 ans.

Pinart (Louis-Isaac), diacre et secrétaire en 1775, procureur en 1776.

Planchon (Augustin), 21 octobre 1690.

Poilly (Laurent de —), secrétaire, 1742, 1744, 1746.

Pointel (Pierre-Martin), secrétaire en 1729.

Poitevin (Nicolas le —), né à Alençon, profès à Jumièges le 2 septembre 1664, âgé de 23 ans, en 1681 administrateur de Craon; 1685, prieur de Tiron en 1696; de Saint-Germer (1702-1705)); de Préaux (1705-1708); de Tiron (1708-1711); enfin de Lyre le 29 mai 1711 jusqu'au 1er mai 1713, date de sa mort. Il avait déjà gouverné Lyre quelques mois, du 19 avril au 10 août 1705. [*Matric.* 2274].

Potier (Charles), 1736, voir *Foulques,* n° 4425 et 1736. Cf. : p. 272.

Prudhomme (Louis), 17 novembre 1660 (H. 560).

Quittebeuf (Nicolas), 1677 (H. 472).

Rabasche (Jean-François), secrétaire en 1691.

Remy (Jacques), sous-prieur le 1er mars 1659 (Del.).

Renard (Marc), prieur de Lyre le 1er mars 1659 (Del.).

Ribard (Claude), secrétaire en 1781. Né le 13 mai 1753; sous-prieur à Caen en 1790 (Hippeau), mort le 5 octobre 1827, âgé de

74 ans. Il avait été longtemps employé comme fonctionnaire dans le nouveau collège « et le bon religieux ne cessa de prêter, avec « un zèle touchant, un actif concours à l'œuvre que la société « laïque ne devait plus abdiquer désormais. » (Cf. : *Une visite au collège royal de Caen*, par M. Edom, où il fait connaître cette douce figure dont plusieurs habitants ont conservé le souvenir. » (Hippeau).

Il figure à Lyre encore dans un acte du 14 février 1775. (Del.).

RICHER (Pierre), né à Alençon, profès à Vendôme le 4 août 1653, âgé de 22 ans, sous-prieur à Lyre en 1663, 1664, 1670; administrateur à Saint-Vigor de Bayeux dont il devint prieur en 1672; nommé prieur de Saint-Taurin (1675-1681); enfin de Saint-Fiacre en Brie où il mourut le 16 avril 1684. [*Matric.* 1477].

RIVARD (Marc), prieur de Lyre, 13 avril 1657 (G. 23); 1660.

ROGER (Pierre), 1730.

ROLLANT (J.-B.), 1677 (H. 472); secrétaire en 1680 (17 janvier).

ROSE (Maur), sous-prieur en 1739.

RUAULT (Alexandre-Jean), 12 avril 1768; sous-prieur à Préaux le 25 janvier 1774; prieur de Lyre du 9 juin 1778 au 8 juin 1781. (H. 582).

SAINT-AFFRIQUE (Gilbert DE —), prieur à Lyre, 1744-48; puis professeur à Saint-Etienne de Caen où il était prieur le 19 août 1753 (Hippeau). Il se soumit au joug de la Bulle, disent les *Nouv. Eccl.* a. 1739, p. 167.

SALON (Joseph), sous-prieur 1750; 1746 (Del.). En 1753 sous-prieur à Caen (Hippeau).

SAMUEL (Robert), 1679 (H. 582); voir page 252; né à Valognes (Coutances), profès à Jumièges 22 juillet 1656, âgé de 19 ans, mort le 16 mars 1714 à Chartres. Quantité de recherches sur Saint-Père-en-Vallée, sur la ville et les évêques de Chartres, sur l'abbaye de Josaphat, *d'après dom Liron*. (Cf. : Bibl. de Chartres ms. fr. 17006. fol. 109 v°). — *Matric.* 1685. Prieur de Lyre du 5 mars 1679 à juin 1687.

SANOURS (Jean), 30 avril 1669. (H. 469).

SASSE (Charles), 1680.

SOHIER (Augustin), né à Alençon, profès à Jumièges le 8 septembre 1715 âgé de 19 ans, à Lyre en 1718, mort à Aumale le 18 mai 1737. *Matric.* 5267.

Sohier (François), né à Alençon, profès à Jumièges 7 juillet 1717 âgé de 19 ans; quoique appelant le 18 octobre 1718 à Lyre, réappelant en avril 1728 à Saint-Jouin de Marnes, il fut cependant administrateur de Saint-Vigor de Cerisy (1739-1742); prieur de Préaux (1747-1751) enfin de Lyre (1751-1757) et mourut à Saint-Germer le 13 janvier 1758. *Matric.* 5401.

Sore ou Sorre (François), 17 novembre 1660 (H. 560).

Tellier (Henri-Antoine), secrétaire en 1748.

Thevray (Claude), 21 octobre 1690.

Thierry (Mathias), 17 novembre 1660 (H. 560).

Toustain (Nicolas), né au Repos (Séez), profès à Saint-Faron de Meaux le 6 décembre 1707 âgé de 21 ans, mort le 16 octobre 1731 à Saint-Pierre de Châlons. Sous-prieur de Lyre en 1720 il eut le bonheur d'être remarqué du Visiteur de Normandie qui le prit, pour ses visites, comme secrétaire, et rendit, de lui, le beau témoignage suivant à Montfaucon :

« Dom Claude du Pré à Dom Bernard de Montfaucon.

« P. C.

« Mon Révérend Père,

« La maladie de notre Père Secrétaire m'aïant obligé de prendre en
« sa place le R. P. Nicolas Toustain, sous-prieur de l'abbaïe de Lyre,
« je l'ai vu s'occuper à dessigner plusieurs tombeaux pour l'usage de
« Votre Révérence. J'ai applaudi à son travail et à son assiduité, et je
« ne puis aussi que je n'applaudisse au grand désir qu'il a d'aller se
« perfectionner sous Votre Révérence. Le témoignage que je vas
« rendre à Votre Révérence de ses talents ne sera pas normand,
« quoique rendu en Normandie. D. Nicolas Toustain est un religieux
« de 34 ans, d'une belle physionomie, d'une taille au-dessus de la
« médiocre, d'un cœur qui est tout à ses amis, d'une humeur très
« douce et très sociable, jamais de mauvaise humeur, toujours égal,
« les mœurs très innocentes, l'esprit bon, étendu, aïant des connois-
« sances presque de tous les arts. Il scait et a enseigné les langues
« pendant un an. Il est bon grammairien, scait sa philosophie et
« théologie en bon écolier. Il brulle de travailler, mais il souhaitteroit
« être sous les ieux d'un habille maître à qui il rendit service et qui
« en même temps lui fixât son travail et lui donnât sa tâche. Voilà
« ce que j'en scai par moi-même. Il ne tiendra qu'à Votre Révérence
« de se mettre au fait de ce religieux en obtenant la permission du
« R. P. Général [D. Denis de Sainte-Marthe] qu'il aille porter ce qu'il

« a fait pour son service. Il est au reste bien noble, d'une famille très
« bien alliée dans la basse Normandie; il a trois frères lieutenant
« dans le service. Votre Révérence excusera ma liberté; c'est le zèle
« pour tout ce qui la regarde qui m'a porté à faire cette démarche.
« Elle verra par là que présent comme absent je suis toujours d'un
« dévouement respectueux,

« mon Révérend Père,
« votre très humble et très obéissant serviteur,
« Fr. Claude du Pré, m. b.

« A l'Abbaye de Lyre, d'où je pars pour celle de Tyron par Nogent-
« le Rotrou, Perche, 24 novembre 1720. » (Bibl. Nat. ms. fr. 17706,
« f. 124-125).

Quelques jours après D. Nicolas Toustain écrivait lui-même au célèbre bénédictin la lettre suivante :

« P. C.

« Mon Révérend Père,

« Monsieur Grave, après avoir eu la bonté de parler à Votre
« Révérence en ma faveur, m'a fait scavoir que ce seroit luy faire
« plaisir de ramasser ce que je trouverois d'antiquités qui regardent
« l'église. Le R. P. Visiteur m'ayant pris pour luy servir de secrétaire
« dans les visites de quelques monastères voisins, j'ay employé le
« temps que j'ay pu ménager à rechercher tout ce qu'il pouroit y
« avoir de curieux et d'ancien, à le dessigner, ou à en prendre des
« mémoires que j'envoye à votre Révérence, afin que si elle juge
« qu'il y ait quelque chose qui mérite être déssigné, elle ait la bonté
« de me le marquer, parce que je ne suis pas assés informé de ses
« intentions pour m'attacher à déssigner ce qui me paroit le mériter.
« Je vous suplie donc, mon Révérend Père, en cas que ma bonne
« volonté et mes petits services vous soient agréables de me dresser
« un plan sur lequel je puisse travailler, je vous promets que je ne
« m'en écarterai point. Favorisés, je vous conjure, mon Révérend
« Père, le désir que j'ay de travailler et d'employer mon temps
« utilement; je me trouverois heureux si c'étoit sous vos yeux et en
« vous rendant service. Je suis, mon Révérend Père, avec la plus
« parfaite estime

« votre très humble et très obéissant serviteur,
« Fr. N(icolas) Toustain, m. b.

« A Lyre le 29 de novembre 1720.

Si Votre Révérence me fait l'honneur de faire réponse, je la
« suplie de l'adresser à Lyre par Conches. » — (Bibl. Nat. ms. fr.
17712, f. 281-282).

Dom U. Berlière, auquel nous devons la connaissance de ces
lettres et des suivantes (*Revue Bénéd.*, janvier 1911, p. 55, etc.)
a, de plus, signalé les notes de D. Toustain dans le ms. fr. 17712,
f. 283-284, sans les donner. Les voici, car elles sont vraiment
curieuses et intéressantes pour nous.

*Mémoire de ce qui ma paru curieux et ancien dans les abbayes et
églises suivantes :*

A Lyre.

Le tombeau d'Alix de Tosny fondatrice de l'abbaye.
Une chasuble donnée par saint Thomas de Cantorbéry.
Une croix patriarchale d'or, enrichie de pierreries au nombre
desquelles il y en a une sur laquelle est gravé un espèce de
talisman. Cette croix a été donnée par un patriarche latin de
Jérusalem.
Un anneau du même patriarche.
Quelques *crosses* et mitres anciennes.

A Saint-Evroult.

Une statue de saint Pierre au portail de l'église. Il est représenté avec la chape, l'aube et l'étole, et une espèce de thiare en
forme de cône.
Une autre statue du même saint avec une tiare de cette forme.
(*Trois bérets superposés, le dernier avec pompon*).
La figure du fondateur dans un vitrage avec habillement de
son temps.
Quelques anciens tombeaux.

Au Bec.

Le chœur dont j'ay pris le plan géométral, grand nombres de
fort belles tombes d'Abez, d'Evêques et de bienfaiteurs, dont j'ay
déjà dessigné 6 ou 7 tombes des premiers Abbez, entre autres celle

du Bienheureux Herluin, 1er abbé et fondateur, et de plus celles d'un Comte du Neubourg et de son épouse.

Je n'ay rien remarqué dans le Trésor. Il y a de plus quelques anciennes statues du bienheureux Herluin et de quelques autres.

* *

A Préaux.

La tombe de Homfroy de Vieilles, fondateur, sur laquelle est sa statue en relief fort belle. D. Mabillon l'avoit fait dessigner autrefois.

Il y a dans le chapitre cinq autres tombes des parens ou enfans du fondateur avec des habillements assés singuliers.

On garde dans le Thrésor la coupe du fondateur avec quelques chasses ou reliquaires d'une figure assés bizarre.

* *

A Conches.

Une chasse et le buste de saint Aignan dont les figures ont des ornements singuliers.

Un ancien livre d'Evangile, m. s.

Deux anneaux d'abbez, une belle crosse, cinq rétables d'albâtre dont les figures qui sont fort petites représentent les mystères de J. Ch. et le martyre de quelques SS., ils ont été faits en 1445.

Quelques tombes d'abbez.

* *

L'Abbaye de La Noé, de l'ordre de Citeaux.

Dans la chapelle des Comtes d'Evreux plusieurs de leurs figures avec les habillemens de leur temps.

Une tribune hors du chœur du côté de l'Evangile pour y chanter l'Evangile et les Leçons.

Deux fort beaux Tombeaux sur lesquels sont deux statues de femmes en habits de religieuses dont les souliers sont tout ronds.

Une pierre pour laver les morts sur laquelle il y a quelques vers gravez.

Le Saint Sacrement est au côté de l'Epitre dans un buisson ardent, Moïse du côté de l'Evangile à genoux et pieds nuds.

Saint Taurin.

La chasse et le tombeau de saint Taurin.
Une corne de bufle fort grande (1).
Le Pallium du Card. du Perron, il n'a rien de singulier.
Une Urne de cuivre dans laquelle on a mis quelques reliques.
Quelques tombes d'abbez.

La Cathédrale d'Evreux.

Le Portail de l'Eglise qui est fort beau. Celuy de la Croisée (*transept nord*) du côté de la ville.

Il y a une tribune du côté de l'épitre au milieu du chœur, en dehors.

Il y a dans le Thrésor quantité de Chasses, de Croix, de Mîtres et de Crosses.

Je n'ay pas eu le temps d'en voir davantage. »

Occupé par ses immenses travaux Montfaucon ne répondit probablement pas à ce pauvre bénédictin qui se morfondait loin de Saint-Germain-des-Prés, ce paradis tant envié des travailleurs! Aussi bien décidé à attirer l'attention sur lui notre mauriste provincial écrivit encore cette lettre :

---

(1) On sait, d'après les vieilles chroniques ébroïciennes, que saint Taurin eut à lutter contre le démon et que dans ce combat Taurin lui arracha une de ses cornes. On la conservait soigneusement à l'abbaye, et, à certains jours, on entendait une voix terrible s'écrier : « Taurin! rends-moi ma corne! »

Dans un concours de poésie organisé par l'Académie Ebroïcienne un instituteur d'Alençon prit ce sujet qu'il intitula : *La corne du diable ou le triomphe de saint Taurin.*

Voici le passage relatif au cri du diable :

    Ce qu'on sait, c'est qu'à l'heure où tout dort sur la terre
    Du fond de ce caveau jusques au sanctuaire
        Un bruit affreux grondait soudain :
    C'étaient des hurlements, des cris épouvantables,
    Puis ces mots prolongés en accens lamentables :
        — « Rends-moi donc ma corne, Taurin! »

« P. C.

« Mon Révérend Père,

« L'occasion favorable qui se présente m'engage à écrire un peu
« plus tôt à votre Révérence que je ne m'étois proposé; je ne contois
« avoir cet honneur qu'à mon retour de Verneuil, où je dois aller voir
« quelques antiquités qu'un curieux de mes amis a amassées. Il croit
« en avoir quelques unes qu'il n'a pas remarquées parmi les vôtres,
« ou du moins qui diffèrent en quelques choses de celles de même
« genre que vous avez données au public. Le désir de vous en faire
« des copies en cas qu'elles en vaillent la peine fera le motif de mon
« voyage. Voicy une liste des principales pièces :

« 1º Un roy de Parthe tiré sur celui qui se trouve chez les Farnèzes
« à Rome. Il est manchot; 2º un sacrificateur dépouillé à l'ordinaire,
« couronné de laurier, tenant une cruche de la droite et tenant un
« bassin de l'autre; 3º Tibicines; 4º Legionarii milites pileati et
« peltati; 5º Tubicines, Cornicines præcedentes victimam; 6º Pyrrhus
« rex Epyrotharum; 7º un Triumvir. Voilà un abrégé de la description
« qu'il m'a faite.

« Une autre personne m'a communiqué une agathe sur laquelle est
« un sacrifice en bas-relief. Les figures sont un sacrificateur qui égorge
« un bélier devant un autel rond, lequel est au pied d'un grand chêne;
« derrière le sacrificateur, qui est nud, est une femme qui tient un
« enfant de la droite et une patère de la gauche qu'elle élève au
« dessus de sa tête: ces deux figures sont pareillement nues. Toute
« l'agathe n'est pas plus grande que l'ongle; je la dessignay hier.

« J'ai encore un abraxas à tête de coq; il diffère des vôtres
« en ce que son fouet a deux cordons et que son bouclier est
« comme un gril. Il a à côté de luy une espèce de soleil ou étoile à
« huit rayons.

« J'envoyrai cela et tout ce que je pourray amasser à V. R. quand il
« lui playra, ou plutôt j'auray l'honneur de luy porter moi-même
« après Pâques, si elle me veut faire la grâce de m'en procurer la
« permission. C'est un voyage qu'il y a longtemps que je désire et que
« je ne puis espérer que par son moyen, n'ayant aucune habitude
« auprès du Très R. Père. Vous pouvez, mon Révérend Père, vous
« ressouvenir que le R. P. du Pré, notre visiteur, vous a prié de
« me procurer cette grâce, en attendant que je puisse être employé
« à vous servir dans vos savantes études. Votre Révérence scait
« qu'on n'admet point de postulant dans un ordre sans l'avoir vu;
« puisqu'elle me fait espérer de favoriser l'ardeur que j'ay d'être
« Bernardin de votre filiation, il est naturel que je dois prétendre à
« l'honneur de vous aller voir, et vous en demander les moyens.

« D'ailleurs je ne puis faire d'études utiles et qui ayent raport à
« l'usage que vous ferés de moy sans avoir reçu vos instructions.

« Je compte donc entièrement sur votre bonté; vous n'avez qu'à
« dire un petit mot pour être exaucé. Comme il n'y a que deux jour-
« nées d'icy à Paris, le T. R. P. ne fera pas de difficulté, et je pourray
« en même temps terminer quelques affaires avec Mr notre abbé
« [l'abbé d'Antin] pour lesquelles on a longtemps parlé de m'y
« envoyer.

« Honorés moy, mon Révérend Père, d'un mot de réponse et
« n'oubliés pas la grâce que je vous demande. Je suis avec un profond
« respect,

« mon Révérend Père,
« votre très humble et très obéissant serviteur,
« Fr. N(icolas) Toustain.

« Au Révérend Père Dom Bernard de Montfaucon, en l'abbaye de
« Saint-Germain à Paris. » — *(Bibl. Nat. ms. fr. 15634, f. 131-132).*

Rien ne montre mieux la juste renommée de cet illustre
mauriste que la lettre de dom Nicolas Toustain! Il manifeste,
en effet, l'ardeur qu'il éprouve en espérant devenir *Bernardin de
la filiation de Montfaucon*, de cet homme en relation avec le
Pape, l'Empereur, les princes d'Allemagne et d'Italie, etc., qui
aimait les jeunes gens laborieux, leur donnait des conseils,
suivait leurs progrès avec la plus tendre sollicitude. Son vœu fut
enfin exaucé, il eut une réponse de Montfaucon l'appelant près
de lui. Voici sa dernière lettre, avant le départ :

« P. C.

« Mon Révérend Père,

« Je suis sensiblement obligé à Votre Révérence de la manière
« toute gracieuse avec laquelle elle veut bien favoriser le désir ardent
« que j'ai conçu de m'attacher à elle et en même temps de luy rendre
« tous les petits services dont elle me jugera capable, j'iray au premier
« jour chez le curieux dont j'ay eu l'honneur de vous parler, et si ce
« qu'il a n'a rien de commun avec ce que vous avez donné dans
« votre *Antiquité*, je ne manquerai pas de le désigner suivant votre
« intention.

« Vous avez eu la bonté de m'ordonner de vous marquer précisément
« le temps auquel je souhaite aller à Paris, afin d'en demander pour
« moy la permission au T. R. P. Après vous en avoir rendu d'avance
« de très sincères actions de grâces, j'auray l'honneur de vous dire

« que je serois bien aise de partir après les fêtes de Pâque, ou au
« plus tard le lendemain de Quasimodo; et que j'aurois besoin d'en
« avoir de bonne heure la permission afin d'avoir le tems de lever
« un plan de notre enclos et de quelques autres terres, lequel est
« nécessaire pour un accomodement que la communauté veut faire
« avec M. l'abbé d'Antin notre abbé, et dont le R. P. Prieur et nos
« officiers souhaitent me charger pour épargner un autre voyage.

« Je suplie donc très humblement V. R. de vouloir bien en deman-
« der dès à présent la permission afin que je puisse recevoir votre
« réponse à tems et que j'ay celuy de prendre nos petites mesures.

« Je suis, mon Révérend Père, avec le plus respectueux attachement,

« Votre très humble et très obéissant serviteur,

« Fr. N(icolas) Toustain.

« A Lyre le 11 de mars 1721. » *(Bibl. Nat. ms. fr. 17712, f. 285-286).*

A peine arrivé ses Supérieurs le chargèrent de poursuivre la nouvelle édition du Glossaire de Ducange, d'où nécessité de plusieurs voyages, en compagnie de D. Louis Le Pelletier, dans l'Artois et la Picardie, afin d'y fouiller les archives et d'en extraire les mots de basse latinité. On lui doit le Prospectus de l'édition de 1723 ainsi que les deux premiers volumes du Glossaire, c'est-à-dire les lettres A, B et C. Malheureusement pour lui le nouveau Supérieur Général, Dom Pierre Thibault, favorable à la Bulle, l'éloigna de Paris, à cause de son appel, et il habita successivement Chelles, Lagny, Saint-Pierre de Châlons, où il mourut le 16 octobre 1731, ou à Lagny d'après dom Tassin le 16 octobre 1741.

Ainsi la conduite qui lui avait procuré le bonheur de vivre près de Montfaucon devint la cause de son infortune et la ruine de ses plus chères espérances.

Tréfeuille (Charles), maître le 12 avril 1768 (Del.).

Trehet (Julien), sénieur en 1781.

Tresseville (Charles), de Bernay (Lisieux), profès à Séez le 6 août 1755 à 17 ans, professeur à Lyre, mort le 20 juillet 1769. [*Matric.* 7460].

Trezain (Maur), 1691.

Vallée (Nicolas), 1679.

Venier (Aud. Claude), 1718.

Vernet, 1768, p. 279.

Verneuil (Charles-François), religieux de Lyre, prieur titulaire de Saint-Patreux (Dol) 23 août 1771 (Del.). Conventuel du Bec en 1781, puis visiteur de Normandie.

Very (Timothée), sous-prieur en 1732.

Vigneron (Charles), religieux à Beaumont-en-Auge en 1756 (6 mars), [Abbé Piel, IV, p. 270, n° 214], prieur de Lyre du 29 mai 1773 au 9 juin 1778, et, en même temps, prieur de Saint-Maurice de Montbron (Angoulême) le 8 janvier 1774, selon acte du tabellionage. (Del.). Conventuel au Bec en 1781, venu de Tiron, né à Commercy le 26 juillet 1729, profès à Séez le 18 octobre 1750, au Bec en 1790, prieur de Bernay.

Viguerard (J.-B.), secrétaire en 1728.

Viote (Jacques), sous-prieur en 1736, Cf. : p. 273.

Yeuville (Laurent), d'Orléans, profès à Vendôme à 27 ans, le 11 août 1645, mort le 14 décembre 1668 à Lyre, prêtre. [*Matric.* 1166].

Yver (Louis), 1680.

Nota. — Le chapitre X et dernier : *L'Abbaye de Lyre au point de vue archéologique*, sera l'œuvre de M. Louis Régnier dont l'autorité en ces matières est acceptée par tous, sans conteste.

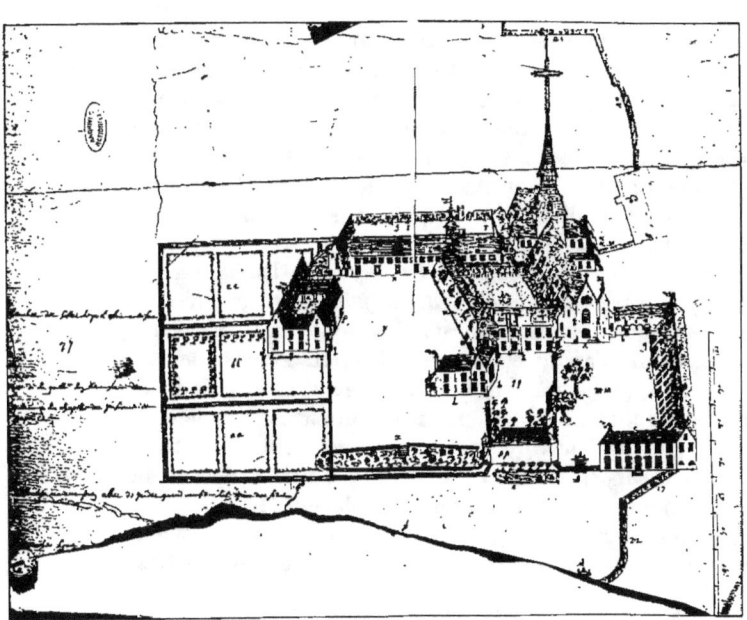

VUE DE L'ABBAYE DE LYRE
DANS LA SECONDE MOITIÉ DU XVIIIe SIÈCLE
(D'après un croquis conservé aux Archives Nationales)

CHAPITRE DIXIÈME

BATIMENTS ET MOBILIER

Des bâtiments, il ne reste aujourd'hui que bien peu de chose et rien de vraiment intéressant. Le mobilier, de son côté, n'est plus représenté que par quelques fragments, de valeur artistique très inégale. Par suite, l'étude à laquelle le savant historien du monastère a bien voulu nous convier sera presque exclusivement rétrospective. Elle aura pour base, en ce qui concerne les édifices, un petit nombre de documents graphiques sur lesquels il nous faut tout d'abord renseigner le lecteur.

1. Le premier de ces documents est la vue de l'abbaye à vol d'oiseau qui figure dans le *Monasticon gallicanum*, ce précieux recueil sans lequel il serait aujourd'hui presque impossible d'étudier l'histoire de l'architecture monastique en France. On sait que l'idée en appartient à dom Michel Germain, l'ami et le collaborateur de Mabillon. La vue de Lyre, qui fut parmi les premières exécutées, porte la date 1678, mais le nom de l'artiste n'y est pas indiqué. Elle suppose le spectateur placé à l'ouest-sud-ouest du monastère. Nous reproduisons cette belle planche (1).

2. Une autre vue à vol d'oiseau, prise d'un point légèrement différent (à l'ouest-nord-ouest), fut envoyée quelques années plus

---

(1) Les gravures du *Monasticon gallicanum*, devenues fort rares, ont été reproduites de nos jours par les soins généreux de M. Peigné-Delacourt, et ces reproductions, obtenues par le procédé d'héliogravure de M. Dujardin, furent réunies en un corps d'ouvrage en 1871 : *Monasticon gallicanum, collection de 168 planches de vues topographiques représentant les monastères de l'Ordre de Saint-Benoit, congrégation de Saint-Maur...* Paris, Palmé, édit. (gr. in-4º). La vue de Lyre y figure sous le nº 108. Les planches de la première édition, d'un plus grand format, ne sont pas numérotées.

tard au supérieur général de la Congrégation de Saint-Maur. C'est un croquis à la plume, dont l'auteur, un religieux de Lyre, était assez peu préparé à sa tâche. Mais, si l'on peut sourire de ses perspectives défectueuses, il n'en faut pas moins se réjouir de la conservation de son œuvre, qui figure aujourd'hui aux Archives nationales sous la cote *N^{ul} Eure 6* (feuille n° 4) et que nous sommes heureux de reproduire. Elle complète, en effet, sur certains points, la planche du *Monasticon*, pendant qu'ailleurs elle lui sert de contrôle. Ce croquis anonyme devait être accompagné d'autres figures qui n'ont sans doute pas été dessinées, mais auxquelles l'auteur fait allusion dans quelques lignes ajoutées par lui à sa légende (1). Rien ne permet de savoir dans quel but ces dessins avaient été demandés par le supérieur général. Quant à la date, elle est postérieure à 1685 ou 1686, époque de la construction du logis abbatial, et antérieure aux dernières années du xviie siècle, qui virent le renouvellement du cloître.

3. En 1759, un religieux bénédictin qui avait des talents d'architecte, dom Jean-Baptiste-Charles Miserey, dressa un projet pour la reconstruction de la plupart des bâtiments de l'abbaye, de ceux qui n'avaient pas été refaits ou modifiés depuis trois quarts

---

(1) « Il plaira au très révérend père général d'examiner ce profil et faire marquer avec du crayon rouge ce qu'il trouvera de faute afin qu'on les puisse cognoistre pour les corriger au profil que l'on fera après qu'il nous aura renvoié le présent. — Je suis en paine si je dois marquer les couvertures de nos batiments de rouge à cause qu'ils sont le plus part couvers de tuille. Vous nous en manderés vostre sentiment. — Mandés aussy, s'il vous plaist, s'il ne seroit point à propos de marquer le profil et ellévation de l'église paroissialle, à cause qu'elle est dans l'enclos des murailles. — Et pour ce qui est de l'encre de la Chine, on n'en a peu trouver à Rouen. C'est pourquoy vous aurés la bonté de nous en envoier et nous mander comme elle s'accommode. — Et pour les autres plans et profils que Vostre Révérence demande estre mis en la première et quatriesme page, je n'i trouve aucune difficulté. — Je n'ay point désigné la vigne, le plant, ni le bois en ce dessain, parce que cela est fort facile. — Et affin que toute l'étendue de l'enclos se trouve avec la mesme toise des batimens, j'ay esté obligé de faire les batimens en petit volume à cause que nostre enclos est fort spassieux, mais si vous les voulés plus grands, vous aurés la bonté de nous le mander. »

de siècle. Nous n'avons sans doute qu'une partie de ces dessins, mais ceux qui nous sont parvenus sont d'un grand intérêt. Ils comprennent : *a)* un plan général *(Generalis ichnographia ædium B. Mariæ de Lyra geometrice delineata)*; *b)* une élévation vers l'ouest d'un grand bâtiment qui devait être construit au nord du cloître et du réfectoire, avec une coupe du cloître et des locaux adjacents *(Dormitorii monachorum partis conspectus occidentalis, partisque cœnobii claustrorum)* (1); *c)* un plan proposant des variantes pour la distribution du rez-de-chaussée de ce même grand bâtiment dans toute son étendue, depuis l'église jusqu'à son extrémité nord *(Plan géométral des distributions du rez-de-chaussée du dortoir...).* Le premier document fut acheté vers 1840 par M. Bonnin pour les Archives de l'Eure, où il est conservé sous la cote H 470. Les deux autres appartiennent à Madame Bouquelon, d'Evreux (2). On trouvera ici un calque du plan général de l'abbaye *a)* et la phototypie en deux parties du dessin *b).*

* *

Les sources graphiques de notre travail ainsi déterminées, il convient maintenant de rappeler quelques faits relatifs à l'histoire des bâtiments. Le monastère avait été fondé vers 1045 par Guillaume Fitz-Osbern *(filius Osberni)*, seigneur de Breteuil, plus tard comte d'Hereford en Angleterre, et par Adelise, sa femme, fille de Roger de Tosny, seigneur de Conches. Guillaume, évêque d'Evreux de 1046 à 1066, aurait dédié l'église « au commencement de son épiscopat » (3). Mais cette première église n'est pas

---

(1) Il y a aussi cette mention : « Anno Domini milles., septing. quinquag. nono, moderante D. Petro Cesare le Pin, priore monasterii B. Mariæ de Lyra, hunc-ce typum invenit et delin. D. Joannes Bapt. Carol. Miserey. »

(2) Retournée à Dieu, après une vie bien remplie par des œuvres charitables, avant que nous ayons pu lui adresser, publiquement, toute notre gratitude. Que sa famille affligée veuille bien, avec nos vives sympathies, accepter nos sentiments de vive reconnaissance. (Abbé Ch. Guéry.)

(3) Arch. de l'Eure, H 587, fol. ij v° *(Histoire de la fondation de l'abbaye*, en tête de *l'Inventaire général des chartres, titres et autres actes qui sont dans le chartrier de l'abbaye de Notre-Dame de Lyre* dressé en 1738). On ne voit pas que cette consécration ait été mentionnée par les chroniqueurs contemporains.

celle que fit détruire le citoyen Lecerf après la Révolution, avec tout le reste du monastère (1). Un nouvel édifice religieux avait été construit au milieu et dans la seconde moitié du XIIe siècle, sous les abbatiats successifs de trois frères, Guillaume (1047-1066), Osbern (1066-1077) et Geoffroy (1177-1200 environ), qui gouvernèrent fort habilement la maison et refirent aussi en grande partie les lieux réguliers. Ces faits intéressants nous sont connus par un écrivain contemporain, probablement un religieux de Lyre même, qui ajouta à la chronique de Robert de Torigny les phrases suivantes : « Horum primus Lirensem ecclesiam cum prius nullius esset nominis, inchoavit; secundus, inenarrabiliter auxit; tertius decenter consummavit. Officinas etiam totius abbatiæ vel ædificaverunt vel ædificatas in melius redegerunt. Ornamentis ecclesiam quantis decoraverunt non est facile enarrare. Horum temporibus fama religionis floruit Lirensis ecclesia. » (2)

L'auteur écrivait avant l'année 1188, car il ne fait pas mention de l'incendie qui, cette année-là, ravagea tout le monastère (3). A la suite de cette catastrophe, les religieux durent se faire autoriser à quêter dans les diocèses normands pour le rétablissement de ceux de leurs bâtiments qui avaient été détruits en tout ou en partie (4). Nous verrons que le gros œuvre de l'église n'avait pas trop souffert.

Dans la seconde moitié du XIIIe siècle ou dans le courant du XIVe, les religieux entreprirent de nouvelles constructions. Le seul édifice aujourd'hui debout appartient à cette période. Sous le règne de Jean le Bon et dans les premières années du règne de Charles V, l'abbaye eut beaucoup à souffrir des courses que faisaient à travers le pays les bandes anglo-navarraises et aussi sans doute de la présence des troupes françaises, malgré les lettres de sauvegarde données en 1359 par le régent. En mars 1364, le pape Urbain V accorda des indulgences aux fidèles qui contribueraient

---

(1) M. l'abbé Guéry, dans *Revue catholique de Normandie*, 22e année, 1912-1913, p. 93. [P. 322 du tirage à part.]

(2) *Chronique de Robert de Torigni*, éd. Delisle, t. II, p. 156. Sur le ms. contenant ces interpolations, cf. t. I, p. XIX *(Préface)*.

(3) *Gallia christiana*, t. XI, col. 646.

(4) M. l'abbé Guéry, dans *Revue cathol. de Norm.*, 20e année, 1910-1911, p. 76-77. [P. 35 du tirage à part.]

de leurs aumônes au rétablissement du monastère (1). Mais la guerre, on le sait, devait reprendre et se prolonger longtemps. En 1447, les religieux adressèrent au pape Nicolas V une supplique tendant à l'obtention de nouvelles indulgences et dans laquelle ils déclarent que le monastère a été déjà détruit deux fois (2). Pendant toute cette dure période, pourtant, les abbés n'avaient pas perdu courage. L'un deux, Etienne du Pré (1400-1414), figure au nécrologe, à la date du 20 juillet, avec les qualifications de *valde probus et ædificator novus* (3). Son successeur, Simon du Moncel ou de Monceaux (1414-1440), refit en 1416 la chapelle de l'infirmerie (chapelle Sainte-Marie-Madeleine), puis il érigea dans le dortoir une autre chapelle, sous le vocable de Sainte-Catherine (4). Plus tard, après 1450, quand la paix fut revenue, l'abbé Guillaume Lebas (1440-1463) fit consolider et réparer l'église (5).

Les documents sont muets sur les travaux qui purent être exécutés au xvi⁰ siècle. Pendant l'abbatiat (1599-1618) de Jacques Davy du Perron, cardinal, évêque d'Evreux, puis archevêque de Sens, on eut, paraît-il, à déplorer un grave accident, au sujet duquel l'*Inventaire général des chartres de l'abbaye de Notre-Dame de Lyre* dressé en 1738 par les religieux (6), s'exprime ainsi, parlant de Du Perron : « On croit que le clocher de l'abbaye tomba de son tems et qu'il le fit réédifier en 1613, tel qu'il est à présent, au moyen d'une somme d'argent que le roy Henry IV lui donna, d'une coupe de bois de l'abbaye, et du produit du plomb dont le premier clocher était couvert. »

En 1646, les bénédictins réformés de la Congrégation de Saint-Maur prirent possession du monastère, où leur administration ramena l'ordre et la prospérité. Ces religieux, on le sait, ne professaient pas un respect exagéré pour les monuments œuvre de

---

(1) Henri Denifle, *la Désolation des églises, monastères et hôpitaux en France pendant la guerre de Cent ans*, t. II, 2⁰ partie, 1899, p. 760, note 1.

(2) *Id.*, t. I, p. 84 (n⁰ 227).

(3) M. l'abbé Guéry, dans *Revue cathol. de Norm.*, 21⁰ année (1911-1912), p. 188. [P. 194 du tirage à part.]

(4) *Gallia christiana*, t. XI, col. 648.

(5) *Id.*, col. 649.

(6) Arch. de l'Eure, H 587 (t. I de l'*Invent.*), p. *xiij* v⁰.

leurs prédécesseurs. Ils renouvelèrent en grande partie le mobilier de l'église abbatiale, puis, à partir de la fin du xviie siècle, presque tous les bâtiments claustraux. L'exemple de ces reconstructions ambitieuses était donné aux moines de Lyre par de puissantes abbayes : Saint-Etienne de Caen, Bernay, le Bec. Ils eurent quelque peine à suivre le mouvement, mais ils tenaient trop à être de leur temps pour garder la réserve que l'état de leurs finances eût alors commandée. Fort heureusement pour eux, un de leurs abbés, le cardinal Louis-Constantin de Rohan (1734-1773), évêque de Strasbourg, les seconda dans leur entreprise (1).

Le 15 juillet 1783, un incendie allumé par la foudre consuma une partie des bâtiments de la basse cour et causa quelques dommages à l'église (2).

Dans la seconde moitié du xviie siècle, la question du logis abbatial avait provoqué des discussions très vives entre les religieux et les abbés commendataires. Il y eut à ce sujet de longs procès dont nous constaterons rapidement les résultats en parlant du logis abbatial.

*
* *

Nous diviserons notre étude en deux parties. La première sera consacrée au monastère proprement dit, dont nous examinerons successivement les murs de clôture, l'entrée, le logis abbatial, les bâtiments de la basse cour ou cour d'entrée, pour passer ensuite au cloître et aux lieux réguliers : salle capitulaire, dortoir, réfectoire, etc., considérés d'abord tels que les montrent les vues du xviie siècle, puis tels qu'ils devinrent après les grands travaux du xviiie. L'étude de l'église, l'examen des objets d'art qui en proviennent, quelques notes sur les tombeaux, feront l'objet de la seconde partie.

---

(1) M. l'abbé Guéry, dans *Revue cathol. de Norm.*, 22e année (1912-1913), p. 16. [P. 270 du tirage à part.]
(2) *Id., ibid.*, p. 34. [P. 287 du tirage à part.]

PREMIÈRE PARTIE

A. MURS DE CLOTURE

L'enclos était considérable. Du logis abbatial, situé à l'angle sud-ouest de l'enceinte, le mur d'enceinte se dirigeait vers la Risle. Il ne paraît pas s'être poursuivi le long de cette rivière, que l'on considérait sans doute comme une protection suffisante; mais il reprenait au débouché du second petit vallon qui descend sur la rive droite. Par ce vallon, le mur montait vers le plateau jusqu'à la rencontre du chemin ancien de la Vieille-Lyre à la Ferrière-sur-Risle, qu'il longeait, en faisant retour vers le sud, pour ensuite revenir à l'ouest, dans la direction de l'église paroissiale. On voit encore çà et là des débris de ce mur, qui existe presque entier sur une assez grande longueur, à l'est et tout près du chemin de la Ferrière. Construit en silex, il est consolidé de distance en distance par des chaînes de briques. Nous ne le croyons nulle part antérieur au XVIIe siècle.

Plusieurs portes donnaient accès dans l'enclos. La principale s'ouvrait sur la place publique du village; nous en parlerons dans un instant. Il ne reste rien des autres, que la vue à vol d'oiseau conservée aux Archives nationales nous montre assez monumentales. Au milieu du front est, vers la plaine, une baie architravée portait un fronton curviligne surmonté d'une croix et de deux boules en guise d'acrotères. Cette porte devait être de date assez récente. Une autre du même genre était projetée à l'ouest du logis abbatial. Une troisième, probablement un peu plus ancienne, existait à l'angle nord-ouest de l'enceinte, vers Trizay. Le dessin la montre architravée comme les précédentes, ce qui peut surprendre, étant donné la disposition du couronnement, où règnent plusieurs petits frontons juxtaposés. Il y a des exemples de couronnements du même genre au-dessus d'une baie en plein cintre, avec des frontons alternativement triangulaires et curvilignes, et ce parti décoratif indique toujours l'époque de la Renaissance, le milieu ou la seconde moitié du xvie siècle.

B. ENTRÉE DE L'ABBAYE

Elle se composait anciennement de deux portes inégales ouvertes dans un pavillon, comme à Saint-Gabriel, à Saint-Vigor, à Saint-Evroul, etc.; mais cette construction ayant été endommagée par l'incendie de 1783, on y substitua simplement deux piliers qui existent encore aujourd'hui (1). De plan carré, ils sont formés d'assises alternativement de briques et de pierres. Un pilastre fait saillie sur la face antérieure, dans le but de multiplier les lignes et d'obvier à la sécheresse. Au-dessus, il y a comme une sorte d'entablement, avec un amortissement pyramidal en pierre, de lignes légèrement concaves. Enfin, tout au sommet, une boule également de pierre, revêtue de godrons à sa partie inférieure, forme le couronnement.

C. LOGIS ABBATIAL

C'était d'abord un bâtiment situé au nord-ouest du cloître, dans le prolongement du réfectoire et dont l'extrémité faisait retour d'équerre vers le nord. Au xviie siècle, cette dernière partie de la construction était en mauvais état. On a le marché passé en 1646 par Jean et Adrien Loiseau, charpentiers au Bosc-Morel, pour la refaçon en colombage de l'une des façades (2). Mais l'abbé Barbier de la Rivière (1649-1670) ne trouva pas cette habitation de son goût; il en voulut une autre qui fût moins engagée dans les lieux réguliers, et, comme le choix était singulièrement restreint, il accepta en 1656 le bâtiment situé le long de la voie publique, à l'angle sud-ouest de l'enceinte. L'ancienne maison

---

(1) Au milieu du xviiie siècle, l'étage du pavillon servait de domicile à l'organiste de l'abbaye. (Acte du 29 avril 1765 passé au notariat de Lyre. Notes de M. T. Delieuvin, ancien instituteur à la Vieille-Lyre.)

(2) Orig. Arch., de l'Eure. H 575. Ce marché porte la date du 22 mai 1646.

abbatiale devint alors l'hôtellerie; elle figure comme telle dans la vue du *Monasticon gallicanum*.

La transaction qui constate cet échange de bâtiments obligeait les religieux à mettre le bâtiment de la basse cour en état d'être habité, ce qu'ils firent. Mais un nouvel abbé, Bretel de Grémonville (1670-1686), successeur de Barbier de la Rivière, se montra plus exigeant : il lui fallait une construction neuve et mieux placée. Après une longue suite d'actions judiciaires et de décisions parfois contradictoires, on fit bâtir, en 1685 et 1686, à l'ouest de la basse cour, un logis qui s'appuyait par l'une de ses extrémités à celui donné à Barbier de la Rivière. Ce nouveau logis remplaçait « un méchant bâtiment en forme de grange » (1) que l'on peut voir figuré dans la planche du *Monasticon gallicanum*. Le croquis des Archives nationales, de quelques années moins ancien, montre, au contraire, sur cet emplacement, la nouvelle maison abbatiale.

Il ne reste rien de la construction de 1685-1686; mais le bâtiment dirigé de l'est à l'ouest qui longe la rue et dont s'était contenté l'abbé de la Rivière existe encore à peu près tout entier, seul spécimen, avec les caves dont nous parlerons plus loin, de ce qu'étaient les édifices de Lyre au Moyen Age. Il est quadrangulaire, mais son extrémité occidentale est plantée de biais pour occuper tout le terrain disponible. C'est la partie qui a le moins souffert et où se retrouve le mieux le caractère de la construction primitive. Il ne s'agit pas, d'ailleurs, d'une œuvre contemporaine de la fondation de l'abbaye, ni même de ses premiers développements. L'édifice dont il s'agit date seulement de la fin du xiiie siècle ou plus probablement du xive. La maçonnerie est faite de silex noir bien taillé; les contreforts, les baies, les corniches sont en pierre. Une croupe a remplacé le pignon au xviie siècle, mais on voit encore la naissance des rampants. Trois

---

(1) Arch. de l'Eure, H 587, p. 40, v° *(Invent. général des chartres... de Lyre)*. Pour toutes les décisions et discussions relatives à cette affaire, consulter le même volume, fol. 38, 41, 131, et le registre des délibérations capitulaires H 582, aux dates suivantes : 25 juillet et 7 novembre 1678, 14 février et 5 mars 1679, 10 novembre et 9 décembre 1680, 29 septembre 1684, 23 juin 1686.

contreforts, celui du milieu plus élevé que les deux autres, épaulent cette muraille. Un larmier règne en bas, sur toute la largeur, et enveloppe même les contreforts, au glacis desquels le rejet d'eau se répète, identique, avec son profil en cavet. Le larmier dont nous parlons marque le sommet de l'étage inférieur, qui n'était pas voûté. La surélévation du sol de la route, ancienne voie romaine, l'a en quelque sorte enterré. Les baies d'éclairage, irrégulièrement percées dans le mur-pignon, sont exclusivement des rectangles posés dans le sens de la hauteur, dessinés par un biseau, et de dimensions peu considérables : il fallait prendre des précautions contre les voleurs.

La face méridionale du bâtiment, celle qui regarde le chemin et la place publique, conserve encore quelques baies de la même espèce, mais on y remarque surtout des fenêtres plus grandes percées au xviie siècle, évidemment sous l'abbé de la Rivière, et qui ne sont pas dépourvues de cachet. Ces ouvertures nouvelles, superposées régulièrement dans la partie occidentale du bâtiment, sont entourées de cadres rectangulaires où la pierre alterne avec la brique. On a pris soin de profiler une moulure tout autour de chaque assise de pierre : c'est l'appareil en tablette. Au sommet du mur, sous la toiture de tuiles, règne une corniche en pierre décorée d'un quart de rond et que nous croyons aussi du xviie siècle.

Ces dispositions ne se retrouvent plus que vers l'extrémité occidentale du bâtiment, et encore y voit-on la trace de remaniements qui ont bouché les fenêtres, ouvert de nouveaux jours, etc. Mais la partie centrale de la façade a subi des modifications plus grandes encore, et c'est à peine si l'on reconnaît au rez-de-chaussée deux montants de pierre qui doivent avoir été ceux d'une porte. Quant à l'extrémité orientale, transformée en auberge, elle a été complètement modernisée, de la façon raffinée propre à notre temps : un bel enduit couvre toute l'ancienne maçonnerie.

La façade nord, celle qui regardait l'intérieur du monastère, est en pan de bois, avec remplissage de tuiles disposées de façons très variées, suivant la mode du xvie et du xviie siècle. A l'endroit où s'attachait la maison abbatiale construite en 1685 et 1686, on ne remarque guère que deux arcs elliptiques en pierre, probablement du xviie siècle, aujourd'hui bouchés, qui mettaient en communication les parties basses des deux édifices.

Le bâtiment que nous décrivons ne s'étendait pas d'abord avec la même hauteur jusqu'au pavillon de l'entrée. Il y avait entre les deux un rez-de-chaussée où se rendait la justice abbatiale, à laquelle étaient sujets tous les vassaux du monastère (1). Vers la fin du xviie siècle, on voulut mettre de niveau les deux constructions. La vue à vol d'oiseau des Archives nationales montre, en cet endroit, un court espace pointillé, pour lequel la légende porte, sous la lettre *C* : « Ogmentation à faire au logis abbatial ». Cette augmentation eut-elle lieu ? C'est ce que nous ne savons pas. Ce qu'il y a de sûr, c'est que la salle des audiences judiciaires resta là jusqu'à la Révolution, tout au moins jusqu'à l'incendie de 1783. Un panonceau extérieur en indiquait l'entrée (2).

D. COUR D'ENTRÉE OU BASSE-COUR

La grande porte du monastère donnait accès dans une grande cour à peu près carrée, bordée au sud par le logis abbatial de Barbier de la Rivière, à l'ouest par celui de Bretel de Grémonville, à l'est par un bâtiment qui renfermait les écuries de l'abbé. Cet édifice, dont l'extrémité nord touchait au bas-côté sud de l'église, fut incendié par la foudre le 15 juillet 1783, et l'on parla d'en démolir d'autres pour le rétablir (3). Un détail montre qu'il datait du Moyen Age : les arcs qui reliaient les contreforts. A l'intérieur, le plan du xviiie siècle dressé par dom Miserey indique des voûtes d'arêtes avec une épine de colonnes, mais sans doubleaux, ce qui est une erreur, car un document de 1783,

---

(1) La déclaration du temporel faite en 1684 par l'abbé Bretel de Grémonville en fait foi : « A cause de notre baronnie de Notre-Dame de Lire,... nous avons cour, usage et justice, laquelle s'exerce dans le prétoire d'icelle baronnie proche la porte de la dite abbaye... » Cette déclaration a été imprimée *in extenso* dans les *Mémoires et notes d'Auguste Le Prevost*, t. III (voir p. 364).

(2) Note ms. de Raymond Bordeaux. (Biblioth. nat., ms. nouv. acq. fr. 21591, fol. 302.)

(3) Procès-verbal constatant les réparations faites par feu le cardinal de Rohan, 6 novembre 1784. (Arch. de l'Eure, H 575.)

antérieur à l'incendie, parle à plusieurs reprises et très nettement d'arcs doubleaux (1).

Nous laissons de côté l'église, à laquelle sera consacrée la deuxième partie de notre travail.

Quand furent exécutées les deux vues à vol d'oiseau, la cour était close vers le nord par un mur qui la séparait d'une autre cour dépendant des lieux réguliers. Ce mur était percé d'une porte que surmontait une croix. Sur la même ligne, vers l'ouest, on voyait un bâtiment d'écuries assez modeste, qu'il fut question de reconstruire en 1704, en y ajoutant des remises, ce qui eût poussé le bâtiment jusqu'à l'église. Un plan fut dressé à cet effet (2), mais on paraît s'être contenté de refaire à la mode du jour, dans une ordonnance symétrique, avec trois baies, la porte donnant dans la cour des religieux, en même temps que le vestibule, accompagné d'une loge de portier et d'un parloir, par où l'on pénétrait dans le cloître. La comparaison du projet de 1704 et du plan de 1759 renseigne suffisamment à cet égard.

A l'ouest de la cour, près de l'hôtel abbatial de 1686, une porte donnait accès dans une cour ou prairie qui renfermait une mare ou un vivier. Il y avait là aussi un colombier octogonal, avec larmier à mi-hauteur, toiture à lucarnes et lanternon supérieur dont un pigeon de plomb ou de terre cuite faisait l'amortissement (3). Ce colombier existait encore sous le dernier abbé, Mgr de Narbonne, évêque d'Evreux (4). Dans la prairie, la légende de la vue conservée aux Archives nationales propose de faire un « jardin pour l'abbé ». De la porte qui y donnait accès, le même document ne montre qu'un projet, avec un fronton curviligne et des boules-acrotères, comme pour une autre porte projetée dans le mur extérieur, à l'usage de l'abbé, et dont nous avons déjà parlé. D'après la vue du *Monasticon*, la porte qui

---

(1) État des réparations à faire dans les bâtiments de la mense abbatiale, 16 avril 1783. (Archives de l'Eure, H 575.)

(2) Arch. nat., N^{ui} Eure θ (feuille n° 3).

(3) On retrouve toutes ces dispositions au colombier seigneurial du Mesnil-Vicomte, près de Conches, belle construction en pierre du xve siècle. Le pigeon de l'épi d'amortissement est en terre cuite.

(4) Procès-verbaux déjà cités des 16 avril 1783 et 6 novembre 1784.

faisait communiquer précédemment la cour et la prairie était garnie de créneaux : pure décoration, cela va sans dire.

E. CLOÎTRE ET LIEUX RÉGULIERS

Autour du cloître, la vue du *Monasticon* montre au sud l'église, à l'est la salle capitulaire et le bâtiment du dortoir, au nord le réfectoire, à l'ouest un logis affecté à l'administration matérielle du monastère, à la garde des provisions, à divers travaux domestiques. Tous ces bâtiments, sans exception, sont encore, mais pour peu de temps, des constructions du Moyen Age. Nous allons en dire quelques mots, pour examiner ensuite, avec le plan de dom Miserey, ce que tout cela sera devenu au xviiie siècle.

I

Le cloître était formé de petites arcades gothiques qui excluent, semble-t-il, la possibilité d'une voûte en pierre. Ce cloître présentait une grande analogie de dispositions avec ceux des abbayes de Bonport (1), de Conches (2) et de Saint-Taurin d'Evreux (3). Peut-être avait-il, comme eux, été refait entre la fin du xive siècle et le commencement du xvie (4). Le croquis des Archives nationales

---

(1) Cf. l'abbé Emile Chevallier, *Notre-Dame de Bonport, étude archéologique sur une abbaye normande de l'ordre de Cîteaux*, 1904, p. 62, fig. 44.

(2) Cf. *Monasticon gallicanum*, éd. Peigné-Delacourt, pl. 105, et Dr Semelaigne, *Essai sur l'histoire de Conches*, 1868, pl. p. 229 (restitution du cloître).

(3) Cf. *Monasticon gallicanum*, pl. 106, et *Voyages romantiques de l'ancienne France (Normandie*, t. II, pl. 227).

(4) Le cloître de Bonport avait été rebâti dans la première moitié du règne de Charles VI. (Em. Chevallier, *op. cit.*, p. 7.) Les restes du cloître de Conches indiquent aussi par leur style la fin du xive siècle. Quant à celui de Saint-Taurin, dont la planche des *Voyages romantiques* est seule à nous conserver le souvenir, il avait été reconstruit au premier quart du xvie siècle en style gothique avec un curieux appoint d'ornementation Renaissance.

indique cependant comme un meneau partageant chaque baie, ce qui rapprocherait le cloître de Lyre de celui de la cathédrale d'Evreux, construit sous Louis XI ; mais la manière dont l'auteur du croquis *voit* les monuments semble sur ce point autoriser des doutes.

La salle capitulaire appartenait à la tradition bénédictine de l'époque romane. C'était un vaisseau barlong, sans aucune subdivision intérieure, qui s'étendait de l'ouest à l'est, parallèlement à l'église et dont le chevet dépassait notablement la façade orientale du dortoir. Une grande fenêtre, que les deux vues perspectives montrent différemment. était percée vers l'ouest, au-dessus de la toiture en appentis du cloître.

Si, comme on peut le supposer, cette salle avait été bâtie au xiie siècle, elle devait offrir une grande analogie avec plusieurs autres salles capitulaires des abbayes normandes : le Bec (1), Bernay (2), Saint-Georges de Boscherville (3), Jumièges (4), Troarn (5), et avec celle de la cathédrale d'Evreux (6). Tous ces édifices, sauf le dernier, étaient ou sont encore recouverts de voûtes d'ogives du xiie siècle. Il devait en être de même à Lyre. Nous n'avons pas de plan de la salle capitulaire de Lyre, qui disparut sans doute avant que dom Miseray ne fît son plan général de l'abbaye, et nous

---

(1) La salle capitulaire du Bec fut construite en 1141. (Cf. L. Régnier, *Coup d'œil général sur les monuments religieux de l'arrondissement de Bernay*, 2e éd., 1899, p. 14.) Il n'en reste qu'une colonne engagée et un départ de nervure.

(2) Heureusement conservée au milieu des nouveaux bâtiments des xviie et xviiie siècles, la salle capitulaire de Bernay est aujourd'hui une dépendance de la prison.

(3) La salle capitulaire de Saint-Georges de Boscherville est bien connue.

(4) Il existe des ruines du chapitre de Jumièges. Cf. R. Martin du Gard, *l'Abbaye de Jumièges, étude archéologique des ruines*, 1909, p. 223 et pl. XIX.

(5) L'édifice n'est connu que par un plan de l'abbaye dressé en 1778 et reproduit — à une échelle beaucoup trop petite — dans l'ouvrage de M. R.-N. Sauvage sur *l'Abbaye de Troarn, des origines au XVIe siècle* (*Mém. de la Soc. des antiq. de Norm.*, t. XXXIV, 1911), p. 326.

(6) La salle du chapitre d'Evreux, devenue en 1846 la chapelle épiscopale. reçut alors un trop complet rajeunissement.

ignorons si elle était rectangulaire, comme celles du Bec, de Bernay, de Boscherville, de Troarn et d'Évreux (1), ou si elle se terminait par une abside comme celle de Jumièges. On sait que l'abside caractérise aussi un certain nombre de salles capitulaires d'Angleterre construites au xiie siècle, entre autres celles de la cathédrale de Durham et de l'abbaye de Bristol (2).

Dortoir. — Il reste peu de dortoirs bénédictins du Moyen Age. Les travaux entrepris presque partout par les Mauristes au xviie et au xviiie siècle les ont fait disparaître en grand nombre, et la Révolution nous a privés des autres (3). Moins orgueilleux, les Cisterciens nous ont, au contraire, transmis des spécimens très curieux et très caractérisés de ce genre de constructions. Il subsiste des ruines très significatives du dortoir de Mortemer, et ceux de Notre-Dame-du-Val, au diocèse de Paris, et de Vauclère, demeurent presque intacts (4). Il se peut, d'ailleurs, que l'ancien dortoir de Lyre ait été reconstruit ou remanié à une date déjà ancienne : la vue du *Monasticon* y montre une lucarne dont l'aspect annonce la basse Renaissance. Le croquis des Archives nationales dessine à l'extrémité nord du bâtiment une fenêtre à meneaux dont il exagère sûrement la largeur. On en peut juger par un plan (5) qui fut dressé au xviie siècle pour la reconstruction du bâtiment des latrines, lequel était contigu à l'extrémité nord du dortoir et faisait retour vers l'est. Le plan dont nous parlons, qui ne comprend du dortoir que la partie septentrionale, montre les cellules alignées le long des deux murs latéraux, ayant chacune sa fenêtre vers l'extérieur et sa porte ouvrant sur un large corridor central. A l'extrémité occidentale du bâtiment des latrines, dont l'angle sud-ouest touchait seul au dortoir, un

---

(1) Aux salles de chapitre rectangulaires, il faut ajouter celle de Saint-Pierre de Préaux, que la vue du *Monasticon* (pl. 112) permet de dater aussi du xiie siècle.

(2) La salle capitulaire de Fécamp se terminait aussi par une abside, mais la date en est ignorée.

(3) Dans son *Manuel d'archéologie française*, t. II, p. 33, note 5, M. Enlart signale à Maillezais un dortoir du xiiie siècle à petites fenêtres.

(4) Cf. André Rhein, *l'Abbaye de Vauclère*, dans *Congrès archéologique de France*, 78e session, tenue à Reims en 1911, t. II, p. 226-245.

(5) Arch. nat., NIII Eure 6 (feuille no 2).

escalier descendait au rez-de-chaussée du dortoir, occupé par une grande salle qui devait être au Moyen Age la salle d'étude des novices. Le corridor ou antichambre par lequel on accédait à l'escalier et aux latrines occupait l'emplacement de la dernière cellule de la rangée orientale. Au rez-de-chaussée du bâtiment des latrines, à la hauteur des fosses, mais séparés d'elles par une épaisse muraille, se trouvaient la prison et un fruitier, tous deux exposés au midi (1).

Dans les abbayes bénédictines, le réfectoire occupe toujours, sur toute sa longueur, le côté du cloître opposé à l'église. C'est une vaste salle abondamment éclairée, souvent voûtée, parfois avec une épine de colonnes, et toujours d'une belle et noble architecture. Le réfectoire de Saint-Martin-des-Champs, à Paris, est célèbre. A Lyre, il y avait sur les côtés et à l'extrémité ouest de grandes fenêtres qui indiquent une construction du XIIIe ou du XIVe siècle. Le vaisseau devait être fort élégant, comme l'étaient aussi les réfectoires de plusieurs abbayes du nord de la France : Saint-Evroul, Saint-Germain-des-Prés, Saint-Ouen de Rouen, Saint-Etienne de Caen, Saint-Martin de Pontoise, Breteuil en Beauvaisis, Corbie, qui tous dataient de la même période (2). Néanmoins, il n'était recouvert que d'une charpente apparente, comme

---

(1) L'auteur du projet constate les facilités dont on jouissait à Lyre pour construire économiquement. D'abord, dans la circonstance, un autre bâtiment sera démoli et « fournira la charpente, la thuile, les poutrelles, soliveaux, planchers et généralement tout le bois. Tout près de Lyre, [ils] ont aussi le moilon ou blocaille, la brique et le pavé sur les lieux. Il n'y a rien qui leur manque, si ce n'est la pierre de taille pour faire les portes et fenestres, car pour les coins et chaînes, ils ont du grison dur qui est fort bon. Ils ont aussi la chaux dans leur monastère, tellement qu'il n'y a que la façon des ouvriers qui requiert de l'argent. »

(2) Peut-être faut-il y ajouter Saint-Pierre de Préaux. Tous ces beaux édifices sont aujourd'hui disparus, mais les planches du *Monasticon gallicanum* nous en ont heureusement conservé l'aspect extérieur. Plusieurs étaient datés avec précision : Saint-Germain-des-Prés (1239-1246), Saint-Ouen de Rouen (commencement des travaux entre 1248 et 1251), Corbie (1267-1273), Saint-Martin de Pontoise (le pavage restait à faire en 1332).

le prouve la hauteur à laquelle atteint dans le pignon le sommet de la fenêtre occidentale.

A l'extrémité orientale du réfectoire, le plan de dom Miserey montre un épaississement du mur nord où se trouvait jadis logée la chaire du lecteur. Peut-être cet emplacement paraîtra-t-il trop éloigné du centre, mais il ne faut pas oublier qu'au Mont-Saint-Michel la chaire du lecteur est sensiblement rapprochée de l'une des extrémités de la salle et qu'à Saint-Evroul, à Saint-Germain-des-Prés, à Breteuil en Beauvaisis, à Bernay, d'après les vues du *Monasticon gallicanum*, elle occupait exactement la même situation qu'à Lyre. Pour Lyre, le croquis des Archives nationales nous fournit, de plus, un détail intéressant : la dernière fenêtre du mur nord, celle qui correspondait à l'épaississement signalé, était plus large que les autres. Cette grande fenêtre devait éclairer à la fois l'escalier de la chaire, placé dans l'épaisseur du mur, et la chaire elle-même. A la fenêtre correspondait sans doute un remplage intérieur, plus simple, mais d'égale largeur et d'égale hauteur, comprenant, par exemple, sous un arc de décharge ajouré ou non, deux arcades jumelles qui encadraient respectivement l'escalier et la chaire. C'était, en un mot, quelque chose comme le *double mur* ou, si l'on veut, la *double fenêtre* si caractéristique de l'étage supérieur des églises normandes, depuis la nef de Saint-Etienne de Caen jusqu'au chœur de la cathédrale de Sées. Une disposition identique à celle qu'il nous semble permis de supposer à Lyre devait exister à Saint-Germain-des-Prés, si l'on en juge par les planches du *Monasticon* (1). Enfin, la gravure du même recueil qui nous montre les anciens bâtiments de l'abbaye de Bernay nous révèle que la chaire du réfectoire était éclairée de la même façon qu'à Lyre (2).

Le plan de l'abbaye de Lyre dressé en 1759 met là deux fenêtres semblables à toutes les autres, et il n'indique de remplage nulle part. Mais, à n'en pas douter, dom Miserey nous donne un réfectoire déjà transformé, avec des baies nouvelles et un plafond à

---

(1) Edition Peigné-Delacourt, pl. 74 et 75.
(2) *Id.*, pl. 109. On ne saurait dire si la grande fenêtre de la chaire de Bernay était contemporaine des larges lancettes qui éclairaient le reste de la salle.

lui seul très significatif : il est plat au milieu, courbé sur les bords, et le sommet des fenêtres y forme autant de pénétrations. Pareil arrangement fut introduit au-dessus de la nouvelle salle capitulaire.

Au pied du mur nord, le croquis des Archives nationales laisse voir plusieurs petites baies, probablement les soupiraux d'une cave.

Sur la toiture du dortoir, dans l'axe du réfectoire, les deux vues perspectives placent un campanile à dôme dont la clochette devait indiquer les heures des repas et celles des différents exercices imposés par la règle.

À l'extrémité occidentale du réfectoire se trouvait la cuisine. Les cuisines monastiques du Moyen Age comprenaient presque toujours une vaste cheminée centrale dont l'abbaye cistercienne de Bonport présente encore dans notre région un spécimen bien conservé (1). Ici, nous manquons de tout renseignement. Quant au reste du logis, dont une partie faisait retour d'équerre vers le nord, il renfermait, au rez-de-chaussée, un four et un bûcher, à l'étage les chambres des hôtes. La légende qui accompagne le croquis des Archives nationales rappelle que ce même bâtiment avait servi d'hôtel abbatial.

Dans la construction située à l'ouest du cloître, se trouvaient, selon le même document les « offices pour les officiers ». Plus précis, le *Monasticon gallicanum* ne donne cette indication que pour le rez-de-chaussée *(officinæ officialium et servorum)*. A l'étage, il indique des greniers ou des magasins *(grenaria)*. Contre le mur ouest, on voit deux tuyaux de cheminée qui appartiennent à des foyers placés au rez-de-chaussée et dont cette disposition n'indique pas nécessairement la création postérieure.

II

Le plan de dom Miserey, dressé en 1759, permet de constater les transformations que ces dernières parties de l'abbaye avaient subies depuis la fin du xviie siècle. En réalité, on avait totalement reconstruit le bâtiment occidental et supprimé l'ancien logis des hôtes. La cuisine elle-même avait été radicalement modifiée, et

---

(1) Voir Emile Chevallier, *op. cit.*, p. 54-59.

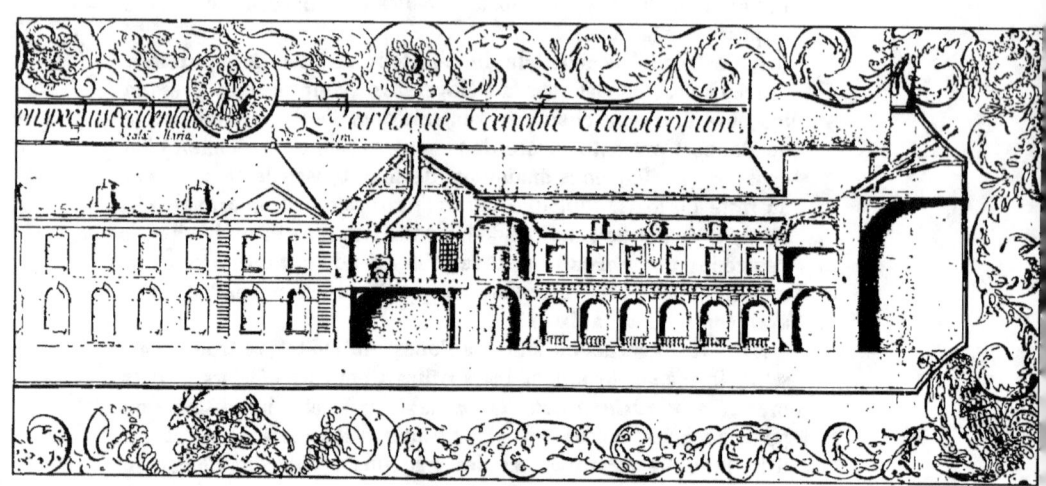

L'ABBAYE DE LYRE AU XVIIIᵉ SIÈCLE
BATIMENTS VOISINS DE L'ÉGLISE : COUPE N.-S. A TRAVERS LE CLOITRE
(d'après un dessin de Dom Miserey appartenant à Madame Bouquelon)

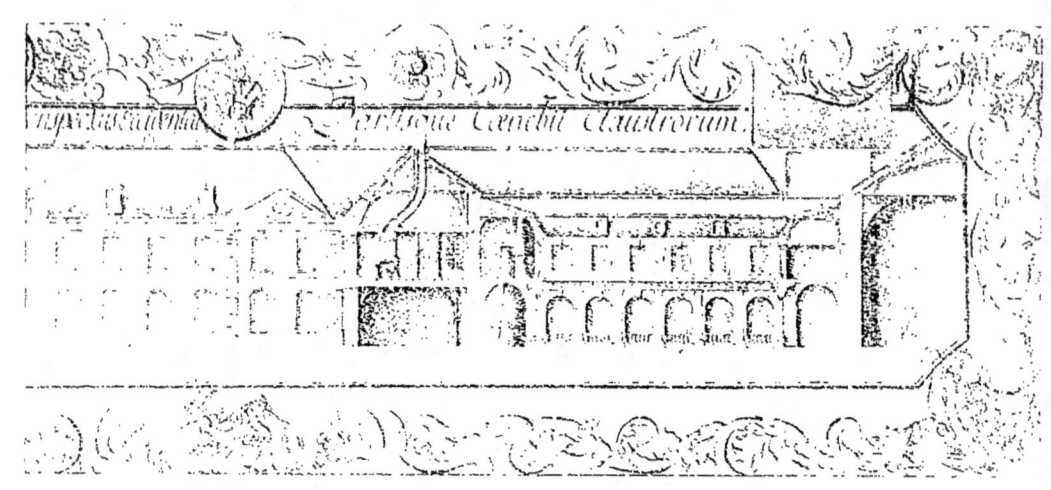

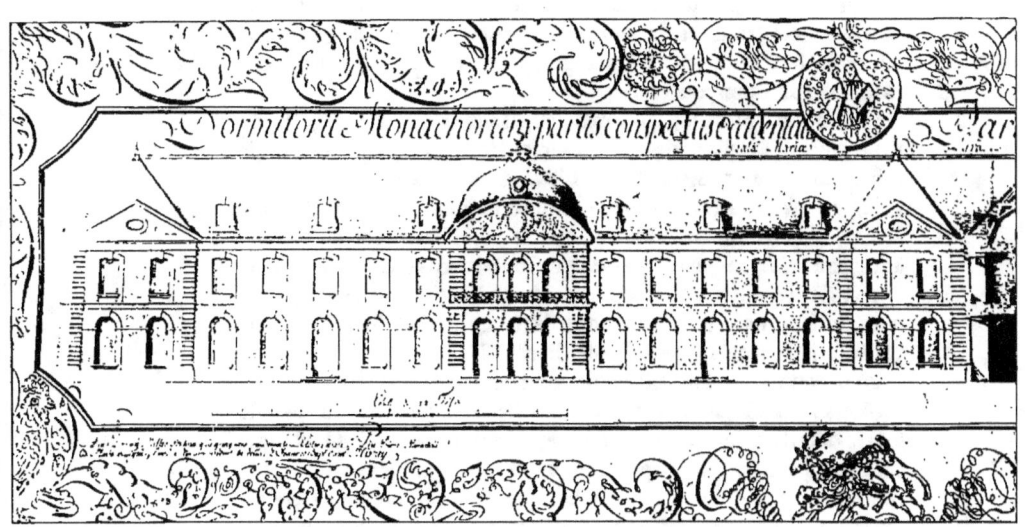

L'ABBAYE DE LYRE AU XVIIIe SIÈCLE

il semble bien que l'on ait, en même temps, réduit la longueur du réfectoire. En avait-on également diminué la hauteur, et faut-il chercher au-dessus de cette salle mutilée la chambre à cheminée Louis XV où dom Miserey fait passer sa coupe transversale ? Ou bien cette chambre surmontait-elle la cuisine ? Mystère.

La reconstruction du bâtiment occidental eut lieu postérieurement à 1704, comme le montre un plan qui fut alors dressé pour des écuries projetées près de l'entrée des lieux claustraux (1). Au milieu de ce bâtiment occidental, un corridor, débouchant vers l'ouest sur un perron extérieur à double volée, permettait de passer du cloître dans la cour ou le verger. Au rez-de-chaussée, on avait fait deux salles à manger, dont l'une était sans doute réservée aux étrangers (2).

Quand au cloître, il avait été renouvelé dès la fin du XVIIe siècle. Le plan de 1704 le montre terminé et tel que le représentera dom Miserey en 1759. A la date du 2 septembre 1692, un arrêt du grand conseil avait condamné l'abbé de Calvière à fournir la somme nécessaire pour le rétablissement du cloître, après que les religieux y auraient contribué pour mille livres ; l'arrêt ordonnait en même temps l'adjudication de l'entreprise ; mais une transaction intervenue le 10 août 1693 fixa la part de l'abbé à la somme nette de 5.600 livres (3).

Pour cette réfection, plusieurs projets avaient été dressés dont les dessins nous sont parvenus (4). Ils ne diffèrent que par de légers détails : la présence d'un appareil à refends de chaque côté des pilastres, la disposition du muret qui devait fermer le bas des arcades. Le projet réalisé comprit sur chaque face du carré six arcades en plein cintre, séparées par des piliers auxquels s'adosse un pilastre dorique. L'entablement est coupé de triglyphes. Une balustrade à hauteur d'appui remplace le muret d'abord prévu. Au-dessus des galeries règnent des voûtes d'arêtes à doubleaux sur pilastres, doubleaux et pilastres répétés aux angles du cloître, dans un but de consolidation.

---

(1) Arch. nat., NIII *Eure 6* (feuille n° 3).
(2) Le plan cité dans la note précédente indique, en effet, à peu près sur le même emplacement, une « salle » alors projetée « pour les hôtes ».
(3) Arch. de l'Eure, H 587, fol. 43 v°, (Délibérations capitulaires.)
(4) Arch. nat., NIII *Eure 6* (feuille n° 5 et feuille sans numéro).

Aucun des projets ne comportait l'étage surmonté d'une toiture à la Mansard avec lucarnes que montre la coupe de dom Miserey et où l'on voit un cadran d'horloge entre deux fenêtres de la face orientale.

Le même document donne l'élévation vers l'ouest d'un grand bâtiment à construire dans le prolongement du dortoir et dont la façade, symétriquement composée, comprend, au moins pour l'œil, un pavillon central et deux pavillons latéraux. La construction était ou plutôt devait être en briques, avec soubassements, bandeaux, corniches, encadrements des baies en pierre. Il y a un étage sur rez-de-chaussée, des baies — portes et fenêtres — en plein cintre au rez-de-chaussée, des fenêtres à linteau arqué à l'étage, les unes et les autres avec clefs saillantes. Des pilastres ou chaînages à refends accentuent les angles des pavillons, que surmontent des frontons. Ceux des pavillons terminaux sont triangulaires et meublés assez gauchement d'un oculus elliptique, de chaque côté duquel s'allonge un triangle de remplissage. Le pavillon central affecte plus de richesse. Des consoles dans le goût du temps soutiennent à mi-hauteur un grand balcon en fer forgé, et le fronton, curviligne, plus lourdement monumental encore que les deux autres, encadre un grand écu ovale placé dans une cartouche, sommé de la mitre et de la crosse, avec tout un accompagnement de motifs mi-architecturaux mi-végétaux dont on devine les formes contournées et recherchées. De plus, la toiture, simple aux pavillons des extrémités, prend ici la forme d'une cloche et se couronne d'une grosse boule dont la silhouette, peut-être de style, ne rappelle que de fort loin l'élégance des épis d'autrefois. Plusieurs lucarnes assez vulgaires se détachent entre les pavillons. On compte dix-sept fenêtres de façade, et de longueur trente toises et demi, soit tout près de 60 mètres.

La première condition de la beauté d'un édifice était alors la symétrie. Comme le bâtiment que nous venons de décrire se trouvait dans le prolongement de l'ancien dortoir, lequel avait été ou devait être remplacé, dom Miserey composa pour cet énorme ensemble, dont le développement atteignait près de cent mètres, une façade orientale qui comportait, à son tour, trois pavillons légèrement saillants, un au milieu, deux aux extrémités, pavillons d'ailleurs factices comme ceux de la façade ouest et, par suite, complètement indépendants de l'ordonnance opposée. Dans cette singulière architecture, on sacrifie tout aux dehors et à l'ostentation.

Nous n'avons pas l'élévation de la façade orientale. Le plan de dom Miserey nous renseigne seulement sur la distribution du rez-de-chaussée, où l'on trouvait d'abord, en allant du sud au nord, un large vestibule, au milieu duquel un escalier monumental conduisait à l'église et au dortoir ; puis venaient, successivement, la salle capitulaire, entourée de sièges et de boiseries, un fruitier (*pomarium*), un second escalier plus petit, un bûcher, un chauffoir (*hypocaustum*), un grand salon où il convient de s'arrêter un instant. Ce salon ouvrait par trois baies sur une galerie qui régnait tout du long de la façade occidentale, en prolongement de la galerie orientale du cloître. Cette galerie nouvelle est qualifiée par l'architecte de « crypto-portique », appellation impropre que ne justifie pas l'assiette du bâtiment, sans aucune analogie avec celle du château d'Anet (1). Le plan appartenant à Madame Bouquelon montre, en effet, le pavé du salon élevé seulement de trois marches au-dessus du sol de la galerie. On voit, d'ailleurs, qu'un grand jardin de surface horizontale était ou devait être pris à même le sol en pente de la colline, à l'est du bâtiment et tout autour de l'abside de l'église, dominé par un mur soutenant les terres supérieures, avec un large escalier d'axe pour monter aux parties hautes du parc (2). Le « crypto-portique » de dom Miserey n'est qu'un mot, un mot ambitieux et naïf.

En continuant sa marche vers le nord, au delà du salon, le visiteur rencontrait tour à tour une salle de classe, à l'usage des novices ou peut-être des enfants de chœur, un grand escalier composé de trois volées parallèles à murs d'échiffre, — deux volées inférieures et une supérieure, ou réciproquement, — un

---

(1) A la différence de celui de dom Miserey, le « crypto-portique » de Philibert Delorme ne communique avec aucun des appartements, et pour cause, puisqu'il règne directement au-dessous.

(2) La vue conservée aux Archives nationales montre qu'il existait déjà en cet endroit deux murs de terrasse successifs et deux escaliers.

cellier et enfin la bibliothèque, à laquelle aboutissait la galerie occidentale. Il y a dans tout cela, comme on voit, un singulier mélange, mais l'enveloppe est noble, et c'est l'essentiel.

La construction devait être, en effet, très soignée. Au-dessus du salon, le projet comporte trois travées de voûtes avec des arêtes, des bandes de pierres, un compartiment central formant plafond, bref, cette architecture à la fois simple et raffinée aux difficultés de laquelle se complaisaient les stéréotomistes du xviiie siècle et particulièrement les architectes de la congrégation de Saint-Maur. A l'ouest du grand escalier septentrional, une variante consiste en un vestibule ovale et une sorte de coupole dont l'absence eût été surprenante.

Le plan de l'étage est perdu. Cet étage de près de cent mètres de long devait sûrement comporter autre chose que le dortoir. On y avait sans doute installé l'infirmerie et probablement aussi des appartements pour les pensionnaires, vieux gentishommes revenus des plaisirs de ce monde et qu'attirait la vie paisible du cloître. Une annexe indispensable avait été placée à l'extrémité méridionale, contre une des absidioles de l'église. C'était un pavillon octogonal, probablement à deux étages. Mais quel trait de mœurs que le choix de cet emplacement !

*
* *

Le plan de dom Miserey porte le millésime 1759. On y voit également, sous la date du 14 février 1760, la formule d'approbation suivante : « Le présent plan ayant été vu et arrêté par nous, supérieur général de la congrégation de St Maur, l'avons loué et approuvé ; en conséquence, de l'avis et du consentement des RR. PP. assistants, avons permis et permettons de le faire exécuter suivant sa forme. Fait à Paris, en l'abbaye de St Germain des Prés, le quatorsiesme jour du mois de février de l'année mil sept cent soixante. » La signature est effacée, et la formule elle-même est devenue d'une lecture très difficile.

On n'avait pas, d'ailleurs, attendu cette autorisation pour se mettre à la besogne, et il faut supposer l'existence d'un premier projet partiel. Quoiqu'il en soit, en cette même année 1759, date du plan de dom Miserey, le registre capitulaire constate que des travaux précédemment entrepris avaient été interrompus. Ils avaient pour objet des bâtiments voisins du cloître, lequel souffrait particulièrement de cette interruption. Deux délibérations témoignent de ces faits, mais d'une façon trop peu claire pour que le moindre commentaire soit possible. Il faut se contenter de citer les passages essentiels :

10 mars 1759. — Le prieur, dom César Le Pin, « a représenté que, ne pouvant continuer les bâtiments et faire même le dortoir, absolument nécessaire tant pour la commodité des religieux que pour conserver une partie du cloître qui est entièrement exposée aux injures du mauvais temps, » il était nécessaire d'emprunter 10.000 livres. A la suite, on lit : « La permission a été accordée et l'emprunt fait. » (1)

15 juin 1760. — Le prieur, dom César Le Pin, « a représenté que le pavillon du milieu du bâtiment que l'on construit actuellement, dont l'élévation est portée à une certaine hauteur, mais insuffisante pour supporter la charpente ; que, d'ailleurs, cette partie du bâtiment ayant esté exposée pendant tout l'hiver dernier à la rigueur du mauvais temps, ce qui luy a causé un grand tort et beaucoup endommagé ; que, malgré les épargnes et la sage œconomie de la maison, on n'étoit point en état de finir un ouvrage aussi utile qu'essentiel sans que, au préalable, on empruntât quelque argent. » On décide d'emprunter 5.000 livres. (2)

Nous ignorons, d'ailleurs, ce que les religieux purent exécuter des projets de dom Miserey dans les trente années qui s'écoulèrent depuis 1759 jusqu'à la Révolution. La constatation, en novembre 1791, d'un vol de plomb « sur le fronton du *bâtiment neuf* » (3) est trop peu précise pour permettre de conclure.

F. INFIRMERIE.

Mais laissons là les somptuosités téméraires du xviiie siècle et revenons aux édifices du Moyen Age. Il en est un dont nous n'avons pas encore parlé, l'infirmerie. Presque isolée au nord-ouest de l'extrémité du dortoir, et néanmoins ayant sans doute avec cette partie des lieux claustraux une communication directe,

---

(1) Arch. de l'Eure, H 582, p. 285.
(2) *Id.*, p. 289.
(3) M. l'abbé Guéry, *Revue cathol. de Norm.*, 22e année (1912-1913), p. 91, note 2, [p. 320, note 1, du tirage à part.]

elle se composait de trois bâtiments, séparés par une cour qu'une galerie sur piliers fermait en quelque sorte vers l'est, soit en réunissant à leur extrémité orientale les deux bâtiments parallèles du nord et du midi, soit en donnant un accès de plain pied au bâtiment des latrines. L'absence de plan ne permet pas de préciser ce détail. Une chapelle de premier étage, sous le titre de Sainte-Madeleine (1), prolongeait vers l'est le bâtiment du nord. Elle avait été restaurée en 1416 par l'abbé Simon du Moncel ou de Monceaux, le même qui fit ériger dans le dortoir une chapelle Sainte-Catherine au sujet de laquelle tout renseignement fait défaut. Le pignon à crochets que l'on voit sur la planche du *Monasticon*, terminant l'un des bâtiments de l'infirmerie, conduit à penser que cette partie de l'abbaye avait pu, elle aussi, être reconstruite au xve siècle.

Dans la cour qui s'étendait du réfectoire à l'infirmerie, une toiture sur quatre piliers abritait un **puits** dont le *Monasticon* est seul à nous donner l'image.

*
* *

De tout ce que nous venons de décrire, exception faite pour l'ancien logis abbatial, il ne reste rien aujourd'hui à la surface du sol. C'est à peine si l'on reconnaît, au nord de l'emplacement de l'infirmerie, une ou deux des murailles qui soutenaient les jardins étagés. Mais il est encore possible de visiter deux caves que nous ne croyons pas, d'ailleurs, avoir été les plus importantes de celles dont usaient jadis les religieux.

G. CAVES.

L'une de ces deux caves se trouvait, semble-t-il, assez près et au nord du réfectoire et se prolongeait originairement vers l'est jusqu'au delà du dortoir. L'autre, située plus au nord et un peu

---

(1) A Saint-Ouen de Rouen, la chapelle de l'infirmerie était placée sous le même vocable. A Saint-Etienne de Caen, il y avait deux chapelles superposées *(Monast. gall.,* pl. 104), et peut-être en était-il de même à Saint-Denis.

plus à l'est, était voisine de l'infirmerie. Aujourd'hui comprises dans deux propriétés distinctes, elles appartiennent respectivement à Mesdames Crestey et Fringard, qui nous en ont très complaisamment facilité l'étude.

La première cave a présentement son accès en plein air. Un escalier rustique dirigé du nord au sud descend dans un corridor de 1 m. 60 de largeur, lequel, suivant la même direction, aboutit perpendiculairement à une galerie d'égale largeur qui court de l'ouest à l'est. Les murs sont partout en silex; la voûte, berceau en segment de cercle, est faite de pierre appareillée. Il y a toutefois exception pour la moitié de la galerie principale tournée vers l'ouest : dans cette partie de la cave, le berceau a été refait en briques, au xviie ou au xviiie siècle, avec une ligne de pierres de taille ininterrompue formant clef. A la rencontre de l'allée principale et du corridor d'accès, les deux voûtes se pénètrent au-dessus de deux arcs croisés, aux arêtes abattues, qui naissent directement des murs. Une autre croisée d'arcs existait à quelque distance vers l'est, mais en cet endroit la galerie est aujourd'hui obstruée. On reconnaît encore néanmoins, dans le plus occidental des quatre voûtains, l'ouverture d'une cheminée d'aération verticale. Un tuyau du même genre fut établi ou renouvelé à l'extrémité occidentale de la galerie, dans la voûte moderne. De ce côté aussi, d'ailleurs, le mur terminal semble un remplissage de date subséquente.

Ajoutons un détail. La porte d'entrée proprement dite n'existe plus. Il y a seulement un arc à biseau, simple section de la voûte du corridor. Une succession d'arcs semblables, encorbellés, devait protéger l'escalier.

Les caractères observés dans les parties anciennes de cette cave sont communs, sauf de très rares exceptions, à toutes les caves construites dans le cours du xiiie et du xive siècle. Sans documents, on n'en saurait donc préciser la date ; mais il faut, ici, comme toujours, admirer l'excellence des procédés de construction.

La seconde cave, plus importante (nous en donnons le plan), ne paraît pas non plus avoir été surmontée d'aucuns bâtiments; du moins en fut-il ainsi de sa galerie la plus considérable, qui se dirige de l'ouest à l'est et s'enfonce profondément dans le sol du coteau. On y pénètre de plain pied par une porte ouverte à l'ouest et dont l'arc de pierre de taille, en plein cintre, repose sur des pieds-droits en grison, avec partout un biseau sur l'arête extérieure. La cave dans laquelle donnait accès originairement cette entrée était de

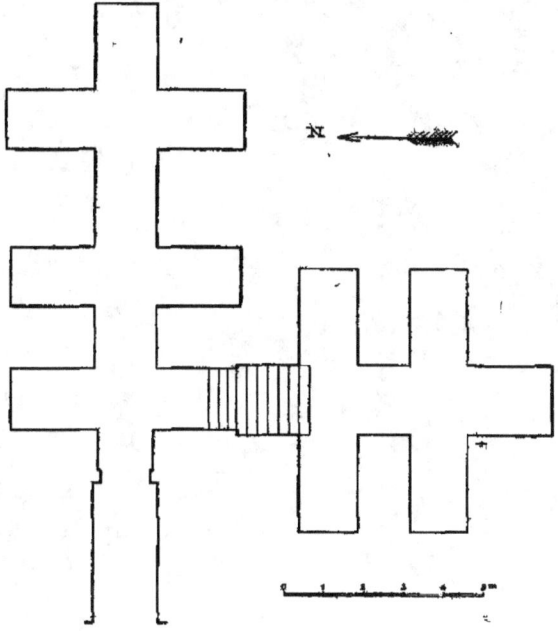

ABBAYE DE LYRE.
Plan de la cave appartenant à Madame Fringard (1).

construction grossière, si l'on en juge par les maçonneries qui suivent immédiatement la baie. Il y a là un corridor aujourd'hui très court, — un mètre, à peine, — dont les murs sont en grison et dont la voûte, berceau aplati, autrement dit en segment de cercle, est faite uniquement de blocage. Peut-être ces fragments remontent-ils au XIIe siècle. Quoi qu'il en soit, on peut constater que tout le

---

(1) Nous devons ce plan à l'obligeance de M. Bourdon, architecte à Conches.

ABBAYE DE LYRE
CHOEUR DE L'AUTEL MAJEUR
Aujourd'hui dans l'Église de la Vieille-Lyre
B. — L'autel placé au premier plan provient de Sainte-Foy
de Conches.

dont l'arc de pierre de taille, en plein cintre, repose sur des pieds droits, en grison, avec partout un biseau sur l'arête extérieure. La cave dans laquelle donnait accès originairement cette entrée était d

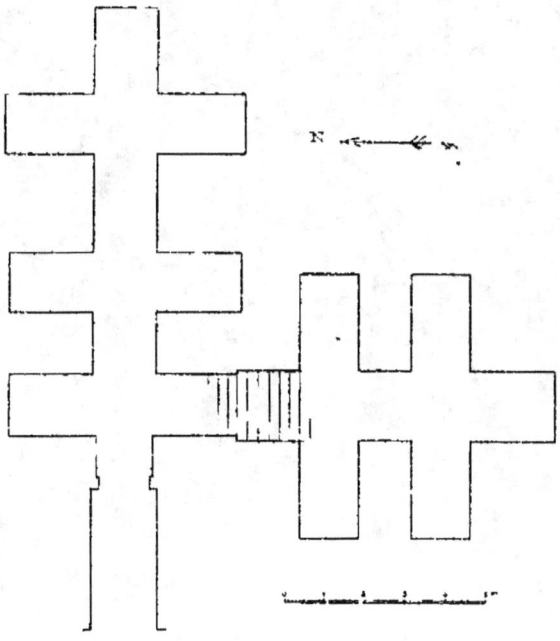

ABBAYE DE L'ARE
Plan de la cave appartenant à M. dame Frogard (1).

construction grossière, si l'on en juge par les maçonneries qui suivent immédiatement la baie. Il y a là un corridor aujourd'hui très court — un mètre, à peine, — dont les murs sont en grison et dont la voûte, berceau aplati, autrement dit en segment de cercle, est faite uniquement de blocage. Peut-être ces fragments remontent-ils au XIIe siècle. Quoi qu'il en soit, on peut constater que tout le

---

(1) Nous devons ce plan à l'obligeance de M. Brandon, architecte à Conches.

ABBAYE DE LYRE
CIBORIUM DE L'AUTEL MAJEUR (?)
Aujourd'hui dans l'église de la Vieille-Lyre
N. B. — L'autel placé au premier plan provient de Sainte Foy de Conches.

reste de la cave a été refait peu de temps avant la Révolution. Les ouvriers ont gravé sur une pierre, à gauche, non loin de l'entrée, deux lettres et une date : ft' *1785*, qu'il faut lire : *fait* ou *fecit 1785*. La maçonnerie est tout entière de pierre de taille et parfaitement exécutée. Une galerie de 10 m. 50 sur 1 m. 57 s'accompagne de six caveaux latéraux symétriquement placés en regard les uns des autres et qui mesurent 1 m. 48 de largeur. Sur la galerie règne un berceau brisé où pénètrent les berceaux de même forme, mais un peu plus étroits et naturellement moins élevés, des caveaux latéraux.

Au lieu d'un mur terminal, le fond du premier de ces caveaux, à droite, c'est-à-dire vers le sud, présente deux pieds-droits, soutiens d'un arc aujourd'hui disparu, et en arrière desquels un berceau aplati en pierre abrite une dizaine de marches qui descendent dans une seconde cave ajoutée pendant le cours du xiiie ou du xive siècle à la cave primitive que nous supposons avoir existé dès le xiie siècle. Cet agrandissement ne doubla pas tout à fait la surface disponible. Le plan, cette fois encore, est traditionnel; mais la longueur de la galerie centrale, placée dans l'axe du caveau d'entrée refait en 1785, ne dépasse pas 6 m. 80, et l'on ne compte de chaque côté que deux caveaux, réguliers comme toujours. La largeur de la galerie est de 1 m. 62, celle des caveaux de 1 m. 47. L'extrémité de la galerie, moins élevée que le reste, forme comme un cinquième caveau. La construction, toute de pierre de taille, est comme d'habitude très soignée; mais les formes diffèrent de ce que nous avons vu jusqu'ici. Le berceau en plein cintre de la galerie se double à mi-longueur d'un arc auquel, pour plus de solidité sans doute, on a donné une brisure très accentuée. Comme les nervures précédemment signalées, cet arc n'a pas de supports : il naît directement des parois. Egalement voûtés en berceau plein cintre, les caveaux latéraux s'ouvrent sous la naissance du berceau principal. Tous les arcs ont leurs arêtes abattues par un biseau.

DEUXIÈME PARTIE

H. ÉGLISE

Le plan de l'église dressé par dom Miserey en même temps que celui des bâtiments d'habitation, et dont on trouvera ci-joint une reproduction photographique, constitue, avec la vue du *Monasticon gallicanum*, le document le plus important que nous possédions sur cet édifice, reconstruit de 1150 à 1180 environ (1). Les grandes lignes du plan de dom Miserey peuvent être considérées comme exactes. Nous examinerons plus loin si les détails méritent la même confiance.

La première impression que donne le document, c'est que l'église de Lyre offrait, dans la distribution et la forme de ses diverses parties, une très frappante analogie avec la plupart des grandes églises normandes construites au XIe et au XIIe siècle. La caractéristique de ces édifices réside surtout dans la disposition des parties orientales, où figurent toujours, comme à Lyre : 1° un transept dont chaque bras fait saillie d'une travée sur le bas-côté et possède une absidiole orientée; 2° un chœur de deux travées, accompagné de bas-côtés; 3° enfin, une abside, flanquée de deux absidioles qui terminent ces mêmes bas-côtés. On trouve ce plan dans les églises abbatiales de la Trinité de Caen, de Lessay, de Cerisy, de Saint-Georges de Boscherville, de Montivilliers, dans l'église priorale de Saint-Gabriel, dans les églises paroissiales de Saint-Nicolas de Caen et de Guibray, et il existait jadis dans les abbayes de Bernay et de Jumièges (2), ainsi qu'au prieuré de Saint-Vigor-le-Grand, près de Bayeux. Dans plusieurs de ces églises, à Saint-Nicolas de Caen, à Lessay, à Cerisy, à Saint-Gabriel, à Saint-Georges de Boscherville, à Montivilliers, les absidioles voisines de l'abside sont ou étaient engagées chacune dans un petit chevet carré, mais le principe reste le même.

---

(1) Voir le texte cité p. 4.
(2) Son existence à Jumièges, antérieurement à la reconstruction du chœur dans la seconde moitié du XIIIe siècle, résulte des fouilles exécutées par M. Martin du Gard. Cf. l'ouvrage de cet écrivain : *Étude archéologique sur les ruines de l'abbaye de Jumièges*, 1909 (gr. in-8°).

De ce que ce plan est répandu dans les grandes églises normandes de l'époque romane, on a cru devoir lui donner le nom de plan normand; mais cette appellation est inexacte, car on trouve des églises du même type dans les autres provinces françaises et même à l'étranger. Il a paru préférable de l'appeler plan bénédictin, ce qui est peut-être tomber dans une autre erreur. Que les bénédictins aient souvent adopté le plan d'église dont nous parlons, ce n'est pas douteux, et le savant archéologue qui a proposé la nouvelle dénomination, M. Eugène Lefèvre-Pontalis, en cite un grand nombre d'exemples (1). Mais ce plan fut-il particulier aux bénédictins? On ne saurait le prétendre. Beaucoup de cathédrales présentaient peut-être un plan analogue, avant leur reconstruction au XII° ou au XIII° siècle avec des modifications et des agrandissements que suffit à expliquer le développement de beaucoup de cités épiscopales, tandis que les églises abbatiales ne furent que rarement renouvelées après le XII° siècle. Une cathédrale encore intacte, celle d'Autun, montre bien que les grandes églises sans déambulatoire ne furent pas réservées aux seuls bénédictins, et, d'autre part, c'est le même plan que l'on adopta pour la cathédrale d'Evreux quand cet édifice fut reconstruit après l'incendie de 1119 (2).

Quoi qu'il en soit, les exemples normands que nous avons cités de ce plan suffisent à en montrer la vogue et la persistance : les fondements de l'église abbatiale de Jumièges furent jetés au second quart du XI° siècle, tandis que les murs du prieuré de Saint-Gabriel ne doivent rien contenir d'antérieur au second quart du XII°. Quant à l'église de Lyre, elle était moins ancienne encore, puisque la reconstruction en fut entreprise par un abbé qui monta sur le siège abbatial seulement en l'année 1147. Il semble toutefois

---

(1) *Les plans des églises romanes bénédictines*, dans *Bulletin monumental*, année 1912, p. 439-485.

(2) Le plan restitué par M. l'abbé Fossey (*Monographie de la cathédrale d'Evreux*, 1898, p. 22) doit évidemment être rectifié dans ce sens. Les deux absidioles jumelles qu'il suppose dans chaque croisillon sont bien peu vraisemblables. Une disposition analogue se trouve, il est vrai, à la cathédrale de Cantorbéry, mais avec cette différence essentielle que la cathédrale anglaise possède un déambulatoire.

permis de supposer que l'on utilisa pour le nouvel édifice les fondations de l'église antérieure : le plan restant le même, l'ordonnance seule aurait été modifiée. Dans tous les cas, on ne peut douter que la facilité qui résultait de l'adoption de ce plan pour le voûtement de la partie orientale des églises n'ait été, jusque vers 1120, le motif de la faveur dont il jouit si visiblement.

A Lyre, la tour qui surmontait le carré du transept fut toujours l'unique clocher de l'église abbatiale. C'est encore là une particularité fréquente au XIe et au XIIe siècle dans les églises normandes de moyenne importance. Un autre caractère des églises normandes et anglo-normandes, — car, pendant la seconde moitié du XIe siècle et moins encore au XIIe, il ne faut jamais séparer l'Angleterre de la Normandie quand il s'agit d'architecture, — c'est la présence de tourelles d'escalier carrées à la façade occidentale et assez fréquemment aussi aux extrémités du transept. D'après le plan de dom Miserey, les deux escaliers occidentaux étaient les seuls existant à Lyre. Il n'y avait donc pas, aux extrémités des croisillons, de ces tribunes en usage dans l'école normande pendant la période romane et que l'on trouve encore, intactes ou mutilées, à Saint-Georges de Boscherville, à Saint-Etienne et Saint-Nicolas de Caen, à Cerisy, à Saint-Taurin d'Evreux, à Saint-Ouen de Rouen. Il est infiniment probable qu'il n'y avait pas davantage de tribunes au-dessus des bas-côtés de la nef.

Un coup d'œil jeté sur la vue à vol d'oiseau contenue dans le *Monasticon gallicanum* nous montre comme l'une des particularités de l'aspect extérieur trois arcs-boutants seulement sur la face sud de la nef, correspondant sans doute à un nombre égal sur la face nord. Les arcs des fenêtres sont partout en plein cintre, sauf peut-être à la grande baie de la façade principale. On constate, enfin, que la tour était fort basse et surmontée d'un clocher en charpente à flèche aiguë. La tour romane avait donc été détruite.

L'ensemble de ces indications concorde à peu près avec celles fournies par le croquis conservé aux Archives nationales. Ce document donne pourtant un plus grand nombre d'arcs-boutants pour le côté nord de la nef. L'étude des voûtes et de leurs supports ramènera le problème.

. . .

Les voûtes, cette partie importante de la construction, n'ont pas retenu l'attention de dom Miserey. Fier de son œuvre personnelle d'architecte, ce religieux a soigneusement indiqué dans ses plans a projection de toutes les voûtes modernes du cloître et des bâtiments réguliers, mais il a négligé de le faire pour celles de l'église, nous privant ainsi d'un renseignement précieux. Dans son dédain plus ou moins avoué pour les édifices du Moyen Age, au lieu de s'appliquer à nous transmettre de l'église abbatiale une image exacte et complète, il a préféré occuper son oisiveté aux niais enjolivements que nous voyons sans plaisir au cadre de tous ses dessins.

Ce n'est pas seulement la projection des voûtes que dom Miserey aurait dû nous donner. La coupe du bas-côté nord qu'il a fait figurer près de la galerie méridionale du cloître est d'une grossièreté qui ne permet pas même de deviner s'il y a une voûte et des supports engagés. Puis, au-dessus de ce même cloître, il montre le mur occidental du croisillon nord, percé de deux fenêtres auxquelles il donne un arc en segment de cercle. Or, de deux choses l'une : ou ce détail est inexactement représenté, et cela ne parle guère en faveur du dessinateur, ou les fenêtres avaient été ainsi modifiées, et ce n'est pas pour faire honneur aux bénédictins de Saint-Maur.

Mais passons. Un détail, du moins, ne peut avoir été inventé par dom Miserey, un détail heureusement essentiel : la différence de forme et de grosseur qui existait entre les divers piliers de la nef. L'église de Lyre présentait un exemple de cette alternance de piles faibles et de piles fortes que l'on retrouve dans tant d'églises de l'époque romane et dont les raisons n'ont pas encore été nettement déterminées.

Là encore, il y a apparence d'archaïsme, car on rencontre cette disposition dès le XIe siècle dans les églises normandes (Jumièges, Norrey-en-Auge, Saint-Etienne de Caen, Graville-Sainte-Honorine). Au XIIe siècle, elle se multiplie (Ouistreham, Creully, Bernières-sur-Mer, la Madeleine de Verneuil, cathédrales d'Ely, de Norwich et de Durham, église abbatiale de Waltham, Saint-Pierre de Northampton, etc.). Au XIe siècle et dans la première moitié du XIIe, l'intention des constructeurs en adoptant cette disposition demeure incertaine. Voulaient-ils simplement donner du mouvement et de la variété aux lignes? Prétendaient-ils obtenir, en même temps, un résultat pratique, consolider leurs édifices par des massifs coupant les murs à des intervalles réguliers? Les gros piliers étaient-ils destinés à porter des arcs-diaphragmes reliant les murs et soutenant la charpente du comble, ou, tout au moins, à concourir au même but par l'alternance de fermes puissantes et d'autres plus légères? Avait-on l'espoir de jeter sur le large vaisseau des églises normandes des voûtes de plan carré? Cette dernière hypothèse, la moins acceptable de toutes pour le xie siècle, devient parfaitement exacte au xiie, du moins dans certains cas, comme à Bernières-sur-Mer, à Creully et à Ouistreham. Mais on trouve aussi au xiie siècle des piliers d'importance alternée dans quelques églises dont le vaisseau principal n'a visiblement jamais été destiné à recevoir des voûtes, comme Saint-Pierre de Northampton, Waltham Abbey, la cathédrale de Norwich. A la Madeleine de Verneuil, après les fâcheux travaux modernes, rien non plus n'indique une intention de voûtes.

En ce qui concerne l'église abbatiale de Lyre, construite au milieu du xiie siècle en Normandie, dans un diocèse dont la cathédrale venait d'être renouvelée avec un système de voûtes très complet (1), au milieu d'une région où l'on voûtait jusqu'à des nefs d'églises rurales, comme celles de Broglie, de Boisney, de Notre-Dame-du-Pré, à Pont-Audemer, il semble bien difficile de ne pas croire à la volonté de voûter l'édifice. Des voûtes ont certainement existé à Lyre, les arcs-boutants en font foi. Or, ces arcs-boutants, d'après la vue du *Monasticon*, existaient uniquement au droit des grosses piles. Ils épaulaient donc des voûtes sur plan carré, sexpartites ou non. Si les voûtes étaient sexpartites, peut-être y avait-il une colonnette appuyée sur le chapiteau de la pile faible, et cela supposerait une influence française. Ainsi, cette disposition des piles alternées peut apparenter l'église de Lyre aussi bien à l'école française qu'à l'école normande, à la cathédrale de Noyon aussi bien qu'à la cathédrale de Durham.

D'après dom Miserey, le plan des piles fortes comprenait quatre demi-colonnes, alternant avec quatre colonnettes engagées. Si le dessin était exact, il y aurait là une complète analogie avec les

---

(1) Voyez la *Monographie* déjà citée de M. l'abbé Fossey, p. 24 et suivantes.

piliers de la nef de la cathédrale de Noyon ; mais à Noyon, une seule demi-colonne suffit à porter, de chaque côté, les arcades de la nef, tandis qu'à Lyre, l'épaisseur de la grosse colonne qui constitue la pile faible exige la présence de trois fûts pour porter l'arcade dans les piles fortes, ce qui est, à la vérité, plus normal dans notre région. Mais il faudrait alors admettre que les ogives des hautes voûtes étaient portées sur des culots, la demi-colonne montant dans la nef ne pouvant recevoir que le doubleau (1). Cependant, les supports engagés dans le mur du bas-côté pour porter les voûtes inférieures comprennent trois fûts, et, autant que l'on peut s'en rendre compte, trois fûts conjugués. Les ogives eussent donc possédé là un support spécial qui n'avait pas été prévu dans les piliers, chose bien peu vraisemblable. Toutes les fois, en effet, qu'il y a différence de plan dans les supports entre les massifs engagés dans les murs des bas-côtés et les piliers, elle est toujours en sens inverse de ce que nous montre dom Miserey (exemples : Saint-Taurin d'Evreux, les cathédrales du Mans et d'Ely, les cryptes de Winchester et de Rochester, etc.). Mais le lecteur trouvera sans doute bien oiseuses toutes ces discussions : il nous objectera et il aura raison de nous objecter que le plan de dom Miserey est un document suspect d'où l'on ne peut tirer, sur les points que nous venons d'examiner, aucune conclusion sérieuse.

Il résulte cependant de tout cela que l'existence de voûtes d'ogives sur l'abbatiale de Lyre dès le temps de la construction est infiniment probable, de par la date même de l'édifice, et que ces voûtes étaient, dans la nef, des voûtes de plan carré, soit à quatre, soit à six compartiments (2). Quant aux voûtes du transept et du chœur, elles devaient se composer de croisées d'ogives barlongues,

---

(1) Des ogives sur culots ne seraient pas une exception. A Broglie, les ogives reposent sur des colonnettes encorbellées ; à Boisney, à Cuverville, à Muids, à Daubeuf-la-Campagne (Eure), il y a également des culots sous les nervures.

(2) L'église abbatiale de la Noë, commencée en 1170, au plus tôt, possédait sur la nef trois grandes travées de voûtes quadripartites, correspondant de chaque côté à six travées de voûtes basses. Cf. G. Bourbon, *l'Ancienne abbaye de la Noë, à la Bonneville*, dans *Bull. de la Soc. des amis des arts du dép. de l'Eure*, VIII (Evreux, 1893), p. 29-42.

si l'on en juge par la forme des supports, où l'alternance disparaît; il en était de même, d'ailleurs, aux deux extrémités de la nef, sur la travée précédant le transept et sur celle contiguë à la façade (1).

Quel était le profil des nervures? Un claveau dessiné par Raymond Bordeaux il y a un demi-siècle (2) peut passer pour leur avoir appartenu. C'est un demi-cylindre divisé par deux arêtes en trois secteurs égaux, à la surface de chacun desquels ondule un gros boudin. Le dessinateur, archéologue d'expérience, donne cela comme un débris d'arc doubleau, d'où il faut conclure que le fragment avait une certaine épaisseur. Quoi qu'il en soit, doubleau ou arc ogif, l'ornementation de ce morceau est originale et inusitée; elle semble révéler une influence venue d'Angleterre, où la décoration prit au XIIe siècle, comme on sait, un caractère d'extrême variété et parfois même de bizarrerie. Mais la nervure en question appartenait-elle bien à l'église? Ne s'agit-il pas d'un débris de la salle capitulaire reconstruite après l'incendie de 1188? Naturellement, nous l'ignorons; mais le style de l'ornementation semble bien permettre de considérer la première hypothèse comme la plus vraisemblable.

Nous avons vu qu'il ne devait pas y avoir de tribunes. Existait-il, au moins, un triforium composé d'ajours pour l'aération des combles inférieurs, comme à la cathédrale d'Évreux (3), ou bien le mur était-il nu, dans l'espace compris entre les arcades et les fenêtres? Ce sont là des questions qui demeurent forcément sans réponse. On aimerait aussi à savoir si la tour centrale formait lanterne. Telle qu'elle était au XVIIe siècle quand elle fut dessinée par les auteurs des vues que nous reproduisons, elle ne comportait plus guère qu'une souche, et cette souche datait peut-être seulement du XVe siècle. Le nécrologe de l'abbaye, en mentionnant, à la date du 12 mai, le décès de l'abbé Guillaume Le Bas, qui régit le monastère de 1440 à 1463, rappelle qu'il éleva tous les arcs de

---

(1) Cette particularité se retrouve à la cathédrale de Durham, dans la travée qui suit les tours de l'ouest.

(2) Biblioth. nat., ms. n. acq. fr. 21595, carnet n° 3, fol. 48.

(3) Ce triforium primitif n'existe plus, à Évreux, que dans la travée occidentale de la nef.

pierre sur lesquels la tour est édifiée (1), d'où l'on peut induire que la tour elle-même fut alors renouvelée.

Nous sommes tenté de rattacher à ces travaux une frise sculptée que l'on voit actuellement à Châlet, non loin de Lyre, dans un îlot dépendant de l'ancien moulin récemment transformé en maison bourgeoise par le capitaine Moullet. Cette frise, qui jouait le rôle d'une série de chapiteaux à la partie supérieure d'un pilier aux contours arrondis, se compose d'une suite de feuilles de chou courant horizontalement, entre deux tablettes moulurées, dont l'une, celle du sommet, servait de tailloir. Les feuilles ont peu de relief et, malgré la vigueur des moulures, l'effet de ce couronnement devait être assez médiocre. Une colonnette était jointe au pilier, à sa rencontre avec le mur voisin, ainsi que le prouve une saillie de la frise. Cet ensemble, taillé dans un seul bloc de très belle pierre, forme une puissante assise à la surface supérieure de laquelle on trouve, soigneusement gravé d'avance par l'appareilleur, le tracé de l'assiette des claveaux, profilés comme le support, avec un gros tore au-dessus de la colonnette (2).

Raymond Bordeaux a recueilli dans un de ses albums (3) le dessin d'une frise analogue, où les feuilles de chou sont remplacées par des végétaux beaucoup plus découpés, algue ou figuier. Quel dommage que la démolition du sieur Lecerf ait été si complète et que l'habile crayon de Raymond Bordeaux n'ait pas trouvé davantage à s'exercer sur l'emplacement de l'église abbatiale!

En ce qui touche ces frises, nous ne dissimulerons pas que le plan de dom Miserey semble nous contredire. Nous plaçons au-

---

(1) « ... Arcusque lapideos omnes super quos turris ædificata consurgit. » Cité par les auteurs de la *Gallia christiana*, t. XI, col. 649.

(2) Je dois la connaissance de cet intéressant débris à M. T. Delieuvin, ancien instituteur à la Vieille-Lyre, dont le bienveillant concours n'a cessé de m'accompagner au cours de la présente étude.

(3) Ces albums sont actuellement conservés à la Bibliothèque nationale, qui les doit à l'heureuse libéralité de Mademoiselle Bordeaux, sœur du savant archéologue. L'album dont il s'agit figure au département des manuscrits sous le n° 11191 des nouvelles acquisitions françaises. Le dessin en question occupe le recto du 2e feuillet.

dessus des piliers de la tour centrale les débris en question, qui datent bien, en effet, du xve siècle. Mais le plan donne aux piliers l'aspect de supports contemporains des autres, de supports du xiie siècle. Faut-il, cette fois, faire crédit à l'exactitude du dessinateur et chercher ailleurs l'emplacement de nos deux frises, supposer celles-ci, par exemple, à l'entrée de cette chapelle que le plan nous montre bizarrement logée dans l'angle du bas-côté sud de la nef et du croisillon méridional? Le problème paraît insoluble, mais il ne l'est sans doute que grâce à la légèreté de dom Miserey, qui trace partout des supports d'aspect roman, tandis que la chapelle en question n'était sûrement pas contemporaine de la construction primitive.

Reconstituer l'aspect intérieur de l'abside n'est pas facile. Il faut évidemment supposer dans cette partie de l'église deux étages de fenêtres, mais l'ordonnance de ces fenêtres, l'existence d'un triforium ou d'un passage à mi-hauteur, la disposition de la voûte échappent complètement à nos hypothèses. Nous ignorons, en un mot, si l'abside appartenait au type normand de la Trinité de Caen, de Lessay, de Saint-Gabriel, de Saint-Georges de Boscherville, ou si elle se rattachait au type français tel qu'il est représenté, tout près de nous, par l'abside de Juziers. D'autre part, la question de savoir si la voûte se composait d'une demi-coupole nervée, suivant la formule romane, comme à Saint-Georges de Boscherville et à la chapelle Saint-Julien du Petit-Quevilly, ou si elle comprenait des compartiments relevés de type gothique comme à Broglie, à Cuverville (Eure), à la chapelle du château de Gisors, à Guéron, près de Bayeux, et à Juziers, cette question restera toujours douteuse.

Il est temps d'examiner les dehors. L'aspect de la façade, sa porte en tiers-point, sa fenêtre formée de trois lancettes et d'une rose, indiquent clairement que cette partie de l'église fut la dernière construite. Les arcatures entrecroisées du pignon annoncent aussi chez nous une date plutôt avancée. Quant aux deux tourelles d'escalier carrées qui accompagnent le grand mur-pignon, elles sont bien anglo-normandes. Il y en a d'analogues à Saint-Georges de Boscherville, au Bourg-Dun, à Saint-Nicolas de Caen et à Pontorson; mais cette disposition est plus fréquente encore en Angleterre, qu'il s'agisse des façades des nefs (cathédrale d'Oxford, abbayes de Kelso et de Tewkesbury) ou de celles des transepts (cathédrales de Gloucester, d'Ely, de Norwich), et l'on en pourrait citer un grand nombre d'exemples. On sait, d'ailleurs, combien se propagea et se prolongea cette prédilection des constructeurs anglais pour les tourelles. Dès le xii⁰ siècle, ils en mirent souvent quatre à la façade de leurs églises (1), et cette disposition fut imitée en Normandie, à la cathédrale de Rouen et à l'abbatiale d'Eu.

Les arcs-boutants de la nef devaient être postérieurs à la construction, car on n'en fit guère d'apparents avant la fin du xii⁰ siècle. Ces épaulements, nous l'avons dit, correspondaient aux piles fortes : on distingue très bien les deux baies qui s'ouvraient dans l'intervalle.

La tour centrale, fort peu élevée et sans ouvertures, portait une pyramide carrée de charpente, d'où s'élançait une flèche octogonale. Il n'y a sur chaque face de la pyramide carrée qu'une seule lucarne, dont l'aspect devait être assez pittoresque. Le revêtement d'ardoise ou d'essente qui recouvrait la flèche s'interrompait à mi-hauteur pour former un lanternon à jour, muni d'un garde-fou, et dans lequel le croquis conservé aux Archives nationales laisse voir plusieurs petites cloches. Les grosses cloches se trouvaient évidemment dans la pyramide carrée, à la hauteur des lucarnes. Le croquis des Archives nationales donne à la croix du sommet une importance exagérée. Ce clocher assez modeste avait remplacé, sous Louis XIII, une flèche de bois recouvert de plomb (2) qui devait dater soit de la seconde moitié du xv⁰ siècle, soit du commencement du xvi⁰, époques où ce genre de couronnement fut en grande vogue (cathédrale d'Evreux, église Sainte-Foy de Conches, et jadis Sainte-Croix de Bernay, Notre-Dame de Louviers, Saint-Maclou de Rouen, etc.).

Une annexe de la tour, la tourelle d'escalier cylindrique accolée au flanc occidental, semble bien indiquer que cette tour était une reconstruction postérieure au xii⁰ siècle. Une tourelle d'escalier romane eût été plus épaisse et se fût trouvée à l'un des angles du

---

(1) Cathédrales de Rochester, d'Hereford et de Norwich; abbatiale de Malmesbury.

(2) V. *supra*, p. 5.

carré. On parvenait à cette tourelle par les escaliers de la façade et le comble de la nef.

Le bâtiment qui s'élevait à l'extrémité du croisillon sud renfermait la sacristie, comme l'indique la légende du plan, sous la lettre B. Cette sacristie, qui présente de chaque côté, à mi-longueur, un support engagé annonçant deux travées de voûte, était sans doute contemporaine de l'église ou de peu postérieure. Le plan marque des fenêtres semblables dans les deux édifices, et le *Monasticon* trace toutes ces fenêtres en plein cintre. Ce qu'il y a de moins usité, c'est le prolongement de cette annexe en retour, le long du flanc occidental du même croisillon sud, avec l'aspect d'un bas-côté égal en hauteur à celui de la nef. Mais cette partie de l'église devait être notablement postérieure au reste. On la partagea plus tard par une cloison à laquelle un autel fut adossé, malgré la mauvaise orientation.

***

A cette esquisse, trop semblable à un fantôme fuyant et imprécis, nous voudrions pouvoir ajouter deux traits, grâce auxquels le monument se trouverait mieux caractérisé, surtout dans son aspect intérieur. Mais si la présence de l'arc brisé est possible dans les arcades et dans les doubleaux, elle ne saurait être considérée comme certaine, et le souvenir de la chapelle Saint-Julien du Petit-Quevilly, où règne partout l'arc en plein cintre à une date voisine de 1160, nous invite à la prudence. Quant à la décoration, dont il serait si intéressant de connaître le caractère dans un édifice appartenant à cette période de grand développement architectural que fut la seconde moitié du XIIe siècle, nous sommes bien empêché aussi d'en parler avec sécurité. L'image de deux chapiteaux seulement nous a été conservée, non pas par le soin dont les objets eux-mêmes se sont vu entourés, — on semble, au contraire, avoir pris plaisir à tout détruire, — mais par l'intelligente curiosité de deux archéologues, François Laumônier, le maître sculpteur de Conches, et Raymond Bordeaux, le savant avocat ébroïcien dont nous avons déjà plusieurs fois prononcé le nom. Au premier, nous devons le croquis coté d'un chapiteau élégant, aux formes allongées, à la corbeille revêtue de feuilles d'acanthe, avec deux forts caulicoles qui s'en détachent pour se recourber en volutes dont l'aspect annonce déjà les crochets du xiiie siècle. Ce chapiteau est assez analogue à ceux que l'on voit dans la partie de la cathédrale de Cantorbéry construite par Guillaume de Sens de 1174 à 1178. Il surmontait, non pas une colonne, mais une colonnette dont le diamètre n'excédait pas 13 centimètres. C'est au portail occidental qu'il convient sans doute de restituer ce chapiteau plutôt qu'à l'intérieur de l'église.

L'autre était tout différent. Sa corbeille circulaire s'enveloppait de feuilles larges et plates, sans nervures, telles qu'on en trouve, à côté d'autres de formes beaucoup plus recherchées, dans certains chapiteaux de la cathédrale d'Evreux. De ce chapiteau, qui était de petite dimension, on avait fait un bénitier pour l'église paroissiale de la Vieille-Lyre, et c'est là qu'il fut dessiné par Raymond Bordeaux. Mais, depuis lors, on éprouva le besoin de rajeunir l'édifice, avec ce zèle indiscret que nous constatons trop souvent et qui ressemble parfois au vandalisme, et le bénitier a disparu avec les matériaux de la vieille porte qu'il accompagnait. Le dessin semble indiquer que le chapiteau surmontait une colonnette isolée, et l'on peut penser qu'il provenait d'une baie de triforium ou de clocher.

I à N. MOBILIER

Parler du mobilier de l'abbaye de Lyre n'est pas chose facile. De tous les objets que l'on dit en avoir fait partie, il n'en est pas un seul peut-être pour lequel cette origine soit appuyée d'un document, et, dans bien des cas, la tradition invoquée à cet égard peut et doit être suspectée. Toutefois, le seul parti que nous pussions prendre était de la considérer comme exacte et, tout en formulant les réserves nécessaires, de décrire comme s'ils y avaient droit les objets qui en bénéficient. A la Vieille-Lyre, nous n'avons pas seulement contre nous, en effet, l'absence habituelle de registres et d'une comptabilité régulière à l'époque où les églises paroissiales reçurent les dépouilles des monastères, mais encore ce fait que l'exercice du culte paroissial fut, en 1791 et 1792, momentanément transféré dans l'église abbatiale, de sorte que les mobiliers des deux édifices durent se trouver en partie confondus. Et comme si cela ne suffisait pas, en 1808, l'église de la Vieille-Lyre s'enrichit du mobilier d'une église voisine supprimée. celle de Champignolles (1). Qui pourrait, dans ces conditions, se flatter de résoudre tous les problèmes posés ?

I. AUTELS

Si l'on en croyait un article publié il y a vingt-six ans par feu M. Picque, curé de la Vieille-Lyre (2), l'autel majeur et deux des autels secondaires de l'abbaye seraient aujourd'hui dans l'église paroissiale. Cette église, dont l'un des murs latéraux, celui du nord, servait de clôture au monastère, s'élève au sud de l'emplacement de l'église abbatiale et des lieux réguliers. Elle est dédiée à saint Pierre et à saint Paul et consiste en un long vaisseau rectangulaire dont la construction remonte au début du XIIIe siècle, comme en témoignent l'épaisseur des murailles, les contreforts qui les épaulent partout et la forme de quelques fenêtres en lancette qui se voient encore dans le chœur. Toutefois, l'arc triomphal a été refait au XVIe siècle, et une grande fenêtre à deux meneaux, aujourd'hui bouchée, avait remplacé d'assez bonne heure les percements primitifs du chevet. Les murs sont en blocage, la plupart des baies et les contreforts en grison. Des travaux exécutés de 1885 à 1889 ont rajeuni cette église et transformé plus ou moins heureusement le mur-pignon de l'ouest, dont on a fait la façade, alors que l'entrée d'autrefois, qui n'a laissé aucune trace, s'ouvrait sur le flanc sud.

Voyons si les affirmations de M. Picque paraissent justifiées.

L'autel majeur (3) se rattache à la série de ces grands *ciboriums* que le règne de Louis XIV vit remettre à la mode en France

---

(1) Voir un procès-verbal du 7 décembre 1808, publié par M. Delieuvin le 11 juin 1897 dans le *Journal de Rugles*.

(2) *Sanctuaire de la Vieille-Lyre, diocèse d'Évreux*, dans « *les Sanctuaires de France*, revue bi-mensuelle illustrée de l'OEuvre des Sanctuaires de France, » 2e année, n° 20, 25 sept. 1888 (Paris, in-8°), p. 451-456. L'auteur, pour recueillir les ressources nécessaires à l'achèvement de la restauration de l'église, voulait établir dans la partie orientale de l'édifice une chapelle de pèlerinage.

(3) Cette expression est devenue inexacte depuis que M. Picque a installé un nouvel autel en avant de l'ancien, qu'il voulait affecter à sa future chapelle de pèlerinage.

et dont l'abbaye du Bec nous a laissé un spécimen grandiose dans le bel autel qui décore depuis le commencement du xixe siècle l'église Sainte-Croix de Bernay. L'autel actuel de l'église de la Vieille-Lyre n'imite ce modèle que de loin, et son auteur n'avait pas le talent du bénédictin Guillaume de la Tremblaye. Majestueux peut-être, l'édicule que nous avons sous les yeux est lourd et d'une largeur excessive (1). On n'en juge guère, à la vérité, dans ce chœur bas et obscur, encombré d'un nouvel autel, et la photographie n'en est même pas possible. La gravure ci-jointe reproduit un dessin à la plume de M. Gaston Coindre qui accompagne l'article de M. Picque. Ce dessin est inexact en partie : il donne deux *rayons* de trop à la demi-coupole à jour qui surmonte l'hémicycle, et il omet les deux anges adorateurs que l'on voit agenouillés à droite et à gauche, sur les retours de l'entablement. Ces statues, en bois doré, sont, d'ailleurs, d'une pauvre exécution, et l'on en peut dire autant des deux enfants, également de bois doré, qui soutiennent des guirlandes végétales au pied de la croix du couronnement. Le ciborium lui-même, l'autel et ses degrés sont en pierre de Goupillières. Les douze colonnes, où l'on ne voit pas les cannelures figurées par le dessin, sont revêtues d'une couleur simulant le marbre, un marbre rougeâtre, dans le ton du marbre de Rance. Les chapiteaux, d'ordre corinthien, les figures, les ornements végétaux répandus sur les rayons de la demi-coupole, tout cela est doré. Rien de plus mauvais que le dessin des chapiteaux, à ce point que l'on a peine à voir dans cet ensemble une œuvre faite pour une riche et puissante abbaye.

D'autres raisons fortifient ce doute. Les dimensions en largeur, en hauteur, conviennent fort bien à l'église paroissiale, tandis que la hauteur aurait certainement paru très insuffisante dans l'église abbatiale. En outre, le plan général de l'abbaye dressé en 1759 par dom Miserey donne pour l'autel de l'église paroissiale un dispositif qui rappelle singulièrement ce que nous voyons aujourd'hui (2), tandis que l'autel majeur de l'église abbatiale se voit

---

(1) On compte 7 m. 20 de largeur totale aux socles; l'hémicycle central n'a que 2 m. 40 de diamètre.

(2) Dom Miserey donne à l'édifice des proportions inexactes. L'église mesure dans œuvre environ 40 m. 25 de longueur sur 8 m. 45 de largeur,

appliqué directement contre l'hémicycle de l'abside, sans rien qui fasse penser à un *ciborium*. La question serait tranchée si nous possédions les comptes de la fabrique paroissiale pour la seconde moitié du règne de Louis XIV, à laquelle appartient sans conteste le *ciborium* actuellement existant; mais les documents de cette nature n'ont malheureusement été conservés que pour une période antérieure, et quant au registre de délibérations de 1762 à 1793, seule épave des archives du xviiie siècle, il ne nous apprend rien relativement au maître-autel.

Le tabernacle est antérieur en date au *ciborium*. C'est un travail de sculpture et de menuiserie que son style permet d'attribuer soit au second quart, soit au milieu du xviie siècle. On y trouve ce qui caractérise surtout les tabernacles de cette époque : des colonnes effilées en longs balustres, des frontons contournés qui s'interrompent au milieu de leur course et s'enroulent sur eux-mêmes en volutes. Ici, l'étage inférieur comprend une porte et deux espèces de larges avant-corps latéraux creusés de niches très simples, car l'œuvre affecte un caractère architectural très marqué. Dans ces niches, aux deux côtés du Christ qui décore la porte, — un Christ bénissant et portant le globe, — on voit deux statuettes en bois doré : à gauche, un saint pape, à droite un saint évêque. Au-dessus du tabernacle proprement dit repose une sorte de châsse ou de coffre quadrangulaire, vitré à la partie antérieure, orné de figures d'anges engainées et surmonté d'un garde-corps où s'alignent des ajours de forme ovale. Le couronnement a disparu. Bien que tout cet étagement paraisse assez homogène, on ne saurait affirmer que l'état actuel reproduit exactement celui d'autrefois. On voit, par exemple, fort mal reliées à l'ensemble, deux statuettes d'anges adorateurs en bois doré, dans le goût bien connu des anges de

---

tandis que, d'après dom Miserey, la longueur serait seulement de 23 m. — Les deux petits autels que le moine-architecte place à droite et à gauche de l'autel principal ne sont nullement invraisemblables dans une église qui comptait un grand nombre de confréries : confréries de Saint-Pierre, de Notre-Dame, de Saint-Jacques, de Saint-Fiacre, du Saint Rosaire, du Saint-Sacrement, du Saint Nom de Jésus (fondée en 1627), de Notre-Dame du Mont-Carmel (fondée en 1670).

ABBAYE DE LYRE
UN DES AUTELS SECONDAIRES (?)
Aujourd'hui dans l'église de la Vieille-Lyre

ABBAYE DE LYRE
UN DES AUTELS SECONDAIRES (?)
Aujourd'hui dans l'église de la Vieille-Lyre

Michée Lourdel (1), mais qui ne sont, en réalité, que de mauvaises imitations des œuvres du maître rouennais.

Ici encore, nous ne sommes pas le moins du monde certains de nous trouver en face d'une œuvre provenant de l'abbaye. En effet, la fabrique de l'église paroissiale fit faire, dans les dernières années du règne de Louis XIII, à l'époque même dont se réclame par son style l'édicule actuel, un tabernacle ou peut-être même deux tabernacles successifs. Le premier, posé en 1640, fut payé 104 livres à un ouvrier nommé Thiault, qu'il faut sans doute identifier avec Thomas Thiault, menuisier qui habitait Rugles à une date contemporaine (2). Puis, au cours des années suivantes, de 1641 à 1645, Pierre Abraham, « sculpteur », reçoit 68 livres en divers paiements, à propos desquels il est question de « l'alleu du tabernacle ». Enfin, en 1646, ce tabernacle est doré par Guillaume Abraham (2). Nous avons parlé de deux tabernacles : peut-être n'y en eut-il qu'un seul, confectionné par Thiault, enrichi de figures par Pierre Abraham et doré par Guillaume Abraham. Ces Abraham étaient des peintres-sculpteurs de Rouen, qui travaillèrent abondamment pour les églises de la ville entre les années 1610 et 1680 (3). Faut-il reconnaître leur œuvre et celle du menuisier Thiault dans les objets que nous venons de décrire? Les preuves manquent pour se prononcer en toute certitude, mais on voit combien la coïncidence des dates rend difficile une attribution formelle à l'église abbatiale.

---

(1) Voir *Album artistique et archéologique* publié par la Société des Amis des arts du département de l'Eure, 2e sér. (Évreux, 1902), pl. IV et p. 15-16.

(2) Thomas Thiault entreprit en 1645 une clôture de chœur pour l'église de Saint-Pierre-de-Sommaire, aujourd'hui dépendance de Saint-Nicolas-de-Sommaire (Orne). Voir *Documents tirés des minutes du tabellionage de Rugles* par M. Adolphe Le Maréchal (Rouen, 1901), p. 163.

(2) Registre des comptes de l'église de la Vieille-Lyre de 1627 à 1672, fol. 66 v°, 70 v°, 75, 84, 87 v° et 91 v°. Ce registre, abandonné dans le grenier de l'ancien presbytère, a été sauvé de la destruction par M. Delieuvin, qui nous l'a très obligeamment communiqué.

(3) Voir Arch. de la Seine-Inf., G 6619, 6620, 6804, 6948, 7234, dans *Invent. des arch. de la S.-Inf.* par Ch. de Beaurepaire, série G, t. V.

L'origine assignée aux deux **autels secondaires** ne soulève pas les objections qui s'imposent à propos de l'autel majeur et de son tabernacle. Ces autels secondaires, aujourd'hui adossés aux murs latéraux de la nef, en avant de l'arc triomphal (1), sont des compositions d'assez bon goût, quoique un peu lourdes et froides, et qui, en définitive, n'eussent pas déparé l'église abbatiale. Ils appartiennent, d'ailleurs, à une époque assez voisine de celle qui vit ériger le *ciborium* du maître-autel : leur postériorité ne peut-être que de quelques années. Inutile de dire que, dans ces autels, les contretables et les tabernacles nous intéressent seuls : les autels proprement dits sont des boiseries sans aucune valeur qui proviennent de l'église Sainte-Foy de Conches (2). Il faut encore, à propos de ces contretables, évoquer le souvenir de ce qu'on avait fait dans l'abbaye du Bec vers la fin du xviie siècle (3) ; mais l'artiste, cette fois, s'est montré relativement original.

Chacune des contretables, en pierre, comprend une large niche encadrée de chaque côté par deux pilastres ioniques (4) et au-dessus de laquelle l'entablement se relève en demi-cercle, suivant une formule admise des pseudo-Vitruves du xviie siècle, mais parfaitement illogique. Pour animer ce couronnement, l'architecte a disposé, en guise d'acrotères, au sommet, un vase rempli de fleurs, à droite et à gauche deux pots à feu. L'hémicycle est plein, mais décoré de deux pilastres ioniques entre lesquels des pentes de feuillages, de fleurs et de fruits en plein relief tombent

---

(1) Avant les travaux modernes opérés dans l'église, ils étaient placés aux deux côtés de l'arc lui-même, dans des espaces trop étroits pour les contenir. Un plan de l'édifice dressé par M. Ch. Vasseur pour son cousin R. Bordeaux témoigne de cet état de choses. (Biblioth. nat., ms. n. acq. fr. 22064, fol. 23.)

(2) Renseignement fourni en 1890 par M. l'abbé Picque.

(3) Quatre des petits autels du Bec se voient aujourd'hui dans les églises de la Barre et de Saint-Pierre-du-Mesnil (Eure) ; un cinquième, plus important, celui de la chapelle de la Vierge, sert d'autel majeur à l'église de Brionne. Les autels de Lyre, plus simples et moins riches de matière, présentent comme un compromis entre ces deux types d'autels.

(4) Il y a de la fantaisie dans les glands d'étoffe suspendus aux volutes du chapiteau.

d'anneaux fixés à l'architrave. Tout cet ensemble, malheureusement empâté de badigeon, ne manque pas d'ampleur.

Les deux tabernacles, en bois, sont de dimensions identiques, mais de modèles différents, et eux non plus ne sont pas dépourvus d'originalité. Celui de l'autel du nord, — autel de la Sainte-Vierge, — comporte une façade encadrée de quatre colonnes corinthiennes à fût tordu, dont deux, celles des extrémités, sont placées en retraite par rapport aux deux autres. Sur la porte, des draperies nouées et suspendues symétriquement abritent un calice porté sur un socle où se voit en relief le monogramme de Marie. A droite et à gauche, des consoles renversées accostent l'édicule. Tout cela est sobre et de bon goût. Malheureusement, il n'y a plus de couronnement, et il en est de même à l'autel du sud, — autel du Sacré-Cœur, en dépit des règles liturgiques.

Un peu plus chargé d'ornements, ce second tabernacle est aussi de plan carré, mais à la place des colonnes on voit de larges pans coupés où s'adossent des pilastres renflés et formant gaîne, avec une tête de chérubin au sommet, des pentes végétales et des motifs de style à la surface et une volute à la base. Les consoles renversées qui se profilent à l'arrière-plan, des deux côtés de l'édicule, sont plus banales d'aspect et plus lourdes que celles qui figurent à pareille place au tabernacle précédent.

J. STATUES

Une des raisons qui s'opposent à ce que le *ciborium* de l'autel majeur produise tout son effet, c'est le bizarre assemblage de statues dont on l'a encombré. Après que l'église eut été restaurée, à l'intérieur comme à l'extérieur, il parut nécessaire d'en garnir les blanches murailles de statues d'un goût moderne. On fit alors un choix parmi les anciennes, dont certaines furent gardées et les autres données ou vendues (1), sans qu'il soit possible de dire

---

(1) Nous avons vainement cherché dans l'église une statue de saint Jacques sculptée en 1647 par le rouennais Guillaume Abraham. — La plupart des statues sacrifiées devaient être fort médiocres si l'on en juge par les deux que possède actuellement M. Lamiray, marchand d'anti-

lesquelles des statues aujourd'hui conservées se trouvaient dans l'abbaye et lesquelles dans l'église paroissiale : nous n'avons pas ici, comme au Bec, des documents pour nous renseigner sur les différentes œuvres d'art exécutées pour la décoration de l'église abbatiale au Moyen Age et dans les temps modernes.

Des statues que nous avons sous les yeux, aucune n'est de premier ordre, et la plupart ne dépassent pas la médiocrité. La plus séduisante, celle vers laquelle se portent tout d'abord les regards, est une *sainte Barbe* en pierre, de 1 m. 45 de haut, qui date des premières années du XVIe siècle. La sainte est revêtue du surcot, remis en honneur, comme on sait, au temps de Charles VIII et de Louis XII. Une robe au corsage ouvert en carré sur la chemisette, à la jupe amplement étoffée, un manteau relevé sur le bras gauche, complètent le costume. La coiffure se compose d'une sorte de turban qui laisse les longs cheveux flotter sur les épaules. Dans la main gauche, un livre ouvert ; près de la sainte, une tour sur laquelle elle appuie sa main droite, constituent les caractéristiques ordinaires de sainte Barbe. La tour comprend deux parties : la première, jusqu'à mi-hauteur, est munie d'un avant-corps amorti par un gâble ou fronton de lignes peu agréables, mi-gothique mi-Renaissance ; la seconde porte assez haut une plate-forme crénelée que souligne un rang d'oves. Tour et statue sont un peu lourdes : la statue est une œuvre de sculpture assez habile, assez correcte, mais sans beaucoup d'élévation et sans originalité. Au bord du manteau règne un orfroi où des lettres capitales de forme assez fantaisiste, dans le goût du temps, alternent avec un motif décoratif uniformément répété. On reconnaît seulement la fin du mot BARBARA.

A une époque un peu antérieure, au milieu du XVe siècle peut-être, semble devoir être attribué un *saint Gilles* également en pierre, de 1 m. 24 de hauteur, qui caresse de la main droite la biche compagne de sa solitude. Nous décrivons cette statue, bien qu'elle semble provenir de l'église de Champignolles. Le saint

---

quités à Evreux : un saint religieux et un ange qui est revêtu de l'aube comme au Moyen Age, bien que ces sculptures, en pierre, ne soient pas antérieures au XVIIe siècle. Une troisième, un peu moins grossière et représentant saint Christophe, a trouvé récemment acquéreur.

ABBAYE DE LYRE

ANCIEN AUTEL MAJEUR DE L'ABBAYE (??)   PANNEAU ARMORIÉ PROVENANT DES STALLES

Aujourd'hui dans l'église de la Vieille-Lyre

tenait dans sa main gauche une crosse abbatiale dont il ne subsiste que la moitié inférieure, sous la forme d'un bâton décoré d'une torsade. Le visage est rasé; les cheveux sont taillés en couronne, suivant l'usage monacal. Le vêtement possède de larges manches pendantes et une ample pèlerine relevée sur l'épaule, dans le but évident d'ajouter à l'image une note pittoresque. Cette statue, d'un caractère archaïque, grâce à ses épaules étroites, peut soutenir la comparaison avec la sainte Barbe, et l'on est même tenté de lui attribuer une valeur d'art supérieure, bien que l'attitude ait quelque chose d'embarrassé par suite de la trop grande saillie de la jambe droite.

Une grande statue de la *Vierge à l'Enfant* qui occupe actuellement le centre du *ciborium*, un *saint Joseph* portant l'Enfant Jésus, un *saint Jean l'Évangéliste* reconnaissable à son geste (il bénissait le calice empoisonné), sont des sculptures en bois sèches et banales, du xviie siècle, toutes sorties d'un même ciseau. La Vierge, qui tient un sceptre lourdement refait à l'époque moderne, est portée sur un groupe de trois têtes de chérubins, au milieu desquelles paraît un écu en accolade meublé d'un chevron (1).

De peu de valeur artistique, lui aussi, un *saint Denis*, du même temps, semble-t-il, présente, du moins, quelque intérêt sous le rapport iconographique : il porte devant lui sa tête mitrée que deux anges drapés soutiennent avec respect. Cette statue est en pierre.

Il suffira de mentionner pour mémoire *deux saints évêques*, dont l'un, dénommé *saint Hildevert*, provient de l'église de Champignolles, — et un *saint Sébastien*, toutes figures en bois et, comme les précédentes, du xviie siècle; mais une dernière image, également en bois et toujours de la même époque, mérite un instant d'attention : debout, un enfant d'une dizaine d'années porte une robe ceinte à col rabattu, une sorte de houppelande avec des fentes qui laissent passer les manches de la robe, des chaussures à bout carré, des cheveux longs et frisés. Ce ne peut être que l'*Enfant Jésus*. On peut supposer qu'il faisait partie d'un groupe

---

(1) Le chevron est d'argent et le champ de gueules, mais cette peinture est moderne et nous ignorons si elle reproduit l'état ancien.

dont ce débris nous fait regretter la destruction, soit une *Sainte Famille*, soit une assemblée de docteurs au milieu de laquelle l'Enfant discourait (1).

K. STALLES

Un passage du nécrologe cité par la *Gallia christiana* nous apprend que l'abbé Guillaume Le Bas, qui gouvernait le monastère au milieu du xv⁰ siècle (1440-1463), fit faire pour son église des stalles semées de fleurs de lis (2), et, d'autre part, nous savons par la même *Gallia* que ces stalles furent réparées dans la première moitié du xvii⁰ siècle par l'abbé Jacques Le Noël du Perron (1622-1649) (3). On trouve, en effet, dans l'église paroissiale de la Vieille-Lyre un panneau sculpté des armoiries de cet abbé, mais, à notre connaissance, il ne subsiste rien des stalles du xv⁰ siècle. Elles ont été détruites, comme celles des abbayes du Bec, de Bernay, de Saint-Sauveur d'Evreux, de l'Estrée, du Trésor. Dans aucune église du département de l'Eure, on ne trouve de stalles qui répondent par le style de leur ornementation à la date du milieu du xv⁰ siècle ou qui soient décorées d'un semis de fleurs de lis. Les divers groupes de stalles anciennes que l'on rencontre dans quelques églises de la région de Lyre appartiennent à

---

(1) Il y avait certainement dans l'église abbatiale une statue de saint Firmin, évêque d'Amiens, car l'autel de ce saint était l'objet d'un pèlerinage. M. Delieuvin nous a mis sous les yeux une gravure petit in-folio, du xvii⁰ siècle, qui représente, en pied, *Sainct Firmin Martir*, avec cette inscription en six lignes, imprimée après coup, à droite et à gauche d'un cartouche aux armes de l'abbaye :

Sainct Firmin, Euesque et Martir — dont l'Intercession est tres efficace aupres de Dieu en faueur des — Malades qui l'Inuoquent dans leurs maladies, Il y a une Cha — ppelle dediee en son honneur dans l'Eglise abbatialle de No — tre Dame de Lyre, au diocese d'Eureux, ou il est particuliere — ment honoree sa feste s'y celebre le 25⁰ Jour du mois de Septembr — e.

Voir une reproduction en photogravure dans la *Revue catholique de Normandie*, 22⁰ année (1912-1913), p. 41, ou p. 295 du tir. à part.

(2) « Fecit nova subsellia conspersa liliis. » (*Gallia christ.*, t. XI, col. 649.)

(3) « Sedilia chori reparavit. » (*Id.*, col. 651.)

la première moitié du xvie siècle, et la provenance en est connue. Les stalles de Sainte-Marthe, du Fidelaire, de Bosc-Renoult-en-Ouche proviennent de l'abbaye de Conches ; celles d'Ormes et du Plessis-Sainte-Opportune, de l'abbaye de la Noë ; celles de Goupillières, du prieuré du Parc ; celles des Bottereaux et de la chapelle du lycée d'Evreux, de l'abbaye de Saint-Victor de Paris. Quant à l'ensemble important qui se voit à Bourth, nous n'en connaissons pas l'origine, mais on ne saurait attribuer ces curieuses boiseries à une époque antérieure aux dernières années du xve siècle.

Il est vraisemblable, d'ailleurs, que le semis de fleurs de lis qui caractérisait les stalles de Lyre enrichissait les dorsaux et non les stalles elles-mêmes. Une remarque s'impose tout d'abord. Le panneau décoré des armoiries de Jacques Le Noël du Perron, qui, suivant la tradition, faisait partie de la chaire abbatiale, présente un fond treillissé dans les losanges duquel alternent des fleurs de lis et des lyres. Or, tel que nous le voyons, ce détail est des plus significatifs. Il permet de supposer, et presque d'affirmer, que le fond dont nous parlons reproduit simplement la décoration des boiseries primitives et s'y appareille. En effet, non seulement ces fleurs de lis sculptées en plein xviie siècle affectent une forme encore très élancée qui n'a rien de la lourdeur que la mode imposait à l'emblème des rois de France depuis le règne de Henri III, mais elles présentent, au contraire, tout à fait l'aspect qu'on leur eût donné sous Charles VII.

Le panneau en question décora pendant tout le xixe siècle le bas de la porte d'un confessionnal, dans l'église paroissiale de la Vieille-Lyre. C'est en 1895 seulement qu'on l'a placé au dossier d'un siège de célébrant dans le chœur de la même église, sous un baldaquin sans intérêt, ancien abat-voix de chaire à prêcher du xviie ou du xviiie siècle. Le panneau, de forme rectangulaire, mesure 1 mètre de hauteur sur 0 m. 54 de largeur. Il est revêtu d'une polychromie moderne. Sur le fond déjà décrit se détache un cartouche ovale à enroulements qui porte, encadré de deux palmes, un écu de même forme aux armoiries de Jacques Le Noël du Perron, évêque d'Angoulême de 1636 à 1646, évêque d'Evreux de 1646 à 1649, abbé commendataire de Lyre de 1622 à 1649. Ces armoiries se décrivent ainsi : *Écartelé, aux 1 et 4 d'azur au chevron d'or, accompagné en chef de deux colombes d'argent, affrontées, et en pointe d'un croissant du même* (qui est Le Noël) ;

aux 2 et 3 d'azur au chevron d'argent accompagné de trois harpes ou lyres d'or, deux en chef, la troisième en pointe (qui est Davy du Perron). Au-dessus du cartouche paraissent à dextre la mitre, à senestre la crosse tournée en dedans. On sait que Jacques Le Noël était, par sa mère, Marie Davy, le neveu de Jacques Davy du Perron, évêque d'Evreux et cardinal, mort en 1618 archevêque de Sens. Jacques Le Noël avait ajouté à son nom celui de Du Perron illustré par son oncle. Suivant un gentilhomme lettré du voisinage, François-Nicolas Baudot, seigneur du Buisson et d'Ambenay, connu sous le nom de M. du Buisson-Aubenay, c'est le cardinal du Perron qui aurait ajouté aux deux lyres des armoiries de sa famille la troisième, pièce principale du blason de son abbaye. Il est bien regrettable, pour le dire en passant, que Du Buisson-Aubenay ne nous ait pas transmis, dans son *Itinéraire de Normandie*, relativement à l'abbaye de Lyre, des détails plus circonstanciés que ceux qu'il donne folios 58 et 59 de son manuscrit (1).

L. OBJETS DIVERS

Nous ne savons rien du buffet des orgues, sinon qu'il fut changé de place sous Louis XIV. On le mit alors « au bas de la nef », c'est-à-dire sans doute au-dessus de la porte principale. Ce changement avait eu lieu en vertu d'une délibération capitulaire en date du 22 décembre 1678 dont le rédacteur fait remarquer que l'orgue sera là « plus utile au chœur qu'il n'est mainte-

---

(1) Voir pages 125-131 de l'édition publiée en 1911 par M. le chanoine Porée pour la Société de l'histoire de Normandie. — Du Buisson-Aubenay signale la lyre sur un contre-sceau de l'abbaye dès l'année 1264. Aux deux derniers siècles, cette lyre était d'or et meublait généralement un écu d'azur placé *en cœur* sur un écartelé formé des armoiries attribuées aux fondateurs de l'abbaye, Guillaume Fitz-Osbern, seigneur de Breteuil (*de gueules à une quintefeuille d'argent chargée de cinq mouchetures d'hermines*) et Adelise de Tosny, sa femme (*de gueules à cinq losanges ou fusées d'or, posées 3 et 2*). Voir à ce sujet les remarques de M. l'abbé Guéry, dans la *Revue cathol. de Norm.*, 21e année (1911-1912), p.257, en note. L'écu de gueules à la quintefeuille d'hermine appartient authentiquement aux Leicester, mais rien ne prouve qu'ils l'aient emprunté aux Breteuil. — Nous devons signaler, comme très différentes, les armoi-

nant » (1). On peut supposer que l'instrument se trouvait alors dans l'un des croisillons du transept (2).

Nous ne pouvons également que rappeler l'existence d'un **aigle-lutrin** en bronze ou en cuivre qui avait été acheté sous l'abbé Guillaume Le Bas, au milieu du xv⁰ siècle. Le passage du nécrologe qui nous fournit ce renseignement nous apprend aussi que le même abbé « acheta les vêtements sacrés de couleur verte dont les anges sont revêtus » (3). L'interprétation de ce passage semble facile. Il s'agit sans aucun doute des statues ou statuettes d'anges porte-flambeaux qui surmontaient des colonnes de bois ou de métal, accompagnées de draperies, aux deux côtés de l'autel majeur, suivant une disposition très répandue dans les grandes églises à la fin du Moyen Age et à la Renaissance. L'habitude qu'on avait alors d'habiller certaines statues aux jours des fêtes solennelles est, d'ailleurs, bien connue. Il est regrettable qu'en reproduisant ce renseignement à la date de 1738, l'auteur de la notice historique placée en tête de l'*Inventaire général des chartres de Lyre* (4) ne nous ait pas fait savoir si cet encadrement de colonnes et de courtines à la mode du Moyen Age existait encore de son temps, ce qui est douteux, ou à quelle époque il avait disparu.

Nous voudrions pouvoir parler des **vitraux**, mais un seul détail de leur ornementation nous est connu : la présence de la

---

ries qui se voient sur un sceau du xviii⁰ siècle, circulaire ou légèrement ovale, dont M. Delleuvin a bien voulu nous procurer un moulage. Dans le champ formé par la légende-encadrement, on voit toujours, en cœur, la lyre habituelle, représentée ici de grandes dimensions ; mais elle accompagne trois annelets, deux posés en chef, le troisième en pointe, et une étoile posée au flanc senestre. La légende porte, en capitales : ABBAYE DE NOTRE DAME DE LYRE. Ce cachet soulève un problème héraldique que nous nous permettons de signaler aux chercheurs.

(1) Arch. de l'Eure, H 582, p. 16.

(2) C'est encore la place de l'orgue dans l'ancienne église abbatiale de Saint-Étienne de Caen.

(3) « Aquilam comparavit œneam, vestesque sacras virides quibus angeli sunt intexti. » Cité par la *Gallia christiana*, t. XI, col. 649.

(4) Voir M. l'abbé Guéry, dans *Rev. cathol.*, 21⁰ année, p. 192, ou p. 199.

rose ou quintefeuille d'hermines de l'écu des Leicester. Du Buisson-Aubenay, qui nous révèle ce détail en passant, observe que chaque feuille était chargée non pas d'une, mais de trois mouchetures (1), d'où l'on peut conclure que les fleurs devaient être d'assez grande dimension. Peut-être, au lieu de figurer isolément dans autant d'écus, se trouvaient-elles semées sur un fond de grisaille ou répétées dans les bordures.

On voyait encore, il y a une trentaine d'années, dans le chœur de l'église de la Vieille-Lyre, une série de huit **peintures sur émail**, provenant des ateliers célèbres du Limousin (2) et représentant diverses scènes de la Passion. Chacun de ces tableaux, de forme rectangulaire, portait les initiales N. B. et la date 1543. Raymond Bordeaux, dans les papiers de qui nous avons puisé ce renseignement (3), trouvait ces émaux « assez jolis ». Il nous a laissé le dessin (4) d'un écu en accolade qui se voyait sur l'un d'eux et dont la composition héraldique est la suivante : *d'azur au chevron d'argent chargé de cinq quatrefeuilles de sinople et accompagné de trois besants d'argent*. Peut-être l'identification de ce blason permettrait-elle de savoir si les émaux dont il s'agit ont été donnés à l'église abbatiale de Lyre. En fait, nous en ignorons la provenance, et nous ne pouvons même pas dire s'ils étaient polychromes ou en grisaille.

Vers 1880, M. Picque, curé de la Vieille-Lyre, proposa l'acquisition de ces peintures à M. Chassant, conservateur du musée d'Evreux, qui ne put malheureusement répondre à son offre. Nous disons : malheureusement, parce que M. Picque finit par trouver un amateur et que, depuis, le sort des œuvres d'art dont ce pasteur mal inspiré a dépouillé son église est demeuré inconnu. Peut-être les détails qui précèdent permettront-ils, un jour, de les retrouver dans quelque collection particulière.

---

(1) *Itinéraire de Normandie*, p. 129.
(2) Le chiffre huit nous est fourni par une note manuscrite de feu M. A. Chassant qu'a bien voulu nous communiquer M. E. Guillemare. L'origine limousine nous avait été indiquée verbalement par M. Chassant lui-même.
(3) Biblioth. nat., ms. fr. 11191, fol. 96.
(4) *Id.*, fol. 6 (numérotation à l'encre).

Il faut reconnaître que l'auteur de ces émaux, dont l'identité n'a pas été établie, n'était qu'un « médiocre ouvrier », si l'on s'en rapporte au jugement que porte sur lui feu Emile Molinier dans son *Dictionnaire des émailleurs* (1). On trouve au musée de l'hôtel de Cluny une plaque signée des mêmes initiales, avec la même date 1543, et qui représente l'*Ecce homo* (n° 4631). Molinier constate que les émaux de cet artiste « ont une teinte générale brune et verte, translucide. Les chairs, ajoute-t-il, sont blanc opaque, le dessin excessivement médiocre. »

Les séries de peintures en émail représentant les scènes de la vie et de la passion du Christ ont été très répandues au xvi⁰ siècle. Il en existe d'assez nombreux spécimens au musée de l'hôtel de Cluny, et tous les archéologues normands connaissent, au moins de réputation, les douze beaux émaux circulaires en grisaille, datés de 1546, que conserve au château de Saint-Aubin-d'Ecrosville M. Edmond de la Haye-Jousselin.

On gardait dans le trésor de l'abbaye (2) un **anneau épiscopal** qui passait pour avoir été donné par saint Thomas Becket, archevêque de Cantorbéry, en reconnaissance de l'hospitalité qu'il avait reçue à l'abbaye de Lyre au cours de son exil volontaire en France de 1164 à 1170 (3). Cette relique est, en effet, nommément désignée dans l'inventaire du mobilier de l'abbaye en 1790 (4). L'inventaire de 1792 mentionne, en outre, « la chasuble de saint Thomas de Cantorberis » (5). Les deux objets n'existent plus, mais un dessin et une description en avaient été envoyés à Mabillon par dom Guillaume Camuzet, prieur de Lyre, le 19 novembre 1683. La description seule se retrouve aujour-

---

(1) 1885, p. 61.

(2) L'armoire du trésor se trouvait dans le chœur. (M. l'abbé Guéry, dans la *Revue cathol. de Norm.*, 22ᵉ année, 1912-1913, p. 72 ou p. 301.)

(3) Cf. Le Batelier d'Aviron, *le Mémorial historique des évêques, ville et comté d'Evreux*, écrit au xviiᵉ siècle, publié par l'abbé Lebeurier, 1865, p. 60.

(4) « En une petite boête, l'anneau de saint Thomas en une émeraude. » Cité par M. l'abbé Guéry, dans *Revue cathol. de Norm.*, 20ᵉ année (1910-1911), p. 33, et 33 du tirage à part.

(5) Cité par M. l'abbé Guéry, *l. c.*

d'hui dans la correspondance de Mabillon à la Bibliothèque nationale (1), et M. l'abbé Guéry l'a publiée l'année dernière dans la *Revue catholique de Normandie* (2) ; mais il est nécessaire d'en reprendre ici les passages essentiels :

« Le pallium d'archevêque que porte la chasuble (Mabillon a judicieusement corrigé : « Ce n'est pas un pallium, c'est l'ornement de la chasuble »)... est tissu d'or d'un ouvrage fort délicat fait au point d'aiguille, orné de plusieurs et différentes figures et enrichy d'un grand nombre de petits compartiments composés de semences de perles. La chasuble n'est point doublée d'aucune autre étoffe. Le fond est un satin de deux couleurs différentes, car il est jaune par le dedans et rouge cramoisy par le dehors.

« Nous conservons encore un anneau de vermeil doré qui porte un saphire dans son chatton (l'inventaire de 1790 dit une émeraude) que le même sainct martyr a laissé icy pour marque de son estime et de son affection... »

Il est sans doute difficile d'émettre une appréciation sur des données aussi peu précises, — pour l'anneau, on ne saurait y songer, — mais nous croyons bien que la chasuble ne remontait pas au XIIe siècle. Elle n'a rien de commun avec celle authentiquement donnée par Thomas Becket à la cathédrale de Sens. Quoi qu'il en soit de la question archéologique, la conclusion historique semble plus facile, car il est impossible, *à priori*, de ne pas émettre un doute formel sur l'exactitude de l'origine attribuée à la chasuble et à l'anneau dont nous parlons : du 2 novembre 1164 au 30 novembre 1170, le saint défenseur des libertés de l'Eglise ne passa pas une heure dans les états du roi d'Angleterre, et la Normandie était du nombre (3).

C'est avec raison cependant que les moines de Lyre attachaient une grande vénération à ces objets, dont on peut, sans grand effort, deviner la provenance. Un autre prélat du nom de Thomas,

---

(1) Ms. n. acq. lat, 21812, fol. 177.
(2) 23e année, 1913-1914, p. 36.
(3) Il faut faire exception, naturellement, pour les entrevues de l'archevêque et de Henri II qui eurent lieu à Montmirail au Maine en 1168 et à Tours en 1170, et en vue desquelles Thomas Becket avait reçu un sauf-conduit.

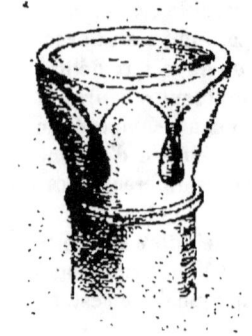

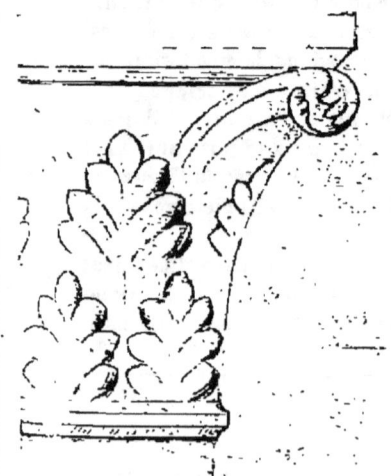

ABBAYE DE LYRE

a) CHAPITEAU ROMAN TRANSFORMÉ EN BÉNITIER
b) FRAGMENT D'ARC DOUBLEAU
c) BLASON ACCOMPAGNANT DES PEINTURES SUR ÉMAIL
(d'après des croquis de Raymond Bordeaux)
d) CHAPITEAU DE LA FIN DU XIIe SIÈCLE
(restitué d'après un croquis coté de François Launomier)

également de nationalité anglaise, également canonisé, a, lui, très authentiquement, séjourné à l'abbaye de Lyre. Nous voulons parler de saint Thomas de Canteloup, évêque d'Hereford, chanoine d'Evreux, qui mourut en 1282. Comme Thomas Becket, Thomas de Canteloup dut s'exiler en France pour fuir l'autocratie injuste et violente non du roi, cette fois, mais de l'un des successeurs de Becket, le primat Jean Peckham. Ce séjour en France, qui dura dix-huit mois ou deux ans, se place entre les années 1279 et 1281, et l'on a précisément le récit d'un miracle accompli par le saint évêque d'Hereford dans l'abbaye de Lyre (1). Rien de plus naturel, dès lors, que les religieux aient conservé précieusement l'anneau que le prélat avait pu leur laisser, soit de son vivant, soit au moment de sa mort, et le vêtement sacerdotal dont il s'était servi en leur présence. M. F. de Mély a exposé les raisons qui s'opposent péremptoirement à ce que la tunique, la chasuble, les deux dalmatiques, l'aube conservées dans la chapelle de l'hôpital de Lisieux sous le nom de saint Thomas de Cantorbéry aient appartenu à un prélat du xiie siècle, et celles qui militent, au contraire, en faveur de leur attribution à saint Thomas de Canteloup (2). Il est évident que pareille confusion s'est produite à Lyre.

M. CLOCHES

Au moment de la Révolution, le clocher placé au-dessus de la tour renfermait cinq cloches (3), dont deux seulement, les deux plus petites, étaient sonnées dans l'église, parce qu'elles servaient journellement à l'annonce des heures canoniales (4). De ces cinq cloches, une seule subsiste dans le clocher de l'église de la Vieille-Lyre. Elle mesure 1 m. 24 de diamètre. C'était, selon le docteur

---

(1) Cf. les *Acta sanctorum octobris*, t. I. (réimpr. de Bruxelles, 1859), p. 514 (2 oct.).

(2) *Les vêtements de saint Thomas de Canteloup à Lisieux* (Lille, 1891, in-4°; extrait de la *Revue de l'art chrétien*, année 1891, 2e livr.).

(3) M. l'abbé Guéry, dans *Revue cathol. de Norm.*, 1912-1913, p. 79.

(4) Docteur Billon, *Campanologie, étude sur les cloches et les sonneries françaises et étrangères*, dans l'*Annuaire des cinq départements de la Normandie*, publié par l'Association normande, 31e année, 1865, p. 55.

Billon (1), la plus grosse des cinq. Elle porte l'inscription suivante :

† LAN 1745 IAY ETE BENIE (*sic*) PAR LE REVEREND PERE DOM IEAN BAPTISTE DVVAL PRIEVR DE CETTE ABBAYE REVEREND P D SVLPICE BENARD CELLERIER.

Sur la panse, la signature du fondeur :

I B BROCARD MA FAIT (2)

Il y avait, en outre, dans l'abbaye, trois clochettes qui servaient de timbres d'horloge (3) et dont deux se retrouvent aussi, avec la même destination, au clocher de l'église paroissiale de la Vieille-Lyre. Un savant archéologue, M. Charles Vasseur, parent de Raymond Bordeaux, en a relevé l'inscription, ainsi conçue :

LAN 1657 IEAN AUBERT MA FAICTE (4)

N. TOMBEAUX

Aucune des dalles tumulaires gravées qui se voyaient dans le pavage de l'église, du cloître, de la salle capitulaire, n'a été con-

---

(1) Docteur Billon, *Gampanologie, étude sur les cloches et les sonneries françaises et étrangères*, dans l'*Annuaire des cinq départements de la Normandie*, publié par l'Association normande, 31e année, 1865, p. 55.

(2) Le 15 mai 1722, « Claude Brocard, maistre fondeur de cloches de Brevene en Lorraine, » frère ainé de Jean-Baptiste, se trouvait à l'abbaye de Lyre, peut être pour opérer quelque refonte dont la trace a disparu. Ce jour là, il signa comme témoin un acte passé devant le notaire de la Neuve-Lyre et contenant un accord entre les religieux de Lyre et le curé de Gouttières, au sujet des dîmes de cette paroisse. (Communication de M. Delieuvin.) En cette même année 1722, Claude Brocard fit six cloches pour une église voisine, Saint-Germain de Rugles.

(3) M. l'abbé Guéry, dans *Rev. cathol. de Norm.*, 1912-1913, p. 79.

(4) Les deux inscriptions doivent être identiques, mais, par suite de la position des deux timbres en dehors du clocher, M. Ch. Vasseur n'a pu relever qu'une partie de chacune d'elles :

LAN 1657 IEAN AUBERT MA . . . .
. . . . IEAN AUBERT MA FAICTE.

(Notes de R. Bordeaux, Biblioth. nat., ms. n. acq. fr. 11191.) Les Aubert étaient des fondeurs de Lisieux.

servée, et personne ne semble avoir jamais relevé les inscriptions de ces monuments funéraires. Il paraît toutefois que la grande dalle de pierre qui constitue la plate-forme de l'autel à *ciborium* de l'église paroissiale serait une tombe retournée, sur laquelle on voit, dit-on, l'effigie de sainte Scholastique, c'est-à-dire bien certainement celle d'une grande dame du Moyen Age (1).

Les bénédictins réformés de la congrégation de Saint-Maur consacraient seulement à leurs défunts une petite dalle carrée en pierre, sorte de grand pavé, dont l'inscription ne comportait rien autre chose que la date du décès. Une épitaphe de ce genre a été employée dans le dallage du chœur de l'église paroissiale, mais elle est aujourd'hui cachée par le nouveau maître-autel placé en avant de l'ancien. Un dessin de Raymond Bordeaux nous en a transmis le texte (2) :

27
APRILIS
1763

Les renseignements si heureusement groupés par M. l'abbé Guéry sur les religieux qui ont séjourné à Lyre permettent de savoir que cette date est celle de la mort d'un prieur de l'abbaye, dom Pierre-César Le Pin. Dom Le Pin, né à Alençon, profès de Jumièges, avait été successivement prieur de Lessay, de Beaumont-en-Auge, de Tiron, de Coulombs, de Saint-Germer et de Lyre, où il remplissait encore cette fonction au moment de sa mort (3).

Il ne paraît y avoir eu dans l'abbaye qu'une seule sépulture décorée de la représentation en ronde bosse du défunt. Du moins, la notice historique de 1738 déjà citée et l'*Itinéraire de Normandie* rédigé vers 1640 par Du Buisson-Aubenay n'en mentionnent-ils pas d'autre que celle d'Alix ou Adelise de Tosny, femme de Guillaume Fitz-Osbern, seigneur de Breteuil, fondateur de l'abbaye. La notice et l'*Itinéraire* donnent respectivement une

---

(1) Communication de M. Delieuvin.
(2) Biblioth. nat., ms. n. acq. fr. 11191, fol. 6 (numérotation à l'encre).
(3) Cf. M. l'abbé Guéry, dans *Revue cathol. de Norm.*, 23e année (1913-1914), p. 53 ou p. 486 du tirage à part.

description de l'édicule, et, chose rare, les deux descriptions sont concordantes (1).

La tombe d'Alix de Tosny, sa statue tout au moins, était en pierre de liais. Elle se voyait dans le cloître, contre le mur de l'église, sous un enfeu en plein cintre ou en segment de cercle. Dom Miserey a malheureusement négligé d'indiquer sur son plan la place de ce tombeau, qui se trouvait sans nul doute contre le mur du bas-côté nord de la nef. En réalité, on eût songé plutôt au mur occidental du croisillon nord, — et c'est, en effet, ce que semblerait indiquer la description de la notice : « au coin du cloître, à l'entrée de l'église, » — mais la présence d'une porte à cet endroit, au moins depuis la réfection du cloître à la fin du xviie siècle, exclut complètement l'hypothèse (2).

De petits piliers carrés portaient, à deux ou trois pieds de hauteur, la dalle sur laquelle reposait la statue gisante de la défunte, protégée par une grille de fer. Au bord antérieur de la dalle et sur les deux côtés en retour, car, vraisemblablement, le tombeau devait faire une légère saillie, on lisait en gothique cette inscription :

Cy gist dame Alis de Tony, femme de Guillaume de Crepont, comte de Leycestre et de Bretheuil, grand mareschal d'Angleterre et fondateur de ceans et de Cormeilles, laquelle trepassa le ve jour d'octobre, l'an mille soixante [sept]. Priez Dieu pour... (3)

Le rédacteur de la notice a remarqué avec beaucoup de justesse que ce monument était d'une époque très postérieure à la mort d'Alix de Tosny, et il n'a pas manqué de relever l'inexactitude des titres donnés à Guillaume de Crépon, qui ne fut ni grand maréchal d'Angleterre, ni comte de Leicester, mais seigneur de

---

(1) Arch. de l'Eure, H 587, fol. iij v°; *Itinéraire de Normandie*, p. 129.

(2) La présence de deux portes aussi rapprochées l'une de l'autre est toutefois singulière. Celle du croisillon ne serait-elle qu'un projet de dom Miserey, toujours hanté de symétrie ?...

(3) La date de 1067 est donnée en chiffres par Du Buisson-Aubenay, qui écrivait un siècle avant le rédacteur de la notice. Une chronique de l'abbaye rédigée au xiiie siècle indique l'année 1066 environ. (Biblioth. nat., ms. lat. 1064 ; voir le passage cité par M. l'abbé Guéry dans la *Revue cathol. de Norm.*, 19e année, p. 262, note 2, ou p. 19 du tir. à part.)

ABBAYE DE LYRE
PORTE PRIEURE DE FRIZAY, DETRUITE EN 1843
d'après un dessin de Raymond Bordeaux (1841)

ABBAYE DE LYRE
PAR FILIÈRE OU DE TRIZAY, DÉMOLI EN 1845
d'après un dessin de Raymond Bordeaux (1841)

Breteuil, comte d'Hereford et grand sénéchal d'Angleterre. On sait qu'il mourut en 1071 et qu'il fut enterré dans l'abbaye de Cormeilles.

D'après Du Buisson-Aubenay, on voyait sur le tombeau d'Alix l'écu des Tosny, — ou tout au moins celui qu'on leur attribuait (1). Cet écu était sculpté sans aucune indication des émaux (2).

A. MURS DE CLOTURE

(Rectification et addition)

Nous avons supposé à tort que le mur de clôture ne se poursuivait pas à l'ouest de l'enceinte, le long de la rivière, qui avait été considérée peut-être comme une protection suffisante. Le mur existait aussi de ce côté, et quelques parties en sont encore debout.

La porte qui s'ouvrait à l'angle nord-ouest du parc, vers Trizay, — vulgairement nommée la *Porte Pilière*, — n'a été démolie qu'en 1843, lors de la construction du chemin de grande communication de Lyre à la Ferrière, et Raymond Bordeaux l'avait heureusement dessinée en 1841. Ce dessin, aux crayons de couleurs (3), montre une seule large baie percée dans un mur de cinq ou six mètres de long. Cette baie, en segment de cercle, est décorée d'un sourcil ou larmier qui se prolonge sur les deux parties latérales du mur, de manière à dessiner un plein cintre. L'arc et les pieds-droits de la baie, le larmier, les angles du mur sont en pierre, le reste en blocage ; mais la partie supérieure de l'édicule, au-dessus de la porte, témoigne de procédés de construction tout différents. On y voit une double assise formée d'un échiquier de pierre et de briques, avec une corniche de pierre au-dessus de laquelle règne

---

(1) *De gueules à cinq fusées ou losanges d'or.*

(2) Il est surprenant qu'on ne trouve nulle mention du tombeau de Guillaume de Breteuil, deuxième du nom, fils des fondateurs, qui mourut au Bec le 12 janvier 1102 (1103, n. s.) et dont le corps fut inhumé au cloître de Lyre (Orderic Vital, éd. Le Prevost, t. II, p. 407).

(3) Biblioth. nat., ms. n. acq. fr. 11191, fol. 43 (numérotation à l'encre rouge).

un crénelage fantaisiste dont les merlons, plantés sur une bâtière longitudinale, présentent en façade un petit pignon de couronnement et des carrés de briques encadrés dans la pierre. Le merlon central, tout en pierre, est décoré d'une fausse arcade en tiers-point qui encadre un écu aux armes de Louis d'Harcourt, évêque de Bayeux, patriarche de Jérusalem, abbé commendataire de Lyre de 1463 à 1479 (1). Cet écu est sommé de trois crosses tournées à dextre, allusion, soit à la triple juridiction que le prélat exerçait comme évêque, patriarche et abbé, soit aux trois sièges épiscopaux qu'il avait successivement occupés : Béziers, Narbonne et Bayeux.

La porte que nous venons de décrire ne manquait ni de charme pittoresque, ni de caractère monumental. Mais la construction était-elle homogène ? La partie supérieure n'avait-elle pas remplacé sous Louis XI le couronnement primitif, mal entretenu et dégradé, d'une porte du xive siècle ? C'est une hypothèse vraisemblable, que l'absence de documents ne permet pas de vérifier.

(1) *De gueules à deux fasces d'or.*

APPENDICE

I

Charte de fondation de N.-D. de Lyre (p. 11).

Notum sit omnibus sancte matris Ecclesie filiis quod ego, Guillelmus filius Osberni pro remissione peccatorum meorum, ac pro animabus propriorum parentum, spontanea voluntate cum uxore mea Adeliz, coramque fidelibus meis hec que subscripta sunt concedo Ecclesie Sancte Marie semper Virginis, monachis ibidem sub abbate Rotberto omnipotenti Deo servientibus, gubernante atque regente patriam Normannie Guillelmo, Venerabili comite filio Rotberti comitis, presulatum ebroicensium procurante Guillermo filio Gerardi (1), in loco qui Vetus Lira nuncupatur, terram de eadem villa quam tenebam in meo dominio, et unum molendinum in eadem villa, et totam aquam ab Nova Lira usque ad Calet, et totam decimam de toto luco de Bermecort, et ejusdem silve ritum, ligna ad domos illorum construendas, et omnium sub illis habitantium, et herbam, et ejusdem silve fructum ubicumque porci mei et alia pecora currunt, et medietatem Nove Lire, et molendinum, et terram Guarini de Caleth in dominio, et servicium de terra Rotberti, et servicium de terra Gundranni, quam ipse de me tenet et de Radulfo, et totam terram de Cahameth quam ipse tenebat in manu sua, et totam terram Theoderici Tirel que sibi remansit de hereditate patris sui, et Trisaicum, libere absque ullo malo ritu, et terram Radulfi vivente eo servicium, et marneras et totam terram de Fraelis, et molendinum de Brustillai, et quod tenet Guillelmus Amandi filius ad Pacciam cum post obitum ejus, et decimam ejusdem ville, silvarii et piscium et vini, et fevium Gualonis, videlicet, ecclesias de Bretoil, et decimas, et terram et domos, libere, et meam decimam nummorum, scilicet ipsius ville, et molendinorum, atque furnorum, et decimam omnium liberorum illius parochie, totam et medietatem

---

(1) Guillaume Ier Flertel, évêque d'Evreux de 1046 à 1066, était fils de Gérard Flertel et oncle de Guillaume Bonne-Ame qui fut archevêque de Rouen. Il souscrivit à la charte de fondation et consacra l'Eglise de l'Abbaye vers 1050. — L'abbé Hommey, dans son histoire du diocèse de Séez (t. II, p. 2), le nomme fils de Gérard de *Flers*.

Frotmundi de Gloth, et viginti acras terre, quas tenebat Witbertus, et decimam Pontis Sancti Petri videlicet denariorum et molendinorum, et decimam molendinorum de Pistris, et ejusdem ville villanorum census decimam, et villanorum de Romeilleto, et ecclesiam de burgo supra dicti Pontis, et quodcumque tenet Teobaldus in valle de Pistris, post obitum ipsius, ecclesias videlicet et decimas, et terras, et omnem decimam terrarum et molendinorum de Beissin, quas adquisivi, et decimam Isenbardi de la Haia, et decimam mercati de Melicort, et medietatem decime equorum Glothi, et ejusdem ville preture decimam et decimam omnium quecumque potero adquirere omnibus diebus vite mee. Hec omnia supra scripta concedo Abbatie Lire, in honore Sancte Marie Virginis constitute.

Testibus: Guillelmo Azimo, et Ernaldo filio Popeline, Rogero de Witoh, Gualchelino de Thaneth, et Rolo, et Guillelmo dapifero et Hugone Asino.

Dedit quoque domina Adeliz eidem Abbatie, eodem domino suo Guillelmo Seanna. Comitissa que habet in dote sua, et omnia ornamenta que possidet, et que possessura est usque in finem, post depositum sui corporis.

Testibus: Rogero de Monte Gomerico et Guillelmo Azimo et Guillelmo dapifero.

Quicumque de eis que intra hanc paginam et hic continentur aliquid abstulerit, excommunicetur et a liminibus sancte Ecclesie sequestretur, nisi resipuerit et ad satisfactionem venerit.

† Signum Guillelmi filii Osberni. — † Signum Guillelmi Episcopi. — † Signum Guillelmi archiepiscopi. — † Signum Guillelmi Normanuie principis. — † Signum Mahilde uxoris ejus. — † Signum Adelicis uxoris. — † Signum Rogerii de Monte Gomerico.

Ego Ernaldus Popeline filius concedo Abbatie Lire ecclesiam de Cornuil, et omnem decimam quam teneo in dominio meo, et decimam Fulcoini et aliorum ab eo tenentium et omnem decimam de silva Pantol et de silva Fulberti, concedente domino Guillelmo, filio Osberni. Ego Ernaldus Ernaldi filius accipio fraternitatem et beneficium Abbatie Lire, et concedo monachis ibi Deo servientibus decimam molendini quem teneo de pontifice Ebroicensi et unum hospitium de Caiané et totum quod dedit pater meus et omnem partem mei census in morte. — Testibus: Guidone filio Grenti, Guarino de Calepto, Hugone, Milone, Guillelmo molendinario.

Ego Radulfus de Conchis concedo Abbatie Lire, audiente et concedente Guillelmo Anglorum rege et Normannorum principe, terram que est a via Guarlenville usque ad divisiones terre quem tenuit Robertus filius Gothmanni et sicut jubeo.......

† Signum Guillelmi Anglorum regis. — † Signum Mahilde regine. — † Signum Roberti filii ipsius. — † Signum Radulfi de Conchis. —

Ego ipse Radulfus concedo eidem Abbatie burgensem unum Ferrarie. Testibus : Radulfo, filio ejus, et Ypolito, et Girardo clerico, et Walterio Cocco, et clamabo britone, et Symone filio Auserici.

Ego Guillelmus Guillelmi comitis filius concedo Sancte Marie Lire et monachis ibi Deo servientibus decimam peagii quod dedit mihi Robertus comes Normannie ad Pontem Sancti Petri et ab Herberto filio Hugonis, et Baldrico filio Hoel.

Notum sit omnibus fidelibus quod ego Guillelmus Guillelmi comitis filius concedo Sancte Marie Lire monachisque ibi Deo servientibus omnem decimam et redicimam quas teneo in dominio in omni valle Pistris propter mutationem terre quam Sancta Maria habuit Bermercort, tempore Ernaldi abbatis. — Testibus : Guillelmo Azimo, Guillelmo dapifero. Ernaldo filio Popeline, Richardo filio Anseredi, Guillelmo filio Guachelini, Bermundo homine suo, Fulcone de Silva Normanni, Johanne filio Fulberti, Guarino de Caleth, Rotberto de Marneris et Guillelmo ejusdem ville.

Ego Guillelmus Guillelmi comitis filius concedo Sancte Marie Lire terram ad unam carrucam apud Sanctum Agilum et terram Hugonis, mei venatoris, ita liberam quod nichil mea retineo. Si porci hominum illius terre currerint in silvam meam nichil inde accipiam. Ex qua concessione tredecim libras rotomagensis monete ab Abbate Ernaldo accipio, tempore Guillelmi, venerabilis Anglorum regis filii Roberti Comitis gubernantis atque regentis patriam Normannie. — Testibus : Guillelmo dapifero, Guillelmo filio Gualshelini, Ernaldo filio Popeline, Richardo filio Anseredi, Guillelmo filio Guachelini, Bermundo homine suo, Fulcone de Silva Normanni, Johanne filio Fulberti, Guarino de Caleth, Rotberto de Marneris et Guillelmo ejusdem ville, Witberto forestario Farsith, Ingenulfo de Neielfa. — Ego idem Guillelmus concedo eidem ecclesie Lire feriam Sancti Agili cum omnibus bonis consuetudinibus, ita liberam sicut tenebam. — † Teste Willelmo nepote meo (de Marneris), Walterio (de Croisi), Huberto (Pouher), Ivone, ex parte, etc.

Ego ipse Guillelmus concedo eidem ecclesie Lire et omnibus monachis Deo ibi servientibus ecclesias Glotis et decimas et domos et omne quod de me tenebat Radulfus Hugonis filius, scilicet decimam nummorum ville et alia que illius erant. — Testibus : Guillelmo Azimo, et Ricardo de Gisiaco milite cujus cultello donum factum fuit et Fulcone de Silva Normanni et Ernaldo filio Ernaldi et Guillelmo fratre ejus, Crispino de Barra, Guillelmo de Marneris, Ingenulfo de Neielfa, Hugone et Milone Regente et gubernante patriam Normannie Roberto, Comite... Hanfrido, Milone, Warino, Tustino.

Notum sit omnibus fidelibus quod nos Grentonis filii videlicet Ingenulfus, Guillermus, Robertus, Wiardus concedimus atque damus Sancte

Marie Lire pro anima patris nostre terram unius quadrage que adjacet Chahannei. Ex parte eorum testes : Radulfo Grammatico, Lamberti filio Guarenburgis, Hugone Buissone, Herberto Goanardo; ex parte Sancte Marie : Hugone de Trisaico, Vauterio Cocco, Roberto de Caleth et Roberto de Valle.

Notum sit omnibus fidelibus quod Osmundus de Walvreia uxorque ejus concesserunt Sancte Marie Lire omnibusque in ea Christo servientibus decimam duarum carrucarum in Waspreia. Pro qua etiam fratres in caritate XXX^a solidos ipsis dederunt. Ex parte illorum teste Ernulfo Ansfredi filio; ex parte Sancte Marie : Hugone de Trisaico, Turstino pistore, Roberto de Caleth.

Notum sit omnibus quod Willelmus de Teuvraico audientibus et annuentibus fratribus suis Roberto et Hugone dedit monachis Lire arcam molendini Thaneret de Nova Lira, et pactus est se pro posse suo illud donum tueri perpetuo. Testibus hiis : Aalardo et Ricardo presbyteris, Herberto filio Fulcoldi, Teoderico pretore, Rogerio de Malapalu, Johanne nepote abbatis, Herberto Fretel, Gilleberto Gifart, Semelio, Roberto de Pace et fratre ejus.

Notum sit omnibus quod Ricardus Mabiart et Symon de Gutteriis petierunt abbatem Hildebertum ut a domino Brittolii impetraret quatinus servicium quod illi impendebant de Mancellis cenobio Lirensi concederet. Dominus itaque Brittolii victus tam amore cenobii quam abbatis precibus idem servitium quod de Mancellis sibi debebatur cenobio Lirensi concessit et super altare posuit, multis presentibus, Rogerio scilicet de Glotis, et ipsis dominis ipsius feudi Ricardo et Symone et Roberto de Calet, et Turoldo de Valle, et multis aliis.

Ego Ernaldus, Popeline filius, concedo Sancte Marie Lire, pro nepote meo Guillelmo monacho faciendo, omnem decimam quam tenebam in meo dominio ad Campum Dominei. Testibus istis : Johanne filio Fulberti, Lebranno nepote meo, Guillelmo filio Theolini, Rainaldo patre ipsius nepotis mei, Ingenulfo de Neielfa, Rogero de Valle, Heryeo pistore, Radulfo preposito Veteris Lire.

Guillelmus de Tornaico et frater ejus Gisleberlus cum matre sua, cujus dos erat, concesserunt Sancte Marie Lire et monachis ibi Deo servientibus decimam Candaminel de dominio et de liberis et de villanis, et inde acceperunt a fratribus octo libras cenomannensis monete et septem drocensis monete, que antea erant in vadimonio ipsius decime. — Testibus : Godefrido de Verreriis et Odone de Vilers, et Radulfo sacerdote ipsius ecclesie, et ex una parte Hugone et Milone, et Godardo, et David de Scannis, et Ricardo filio Rainaldi Carpentarii, et Radulfo Colea.

Radulfus Pomerelli et Rogerus frater ejus concesserunt sancte Marie Lire ecclesiam suam et omnem decimam quam habent in dominio. Testibus ex parte ejus : Gualterio de Cornuil et Rogero de Folta; et ex parte Sancte Marie Crispino de Barra, Ingenulfo de Bretechia, Guillelmo de Marneriis et Rogero filio ejus, et Hugone, et Milone, et Toroldo, Rogero coquo, Torstino Anschetillo canavo.

Robertus de Trunco Villare concedit Abbalie Lire ecclesiam Morenville et hospitatum sacerdotis cum arpento, et alium hospitatum juxta ecclesiam, conveniens ad nostrum opus, et terram duorum boum, et omnem suam decimam illius parrochie. Testibus ex parte ejus : Rotberto de Garricis, et Gualtero de Cornuil: et ex parte Sancte Marie : Hugone et Milone, Torstino, Isenbardo, Rogero Coquo, Rogero filio Hervei, Letberto filio Gislodi, Fulcuino Piscatore, Gerardo, Roscelin omolendinario, Ansfrido Tirello, Gervasio Farmanno, Radulfo Pulcino, Ernaldo Fabro.

Notum sit omnibus quod ego Gillebertus filius Rogerii, concedo Sancte Marie Lire omnes decimas illas de terra Willelmi Hofei de fedio meo, quas ille et homines sui dederint, vel dare voluerint. Ex parte mea testibus : Bernardo, filio Gulberti de Broherlant, et Gilleberto fratre suo, et Radulfo de Logis, et Ganfrido filio Rogerii filii Herenberti et filiis Goelli qui erant in captione in domo mea apud les Issarz : ex parte Sancte Marie : Rogerio filio Herenberti, Rogerio Villano, Milone, Hugone de Trisaico, Herberto Guaimare. Et pro concessione ista dedit abbas quadraginta solidos droeensis monete, quos tradidit Herbertus in domo sua. Testibus ex parte illorum : Bernerio forestario, Yvone presbytero, Aalone de Pertico; ex parte Sancte Marie : Herberto presbytero, Hildeberto Fabro, Guarino Durodente.

Henricus, rex Anglorum, Girardo episcopo et Hugoni de Laceio et omnibus baronibus suis francis et anglis de Herefort, salutem. Sciatis quod concedo ut Hugo Asinus det aclea quoddam manerium scilicet in quo est una hircla terre ut ipse illud det ecclesie de Lira et abbati et monachis ejusdem ecclesie. Quapropter volo et precipio ut abbas ita teneat eam terram cum illis consuetudinibus omnibus quas Hugo predictus melius habuit in tempore patris et fratris mei regis Willelmi. Teste Osberno filio Richardi et Richardo filio Poncii et Rogerio de Insula apud Numeham, in primo die adventus.

II

CHARTE DE FONDATION D'APRÈS LE GALLIA (p. 11).

Authenticum fundatoris Liræ.

Willelmus Osberni filius, comes Herfordiæ, omnibus hominibus suis Francis et Anglis, et Walensibus, et omnibus sancte matris ecclesie fidelibus salutem. Sciatis me donasse et concessisse et in perpetuam eleemosynam confirmasse Deo et beate Marie Lire et monachis ibidem Deo servientibus pro salute anime mee et antecessorum meorum, totam villam que dicitur vetus Lira, in qua a me eadem abbatia constructa est, quam tenebam in dominio, et duo molendina in eadem villa, quartam partem Nove Lire, et molendina ejusdem villæ, et molendinum *Taneret*, et totam aquam ab Nova Lira usque ad *Calet*, et totam decimam partem foreste Britolii, et decimas septimanas Britolii, Lire, Paceii et Glotis, et Pontis Sancti Petri, ecclesias Britolii cum feodo Walonis, ecclesias Glotis, ecclesias de utraque Lira, ecclesiam S. Andree de Barra, ecclesiam de *Cornuit*, ecclesiam de *Candaminet*, ecclesiam d. *Boterellis*, ecclesiam de Noerio, ecclesiam de Alvernaio; preterea dotem comitisse Adelicie, scilicet Trisaicum cum molendino, et marneras, et Ribramont. In episcopatu Rothomagensi scanna comitis, ecclesias Pontis Sancti Petri, scilicet S. Nicolai, S. Georgii et S. Crispini, cum appendiciis suis, et redecimam de valle Pistris. In Anglia in episcopatu Wintoniensi, in ipsa civitate duos burgenses, ecclesiam de *Clafort* cum adpendiciis suis; in *Hantton* novem libras et quinque solidos, et unum burgensem, ecclesiam S. Johannis, ecclesiam de *Caresbroc* cum adpendiciis suis, et totam decimam de dominio de Booliub, ecclesiam de Arreton, et totam decimam de dominio ejusdem ville, et de Hascleia, et de Louecumba et de Candetba, ecclesiam de Fresquewarre, et totam decimam de dominio, ecclesiam de Godeshelle cum omnibus pertinentiis suis, ecclesiam de *Wipingusham*, ecclesiam de *Neucherche*, ecclesiam de *Neuton* cum adpenditiis suis. In episcopatu Herfordiensi, in ipsa villa duodecim libras et unum burgensem, ecclesiam de *Tedsham* cum appendiciis suis, ecclesiam de Ledencia, ecclesiam de de *Linton* (Linton), ecclesiam de *Wilton*, ecclesiam de Merchelai cum appendiciis suis, ecclesiam de *Waustaurde*, totam decimam de dominio de Dura, ecclesiam de Werles-Iena, ecclesiam de *Tameleb* cum omnibus pertinentiis suis, ecclesiam de Hopa cum appendiciis suis, totam decimam de dominio de *Pattoa* et totam decimam de toto dominio de *Kingescapel* et decimam de toto dominio de *Credekel*, et decimam de dominio de *Kinlet*, et unum hominem cum terra sua, et totam decimam de dominio de *Stanford*, et unum hominem cum una virgata terre, totam decimam de dominio de *Torneb*, et unum hominem cum una virgata terre, totam decimam de dominio de *Logordin*, et unum hominem cum una virgata terre. In episcopatu Landavensi manerium de *Lankyven*, et totam decimam totius foreste de Grossomonte. medietatem decime telonei de Strigolio et medietatem totius decime que est inter Waiam et Oscham, scilicet vaccarum, porcorum, nummorum, piscium, segetum et mellis. In episcopatu Wigorniensi ecclesiam de Hanleia cum appendiciis suis, et decimam foreste Malumnie preter venationem et decimam totius domini de *Culmell*, et unum hominem cum una virgata terre, et decimam totius dominii de Hisseleia, et unam virgatam terre et decimam totius dominii de *Fortetinton*, et unum hominem cum una virgata terre, et decimam totius dominii *Edrefeld*, et unum hominem cum una virgata terre, ecclesiam de *Freoheham* cum appenditiis suis, et unam carrucatam terre, ecclesiam de *Chedeworde* cum appenditiis suis. In villa de *Avurintm* decimam totius dominii, et unum hominem cum terra sua, et decimam totius dominii de *Flamested*. In villa Glocestrie duos burgenses et unum pratum. In episcopatu Sareburige eccles'am de *Bastenden* cum appendiciis suis, ecclesiam de *Ellamested*, ecclesiam de *Senigefeld* et ecclesiam de *Sorefeld*. Preterea ecclesiam de Gutteriis, ecclesiam de Morenvilla et ecclesiam de Paceio cum appendiciis suis Hæc omnia supra dicta dedi et concessi prædicte abbatie et monachis, in ea Deo servientibus, in perpetuam et liberam eleemosynam, pro salute anime mee. His testibus, Lanfranco venerabili archiepiscopo, Willelmo Ebroicensi episcopo, Rogerio de *Montgomeri*, Walterio de Lacé, Tustino filio *Rou*, Hugone Asino, et multis aliis.

III

Lettre de Robert III au Pape Alexandre III (p. 161, note).

« Reverendissimo Domino et Patri A. Dei gratia Summo Pontifici,
« R. Comes Legercestriæ humilis Sanctitatis suæ filius, salutem et
« benedictionem.

« Non arbitror, Pater Sanctissime, a Vestra memoria excidisse quo-
« niam fideliter bonæ memoriæ Pater meus R. comes Legercestriæ,
« quoad viveret vobis adhœrerit, quia sincera devotione vestram
« sublimitatem dilexerit; unde Sanctitatis Vestræ litteras, omni plenas
« paternæ suavitatis affectione, recipere meruit, quas ego adhuc, in
« memoriam ejusdem dilectionis simul et promissionis vestræ, diligenter
« reservo. Promissum est enim quod dilectio hæc et benignitas ad
« heredes ejus transmitteretur : qua promissione animatus, flexis
« genibus, cordis vestri pietati supplico, quatenus ego qui terrenarum
« possessionum ejus hœres videor, vestræ Sanctitatis interventu
« virtutum ipsius imitator existam, super causa qua præsens clamor ad
« vos transmissus est, hac Vestræ Paternitate, cui non est tutum
« mentire, significo quod Johannes... injuste vexat monachos de Lyra
« super decimis de dominiis meis de Sapewich et de Ringeston. Ex quo
« enim Normanni Angliam sibi subjugaverunt, semper antecessores
« mei cuicumque volebant prædictas decimas dare solebant. Robertus
« de Mellento avus meus, memoratas decimas monachis de Pratellis

« quondam dederat, quas cum diu tenuissent, vexatione præpositorum
« qui eas villas tenuerunt graviter oppressi, quœsti sunt Comiti de
« Mellent, avo meo, quòd in collectione decimarum per ministrorum
« suorum protervitatem adeo vexabantur, ut parum utilitatis inde
« perciperent, sicque crebro conquesti sunt monachi, donec avus meus
« decimas in dominium suum vertens monachis de Pratellis quamdam
« villam quæ Expetesbro dicitur in representationem earumdem
« decimarum donavit, quam adhuc tenent. Vir bone memorie Robertus,
« pater meus, quandoque easdem decimas prepositis cum alia sua
« firma tradidit. Tandem prout erat vir justus et timoratus, saniori
« usurus concilio, tractans secum quod aliquando decimæ extiterant,
« licet per præfatam villam, commutatione postea facta in dominium
« suum jam versæ fuissent, ad proprios usus eas amplius retinere
« noluit, sed clericis suis donavit. Primum Petro medico, deinde Adæ
« de Ely; circa novissima vero agens, volens eas certo assignare, me
« presente cum multis aliis, petitione etiam mea, supra dictas decimas
« monasterio Lyrensi, et fratribus ibidem Deo servientibus, in perpe-
« tuam elemosinam dedit et scripto et sigillo suo confirmavit. Porro
« tantus vir tam discretus et timens Deum nequaquam credendus est,
« presertim in extremis positus, eas loco Venerabili et religioso legare
« voluisse, nisi certus esset, nulli antea assignatas fuisse. Inde est quod
« Paternitati Vestræ obnixe supplico qualinus intuitu pietatis et justi-
« tiæ aures misericordiæ Vestræ justæ petitioni monachorum Lyrenen-
« sium aperire dignemini, et audito religiosorum et bonorum virorum
« testimonio, vestra se gaudeant protectione, ab injustis calumniato-
« ribus, et his vexationibus liberari. Valete in Christo. »

(Spicil. Dom Martene, t. I. p. 477).

IV

Bulle de l'anti-pape Clément VII (p. 191).

« CLEMENS, Episcopus, servus servorum Dei, ad perpetuam Rei
« memoriam. Ad ea libenter dirigimus studia mentis nostræ, quod
« Ecclesiarum et Monasteriorum, ac aliorum locorum Ecclesiasticorum.
« et personarum in eis degentium, præsertim sub regulari habitu
« Domino famulantium, statum, in eo maxime, ut tam in capite
« quam in membris, habitu se conforment, respicere dinoscimur.
« Exhibita siquidem nobis, pro parte dilecti filii Astorgii, Abbatis
« B. Mariae de Lyra, ordinis S. Benedicti, Ebroicens. Diœces. petitio
« continebat : quod in dicto Monasterio, a fundatione ipsius, tempor-

« bus plurium Abbatum ejusdem monasterii qui fuerunt, pro tempore
« Abbates, ipsi, ac monachi dicti Monasterii, vestes et habitum nigri
« coloris Monachales gestaverunt; et quod Priores et monachi Priora-
« tuum ac membrorum, a dicto Monasterio dependentium, in Anglia
« existentium vestes et habitum nigri coloris prædicti ex tunc gesta-
« verunt, pro ut gestant de præsenti. Quodque omnium eorumdem
« Abbas dicti Monasterii, qui de Monasterio de Becco Helloini, dicti
« Ordinis, Rothomagens. Diœces. (in quo, per Abbatem, et Monachos
« ipsius Monasterii de Becco Heloini, vestes et habitus albi coloris
« geruntur et habentur) in Abbatem dicti Monasterii B. Mariæ
« assumptus fuit; vestes et habitus nigri coloris, qui in dicto Monas-
« terio B. Mariæ, ut præmittitur, gerebantur, in vestes et habitus
« albi coloris, commutavit; et extunc, in dicto Monasterio B. Mariæ,
« Abbates et Monachi ipsius, exceptis Prioribus et Monachis Priora-
« tuum, ac membrorum prædictorum, duntaxat, album habitum
« gestaverunt, et similiter vestes albas; et quod de præmissis, dicto
« Monasterio B. Mariæ est publica vox et fama.

« Quare, pro parte dicti Astorgii, Abbatis, nobis extitit supplicatum,
« ut quod de cœtero, vestes et habitus nigri coloris in dicto monasterio
« B. Mariæ de Lyra gerantur, statuere et ordinare de benignitate
« Apostolica, dignaremur. Nos, hujusmodi divisionem amputare, ac
« vestes et habitum monachorum Monasterii B. Mariæ prædictorum,
« ad pristinum colorem reducere cupientes : hujusmodi supplicatio-
« nibus inclinati, authoritate Apostolica statuimus, et etiam ordina-
« mus; quod Abbas, qui nunc est, et successores sui Abbates, Priores,
« et monachi prædicti Monasterii B. Mariæ, tam in capite, quam in
« membris, habitu, et vestibus albi coloris penitus rejectis, habitum et
« vestes nigri coloris portare perpetuo teneantur : quemadmodum per
« monachos ipsius monasterii in Anglia existentes, a fundationis
« tempore ipsius monasterii, est fieri consuetum. Nulli ergo omnino
« hominum liceat hanc paginam nostræ constitutionis et ordinationis
« infringere, vel ei ausu temerario contraire : si quis autem hæc
« attentare præsumpserit, indignationem omnipotentis Dei; et B. B.
« Petri et Pauli Apostolorum ejus, se noverit incursurum.

« Datum Avenioni, calendis Julii, Pontificatus nostri ann. XV. »

La poésie de la page 191 a été donnée d'après l'*Itinéraire de Normandie* publié par le Chanoine Porée, mais le manuscrit de la Mazarine offre quelques variantes, telles que *morem antiquum* au lieu de *colorem antiquum* (vers 10) et *Festo Clementis* pour PAPAE *Clementis* (vers 19)

V

*Concordat des anciens religieux de Lyre
avec les bénédictins de la Congrégation de Saint-Maur* (p. 239).

Etat des logements et lieux réservés par MM. les Religieux de Lyre et à eux délaissez par les pères de la Congrégation de Saint-Maur.

(Notariat de Lyre, page 61 et suivantes).

Monsieur le Prieur occupe le logis où est la chapelle de saint Eloy, accompagné de célier, cour, bûscher et grenier, son jardin est devant le mesme logis. Dom Jean de la Haye, sous-prieur, occupe la chambre au bout de la galerie, le célier qui est dessoubs lad. chambre, le grenier qui est dessus, son jardin joignant celuy de dom Fleury. Dom Jacques Bonenfant, sacristin, occupe la chambre qui donne vers la vigne au logis proche celuy du prieur, son célier devant le tripot, un grenier sur sa chambre, son jardin proche le jardin du comun, avec un petit logis dedans. Dom Pierre Marchand, aumosnier, occupe deux chambres dans le logis de l'infirmerie, son célier contre le cloistre dont la porte qui ouvre dans le cloistre sera bouchée, son jardin appellé l'allée des jardins. Dom Pierre Fleury, occupe les deux chambres sur la cour, le célier proche le grand célier du comun, une petite partie du grenier à foin ioignant sa chambre, son jardin proche la grange. Dom Laurent le grand, occupe le logis sur la grande porte, grenier et célier au mesme logis, deux petits jardins, l'un proche la grange, l'autre devant le vivier. Dom Nicolas Brière occupe une chambre dans le logis de l'infirmerie proche M. l'aumosnier, son célier dans la petite cour de l'infirmerie, son iardin entre M. le Prieur et aumosnier. Les escuries à scavoir trois le long de la buanderie et deux autres joignant celles réservées aux d. pères où gisent (incertain) à présent les chevaux de harnais des dits anciens.

Ce jourd'hui vingt-sept de fevrier mil-six-cent-quarante-six, il a esté convenu et arresté entre les Révérends de la Congrégaon de saint Maur et les anciens religieux de lad. abbaye de Lyre suivant le concordat fait et passé entre eux ce d. jour devant les tabellions soubsignés que les lieux cy-dessus désignés demeureront à la disposition des d. sieurs anciens. parce que le décedsarrivant de l'un d'entre eux, il sera à l'option des autres d. anciens à aucun de quitter ceux qu'ils possèderont pour prendre ceux qui auront esté possédés par le desfunt. A la réserve des chambres de dom Pierre Marchand, et dom Nicolas Brière, lesquelles ne pourront estre optées, ains demeureront aux d. pères après le desceds d'iceux respectivement. Et outre, le d. dom Pierre Fleury a promis aux d. pères de quitter l'entrée du clocher qui est soubs sa chambre et se sont obligés les d. Pères de faire à leurs frais un escalier ou montée hors œuvre p^r monter à la chambre du d. dom Fleury proche la grande porte de l'église, à raison qu'il n'a entrée en sa d. chambre que par dans l'église si les d. Pères ne luy veulent continuer la mesme liberté. Ont aussi les d. Pères promis d'entretenir les baux à ferme cy devant faits par les d. anciens à divers particuliers du revenu de leur mense conventuelle, recognoissant en outre les d. pères que la déclaration faite dans le concordat ce jourd'huy p^r leur establissement en la d. abbaye touchant les offices dont jouissent les d. anciens, il n'est entendu préjudicier dom Jean de la Haye qui jouit conjointement de l'office de sous-prieur et de thrésorier desquels ils consentent l'union.

Et au regard de l'office de sacristin il a esté arresté entre les d. parties que dom Jacques Bonenfant qui en est à présent pourvu et son successeur selon et au désir du d. concordat jouira des rentes en bled et denrées ainsi comme il a fait cy devant mesme du revenu entier du pré de Maitel duquel toutesfois le d. sacristin ne jouissait que du tiers, parce que à teste considération le d. d. Jacques de Bonenfant a quitté aux d. pères toutes les oblations et autres choses du dedans de l'église dont il jouissait par cy devant à cause du d. office de sacristin. Ce fut fait et passé devant nous Jean Isambard et Nicolas le Forestier tabellions roiaux en la vicomté de Breteuil pour le siège de Lyre les an et jour que dessus présence de Mrs Louis le Page ad^{uat} dem^t à Conches et Bernard Bosquet dem^t en la paroisse de la Vieille-Lyre, tesmoins qui ont signé avec les d. parties et tabellions, après lecture faite suivant l'ordonnance, présence desq^{ls} les d. Pères ont promis donner aux susdits s^{rs} anciens une clef de la porte du parc qui donne à Trisey et en cas que les d. Pères ne se veulent servir du cuisinier et portier des d. anciens, ils ont promis leur vie durant à chacun dix boisseaux de bled par an, mesme laissé aux d. anciens les feurres et pailles de la moitié de leur récolte de l'aoust prochain et leur donner à chacun deux douzaines de pigeons, et à l'aumosnier cinq cens de bourrées p^r faire cuire le pain des pauvres, et, de donner la préférence aux sd. anciens à quelque ferme q^{ls} voudront prendre p^r leur comodité, en déduction de leurs pensions. Et ont tous signé.

Signé : Hellard, De la Haye, Bonenfant, P. Marchand, Fleury, Legrand, Brière, F. Damian, Lerminier, Le Forestier, Isambart, Le Page B. Bosquet.

Du mardi vingt-septième jour de febvrier mil-six-cent-quarante-six en l'abbaye de N^{tre} Dame de Lyre devant nous Jean Isambart et Nicolas le Forestier, tabellions roiaux en la vicomté de Breteuil pour le siège de Lyre.

Furent présentes vénérables et religieuses personnes dom Martin Hellard, prieur claustral, dom Jean de la Haye, sous-prieur, dom Jacques Bonenfant, sacristin, dom Pierre Lemarchand, aumosnier, dom Pierre Fleury, chantre, dom Laurent Legrand et dom Nicolas Brière, tous religieux prestres profez de la d. abbaye conventuellement assemblez au son du timbre ainsy q' est accoustumé d'une part et Reverend Père dom Damien Lerminier, religieux de la Congrégation de Saint Maur, et prieur de l'abbaye de Saint-Taurin d'Evreux, porteur de procuration spéciale pour cet effet, insérée à la fin de ces présentes d'autre (part, ce mot omis). Lesquelles parties p' l'establissement de la réforme en la d. abbaye au désir de Monseig' l'Illustrissime et Révérendissime Evesque d'Angoulesme, abbé de la d. abbaye de Lyre ont fait entre elles les articles, accords et conventions qui ensuivent. Premièrem¹ que la dite abbaye dez à présent et à perpétuité demeurera unie, aggrégée et incorporée à la dite Congrégaon de Saint-Maur pour estre régie et gouvernée par l'ordre des chapitres généraux, et supérieurs de la d. Congrégation, suivant les constitutions, observances, usages d'icelle, tant et si longuement que la réformaon durera en icelle, laquelle venant à décheoir (ce qu'à Dieu ne plaise) la d¹ᵉ abbaye demeurera désunie et indépendante de la d. Congrégaon ainsy que par cy devant. Et ce faisant qu'aucuns novices ne pourront estre receus doresnavant en la d. abbaye que par les d. supérieurs et pour y vivre selon la règle et les d. constitutions. Les dits s' anciens religieux seront tenus et obligez de continuer le service divin jusques au jour de Saint-Jean-Baptiste prochain come ils ont fait par le passé auquel temps les pères de la d. Congrégaon seront obligez d'éstablir une Commauté de dix religieux en la d. abbaye et de prendre l'entière direction, conduite et disposition du d. service divin pour le faire et célébrer de jour et de nuit aux heures et selon les usages, cérémonies et chant de la d. congrégaon et d'acquitter toutes les charges, obits et fondations dont la d. abbaye est chargée. Et les d. anciens, lorsqu'ils assisteront au d. service seront tenus de se conformer à leur possible au dit chant et cérémonies sans apporter aucun trouble ny empeschement aux sd. Pères. Les dits s'ˢ anciens tiendront tant à l'église qu'aux processions et autres actions publiques les premières places fors et excepté qu'ils les céderont au Grand prestre et ministres lorsqu'ils seront revestus d'ornements selon l'ordre de l'église. Mesmes seront annoncées les antiennes aux premières et secondes vespres des fêtes solennelles aux dits sʳˢ anciens selon leur antiquité et séance au chœur. Come aussi le prieur des d. anciens pourra sy bon lui semble officier en s'accomodant au d. chant et cérémonies aux jours de l'Assomption, Annonciation, Saint-Pierre, Saint-Gilles et les quatre bonnes festes de l'année. Ne pourront les d. sʳˢ anciens prétendre aucune jurisdiction sur les d. pères ny réciproquement les d. Pères sur les d. anciens lesquels demeureront subjets à celuy qu'ils ont éleu ou éliront cy après p^r leur supérieur, s'offrant néanmoins les d. Pères de visiter et consoler charitablem^t les d. anciens lorsqu'ils seront affligez de maladie, et mesmes de leur administrer les saints sacremens s'ils l'ont agréable a leur d. supérieur, et lorsqu'il plaira à Dieu de disposer de leurs personnes, les d. Pères feront leurs obsèques et funérailles en la d. abbaye avec les mesmes cérémonies, messes et prières qui ont accoustumé estre faites pour un religieux de la d. Congrégation. Seront délivrez aux sd. Pères par inventaire toutes les saintes reliques, vases, ornements, linges, meubles et ustensiles de l'église et sacristie, ensemble les clefs des dits lieux et des coffres et armoires, où les d. choses sont déposées pour les conserver et s'en servir aux jours et offices convenables. A la charge de fournir par les d. Pères aux d. anciens les ornements et toutes choses nécessaires pour célébrer la s^{te} messe, et des livres de chant pour le cheur selon l'usage de la d. congrégation. Auront pareillement les d. Pères l'entière et libre disposition de la d. église, sacristie, thrésor, chartrier, chapitre, dortoirs, réfectoir grand et petit, cuisine, céliers, caves, greniers, colombier, pressoir, granges, bergeries, escuries, estables, cours, jardins, vergers, parc et tous autres logements, lieux et plants que de présent occupent ou pourraient occuper les d. anciens, lesquels réservent seulement les logis et jardins mentionnés en l'acte fait et signé par les d. parties ce dit jour et an lequel demeurera attaché à la minute des pntes pour y avoir recours et en lever des copies au besoin. Pourront les d. s^{rs} anciens entrer à l'église, et par icelle au cloistre depuis six heures du matin jusques à six heures du soir dont et à cette fin les d. Pères leur donneront à chacun une clef. Pareillement auront le puits comun, avec les d. Pères qui l'entretiendront de seaux et cordages, si mieux n'aiment les d. Pères faire faire un autre puits ailleurs en lieu comode pour l'usage des d. s^{rs} anciens. Et au regard du four les d. Pères en feront faire un pour eux si bon leur semble auquel cas ils délaisseront aux dits s^{rs} anciens celuy dont ils se servent à présent. Et au regard du temporel de la mense conventuelle de la d. abbaye, les d. s^{rs} anciens, l'ont cédé, quitté et transporté, le cèdent, quittent et transportent par ces pntes à perpétuité aux d. Pères en tous les droits fruits, profits, revenus et émoluments q^{ls} puissent consister, en la façon q^{ls} en ont jouy ou peu iouir suivant le Concordat fait et passé, entre feu Monseig^r le Cardinal du Perron, abbé de la d. abbaye et eux par devant Matthieu Pelerin, tabellion roïal en la vicomté de Breteuil pour le siège de Lyre et Pierre Pasdeloup, son adjoint le neufe jour de Septembre mil-six-cent-quatre, ensemble toutes les rentes, pensions, mesme celle du Maupas, obits, oblations, foudations et tous autres revenus dont ils ont jouy ou peu et deu jouir par cy devant sans exception quelconque, subrogeant à cet effet les d. Pères en tous leurs droits, noms, raisons, actions resourdantes et rescisoires pour de tout ce que dessus jouir, user et disposer par les d. Pères de la d. congrégaon de S¹ Maur du jour de S¹ Jean Baptiste prochain, auquel effet dans le d. jour les d. s^rs anciens remettront entre les mains des d. Pères toutes les lettres, baux, enseignements et papiers concernant la d. abbaye et le revenu cy dessus pour estre par eux conservés et s'en servir au besoin. Et au regard de tout ce qui est deû ou pourroit estre deû, desdites rentes fermages et autres revenus de la dite mense conventuelle, jusques au d. jour de S¹ Jean Baptiste prochain exclusivement, même ce qui pourroit encor estre deub au d. jour à cause de la récolte et fruits de l'année dernière, mil-six-cent-quarante-cinq, le tout appartiendra aux dits sieurs anciens et pourront en disposer come ils verront bon estre en paiant par eux les rentes seigneuriales et foncières, si aucunes sont deues sur les fonds et domaines des d. biens et toutes les autres charges telles qu'elles puissent estre jusques au d. jour, mesmes les debtes de leur comunauté et chacun en particulier les siennes propres, sans que pour raison des d. charges et debtes les d. Pères en puissent estre recherchez ni inquiétez come aussi respectivem¹ du d. jour de S¹ Jean Baptiste prochain les d. Pères demeurent obligez à toutes charges telles qu'elles puissent estre à la décharge des d. anciens. Seront tenus les d. anciens de laisser aux d. Pères tous les feurres, pailles et fumiers qui doivent servir à fumer les terres labourables. A la charge de fournir aux d. anciens du fumier pour leurs jardins les trois premières années. Et d'autant que les d. s^eurs anciens ont fait labourer et ensemencer en bleds quelques terres et qu'ils s'obligent d'ensemencer les autres en Mars en la saison de présent instant a été convenu que la récolte s'en fera moitié par moitié come laboureurs de bonne foy. Et pour les terres baillées à toutes moitiés, les d. Pères rendront aux d. anciens les sommes qu'ils ont avancées, et au regard de la vigne sera faite et façonnée dez à présent aux frais des d. Pères, lorsqu'ils en auront les fonds en la saison de la vendange prochaine. Délaisseront les d. anciens tous les meubles destinez pour le comun come les tonnes, cuves, tables, buffets, pressoir, à la réserve des menus vaisseaux come pipes, tonneaux et ponsons qui demeureront aux d. anciens. Si tant est que les d. Pères veuillent ou puissent faire casser la fieffe de Denis le Roux, ils ne pourront répéter sur les d. anciens les deux cens livres qu'ils ont touchez pour cela. Les cottes mortes demeureront aux d. anciens avec liberté néanmoins à chacun d'eux d'en disposer en faveur des d. Pères. Et d'autant que les d. Pères quittent toutes les prétensions qu'ils avaient sur le d. revenu jusques au d. jour de S¹ Jean qu'ils entreront en la dite abbaye sur les fruits de la d. année mil-six-cent-quarante-cinq et qu'ils prennent les métairies et bastiment mesme les murailles du parc en l'estat qu'ils sont et deschargent les d. anciens de toutes réparations auxquelles ils pourraient estre obligez mesme de la recherche de l'exploitation de quelques bailliveaux qui auroit esté faite jusques à ce jour par les serviteurs ou fermiers dans les bois dépendant de la d. abbaye. Les d. anciens promettent et s'obligent de païer incessament aux d. Pères la some de deux mille livres tournois devant le quinze juillet prochain, moiennant laquelle ils demeurent entièrem^t deschargez tant des d. prétensions, réparations, que exploitation de bailliveaux. Tous les lieux réguliers cy dessus spécifiez seront dez maintenant délaissez aux d. Pères p^r les accomoder à l'usage de leur observance par telles personnes q^{ls} adviseront bien estre. Et pour la nourriture et entretien des d. s^{rs} anciens, les d. Pères ont promis et se sont obligez de païer sur le revenu à eux cy dessus délaissé à chacun d'iceux en la d. abbaye de pension annuelle et viagère la some de quatre cens livres, et à celuy qui est et sera cy après prieur, cinquante livres de plus pour sa double portion, et aux d. dom Laurent le Grand et dom Nicolas Brière, à chacun cinquante livres à cause qu'ils n'ont point d'office en sorte que, venant à avoir cy après quelque office, ne pourront plus prétendre les d. cinquante livres, ce qui sera à leur option. Les d. somes paiables de six mois en six mois et par advance, scavoir est à la St Jean Baptiste et le Noël ensuivant, qui est deux cens livres par chacun terme, et à chacun, dont le premier écherra au d. jour de St Jean Baptiste prochain par advance, et le second au d. jour de Noël prochain ensuivant. Et néanmoins a esté accordé que le d. premier paiement qui se devrait faire au d. jour prochain d'une demi année par advance sera différé jusques au jour de Noël prochain ensuivant, et celui de Noël au terme de Pasques. Laquelle some de quatre cens livres est accordée aux d. s^{rs} anciens tant pour leur vivre, vestiaire, blanchissage, meubles, médicamens que pour toutes autres choses qu'ils pourront prétendre leur devoir estre palées, fournies et livrées pour quelques raisons que ce soit ou puisse estre sinon qu'arrivant la mort d'aucun des d. anciens religieux la pension des autres sera augmentée de cinquante livres à chacun et par chacun an, en sorte que ceux qui ne seront officiers auront la some de cinq cens livres chacun et par an paiables come dessus. Moiennant quoy toutes les autres pensions à mesure qu'elles viendront à vaquer retourneront au profit des d. Pères, sans que les d. pensions cy dessus spécifiées puissent estre diminuées pour raison de guerres, stérilité, injures du temps ou autres causes que ce puisse estre ny pareillement augmentées lesquelles leur seront paiées soit qu'ils résident en la d. abbaye ou hors d'icelle, mesme nonobstant tous bénéfices qu'ils aient ou pourroient avoir cy après tant de la d. abbaye que d'ailleurs, demeurant toutes fois les d. Pères obligez de descharger les d. s^{rs} anciens de toutes taxes et levées faites ou à faire sur eux pour quelque cause que ce soit, mesme de celle qui seroit ou pourroit estre faite sur eux par l'assemblée du clergé de présent séant à Paris. Outre les d. pensions ainsy spécifiées, ceux des d. anciens qui n'ont point d'offices, à mesure qu'il viendra à en vacquer quelcun, ils succéderont l'un à l'autre d ancien à ancien en sorte néanmoins que l'un n'en puisse avoir deux, non pas mesme celuy qui sera supérieur des d. anciens, lequel se contentera du d. office de prieur, et quand tous seront ainsy remplis d'offices vacants arrivant d'iceux, ils demeureront unis, et tourneront au profit et comunauté des d. Pères sans que les d. anciens en puissent autrement disposer, l'office de prieur demeurant tousjours pour estre attaché à un des d. anciens, tous mesme jusqu'au dernier d'entre eux, pourront néanmoins les d. anciens choisir les meilleurs et seront tenus faire les charges des d. offices pendant qu'ils en jouiront. Et n'entendent les d. parties comprendre au susd article l'office de l'aumosnier, lequel venant à vaquer par la mort de celuy qui en est à présent pourvu, il demeurera avec tous les fruits annexé à la mense des d. Pères pour faire les charges des aumosnes ainsi qu'il est accoustumé. Et pourront les d. Pères et anciens avoir la mesme franchise au moulin de la d. aumosnerie que les d. anciens ont eu et ont à présent. Auront les d. s^{rs} anciens d'aller et venir dans le parc, et dans la vigne lorsque la vendange sera faite pour leur divertissement et leur promenade sans rien prétendre aux fruits, mesme ils pourront dans le d. parc come aussy dans les plans cour et autres endroits de l'enclos de la d. abbaye après les deux récoltes faites quelques cavales s'ils en ont pour leur usage seulement. Pourront piler leurs fruits au pressoir de la d. abbaye, et auront pareillement la liberté de la chasse et de la pesche en la rivière appartenante à la d. abbaye, fors et excepté dans l'eau qui passe dans l'enclos d'icelle, laquelle les d. Pères se sont réservez à eux seuls. Sera fourni par les d. Pères aux d. anciens religieux le nombre d'un millier de fagot à chacun et par chacun an pour leur chauffage, qui sera façonné et voituré aux frais des d. Pères. Et ont les d^{es} parties déclaré qu'elles n'entendent comprendre par le présent traité dom Georges de Bardou religieux de la d. abbaye, demeurant à Francheville, mais seulement demeurent les d. Pères obligez de garder et entretenir les conditions du traité que les d. anciens ont fait avec lui s'ils advisent que bon soit. Se sont obligez les d. Pères faire ratifier le p^{nt} concordat par le Révérend Père supérieur général de la d. congrégation et par le prochain chapitre général d'icelle et d'en fournir lettres aux d. religieux anciens, mesme de les faire omologuer au parlement de Rouen pour l'exécution duquel ne pourront estre intentées aucunes actions ailleurs qu'au d. Parlem^{t} à laquelle les d. Pères se submettent faire dans un an constituant leur procureur le porteur des présentes. Et par ce moien ont les d. Pères déclaré et déclarent qu'ils renoncent à toutes révocations qu'ils pourroient avoir obtenues contre les d. anciens au Conseil privé du Roy, mesme à tous arrêtés du d. Conseil, qui auroient esté obtenus contre les d. anciens pour l'establissemt des d. Pères en la d. abbaye de l'effet desquels arrêts ils se désistent et départent entièrement de toutes lesquelles choses cy dessus les d. parties sont demeurées d'accord, et promis respectivement tenir et entretenir tout ce qui s'y est dit fait et passé sans jamais y aller au contraire, sur l'obligation réciproque de leur revenu temporel en tant que faire le permet. En tesmoing de quoy et fait en la présence de Maistre Louys le Page, advocat demeurant à Conches, et Bernard Bosquet demeurant en la paroisse de la Vieille-Lyre tesmoins qui ont signé avec les d. parties contractantes après lecture faite suivant l'ordonnance.

Ensuit la teneur de la procuration vertu de laquelle le put traité a esté fait. Par devant les notaires du Roy garde nottes en son Chastelet de Paris soubsignez fut pnt Révérend Père Dom Grégoire Tarisse, supérieur général de la congrégation de St Maur en France ordre de St Benoist résidant en l'abbaye de St Germain des Prez de la d. ville de Paris lequel a fait et constitué par ces pntes ses procureurs généraux et spéciaux, à sçavoir, Révérend Père Dom Damien Lerminier, prieur en l'abbaye de St Taurin d'Evreux et Augustin de Broise, procureur en l'abbaye de St Wandrille auxquels et à l'un d'iceux en l'absence de l'autre le d. Révérend Père constituant a donné et donne pouvoir et mandement de pour luy et en son nom et de la d. congrégation traiter avec Monseigneur l'Illustrissime et Révérendme Evesque d'Angoulesme, abbé comandataire de l'abbaye de Nostre-Dame de Lyre au diocèse d'Evreux pour l'aggrégation que le d. seigneur désire faire de sa d. abbaye à la d. congrégaon conformemt aux bulles et privilèges d'icelle données par nos Saints Pères les Papes Grégoire quinze et Urbain huit d'heureuse mémoire, omologuées ez cours souveraines de ce roiaume, donnés aussi pouvoir de traitter avec les vénérables prieur officiers et religieux de la d. abbaye pour la d. aggrégation, convenir avec eux pour leurs pensions monachales, logemens et union des offices claustraux à la mense conventuelle, le tout suivant les bulles de la d. congrégation, et passer pour cet effet un ou plusieurs concordats, promettant avoir agréable tout ce qui sera fait et arresté par les d. procureurs conjointement ou séparément obligeant et renonçant etc.

Fait et passé en la d. abbaye de St Germain des Prez l'an mil-six-cent-quarante-cinq le vingte jour de Mars avant midi et a le d. Révérend Père signé. Ainsi signé : F. Grégoire Tarisse d'Orléans et Le Moine chacun un paraphe.

Ont signé : Hellard, De la Haye, Bonenfant, P. Marchand, Fleury, Legrand, Brière, F. Damian, Lerminier, Le Forestier, Isambart, B. Bosquet, Le Page.

VI

Copie du bail signé par le sieur Théroulde : (p. 282).

ABBAYE DE LYRE.

Etat des Revenus de l'Abbaye de Lyre, Diocèse d'Evreux.

Savoir :

Dixmes de S. Martin de Laigle		350
Dixmes du Désert, paroisse des Baux de Breteuil		230
»	de Chalet et prés, paroisse de Vieille Lyre	500
»	de Roman	1.000
»	d'Anceint	900
»	de Nauphle	430
»	des Frétils	260
»	des Beautheraux	600
»	de Saint-André de la Barre	800
»	de Beauvais	730
Les Terres appellées les hautes Terres et prés y joints		430
La Dixme du Buisson Morel		240
La ferme de la Bourgeraye		750
Les Prés des Essars		450
La Dixme de Saint-Denis de Duhelan		1.600
»	du Bois Ernault	800
»	d'Auvergny	370
»	de Morainville et de Boissy	1.200
»	de Chambord	320
»	des Fiefs de Nauphle	700
»	d'Ambenay	1.200
»	de Gombert	230
»	de la Broudière	1.800
»	de Couvin	400
»	de Rouilly	2.200
»	de la Neuville	2.000
»	de la Gueroude et Champdoisel	1.325
»	des baux de Breteuil	2.000
Les Prés de la Pierre		600
La Ferme de Melbuc		550
La Dixme de Cherouvilliers		550
La Ferme de la Biguerre		240
La Dixme des Noés		180
»	de Rugles	65
»	du Noyer	300

Dans cet art. je jouis de tout ce qui appartient à l'Abbaye

Dans cet article je ne jouis que des 2/3	La grosse forge de Trisé avec les fourneau, fonderie, moulin, terres et prés y joints, tenu par le Fermier général, qu'il évalue à 6,200 livres par an, dont *les deux tiers* 4.133 liv. 6 sols 8 d. regarde *la Mense abbatiale*, et l'autre tiers de 2.066 liv. 13 s. 4 d. regarde *la Mense conventuelle* pourquoi on ne porte ici que les deux tiers.	4.133	6	8
Je jouis de la totalité	Le Pré Ozanne.	40		
	La Dixme de Heuquel pour le Fief de Montigny.	18		
	» de Marnefer.	24		
Je ne jouis que des 2/3	La dixme du Haras des beaux pour les *deux tiers* qui s'acquittent par le Fermier de M. Desminières.	72		
	La dixime de Berville au Curé, par transaction.	150		
	La vigne de Pacy.	65		
	(Je jouis de tout).			
Je ne jouis que des 2/3	Les *deux tiers* de la dixme de Pacy, par M. le Duc de Penthièvre, par représentation de M. le Comte d'Eu.	101	4	4
	Les terres seigneuriales de la Vieille et Neuve Lyre.	200		
	(Je jouis de tout).			
Objets en difficulté dont je ne jouis que des 2/3	*La Dixme Ancienne à percevoir sur le Receveur des deniers réservés dans le Comté d'Evreux.*	1.928	18	
	Le supplément de dixmes accordé sur la forêt de Breteuil, Pacy, Merey, Hécourt.	6.654		
Je jouis de tout	La dixme de la Forêt de Longboil, dépendant de l'Abbaye de la Maîtrise du Pont-de-l'Arche	306	7	
	Les treizièmes des Seigneuries, année commune	200		
	Les Prés de l'Echange	80		
	» Jerry et Bernier	140		
	» du Sous-Prieur	75		
Je ne jouis que des 2/3	Pour les *deux tiers* de 17 à 18 arpens qui se coupent annuellement à l'âge de 25 ans	1.000		
	Pour les *deux tiers* de quatre arpens 95 perches qui se coupent tous les quatre ans dans le bois de la Broudière, estimés pour 8 ans, 600 livres, ce qui fait pour le 8me	75		

Deux parties de rente sur le Pont-Audemer. l'une de 9 livres et l'autre de 5 livres . . . . . . Pour les recettes seigneuriales de Saint-Crespin de Romilly en contestation, pour *mémoire*.	14

Total des revenus. . . 41.416 l. 16

(A Paris. chez Knapen et Fils, Lib. Impr. 1787).

VII

Lettre au sujet de Mgr de Narbonne-Lara (p. 290).

« Reverendissime Pater

« Cum ad notitiam Sanctitatis Suæ pervenerit Illmum ac Revmum
« Præsulem de Narbonne Episcopum Ebroicensem in Normannia,
« Regni Galliarum Provincia, difficili, gravi et longa infirmitate in
« ista insigni Abbatia et Monasterio Sti. Michælis, immediate S. Sedi
« subjecto, decubuisse, atque eum a Paternitate Tua Reverendissima,
« et a tuis Religiosis contubernalibus eximiis et jugibus assistentiæ
« officiis, et serviliis adjutum. quibus ærumnoso suo statui occurri
« potest, factum est ut singulare hoc Chistianæ Charitatis officium,
« quod in Paternitatis tuæ Rmæ et in tuorum Confratrum tuique
« monasterii ejusdemque religiosæ disciplinæ præconium merito assur-
« git, ita apud SSmum Dmum Nostrum gratum acceptumque extiterit,
« ejusque animum peculiari affecerit gaudio, ut eadem Sanctitas Sua
« Te minime latere desideret, quantum meriti et adprobationis Pater-
« nitas Tua Revma omnesque tui Religiosi apud Ipsam insigniter consecuti
« fuerint pro adsistentia, et auxilii impensis et impendendis ad solatium
« supradicti dignissimi Ebroicarum Præsulis, de cujus virtute. fama et
« præclarissimis in Ecclesiam meritis SSmus Dominus Noster luculenta
« testimonia habet, quemque paterna eximiaque dilectione prosequitur.

« Atque ideo mihi Sanctitas Sua per clementissimas litteras kal.
« hujus mensis exaratas jussit ut Paternitati Tuæ Revmæ omnibusque
« Religiosæ Familiæ Filiis indilate significarem, quanto Paternæ lætti-
« tiæ æstu eadem Sanctitas Sua exceperit quæ in adsistentiam et in
« solatium dicti Episcopi Ebroicensis adversa istic valetudine laboran-
« tis per vos facta sunt, quantam laudis retributionem Vobis reddat,
« quam intensum cordis sensum retineat, et qualem spem cum desiderio
« conjunctam intime nutriat fore, ut hujusmodi studia, officia, et eximiæ
« charitatis et obsequii præstationes erga dictum Dominum Episcopum
« Ebroicensem perficiendo, certissimæ ad majores semper Pontificiæ
« Clementiæ gratias, et S. Sedis favores perennia merita cumulaveritis.

« In quorum omnium confirmationem, et pro peramanti pignore,
« Auctoritate Apostolica per dictas litteras nobis specialiter delegata

« et commissa, Vobis Revmo Abbati et omnibus exempti Monasterii
« S. Michælis Religiosis Sanctissimi Domini Nostri Nomine Apostoli-
« cam Benedictionem impertimur.

« Et omnibus observantiæ studiis me subscribo Paternitatis Tuæ
« Revmæ. « Monachii 13ia Oct. 1791. »

Cette lettre n'est pas signée n'étant qu'une copie envoyée à Rome par celui qui l'avait écrite, c'est-à-dire par le Nonce de Munich, qui signait : l'Archevêque d'Athènes. Elle porte l'adresse suivante : « All' abbate di S. Michele. » Par d'autres documents joints à cette lettre on voit qu'elle était destinée à l'Abbé du Monastère des Chanoines de Latran, de Saint-Michel près d'Ulm, en Bavière.

(*Arch. du Vatican* : Nonciature de Bavière. Documents non classés et communiqués gracieusement par le R. P. Edouard d'Alençon, Archiviste général des Capucins).

VIII (p. 325).

CALENDRIER DE NOTRE-DAME DE LYRE (1).

(Bibl. d'Evreux. Mss. lat. 17, 66, 117 et 122).

JANUARII

Prima dies mensis, et septima truncat ut ensis.

1. — *Kalendis*. Circumcisio Domini, in cappis, XII lect. (2). *Neuve-Lyre*.

---

(1) Ce calendrier se trouve dans un manuscrit du xiie siècle (ms. 66), auquel nous avons ajouté les notes des manuscrits 122 (xive s.), 117 (xive s.) et le calendrier de la Charité de la Neuve-Lyre commencé en 1519. C'est un in-folio relié avec clous sur les plats, une grande miniature à la première page : en haut, l'Annonciation ; au dessous, à gauche, saint Gilles, patron de la Neuve-Lyre ; au milieu, saint Pierre, patron de la Vieille-Lyre ; à droite, saint Nicolas, patron de la seconde église de la Neuve-Lyre, parce que la Charité avait été fondée sous le titre de la Sainte Trinité, de l'Annonciation, de saint Gilles, de saint Pierre et de saint Nicolas, vers 1480. Le nom des mois, le nombre des jours du calendrier, les Kalendes, ides, nones, sont chiffrés en lettres d'or, ainsi que les lettres dominicales et les fêtes importantes. Le reste en bleu et rouge, très soigné. — Les noms en français sont ceux de ce dernier calendrier.

(2) Le nombre de leçons a été ajouté au xiiie siècle ; de plus toutes les fêtes sont rubriquées en sorte qu'il est impossible de reconnaître les fêtes chômées.

2. — IIII. Non. [Oct. S. Stephani. (Mss. 117-122)].
3. — III. [Oct. S. Johannis. »   »].
4. — II. [Oct.-Strum Innoc. »   »]. Ste Geneviesve.
5. — *Nonis*.. *Vigilia* Epiphanie Domini : *Surge illuminare*, etc.
6. — VIII idus. In Epiphania Domini, in cappis, XII lect.
7. — VII. [Clavis ceptuag. (ms. 122)].
8. — VI.
9. — V.
10. — IIII. [D. Abbas Osbernus (ms. 122 et 117) *missa*].
11. — III.
12. — II.
13. — *Idibus*. Oct. Epiphanie; IIII lect.
Eodem die, S. Hilarii epi VIII lect. et Sti Vincentii. Saint Guillè.
14. — XVIIII. Kal. Februarii. Sti Felicis; III lect.   Saint Félix.
15. — XVIII. Sti Mauri, abbatis ; XII lect.   Saint Mor.
16. — XVII. Sti Marcelli pape; III lect.
17. — XVI. Sti Antonii, abbatis; ipso die Sti Sulpicii, epi.   Saint Sulpice.
18. — XV. Ste Prisce, virginis.
19. — XIIII. Sti Launomarii, abbatis.
20. — XIII. Sti Fabiani et [Sebastiani]; XII lect. Saint Sébastien.
21. — XII. Ste Agnetis, virginis; XII lect.   Sainte Agnès.
22. — XI. Sti Vincentii [archidiaconi] levite et martyris (ms. 122) XII lect.   Saint Vincent.
23. — X. Ste Emerentiane, virginis et martyris, III lect.
24. — IX.
25. — VIII. *Conversio Sti Pauli*, in albis, XII lect. — Sti Prejecti com.   Conversion de saint Paul.
26. — VII. Sti Policarpi.
27. — VI. Sti Juliani, epi.
28. — V. Oct. Ste Agnetis; III lect. [O. Roberti abbatis, ms. 122].
29. — IIII.
30. — III.
31. — II.

FEBRUARII

Quarta subit mortem, prosternit tercia fortem (Ms. 122).

Neuve-Lyre.

1. — *Kalendis*. [Ste Brigide, virginis (ms. 117)].   Saint Sever.
2. — IIII. Purificatio Ste Marie. Incipit ordo qualiter agatur processio : post terciam, ordinata

processione ante altare absque candelabris incipiat cantor : *Hodie Maria Virgo*, etc. (Ms. 122). Saint Blaise.

3. — III. Ste Werburge, virg. S^{ti} Blasii, epi (ms. 17).
4. — II.
5. — *Nonis.* Ste Agathe, virginis et martyris, XII lect.
    (id. ms. 117). Sainte Agathe
6. — VIII. S. [Vedasti et Amandi episcoporum] (d'une autre écriture), XII lect.
7. — VII.
8. — VI.
9. — V.
10. — IIII. Ste *Scolastice*, virgin. XII lect. Ste Austreberte.
11. — III.
12. — II.
13. — *Idibus.*
14. — XVI. KALENDAS MARTII. — S^{ti} Valentini, III. lect. Eodem die S^{trum} Vitalis et Felicitatis et Zenonis.
15. — XV.
16. — XIIII. Ste Julienne.
17. — XIII.
18. — XII. [Ms. 122 : O. Guillelmi comit. institutoris hujus loci et ms. 117].
19. — XI.
20. — X.
21. — IX.
22. — VIII. *Cathedra* S^{ti} *Petri*, XII lect. La Chaire Saint Pierre.
23. — VII.
24. — VI. S^{ti} *Mathie apostoli*, in albis, XII lect. St Mathias.
25. — V.
26. — IIII.
27. — III. [Ste Honorine, virginis], in albis, XII lect. Ste Honorine.
28. — II.

MARTII

Primus mandentem disrupit, quarta bibentem (ms. 122).

Neuve-Lyre.

1. — *Kalendis.* — S^{ti} Albini, epi et confris. Saint Aubin.
2. — VI Nonas. S^{ti} Ceadde, epi.
3. — V.
4. — IIII.

5. — III.
6. — II.
7. — *Nonis*. Strum Perpetue et Felicitatis.
8. — VIII.
9. — VII.
10. — VI.
11. — V. O. Gauffridus abbas. [Mss. 122 et 117 : O. D. abbas Gaufridus].
12. — IIII. Sti Gregorii pape, XII lect.   Saint Grégoire.
13. — III.
14. — II. OBIIT OSBERNVS MILES *(fondateur de Lyre, ajouté)*.
15. — *Idibus*.
16. — XVII. Kalendas APRILIS.
17. — XVI.
18. — XV.
19. — XIIII.
20. — XIII. Sti Cutberti, epi et conf.
21. — XII. Sti Benedicti, abbatis, XII lect.   Saint Benoit.
22. — XI.
23. — X.
24. — IX.
25. — VIII. ANNUNCIATIO [Christi et crucifixio ejus]. in cappis.   L'annunciation N.-D.
26. — VII.
27. — VI. [Resurrectio Christi].
28. — V.
29. — IIII.
30. — III.
31. — II.

APRILIS

Denus et undenus est mortis vulnere plenus. (Ms. 122).

         Neuve-Lyre.

1. — *Kalendis*.
2. — IIII nonas. [Mss. 122 et 117 : Ste Marie Egyptiace].
3. — III.
4. — II. [Sti Ambrosii episcopi, XII lect.]   Saint Ambroise.
5. — *Nonis* [Ms. 122 : O. Robertus comes Leicestriæ, et ms. 117 : I missa].
6. — VIII idus.
7. — VII
8. — VI.

9. — V.   Saint Hugues.
10. — IIII.
11. — III.
12. — II.
13. — *Idibus.*
14. — XVIII Kalendas *Maii.* Strum Tiburcii, Valeriani et Maximi martyrum, III lect.
15. — XVII. [Mss. 122 et 117 : O. Ricardus, abbas, I missa].
16. — XVI.
17. — XV.
18. — XIIII.
19. — XIII.
20. — XII. [O. Robertus abbas hujus loci primus, I missa, mss. 122 et 117].
21. — XI.
22. — X.
23. — IX. S^ti Georgii, martyris, III lect. [O. Guillielmus, abbas, ms. 122].   Saint Georges.
24. — VIII.
25. — VII. Letania major. — Eodem die S^ti Marci, evangeliste, XII lect.   Saint Marc.
26. — VI.
27. — V.
28. — IIII. S^ti Vitalis, martyris, III lect.
29. — III.   Saint Pierre, le martyr.
30. — II.   Saint Eutrope.

MAII

Tercius in maio lupus est que septima anguis (ms. 122).

Neuve-Lyre.

1. — *Kalendis.* Storum Apostolorum Philippi et Jacobi, in albis, XII lect.   SS. Philippe et Jacques.
2. — VI nonas.
3. — V. *Inventio Ste Crucis.* Eodem die Strum Alexandri, Eventii et Theoduli, VIII lect.   id.
4. — IIII.
5. — III.   Saint Ouen.
6. — II. S^ti Johannis apostoli ante Portam latinam, XII lect.   St Jean id.
7. — *Nonis.*
8. — VIII *idus.* Dedicatio Ecclesie S^ti Michælis in Gargano.

9. — VII. [Translatio S^{ti} Nicholai, mss. 122, 117].   Saint Nicholas.
10. — VI. Str^{um} Gordiani et Epimachi, martyrum,
    III lect.   Saint Laurens.
11. — V. S^{ti} Maioli, abbatis.
12. — IIII. Str^{um} Nerei, Achillei et Pancratii, martyrum, III lect.
13. — III.
14. — II.
15. — *Idibus.*
16. — XVII Kalendas Junii.
17. — XVI.
18. — XV.
19. — XIIII. Ste Potenciane, virginis. S^{ti} Dunstani, arch. et conf. (ms. 17).
20. — XIII. [S^{ti} Auberti, regis et martyris]. Mss. 122 et 117.
21. — XII.
22. — XI.
23. — X.   Saint Désir.
24. — IX.
25. — VIII. S^{ti} Urbani pape, III lect. [Ipso die S^{ti} Alde-
    lon, epi et confris].   Saint Urbain.
26. — VII. S^{ti} Augustini anglor. epi.
27. — VI.
28. — V. S^{ti} Germani, epi (ms. 17).
29. — IIII.
30. — III. [Mss. 122 et 117 : O. Johannes Abbas, I missa].
31. — II.

JUNII

Denus pallescit, quindenus federa nescit. (Ms. 122).

Neuve-Lyre.

1. — *Kalendis.* S^{ti} Nicomedis, martyris.   Saint Nichomède.
2. — IIII nonas. Str^{um} Marcellini et Petri, martyrum, III lect.
3. — III.
4. — II.
5. — *Nonis.*
6. — VIII *Idus.*
7. — VII.
8. — VI. S^{ti} Medardi epi et confris. Ipso die S^{ti} Gil-
    dardi, epi.   Saint Godard.
9. — V. Str^{um} Primi et Feliciani, martyrum, III lect.
10. — IIII
11. — III. S^{ti} Barnabe, apostoli.   Saint Barnabé.

12. — II. Strum Basilidis, Cirini, Naboris et Nazarii,
martyrum, III lect. Saint Ursin.
13. — *Idibus*.
14. — XVIII Kalendas Julii.
15. — XVII. Strum Viti, Modesti et Crescentie, martyrum, III lect.
16. — XVI. [Strum Cyrici et Julite. martyrum, III lect.]
17. — XV. Translatio S^ti Romani archiepiscopi et confessoris. S^ti Botulfi, abbatis. (Ms. 17). La translation St Romain.
18. — XIIII. Strum Marci et Marcelliani, III lect.
19. — XIII. Strum Gervasii et Protasii, XII lect. Saint Gervais.
20. — XII.
21. — XI. S^ti Leufredi, abbatis. XII lect. [Oraison ajoutée plus tard : « Deus qui beatum Leufredum confessorem tuum atque abbatem contra hostis antiqui seviciam dimicantem angelica visitatione confortasti; ejus intercedentibus meritis ab omni nos absolve peccatorum vinculo et in eterna leticia fac gaudere cum illo. Per Deum, etc. »]
Ste Werburge, virg.
22. — X. S^ti Albani proth. mr. anglorum (ms. 17).
23. — IX. S^ti Johannis Baptiste, in Vigilia.
24. — VIII. Nativitas Sti Johannis Baptiste; in cappis, XII lect. La Nativité St Jehan.
25. — VII. [Ms. 117 : S^ti Eligii, epi.]
26. — VI. Strum Johannis et Pauli, martyrum,
III lect. St Jehan et St Pol.
27. — V.
28. — IIII. S^ti Leonis, pape, III lect. Ipso die, Vigilia
Strum Petri et Pauli. St Léon, Vigile.
29. — III. Passio Apostolorum Petri et Pauli, in cappis, XII lect. St Pierre et St Pol.
30. — II. Commeratio S^ti Pauli XII lect. — Mss.
122 : S^ti Marcialis, epi. La comm. St Pol.

JULII

Tredecimus mactat julii, decimus labefactat. (Ms. 122).

Neuvé-Lyre

1. — *Kalendis.* [Octave S^ti Joh. Bap. XII lect.]
2. — VI Nonas. Strum Processi et Martiniani, III lect. [Ms. 117 : S^ti Swithini].
3. — V. Saint Martial.

4. — IIII. Translatio S^{ti} Martini et [ordina-
tio ejus]. XII lect.   Translation St Martin.
5. — III.
6. — II. Oct. Apost. Petri et Pauli, XII lect.
7. — *Nonis*.   St Thomas.
8. — VIII.   St Evod.
9. — VII.
10. — VI. Strum VII Fratrum, III lect.
11. — V. S^{ti} BENEDICTI ABBATIS TRANSLATIO, XII lect.   St Benoît.
12. — IIII.
13. — III.
14. — II. [Ms. 117 : Dies caniculares].
15. — *Idibus*.
16. — XVII Kalendas AUGUSTI.
17. — XVI.
18. — XV. S^{ti} Arnulfi, epi IIII lect. [Oct. S^{ti} Benedicti, VIII lect.]
19. — XIIII.
20. — XIII. [Mss. 122 et 117 : Ste Margarite, virg. et mart.] Ste Marguerite.
21. — XII. Ste Praxedis virginis, III lect.
22. — XI. S^{ti} Wandregisili Abbatis [Ipso die
Ste Marie Magdalene XII lect.]   Ste Marie Magdalene.
23. — X. S^{ti} Apollinaris, martyris, III lect.
24. — IX. [Vigilia S^{ti} Jacobi].
25. — VIII. S^{ti} Jacobi apostoli, XII lect. Ipso die Strum Christophori [et Cucufati, ms. 117].   St Jcq.
26. — VII.   Saincte Anne.
27. — VI.
28. — V. S^{ti} Sansonis [com. S^{ti} Pantaleonis, III lect.] Eodem die
S^{ti} Nazarii et Celsi et Pantaleonis.
29. — IIII. Strum Felicis, Simplicii, Faustini et Beatricis, III lect.
30. — III. Strum Abdon et Sennen, martyrum, III lect.
31. — II. S^{ti} Germani, epi.   St Germain.

AUGUSTI

Prima necat perditque secunda cohortem (Ms. 122).

Neuve-Lyre.

1. — *Kalendis*. S^{ti} Petri ad vincula, XII lect.
Eodem die Strum Machabæ-
orum, S^{ti} Eusebii   St Pierre aux Liens.
2. — IIII Nonas. S^{ti} Stephani, papæ, III lect.   St Etienne.
3. — III. Strum [Nichomedi. Gamaliel atque Abibon,
XII lect.]   id.

4. — II. St Dominique.
5. — *Nonis.* Sti Oswaldi, regisel mr. (Ms. 17). Nostre-Dame des Neiges.
6. — VIII idus. Strum [Syxti] Feliciani et Aga-
  piti, III lect. La Transfiguration.
7. — VII. Sti Donati, epi, III lect. St Victrix.
8. — VI. Strum Cyriaci, Largi et Smaragdi.
9. — V. Vigilia Sti Laurentii [Sti Romani, M.] St Romain. Vigile.
10. — IIII. Sti *Laurentii*, M, XII lect. St Laurens.
11. — III. Sti Taurini XII lect. Ipso die Sti Tyburcii,
  M. [Ste Susanne]. Saint Taurin.
12. — II.
13. — *Idibus*. Sti Ypoliti, M, III lect. St Ypolite.
14. — XVIIII. Kalendas Septembris. Sti Eusebii, III lect. Ipso die
  Vigilia Ste Marie. Vigile.
15. — XVIII. Assumptio Sancte Marie : in
  capis, XII lect. L'assumption Nostre Dame.
16. — XVII. Sti Arnulfi. Osmanne virg. (Ms. 17). XII D.
17. — XVI. Oct. Sti Laurentii.
18. — XV. Sti Agapiti. St Agapit.
19. — XIIII. Sti Magni, M.
20. — XIII. Sti Philiberti, Abbatis VIII lect. [fondateur de
  Jumièges] [ms. 122 : O. Robertus, Comes]. St Philibert.
21. — XII.
22. — XI. Strum Timothei et Symphoriani [et octave Ste Marie].
23. — X. [Strum Timothei et Apollinaris. — Vigilia S. Barthol.].
24. — IX. Sti Bartholomei, VIII lect. Ipso die; Sti
  Audoeni, epi, IIII lect. St Barthelemieu.
25. — VIII.
26. — VII. Saint Loys.
27. — VI. Sti Rufi, M, III lect. Saint Vivian.
28. — V. Sti Augustini, epi XII lect. Ipso die, Sti
  Hermetis. Saint Augustin.
29. — IIII. Sti Johannis Baptiste decollatio,
  XII lect. [Ste Sabine]. La décollation St Jehan.
30. — III. Strum Felicis et Adaucti [Sti Agiti, abbatis, VIII lect.]
31. — II. [O. Robertus Comes, 1 missa, ms. 122].

SEPTEMBRIS

Tercia septembris et decima fert mala membris. (Ms. 122).

             Neuve-Lyre.

1. — *Kalendis*. Sti Prisci, III lect. [Mss. 122 et 117 :
  Sti Egidii et Prisci]. St Gille. St Leu.

2. — IIII Nonas.
3. — III. S^ti Gregorii pape ordinatio.   St Grégoire.
4. — II.
5. — *Nonis.* S^ti Taurini, epi. [Mss. 122 et 117 : Finis dierum canicul.]
6. — VIII idus.
7. — VII.
8. — VI. NATIVITAS Ste MARIE VIRG, *in capis.*
        Ipso die S^ti Adriani.   La Nativité Notre Dame.
9. — V. S^ti Gorgonii, III lect.   Saint Gorgon.
10. — IIII.
11. — III. Strum Proti et Jacinthi, M, III lect.
12. — II. [O. Guillelmus, abbas, 1 missa, ms. 122].
13. — *Idibus.* S^ti Maurilii, epi.
14. — XVIII. Kalendas OCTOBRIS. *Exaltatio*
        Ste Crucis, IIII lect. — Ipso
        die. Strum Cornelii et Cy-
        priani VIII lect.   L'exaltation Saincte Croix.
15. — XVII. S^ti Nichomedis, M, III lect.   Saint Nichomède.
16. — XVI. Ste Eufemie, V et M. III lect. Item Strum Luciæ et Gemi-
        niani, M.
17. — XV. S^ti Landberti, M.   St Lambert
18. — XIIII.
19. — XIII.
20. — XII. Vigilia S^ti Mathei.   Vigile.
21. — XI. [Passio] S^ti Mathei, apostoli, XII lect. [Ms.
        117 : S^ti Laudi, com.]   Saint Mathieu.
22. — X. S^ti Mauricii cum sociis suis. XII lect.   Saint Maurice.
23. — IX.
24. — VIII.
25. — VII.   Saint Fremin *(sic* pour St Firmin).
26. — VI.
27. — V. Strum Cosme et Damiani, M. III lect. SS. Cosme et Damian.
28. — IIII. [Mss. 122 et 117 : O. Gillebertus, abbas hujus loci, 1 missa].
29. — III. S^ti MICHÆLIS, XII lect.   St Michel.
30. — II. S^ti Hieronimi, XII lect.   St Hierome.

OCTOBRIS

Tercius et denus sicut mors et alienus. (Ms. 122).

Neuve-Lyre

1. — *Kalendis.* Strum Confrum Germani, Remigii et
        Vedasti, XII lect.   Saint Remy.
2. — VI Nonas. S^ti Leodegarii, III lect.

3. — V.
4. — IIII. Dedicatio. [Mss. 122 et 117 : S^ti Francisci
　　　　Assisii, confris].　　　　　　　　Saint François.
5. — III. [Ms. 122 : O. Dna Adelix ou Alicia hujus loci fundatrix, 1 missa].
6. — II. Ste Fidis, virginis et mr. (Ms. 17).　　Sainte Foy.
7. — Nonis. S^ti Marci, pp.
8. — VIII idus. S^ti Demetrii, mr. (Ms. 17).　　Saint Evoud.
9. — VII. S^trum Dyonisii, Rustici et
　　　　Eleutherii : in albis, XII
　　　　lect.　　　　　　　　　S. Denys et ses compagnons.
10. — VI.
11. — V. [S^trum Nigasii, Quirini et Scubiculi, M; in
　　　　albis. XII lect.]　　　　　　　Saint Nigaise.
12. — IIII.
13. — III. [Ms. 122 : O. Robertus, comes, 1 missa]. Saint Edouard.
14. — II. [S^ti Calixti, P. et M, III lect.]
15. — Idibus. S^ti Wulfranni, epi et mr. (Ms. 17).
16. — XVII Kalendas Novembris. [S^ti Michælis]. Saint Michel.
17. — XVI.
18. — XV. S^ti Lucæ evangeliste, XII lect.　　St Luc, évangéliste.
19. — XIIII.
20. — XIII.
21. — XII.
22. — XI. [Ms. 122 : S^te undecim millium virg.] Saint Mellon.
23. — X. S^ti Romani, epi XII lect. [Ms. 122 : S^ti
　　　　Romani archiep.]　　　　　　　Saint Romain.
24. — IX.
25. — VIII. S^ti Crispini et Crispiani, III lect. St Crespin et Crespinian.
26. — VII.
27. — VI. Vigilia Apost. S^ti Symonis et Jude.　　Vigile.
28. — V. Passio　　»　　　　»　　　　»
　　　　XII lect.　　　　　　　　Saint Simon et St Jude.
29. — IIII.
30. — III.
31. — II. S^ti Quintini III lect. — Vigilia Om-
　　　　nium Sanctorum.　　　　　Saint Quentin. Vigile.

NOVEMBRIS

Scorpius est quintus, et tercius est nece cinctus. (Ms. 122).

Neuve-Lyre.

1. — Kalendis. Festivitas Omnium Storum. Ipso die, S^ti Cesarii, M;
　　item S^ti Benigni.

2. — IIII nonas. S^{ti} Eustachii cum sociis suis, III lect.
   [Ms. 122; com. III lect.]   Les mors.
3. — III.   Saint Eustace.
4. — II.
5. — *Nonis.*
6. — VIII *idus.* [S^{ti} Leonardi, confris. — O. Silvester,
   abbas. Mss. 122, 117.]   St Léonard.
7. — VII.
8. — VI. Strum IIII Coronatorum, M, III lect.
   [Ms. 122 : com. Reliq. in
   cappis].   Les quatre couronnés.
9. — V. S^{ti} Theodori, M, III lect.   Saint Théodore.
10. — IIII.
11. — III. S^{ti} Menne. — Ipso die, S^{ti} Martini, epi,
    XII lect.   Saint Martin.
12. — II.
13. — *Idibus.* S^{ti} Bricii, epi, XII lect.   Saint Laurens.
14. — XVIII.
15. — XVII. S^{ti} Macuti. epi et conf. (Ms. 17).
16. — XVI.   [Ms. 122 : S^{ti} Eadmundi, archiepiscopi].
17. — XV.   [Oct. S^{ti} Martini. — S^{ti} Amandi, epi.] Ms. 122.
18. — XIIII.   [Ste Elisabeth regine]. Ms. 122.
19. — XIII.
20. — XII.   [S^{ti} Edmundi, regis et martyris, ms. 122]. St Edmond.
21. — XI. S^{ti} Columbani, abbatis.
22. — X. Ste Cecilie, XII lect.   Saincte Cecile.
23. — IX. S^{ti} Clementis, M. XII lect. Ipso die. S^{te}
    Felicitatis.   Saint Clément.
24. — VIII. S^{ti} Grisogoni, M, III lect.
25. — VII. [Ms. 122 : Ste Katherine, virg. et mar.] Saincte Katherine.
26. — VI.   Saint Lin.
27. — V. [Ms. 122 : O. Radulphus...] primus adventus.
28. — IIII.
29. — III. S^{ti} Saturnini, M, III lect. — Vigilia
    S^{ti} Andree.   St Saturnin. Vigile.
30. — II. Passio S^{ti} Andree, apostoli, XII lect.

DECEMBRIS

Septimus exanguis, virosus denus ut anguis (Ms. 122).

[Le calendrier jusqu'au 18 est celui du ms. 122, le ms. 66 étant incomplet].

Neuve-Lyre.

1. — *Kalendis.* S^{ti} Eligii, epi. S^{ti} Crisanti et Darie. Saint Eloi.
2. — IIII nonas. Ultimus adventus. La translation des reliques.
3. — III.
4. — II.
5. — *Nonis.*
6. — VIII idus. S^{ti} Nicholai, epi; in capis, XII lect. Saint Nicholas.
7. — VII. Oct. S^{ti} Andree. Ordinatio S^{ti} Ambrosii, épi. (Ms. 17).
8. — VI. CONCEPTIO BEATE MARIE, IN
    CAPIS, XII LECT. La conception Notre Dame.
9. — V. St.rm Urbani et Victoris. (Ms. 17).
10. — IIII.
11. — III. S^{ti} Damasi, pape.
12. — II.
13. — *Idibus.* Ste Lucie, virginis et m. Sainte Luce.
14. XVIIII. Kalendas JANUARII.
15. — XVIII.
16. — XVII. [Ms. 147 : *O sapientia*]. O Sapientia.
17. — XVI.
18. — XV.
19. — XIIII.
20. — XIII [Vigilia S^{ti} Thome.]
21. — XII. S^{ti} *Thome, apostoli* (deux oraisons dont la
    1re est celle d'*hodie*) XII lect. *in albis*. Saint Thomas.
22. — XI.
23. — X.
24. — IX. Vigilia. — Cap. ad noctem *Deus auctor pacis*. — In nocte
    ad Stam Mariam Maiorem Oratio. — Oratio de luce ad
    stam Anastasiam. — Capitula de Nativitate.
25. — VIII. NATIVITAS DNI. [Ms. 122 : in capis, Ste Anastasie. —
    O. Hilderius, abbas].
26. — VII. S^{ti} *Stephani, in albis*. Saint Etienne.
27. — VI. S^{ti} JOHANNIS APOSTOLI. Saint Jehan.
28. — V. [Ms. 122 : Strum Innocentium]. Les Innocens.
29. — IIII. S^{ti} Ebrulfi, epi. (d'une autre écriture).
    [S^{ti} Thome, archiepiscopi, ms. 122]. Saint Thomas.
30. — III. Saint Ursin.
31. — II. S^{ti} Silvestri, VIII lect. Ste Colombe, virg.
    (Ms. 17). Saint Silvestre.

IX

Miracles de Pont-Saint-Pierre (p. 356).

« Fertur et aliud jocundum miraculum accidisse in eadem ecclesia
« dignum memoria. Quodam tempore orta est discordia inter Willelmum
« de Britolio ad cujus dominium pertinebat ipsa eadem villa Ponti
« Sancti Petri et inter Girardum de Gornaco, quia idem Willelmus
« quemdam militem ejusdem Girardi, qui contra eum rebellabat,
« receptabat. Qui cum invicem pro hac causa nimium sibi adversaren-
« tur et alius alium quocumque poterat noceret, homines supradicte
« ville timentes ne aliquo casu incendio cremarentur, res suas aliis
« locis tuitioribus asportare ceperunt. Inter quos quedam matrona uxor
« prepositi ejusdem ville, nomine Gaufridi, que dicebatur Remburgis,
« detulit ad ecclesiam Sancti Nicholai cujus erat parrochiana duos
« plenos saccos vestimentis et aliis rebus suis et rogavit subdiaconum
« et qui post aliquot annos jam presbyter factus monachus effectus est
« in ecclesia beccensi a quo relatu didicit ista qui hec scripsit, ut in
« aliquo loco ecclesie reconderet suam pecuniam quam ei deferebat.
« At ille libenter assensum prebuit ad ea quæ femina postulabat et
« posuit eosdem saccos in solario cancelli ejusdem ecclesiæ, sperans
« et credens quod illic nullus aliquid requireret.

« Accidit autem ut quidam juvenes apto ingenio perquirerent nidos
« volatilium qui ibidem nidificabant; et videntes saccos plenos pecuniis
« in solario cancelli absconsos, ad invicem se orteti sunt ut, nocte
« sequente, in silentio noctis venirent, et aptatis ingeniis inde eosdem
« saccos extraherent et exsportarent. Qui cum in hoc opere concor-
« dassent et nox advenisset, ad lata scala ascenderunt ubi erant sacci
« et inde eos cautissime extraherunt atque deponentes cum eisdem
« fugæ iter arripiunt via quæ ducit Rothomagium. Cumque se sperarent
« multum iter perfecisse, invenerunt se juxta ecclesiam Sancti Nicholai.
« Qui mirantes de re quæ acciderat, sed nil inde penitentes, nam mens
« semel imbuta nequitiæ non facile recipit penitudinem, iter iterum
« arripiunt per silvam quæ dicitur Lumbuel. Qui cum ad quemdam
« locum in eadem silva venissent notissimum sibi, et ibi se securos
« credidisssent, invenerunt se in orto quodam juxta ecclesiam beatissimi
« Nicholai. Tunc vehementer obstupescentes et tamen in sua malicia
« perseverantes, invento quodam ferramento fossam faciunt et in ea
« reponunt pecuniam quæ in saccis erat et quandam clocleam, quæ
« ibidem erat, desuper ponunt, ac deinde cooperiunt et cœquant cetere
« terre. Quo facto iterum fugæ latibula arripiunt cum saccis et aliquan-
« tulo pecunie. Et cum jam longe se credidissent et aurora jam appro-

« pinquasset, invenerunt se supradicti juvenes ante hostium ecclesie
« sancti Nicholai. Et ultra quam dici potest pertimescentes, inde aufu-
« gerunt, relictis saccis ante hostium ecclesie super quandam petram.

« Mane autem facto supradictus clericus, qui eosdem saccos receperat
« in sua custodia, cum clavibus venit ad ecclesiam et videns saccos
« ante hostium et eos recognoscens obriguit timore et admiratione.
« Qui tamen aliquantulum dubitans ne forte non essent qui commendati
« fuerant, aperiens ecclesiam pergit ubi eos absconderat, et non inventis
« nimiumque tristis effectus pro eo quod pecunia de eisdem saccis
« deerat, cepit secum plura revolvere.

« Cumque mœsto animo staret ante hostium ecclesie, adest mulier
« supradicta et vocans eam ille clericus ostendit saccos dicens ubi et
« quomodo eos repperisset. Illa vero videns saccos et bene eos recognos-
« cens, percutiens ambos manus ad invicem cum magno ejulatu
« exclamavit : Heu ! me miseram, perdidi omnia ! Cumque in multis se
« conquereretur, ut se habet sexus femineus, affuit et vir ejus et sciens
« quæ acciderant uxori suæ, cepit nimium arguere clericum qui custos
« fuerat rerum uxoris sue. At ille cepit cum juramentis se excusare
« nichilque inde se aliud scire pro certo nisi quia vere ipse recepisset
« pecuniam uxoris illius ad custodiendum et in tali loco posuisse : modo
« vero saccos repperisset vacuos ante hostium ecclesie.

« Cum igitur inter se confabularentur de hac re dixit clericus
« Gaufrido proposito cujus pecunia furto sublata erat : « Esterno die
« illi duo juvenes ville istius notissimi cum scala circuierunt istam
« ecclesiam causa, ut dicebant, nidos volatilium perquirendorum. » —
« Et propositus ad hæc : « Ubi sunt ? modo. » — Clericus : « Modo vidi
« Duel, sic enim vocabatur unus ex illis juvenibus qui furtum fecerant,
« in domo sua siccantem bracas suas ad focum. »

« Quo audito prepositus ville confestim pergit ad domum illius, et
« inveniens eum siccantem vestimenta sua ad focum apprehendit eum
« et cum magna ira atque potentia jubet ut reddat ablata, alioquin
« magnas penas passurum et ad ultimum mortem, nisi cito palam
« manifestet omnia ! Quid plura ? Velit, nolit ille juvenis cuncta que
« gesserat, narrat ; dicit quos socios habuerat, indicat ubi erat absconsa
« pecunia. Quo cognito pergitur illuc et inventa ut ille intimaverat,
« redditur ex integro mulieri, gratias referenti Deo et clementissimo
« confessori Nicholao qui ei pecuniam suam ex integro reddidisset. »

Le bon moine du Bec raconte ensuite comment, pris de scrupule pour tous ces faits merveilleux, craignant d'avoir été trop crédule et de transmettre à la postérité des erreurs, il allait détruire son précieux manuscrit lorsque, par une indéniable protection de saint Nicolas, il échappa lui-même à une mort certaine *anno ab Incarnatione MCXXV, mense augusto* mediante. (ff. 37).

Cette histoire se termine par deux miracles arrivés l'un à Montfort (ff. 44 v°), l'autre au prieuré de Beaumont-le-Roger. Le premier nous fait connaître une chapelle de saint Nicolas à Montfort :

« Referuntur duo alia miracula de eo ab his qui oculis ea viderunt,
« quæ quidem in narratione sunt parva et pene simillima, sed
« admiratione mirifica. In castello quod dicitur Monte Forti est quedam
« capella in honorem beatissimi Nicholai. Ad quam una vice quedam
« mulier paupercula, orationis gratia, et super altare unam candelam
« posuit ob devotionem sancti. Quam clericus ejusdem ecclesie, alias
« intentus, oblitus est super altare, ardentem. Post aliquantulam vero
« rediens invenit totam candelam consumptam ab igne et favillas super
« altare sicut in longum posita fuerat. Linteamina vero altaris omnino
« integra ab igne. Qui nimium admirans tantum miraculum vocatus
« plures de officio ostendit eis quod factum fuerat, cupiens eos habere
« testes tanti miraculi. » — Le même fait se reproduisit à Beaumont
« (ff. 45) : « Alio tempore evenit ut canonici (1) sancte Trinitatis de
« Bellomonte solemnitatem celebrarent gloriosissimi presulis Nicholai,
« quæ celebritas est sexto nonis decembris, cum magno gaudio, ut
« dignum est moris est clericorum. Et dum nocturnale officium
« decantarent quedam mulier attulit ad altare unam candelam compo-
« sitam in circulo ob honorem Sancti, cujus agebatur solemnitas. Quam
« accipiens sacrista posuit in unam absconsam (2) quæ inibi erat et
« super altare posuit eam. Finito officio et quisque rediit ad stratum
« suum et sacrista similiter, omnino obliviscens candelam componere
« quæ erat super altare. Mane facto cum surrexisset a stratu suo et ad
« altare venisset, invenit candelam simul et absconsam nisi solummodo
« faville quæ super altare adhuc erant. Linteamina vero altaris omnino
« integra et illibata remanserunt.

« Ad honorem Domini nostri Jehsu Christi et illius cujus celebritas
« agebatur. »

X

TABELLIONNAGE DE ROUEN

Du mercredi 13e j. de décembre 1564.

Noble ho⁸ Mᵉ Francoys Castriny procureur et vicaire gᵃˡ de Mgʳ le révérendᵐᵉ cardinal de Ferrare abbe commandattaire de labbaie de

---

(1) La collégiale de Beaumont, fondée vers 1070 par Roger de Beaumont, fut, en effet, d'abord desservie par des chanoines avant de devenir un prieuré du Bec l'an 1143.

(2) Le sacristain plaça le cierge dans une lanterne qui se trouvait là, etc.

Lire dioceze d'Evreulx jouxte le d. vicariat dacté du 10e j. de may dernier passé an présent lequel pour et au nom dud. Sr Cardinal confessa avoir baillé à ferme pour le temps de 6 ans et 6 despouilles commencans au terme de Pasques prochain venant 1565 et finissant etc. A Jehan Lacailly marchand demeurant parr. de Houdetot en Caulx prez St Vallery pnt et qui confessa avoir prins a tiltre de ferme. Cest assavoir touttes et chacunes les dixmes a lad. abbaie de Lire appartenans en la parr. de Bretteville prez Cany dependant de la baronnie de Bans le Conte tout et autant que en ont joy par cy devant les fermiers précedens sans en riens réserver pour en joyr par led. preneur durant led. temps de 6 ans en la forme et manière acoustumée ceste bail ainsy faict tant a la charge par led. preneur de mener et conduire les procez qui sont meuz et se pourront mouvoir à raison des d. dixmes jusques en la court de parlnt de Rouen parce que led. preneur nen poura commencer ne intenter aulcuns que au préalable il les aict communiquez au grand vicaire dud. Sr Cardinal et ses officiers en ceste ville de Rouen que moiennant le prix de 30 livres tournois de ferme par chacun an que led. Lacaille preneur sera tenu et a promys remettre et paier par exécucion et livrer en ceste ville de Rouen ou en lad. abbaye de Lire a ses despens au terme de Noel premier terme commençant en terme de Noel prochain venant en un an et ainsy continuer. Present à ce Jehan Briffault marchand dem. en la parr. de Boscherville Lequel de paier le prix dud. fermage au terme dessus déclaré a plegé et cauxionné led. preneur et sen est constitué et establý plege ppal et respondant avec luy ensemble et lun pour le tout sans division. Et aussy à la charge par led. preneur de faire et bailler ung pappier déclaratif par le menu des lieulx fermes et lymittes ou se prengnent lesd. dixmes que led. preneur sera tenu affirmer véritable et icelluy faire approuver de dans la fin de ce présent bail et icelluy bailler et délivrer aud. Sgr Cardinal a ses despens et oblige led. Sr bailleur tous les biens et revenuz de lad. abbaie de Lire en tant que faire le pouroict par vertu de sond. vicariat etc.

Du mercredi 20e j. de décembre 1564.

Noble homme Francoys Castrain grand vicaire du sr illustme et révérendme cardinal de Ferrare abbé commandataire de Lyre diocèse d'Evreulx, Et en cette qualité d'abbé de Lyre Sgr de la terre et Srie de St Crespin de Romilly-sur-Andelle ses circonstces et despendces, Lequel en vertu de sond. vicariat a confessé que pour l'assurance et plenyne faicte par Me Guille Le Guerchoix procureur du Roy es juridiction de la table de marbre du pallais de Rouen dem. en la parr. St Laurens de Rouen de la somme de 2.000 l. t. prins en 200 l. t. de rente ypotecque par led. Sr Castrain pour led. Sr Abbé soubz prieur et relígieux, et couvent decreté suyvant ledict du Roy et permission des deputtez du clergé de Estienne Bigot escuier dem. en ceste ville de Rouen pour ravoir et réincorporer en lad. abbaie les terres seigneuries prevostés rentes et ryvières vendues et alliénez suivant ledict du Roy avoir baillé par forme damphiteose et rente annuelle aud. Le Guerchoix présent la terre et sgrie de Romilly pour le temps de 99 ans commençant du jour que finira le contract du bail a ferme faict de lad. terre et srie de St Crespin de Romilly a deffunct Me Guille Le Guerchoix son père a condition toutesfois que dès à présent icelluy Le Guerchoix sest submis et obligé paier annuellement aud. Sr Abbé religieulx et couvent la somme de 1.600 l. t. par chacun an aux quatre termes de lan égallement tout ainsi que par led. dernier bail led. deffunct estoit obligé paier 1.600 l. t. par chacun an avec toutes les conditions déclarez aud. dernier bail sans que icelluy Le Guerchoix puisse prestendre aulcune diminucion luy estre faicte pour les terres rentes et revenuz dépendant de lad. terre et srie de St Crespin venduz et alliénez tant pour le Roy que pour lesd. Srs Abbé religieulx et couvent jusqu'à ce jourdhuy. Et sera subgect led. Le Guerchoix à ses despens poursuyvre à ladvenir tous les procès qui seront intentez durant led. temps de 99 ans jusque à la Court de parlnt. En laquelle court de parlnt lesd. procès seront poursuyvis aux despens desd. religieulx abbé et couvent sans aucune diminucion sur laquelle somme de 1.600 l. t. icelluy Castrain au d. nom a consenty que la somme de 200 l. t. de rente ypotecque créé par 2.000 l. soiet prinse ayant touttes choses par led. Bigot ou ses représentans jusques et en attendant le rembourgs ppal de la somme de 2.000 l. t. Et advenant icelluy remboursement led. Le Guerchois sera tenu et subgect de paier lad. somme de 1.600 l. t. comme dict est aud. Sr Abbé religieulx et couvent. Et oultre led. Castrain au nom que dessus a consenty que icelluy Le Guerchois mette en ses mains comme représentant le droict desd. Srs Abbé et religieulx de Lyre 12 mynes dadvoyne de rente foncière que lesd. religieulx avoient droict de prendre annuellement sur le Manoir de Lestoquey (1) au bailliage de Rouen venduz saivant lédict du Roy et par ce contract l'a subrogé en droict et actions dud. Sr Abbé et religieulx sans lequel acord led. Bigot neust baillé ses deniers et neust icelluy Le Guerchois faict lad. plenyne pour lesd. Srs abbé et religieulx, etc. (conditions ordres de garantie).

Des mêmes jour et an.

Noble homme François Castrin vicaire et procureur général de Mgr le reverendme cardinal de Ferrare abbé commandattaire de l'abbaie de Notre-Dame de Lyre et aussy procureur duement fondé de

---

(1) Près la forêt de Longboel, sur la commune de La Neuville-Champ-d'Oisel (Seine-Inférieure).

domp Nicolle Le Doyen prieur claustral de lad. abbaye et René Durant omosnier dicelle tant en leurs noms que comme procureurs des aultres religieulx de lad. abbaye, etc, confessa avoir vendu à Estienne Bigot escuier dem^t parroisse Saint-Erblanc de Rouen cest assavoir 200 l. t. de rente..... ceste vendue faicte moyennant la somme de 2.000 l. t....., Affirmant led. Castrin prendre lad. somme de 2.000 l. t. pour redymer et réincorporer les terres, seig^{ries}, prévostés, fermes, prieurez, ryvières, rentes et revenus de lad. abbaye qui ont esté venduz et alyénez suyvant lédict du Roy et icelle somme bailler de Me Robert Despaigne recepveur dud. clergé..... (et autres conditions se rattachant à l'acte précédent).

En marge : Par quittance passée devant les tabellions de Rouen le 12e j. de janvier 1612 Guillaume Bucaille M^e des grosses siège de Lyre a payé à la descharge de M^r le cardinal Duperron abbé de lad. abbaye de Lyre..... la somme de 2.000 l. t. pour le principal des 200 l. t. de rente..... compté es mains de noble homme Me Estienne Bigot sieur de la Turgère tucteur pp^{al} des enffans soubzaage de deffunct André Bigot son oncle propriétaire de lad. rente.

XI

POÉSIES LATINES TRADUITES EN VERS
Par M. l'abbé THUILLIER, curé de la Neuve-Lyre

Deus in adjutorium (p. 351)

I

Hate-toi d'accourir, Seigneur,
Sur l'orgueil et le faux honneur
   Remporte la victoire.
Afin que le levain du cœur
Ne bouillonne point dans le chœur
   De la Reine de gloire !

II

C'est au chant de l'Alleluia,
Que nous implorons Jehovah
   D'ouvrir de sa voix forte
Les oreilles que le cœur a,
Disant le mot grec : Epphéta
   Ou : sois ouverte, porte.

III

Louons tous unanimement
Louons mélodieusement
   La Mère où Dieu se mire :
Soyons d'accord suavement
Ne laissons pas dire un moment
   Que la lyre délire.

IV

Prions la Mère au vif éclat
D'accepter l'air que modula
   Notre lyre attendrie.
Que pour elle, sans aria,
Sans nous égarer çà et là
   Nous gagnions la patrie.

XIIe ou XIIIe siècle.

Mater Casta (p. 370).

REFRAIN

Mère chaste et chérie
Glorieuse vierge Marie.

I

Daigne m'accorder
Mieux que je ne sais demander
Cette faveur grande
Qu'au fond du cœur je te demande,
Que purifié
Je sois aussi justifié,
Que, demeurant juste
J'arrive au Paradis auguste.

II

Que mon père soit
Et ma mère chéris de toi,
Protège nos frères
Sans oublier nos sœurs très chères.
Fais que mes parents
Ne soient ni tristes ni souffrants,
Conserve sans tache
Ceux à qui l'amitié m'attache.

III

Accorde à nos rois
Qu'ils édictent de justes lois,
Donne au chef, qu'il reste
Dans son commandement modeste,
Donne au riche heureux
Qu'il suive au ciel les miséreux
Aux gens pauvres donne
Qu'ils portent enfin la couronne.

IV

Protège, défends
Avec les mères les enfants.
Que ta main conduise
Les Pères de la sainte Eglise.
Fais que les païens
Deviennent croyants et chrétiens.
Donne aux catholiques
Soin formidable aux hérétiques.

XII

ECCLESIÆ QUAS ABBATIA DE LYRA HABET IN NORMANNIA

I. *In episcopatu Ebroicensi : in decanatu Lyrae et Glotis.*

Parochia	Sti Petri de V. L. juxta septa monasterii	redditus annuus	trecentarum librarum.
Capella	B. M. Magdalenæ leprosariæ Lyræ	—	centum viginti. —
Parochia	Sti Ægidii de N. L.	—	ducentarum. —
—	Sti Nicholai de Castello in N. L. fuit olim parochia Lyræ	—	*nullius est redditus.*
—	Sti Hilarii de Neaufle	—	quadragintarum librarum.
—	Sti Albini de Auvernayo	—	—
—	Sti Joannis de Boterellis	—	sexcentarum
—	Sti Martini de Ambenaio	—	—
—	Sti Germani de Ruglis	—	ducentarum
—	Sti Martini de Chambor	—	quingentarum
—	Ste Mariæ de Bosco Nouvelle	—	trecentarum quingenta.
—	Sti Audoeni de Bosco Pantol	—	ducentarum librarum.
—	Sti Dyonysii de Marneriis	—	quadragintarum —
—	Sti Mauritii de Juneta	—	quingentarum —
—	Sti Aniani de Glos cum capella Sti Nicholai ubi sunt duæ vicariæ et duo rectores	—	sexcentarum —
—	Sti Medardi de Couvain	—	quadragintarum —
—	Sti Martini de Uncinis (Anceins)	—	quingentarum —
Capella	Sti Christophori de Longa Mara, nunc parochia vulgo dicta des Bos	—	ducentarum —

Capella	Stæ Mariæ de Ruglis ratione prioratus B. M. de Deserto, nunc autem est parochia	redditus annuus	ducentarum librarum.
Prioratus	B. M. de Deserto regularis	—	mille librarum.

In decanatu Uticae.

Parochia	B. M. de Nucerario (du Noier)	—	quadragintarum librarum.
—	Sti Audoeni de Ribraumont, alias Ribramont	—	ducentarum —
—	Sti Turiavi de Bosco Renoldi (Bosc Régnoult)	—	trecentarum quinquaginta.
—	Sti Andreæ de Barra	—	quadragintarum librarum.
Capella	Sti Marci, leprosaria in eadem villa	—	quinquaginta —
Parochia	Stæ Mariæ de Gutteriis (Gouttières)	—	quadragintarum —

In decanatu Aquilae.

Parochia	Sti Salvatoris et Sti Sulpicii de Bretholio ubi duæ vicariæ fuerunt et duo rectores, nunc autem est unus tantum a tempore D. D. Cardinalis du Perron abbatis qui duas vicarias redegit in unam	—	mille et quingentarum lib.
—	Stæ Mariæ de la Garoude (Guéroulde)	—	trecentarum
—	Sti Petri de Charanville ratione prioratus B. M. de Deserto	—	mille quingentarum —
Capella	Sti Johannis de Bosco, nunc est prioratus	—	centum viginti —

In decanatu de Conchis.

Parochia	Sti Dyonisii de Brullehant aut de Bellant cum capella Sti Petri de Limeux	—	Mille librarum.
—	Stæ Mariæ de Quercu	—	octogintarum librarum.

Parochia	Sti Petri de Romilleio	redditus annuus	mille ducentarum libr.
—	Sti Martini de Bervilla	—	mille quingentarum libr.
Ecclesia	Sti Laurentii de Chambore, ratione prioratus B. M. de Deserto	—	centum quinquaginta —
Capella	B. M. de Tillieu in parochia de Quereu	—	—

In decanatu Vernolii et Damvillae.

Parochia	Sti Martini de Rooman	—	octogintarum librarum.
—	Stæ Radegundis de Morenvilla	—	sexcentarum — —
—	Stæ Mariæ de Corneuil cum capella castri	—	quingentarum —
—	Stæ Mariæ de Campo Dominei	—	quingentarum et sexcentarum librarum.

In decanatu Pascei. — Passy.

Parochia	Sti Albini de Pasceio	—	quingentarum librarum.
Ecclesia	Sti Jacobi de Bruxeria (pas de chiffres)		
?	de Cambinis, ratione prioratus de Deserte	—	mille ducentarum —

IN ARCHIEPISCOPATU ROTHOMAGENSI

Ecclesia	Sti Georgii et capella, S. S. Crispini et Crispiniani in valle Andelle, olim prioratus conventualis, nunc autem est unita mensæ abbatiali	—	quatuor millium librarum.
Parochia	Sti Nicholai de Ponte-Sti Petri (rien)		
Ecclesia	Stæ Mariæ de Nova villa (rien)		
Hermitagium	Sti Augustini in foresta de Longhoel (rien)		
Parochia	Stæ Mariæ de Bretevilla prope Stum Wandregesillum		

In Episcopatu Lexoviensi

Prioratus	Sti Nicolai de Capella, vulgd dictus de Malo Passu fuit olim conventualis	redditus annuus	quatuor millia librarum.
Parochia	Stæ Mariæ de Capella ubi sunt duæ vicariæ quarum una pertinet ad Abbatem de Lyra, altera vero ad Abbatissam Sti Salvatoris Ebroicensis	—	trecentarum —
Capella	Sti Melanii	—	
Ecclesia	Sti Saturnini de Pellevilla (Plainville)	—	
Parochia	Stæ Mariæ de Camfleur.	—	ducentarum —

In Episcopatu Sagiensi

Ecclesia	Stæ Mariæ de Guespreio		

Officiales Claustrales dependentes a solo Capitulo de Lyra.

Prior claustralis	—	centum viginti librarum.
Sub prior	—	quinquaginta —
Thesaurarius	—	viginti —
Cantor	—	quinquaginta —
Sacrista	—	sexaginta quinque —
Elæmosinarius	—	septingentarum —

Pouillé, latin 11.813, fol. 871 de la Bibliothèque nationale, manuscrits. En marge on lit, sans date : « Le prieur de Lyre m'a envoyé ce catalogue ».

BIBLIOGRAPHIE

Abbaye des Vaux de Cernay, par M. de Marsy.
Journal d'Agriculture de l'Eure, t. VI, 1829 et Soc. libre de l'Eure (Collection).
Neustria Pia, par Du Monstier, Rouen. 1663, in-f°.
Gallia Christiana, t. XI, Parisiis, 1759, in-f°.
Opuscules et mél. hist. sur Evreux, par Bonnin. Evreux, 1845, in-12.
Inventaire de l'abbaye de Lyre. 4 vol. in-fol. mss, H. 587-590. Arch. de l'Eure.
Histoire de Laigle, par G. Vaugeois. Laigle 1841, in-8°.
Châtellenie du Vaudreuil, par Goujon. (Soc. lib. de l'Eure, 1860-61, 1864-68).
Dictionnaire historique de l'Eure, par l'abbé Caresme. Les Andelys, 1868, 2 vol., in-4°.
Histoire du diocèse de Séez, par l'abbé Hommey. Alençon, 1899, 5 vol., in-8°.
Histoire des ducs de Normandie, par Guillaume de Jumièges. Caen, Mancel, 1826, in-8°.
Histoire de l'abbaye du Bec, par le chanoine Porée. Evreux, 1901, 2 vol., in-8°.
France Pontificale, par Fisquet (Normandie, 3 vol. in-8°).
Orderici Vitalis Historia eccl., annotée par Aug. Le Prévost, Paris, 1838-1855, 5 vol., in-8°.
Robert du Mont, dit de Torigni. Ed. de Léop. Delisle.
Historiens de France, t. XII et XIV, vol. in-fol.
Guillaume de Malmesbury : Gesta reg. Anglor. (Sommerset Guillaume).
Cartulaire de Saint-Martin de Pontoise, par J. Depoin, 3e fasc. Pontoise, 1901, in-4°.
Notes et extraits de quelques mss. de la Bibl. nat., par Hauréau, t. II, 1891.
Histoire de saint Thomas de Cantorbéry, par Mgr Darboy. Paris, 2 vol., in-8°.
Mémorial des Evêques d'Evreux, publié par l'abbé Lebeurier. Evreux, 1865, in-8°.
Mémoires et notes de M. Aug. Le Prévost, etc. Evreux, 1862, 3 vol., in-8°.
Les *Olim*, Paris, 1839-1848. 4 vol., in-4°, publiés par le comte Beugnot.

Le département de l'Eure avant la Révolution, par Duchemin, Rouen, 1907, 2 vol., in-8º.
Antiquaires de Normandie. Mémoires, Caen, depuis 1825, in-4º.
Les forges de Normandie, par A. Désloges, Verneuil, 1903, in-12.
Histoire du canton de Rugles, par A. Desloges. Rugles, 1892.
Rôle des monastères... du xıe siècle à la fin du xııı", par R. Génestal. Paris, 1901, in-8º.
Glossarium ad scriptores mediae et infimae Latinitatis, autore C. Du Cange. Parisiis, 6 vol. in-fol.
Etudes sur la condition de la classe agricole, etc., par L. Delisle, Evreux, 1851, in-8º.
Histoire de N.-D. du Désert, par le Dr J. Devoisins. Paris, 1901, in-8º.
Thesaurus novus anecdotorum, par dom Martène. Paris, 1707, 5 vol., in-fol., et Amplissima collectio.
Recherches hist. sur les compagnons de Guillaume le Conquérant, par Et. Dupont. Saint-Servan, 1907, 2 vol., in-8º.
Monasticon anglicanum.
Histoire de la maison d'Harcourt, par de La Roque, 4 vol. in-4º.
Regestrum visitationum arch. Roth. publié par Bonnin. Rouen 1852, in-4º.
Histoire des règnes de Charles VII et de Louis XI, par Thomas Basin. (Coll. de l'Hist. de France, Paris, 1856.)
Catalogue des actes de François Ier, Paris, 1887-1905, 8 vol. in-4º.
Description hist. de Paris, par Piganiol de la Force, Paris, 1765, 10 vol., in-12.
Dict. de la Conversation. Paris, 1861. 16 plus 5 vol., in-4º.
Aliénation des biens d'Eglise en 1586-1588, par M. l'abbé Mesnel, Evreux, 1900, in-8º.
Ambenay, par l'abbé Lebeurier, Evreux, in-12. [Annuaire de l'Eure, 1868, p. 135].
Histoire de France, par Henri Martin. Paris, 1865, 17 vol. in-8º.
Almanach historique de Reims, 1881.
Vie du cardinal Du Perron, par M. de Burigny. Paris, 1768, in-12.
Traité de la noblesse, par de La Roque, Rouen, 1710, in-4º.
Inventaire des sceaux de Normandie, par Demay. Paris, in-4º.
Mémoires pour servir à l'hist. Eccl. pendant le xvıııe siècle, par Picot, Paris, 1815, 4 vol. in-8º.
Soc. hist. et arch. de l'Orne, 1894, 1911.
Fleurs monastiques, par Maxime de Mont-Rond. Paris, 1860, in-8º.
Catalogue des mss. des Bibl. de France, par H. Omont. Paris. in-8º.
Bibliotheca bibliothecarum mss. nova, par Montfaucon, Paris 1739, 2 vol. in-fol°.

De antiquis monachorum ritibus, par dom Martène. Lyon 1690, in-4º.
Analecta hymnica, par Dreves, 55 vol., in-8º.
Lateinische Sequenzen, par Kehrein, 1873.
Vie de saint Bernard par l'abbé Vacandard, 2 vol. in-8º.
Repertorium hymnologicum, par Ul. Chevalier, 3 vol. in-8º.
Œuvres poétiques de Guillaume Alexis, par MM. Arthur Piaget et Émile Picot. Paris, 1896-1908, 3 vol. in-8º.
Armorial de la Normandie, par M. Gustave Prévost. Rouen.
Cabinet historique, par Ulysse Robert. Paris, Picard 1881, in-8º.
Dictionnaire historique de Feller. Paris, 1848, 13 vol. in-8º, et Paris, 1875, in-4º.
L'abbaye de Saint-Etienne de Caen, par Hippeau. Caen, 1855, in-8º.
Bibl. hist. des auteurs de la congrégation de Saint-Maur, par Le Cerf de la Viéville, La Haye, 1726, in-12.
Vies des justes de la Congrégation de Saint-Maur, par dom Martène. Paris, Bibl. nat. ms. fr. 1761.
Histoire littéraire de la Congrégation de Saint-Maur, par Dom Tassin, Bruxelles, 1770, in-4º.
Gelehrtengeschichte der Congregation von Saint-Maur, par Dom Tassin, Francfurt. 1773-1774, 2 vol. in-4, (G. G.).
Les bénédictins de Saint-Germain-des-Prés et nécrologe, par l'abbé J.-B. Vanel, Paris, 1894-1896, 2 vol., in-8º et in-4º.
Nouveau supplément à l'hist. littér. de la Cong. de saint Maur, par D.-U. Berlière, Paris, 1908, t. 1. de A jusqu'à M.
Table des Nouvelles Ecclésiastiques.
Annales bénédictines, par Mabillon, t. V et t. VI de Dom Ruinart et Thuillier.
Miscellanea de Baluze, 7 vol., in-8º.
Obituaires français au moyen âge, par Aug. Molinier. Paris, 1890, in-8º.
Mémoires de dom Courdemanche, prieur de Lyre, par Et. Allaire. Paris, 1889, in-8º.
Manuel du Bibliographe normand, par Ed. Frère. Rouen, 1858-1860, 2 vol., in-8º.
Nouvelle biographie normande, par Me N.-N. Oursel, Paris, 1886-1912, 4 vol., in-8º.
Biographie normande, par Th. Lebreton. Rouen, 1857-1859, 3 vol., in-8º.
Inventaire sommaire des Archives de l'Eure, séries E, G et H. Evreux, in-4º.
Histoire des Evêques d'Evreux, par Chassant et Sauvage. Evreux, 1846, in-12.
Histoire d'Ivry-la-Bataille d'après M. Mauduit. Evreux. 1899, in-8º.
Lateinische Hymen des Mittelalters, aus Handschrift. herausgeg. par Mone, 2 vol., in-8º.

Bibl. génér. des écrivains de l'ordre de saint Benoît, par Dom François. Bouillon, 1777, 4 vol., in-4º.

Bibl. des écrivains de Saint-Maur, par Ch. de Lama. Paris, V. Palmé, 1882, in-12.

Les bénédictins de Saint-Germain-des-Prés, par J.-B. Vanel. Paris, Picard, 1894, in-8º.

Le Monasticon Gallicanum : Etudes iconographiques, etc., par Courajod. Paris, 1869, in-fol. ; — Peigné-Delacourt : Collection de 168 planches de vues, etc., avec préface de L. Delisle. Paris, 1877, 2 vol., in-fol.

Dépouillement du Monasticon Benedictum, par L. Delisle. Paris. Bouillon, 1897, in-8º, 31 pp.

Le cabinet des mss. de la Bibl. Nat. Paris, 1868-1881, 3 vol. in-fol.

TABLE DES NOMS DE LIEU

Abernon (Ténement d'), 83.
Acquigny (prieuré d'), 234, 235.
Adérée (Vavassorerie de l'). 121, 154, 155
Agde, 359.
Aire, 230.
Ajou, 64, 106.
Alais (évêché), 260.
Albi (évêché d'), 206.
Alençon (route d'), 122, 247, 498, 559.
Alys (moulin). 90, 91, 95, 125.
Ambenay, 64, 78, 80, 81, 133, 134, 135, 137, 140, 141, 186, 211, 214, 227, 229, 230, 235, 239, 243, 244, 245, 248, 259, 552; (fief d'), 192, 275, 286; (manoir des Seaules à), 219.
Amfreville, 123; (sous les monts), 208.
Amiens (diocèse d'), 212, 550.
Ancéins (Saint-Martin d'), 89, 174, 247, 285.
Andelle (vallée de l'), 42, 43, 45, 195; (rivière de l'), 43, 44, 45.
Andelys, 213.
Andover, 158.
Anet (château d'), 523.
Angers, 359; (hôpital d'), 250.
Angleterre, 157, 166, 355, 365, 505, 517, 532, 536, 538, 556, 560, 561.
Angoulême (évêché d'), 234, 239, 551.

Ansèré (moulin d') à la Vieille-Lyre, 54, 55.
Antin (hôtel et rue d'), 268.
Archidiacre (fief de l'), 108.
Ardilliers (les), 52.
Argentan (Orne), 104, 122, 124.
Arreton (Down), 158.
Artois, 501.
Arwington, 160.
Ashampstead, 160.
Athleburge (Attleborough), 160.
Atreton (Atterton), 161.
Aubiac (château d'), 280.
Auch (diocèse d'), 280; (archevêché), 219.
Auget (pré), 66.
Autun (cath.), 531.
Auvergny, 74, 200, 258, 286.
Auxerre, 374.
Avelonne, 197, 199, 203.
Avignon, 198.
Avranches, 382.
Avre (rivière), 67.

**

Baons-le-Comte, 12, 29, 120.
Barberon (pré), 133.
Barbet (pré au), 96.
Barils (Les), 112, 113; (fief du), 265.
Basildon, 160.
Basilic (de), 73, 205.
Bastenden, 160, 165.

Baux de Breteuil (les), 51, 101, 102, 140, 177, 207, 209, 224, 265, 285, 286, 289, 311, 312, 313.
Bayeux, 30, 104, 118, 133, 179, 198, 203, 204, 209, 249, 348, 382, 538; (la chapelle de), 377; (tapisserie de), 401, 562.
Beauffour (fieffes de), 415.
Beaugency, 385.
Beaulieu-le-Roy (ou Royal), 162.
Beaumesnil, 108, 120.
Beaumont-le-Roger (vicomté), 49, 52, 53, 103, 139, 168, 232; (ville de), 357, 559.
Beauvaisis, 518, 519.
Beauvoir, 49, 66, 243, 286.
Bec (abbaye du), 7, 10, 23, 29, 97, 98, 114, 212, 214, 253, 271, 277, 307, 308, 309, 322, 354, 508, 516, 517, 543, 546, 548, 550, 561; (rivière du), 43.
Béhélan (Saint-Denis du), 212, 286.
Béket (jardin de), 43.
Belgique, 390.
Bellemure (grange), 104; (clos de), 153.
Bémécourt, 11, 12, 41, 45, 102.
Bercent (fief), 125.
Berkshire, 160.
Bernay, 121, 124, 125, 155; (chemin de), 148, 158; (mesure de), 152; (hospice de), 211, 216; (moulin de la Couture à), 218; (abbaye de), 253, 254, 508, 516, 517; (N.-D. de la Couture à), 306; (Sainte Croix de), 539, 543.
Bernier (champ), 137, 286.
Bernières-sur-Mer, 533, 534.
Bertreville, 120, 244.
Berville, 103, 104, 174, 179, 248, 236, 287, 276, 277, 286.

Beuzeville, 125.
Béziers, 203, 359, 562.
Blanc-Fossé, 125.
Bled (pré du), 42.
Blois, 209, 219, 223.
Bohion, 81.
Bois-André, 48, 50.
Bois-Anzeray, 62, 64, 74, 75, 125, 244.
Bois-Arnault, 83, 128, 134, 138, 139, 141, 277, 286.
Bois-Baril, 75, 87.
Bois-Fulbert, 22, 125.
Boisgirard, 74, 113.
Bois-Guillot (fief), 112, 113, 265.
Boisle (fief du), 140, 229, 276.
Bois-Maillard, 122, 257.
Boisney, 534, 535.
Boisnormand, 64, 71, 73, 74, 205, 211, 230.
Boisnouvel, 75, 93.
Bois-Panthou, 12, 22, 50, 56, 94, 210, 230, 244; (Saint-Ouen de), 94, 247.
Boisselette (ferme de la), 52, 66, 316, 317.
Boissy (de), 97, 98, 286, 289.
Bois-Truel, 50, 76.
Bolet (champ), 106.
Bonnac, 378.
Bonne-Nouvelle (abbaye), 77.
Bonport, 351, 515, 520.
Bordeaux. 234.
Bordigny, 95, 96, 134.
Bosc-au-Huré (fief), 144.
Boscherville (Saint-Georges de), 516, 517, 530, 532, 538.
Boschevrel, 133.
Bosc-Morel, 510.
Bosc-Renoult, 4, 10, 50, 107, 109, 138, 551.
Bosc-Richard, 150.
Bosc-Roger, 123.

Bosquentin, 268.
Bottereaux (les), 62, 64, 67, 70, 90, 91, 175, 187, 200 ; (Saint-Jean des), 91, 205, 210, 218, 236, 247, 248, 256, 268, 285, 400, 551.
Boulay (aînesse du), 120 ; (bois du) ; 123 ; (fief du), 146.
Boulogne, 162.
Bourg-Dun, 538.
Bourges, 209.
Bourneville, 147.
Bourth, 123, 131, 551.
Bouteraye (masure), 213.
Bowcombe, 158, 162.
Breknock, 159.
Bretêche, cf. La Brétèche.
Breteuil (comté de), 9, 10, 11, 15, 23, 24, 25, 73, 552, 559, 560, 561 ; (Château de), 14, 16, 133, 138 ; (forêt de), 36, 38, 82, 83, 92, 101, 102, 107, 129, 130, 131, 134, 136, 137, 140, 170, 173, 176, 177, 178, 196, 200, 201, 214, 255, 265, 282, 285, 286, 287 ; (curé de), 45, 49, 51, 106, 117, 210 ; (vicomté de), 48 ; (moulin de), 114, 141 ; (coutume de) ; 130 ; (bailliage de), 235, 241, 247, 278 ; (route de), 51, 52, 83, 77 ; (ville de), 88, 94, 95, 96 ; (Hôtel-Dieu de), 95 ; (léproserie de), 96 ; (Saint-Sulpice et Saint-Sauveur de), 95 ; (pays de), 275, 307 ; (clocher de), 269, 275, 276, 518, 519.
Breuil (fief du), 196.
Brevène, 558.
Bridiers, 378.
Brière (aînesse), 66.
Brionne (seigneurie de), 11 ; (ville de), 356 ; (église de), 546.
Bristol, 517.

Broglie (duché), 156, 534, 535, 538.
Broudière (ferme de la), 66, 85 ; (Vivier de la), 88 ; (chapelle Saint-Maur à la), 205, 243.
Broute-Chapon (fief), 107.
Broville, 182.
Brulins (Tènement des), 91.
Brumanière (aînesse), 59, 63, 64.
Brustelay (moulin de), 11.
Bruxelles, 250.
Bucy (prieuré), 377.
Buisson (fief), 152, 552.
Buisson-Ace (métairie), 54, 56, 75, 76.
Buisson-Morel (fief), 50, 62, 66, 200, 286.
Buisson-Terré, 73.
Buisson-Thomas (terre), 150.
Buot (Ténement du), 89.
Bushley, 159.
Bussauvechet, 42.
Butardière (aînesse), 91.
Buzançais, 209.

**
* *

Caen (abbaye de), 11 ; (ville de), 22, 125, 195, 224, 277 ; (Saint-Etienne de), 253, 508, 518, 519, 526, 532, 533, 553 ; (La Trinité de), 530, 538 ; (Saint-Nicolas de), 530, 532, 538.
Calais, 162.
Camberzi, 310.
Camfleur, 122.
Cantelou, 97, 124.
Cantepie (Vavassorerie), 144, 146.
Cantorbéry, 17, 531, 544, 555 à 557.
Caorcherie (ou Chaucière), 78.
Capelles, 111 ; (seigneurie de) ; 143 ; (prieuré de), 145 à 157, 169, 383.

Carentonne, 94, 125, 148.
Caresbroc (ou Carisbrooke), 158, 161, 163, 164.
Carmarthen, 159.
Caucase, 394.
Caudebec (Rouen), 307 ; (château de), 204.
Cedille (ou Cécire, jardin), 85, 88, 229.
Celle (la) ou Ceaules, 81.
Cérisy (abbaye de), 11, 530, 532.
Cernay, 75, 125, 311, 312.
Chagny, 11, 13, 50, 65, 70, 71, 170, 180.
Chaise-Dieu, 112, 131, 132, 133, 264.
Chalet (ermitage du), 3, 4, 11, 49, 50, 56, 94, 285 ; (moulin de), 56 ; (fief de), 65, 66 ; (chemin de), 93, 537.
Châlons (Saint-Pierre de), 501.
Chambines, 122 ; (chapelle Sainte-Marie-Magdeleine), 133, 207.
Chambord, 92, 93, 94, 122, 193, 240, 257, 286, 289.
Chambray-Gouville, 99 ; (Saint-Laurent de), 99 ; (chapelle), 137 ; (Chambrais (Broglie), 148, 151, 152, 156, 276.
Chambrey (chemin de), 84.
Champdominel, 13, 24, 35 ; (cure de), 99, 207.
Champeaux, 193.
Champignoles, 49, 125, 255, 541, 548, 549.
Champ-Motteux, 101, 102, 174.
Champ-Rond, 111.
Chandelier (vente du), 53.
Chandoisel, 145, 275.
Chantelou, 42, 43.
Chantre (pré du), 66.
Chaorcière (la), 90.
Charentonne (rivière de la), 89, 148, 151, 155.

Chartres, 100, 241 ; (diocèse de), 211.
Châtelets (les), 64.
Châtelier Saint-Pierre, 124.
Chaumont, 67, 69 ; (seigneurie de), 156.
Chedworth, 160.
Cheise (moulin de la), 64, 110.
Chelles, 307, 501.
Chennebrun, 113.
Chepstow, 159.
Chéron (abnesse Périer), 94.
Chéronvilliers, 114, 115, 128, 131, 137, 215, 286.
Chesne (Le), 97, 100, 101, 261, 277, 278, 279, 289 ; (chapelle du), 248.
Chesne-Régnier (Le), 141.
Cintray, 124, 125, 249.
Clairvaux, 342, 357.
Clatford, 158.
Clare (vigne du), 96.
Clermont (évêché de), 206.
Cluny (abbaye de), 206, 381 ; (musée de), 555.
Colle (Vavassorerie), 78.
Combon (fief), 267.
Comtesse (métairie), 85.
Conches (abbaye de), 10, 36, 169, 230, 240, 292, 354, 497, 515, 551 ; (seigneurie de), 47, 57, 123, 275, 505, 540 ; (forêt de), 7, 49, 51, 53, 103, 214 ; (route de), 51, 52, 53 ; (prévôté), 96 ; mesure de), 104 ; (château de), 194, 196 ; (vicomté), 262 ; N.-D. du Val de), 315 ; (église de), 539, 546.
Condé-sur-Iton, 8, 123, 134, 138.
Condom, 280.
212, 227, 228, 307.
Constance, 165.
Conteville, 400.
Coquet (tènement), 91.

Coquetot (ferme de), 46.
Corbie, 518.
Cormeilles (abbaye de), 11, 15, 19, 20, 21, 45, 164, 196, 232, 354, 560, 561.
Cormier, 298.
Corneuil, 12, 13, 22, 38, 94, 100, 103, 263.
Cotils (Les), 305.
Coulombs, 559.
Courcelles-lez-Gisors, 34.
Courdemanche, 125.
Courson, 155.
Courteilles, 126.
Courtonne, 131.
Coutances, 169, 234, 249.
Couvains, 89 ; (Saint-Médard de), 89, 92, 220, 229, 244, 245, 264, 286.
Couvert, 118, 119.
Creceon, 80.
Credenhill, 159.
Crepon, 15.
Crespinière, 64, 110.
Creully, 533, 534.
Crières (pré des), 66.
Croix-de-Buis, 96, 97.
Cuverville, 535, 538.

**

Daldentone, 160, 161.
Damville, 126.
Daubeuf, 535.
Déots (abbaye de), 209.
Désert (prieuré du), 82, 99, 102, 114, 122, 126, 127, 129, 142, 168, 175, 181, 205, 243, 249, 254, 285, 313.
Deux-Amants, 42, 43, 46.
Dewsall, 158.
Dinedor, 158.
Dorchester, 160.

Dorset, 160.
Draitone (Tamy»), 161.
Dreux, 126.
Duchemin (fief Ernand), 203.
Dugdale, 158.
Durazzo, 37.
Durham, 517, 533, 534, 536.
Du Val (fief), 220.
Duvallière (ainesse), 91.

**

Echaufay, 73, 120, 205.
Echaufour (seigneurie), 9.
Ecluse (pré de l'), 66.
Ecosse, 161.
Eldersfield, 159.
Ely, 533, 536, 539.
Embrun, 271.
Epaignes, 8.
Ephèse, 271.
Epinay, 108, 120.
Epréville, 121.
Escubley (pont d'), 256.
Escuret (pré), 71.
Espagne, 287.
Essart (pré de l'), 66, 286, 316.
Essarts (Les), 124 ; (ferme des), 46.
Etamestede, 160, 165.
Ethnes (fief de), 54, 75, 420.
Etona (abbaye d'), 26 ; Ettona, 161.
Etrépagny, 78.
Eure, 307, 308, 505, 550.
Eu, 539.
Evreux, 30, 33, 39, 48, 96, 104, 124, 140, 193, 194, 195, 206, 215, 218, 224, 234, 241, 254, 277, 280, 292, 307, 314, 319, 320, 322, 324, 328, 390, 391, 394, 396, 399, 505, 554, 552, 557 ; (vicomté d'), 117, 286 ;

(Grand Séminaire d'), 249 ;
(abbaye de Saint-Taurin d'),
254, 515, 532 ; (cathédrale d'),
212, 215, 498, 515, 516, 517,
531, 536, 539, 544 ; (cordeliers
d'), 215 ; (lycée d'), 345, 400,
551 ; (bibliothèque d'), 324, 328,
331, 334, 338, 344 ; (Saint Sauveur), 550.
Excester (évêché d'), 29.

**

Fécamp (abbaye de), 517.
Feckenham, 159.
Ferté-Fresnel, 67, 69, 84, 89, 94,
122, 128, 293.
Fervaques (église de), 287.
Fidelaire, 531.
Fleffes (terre des), 52.
Flandre, 31, 163.
Flipou (Saint-Vaast de), 40, 41,
45, 46, 213.
Foigny, 264.
Fontainebleau, 228.
Fonte-David, 164.
Fontevrault (religieuses de), 132,
135 ; (règle de), 132 ; (abbaye
de), 24, 26.
Fontipon, 208.
Forges (rue des, à Rugles), 141.
Formentières, 104.
Forthampton, 159.
Fossart (tènement), 141.
Fosset (rue du), 50, 51.
Foucrainville, 293.
Fouet (clos), 213.
Francheville (prieuré de), 115,
239, 240, 249.
Freshwater, 158.
Fresne, 153.
Frétils (Saint-Pierre-des), 78, 80,
90, 138, 141, 285, 321 ; (terre
des), 11.

Gacé, 67, 69.
Gadencourt, 126.
Gadon (fief), 31, 97.
Galicie, 379.
Galles, 162.
Gallon ou Galon (fief), 94.
Gallopin (tènement), 141.
Gap (évêché de), 280.
Garenne (La), 52.
Garennes, 117.
Garlenville, 102, 174, 176.
Garnenville, 12.
Gasprey (Saint-Léonard de), 104,
105.
Gautier (pré au), 66.
Gauville (Orne), 89.
Gisay (val de), 38 ; (paroisse de),
83, 84, 107, 109, 110, 135, 269 ;
(aînesse Marion de), 220.
Gisors, 24, 34, 538.
Glatigny, 122.
Glisolles, 41.
Glos-la-Ferrière (paroisse de), 12,
13, 23, 25, 67, 80, 84, 85, 86,
87, 88, 89, 128, 131, 134, 141,
142, 180, 199, 200, 201, 205,
229, 244, 255, 256, 276, 289 ;
(sergenterie de), 92, 93, 94 ;
(moulin de), 168.
Gloucester, 158, 159, 539.
Gloucestershire, 158, 159, 160,
164.
Godeline (porte, a Pacy), 118.
Godeshelle, 165.
Godshill, 158.
Gomberts (les), 104 ; (dîme des),
222, 286.
Gonse (bois à), 305.
Gougerie (triège de la), 49.
Goupillières, 551.
Gouttières, 105, 173, 558.
Grains (terre), 243.
Grandmont (prieuré de), 107, 183.

Graville-Sainte-Honorine, 533.
Grenieuseville, 41.
Grestain (abbaye de), 212, 215.
Gromont ou Grosmont, 159, 163.
Grosley, 106.
Guaton (fief), 11.
Guéprey, 124.
Guerbaville (Seine-Inférieure), 306.
Guernanville, 102.
Gueron, 538.

* *

Haget (pré), 42.
Haie-Périer (la), 124.
Halet (prés du), 43.
Hanley Castle, 159.
Hantley, 159.
Hants, 158.
Harcourt, 120.
Harfrenière, 135.
Hasei (pré), 42.
Hastings, 16.
Hautes-Terres, 66.
Haye-de-Lyre, 51, 173.
Haye-Saint-Silvestre, 93, 94; (Grande-Haye et Petite-Haye), 93.
Heasley, 158.
Hébron, 194, 210.
Heccham (Higham), 161.
Hécourt, 125, 134, 207, 286.
Herefast (fief), 77.
Hereford (comté d'), 9, 16, 17, 20, 23, 157, 158, 159, 163, 164, 169, 232. 505, 539, 537, 561.
Herefordshire, 158, 159, 163.
Herponcey, 115.
Hérupière, 82.
Hêtre (champ du), 153.
Heuquet (dîme de), 286.
Hiaumes (les), 51, 66.
Hide (abbaye), 186.

Hiesmes (vicomté d'), 9.
Highnam, 158.
Hinckley, 160, 161. 162, 166.
Honfleur, 146.
Hope, 159, 163.
Houmes (moulin de), 111.
Houssemaigne, 123.
Houssières (clos des), 52.
Hunes (pré), 66, 316.
Huptone (Upton), 161.
Huré (fief du), 152.

* *

Illiers-l'Evêque, 293.
Issoudun (abbaye d'), 209.
Iton (rivière), 97.
Iville, 120.
Ivry, 10, 23.

* *

Jardin (pré du), 56, 66, 94.
Jarrier (chapelle Saint-Léonard du), 99.
Jarry (pré), 286.
Jérusalem, 143, 379, 562.
Johanne (clos), 141.
Jones (ainesse aux), 89.
Jonquerets, 125.
Juignettes, 89, 90.
Jumièges (abbaye de), 175, 176, 177, 206, 215, 216, 274, 306, 307, 516, 517, 531, 534, 559.
Juziers, 538.

* *

Kelso, 539.
King's Caple, 159.
Kinlet, 159.

* *

La Barre, 38, 50, 89, 108, 110, 111, 123, 179, 286, 289; (chemin de), 84; (maladrerie de),

211, 212, 230, 240, 254, 276 ; (église de), 546.
La Baudinière (fief de), 73, 205.
La Bavière, 290.
La Biguerrie (ferme), 259, 262, 275, 276, 286, 316.
La Blinière (fief), 267.
La Boissière, 122.
La Bonde (dîmes de), 89.
La Bonneville, 535.
La Bourgeraye (ferme de), 51, 52, 66, 217, 218, 230, 275, 276, 286, 316.
La Bretesche, 70, 72, 78, 79, 316.
La Broudière, 286, 289. Cf. *Broudière*.
La Chabotière, 113.
La Chaise (moulin de), 75.
La Charité (prieuré), 225.
La Couture (moulin de), 121.
La Cressonnière (moulin de), 150.
La Croix (mare de), 113.
La Ferrière, 12, 67, 69, 126, 311, 313, 321, 309, 561 ; (Saint-Hilaire), 148, 152 ; (Saint-Georges), 189.
La Ferté (ferme de), 113 ; — Fresnel, cf. *Ferté*.
La Fontaine (pré), 87.
La Fulbertière (terre), 86.
La Garde-Châtel, 309.
La Gastine, 138, 141.
La Gâtinette (aînesse), 89.
La Glaçonnière (fief de), 93, 94.
Lagny, 504.
La Gonfrière, 122.
La Gouberge, 114.
La Goulafrière, 122.
La Guéroulde, 115, 286.
La Guespière, 124.
La Guette (fief), 231.
La Haye (de), 86 ; (— de Lyre), 214, 215, 220, 221.

La Héripière (fief de), 196, 211.
La Hezette (aînesse), 89.
La Huraudière, 149, 150.
Laigle, 87, 88, 89, 111, 129, 292, 315, 378 ; (Saint-Martin de), 196, 285 ; (Saint-Jean de), 246.
La Lande, 186.
Lallier (tènement), 89.
La Marche, 162.
La Mare (de), 80.
La Mibourdière, 112, 113.
La Moinerie, 141.
La Motte, 86.
Landaff, 159.
Landais (abbaye de), 209.
Landepereuse, 125.
Landes (village des), 115.
Llangkiwan, 163.
L'Anglais (fief), 147.
L'Angle (pré de), 88.
Langres (évêché de), 206, 242.
La Noë, 83, 110, 141 ; (abbaye de), 222, 497, 535, 551.
La Normandière, 84, 110.
Laon (diocèse de), 214.
La Perdrielière (chemin de), 94.
La Pierre (pré de), 286.
La Pillière, 73, 205.
La Planche (moulin de), 124.
La Pommeraye (fief de), 152.
La Popelinière (fief de), 86.
La Prée (abbaye de), 209.
La Rue (fief Aceline de), 82.
La Saussière (fief), 275.
La Sauvagerie, 73, 205.
Latran, 2.
La Trochée (fief de), 105, 173.
Laubé (pré de), 91.
Launel (aînesse), 141.
Laval, 279.
Le Brand (fief), 83.
L'Echange (pré de), 286.
Le Fidelaire, 120, 551.

Leicester, 160, 161, 166, 232, 560.
Leicestershire, 160.
Lemez (bois de), 51.
L'Epine (terre de), 74.
Lesme (ruisseau), 114, 115; (vallée du), 128, 137.
Lessay (abbaye de), 530, 538, 559.
L'Estrée, 550.
L'Etang (moulin de), 105.
L'Hermite (moulin de), 140.
L'Hosmes, 113.
Lidineia, 163.
Lierru (prieuré de), 148.
Lignerolles, 97.
Lillebonne, 3, 7, 15, 21.
Limeux (chapelle de), 31, 97.
Limoges, 209.
Limousin, 554.
Lindley, 161.
Linton, 158, 163.
Lisieux, 122, 130, 143, 154, 306 ; (cathédrale de), 214, 557, 558.
Livarot, 155.
Llangkiwan, 163.
Llangua, 159.
Loingtein (manoir), 74.
Londres (Tour de), 162.
Longboil (forêt de), 40, 41, 43, 44, 45, 185, 195, 268, 286.
Long-Buisson (fief de), 278.
Long-Essard, 108, 138.
Longuemare, 101, 177, 178.
Lonlay (abbaye de), 157, 212.
Loraille ou Lorée (fief), 94, 139 ; (petite), 140, 141.
Louice à Chalet, 66.
Loroux (abbaye de), 209.
Lorraine, 237, 558.
Louvet (pré), 66.
Louviers, 197 ; (N.-D. de), 539.
Lozier (moulin), 70.
Luccomb, 158.
Lugwardine, 159.

Lycée d'Evreux, 400.
Lydney, 158.
Lyon (archevêché de), 216.
Lyre (ville de), 88, 209, etc. *Impossible de citer les pages puisque ce nom se trouve partout.*
Lyre-Ocle, 163.

.*.

Madeleine (chapelle de la — à la V. L.), 48, 210, 230, 236, 276; (la), 52. Cf. sainte Madeleine.
Madrid, 342.
Maillezais (évêché de), 206 ; (abbaye), 517.
Maine, 279, 556.
Malleville-sur-le-Bec, 356.
Malmarie (fief Roger de), 205.
Malmesbury, 539.
Malouy (fief de), 96.
Malte, 206.
Malvern, 159.
Mancelles, 13, 105, 106 ; (Saint-Ouen de), 107.
Mans (diocèse du), 212, 381, 535.
Mantes, 168.
Mantoue, 389.
Marcellet (clos), 52.
Marcle, 158.
Mare-Augé, 151.
Maretes, 97.
Marion (aînesse), 84, 220.
Marle, 244.
Marmoutier, 271.
Marnefer, 94, 286.
Marnières, 74, 244.
Marquière, 50.
Maupas (prieuré de), 102, 111, 126, 142 à 157, 198, 199, 200, 201, 213, 214, 222, 223, 229, 232, 263.

Meaux, 307.
Medina (rivière), 158.
Melhue ou Melbue (ferme de), 49, 52, 53, 275, 276, 286, 316.
Mélicourt, 12, 126, 256.
Merei ou Merey (forêt de), 117, 286.
Merkelaï, 163.
Merlerault, 247.
Mesle (fief du), 87, 88 ; (aînesse du), 89.
Mesleret (terre), 46.
Mesnil, 49 ; (Grand et Petit), 64 ; (-Vicomte, Conches), 514.
Messey (fief), 115.
Métairies (aînesse), 91.
Meutes, 151 ; (La Haye de), 151.
Mézières, 211.
Micy (abbaye de), 209.
Miserny (abbaye de), 209.
Molinel, 133.
Monmouth, 159, 163.
Monmouthshire, 159.
Monstier, 264.
Montauban, 231.
Mont-Collin, 112.
Montfort, 357.
Montigny, 82, 83, 115, 116, 187, 286.
Montivilliers (abbaye de), 530.
Montmirail, 556.
Montmorin (fief), 98.
Montreuil (seigneurie de), 9.
Montreux (tènement des), 141.
Montrimé (seigneurie de), 92.
Montroinne, 50.
Mont-Saint-Michel (abbaye du), 212, 519.
Morainville, 13, 98, 261, 286, 289 ; (Sainte-Radegonde de), 98, 210, 222.
Morel (Lande-), 141.
Mortemer, 3 ; (abbaye de), 517.

Moulin (pré du), 56.
Moulin-Amet, 78.
Moulin-Roger, 229, 316 (Cf. *Roger*).
Muids, 535.
Munich, 290.
Muschet (fief), 92.

.*.

Narbonne, 203, 359, 562.
Nassandres, 126.
Navet (fief), 89.
Neaufles-sur-Risle, 76, 77, 78, 80, 81, 137, 140, 141, 142, 209, 220, 222, 243, 246, 249, 269, 263, 285, 286, 311, 313, 316.
Neubourg, 121.
Neuve-Lyre, 9, 11, 69, 70, 71, 131, 138 ; (maison du Cygne à la), 73 ; (rue de l'Abbé, du Moulin), 72.
Neuville-Chandoisel, 40, 41, 44, 45, 115, 183, 184, 185, 186, 208, 266, 267, 286, 289.
Newchurch, 158, 163.
New-Forest, 162.
Newport, 158, 159.
Niton, 158.
Noë (Petites), 52 ; (fief de la), 54, 75.
Noël (moulin), 121, 155.
Noë-Lorette, 137, 286.
Nogent, 114, 204 ; (Nogent-le-Sec), 104.
Normandie, 133, 533, 556.
Norrey-en-Auge, 533.
Nortforlk, 23.
Northampton, 533, 534.
Norwich, 533, 534, 539.
N.-D. de Soissons (abbaye de), 39.
N.-D. du Désert, 26.
N.-D. du Hamel, 89 ; (Château près de), 10.

N.-D. du Mont-Carmel, 254.
N.-D. du Pré, 534.
N.-D. du Tilleul (Chapelle ou prieuré), 100, 101.
N.-D. du Val, 517.
Noyer-en-Ouche, 106, 107, 124, 206, 207.
Noyers-Menars, 122; (dime des), 286.
Noyon, 534, 535.
Noyon-sur-Andelle, 195.
Nuisement (fief du), 107.
Nunéaton, 160.
Nuremberg, 396.

* * *

Occagnes (Saint-Ouen d'), 131, 132.
Orbec (baronnie d'), 9, 124, 143, 156, 196; (route d'), 124.
Orival, 167.
Orléans, 69, 217.
Orleslen (d'), 164.
Ormes, 113, 114, 167, 551.
Orne, 290; (rivière de l'), 67.
Osmonville, 120.
Ouche (fief d'), 54, 75, 109; (archidiaconé d'), 104.
Ouistreham, 533, 534.
Oxford, 539.
Ozanne (pré), 56, 66, 286.
Pacy, 21, 23, 25, 88, 116, 117, 118, 177, 201, 255; (Clos N.-D. à), 116, 286; (forêt de) 286; maitrise de), 288.
Palatine (rue), 279.
Pamiers, 228.
Parc (prieuré du), 292, 551.
Parigny (fief), 96.
Paris, 242, 254, 265, 279, 287, 290, 314, 321, 378, 394, 400; (chemin de), 276, 517, 518, 524.
Parme (duché de), 216.

Pelet (bois), 141.
Perche, 279.
Pessan (abbaye de), 280.
Picardie, 501.
Pillière (de la), 48.
Pitres, 12, 22, 41, 42, 43, 45, 102, 193.
Plainville, 144, 145, 146, 149, 150, 151, 152, 153, 155.
Platemare, 78.
Plessis (chemin du), 46; (collège du), 242.
Plessis-Girard, 113; (-Mahiet), 551.
Poissy, 217.
Poitiers (évêché de), 206; (Saint-Hilaire de), 209.
Poitou, 225.
Poligny (fief), 278.
Pommereuil, 125.
Pont-Audemer, 96, 119, 286, 534.
Pont-de-l'Arche, 41; (vicomté de), 204, (maîtrise de), 268, 286.
Pont-Echenfré, 10, 89, 97.
Pontigny (abbaye de), 31, 33.
Pontorson, 538.
Pont Saint-Pierre, 12, 29, 40, 41, 46, 47, 48, 115, 183, 193, 203, 255, 356.
Potencière (aînesse), 141.
Poulton, 159.
Povington (manoir), 175.
Préaux (abbaye de), 212, 354, 497, 517, 518.
Prenet (terre), 66.
Prieur (pré du), 66.

* * *

Quadraria (abbaye de), 29.
Queenshill, 159.
Quevilly (Saint-Julien du Petit), 538, 540.
Quincarnon, 228.

Radepont, 40, 41, 46, 47.
Ratier (moulin du), 77, 78, 83.
Reims, 30, 225, 227, 359, 364.
Renard (fief), 94.
Rennes, 130, 382.
Richard (clos), 113.
Richelieu (hôtel), 268.
Risle (rivière), 7, 8, 49, 50, 51, 52, 55, 56, 57, 89, 108, 140, 141, 248, 255, 295, 509.
Roche-Herbert (moulin), 119.
Rochester, 535, 539.
Roger, 81, 110, 111, 219. Voy. Moulin.
Roman, 97, 98, 230, 275, 285, 289 ; (Saint-Mélain de), 35, 38.
Rome, 216, 217, 219, 228, 242, 248, 258, 290.
Romilly (près Berville), 103, 228.
Romilly-sur-Andelle, 12, 29, 40, 41, 42, 43, 46, 194, 235, 246, 255, 265, 275, 286, 289.
Rouen, 24, 29, 77, 119, 129, 130, 139, 225, 226, 227, 232, 230, 258, 260, 264, 268, 275, 306, 307, 315, 504 ; (cathédrale de), 225, 539 ; (Saint-Maclou de), 225, 539 ; (Saint-Claude-le-Jeune), 250 ; (Saint-Ouen de), 323 ; (chapelle Saint-Marc de), 197 ; (échiquier de), 200, 201, 220, 227, 228, 239 ; (château de), 204 ; (évêché de), 206.
Rouge-Fossé, 97.
Rouge-Maison, 205.
Rouge-moulin, 64, 65, 250.
Royaumont (abbaye de), 45.
Rubremont, 48, 50, 56, 65, 107, 108, 244, 267.
Rugles, 49, 81, 82, 83, 131, 137, 138, 141, 178, 196, 211, 255, 273, 277, 322 ; (Saint-Germain-de), 81, 82, 83, 192, 212, 264.

558 ; (N.-D.), 286 ; (chemin de), 115, 140 ; (écoles de), 211 ; (mesure de), 235, 545.

* * *

Sacristain (pré du), 66.
Saint-Agile ou Eglan, 12, 76, 88, 170, 208, 246.
Saint-Amand de Rouen (abbaye), 10, 18, 20.
Saint-Aoustin ou Autin, 44, 45, 195, 196, 258.
Saint-Aquilin, 125.
Saint-Aubin d'Ecrosville, 125, 555.
Saint-Aubin du Tenney, 150.
Saint-Benoît (règle de), 28, 31.
Saint-Christophe (chapelle), 1, 4, 6, 7, 8, 101, 177.
Saint-Crespin de Romilly, 40 à 45, 47.
Saint-Denis du Behélan, 31, 38, 97, 115, 212
Sainte-Barbe-en-Auge, 129, 130, 132, 385.
Sainte-Catherine (chapelle de), 194, 507, 526 ; (abbaye de), 196.
Saintes, 225.
Saint-Evroult 4, 6, 10, 20 à 24, 26, 28, 215, 510, 518, 519 ; (règle de), 34, 67, 69, 102, 182 ; (forêt de), 89.
Saint-Fuscien (abbaye de), 212.
Saint-Gabriel (abbaye), 510, 530, 534, 538.
Saint-Germain, 77 ; (des Prez), 6, 95, 496, 518, 519, 524 ; (d'Evreux, 103 ; (en Laye), 171, 172 ; (faubourg), 279.
Saint-Germer, 559.
Saint-Hilaire, 49.
Saint-Ismère, 245.
Saint-Jacques de Paris, 95.
Saint-Jean d'Angely, 225.

Saint-Jean des Bois (chapelle), 95, (du Bois), 245.
Saint-Jouin-sur-Marne (abbaye), 206.
Saint-Lambert. 108.
Saint-Laurent (Chapelle de), 117.
Saint-Lô, 227.
Saint-Lomer-de-Blois (abbaye), 239.
Saint-Louis des Français, 290, 291.
Saint-Lubin (ferme), 76, 208, 316.
Saint-Mards (de Fresnes), 148, 149, 153, 155.
Sainte-Marie-Madeleine (chapelle) 507, 526.
Sainte-Marguerite-de-l'Autel, 120, 262.
Saint-Martin-des-Champs, 518; (de Pontoise), 518.
Saint-Médard (cimetière), 275.
Saint-Nicolas (chapelle), 69, 70, 131, 137, 140; d'Attez, 126.
Saint-Omer-en-Artois, 306.
Saint-Orens (prieuré), 227.
Saint-Ouen (abbaye), 29, 45, 358, 518, 526, 532. Cf. *Rouen*.
Saint-Ouen-d'Attez, 96, 286.
Saint-Père-de-Chartres, 33.
Saint-Pierre-de-Montreuil, 87.
Saint-Pierre-de-Sommaire, 87, 88, 545.
Saint-Pierre-du-Mesnil, 125, 546.
Saint-Pierre-du-Tertre, 125.
Saint-Pierre-sur-Dives, 11, 22, 84, 269.
Saint-Quentin, 155.
Saint-Sauveur d'Evreux (abbaye), 143, 292.
Saint-Sulpice, 279.
Saint-Taurin d'Evreux (abbaye de) 215, 231, 234, 235, 238, 354, 498, 535. Cf. *Evreux*.

Sainte-Trinité (prieuré de la), 105.
Saint-Victor-de-Chrétienville, 125, 152; (de Paris), 531.
Saint-Vigor (abbaye de), 510.
Saint-Vincent-des-Bois (abbaye de), 95.
Saint-Wandrille (abbaye de), 6, 29, 67, 69.
Saint-Wast d'Arras, 264.
Salerne, 264, 393.
Sandown. 158.
Sap (baronnie du), 9.
Sarisbury, 160.
Sausse-Fontaine, 181.
Savigny, 382.
Séez (abbaye de), 11, 306; (diocèse de), 104, 120, 124, 132; (cath. de), 519.
Séez-Mesnil, 123.
Séez-Moulins, 123, 124.
Segreterie (la), hameau 50, 64; (ferme), 53, 317.
Seine (fleuve), 43, 67.
Seine-Inférieure, 290.
Selle (la), 81, 90.
Sénéchal (champ du), 116.
Sens (archevêché), 231, 234, 235, 507, 552.
Serpevine, 128.
Severn (rivière), 159.
Shalcombe, 158.
Shanklin, 158.
Sibesdesdune (Sipson), 160, 161.
Sichoe (terre), 92.
Sicile, 91, 125.
Sicou, 98.
Sienne (province de), 216.
Soissons (abbaye de), 216.
Sommaire (Saint-Michel de), 245; (Saint-Nicolas de), 545.
Sotwell, 160.
Soubise (hôtel), 265.

— 624 —

Sous-Prieur (pré du), 66, 286.
Southampton, 158.
Stanford-Bishop, 159.
Stenburg, 165.
Stoborga, 160.
Stoke, 160 ; (Golding), 161.
Strigolio, 159.
Suffolk, 23.
Suisse, 227.
Sunningwell, 160.
Sutone, 163.
Swithuni Winton, 164.

***

Tameteh, 159.
Taneret (moulin), 13, 108.
Tanethebi, 164.
Tanney, 146.
Tavel (pré), 42.
Tedeham, 163.
Teillees, 86.
Tergernssee (Bavière), 350.
Tertre (fief du), 97.
Tewkesbury, 559.
Thévray, 108.
Thiéry-Tirel (terre), 11.
Thornburg, 159.
Tidenham, 158.
Tilleul (fief), 98, 121.
Tilleul (le), 121 ; (le Fol-Enfant), 121, 122, 154, 155.
Tillières, 3, 14, 97, 113, 114, 210, 215, 216.
Tiron, 559.
Tivoli, 207, 219.
Toulouse, 218, 260.
Tournay, 290.
Tours (abbaye de), 206 ; (ville de), 381, 556.
Traboullière (terre), 108.
Transières, 77, 84, 219.
Tremblay, 65, 120, 121, 146 ; (fief du), 267.

Trésor, 550.
Trinité-du-Mont, 20. Cf. *Rouen*.
Trisay, 8, 11, 50, 64, 65, 66, 67, 259, 280, 286, 316, 509, 564.
Troarn (abbaye de), 516, 517.
Troie, 362.
Troyes, 363.
Trun (canton de), 104.
Tusculum, 31.

***

Ulm, 290.
Usk (rivière), 159.

***

Val-Drouard, 50, 54, 62, 75.
Vallauney (fief), 267.
Vallet (pré), 65, 146.
Vaubadon, 382.
Vauclère, 517.
Vaudreuil (château du), 9.
Veneur (fief au), 266.
Ventnor, 158.
Vernet (fontaine du), 86, 88 ; (vivier de), 86, 87 ; (terre de), 92.
Verneuil, 34, 38, 72, 76, 82, 88, 94, 112, 113, 138, 204, 311, 499 ; (Hôtel-Dieu de), 96, 344 ; (chemin de), 115 ; (Bénédictines de), 240 ; (District de), 308, 310, 311, 315, 397, 398 ; (La Madeleine de), 533, 534.
Vernon, 224.
Versailles, 292.
Vesly (Coutances), 306.
Vicairie (terre), 107.
Vieille-Lyre, 1, 3, 4, 7, 8, 9, 11, 48, 541 à 560, etc. ; (Sainte-Madeleine de la), 207.
Vieil-Poirée (terre), 52.

Vienne (Autriche), 250, 367.
Villers-en-Ouche, 36, 122, 123.
Villiers, 169 ; (Villiers-le-Sec), 119.
Vivarais (pré), 180.
Vivier (pré), 86.

Waltham, 533, 534.
Wareham (prieuré), 32, 160, 354, 355.
Warren (moulin), 165, 175.
Waton, 161.
Werlesten, 159.
Westeurde, 158.

Westminster, 30, 91, 380.
Whitwell, 463.
Widredesly (Witherley), 161.
Wight, 9, 16, 17, 23, 157, 158, 165.
Wilton, 158, 164.
Winchester, 16, 157, 158, 164, 186, 535.
Wippingham, 158.
Worchester, 97, 159.
Worchestershire, 159.
Wye (rivière), 159.

Yar (rivière), 158.

TABLE DES NOMS DE PERSONNES

Abailard, 382.
Abbé (Radulphe l'), 81 ; (Richard, Guillaume), 81.
Abernon (Alice, veuve de Robert d'), 78.
Ableiges (Philippe des), 134.
Abraham (Pierre), 545 ; (et Guillaume), 547.
Acard (curé), 213.
Ace (famille), 84.
Adam (Perrin), 87.
Adebart (Jean), 135.
Adélaïde (abbesse), 133 ; (Mme), 287.
Adeline de Montfort, 18 ; (Guillaume), moine, 199.
Adelise, Alise ou Alix, fille de Roger de Tosny et épouse de Guillaume Fitz-Osberne, 4, 6, 10, 11, 12, 13, 18, 64, 76, 88, 107, 505, 552, 559, 560, 561.
Adhémar (comte), 167.
Adumbart (Jean), 115.
Aelent, 74.
Affeton (Thomas d'), 59.
Agon (vicaire gén. d'), 280.
Agis (Gauthier), 76.
Agmen (Michel), 87 ; (Guillaume), 93.
Agnès (dame de Romilly), 41, 103.
Aguesseau (dame d'), 247.
Ajou (Nicolas, curé d'), 64.
Alain (cardinal), 198 ; (évêque d'Auxerre), 374.

Albérède (veuve), 82.
Albroc (La Croix Radolphe d'), 110.
Alençon (François duc d'), 218 ; (R. P. Edouard d'), 362.
Alexandre II (Pape), 178 ; (Alexandre III), 34, 35, 47, 74, 83, 85, 88, 90, 97, 98, 105, 116, 161 ; (id. fils de Thibaut), 41, 47 ; (id.), 392.
Alexis (Guillaume), moine de Lyre, 2, 364, 366, 375, 377, 391, 392, 393, 423.
Alis (Geoffroy), 85 ; (Hugues), 90 ; (Guillaume), 90, 122.
Alix (Cf. Adelise) ; (veuve), 88 ; (Alix de Beaumesnil), 108 ; (Alix de Pacy), 117 ; (Geoffroy), 120.
Almenesches (Jean d'), 54, 102 ; (Mathieu d'), 54 ; (Jean d'), 16e abbé de Lyre, 150, 180.
Alneston (abbesse d'), 164.
Alneto (Hugues de), 132.
Alphée, 379.
Amboise (Pierre d'), 34e abbé de Lyre, 190, 204, 206 ; (Pierre, seigneur d'), 193 ; (Charles d'), 204 ; (Jean d'), 206 ; (Emery d'), 206 ; (Louis d'), 206 ; (Jacques d'), 206 ; (Georges d'), 206, 209 ; (Madeleine d'), 209.
Amfreville (Normand d'), 42 ; (Hugues d'), prêtre, 123.
Amicie (fille de Raoul de Gaël), 25, 26, 129, 140.

Amiot (Jean), 152.
Amyard (Pierre), 246, 249.
André (maître), 54; (chapelain), 134.
Andress (prieur), 164.
Angelier (Girard), 87.
Anger (trésorier et chanoine), 104, 179.
Angier (Jamet), 60.
Angleterre (roi d'), 230; (reine d'), 234, 236.
Ango (Guillaume), 102.
Angoville (Roger de), 38, 80, 110.
Aniengne (Robert), 42.
Anjou (duc d'), 378.
Anne, 379.
Antiges (Jean dit), 137.
Antin (Pierre II d'), 54e abbé de Lyre, 267 à 270, 300, 301; (Louis-Antoine d'), 268.
Antioche (Jean d'), 57; (Guillaume), 93.
Anzère (Robert), 57.
Apulée, 392.
Aragon (Éléonore d'), 216; (Isabelle d'), 405.
Arator (diacre), 362.
Arche-Gauthier (Aubert de l'), 21, 117.
Aretin (Guy d'), 395.
Arimont (Jean d'), 248.
Aristote, 392, 393, 395.
Arles (évêque d'), 216.
Arnauld (du Bois), 94; Cf. Ernaud.
Arnould (évêque de Lisieux), 30.
Aspres (Gilbert d'), 112.
Atelberge (Thomas de), 161.
Aubenay (Du Buisson), 554, 559, 560, 561.
Auberée (épouse de Raoul, comte de Bayeux), 23.
Aubert (Jean), 51; (prêtre de Glos), 85; (moine, prieur de Maupas), 146; (Jean), 558.
Aubevoie (Jean d'), 26.
Aubigny (Philippe d'), 26, 118; (Olivier d'), 118.
Aubry (prieur), 104, 179.
Audebert (dom Bernard), 239.
Audin (évêque d'Evreux), 109 ou Audoin, 24, 65, 69, 128, 131.
Audorentot (Guillaume), 91.
Audry (dom Louis), 294, 298, 306, 318.
Auffay (Henri d'), 114.
Auge (Henri d'), 148.
Augier (Gauquelin), 153; (Guillaume), 153.
Aumale (comte d'), 204; (duc d'), 223.
Auneiz (Guillaume d'), 86.
Aunere (Michel), 86.
Aunou (Hugues d'), 55.
Aussour (dom Jean), 239.
Authenay (Gilbert d'), 97.
Authieux (Jean des), 138.
Autun (évêque d'), 216.
Auvergny (Richard d'), 54, 77, 81, 82, 83; (Guillaume d'), 76, 80, 81, 82; (Julienne d'), 87, 119; (Girard d'), 77, 78, 81, 134; (Godefroy d'), 77, 78, 96; (Jean d'), 78; (Roger d'), 78; (Raoul dit l'abbé d'), 82; (Robert d'), 87; (Ermeline d'), 135.
Avaugour (Henri d'), 88, 112.
Avenelle (A.-J.), 129, 139, 142.
Avernes (commandeur), 259-262.
Avicie (épouse de Richer de la Barre), 38, 109.
Aviron (Guillaume d'), 115; (Robert d'), 118, 350, 351.
Avranches (évêque d'), 212.
Ayde (évêque d'), 208.

Baaille (Jean de), 96.
Bacquepuitz (Hugues de), 38, 80, 109.
Badelorge (Perin), 61, 198; (Jean), prieur, 198, 200.
Badin (Christophe), avocat, 262.
Bagart (veuve), 61.
Bailleul (Louis de), abbé, 222.
Balines (Geoffroy de), 187.
Balue (Jean), évêque d'Evreux, 203.
Banaste (Robert), 113.
Bane (Robert de), 54.
Barbedorée (Gautier), 53, 77.
Barbier. Cf. *La Rivière*.
Barde (Nicolas), prêtre, 222.
Bardel (Nicole), 74.
Bardol (Jean), 78; (Nicole, épouse de), 78 ; (Geoffroi et Henri), 111.
Bardouf (Georges, religieux), 239; (Marguerite de), 240.
Bardouil (Jean), 220.
Baret (Manassier), 58; (Thomas), 58.
Bariote, fille de Nicolas, 74.
Baronius, 397.
Barquet (G. de), 401, 402.
Barthélémy (de Dreux), 102.
Bartolini (Mgr), 382.
Basin (Thomas), évêque de Lisieux, 204.
Basset (Nicolas), 51.
Bataille (Jacques), 218.
Bâton, 319.
Baudot (Cyprien), 63; (Guillaume), 76; (Durand), 78 ; (Edmond), 219, 220; (Guillaume), 220 ; (sieur), 239 ; (François), 275, 552.
Baudouin, 17, 146.
Baudouyn (Denis), 245.
Baudran (Guillaume), 112.

Baudry, fils Boer, 26, 95.
Bayeux (Raoul, comte de), 23; (Philippe, évêque de), 30, 104.
Bayle (Lucas et Colin du), 96; (Pierre), 304.
Beauclerc (Astorge de), 29e abbé de Lyre, 189 à 193.
Beaufort (sieur de), 258.
Beaugendre (Jean), 61.
Beaulieu (Abbé de), 163.
Beaumel (Etienne de), 92.
Beaumes (Arnaud de), Nicole son épouse et Adam son fils, 73.
Beaumont (Roger de), évêque de Saint-André, 25, 161 ; (Robert de), 161; (Bailli de), 188.
Bec (Abbé du), 165; (moines du), 169, 175, 356, 357; (habitants du), 307.
Becket (Thomas), 31.
Bede, 383, 390, 401.
Bédiers (Guillaume de), 60, 61.
Béhelan (curé de), 38.
Béhue (Jean de), clerc, 149, 151; (Garin de), 150, 151.
Belenfant (Etienne), curé, 205.
Beleth (Jean), 379.
Béliard (Raoul), 151.
Belin (Guillaume), 91; (Jean) et Mathilde sa femme, 124; (Nicolas), 148; (Roger), 149.
Bellemare (Gauquelin de), 146, 267.
Bellême (Mabile de), 11.
Bellemère, 311.
Bellevue (Richard de), évêque d'Evreux, 172.
Belot (Martin), 112.
Belotin (Gilbert), curé, 38.
Belville (Pierre de), 236.
Bémécourt (Guillaume de), 56, 132; (Roger de), 71, 79, 84, 131 ; (Jean de), 78.

Bénard (dom), 558.
Bence (chanoine de), 270.
Benceline (Guillaume), 115.
Béquet (Jean-Roger), 154.
Bercher (Pierre), 118.
Bérenger, 381 ; (Nicolas), 241, 242 ; 246.
Bereytter (Jean-François), 321.
Bermont (Galerun), 154.
Bernay (Vicomte de), 56 ; Robert de), fils de Raoul, 80 ; (Lambert de), 149.
Bernières (Jean de), 276.
Bernoin (Roger), 38, 95 ; (Michel), 93 ; (moine), 133.
Bernon, 3e abbé de Lyre, 21 28.
Bertheron (Michel, 248.
Berville (Joscelin de), 104.
Besserve (Jean-Jacques), 293, 294, 299, 307, 310.
Bessin (Pierre), 230.
Béthencourt (M. de), 250.
Béthon (Léonor de), 249.
Beuil (Jean de), 204.
Béverel (Richard), 38, 110.
Biard (Nicolas), 120, 262.
Bières (Roger de), 83.
Bigot (Emeric), 2, 323 ; (Hugues), 231 : (sieur), 230.
Bigre (aînesse du), 74.
Biguenart (Guillaume), 61.
Billon (docteur), 557, 558.
Billouet (dom Jacques), 463.
Bimorel (de), 267.
Binet (Raoul), 59, 107.
Biocoma (Jean de), 83.
Birac (seigneur de), 280.
Birée (dom Jean), 450.
Blacwylle (Richard), 355.
Blanche de Castille. Voy. *Castille*.
Blancherue (Jean de), 134.
Bléchart (Michel), 82.
Blois (Pierre de), 384.

Blondel (Robert), curé, 56, 93, 94.
Blosset (Etienne), 210, 214.
Bobin (Guillaume), 150, 151, 174.
Boelles (Mlle de), 250.
Boffei (Réginald), 129.
Boguerel (Michel), 115.
Boihonne (abbé de), 216.
Boileau, 242.
Bois (Gilbert du), 146 ; (Thomas du), 148 ; (Arnault du), 37 ; (Colin du), 77 ; (Henri), 77 ; (Robert dit du), 138 ; (Jean), 138. Cf. *du Bois*.
Bois-Anzeray (Richard de), 54 ; (Roger), 54 ; (Mathieu de), 54, 55, 75, 76, 77, 81, 120, 180 ; (Garin, curé de), 55 ; (Euphémie), 75.
Bois-Fulbert, 12.
Bois-Hubert (Roger), 113.
Boisle (sieur du), 229 ; (seigneur du), 276.
Bois-l'Evesque, 121.
Bois-Maillard (Jean), 86.
Bois-Nouvel (Robin de), 86.
Boissy (Godefroy de), 98.
Bomer (Roger), 78.
Bonard, Voy. *Bouard*.
Bonenfant (Jacques), 239.
Boniface VIII, 184, 396.
Bonin (Pierre dit), 96.
Bonnechose (Ambroise de), 230 ; (Claude), 236.
Bonnelle (comtesse de), 257.
Bonneval (Robert de), curé, 47.
Bonnin, 7, 329, 505.
Bonsy (cardinal de), 257.
Bontens (Osberne de), 77.
Bordeaux (M.), 3 ; (Raymond), 513, 536, 537, 540, 541, 554, 558, 559, 561.
Bordigny (Raymond de), 95 ; (Renaud de), 98.

Borgia (Lucrèce), 216.
Boscherville (Gilles de), 110, 111 ; (Pierre de), 111 ; (Eloi de), 156.
Boschevrel (Roger de), 57.
Bosc-Hugues (Raoul du), 144 ; (Jean), clerc, 150, 151 ; (Garin, frère de Jean), 151.
Bosc-le-Comte (Odon de), 74.
Bosc-Morel (prieur de), 148.
Bosc-Renoult (Henri du), 54, 55, 75, 109, 134, 141 ; (Gervais), 54, 55, 75, 135 ; (Richard), 111, 138 ; (dom Pierre de), 249.
Bosc-Richard (Gilbert de), 150.
Bosquet (Noël), 208.
Bouard (Jean), moine, 383 ; on trouve aussi Bonard, 391, 393.
Bouchard (Michel), prieur, 198, 199.
Boudon (dom Louis), 254.
Bouet-Cochetière (dom Pierre), 272.
Bougueville ou Boucheville (Thomas de), 74, 155 ; (Roger), 74.
Bouillon (duc de), 265.
Boulay (Roger du), 101 ; (Robert du), 120, 134 ; (Jean du), 186.
Boulogne (comte de), 45 ; (Robert), 60.
Bouquelon (Mme), 505, 523.
Bourard (dom Maur), 218.
Bourbon (famille de), 223 ; (Charles III de), 45e abbé, 223, 226, 227 ; (Antoine de), 226 ; (Georges), 85, 535 ; (Nicolas), 235.
Bourdet (Jean), 83.
Bourges (Geoffroy), 47.
Bourgetz (Marin), 218.
Bourneville (Jeanne de), 108 ; (Roger de), 147.
Bouteiller (Drogon le), 44.
Bouttin (Thomas), 257.
Bouvier (Raoul), 359, 363, 391.

Bove (Chrétien), 150.
Boyssier (Geoffroy), 88.
Branchard (Cath.-Franç.), 322.
Bray (Jean de), 180.
Bredif (aînesse), 74.
Bréhally (Jean), dominicain, 199.
Bretel (Jean de), 111 ; (Guillaume), 112 ; (Jacques III), 50e abbé, 249 à 260, 268, 269, 286, 511, 513 ; (Raoul Ier et Jehan), 249 ; (Antoine, Nicolas, François, Louis, Flament), 250.
Breteuil (Eustache de), 18 ; (comte de), 23, 24, 25 ; (Robert II de), 25, 26, 30 ; (Roger de), 98 ; (vicomte de), 200, 201, 253 ; (Godefroy de), 384 à 390 ; (seigneurs de), 84, 127, 128 ; (châtelain de), 105, 561.
Brette de Garenne et Robert, 147.
Brice, 226, 232.
Brière (Nicolas), moine, 239, 240.
Brionne (Gilbert de), 10.
Briouse (Guillaume de), 119.
Brocard (famille), fondeurs, 558.
Broglie (duc de), 69.
Brosse (Jean III de), 378.
Brucourt (Ferrant), 139 ; (Roger de), doyen, 187.
Bruman (Hubert), 59, 63 ; (Raoul), 107 ; (Roger), 148.
Brunehault (Colin), 377.
Brunet (Etienne), curé, 206.
Brutechapon (Raoul de), 106, 134, (Guillaume de), 106.
Bruyères (Richard des), 96.
Bryère (Pierre), 107.
Bucaille (sieur), 230.
Bueselin (Guillaume dit), 96.
Buglet (Nicolas), 220, 245.
Buhot (Jean), 218.
Buisson (Robert du), 124 ; (Jean), 148 ; (Raoul), 152.

— 631 —

Buisson-Ace (Jocet du), 76.
Buisson-Terri (Nicolas du), 74.
Buquet (J.-B.), 399.
Burnel (Gilbert), 152.
Busée (P.), 384.
Bussy (Simon de), 103.
Buzot (Jeannot), 122.

      * *

Cabriole (Louis), 248.
Caen (prieur de Saint-Etienne de), 183.
Caillou (Guillaume), 153.
Cahors (évêque de), 242.
Calixte II, 24, 364.
Calleville (Philippe de), 265.
Callo (Anfroi, fils Richard), 144 ; (Gilbert), 150.
Calloet (Jean), 152.
Calvières (Louis VI de), 52e abbé, 260 à 264, 521.
Cambray (Galon de), 119.
Camicus (Guillaume dit), 141.
Camin (Guillaume et Robert), 61.
Campagnis (Hugues de), 134.
Camuzet (dom Guillaume), 468, 555.
Canonville (François de), 257.
Cantéloup (Saint-Thomas de), 557.
Cantepie (Roger de), 144 ; (Guillaume), 146 ; (Anfroi, fils de Richard), 149.
Cantorbéry, 31 ; (Saint-Thomas de), 30 ; (Etienne, archev. de), 164, 165 ; (Wautier), 165 ; (arch. de), 166.
Canut (Geoffroi, Jean et Philippe), 119.
Caorches (Gilbert de), 144, 148.
Capelles (Guillaume et Herbert, prêtres de), 143 à 156, *Généalogie*, 143.

Carabillon (Guillaume), 59.
Carpentier (Ernaud), 58.
Carrouges (de), 210, 214.
Cassiodore, 360, 373.
Castille (Blanche de), 175, 176, 177.
Catel (Fromond), 149.
Cauquette (Thomas), 124.
Celestin III, 37, 47, 74, 76, 85, 88, 90, 93, 97, 98, 105, 116 ; IV et V, 184.
Cellier (Guillaume du), 44.
Chacepein (Guillaume), prêtre, 54, 69, 71, 75, 77, 78, 98 ; (Chrétien), 54, 75 ; (Guillaume), 54, 77, 113 ; (Durand), 75 ; (André), 138, 142.
Chagny (Gauthier de), 70, 71 ; (Roger de), 71, 91.
Chabau (dom Jean-Antoine), 345, 469.
Chaignolles (Gauthier de), 134.
Châlet (Robert du), 1er abbé, 54 à 56, 66, 77, 79, 85, 123 ; (Garin de), 11 ; (Jean et David), 56 ; (Jean), 59 ; (Jeanne et Roger), 61 ; (Robert), 80, 113, 134, 355 ; (Guillaume), 56 ; (Ernauld), 57 ; (Garin et Pierre), 65 ; (Jean), 66.
Chaours (Philippe de), 139.
Challou (Amfroi), 148.
Chalot (Robert), 98.
Chambines (Jean de), 133 ; (Guillaume, Adeline mère de Jean, Sara, son épouse et Herbert son fils), 134.
Chamblac (Chrétien de), 149.
Chambord (Aubert de), 85 ; (Simon), 92 ; (Clément de), 92 ; (Jean, curé de), 92.
Chambray (Simon de), 99, 137.
Chambrois (prêtre), 219.

Champdolent (Jean de), 87.
Champ-Dominel (curé de), 175.
Chandoisel (curé), 263.
Chantelou (Guillaume de), 38.
Chapelle (Robert de la), 70.
Chaperon (Michel et Renaud), 58 ; (Guillaume), 93.
Charles IV dit le Bel, 183, dauphin en 1359, 188 ; V, 265, 506 ; VI, 194, 201 ; VII, 190, 192, 203, 551 ; VIII, 212, 548 ; IX, 219 ; I, roi d'Angleterre, 234.
Charnelles (Baudouin de), 54, 95, 129.
Charon (Richard et Asceline de), 125.
Chartres (doyen de), 187 ; (Pierre de), 328, 329, 383 ; (Yves de), 384, 391.
Chassant, 17, 18, 376, 377, 554.
Chastigny (Jacques de), 52, 259 ; (Denis, curé de), 244, 245, 248 ; (Etienne de), 248 ; (Anne de), 255 ; (Aulienne de), 255.
Chatelet (Gilbert du), 54, 77.
Chaumecy (Benoît de), abbé de Lyre, 206, 207.
Chaumont (Gervais de), 139.
Chauvin (Nicolas), 86 ; (Jean), chanoine, 212 ; (Robert), 212.
Chefdeville (Gillebert de), 121, 154.
Chéronvilliers (Jean de), 114.
Chérrington (Eude de), 401.
Chesnay ou Quesnay (Laurent du), 137 ; (Garin de), 148 ; (Ernauld de), 148, 149.
Chesne (Garenger du), 100 ; (Gilbert et Guillaume), 101 ; (curé du), 277 à 279.
Chesnel, 320.
Chennebrun (Goyer de), 112.
Chennecourt (Robert de), 135.

Chéronvilliers (Guillaume de), 131 ; (Jean), 125, 137, 139.
Chevalier 66 ; (Geoffroy), 75 ; (Roger), 87 ; (Guillaume), 112 ;
Chevallier (abbé Emile), 515, 520.
Chevereol (Guillaume), 114 ; (Richard et Gilbert), 114.
Chevestre (Jacques de), 249.
Chiray (Guillaume de), 37, 55, 134.
Choel (Guillaume), 134.
Chopin (Guillaume dit), 79.
Chopinel (Pierre), 77.
Chrétien (dom Sébastien), prieur, 248.
Cibole (Bertrand dit), 96.
Cicéron, 392, 397.
Cierrey (Jean de), curé, 46 ; (famille de), 54, 73, 74 ; (Raoul de), évêque, 172.
Cirande (Denis), 51.
Citeaux (abbé de), 178.
Claudien, 392.
Clément V, 184 à 187, 201, 202, 280, 396 ; VI, 191 ; VII, 191, 192 ; VIII, 228.
Cléry (Louis de), prieur, 205 ; (Jean de), 36e abbé, 206 à 209, 277.
Cloet (Jean), 124.
Clouet (dom Louis), 446.
Clozet (François), 304.
Cochet (Nicolas), 138.
Coindre (Gaston), 543.
Cois (Guillaume et Raoul de), 149.
Coisplet (Jean), 51.
Cokerel ou Cocherel (Guillaume), 81.
Colas l'Allemand (aînesse), 74.
Colec (Jean de), 164.
Colet (Guillaume), 61.
Colle (Herbert de), 79.

Colonia (Albert de), 380.
Comestor (Pierre), 363, 384.
Comminges (évêque de), 226.
Compère (Robert), 112.
Conches (Raoul de), 12 ; (Guillaume), 77 ; (Jean de), moine, 186, 380 ; (moine de), 170 ; (curé de), 235 ; (abbé de), 465.
Condren (Père de), 237.
Conrad le Chartreux, 382.
Constantin l'Africain, 393.
Conteor (Raoul le), 43.
Conty (Régiment de), 314.
Corcon (Hesbert de), 121.
Corde (Guillaume), 65. 107, 181 ; (L. T.), 369.
Cordier (dom Eustache), 223.
Cornart (Pierre), 93 ; (Robert), 123.
Corneille, 397.
Corneuil (Adam de), 100 ; (Jean de), 103.
Cornille (Pétronille, veuve de Jean), 42.
Cornouailles (Renaud, comte de), 30.
Coronde (Raoul), 153.
Corthomme (Raoul de), chanoine, 154.
Cospeau (de), évêque d'Aire, 230.
Cossé-Brissac (Charles de), 120.
Crepon (Osberne de), 9, 10, 15 ; (Gilbert), 9, 10.
Coudray (Michel du), 174.
Courcon (Hubert de), 155.
Courcy (de), 267.
Courdemanche (dom), 315, 471.
Courteilles (Clément de), 87, 88, 112 ; (Guillaume de), 137.
Courtenay (Robert de), 96 ; (Pierre de), 103.
Courtois (Guillaume), 58.
Courtonne (Roger et Lambert de), 131.

Coynner (Robert de), 86.
Cranfort (Roger de), 161.
Créquy (Isabeau de), 25.
Crespin (Gislebert), 31, 97, 360.
Crespont (Guillaume), 232.
Crestey (M.), 527.
Creuset (Robert), 57.
Croc (Jean), 58 ; (Nicolas), 91 ; (Robert), 134.
Cuisinier (Ernulf et Manessier), 123.
Curquant (Raoul), 60.
Curson (Guillemette de), 108.
Cybole (Robert), 115.

* *

Dalet (Jean), 61.
Dammartin (Raoul de), 45.
Dampierre (curé de), 157.
Darboy (Mgr), 30.
Daret (Jean), 2, 472.
Darthoys (frère Jean), 210.
Daubeuf (Raoul de), 80.
David (dom Richard), 222 ; (Charles-Louis), 306, 308 ; (le roi), 380, 401.
Dearman, 31.
Delalande (abbé), 272.
De la Noë (Louis), 220.
Delaunay (Jean-Germain), 317.
Delhomme, 312.
Delieuvin (M. T.), 510, 537, 542, 543, 550, 553, 558, 559.
Delorme (Philibert), 523.
Denifle (Henri), 507.
Denyau, 397.
Deschamps (Raoul), 97 ; (Girard), 81, (Gérold, Robert et Gilbert), 148.
Désert (Hugues du), 129, 130, 132, 133.
Desfontaines (abbé), 398.

Desloges (A.), 69.
Desnoyaux, 312.
Despagne (Robert), bénédictin, 218, 257, 258.
Despoix (dame), 228.
Desyvetaux (Vauquelin), 231.
Devoisins, 130, 132, 143.
Diacre (Jean), 249.
Didet (Guillaume), 61.
Dil (Guillaume), 160.
Dives (Guillaume de), 37, 55, 134.
Dolivet (Michel), 210.
Doucet (Poursaint), 211.
Doulle (Jean), 58.
Doybet (Robert dit), 96.
Droelin (Hébert), 152.
Drogon (Barthélémy), 77, 109.
Droon (Barthélémy), 96.
Droueis (N. de), 143; (Crespin de), 142, 156; (Gadon), 156.
Du Bocquet (dom), 294, 298, 307, 310.
Du Bois (Arnaud), 26, 54, 55, 71, 83, 88, 93; (Richard), 26; (Jean), 83; (Robert), 44, 120. Cf. *Bois*.
Du Boisneuvel (Alain), 60.
Du Breuil (Philipot), 62; (Raouline), 63.
Ducange, 504.
Du Cellier (Guillaume), curé, 185.
Du Chemin (Arnaud), 68, 73; (Guillaume), 113; (Nicolas), 290.
Du Chesne, 230.
Duclos (Aubin), 207.
Ducreux (Guillaume), 375.
Duguet-Goyer (Pierre), 113.
Du Hamel (dom René), 443; (Pierre), 78, 79; (Simon), 92; (Thomas), 93; (Robert), 300; (Jacques), 260.
Dujardin 503; (Charles), 2; (Jean), 230.

Du Long (Geoffroy), 148; (Hugues), 149, 150.
Du Monstier (P. Artus), 5, 6, 318.
Du Mont (Lucie), 153.
Dumoulin (Gabriel), 397; (Thomas), 60; (Frémond et Richard), 75.
Du Moustier (curé), 61; (Roger), 77; (Henri), 77, 78.
Dumoutier (Jacques), 296, 305.
Du Perron (Jacques), 46e abbé, 220, 227 à 231, 234, 235, 498, 507; (Julien), 227; (Jean) 41e abbé 231 à 235; (Jacques le Noël), 48e abbé, 232 à 241, 550, 551; (Marie-Davy), 234, 552; (curé de Corneuil), 263.
Du Plessis (Guillaume), 55; (Mornay), 228; (Châtillon), 264, 277.
Dupont (Huet), 60; (Richard), 59; (Jean), 135.
Du Pré (30e abbé), 193, 194, 196, 507; (Jean), 193; (dom Claude), 444; (Dupont), 501.
Dura (Robert de), 131.
Durand (curé), 38, 95; (prieur), 133, 135, 136; (Durand), 7; (René), prieur, 222.
Duranville (Robert), 146.
Durendent (Guillaume), 149, 150; (Raoul), 151.
Durescu (Guillaume), 26.
Du Tertre (Herbert), 78, (Roger), 80.
Duval ou Du Val (Charles), 66; (aînesse), 74; (Alexandre), 77, 78, 87, 114; (Colin), 87, 137; (Roger), 104, 153, 179; (Godefroy), 120; (Guillaume), 137; (Garin), 149; (Gilbert), 150; (Robert), 153; (Guillaume), 221, 377; (François), 305, 306, 322;

(Duval), 397; (Duval du Mesnil), 293, 304, 306; (J.-B.), 558.
Du Valet (Robert), 192, moine.
Duvrac (Pierre), 293, 294, 298, 306, 318.

***

Ecroville (Guillaume d'), 80.
Edouard II, roi d'Angleterre, 15, 163, 164; (Edouard III), 164; R. P. Ed. d'Alençon), 290, 362.
Elbeuf (Guillaume d'), 55.
Ely (Ada d'), 161.
Emengard (Jacques), 222.
Emma (mère de Guillaume), 10, 15, 18, 23.
Enguerrand (Gillebert), 153.
Ehlart, 517.
Epinay (Louis d'), 68; (Guillaume, Claude, Philippe, Mathieu et François-Joseph), 264.
Erart (Jean), 135.
Erfast, 21, 28.
Ermengar (Richard), 149, 151.
Ermites de Saint-Augustin, 211.
Ernaud (4e abbé), 12, 13, 21, 22, 28, 41, 45, 100; (Robert), 59; (Guillaume), 124; (prêtre), 125; (ermite), 130.
Ernauld ou Arnaud (fils de Popeline), 12, 13, 22, 24, 54, 55, 74, 76, 99, 100, 101, 128, 129, 134, 140.
Ernulf (prêtre), 98.
Espinay (Gilles d'), 229, 245.
Esquelot (Charlotte d'), 120.
Essarts (Jean), 60 : (Mathieu des), 97, 103, 187; (Etienne), 99, 175; (Gilbert), 99, 115, 124; (Roger), 118.
Estable (Pierre), 95.
Este (Hippolyte d', 41e abbé), 215 à 219, 277; (Louis II, 42e abbé), 217, 218 à 224, 227; (cardinal d'), 224; (Hercule I), Alphonse I, Hercule d'), 216, 218; (Anne d'), 223.
Estouteville (Guillaume d'), cardinal et (Guillaume), évêque d'Evreux, 200.
Etampes (Roger d'), 198.
Etienne (archidiacre), 43; (clerc), 89; (abbé de Lyre), 393, 422; (de Reims), 359.
Eu (Guillaume, comte d'), 11.
Eude (trésorier), 104, 179.
Eudes (Sénéchal), 100; (R. P.), 237; (Jean), 249.
Eugène III, 47, 74, 85, 88, 90, 105; IV, 29.
Eustache (chevalier), 134.
Euvrie (G.), 391.
Evreux (Amaury, comte d'), 24; (Guillaume de Glos, doyen d'), 30; (Guillaume d', et (Gilbert), 129, 130; (évêché d'), 174, 222, (Officialité d'), 139, 211, 217, 226, 256; (Chapitre d'), 167, 174, 211, 243, 277; (Bailli d'), 200, 201, 208, 221; (évêque d'), 207, 209, 210, 211, 215, 222.
Exeter (Barthélémy, évêque d'), 165.

***

Fae (Richard), 156.
Faget (Raoul, moine et Philippe), 125.
Farcy (Robert), 108.
Faucille (Robert), 121.
Fauquet (Robert), 106.
Fauvel (Roger), 91.
Faverolles (Raoul de), 121; (Oger), 148.

Fègué (Guillaume), 138, 139; (Roger, Jean), 139.
Félibien (dom Michel), 444.
Férart (Gillebert), 121, 154.
Feron (Me), 45, 258.
Ferrand (dom Germain), 105; (aînesse), 74.
Ferrare (cardinal de), 246 à 249.
Ferrières (Thomas de), 86; (Henri), 99, 144, 152; (Hugues), 113, 167; (Guillaume), 149 et (— 13e abbé de Lyre), 167 à 169, 180, 181.
Ferté-Fresnel (Guillaume de la), 89, 122; (Jean), 122, 137; (seigneur de la), 174.
Feuillet (citoyen), 318.
Figue (Pierre), 50.
Firmin (doyen), 124.
Firmin-Didot (Ambroise), 400.
Flandre (comte de), 48.
Flavius-Josephe, 393.
Flertel (Guillaume), évêque d'Evreux, 4
Fleury (Noël), 61 ; (Pierre), religieux, 239.
Flipou (Hugues, curé de), 46, 268.
Floques (Guillaume de), 198.
Folenfant (Pierre), 112.
Folin (Jean), 59.
Folleville (Richard de), 54, 77, 85, 88, 113 ; (Robert de), 113.
Fontaine, 399; (Simon), 318.
Fonte (Robert de), 81.
Fontenelle (Guillaume), 112.
Fontenille (Dreu de), 77, 81 ; (Girard), 77.
Forest (Tortin), 134.
Formeville (de), 69.
Fortunat, 346.
Fossard (Pierre), 139.
Fosses (Raoul des), 121, 154.
Fossey (Germain), 321 ; (Abbé J.), 531, 534.

Foubert (Etienne), 76 ; (Jean), 91; (Garin), 91.
Foucault, 305, 306, 397.
Foucher (Robert), 138, 320.
Fougy (de), 222.
Foulque (dom Jean), 459; (seigneur), 10, 12.
Framboisier (Simon du), 80 ; (Geoffroy), 80.
France (Renée de), 246, 218, 223 ; (Gaston de), duc d'Orléans, 242.
Franchois (Guillaume et Denis), 84.
Franchomme (Julien), 249.
Francice (Raoul), 113.
Franck (dom Joseph), 294, 298, 306, 318.
François Ier, 156, 201, 211, 212, 215, 246, 218, 221, 256.
Fraternus (abbé), 29.
Frémont (Perrin et Michel), 59, 304 ; (veuve), 306.
Frère (Michel), 86.
Fréret (Roger dit), 79, 83.
Fresne (Etienne du), 96 ; (Robert de), 144, 148, 149 ; (Reginald), 148; (Henri), 154; (Guillaume, curé du), 149, 150; (Henri), clerc, 149.
Fresnel (Guillaume), 128, 129.
Fresney (Reginald), 144.
Fretils ou Fretiz (Michel), 83 ; (Robert), 115.
Friardel (Guillaume de), 148, 153, 156 ; (N. de), 143.
Fricaud (Humbert), curé, 206.
Fringard (Me), 57.
Frison (Robert), 19.
Froger (évêque de Sées), 132.
Froidmont (Richard de), 186, 380.
Fromond des Seaules, 81 ; (Etienne), 207.

Fulbert (archevêque de Rouen), 29.
Fulcoin (moine), 21, 100 ; (Hubert, fils de), 54 ; (de Gisay), 83 ; (Thomas, fils de), 112, 131 ; (Robert, frère de), et (Hugues), (Pierre), 152.
Funderel (Raoul de), 151.
Fusée de Voisenon (Claude), 156.
Futelaye (Nicolas de), 70.

Gaël (Raoul et Guillaume de), 18, 23, 24, 25.
Gaillon (Chartreux de), 46 ; (Gervais de), 106.
Galeran (doyen de Rouen), 29.
Galleys (Guillaume), 65.
Galois (Richard), 150.
Galon (Robert), 42.
Galopins (les), 57, 65 ; (Guillaume), 93.
Gamaches (Guillaume, Gilles et Henri de), 46.
Gand (religieux de), 165, 166.
Garbados (Raoul), 150.
Gardicon (Colin), 42.
Garencières (Jean de), 67, 91, 205.
Garennes (Amaury et Simon de), 134.
Garin de Cierrey (évêque), 38, 39, 73, 74, 76, 81, 83, 89, 90, 92, 93, 95, 96, 98, 105, 106, 115, 390 ; (curé), 55 ; (de Chalet), 65 ; (Pierre), 87.
Garneville (Guillaume de), 79.
Garnier (Richard), 54 ; (dom Guillaume), 443.
Gaspré (Osmond de), 13.
Gastine (Guillaume dit), et (Jean de la), 138 ; (Godefroy ou Geoffroy), 197 à 199, 205.

Gastinel (Guillaume), 152.
Gatelin (Guillaume), 116.
Gaucelin (Guillaume), (Agnès et Aubin), 117.
Gaulepied (Pierre), 213.
Gauquelin (Roger), 153.
Gauthier (abbé), 29 ; (prieur), 132 ; (curé), 47 ; (Guillaume dit), 79 ; (archevêque), 55 ; (Richard), moine, 360.
Gauville (Robert II de, 19e abbé de Lyre), 180 à 182, 337, 338 ; (veuve de Me), 245 ; (de), 267.
Gavete (Jean dit), 82.
Gebes (Raoul), 125.
Genestal (R.), 71.
Genetais (Henri des), 87.
Genillard (Denis), 222.
Geoffroy I (12e abbé de Lyre), 35 à 39, 92, 98, 99, 109, 165, 180 ; (archevêque de Rouen), 24, 65 ; (du Plessis), 165 ; (Geoffroy II de la Vallée), 17e abbé, 168, 174 à 176, 182 ; (le comte), 29 ; (ermite), 95 ; (évêque de Séez), 105 ; (curé), 108.
Georgius (28e abbé de Lyre), 213, 422.
Gérac (Barreau de, évêque de Rennes), 69.
Gérard, 76.
Germain (dom Michel), 503.
Gerosie, 78.
Gervais (abbé), 29.
Giffard (Gilles), curé, 246.
Gilbert (Roger), 14 ; (prêtre), 45 ; (Ie de Glos, 6e abbé de Lyre), 23, 24, 28, 54, 55 ; (chapelain), 97 ; (Gilbert II de la Haye), 18e abbé, 168, 176 à 180.
Gillebert (abbé de Cormeilles), 19 ; (curé), 121.
Gillebont (Michel dit), 86.

Gilles (arch. d'Evreux), 39 ; (évêque d'Evreux), 97.
Ginerville (Gilles de), 122.
Girard (Robert), 61 ; (évêque de Séez), 104; (Nicolas), curé, 218.
Giroys (Les), 9, 10.
Gisay (Guillaume de), 74, 75, 109, 205.
Gislebert-le-Grand (évêque d'Evreux), 17, 18, 21 ; (chantre), 29 ; (prévôt), 100.
Giverville (de), 267.
Glanvill (Barthélémy de), 393.
Glocester (Guillaume), 30 ; (Robert), 131.
Glos (Barnon de), 9 ; (Nicolas), 84 à 86, 88, 89, 92 ; (Fromont), 12, 85 ; (Nicolas), 26, 54, 55, 64, 80, 83, 111 ; 118, 131, 134, 140 ; (Colin), 85, 88 ; (Hubert), 111 ; (Guillaume), 129.
Gobart (Julien), 249.
Gode (Roger), 152 ; (Gilbert), 153.
Godefroy (12e abbé de Lyre), 30, 172 ; (archidiacre), 29 ; (curé), 134 ; (moine), 21, 100, 172 ; (prieur), 384 à 390.
Goël, 18.
Goey (M. de), 314.
Goliath, 380, 401.
Gombert (Godechilde), 104 ; (Jean), 104.
Gonce (Guillaume), 153.
Gondrin, Cl. Antin.
Gondy (Pierre de), 227.
Gonfroy (moine), 13.
Gonnor (comtesse), 3, 10. 18.
Good (Gilbert), 86.
Goout (Guillaume), 440, 168.
Gosselin (Philippe), 119 ; (chapelain), 129.
Goth (Angélique), 280.
Gothman (Robert), 102.

Goude (Eudes), 112.
Goueslin (Jacques, curé) 118.
Goujon, 9 ; (Antoine), 256, 259.
Goulafre (Gauthier), 97.
Gournay (Hugues de), 131 ; (Jean de), moine, 186, 380.
Gourville (Guillaume de), 119.
Goutières (Simon de), 13, 105, 106 ; (Jean de), 105 ; (Thomas), 105.
Gouville (Guillaume de), 98.
Gouye (Pierre de), 210.
Grancey (Raynaud), 18.
Granches (Roger des), 144 ; (Henri), 149, 151 ; (Pierre des), 153 ; (Guillaume des), 151 ; (Jean des), 154, 207.
Grandcamp (Guillaume), 109.
Grandchamp (Nicolas de), 118.
Grandmesnil (famille de), 10 ; (Hugues), 16.
Grand Moucel, 74.
Granvilliers (Simon de), 35, 97, 135 ; (Baudouin), 97, 129.
Grateuil (Pierre), 96.
Gratien, 391.
Graveron (Raoul), 110.
Grégoire IX, 47, 76, 82, 89, 95, 103, 116, 174, 186 ; (Grégoire XIII), 222 ; (Grégoire XV), 237.
Grenier (dame), 300.
Grentemesnil (de), 26.
Grenton (Ingenulfe, Guillaume, Robert et Wiart), 13.
Grimain (Robert), 42.
Griset (Guillaume), 454.
Grisot (Pierre), 260.
Groslay (Raoul de), 21, 106 ; (Simon et Thomas), 106.
Groullart (Isabeau), 250.
Gruchy (seigneur de), 234.
Gruin (Philippe et Anne), 247.

Guarin (dom Pierre), 455.
Guast (du), 224.
Guérin (abbé de Saint-Evroult), 29.
Guernet (Vincent), 153.
Guéry (abbé Ch.), 505 à 508, 525, 533, 552, 553, 555, 556, 557, 558, 559, 560.
Gueslet (Henri, curé), 211.
Guiard (prêtre), 125.
Guibert (Guillaume), 148.
Guillaume (fils d'Osberne de Crepon), 1, 3 à 6, 9 à 12, 14 à 22, 41, 45, 47, 65, 84, 85, 88, 90, 94, 100, 102, 105, 116, 158, 159, 162, 163, 552, 559, 560; (fils du fondateur) 12, 23, 47, 76, 103, 106; (dit le Roux), 18; (Alexis), 2, 7; (de Jumièges), 9; (chapelain), 26, 80, 134; (duc de Normandie dit le Conquérant), 3, 9 à 12, 14 à 16, 19, 21 à 23, 45, 102; (neveu d'Ernauld), 21, 99; (fils d'Ernauld), 11; (fils de Gérard), évêque d'Evreux, 11, 12, 14, 17, 505; (G... de Cantiers), 193, 194; (évêque d'Hébron), 194; (abbé), 35; (doyen d'Evreux), 64; (archid.), 12, 117; (de Thévray), 13; (moine), 13; (abbé de Sainte-Catherine), 196; I, (abbé de Lyre), 24, 26, 28, 30, 506; II, 29 à 31, 117; III, (de Ferrières), 30, 39, 114, 167 à 169; IV (Héduart), 116, 168, 338; V (dit Tesson), 188; VI, (Leblond), 188, 189, 191; VII, 189, 191; VIII (Le Bas), 190, 197 à 203, 277; (abbé du Bec), 114; (de Glos, doyen), 30; (curé), 115; (doyen de Breteuil), 129; (curé), 134, 135; (de Sens), 541.

Guillemare (E.), 282, 554.
Guilloreau (dom), 157, 163.
Guimond (Michel), 57; (de Bosc-Roger), 123.
Guincestre (Gilbert), 137.
Guise (maréchal de), 206; (duc de), 216, 223; (cardinal de), 223, 224; (duc Henri de), 223, 225; (mère de), 224; (Louis III de), 43e abbé de Lyre, 224 à 227.
Guitel (Michel), 59.
Gundran, 11.
Gurtel (moine), 133.
Guthlin (Mgr), 291.
Guy (Nicolas), 359, 397.

Hacheencol (Henri) 135; (Gilbert), 138.
Hairon (arch. des Iles), 169.
Haley (Guillaume), 226, 232.
Hamelin (Herbert, Michel), 93; (François), 231.
Hangest (Aubert de), 183.
Harald ou Harold, 3, 15, 16.
Harcourt (Robert d'), 80, 108, 120; (Jean d'), 182; (Raoul d'), 183; (Louis I d'), 33e abbé, 190, 197, 201, 203 à 206, 359, 562; (Louis d'), archevêque, 195; Jean, comte d', 204.
Hardouin (Robert et Roger), 57.
Hardy (J.-B), 345.
Harent (Guillaume), 364.
Harou (famille), 50, 242, 267.
Harpin (Roger), 106.
Hastingus, 390.
Havise, 18.
Haye (Isambard de la), 12; (Raoul de), 55; (Pierre), 230.
Hébert, ermite, 130; (Joseph), 312, 313.

Héduart (abbé de Lyre). cf. (*Guillaume IV*).
Heine (Guillaume de), 165.
Heinfroid, 20.
Hélart (Martin, prieur), 239.
Hellenvilliers (Eustache d'), 35, 54, 98, (Raoul), 55, 75, 81; (Hugues), 148; (Adrien), 222.
Hennequin (prieur), 223, 229, 232.
Henri I, roi d'Angleterre 24, 25, 29, 30, 47, 68, 76, 85, 116, 129, 131, 163; Henri II, 30, 32, 33, 34, 41, 74, 85, 88, 90, 91, 97, 105, 107, 116, 119, 163, 556; Henri III, 163, 551, Henri IV, 163, 164; Henri V, 166, 194; Henri VI, 190; Henri VIII, 166; Henri Court-Mantel, 34; Henri II, roi de France, 219; Henri III, 219, 221, 227; Henri IV, 224, 226, 227, 507; Henri, curé 38, 116; doyen 83; prieur 95, 130, 133, 148.
Henriette-Marie, reine, 234.
Hereford (comtes de), 95, 195; (Evêques), 163, 164, 195, 554.
Herfast, 10, 18, 20.
Hérice (comte d'), 69.
Héris (Etienne de), (Guillaume, Pierre, Jean), 255.
Herluin (Bx), 17, 497.
Heuqueville (le baron d'), 44.
Hideux (dom Etienne), 448.
Hildebert ou Hildevert (3e abbé de Lyre), 13, 22, 23, 28; (évêque du Mans), 381, 382.
Hildier (9e abbé de Lyre), 29, 30, 34; Hildier II, 24e abbé, 187, 191; moine 29, 31. 32.
Hinkelai (Gauthier), 85, 88, 113.
Hofei (Guillaume de), 14.
Hommeril (dom), 294, 301, 306, 315, 318, 476, 490.

Hommey (abbé), 5, 9, 69.
Honfroy de Vieilles, 497.
Honorius III, 165, 172.
Horace, 392.
Horgeriz (Guillaume de), 148.
Houlme (Roger du), 170.
Houmes (Gauquelin de), 149, 150; (Guillaume et Jean), 150.
Houssemaigne (Guillaume de), 21, 101, 123; (Roger), 101; (Robert (II), 123, 124; (Réginald, Odeline), 123; (Jeanne), 124.
Housset (Richard), 2, 438.
Hubert, 130.
Hucher André, 262.
Hudeart (Guillaume), 88.
Hue (Jean, curé, 205; (Michel), 275.
Hugo (cardinal), 395.
Hugon (Radulphe), 59, 85.
Hugues (veneur) 13, 76; (ermite). 127; curé 134; (abbé), 381; (archevêque de Rouen), 29, 47, 404, 364; Hugues II, 34; Hugues III, 34; (archid. de Rouen), 29; (curé) 46; (chapelain), 412; (chantre d'Evreux), 30; (de Conches et de Bilhonio), 383.
Hulmay (Barthélemy de), 146.
Hure (Nicolas), 146.

Ignet (Guillaume), 60.
Illot (Thierry), 93.
Innocent II, 131; Innocent III, 2, 169, 172, 375; Innocent IV, 101, 178; Innocent X, 234.
Irlande (abbé d'), 276.
Isaac, 393.
Isidore de Séville, 2.
Isle (Robert de l'), 14e abbé de Lyre, 145, 146, 189.

Ivelin (Jean), 314.
Ives de Chartres, 391.
Ivry (Raoul d'), 79.

**

J... (chantre de Bayeux), 133, 122.
Jarante (évêque d'Orléans), 69.
Jean (roi d'Angleterre), 134; (Sans-Terre), 162, 167; (le Bon) 306; Jean I, abbé de Lyre, 106, 123, 168, 173, 174; Jean II, id., 188, 191; Jean, évêque d'Evreux, 24, 98, 101, 130, 131, 136, 177, 179; (chanoine), 100; (Jean) 116; (prieur) 139, 375; (moine) 374; (de Chambreis), 375; Jean, abbé 385; Jean XXII, 183, 185; (duc de Normandie), 188.
Jérusalem (patriarche de), 203, 204.
Joceaumé (Gilles), 87.
Joe (Jean de), 81, 106; (Robert de), 106.
Joinville (prince de), 223.
Jonas, 380.
Joreis (Jean), 60.
Joseph, 379.
Josse (Michel, prieur), 199.
Jouen (Jacques), 219, 229.
Jourdain (évêque de Lisieux), 122, 143, 145, 169.
Jouvelin (dom Jacques), 448.
Juelle (prêtre), 97.
Jules II, 209.
Julien (François), 258, 259.
Julienne, 24.
Jumelles (Nicolas de), 248.
Jumièges (abbé de), 165, 166.
Juniani (Jean, curé), 207.
Jupiter, 394.

Juvenal, 392; (des Ursins, Jacques), 400.

**

La Ballivière (sieur de), 236, 248.
La Barre (Richer de), 38, 109, 110, 116; (Roger), 38, 55, 75, 77, 109, 110, 113; (Raoul), 64, 72, 75, 93, 110; (Guillaume), 64, 75, 89, 93, 110; (Robert), 64, 93, 94, 109, 110; (Simon), 109; (Luc), 109, 110; (Jean), 108, 110, 111; (Maberie), 110, 111; (Crépin), 110; (Richard), 151.
Labatte (dom Paul), 294, 298, 307, 318.
La Belle (Ermengarde), 58; (Emeline), 75.
La Béraudière (Louis de), 226.
La Biche (Pierre), 118.
La Bigne (dom), 294, 298, 301 à 303, 306, 318, 397.
La Blandinière (Pierre-Jean), 63.
La Blondelière (Viel de), 94.
La Boissière (Guillaume de), 122.
La Bonneville (Robert), 71.
La Bretesche (Thomas de), 56, 79; (Richard), 70; (Geoffroy), 72, 76; (Gautier), 78, 79; (Simon), 79.
La Broudière (Bernard de), 89.
La Buffe (Gilbert, Hugues et Guillaume), 90.
La Burnete (Jeanne), 58.
La Caille (Raoul), 88.
La Cambe (Pierre), abbé du Bec, 182.
La Caorcherie (Colin de), 78; (Jean), 80; (Fulcon et Richard), 80.
La Chambre (Robert), 54, 77, 113, 148.

La Chapelle (Robert de), 134;
. (Guillaume), 171.
La Chaussée (Guillaume), 58;
(Barthélemy), 96.
Lachérey (Guillaume), 199.
La Chese (Robert), 60 ; (Foulques
et Richard), 62.
La Coste (dom Louis), 274.
La Cour (dom Didier), 237 ;
(François de), 268.
La Crépinière (Jean de), 59.
La Cressonnière (Jean de), 90,
150.
La Croix (abbé de), 212.
La Fontaine (Robert de), 61, 85.
La Forestière (Béatrix), 154.
La Forêt (Ernaud de), 113.
La Forge (Benoît de), 61.
La Galazière (curé de), 246.
La Garde (aînesse de), 74.
La Gastine (Guillaume), 80 ; (Jean,
Richard), 80, 138.
La Gatine (M. de), 218.
La Gonfrière (Pierre de), 122.
Lagrue (Pierre de), 150 ; (Agnès),
152.
La Gueppe (Guillaume), 61.
La Haie (Robert de), 153, et
(Maheut), 154.
La Haielle (Gilbert de), 151.
La Haye (Roger de), 85 ; (Raoul),
86, 92 à 94, 181 ; (Gilbert,
18ᵉ abbé), 86, 87, 89, 92, 93,
177, 178 à 181 ; (Robert), 131 ;
(Guillaume), 134 ; (Jean), prieur,
239.
La Haye-Jousselin (Edmond de),
555.
La Héripière (Girard), 211.
La Hérupe (Godefroy), 118.
La Houssaye (Pierre de), 104, 179.
La Huraudière (Selle de), 149,
150.

Laigle (Gilbert de), 111, 112 ;
(Richard, Richer III, Odeline,
Richer II), 112, 131, 132 ; (Ju-
lienne et Gilbert), 129 ; (curé
de Saint-Martin de), 258.
Laignel (Jean), 124.
Lainé (Antoine), 315.
Lalehure (Robert), prêtre, 193.
L'alié ou Lalier (Anne de), 57 ;
(Thibaut), 63 ; (Agnès), 138, et
(Thomas), 138.
Lallemand (Marie-Marguerite),
314.
Laloe (Henri de), 134.
La Mare (Pierre de), 57 ; (Henri),
93 ; (Gouchart), 149 ; (Guillaume
de), prieur, 199.
La Maroleine (Jean de), 96.
Lambert (M.), 396 ; (Pierre), 113.
Lamberville (Guillaume de), 119.
Lamiray (M.), 547.
La Morandinière (M. de), 121,
218.
Landaff (Guillaume, évêque de),
165.
Landepereuse (Jean de), 57.
Landrieu (Jean), 305.
L'Ane (Hugues), 163.
Lanfranc, 17, 20.
Langevin (François), 226.
Langlois (Pierre), 38 ; (Jacques),
66 ; (Guillaume), 79 ; (Colin),
87 ; (Henri), 97 ; (Richard), 112,
113 ; (Gauthier et Guillaume),
112, 117, 123 ; (Davi), 87.
La Noë (Roger et Guillaume de),
75 ; (abbé de), 212 ; (les moines
de), 104.
Lapierre, 87.
La Pommeraye (N. de), 143, 156 ;
(Gilbert et Guillaume), 143,
147, 155 ; (Cécile), 146, 147 ;
(Chrétien), 149, *Généalogie*, 143.

La Porte (Guillaume), 55.
Lara (maison de), 287.
Larchant, 223.
Larcher (dom Mathurin), 271 à 273.
La Rivière (Pierre de), 74, 112, 113; (seigneur de), 211; (Louis de), 49e abbé de Lyre, 239, 241 à 249, 251, 262, 510 à 513; (Pierre), 254.
La Roche (Guidon de), 168, 244, 245; (Jacques de), 245.
La Rochette (M. de), 121, 218.
La Rouillardière (sieur de), 240.
La Rousse (Colette), 56.
Lartois (dom Nicolas), 294, 298, 307, 318.
La Rue (Guillaume de), 85 ; (Pierre), 153.
La Taillière (Berthe et Marie), 71.
Latran (Concile de), 202.
La Tremblaye (Guillaume de), 543.
Laufaye (Guillaume), 78.
L'Aumône (Pierre de), 186, 380.
Laumônier (François), 540.
Launay (dom Guillaume de), 465.
Laureel (Hugues de), 135.
Laurencie (Gillebert de), 150.
Laurent, instituteur, 29; (Gilbert), 151; (curé), 64.
Laval (Louise de), 378 ; (marquis de), 265.
La Vallée (Jacques), 245.
La Vastinne (sieur de), 236.
Lavel (Jean), 89.
La Vigne (Jacques, Antoine, Gabriel de), 246 ; (Françoise de), 262, 263.
La Villette (Gilbert de), 61.
Le Bally (Jean), 61.
Le Bas (Guillaume VIII, 32e abbé),
277, 422, 507, 536, 550, 553 ; (Jacques, Robin), 306, 308, 320 ; (Henri), 218, 397.
Lebel (Gillebert), 149; (Robert), curé, et (Thomas), 151.
Lebeurier (abbé), 81, 137.
Le Bigre (Roger), 58.
Le Blanc (Guillaume, évêque de Vence), 219; (Venon, curé), 266.
Le Blond (Guillaume, curé), 235.
Le Bœuf (Gauthier), 76.
Le Bouc (Jean) et (Herbert), 79.
Le Boucher (Gabriel), 207; (François), 248.
Le Boulanger (Louis, André et Louis-Charles), 156 ; (Nicolas), 222.
Le Bourgainguet (Guillaume), 60.
Le Bourguignon (Thomas), 192.
Le Bouteiller (Pierre), 152; (Drocon), curé, 184.
Le Beuvier (Renaud), 78.
Lebran, 24.
Le Brasseur (Guillaume), 54.
Le Breton (Renaud), 86.
Le Broutier (Robert), 60.
Le Brun (Roger), 100 ; (Théodule), 78.
Lecerf (François), 321, 322, 506, 537.
Le Chambrier (Aubin), 57.
Le Charon, 85.
Le Charpentier (Jean), 62.
Le Chartier (Gabriel), 275.
Le Cheminaut (Guillaume, chanoine), 169.
Le Chevalier (Guillaume), 82 ; (Jean), curé, 118.
Le Clerc (dom Guillaume), 458 ; (de la Ronde), 279.
Le Cointe (Ursin), 227, 228.
Le Comte (Alexandre dit), 83 ; (Germain), 196.

Le Conte, baron de Nonant, 121.
Lecoq (M.), 2.
Le Cordier (Chrétien), 86.
Le Cordonnier (Pierre), 92 ; (Raoul), 100.
Le Cornu (Ernulphe), 86 ; (Louis), 236.
Le Courtois (Guillaume), 57.
Le Coutelier (Michel), 61.
Le Couturier (Garin), 124.
Le Crespe (Guillaume), 58.
Lectoure (évêque de), 226.
Le Dève (Gilbert), 59.
Ledier, 312.
Le Doulx de Melville (Jacques), 249.
Le Doyen (Guillaume), 123.
Le Droeis (Gadon), 124 et (Guillaume), 125.
Le Fac (Robert), 138.
Lefast (sieur), 266.
Le Fèvre (Fromond), 54 ; (Roger), 59, 87 ; (Colin, Thomas), 60 ; (Robert, Gervais,) 87 ; (Pierre), 108 ; (Guilbert), 208.
Le Fèvre-Pontalis, 531.
Le Fier (Michel), 60.
Le Forestier (Toutain), 98 ; (Baudouin), 100.
Le Foulon (Gauquelin), 96.
Le Fusilier (Raoul), 42.
Le Gaignier (Robert), 79.
Le Galois (Guille), 107, 181 ; (André), prieur, 199.
Le Gendre (Guille), et (Martin). 107 ; (François), curé, 248.
Legrain (Jacques), 275 ; (Jean), 314.
Legrand (Laurent), 239, 240.
Le Graverenc (Raoul), 81.
Legrelle (Arsène), 250.
Legris (dom Michel), 453.
Le Gros (Robert), 57.

Le Hanc (Roger), 85.
Leharel (Robert), 154.
Leicester (Robert I de), 26, 30, 45, 47, 55, 552, 554 ; (Robert II), 30, 34, 47, 55 ; (Richard de), chanoine, 28 ; (comtes de), 84, 95, 195 ; (Amicie, comtesse de), 47, (Richard de) 15e abbé, 171 à 173.
Le Jeune (Mathieu), 117 ; (Nicolas), 321 ; Michelon (fille de), 212.
Le Jumel (Guille), 91.
Le Landois (Jean), 236.
Le Large (Nicolas), instituteur, 86.
Leleu (fr. Thomas, s. prieur), 222, 224.
Le Maignen (Raoul), 135 ; (Jean), 207.
Le Maire (dom Nicolas), 222.
Le Mangant (Nicolas), 58.
Le Marchand (Pierre, moine), 239, 240.
Le Marinel (Toussaint), 222.
Le Maron (Guille), 148.
Le Masson (frère Robert), 169.
Lemengant (Guille), 153.
Le Mercier (Jean), 64, 192, 236 ; (Innocent), 108 ; dom Benoît religieux de Lyre, 2 oct. 1490 (arch. du Calvados D. 89, p. 19).
Le Mestre (Garnier), 59.
Le Métayer (Geoffroy), 125.
Le Meunier (Pierre), 71 ; (prêtre et Guille avec son fils), 124.
Le Michel (dom Anselme), 6.
Le Moine (Richard), 107, (Emery), 135 ; (Jean), 180 ; (François), 224.
Lemonnier, 377.
Le Mounier (Nicolas), curé de la N. L., 226.
Le Neveu (Roger), 59 ; (Etienne), 93.

Le Noël (Robert), 234.
Lenormand (Ch.), 349.
Leone (religieux de), 166.
Le Parsonnier (dom Pierre), 274.
Le Paulmier, 272.
Le Pelletier (dom Louis), 501.
Le Picard (Denis), 61.
Le Pin (dom César), 525, 559.
Le Poitevin (Guillaume), 119.
Le Porchier (Gilbert), 58.
Le Portier (Guille), 123.
Le Prévost (Jean), 46, 116, 187; (Jacques), 236 ; (Charlotte), 267; (Aug.), 403, 404.
Le Roi (Jean), 123, 150.
Le Roux (Jean), 60 ; (Maury), 61; (Guille), 63 ; (Henry), curé, 218; (Guille), curé, 226;(Christophe), curé, 244, 245; (du Bourgtheroulde), 250; (Etienne), 304; (François), 317, 399.
Le Roy (dom Martin), prieur, 239.
Le Royer (Jean), 61.
Le Sauterel (Guille), 60.
Lesceline, 11.
Lescot (Raymond), 264.
Lescuier (Guille), 149.
Le Séneschal (Gilbert et Albérede), 87, 88.
Le Seriant (Odon), 86.
Lesquerdene (Jean et Guillaume), 84, 86.
Lestore (Raoul), 85.
L'Estrée (abbé de), 212.
Le Sueur (Herbert), 226.
Le Teinturier (Robert, curé), 185; (Jean), chanoine, 207.
Le Tellier (François), 2.
Le Tent (Guillaume), 59.
Letrivier (Roger), 153.
Le Vaillant (Anne), 247, 268, cf. *Rebais*.
Levasseur (dom Jean), 226, 294,
297, 318, 487; (Jean-Charles), curé, 276 ; (Gilbert). 146 ; (Michel), curé, 208 ; (dom Pierre-Marie), 293.
Levé (Pierre, architecte), 268.
Le Veneur (Gabriel), 51, 139, 212 à 216; (Jean) 39e abbé, 73, 183, 210, 212 à 215; (Robert), 183, 185; (Ambroise) 38e abbé, 210 à 215; (Tanneguy), 215; (Nicaise), 266.
Le Vicomte (Robert), 151 ; (vic. gén. d'Evreux), 214.
Le Vigneron (Jocelin), 73.
Le Villain (Isabelle), 143.
Leycester (comtes de), 20, 116, cf. (*Robert*, comte de), 131, 132, 134, 140, 144, 181 ; (Richard), 15e abbé de Lyre, 171 à 173, 180.
L'Hommey (Guille de), 149.
Lierru (prieur de), 149.
Liesse (dom Germain), 254.
Lignerolles (Luc de), 97, 101, 116.
Ligny (César de), 230.
Lindet (Thomas), 290 ; (Robert), 306.
L'Infirmerie (Roger de), 79, 123.
Lire (Roger de), 354.
Lisiard (évêque de Séez), 105, 120.
Lisieux (le doyen de), 101 ; (official de), 198; (évêque de), 30, 200, 204, 208, 210, 212, 214 ; (vic. gén.), 222 ; (prêtre de), 218, 230 ; (René de), 234.
Locaulte (Thomas, curé), 199.
Loche (Renout), 83.
Loiseau (Etienne), 296, 304 ; (Jean, Adrien), 510.
Loison (Jacques, curé de la N. L.), 213.
Lombard (Pierre), 362, 394, 395.
Lomedete (Agnès la), 83.

Lommaye (Gilbert de), 118.
Londres (Evêque de), 31.
Longchamp (Baudri de), 43; (Raoul), 394.
Long-Essard (Hugues et Roger), 54, 108.
Longs Vaux, 64.
L'Orfèvre (Gilbert), 71.
Loriot (Roger), 79.
Lorraine (Jean de), 204; (François de), 223 ; (Louis III de), cardinal de Guise, 223 à 225; (Louis IV de), 44ᵉ abbé de Lyre, 224.
Losmondesse (Jeanne), 79.
L'Oublier (Guillaume), 85, 87 ; (Mathieu); 87 ; (Guillaume), 93.
Louis VII, roi de France, 31, 33, 34, (Louis VIII), 92, 107, 173 ; (Louis IX), 51, 67, 136, 151, 175 à 177, 181 ; (Louis XI), 190, 200, 203, 204, 206, 516, 562; (Louis XII), 206, 209, 212, 216, 218, 343; (Louis XIII), 236, 237, 339, 545 ; (Louis XIV), 250, 542, 544, 552; (Louis XV), 299, 521 ; (Louis XVI), 287, 290, 293.
Lourdel (Michée), 545.
Lonvel (Henri), 88 ; (Raoul), 143, 147, 153 ; (Pétronille), 146.
Louvigné (Thomas), 84.
Louvigny (Pierre de), 58.
Lovel (Bardon), 83.
Luc (Evêque d'Evreux), 56, 74, 76, 77, 81 à 83, 85, 90, 92 à 94, 98, 105, 106, 110, 114, 118, 119, 131, 145, 169, 360, 405; (Luc de Lignerolles), 97, 101, 116 ; (clerc), 134 ; (d'Achéry), 397.
Lucas (clerc), 26 ; (Philippe), 248.
Lucain, 392, 397.
Lucey (Robert de), 134 ; (Herbert, Roger), 134 ; (Nicolas), 135.

Lucius III, 35, 98.
Lurton (Osbert, chapelain), 164.
Luxembourg (Louis de), 197.
Lyenard (Guillᵉ curé de la N. L.), 210.
Lyois (Gauthier), 86.
Lyre (Robert de), 79.

**

Mabillon, 26, 323, 397, 469, 497, 503, 555, 556.
Macedonius, 336.
Magore (François), 247.
Mahiard (Richard), 13, 105, 106.
Mahiel (Jean), 248.
Maillard (Guille), 138.
Mainemares (Jean de), prieur, 245.
Malerbe (Julienne), 119.
Malgrape (Roger), 121, 154.
Mallet (dom Claude, prieur), 269.
Malmains (Gilbert et Frédéric), 106.
Malmarie (Roger de), 73.
Malore (Anketil), 134.
Manassès (juif de Verneuil), 72.
Manceau (Julien), 241.
Manessier de Lyre, 98.
Marais (J.-B.), 298, 304 à 306, 315.
Marays (Marc-Aurèle), 258, 260.
Marbode, 381, 382.
Marchand (dom Louis), 307.
Marchat (sieur), 269.
Maréchal (Henri), 134.
Mare-Sausseuse (Godefroy), 38.
Marette (R. P. dom), 278.
Mareys (aînesse Colin), 74.
Marie, reine de France, 116.
Marion (Jean), 257.
Mermion (Jean), 131.
Marnières (Raoul de), 11.
Marquet (Jean), 83.
Marsy (Mʳ de), 3.

Martel (dom Durand), 79; Jean, 257.
Martène (dom), 326, 327, 337.
Martial (Evêque d'Evreux), 196.
Martin (clerc, curé), 104, 177, Martin IV, 183; Martin V, 196.
Marville (Goyer de), 113.
Masson, 400; (Jacques), 296, 304, 309; (de Saint-Amand), 32, 400.
Massuet (dom René), 440.
Materne (abbé), 382.
Mathilde, épouse de Guill°, 12, 14, 17, 215; (abbesse), 22.
Matignon (comtesse de), 69.
Maubuisson (Chrétien de), 82; (religieuses de), 177, 178.
Mauclerc (Michel), 107.
Maugny (Robert de), 192; (Jacques), 359.
Maule (Ernaud et Gauthier de), 85.
Maulert (Richard), 59.
Mauneveu (Raoul), 152.
Maupoint (Roger), 109.
Mausinuy (Jean de), 168.
Mauviel (Guillaume), 60.
Mayenne (marquis de), 223; (duc de), 225.
Mazarin, 242.
Meinart (Mathieu), 113.
Meinefort (Jean), 57.
Mélicourt (sieur de), 249.
Mello (Raoul de), 144; (Réginald de), 150.
Mély, (M. F. de), 557.
Menars (président de), 265.
Meniant (Guille), 60.
Mercure, 394.
Meré (Guille de), 134.
Mérille (Raoul), 60.
Merle (Gervais du), 86; (Guille), 104; (Renaud), 105, 151; (Mr du), 246.

Mesle (Jean du), (Nicolas, Bernard, Michel), 87.
Mesnil (François), 317.
Meulan (Robert de), 25; (Galeran), 25, 119; (Robert II), 26, 28, 105, 106, 110, 119; (Robert III), 26; (Aeline), 25; (Jean et Ide); 46; (comtes de), 105; (Généalogie), 27.
Meules (Henri de), 144, 147, 148; (Ganquelin), 147, 148; (Mathilde), 147; (Réginald et Blaise), 149; (Jean, fils d'Henri), 150.
Meunier (Mgr), 291.
Michael (Guillaume), 153.
Michel, fils Roger, 71.
Migneray (Marie de), 240.
Milan, (archevêque de), 216.
Milcent (Mlle), 322.
Milloel (Raoul de), 150.
Millon (Jean, chanoine d'Evreux), 207.
Minart (Robert), 153.
Minerve, 394.
Minières (Gilbert des), 26, 38, 39, 41, 54, 103, 118, 131; (Guillaume Roger, Raoul), 41, 42, 43; (Guillaume), 96, 98, 100, 103, 174; (Guillaume et Réginald), 97; (Pierre), 100, 103; (Thibaut), 103; (Robert), 103, 104, 179; (Henri), 164; (des), 286.
Miserey (dom), 1, 70, 490, 504, 505, 513, 515 à 540, 560.
Moaz (Jocelin), 148.
Moïse, 497.
Molet (Guillaume), 151.
Molinier (Aug.), 32, 403, 404; (Emile), 555.
Molvar (Roger de), 134.
Monceaux (Robert de), prieur, 189; (Simon de), 31e abbé de Lyre, 194 à 197, 355, 363, 526.

Montaiglon (A. de), 378.
Montejean (Gilonne de), 215.
Montfaucon (dom), 323, 354, 358, 397, 399, 401, 494, 498 à 501.
Montfort (Albert de), 97.
Montfrenisse (veuve de Jean), 315.
Montgaudry (baron de), 279.
Montgommery (Guillaume, Roger), 9, 11, 12.
Montigny (Robert et Baudry de), 83, 145.
Montmorin (Mathieu et Gilbert), 121.
Montpellier (évêque de), 271.
Mool (Nicole de), 143.
Morainville (Godefroy, chapelain), 97.
Morainvilliers (Elisabeth et Joachim), 261.
Morand (curé de la Vieille-Lyre), 309, 395 à 400.
Morel (Jean), 42; (Hugues), 54; (Pierre, Michel), 122; (François), curé, 246.
Moriancourt (Richard de) et (Pierre), 211.
Morice (Nicolas), 143.
Morien (Guillaume), 59.
Morient (Thomas), 224.
Mortagne (Julienne de), 132; (doyen de), 163.
Mouez (Pierre de), 81.
Moulin (Maquaire), 222.
Moulin-Amet (Guillaume du), 78.
Moulin-Roger, 229, 316.
Moullet, (capitaine), 537.
Moustier (Robert du), 58; (Henri), 72; (curé de Radepont), 47.
Moyaux (Godefroy de), 152.
Mucet (Chrétien), 92.
Muchegros (Milon de), 164.
Mullot (dom François), 269, 271 à 276, 491.

Murillo, 342.
Musy (Jean et Théobald), 98.
Muterel (Jean), 61 ; (Robert), 189.
Muto (Jean dit), 152.
Mylard (Godefroy), 79.

* *

Nagel (Raoul de), 100.
Nantouillet (marquis de), 247.
Napoléon Ier, 440.
Narbonne (56e abbé de Lyre), 44, 280 à 292, 514 ; (archevêché de), 216 ; (François), 280 ; (Louis), 287.
Neckam (Alexandre), 393.
Néra (notaire), 287.
Neubourg (Henri du), 46, 131, 182 ; (Robert), 46 ; (Rotrou), 129 ; (Nicolas), 96, 115 ; (Raoul), 115 ; (comte du), 497.
Neuville (curé de), 196.
Nevers (duc de), 225.
Neveu (Jean), 65.
Newent (prieur de), 164.
Nicolas (sacriste), 29 ; (d'Auteuil), évêque d'Evreux, 183 ; (Nicolas IV), 183 ; (V), 507 ; (abbé de Latran), 290 ; (de Lyre), 358, 359, 396.
Nizier (Georges), 28e abbé de Lyre, 189, 191.
Noblet (Robert), 230.
Noël (Chaumel), 398.
Nonant (Charles), 218.
Norfolk (comte de), 23.
Normandie (ducs de), 142, 170 ; (chambre des comptes de), 221 ; (parlement de), 250.
Notz (Richard des), 249.
Nyeupore (Richard), 162.

* *

Obelin (dom François), 456.

Obersecq (Florentin), 321.
Odeline, 111.
Odon (Guillaume fils d'), 131.
Olier (M.), 237, 239.
Olivier, 85.
Omont (Henri), 345, 347, 374, 380, 383.
Orbec (Raoul d'). 134, 150, 156; (Jean), 124, 148, 151, 174; (Julienne), 138, 141, 150; (Adeline), 156; (juge d'), 222, 223.
Orderic Vital, 19.
Orgis (Mgr Martin d'), 210.
Origène, 383.
Orival (Guillaume d'), 167.
Orléans (Richard dit d'), 154.
Ormes (Roger d'), 71; Guillaume), 106; (Eudes), 162.
Osbern de Crepon, 9, 10, 15, 17, 18, 20; (Généalogie), 18.
Osberne (prieur, abbé), 18, 20, 28, 29, 31, 32, 35, 506; (abbé du Bec), 98.
Osmere (Guillaume), 66, 174.
Osmond, 13 ; (archidiacre de Rouen), 29.
Ossat (Arnaud d'), 227.
Ouche (Guillaume d'), 81, 83; (archidiacre d'), 198.
Oudineau (Honorat, religieux), 258.
Ovide, 392.
Ozanne, 66; (veuve), 76.

* * *

Pacy (Guillaume de), 30; (prévot de), 168; (Adam), 181 ; (Henri de) moine, 183, 381; (charité de), 208.
Paillard (Michel, curé de la N. L.), 259.
Pales (Raoul), 152.

Panthou (Jean, curé de la V. L.), 215.
Papetotes (Raoul de), 150.
Papot (Gaucelin), 131.
Pardaillan, cf. Antin.
Parent (curé), 45, 208.
Parigny (Gilbert et Renée de), 96.
Paris (diacre), 275.
Parsamein (Raoul), 119.
Pascal, 397.
Pasdeloup (Richard), 107.
Passelou (Robert), 222.
Passemerthe (Jean de), 195.
Passetemps (Girard), 235.
Patellarius (André Pelletier), 72, 73.
Patey (Jean), 107; Adam, 125.
Paul (abbé de Leicester); 170; (Paul III), 216, 219 ; (Paul V), 228, 231.
Pavée (André), 47.
Peckham (Jean), 557.
Peigné-Delacourt, 503.
Pellevilain (Richard et Godefroy), 38, 110, 156; (Luc), 85, 88 ; (Raoul), 86, 119.
Pellipaire (Gilbert), 59; (Guillaume), 152.
Pennafort (Raymond), 380.
Penthièvre (comte de), 378.
Pepin (Jean, moine), 186, 380.
Perche (Marguerite du), 129.
Percheron (Jean), 205.
Péricard (François de), 236.
Périer (Raoul), 137.
Pernelle ou Pétronille de Grentemesnil, 34, 37, 82.
Perrault (dom Edme), 461.
Perrey (Pierre du), 125.
Perrot-Desprez (aînesse) et du Moustier, 74.
Perse, 392.
Pestor (Nicolas le), 42.

Peterborough (Benoît de), 382.
Petit (Guillaume dit le), 152; (Raoul), 153; (Œuil Simon), 211.
Pétronille, 130 à 134, 140, 141.
Pétuchet (Jean), 59.
Peuret (Vincent), 93.
Philippe II, roi de France, 18, 25, 26, 72, 84, 102, 119, 143, 145, 168, 171, 172; (Philippe III), 95, 181, 182; (Philippe IV), 108, 183, 185, 186; (Philippe V), 41, 55, 183 à 186; (Philippe VI), 188; (duc d'Orléans), 139; (évêque de Bayeux), 29, 30, 104; (évêque d'Evreux), 115; (dom Martin), 269.
Phillips, 192, 400, 401.
Picart (Guillaume), 121; (Blaise), 151, 154.
Pichez (Jean), 375.
Picque (abbé), 542, 543, 554.
Pie II, 199, 200; (Pie IV), 217, 219; (Pie VI), 291.
Piel (Simon), curé, 115.
Pierre (prêtre), 77; (abbé du Bec), 114; (ermite), 120; (médecin), 161.
Piles (Raoul), 149; (Jean), 225.
Pilet (Roger), 42.
Pillon (dom Louis), 272, 445.
Pinel (Guillaume), 149.
Pinet (Louis), curé, 118.
Pipon (Louis), curé, 278.
Piquelier (Jean) moine, 186, 380.
Piques (Isabelle), 87.
Piquet (Raoul), 107.
Plainville (Hugues, curé de), 150.
Plaisance (cardinal de), 226.
Planes (Guillaume et Roger de), 120.
Platano (Pierre de), 64.

Plessis (Gilbert du et Richard), 97; (Jean), 115.
Pognens (Simon de), 182.
Pommereuil (Raoul, Roger), 13.
Pont-de-l'Arche (Guillaume de), évêque de Lisieux, 146.
Ponthieu (Jeanne de), 46; Guillaume, 131.
Pontigny (abbé de), 216; (moine de), 357.
Pontoise (religieuses de), 175 à 177.
Pont Saint-Pierre (Odon de), 42; (marquis de), 265; (Hugues de), 356.
Porée (chanoine), 1, 17, 28, 132, 200, 277, 308, 356, 401, 440, 458.
Poret (Paul), 58.
Porpense (Nicolas), prêtre, 124.
Porphyre, 395.
Portes (Guillaume de), 80.
Portier (Richard), 58.
Postel (Jean), 222.
Potier (Michel), 60; (de Novion), évêque d'Evreux, 256.
Potin (Aubin), 123; (Guillaume, Nicolas, Louis, Philippe, Gilles), 264, 280; (Louis, Philippe), 279.
Pottier (A.), 393.
Pouchart (Vauquelin), 125, 152.
Préaux (Roger de), 90; (Jean), 105, 173; (Ingelram), 106; (Richard de), prieur, 160.
Presterel (Jean), 104.
Prie (René de), 37e abbé de Lyre, 207 à 211, 214; (Antoine de), 209.
Prieur (Chapelain), 112.
Priscien, 392.
Prométhée, 394.
Pugneya (Almarie de, moine), 164.
Puisaye, 322.

Putel (Vauquelin), 150.
Putot (Roger de), 54, 55, 75; (Mathieu et Raoul), 75; (Ferman de Putet), 121.

**

Quatremares (Richard de), 83; (Godefroy de), 85, 88, 119.
Quedillac (Jean de), abbé de Lyre, 206 à 208.
Quérey (Georges), 295.
Quéru, 397.
Quesnel (Gabriel de), abbé de Conches, 230.
Quesney (Ernauld du), 144, 149, 150.
Queulin (Etienne), 303, 304.
Quevilly (M.), 132.
Quintanadoine, 230.
Quinte-Curce, 393.

**

R..., évêque d'Evreux, 74, 76: (prieur), 120; (chanoine de Coutances), 169.
Rageentête (Richard), 58.
Rainald, 24.
Ranulfus, 18.
Raoul (seigneur d'Ivry), 10, 15; (fils de Hugon), 13; (moine), 18, 21, 133; (de Grosley), 21; (prévôt de la V. L.), 24; (évêque de Lisieux), 35; (évêque d'Evreux), 64, 89, 103, 104, 181; (8e abbé de Lyre), 26 à 30, 34, 183, 184; (abbé de Lyre), 168; (abbé), 176, 190; (curé), 64; (chapelain), 85; (curé), 99; (curé), 97; (de Conches), 102; (archidiacre), 109, 129; (trésorier), 184; (prieur de Wareham), 160.

Rassent (Alexandre de), 266.
Raval (Roger), 54.
Rebais (marquis de), 247, 268.
Rebours (Godefroy), 87.
Reculet (Guillaume), 76.
Recusson (Etienne), 118.
Reginald (chapelain), 164.
Réginart (prêtre de Glos), 86.
Régnier (Louis), 2, 32, 236, 356, 399, 502.
Reims (archevêché de), 223 à 225; (prévôt de), 226.
Renault (prêtre), 97.
Rest (Georges), 221.
Rever, 400.
Réville (Guillaume de), 150.
Rhein (André), 517.
Ribard (dom Claude), 492.
Richard I, 3, 10, 18, 36, 37, 98, 145; (évêque d'Evreux), 69, 89, 95, 146, 120, 135, 136; (fils de Godefroy), 108; (moine), 133, 146, 193; (de Leicester), 15e abbé de Lyre, 168, 171 à 173; (du Bois-Anzerai), 21; (chapelain), 165.
Richelieu (cardinal de), 237; (maréchal de), 268.
Riga (Pierre de), 374, 375.
Rigaud (Eudes), 178, 179.
Rigault (bénédictine de Verneuil), 239.
Rillac (Jean de, curé de Romilly), 103.
Ringuet (Jean), religieux à Lyre, 2 oct. 1458 (arch. du Calvados, D. 89, p. 13).
Rivard (Marc), prieur, 248, 249.
Robert I, moine, abbé de Lyre, 3, 4, 7, 11, 14, 21, 23, 26, 28, 170; (Robert II), 14e abbé, 168, 169 à 171; (Robert III), 23e abbé, 187, 188, 191, 195; (Robert IV), 86,

89, 107 ; (Robert I, dit à la Barbe), 25, 76, 88 ; (fils de Guillaume), 12, 13 ; (Robert II), 41, 54, 65, 76, 85, 86, 88, 97, 107, 116, 127, 128, 141, 142, 160 ; (Robert III), 33 à 38, 54, 91, 107, 130, 145, 160, 161 ; (Robert IV), 71, 82, 92, 101, 118, 131, 170 ; (archev. de Rouen), 44 ; (évêque d'Evreux), 76, 83, 90, 105 ; (chapelains), 57, 71, 134 ; (curés), 38, 278 ; (prieur), 169, 182 ; (prêtre), 120 ; 12 ; (de Sorbonia), 383.

Rocelin (Jean), 153.
Rochechouart (Mgr de), 344.
Rochet (Roger), 57.
Roger (comte d'Hereford), 18 ; (évêque), 97 ; (clerc), 46 ; (seigneur de Cantelou), 97 ; (curé), 108 ; (abbé de Saint-Evroult), 102.
Rohan-Soubise (56e abbé de Lyre), 53, 69, 264 à 267, 508 ; (seigneur de), 195 ; (François de), 264 ; (Anne de), 264 ; (Constantin), 267, 269, 270 à 280 ; (cardinal de), 300, 513.
Rohes (Richard), 144 ; (Robert et Guillaume), 150 ; (veuve de Guillaume), 151 ; (Raoul), 152.
Roman (Emeline de), 97 ; (Gilbert), 97 ; (Eudes), 98.
Romilly (Garin de), 63 ; (Richard), 80 ; (Raoul de), 20e abbé de Lyre, 182, 183 ; (Agnès), 103 ; (seigneur de), 218.
Romirel (Richard), 153.
Roncherolles (Claude), 263.
Ronchos (Gauthier), 152.
Rondel (Roger), 91 ; (Guillaume), curé, 208.

Rose (Roger), 54, 113 ; (Robert), 58 ; (Jean), 59.
Rotgier (Jean, moine), 192.
Rotrou (évêque d'Evreux), 29, 109, 116 ; (archevêque de Rouen), 97.
Rouen (Robert, arch. de), 165 ; (abbé de Saint-Ouen de), 185, 186, 267 ; (archid. et chantre de), 187 ; (chambre des comptes), 256 ; (official de), 198 ; (bailli de), 203, 221 ; (parlement de), 244.
Roulant (Pierre), 125.
Rousseau (curé), 45.
Royaumont (moine de), 176.
Ruaut (Nicolas), 88.
Ruffe (Guillaume), 60.
Rugia (Henri de), 148.
Rupierre (Guillaume de), 143, 148.

S... (chantre de Bayeux), 133.
Sacquenville (Guillaume, Robert, Pierre de), 64, 70 ; (Jean de), 90, 91 ; (Guillaume de), 90, 91, 125 ; (Jean II de), 90, 95, 106, 146.
Sageon (dom J.-B. de), 249.
Sahut (Pierre), 118.
Sainctes (Claude de), 346.
Saint-Aignan (Guillaume de), 85, 497.
Sainte Agile, 22.
Sainte Agnès, 348, 381, 382.
Saint Ambroise, 2, 366, 367.
Saint André, 350.
Saint Anselme, 380, 383.
Saint Athanase, 344, 349.
Saint Aubin (Gilbert de), 178, 348.

Saint-Augustin (Gilbert de), 42 ; 2, 373, 383, 401.
Sainte Austreberte (reliques de), 210.
Sainte Barbe, 548.
Saint Bède, 32.
Saint Benoît, 295, 299, 302, 348 ; (règle de), 351.
Saint Bernard, 342, 357, 373, 374, 382, 395.
Saint Bonaventure, 383.
Sainte-Catherine de Rouen (prieur de), 178.
Saint Christophe (reliques de), 210, 548.
Saint Cyprien, 373.
Saint Edmond, 376.
Saint-Eglan (sieurs de), 246.
Saint Eloi (reliques de), 210.
Saint-Evroult (abbé de), 165 ; (religieux de), 166 ; (Roger, abbé de), 173, 174, 347, 350.
Sainte Fare (reliques de), 210.
Saint Firmin, 295, 550.
Saint François d'Assise, 362.
Saint François de Salès, 237.
Saint François Régis, 237.
Saint-Georges (Gilbert de), 42.
Saint Gilles (reliques de), 210, 548.
Saint Grégoire-le-Grand, 2, 376, 377, 380, 383.
Saint Hubert, 347.
Saint-Jacques (Gilbert de), chanoine, 149, 379.
Saint-Jean (Guillaume de), 134, 547.
Saint Jérôme, 2, 364, 366.
Saint Just, 237.
Saint-Léger (Henri de), abbé du Bec, 175.
Saint Léonard, 364.
Saint Leufroy, 349.

Saint Loup (reliques de), 210.
Sainte Marguerite (reliques de), 210.
Sainte-Marie-du-Val (prieur de), 363.
Saint-Martin (Renaud de), 163 ; 130 ; (de Tours), 361, 362, 381.
Saint-Maur (Congrégation de), 22, 236 à 240, 348, 350, 524, 533, 559.
Saint-Melain (évêque de Rennes), 130 ; (Gillebert de), 153.
Saint Nicolas (reliques de), 210, 356, 357.
Saint Patrice, 380.
Saint-Pierre d'Avranches, 6.
Saint-Pol-de-Léon (évêque de), 234.
Saint-Quentin (Nicolas de), 84 ; (Guillaume de), 148.
Saint-Sauveur (religieuses de), 94, 146, 175.
Sainte Scholastique, 295, 299, 302, 559.
Saint Silvin (reliques de), 249.
Saint Sulpice, 348.
Saints Syriaque et Clarus, 364.
Saint Taurin, 349.
Saint Thomas d'Aquin, 394 ; (de Cantorbéry), 30, 32, 296, 347, 382, 555 à 557 ; (d'Espagne), 383.
Saint-Vannes (congrégation de), 237.
Saint-Victor (Raoul de), moine, 85 ; (écrivain), 176 ; (Hugues de), 375 ; (Richard de), 363 ; (Robert de), 98.
Saint Vincent (reliques de), 249 ; (Gillebert de), moine, 176 ; (de Paul), 237.
Saint Vital (reliques de), 249.
Saldaigne (Marie de), 250.

Salerne (école de), 393.
Salisbury (Robert, évêque de), 165 ; (Jean de), 382.
Salmonville (Roger II de), 102.
Samuel, 380 ; (dom Robert), 252.
Sancerre (comte de), 204.
Sancy (général), 228.
Sanguin (André), 214.
Sargot (Raymbond), 63.
Sarrazin (Robert et Roger), 75.
Saucey (Pierre du), 92.
Saugueuse (Raoul de), 98.
Saül, 380.
Sausseuse-Mare (Godefroy de), 109.
Sauvage (R. N.), 516.
Sauvale (Robert), curé, 41, 44, 46.
Savary (M. de), 268, 312.
Schedel Hartmann, 395, 396.
Schene (Chartreux de), 166.
Scuris (Simon de), 167.
Sebire (Jean), 206.
Sedeman, 431.
Sedulius, 336.
Séez (évêque de), 212.
Séez-Moulins (Guillaume, Simon, Jean), 123, 124.
Séguier de la Verrerie (51e abbé de Lyre), 259, 260, 262.
Semilly (Guillaume de), 133.
Sénèque, 392.
Senez (évêque de), 271.
Serlon, 381, 382.
Serquigny (Jean de, moine), 192.
Servain (Robert), 76.
Seulez (Garin de), moine, 186, 380.
Sévère (Sulpice), 362.
Séville (Isidore de), 379.
Silvestre (évêque de Séez), 105, 420.
Simiane (de), abbé de Dives, 269.

Simon (abbé de Lyre), 165 ; (abbé de Conches), 36, 172 ; (de Gouttières), 13, 105 ; (de Monceaux), 32e abbé de Lyre, 190, 277, 507 ; (curé), 47.
Simonet (Antoine), 378.
Sireude (Guillaume), 258, 262 ; (Jacques), 258.
Smaragde, 391.
Soanem (Mgr de), 271.
Société libre de l'Eure, 349, 377, 397.
Solime, 3.
Solin, 392.
Soilat (Pierre de), 74.
Sorel (Robert), 112.
Sotteville (Réginald de), 98.
Sponde (Henri de), 228.
Stay (Mgr Benoit), 290.
Stokes (Guillaume de), 160.
Strasbourg (Hugues de), 380.
Suzanne (Isaac), 63.
Symmaque, 392.
Syroie (Thomas), prêtre et (Garin), 153.

Tabulis (Richard de), 45.
Tamethebi (de), 164.
Tancrey (Toussaint et Sébastien), 120.
Tannei (Vauquelin et Jean), 143, 144.
Tarisse (dom), 239.
Tassin (dom), 501.
Tavannes (vicomte de), 224.
Teinturier (Robert le), 45.
Teline (Robert de), 93.
Tendos (abbé de), 282.
Térence, 397.
Tesson (Guillaume, 24e abbé de Lyre), 188, 191.

Théobald, 12, 41, 47.
Théodose (empereur), 336.
Théophraste, 397.
Théroulde, 65, 281 à 287.
Thessalonique (évêque de), 211, 212.
Thévray (Robert de), 13, 108; (Guillaume), 54; (Raoul), 71; (Guillaume, Robert et Hugues), 108; (Gilbert), 132.
Thiard de Pont-de-l'Arche, 42.
Thiault (Thomas), 545.
Thibaut (chanoine de Chartres), 100; (Nicolas), curé de Glos, 205; (dom Pierre), 501.
Thibouville (Robert de), 121, 144.
Thomas (auteur), 6; (archevêque de Cantorbéry), 33, 303; (moine) 193; (de Celano), 362.
Thomassin, 397.
Thômé (Gérard), chanoine, 198.
Thou (M. de), 265.
Tilleul (Roger du), 149, 150, 154, 155; (Gillebert du), 154.
Tilli ou Tilly (Henri de), 131; (Pierre), 200; (seigneur), 208.
Tillières (Gilbert de), 112; (seigneur de), 265.
Tite Live, 397, 398.
Tonel (Martin), 96.
Torigny (Robert de), 506.
Tornart (Richard), 150.
Tosny (Roger de), 4, 10, 18, 41, 47, 57, 232, 505; (Alix de), 18, 19, 44, 47; (Raoul de), 16, 561.
Tourlaville (Marie de), 246.
Tournai ou Tournay (Guillaume, Gilbert, Raoul), 13; (Raoul), 22, 100; (Guillaume), 99; (Gislebert), 99; (Richard), 134.
Toustain (moine), 354; (dom Nicolas), 494 à 501.
Tranchart (Robert), 59.

Tranchevilliers (Robert de), 13, 98; (Payen de), 96; (Robert de), 98.
Tréauville (sieurs de), 246.
Tremblay (Guillaume du) et (Jean), 150; (Pierre), 152.
Treslin (aînesse), 74.
Trinkelai (Guillaume de), 77.
Troye (notaire), 287.
Tullen (Robert de), 207.
Turini (André), 393.
Turpin (Jacques de), archevêque de Reims, 364.
Tyout (Jean), 61.

.*.

Urbain III, 35, 98; Urbain IV, 181; Urbain V, 189, 506; Urbain VIII, 237, 336.
Usuard, 32, 338, 351, 355.

.*.

Vadis (Jean de), 59.
Valet (Laurent de), 83; (Guillaume), 91, 135; (Raoul, Robert et Théobald), 135.
Vallée (Guillaume), 230, 240; (Pierre), 320.
Vallées (Baudouin), 97; (M. des), 140.
Vallet (don François), 230.
Vallon (Guillaume), évêque d'Evreux, 189.
Varin (Toussaint), 211.
Vascœuil (Gilbert de), 80.
Vasseur (Charles), 558.
Vaugeois, 9.
Vauquelin, 10.
Vauvineux (comte de), 279.
Vaux (Raoul de et Hugues), 45; (Pasquier de), 197.

Vavasseur (Jean), 124 ; (Guillaume), 150.
Vence (Evêque de), 219.
Venda (Hubert de), 96.
Vendôme (Jean de), 46 ; (Mathieu de), 402.
Ver (Robert de), 131.
Vergennes (comte de), 283.
Vernay (Gilbert de), 54 ; (Emeline), 77 ; (Garin), 87.
Vernet (dom), 279.
Verneuil (Bailli de), 182.
Verrières (Godefroy de), 99.
Veuclin (V. E.), 69.
Vi (Simon de), curé, 44.
Victor (abbé de Saint-Georges), 97.
Viel (Jean), 150, 151.
Vigilius (pape), 362.
Vigor (Regnault), 215.
Villedieu (Guillaume de), 413.
Villers (Thomas de), 88 ; (Eudes), 89 ; (Simon), 422.
Villeta (Godefroy de), 138.
Villiers (Jean de), 207.
Vinet (Guillaume), 87.
Vingtain et La Sourd (notaires), 321.
Vinsauf (Godefroy de), 401.
Viole (dom Jacques), 273.

Virgile, 392, 397, 398.
Vital (chapelain) ; et Vital (ermite), 129, 130.
Vitot (Raoul de), 8, 65.
Vitray (Eléonore de), 64.
Vitry (Jacques de), 383.
Voragine (Jacques de), 396.

Walford (Hugues de), 164.
Wareham (moine de), 403.
Warvick, 129 ; (Guillaume comte de), 131.
Wautier (abbé de Hide), 186.
Winchester (Henri, évêque de), 165, 166.
Wistenval (Guillaume de), 121, 143 à 148, 155.
Witbert, 12, 85.
Worchester (Evêques de), (Wautier, Jean, Roger, Henri), 164, 165.

Ysembard (curé de Corneuil), 100.
Yvon (archidiacre de Rouen), 97.

Zébédée, 379.

CATALOGUE DES ABBÉS DE LYRE

RECTIFIÉ D'APRÈS LES DOCUMENTS

1. Robert Ier du Châlet, p. 21.
2. Erfast, p. 21.
3. Bernon, p. 21.
4. Ernauld, fils de Popeline ? p. 22.
5. Hildevert, † le 22 mars, avant 1113, p. 23.
6. Gilbert de Glos, † le 1er septembre après 1113, p. 23.
7. Guillaume Ier, † vers 1130, p. 26.
8. Raoul Ier (1130-1142), p. 28.
9. Hildier Ier (1142-1147), p. 29.
10. Guillaume II (1148-1166), p. 29.
11. Osbert (1166-1177), p. 31.
12. Geoffroy Ier (1177-1206), p. 35.
13. Guillaume III de Ferrières (1206-1216), p. 167.
14. Robert II de l'Isle (1216-† 1221), p. 169.
15. Richard de Leycester (1221-1226), p. 171.
16. Jean Ier d'Almenesches (1226-1241), p. 173.
17. Geoffroy II de la Vallée (1241-1246), p. 174.
18. Gilbert II de la Haye (1246-1262), p. 176.
19. Robert II de Gauville (1262-1282), p. 180.
20. Raoul II de Romilly (1282-1286), p. 182.
21. Guillaume IV Héduart (1297-1329), p. 184.
22. Hildier II (1330-†1331), p. 187.
23. Robert III Foulon (1332-1334), p. 187.
24. Guillaume V Tesson (1334-† 1350), p. 188.
25. Jean II Le Blond (1350-† 1362), p. 188.
26. Guillaume VI Le Blond (1362-1367), p. 188.
27. Guillaume VII (1367-1374), p. 189.
28. Georges Nizier (1374-† 1389), p. 189.
29. Astorge de Beauclère (1390-† 1400), p. 189.
30. Etienne du Pré (1400-1414), p. 193.
31. Simon de Monceaux (1414-† 1440), p. 194.
32. Guillaume VIII le Bas (1440-1463), p. 197.
33. Louis Ier d'Harcourt (1463-1479), p. 203.
34. Pierre d'Amboise (1479-1481), p. 206.
35. Benoit de Chaumecy (1484-1500), p. 206.
36. Jean III de Cléry (1500-1512), p. 207.
37. René de Prie (1512-1516), p. 209.

38. Ambroise le Veneur (1516-1531), p. 210.
39. Jean IV le Veneur (1531-1535), p. 212.
40. Gabriel le Veneur (1535-1549), p. 215.
41. Hippolyte d'Este (1549-1571), p. 216.
42. Louis II d'Este (1575-1586), p. 218.
43. Louis III de Lorraine, cardinal de Guise (1586-1588), p. 223.
44. Louis IV de Lorraine, cardinal de Guise (1593-1598), p. 224.
45. Charles de Bourbon (1598-1599), p. 226.
46. Jacques Ier Davy du Perron (1599-1618), p. 227.
47. Jean V du Perron (1618-1621), p. 231.
48. Jacques II le Noël du Perron (1622-1648), p. 234.
49. Louis V Barbier de la Rivière (1649-1670), p. 241.
50. Jacques III Bretel de Grémonville (1670-1686), p. 249.
51. Jean-Jacques Séguier de la Verrière (1688-1689), p. 259.
52. Louis VI de Calvières (1689-1698), p. 260.
53. Armand-Gaston de Rohan-Soubise (1698-1713), p. 264.
54. Pierre II de Pardaillan de Gondrin d'Antin (1713-† 1733), p. 267.
55. Louis VII de Rohan-Guémené (1734-1779), p. 270.
56. François de Narbonne-Lara (1779-1790), p. 280.

Des 59 abbés mentionnés par le *Gallia* il faut retrancher : Paul (IXe), Raoul II (XIXe), Jean III le Bas (XXXVe), puis placer Guillaume V après Robert III. Quant à la *Neustria* nous avons relevé ses nombreuses erreurs dans le cours de l'histoire des Abbés de Lyre. — Auguste Le Prévost et l'abbé Caresme dans son *Dictionnaire de l'Eure* ont suivi le *Gallia*.

Paul était abbé, non de Lyre, mais de Leicester, p. 170 ; pour Raoul II voir p. 176, 13e ligne et pour Jean III le Bas, p. 201.

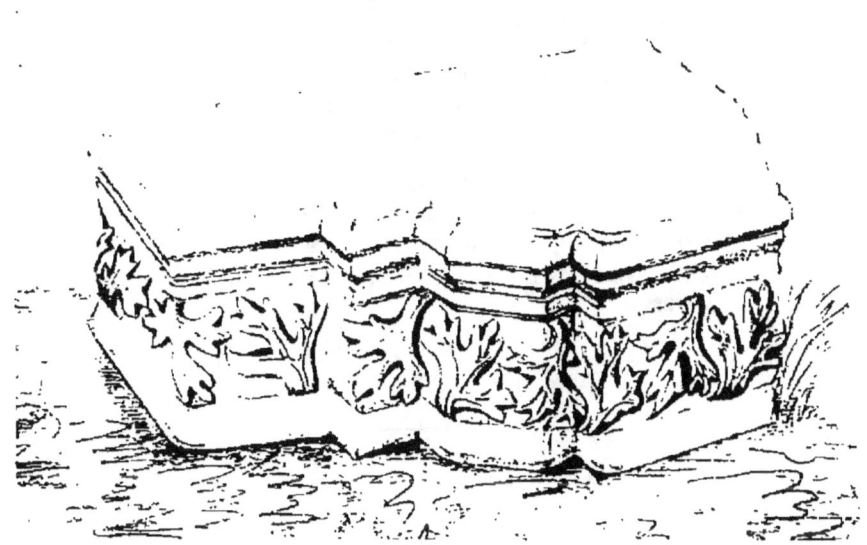

ABBAYE DE LYRE
a. SCEAU DE L'ABBÉ ÉTIENNE DU PUY (1402)
b. SCEAU DE L'ABBÉ GUILLAUME LE BAS (1458)
d'après des dessins du XVII° siècle
c. CHAPITEAU DU XV° SIÈCLE

SCEAUX DE QUELQUES ABBÉS DE LYRE

En dehors des deux sceaux, ci-contre, Demay n'en a relevé que trois autres dans les collections normandes.

1º Celui de *Jean d'Almenesches*, abbé de Lyre en 1236. Il est représenté debout, tête nue, crossé, tenant un livre, accosté d'un croissant et d'un soleil.

SIGILL : IOHS : ABBATIS... AT... D'LIRA

Vidimus d'une charte de W, évêque de Worcester, confirmant les possessions de l'abbaye de Lyre dans son diocèse, avril 1236 (*Arch. de l'Orne, abbaye de Saint-Evroult*).

2º Celui de *Jacques Bretel de Gremonville* : « Ecu au chevron chargé d'une fleur de lys au sommet et accompagné de 3 molettes, sous un chef chargé d'un poisson ; surmonté d'une couronne, supporté par 2 licornes. » — Sans légende, mai 1671, présentation à la cure de la Neuville Champ d'Oisel. (*Arch. de la Seine-Inférieure.*)

3º Celui de *Pierre de Pardaillan de Gondrin d'Antin*, évêque de Langres, abbé commendataire de Lyre. Cachet rond de 21 mill. Ecu à ses armes timbré d'une couronne ducale entre une mitre et une crosse, sous un chapeau épiscopal, devant un manteau d'hermines, dans un cartouche. — Sans légende, mars 1733, présentation à la cure de Romilly (*Arch. de la Seine-Inférieure, archevêché*).

(*Inventaire des Sceaux de Normandie*, par G. Demay, nos 2814, 2815 et 2224).

ERRATA

P. 18. — On a dit, dans la généalogie, Emma, veuve d'Osbern de Crespon, 1re abbesse de Saint Amand de Rouen, d'après ce passage de l'*Histoire d'Ivry-la-Bataille* (p. 31) : « La première abbesse de Saint-Amand était sa sœur, ainsi qu'il est dit expressément dans une charte où cette abbesse, Emma, dit qu'elle est veuve d'Osbern (Osbern de Crespon). » — Il est certain que la première abbesse fut, non Emma, mais Emmeline épouse de Goscelin, vicomte de Rouen, fondatrice de ce couvent, et son mari fondateur de celui de la Trinité de Rouen Cf : *Culte de sainte Catherine a Rouen et à Vernon*, par l'abbé Ch. Guéry, in 8°, 1912.

P. 29, ligne 17 : au lieu de Saint-Louis, *lire :* Louis VII.
P. 66, ligne 13 : — les plusi..., — : les plus importantes.
P. 160, note 8 : — de Dadlinton, — : Dadlington.
— — de Sipson, — : Sibson.
P. 161, note 2e ligne. — de Tanny, — : Fenny.
— — d'Appendice IV, — : Appendice III.
P. 177, ligne 36 : — de GISLEB,TI — : GISLEB'TI.
P. 209, ligne 29 : — du blason, — : *Ecartelé de Prie et d'une aigle à 2 têtes.*
P. 239, note 1 — d'Appendice 4, — : Appendice V.
P. 267, note 1 . après mort en 1643, *ajouter :* eut parmi ses fils, François, qui changea, en 1655, le haut fourneau, etc.
P. 276, note au lieu de Melbue, *lire :* Melbuc.
P. 282, note : — d'Appendice V, — : Appendice VI.
P. 290, note : — d'Appendice VI, — . Appendice VII.
P. 313, ligne 20 : — de 1er mars, — : 23 janvier 1791 ; la date du 1er mars est celle de la délibération du Directoire de Verneuil.
P. 325, ligne 36 : — d'Appendice VII, — : Appendice VIII.
P. 338, ligne 28 : — id. — : id.
P. 351, ligne 5 : — de dixieme, — : Chapitre neuvieme.
P. 379, dernier vers. — Nathalem qui, — : Nathalemique.
P. 392, ligne 15 : — de Claudin, — : Claudien.
P. 476 : a Hommeril, *ajouter :* curé (intrus) de Geffoses, incarcéré a Coutances le 21 février 1794.
P. 506, ligne 4 : au lieu de (1047-1066), etc, *lire :* (1147-1166), (1166-1177).

P. 553, ligne 7 : après couleur verte, *lire* : où des anges sont figurés ». La distribution, la forme et la technique de ces figures décoratives ne sauraient naturellement être précisées. On peut supposer des anges en pied étagés sur les orfrois ou, mieux peut-être, des anges à mi-corps semés en guise de fleurons à la surface de l'étoffe, comme sur un manteau de chape en velours rouge, du XVI° siècle, conservé à la Saussaye et provenant de l'ancienne collégiale.

— note 4 : au lieu de p. 199, *lire :* page 197.

P. 554, note 3 : à Bibl. nat. ms. fr., *ajouter :* ms. n. acq.

P. 558, ligne 3 : LAN 1745, *lire :* 1749.

P. 583. — Au *Calendrier* de Lyre on peut ajouter les variantes tirées de Dom Martene : 14 février, S. *Feliculæ*, au lieu de Felicitatis ; — 20 mai, S. *Ethelberti*, au lieu de Auberti ; — 25 mai, S. *Adelmi*, au lieu de Aldelon ; — 22 juin, S. Achacii sociorumque ejus ; — 18 juillet, il ajoute S. *Clari*; — 22 juillet, S. *Wandregesili*; — 5 août, *Dominici Jacobini*; — 30 août, S. *Agili*; — 16 sept., *Lucii*, au lieu de *Luciæ*; — La fête du 22 octobre est le 21 d'après lui ; — 17 décembre, S. *Anastasii*, M. (*De antiquis monachorum ritibus*, t. IV, p. 186-209.)

P. 602, IV° strophe : Bonne — Sois, *lire :* Bonne aux catholiques — Sois formidable, etc.

TABLE DES ILLUSTRATIONS

I. Vue du *Monasticon*, avant le titre.
II. Plaque de cheminée aux armes de Lyre, p. 231 (1).
III. Image de dévotion de N.-D. de Lyre (?), p. 236.
IV. Saint Firmin, avec blason de l'abbaye de Lyre, p. 294.
V. Plan des Archives Nationales, p. 502 (2).
VI. Plan en hauteur par Dom Miserey, p. 520.
VII. Plan d'une cave de Lyre (dans le texte), p. 528.
VIII. Autel majeur de la Vieille-Lyre, p. 528.
IX. Un des autels secondaires de la Vieille-Lyre, p. 544.
X. Panneau armorié, p. 548-549.
XI. Fragments d'architecture (p. 536, 540, 541) et blason des émaux (p. 554), p. 556.
XII. Porte pilière de Trisay, p. 561.
XIII. Sceaux de quelques abbés de Lyre, p. 659.
XIV. Plan des Archives de l'Eure, après la *Table des matières*, p. 665.

---

(1) À noter que les planches I, II, IV, VI et XIV donnent à Lyre le même blason, contrairement à celui de M. Delisuvin dont il est parlé à la page 553. Ces armoiries ne datent que de la *Réforme de Saint-Maur*, car au xvᵉ siècle, sur le sceau de Guillaume VIII le Bas, on ne voit qu'*une lyre d'or sur fond d'azur*. Cf. p. 231, note (1).

(2) *Légende de ce plan :* « A, L'esglise ; — b, escuries de l'abbé ; — c, logis
« abbatial fait ; — e, organisation à faire au logis abbatial ; — d, porte à faire au
« logis abbatial ; — e, petit réservoir abbatial ; — f, jardin à faire pour l'abbé ; —
« g, porte abbatiale du costé du bourg ; — h, bâtiment des offices pour les officiers ;
« — i, cuisine des religieux ; — L, Hostellerie ; — L, four et bûcher sur lesquels
« sont les chambres des hostes, lequel estoit autrefois le logis abbatial ; — m, réfec-
« toire ; — n, dortoir ; — o, lieux communs ; — p, lavoir ; — q, le premier corps
« et pignon de l'infirmerie ; — q, le second corps et pignon de l'infirmerie ; — q,
« du meillieu est une petite galerie de laquelle l'on veut faire des chambres et
« tout nécessaires ; — r, seconde galerie des infirmeries qui conduit à la chapelle
« des infirmeries ; — s, petit jardin où est maintenant une papinière (sic) ; — T,
« chapitre ; — U, cloistre et préau ; — y, grande cour ; — x, réservoir pour les reli-
« gieux ; — aa, bas étage du jardin ; — bb, second estage du jardin ; — cc, troi-
« sième estage, lequel faudrait ajouter, n'ayant point assez de jardin quand mon-
« sieur l'abbé joira des siens ; — dd, esglise paroissiale ; — ee, prairies. »

TABLE DES MATIÈRES

Lettre de Mgr Déchelette		I
Liste des Souscripteurs.		IV
Introduction		1
Chapitre I.	Fondation de l'abbaye de Lyre. — Premiers bienfaiteurs	3
Chapitre II.	Possessions de l'abbaye de Lyre au XIIIe siècle. .	40
Chapitre III.	Prieurés de Notre-Dame du Désert et de Saint-Nicolas de Maupas. Biens en Angleterre, prieurés.	127
Chapitre IV.	**Abbés réguliers** : Guillaume III de Ferrières ; — Robert de l'Isle ; — Richard de Leycester ; — Jean I d'Almenesches ; — Geoffroy de la Vallée ; — Gilbert de la Haye ; — affaire des religieuses de Pontoise ; — Robert III de Gauville ; — Raoul II de Romilly ; — Guillaume IV Héduart ; — Hildier II ; — Robert IV ; — Guillaume V Tesson ; — Jean II ; — Guillaume VI le Blond ; — Guillaume VII ; — Georges Nizier ; — Astorge de Beauclerc ; — Etienne du Pré ; — Simon de Monceaux et Guillaume VIII le Bas.	167
Chapitre V.	**Abbés commendataires** *jusqu'à la réforme de Saint-Maur.* — Louis I d'Harcourt ; — Pierre I d'Amboise ; — Benoît de Chaumecy ; — Jean III de Cléry ; — René de Prie ; — Ambroise le Veneur ; — Jean IV le Veneur ; — Gabriel le Veneur ; — Hippolyte d'Este ; — Louis II d'Este ; — Louis III de Guise ; — Louis IV de Lorraine ; — Charles de Bourbon ; — Jacques I Davy du Perron ; — Jean V du Perron.	203
Chapitre VI.	**Abbés commendataires** (*suite et fin*). — Jacques II le Noel du Perron ; *Réforme de Saint-Maur ;* — Louis V Barbier de la Rivière ; — Jacques III Bretel de Grémonville ; — Jean VI Séguier de la Verrière ; — Louis VI de Calvières ; — Cardinal de Rohan-Soubise ; — Pierre II de Pardaillan de Gondrin d'Antin ; — Louis VII	

	Constantin de Rohan Guémené ; — François de Narbonne	234
Chapitre VII.	*Etats généraux de 1789*. — Décret sur les ordres religieux. — Inventaire du mobilier, de l'argenterie, etc. — Vol à l'abbaye. — Dispersion des moines. — Vente des biens meubles et immeubles. — Ruines de l'église. — Démolition de tous les bâtiments de N.-D. de Lyre	292
Chapitre VIII.	Bibliothèque de N.-D. de Lyre. — Livres liturgiques. — Écriture Sainte. — Patrologie.—Auteurs profanes. — Incunables. — Inventaire de la Révolution. — Manuscrits conservés	323
Chapitre IX.	Moines de Lyre. — Bénédictins célèbres avant la Réforme. — Religieux de la Congrégation de Saint-Maur	403
Chapitre X.	Bâtiments et mobilier. — I. Murs de clôture ; — entrée de l'abbaye ; — logis abbatial ; — cour d'entrée ou basse-cour ; — cloître et lieux réguliers ; — infirmerie ; — caves. — II. Église ; — mobilier ; — autels ; — statues ; — stalles ; — objets divers [La page 553 a donné lieu à un *erratum*, voir p. 659] ; — cloches ; — tombeaux.	503
Appendices I.	Charte de fondation de N.-D. de Lyre . . .	563
— II.	Charte de fondation d'après le *Gallia* . . .	567
— III.	Lettre de Robert III à Alexandre III	569
— IV.	Bulle de l'anti-pape Clément VII	570
— V.	Concordat avec la congrégation de Saint-Maur.	572
— VI.	Copie du bail signé par le sieur Théroulde .	580
— VII.	Lettre au sujet de Mgr de Narbonne . . .	582
— VIII.	Calendrier de N.-D. de Lyre	583
— IX.	Miracles de Pont-Saint-Pierre, etc.	596
— X.	Dîmes de Bans-le-Conte, etc.	598
— XI.	Poésies latines, traduites en vers, par M. l'abbé Thuillier.	601
— XII.	Pouillé de N.-D. de Lyre au xviiie siècle . . .	603
— XIII.	Bibliographie.	607
— XIV.	Tables des noms de lieu et de personnes . .	611
— XV.	Catalogue rectifié des Abbés de Lyre . . .	657
— XVI.	Sceaux de quelques abbés	659
Errata		660
Table des illustrations		662
Table générale des matières		663

Evreux — Imprimerie de l'Eure, G. Poussin, D[r].

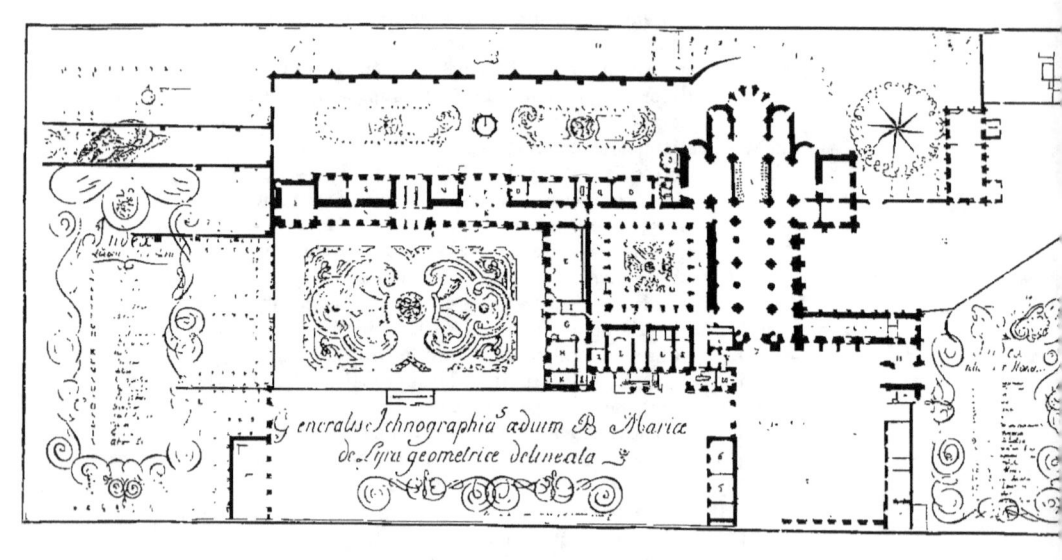

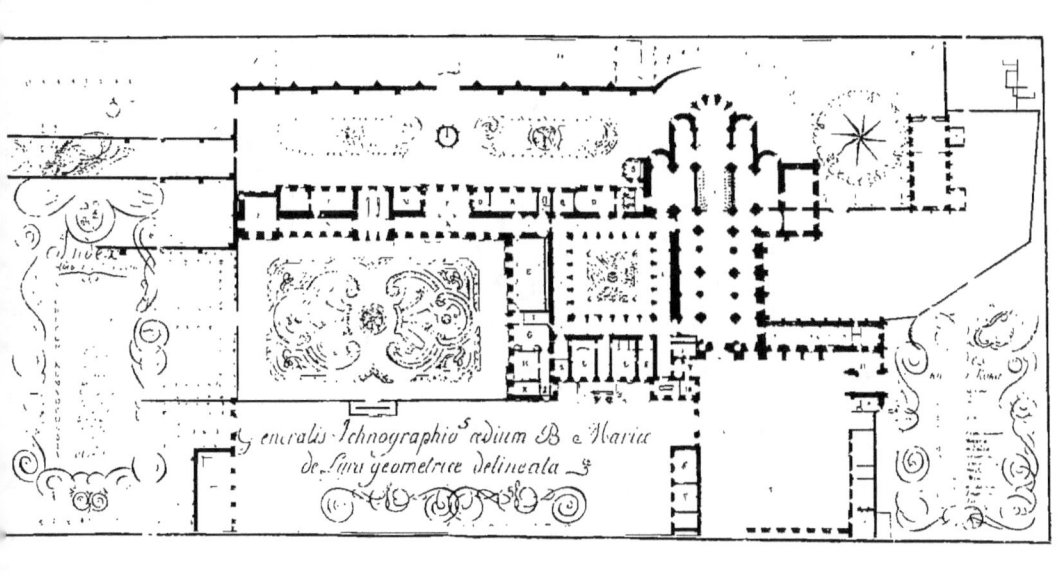